STUDIENKURS MEDIEN & KOMMUNIKATION

Lehrbuchreihe für Studierende der Medien- und Kommunikationswissenschaft, Public Relations, Medienmanagement/Medienwirtschaft sowie des Journalismus

Wissenschaftlich fundiert und in verständlicher Sprache führen die Bände der Reihe in die zentralen Forschungsgebiete, Theorien und Methoden aus dem Bereich Medien- und Kommunikationswissenschaft ein und vermitteln die für angehende WissenschaftlerInnen grundlegenden Studieninhalte. Die konsequente Problemorientierung und die didaktische Aufbereitung der einzelnen Kapitel erleichtern den Zugriff auf die fachlichen Inhalte. Bestens geeignet zur Prüfungsvorbereitung u.a. durch Zusammenfassungen, Wissens- und Verständnisfragen sowie Schaubilder und thematische Querweise.

Hans Wagner | Philomen Schönhagen [Hrsg.]

Qualitative Methoden der Kommunikationswissenschaft

3., aktualisierte Auflage

Onlineversion
Nomos eLibrary

Die Deutsche Nationalbibliothek verzeichnet diese Publikation in
der Deutschen Nationalbibliografie; detaillierte bibliografische
Daten sind im Internet über http://dnb.d-nb.de abrufbar.

ISBN 978-3-8487-6893-6 (Print)
ISBN 978-3-7489-0988-0 (ePDF)

3. Auflage 2021
© Nomos Verlagsgesellschaft, Baden-Baden 2021. Gesamtverantwortung für Druck
und Herstellung bei der Nomos Verlagsgesellschaft mbH & Co. KG. Alle Rechte, auch
die des Nachdrucks von Auszügen, der fotomechanischen Wiedergabe und der Übersetzung, vorbehalten. Gedruckt auf alterungsbeständigem Papier.

Vorwort zur Neuauflage

Dieses Hand- und Lehrbuch erscheint nunmehr in einer dritten Auflage. Als es 1999 erstmals publiziert wurde, war es das erste und einzige deutschsprachige kommunikations- und medienwissenschaftliche Handbuch zu qualitativen Methoden. Mittlerweile sind erfreulicherweise weitere Editionen dazu gekommen (vgl. Mikos/Wegener 2005/²2017; Ayaß/Bergmann 2006/²2011; Meyen et al. 2011; Averbeck-Lietz/Meyen 2016, ...). Der einschlägige Markt ist indessen durchaus überschaubar geblieben. Gleichwohl unterscheiden sich selbstverständlich die Angebote durch jeweils besondere Leistungsmerkmale. Auf drei Besonderheiten unseres Angebots möchten und dürfen wir ausdrücklich verweisen:

(1.) Unser Handbuch begnügt sich nicht mit der Darstellung der für das Fach Kommunikationswissenschaft relevanten Methoden; es greift weiter und tiefer aus auf die Fundamente, welche die Methoden und ihre Anwendung begründen, auf die Methodologie also, und bietet so eine Art wissenschafts- und erkenntnistheoretische Propädeutik. Eine solche Grundlegung wissenschaftlichen Denkens und Arbeitens erscheint umso dringlicher, als jede Berührung mit diesen fundamentalen Fragen den diversen Reformprozessen der letzten Jahrzehnte zum Opfer fiel. Das Studium nicht nur der Kommunikationswissenschaft ist insoweit buchstäblich bodenlos geworden. Wir versuchen, dieses Defizit wenigstens leidlich zu überbrücken.

(2.) Unser Handbuch bietet sodann sowohl zu den vielschichtigen Theoriezusammenhängen der Methodologie wie vor allem zu den Verfahrensschritten der vorgestellten kommunikationswissenschaftlichen Methoden eingängige Überblicke. Rund 40 Tafeln schaffen dabei Übersichten ‚auf einen Blick', die sich in der Lehre ebenso wie für das Selbststudium und selbstredend auch bei der Planung wissenschaftlicher Projekte schon in den früheren Ausgaben als ausgesprochen hilfreich erwiesen haben.

(3.) Unser Handbuch unterscheidet sich schließlich von anderen durch die Auswahl der behandelten Methoden. Selbstverständlich berücksichtigt es sämtliche methodischen Instrumente, die erfahrungsgemäß für fachwissenschaftliche (Abschluss-)Arbeiten besonders häufig nachgefragt werden. Darüber hinaus beschäftigt es sich intensiv mit Methoden, die kaum nachgefragt werden, obwohl sie unentwegt, zumeist jedoch unreflektiert angewendet werden (z. B. Vergleich, Typenkonstruktion). Die Häufigkeit ihrer Anwendung ist ohne Belang für die Auswahl einiger der hier präsentierten Methoden, die in der Kommunikationswissenschaft bisher eher als etwas abseitig gelten (v. a. die Konversationsanalyse) oder erst in den letzten Jahren vermehrt Beachtung finden (Gruppendiskussion). Denn die mit ihrer Hilfe zu erzielenden Erkenntnisgewinne können bei speziellen Fragestellungen zu ihrem Einsatz motivieren.

Aus diesen Besonderheiten des Angebots resultiert der klare Mehrwert unseres Handbuchs, der wiederum zu ungebrochener Nachfrage sowie zu zahlreichen positiven Rückmeldungen von Studierenden und Dozierenden führte. Daher haben Verlag und Herausgeber sich entschlossen, die Neuausgabe vorzulegen. Dabei wurden gegenüber der zweiten Auflage einige inhaltliche sowie formale Aktualisierungen vorgenommen. So werden grundlegende Hand- und Lehrbücher mit der jeweils neuesten Auflage angegeben. Ansonsten wurde neuere Literatur nur insoweit aufgenommen, als sie zu inhaltlich-sachlichen Erweiterungen beiträgt, zum Beispiel im Zusammenhang mit Veränderungen durch das Internet. Die grundlegenden Fragen, Probleme und Vorgehensweisen, denen sich dieser Band widmet, haben jedoch nichts an ihrer Aktualität eingebüßt, so dass Text und Struktur nicht tiefgreifend verändert wurden.

Insbesondere aus Gründen der Lesbarkeit wurde meist die männliche Form bei Bezeichnungen von Personen(gruppen) beibehalten (also z. B. Journalisten); selbstverständlich sind aber alle Geschlechter mitgemeint.

Wir bedanken uns bei allen Personen, die in irgendeiner Weise zur Entstehung dieses Buches beigetragen haben, insbesondere bei Ute Nawratil und Heinz Starkulla für ihre Beiträge, die für die vorliegende Auflage von uns aktualisiert wurden (wofür wir die volle Verantwortung übernehmen), bei Mike Meißner für die Mitarbeit bei der Aktualisierung von Kap. 16 sowie die allgemeine Durchsicht mit Blick auf Formalia, und bei Hannah Früh für die Anregungen und Diskussionen zum Thema Mixed Methods.

Weiter gilt unser Dank den Mitarbeiterinnen und Mitarbeitern des Nomos-Verlags, insbesondere Sandra Frey, Alexander Hutzel und Eva Lang für die (erste) Durchsicht bzw. Bearbeitung des Manuskripts, für Anregungen und Vorschläge sowie für die Geduld bei der abschließenden Erstellung des vorliegenden Buches.

Schließlich hoffen wir, dass uns nur wenige Fehler unterlaufen sind und bitten die Leserinnen und Leser, uns darauf hinzuweisen, sollten sie solche entdecken – so könnten wir diese in einer allfälligen Neuauflage bereinigen; danke!

München / Fribourg, im Sommer 2020

Hans Wagner, Philomen Schönhagen

Aus dem Vorwort zur 2. Auflage

Zwei gute Gründe machen diese Neuauflage überfällig:

Da ist zunächst und immer noch die Tatsache, dass es nach wie vor eine Einführung in die qualitativen Methoden für den Gegenstands- und Anwendungsbereich der Kommunikationswissenschaft nicht gibt, von einer Angebotsvielfalt gar nicht zu reden. Schon vor zwanzig Jahren [1989] war dieses Defizit für mich der Anlass, einige knappe Kapitel zu den wichtigsten Basismethoden qualitativen Vorgehens in eine Fachpropädeutik zu integrieren.[1] Genau zehn Jahre später, als die erste Auflage der „Verstehenden Methoden in der Kommunikationswissenschaft" nunmehr als verselbständigter Band erschien, hatte sich an dieser Tatsache nichts geändert. Ganz im Gegensatz dazu gab es allerdings zahlreiche Titel, die im Überblick und im Detail in quantitative Methoden einzuführen versprachen und sich obendrein nicht selten (aber irreführend) als Königsweg in die empirische Forschung empfahlen. Nun also, wieder zehn Jahre später, ist von einem *„qualitative turn"* (Ruth Ayaß) in der Kommunikationswissenschaft jedenfalls kaum etwas zu spüren. Und so kann, muss und will die Neuauflage dieses Lehr- und Studienbuchs immer noch eine Lücke füllen.

Gewiss, es gibt im Fach kleinere Bewegungen in diese Richtung. Kommunikationswissenschaftler, die sich mehr oder weniger modisch auf politische Kommunikation verlegten, haben in den letzten Jahren den Vergleich als Methodenoption (wieder-)entdeckt,[2] den die Politologen, mit denen sie kooperieren, seit Langem pflegen. Aber ein bisschen Vergleichen macht so wenig eine Öffnung für qualitative Methoden aus, wie eine Schwalbe schon einen Sommer macht. Ansonsten prägt der *„qualitative turn"* die sogenannten Medienwissenschaften, die sich von den qualitativen Verfahren „einen wesentlichen Beitrag zur Modernisierung und Professionalisierung der Medienforschung" erwarten.[3] Entsprechend sind im Segment Medienforschung zunehmend Publikationen zu qualitativen Methoden zu verzeichnen. Von solcher akzentuiert kultur- und sprachwissenschaftlich orientierten Medienforschung grenzt sich allerdings die Kommunikationswissenschaft ab. Sie tut es neuerdings mit Berufung auf den Wissenschaftsrat, der 2007 das „Irgendetwas-mit-Medien"-Gelände neu vermessen und die Parzellen neu etikettiert hat.[4] Nach dieser Sprachregelung firmiert die erwähnte Medienwissenschaft unter „Medialitätsforschung"; und diese ist von der Kommunikationswissenschaft in der Tat sowohl durch die interessierenden Materialobjekte wie durch das auf diese gerichtete Erkenntnisinteresse geschieden. Die Neujahrskarte 2008 aus dem Institut für Publizistik in Mainz ordnet nun mit Aufklärungseifer diesen beiden Fachparzellen auch noch „zentrale Methoden" zu: der Medialitätsforschung die Phänomenologische Beschreibung und die Hermeneutische Interpretation, der Kommunikations-

---

[1] Siehe dazu Hans Wagner: KommunikationsWissenschaft (ZeitungsWissenschaft). Das Fach, das Studium, die Methoden. München/Mühlheim 1989.
[2] Vgl. hierzu etwa Kleinsteuber, Hans, Vergleich, 2003; Wirth, Werner/ Kolb, Steffen, Äquivalenz, 2003, oder Esser, Frank, Bilanz, 2003; alle Beiträge in: Esser, Frank/Pfetsch, Barbara (Hrsg.), Politische Kommunikation, 2003.
[3] Vgl. das Vorwort in Ayaß, Ruth/Bergmann, Jörg (Hrsg.), Medienforschung, 2006.
[4] Vgl. Wissenschaftsrat, Kommunikationswissenschaften, 2007.

wissenschaft die Quantitative Inhaltsanalyse, die Rezeptionsanalyse, die Befragung und das Experiment – mithin also jene Verfahren, die den (reflektierten) Methodenstatus im Fach bestimmen und (fälschlich) mit einem gewissen Absolutheitsanspruch sowohl als allein „empirisch" wie als einzig „wissenschaftlich" ausgegeben werden. Das aber würde bedeuten: Qualitative Methoden spielen in der Kommunikationswissenschaft entweder keine oder allenfalls eine inferiore Rolle.

Solche Vorgänge und Einstellungen, die hier nur angedeutet werden können, kreisen den zweiten Grund dafür ein, warum diese Einführung in die qualitativen Methoden der Kommunikationswissenschaft notwendig ist. Dieser Grund besteht in der Marginalisierung, die diesen Methoden in weiten Teilen des Lehr- und Forschungsbetriebes in einem Fach widerfährt, das sich wissenschaftlich auf Gegenstände Sozialer Kommunikation einlässt. Die gesamte Wirklichkeit der Sozialen Kommunikation und ihrer Medien ist aber auf Verstehen gegründet und mündet an jeder Stelle, die einer wissenschaftlichen Behandlung wert erscheint, im Verstehen. Daher sollte gerade der empirisch arbeitende Kommunikationsforscher einiges vom Verstehen verstehen, sollte fähig sein, die verstehenden, eben die qualitativen Methoden kunstgerecht und reflektiert einzusetzen,[5] zumal die qualitativen Methoden nicht weniger empirisch ausgerichtet sind als die quantitativen.

Aber es sind eben nicht allein die harten Empiristen, die der Geringschätzung qualitativer Methoden in der Kommunikationswissenschaft Vorschub leisten; vielmehr tragen dazu leider nicht selten gerade jene bei, die vorgeben, diese Methoden anzuwenden oder sich – sofern sie mit Quantitäten nicht dienen können – auf qualitative Verfahren berufen. Da wird dann manche freihändige Spekulation als hermeneutische Interpretation geschönt; Plaudereien mit ein paar Experten stilisiert man zu Leitfadeninterviews; undurchschaubaren Kriterien folgende Nacherzählungen von einem Dutzend Medienbeiträgen müssen als qualitative Inhaltsanalysen herhalten; die Addition von Merkmalen, die in einer Handvoll definitoider Sätze über ein (scheinbar) neues Kommunikationsphänomen enthalten sind, wird als idealtypische Begriffsbildung präsentiert ... Die Liste ließe sich fortsetzen mit Beispielen, die sich keineswegs nur in studentischen Erstlingswerken finden, sondern unschwer auch in renommierten gelehrten Schriften. So aber desavouiert man die qualitativen Methoden, bringt sie in Verruf, Verfahren für wissenschaftliche Dünnbrettbohrer zu sein. Und eben dies ist keineswegs der unwichtigste Grund, dieses Lehr- und Studienbuch wieder aufzulegen.

Die vorliegende Neufassung der Einführung in die qualitativen Methoden der Kommunikationswissenschaft versucht, den skizzierten Gründen gerecht zu werden. Sie zeigt und begründet, dass keine Erfahrungswissenschaft, erst recht nicht die Kommunikationswissenschaft, ohne permanente Anwendung der Basismethoden des Verstehens erfolgreich operieren kann. Sie begnügt sich nicht mit einer möglichen, keineswegs dogmatisch starren, „Rezeptologie" der qualitativen Verfahren, erklärt also nicht nur, wie man sie anwenden sollte, sondern erschließt auch die theoretischen Gründe und Hintergründe, warum und unter welchen Be-

---

5 Mehr dazu bei Hans Wagner: Beobachtung, Interpretation, Theorie. In: Ayaß, Ruth/Bergmann, Jörg (Hrsg.), Medienforschung, 2006; ferner in diesem Band S. 219–224.

dingungen ihre Anwendung zu sicherem Erkenntnisgewinn führt. Sie macht – hoffentlich! – überzeugend deutlich, dass die Anwendung qualitativer Methoden Anstrengung, Sorgfalt und Disziplin erfordert, dass diese Verfahren gelernt und eingeübt werden müssen und keineswegs den Alltagsroutinen des gesunden Menschenverstands gleichzusetzen sind – auch wenn es sicherlich nicht schadet, den gesunden Menschenverstand dabei walten zu lassen. Und schließlich demonstriert diese Einführung das Leistungsvermögen und auch das Entdeckungspotential, das in diesen Methoden steckt, durchgehend an Exempeln aus dem Gegenstandsbereich der Kommunikationswissenschaft.

München, im August 2008

Hans Wagner

Aus dem Vorwort zur 1. Auflage

Wer das Werkzeug beherrscht, ist frei. Er kann alle seine schöpferischen Kräfte auf die Gestaltung des Materials konzentrieren, kann Neues sehen und zeigen, kann seine Ideen verwirklichen. Die Beherrschung des Werkzeugs zu lernen, ist mühsam und lästig. Es fordert Disziplin und ist Disziplin. Das erlebt der Handwerker nicht anders als der Kopfwerker.

Auch die Wissenschaft hat ihr Werkzeug. Ein unverzichtbarer Teil davon sind ihre Methoden. Schon im Alltag halten wir es für gut, wenn Menschen „methodisch" vorgehen, wenn sie ihre Arbeit tun, wenn sie Aufgaben erfüllen oder Probleme lösen müssen. Wildes Herumprobieren, spontan-willkürliche Einfälle, selbst intuitive Geniestreiche und hektische Haken sind auch in ganz normalen Lebenssituationen nicht sonderlich geschätzt. Sie sind nicht verlässlich. Und zielführend sind sie schon gar nicht. Wissenschaft kommt ohne „methodisches Vorgehen" erst recht nicht aus und sicher nicht weiter. „Methodisches Vorgehen" heißt hier wie dort zunächst nichts anderes als geplantes und reflektiertes und diszipliniertes, an Ordnungskriterien orientiertes Verfahren. In der Wissenschaft allerdings geht es um ein besonderes Ziel: um den Gewinn von sicherem und wahrem Wissen. Die Grundfrage all ihrer Methoden richtet sich also darauf, wie wir „methodisch" unsere Sinne und unseren Verstand einsetzen können, um über zuverlässige Beobachtungen und über nachvollziehbar richtiges Denken zu gültigen Ergebnissen zu kommen.

In langen Jahrhunderten hat die Wissenschaft eine Fülle von Verfahren entwickelt und Kriterien markiert und verfeinert, die den geordneten, disziplinierten Einsatz von Sinnen und Verstand leiten und garantieren können. Fertig ist die Wissenschaft mit ihren Methoden niemals, auch wenn es buchstäblich grund-legende Verfahren etwa dafür gibt, wie wir Begriffe bilden, Schlussfolgerungen ziehen oder Urteile formen müssen, wenn sie mit dem Anspruch auf Wissenschaftlichkeit auftreten wollen.

Ein Leitsatz des methodischen Vorgehens in der Wissenschaft lautet, dass die Methode stets dem Erkenntnisziel, das heißt: dem Gegenstand angemessen sein muss. Damit ist nicht eine dogmatische Festlegung von Verfahren gefordert; eher im Gegenteil eine reflektiert-disziplinierte Anschmiegsamkeit an die sich wandelnden und immer weiter in neue, noch unbekannte Bereiche vordringenden Erkenntnisinteressen. (...) Keine Methode kann alles. Auch verstehende Methoden können nicht alles. Aber eine Wissenschaft, deren Gegenstand der Mensch ist, kann auf verstehende Methoden nicht verzichten.

München 1999, Hans Wagner

Inhalt

Wissen und Wissenschaft — 19

I. Wege der Wissenschaft — 21

1. Kapitel Sprache und Erkennen: Von der Formulierung und der Form des Wissens — 23
   1. Der Windhauch eines Lautes — 23
      (Eine) Definition der Definition — 25
   2. Wovon spricht die Sprache? — 29
      Zeichen, die für etwas anderes stehen — 29
      Die Sprache als „Organon" — 30
      Die „trinarische Struktur" des Dialogs — 35
   3. Vom Denken und von Gedanken — 37
      Sinne und Verstand — 38
   4. Erkenntnistheoretische Positionen — 41
      Mit Berufung auf Worte und Erfahrung — 42
      Mit Berufung auf den Verstand — 43
      Lösungen des Universalienproblems — 44
   5. Begriff und Begriffsbildung — 47
      Begriffe von Begriffen — 48
      Methoden der Begriffsbildung — 50
      Arten und Regeln der Definition — 54
   6. Die Urteile — 56
      Schluss- und Beweisverfahren — 60

2. Kapitel Deduktion und Induktion: Vom Beweiswissen und vom Erfahrungswissen — 63
   1. Axiome — 63
   2. Deduktion — 65
   3. Die Induktion — 67
      Die 7 Schritte des Induktionsverfahrens — 68
      Das Beobachtungsproblem — 70
      Das Wahrscheinlichkeitsproblem — 73
      Das Falsifikationsproblem — 75
   4. Dilemma und Erfolg der Induktion — 77
      Das Induktionsproblem — 77
      Verfahren der Heuristik — 79
      Unerklärte Prämissen — 81

3. Kapitel Natur und Sozialwelt: Von Konstruktionen erster und zweiter Ordnung — 83
   1. Wissenschaften vom Menschen — 83
   2. Dimensionen der Erfahrung — 86
   3. Zweierlei Gegenstände — 91

II. Die Basismethoden des Verstehens — 95

4. Kapitel Die phänomenologische Beschreibung: Von der Sicherung der Tatsachen — 97
   1. Ein Fundamentalprogramm — 97

2. Phänomene zur Selbstdarstellung bringen	100
Abbau der Filter	102
„Sprachrohr der Sache"	103
3. Vom Vorurteil gegen Vorurteile	107
5. Kapitel Der einfache Vergleich: Von der Merk-Würdigkeit der „Wesensmerkmale"	**112**
1. Der Vergleich gibt der Beobachtung Wert	112
2. Merkwürdigkeiten der Vergleichenden Methode	114
3. Die Probleme des Gleich-Machens	117
4. Trennung des Zufälligen vom Notwendigen	122
5. Die Konstitution der Ähnlichkeitsfelder	128
6. Kapitel Das wissenschaftliche Vergleichsverfahren: Von den „Experimenten im Kopf"	**131**
1. Die Vergleichsprozeduren	131
2. Die Rezeptologie des Vergleichs	133
Äpfel und Birnen: Das Ähnlichkeitsfeld	137
Konditionale und analytische Taxonomien	139
3. Die Vergleichs-Schritte	141
4. Die „eidetische Betrachtungsweise"	144
5. Zur Entdeckung der Ur-Sachen	147
7. Kapitel Hermeneutik: Von den Regeln des Verstehens	**152**
1. Der Sinn des Verstehens	152
2. Die Vorgabe: der „objektive Geist"	154
3. Die Axiome des Verstehens	157
4. Hermeneutische Wenden	160
5. Hermeneutischer Zirkel und hermeneutische Differenz	167
6. Erklären und Verstehen	172
8. Kapitel Rede und Gegenrede: Vom dialektischen Verfahren	**176**
1. Das Gespräch als Modell	176
2. Das Verfahren	178
3. Dialektik der Mediengeschichte	183
4. Dialektische Dispute über Kommunikation	187
9. Kapitel Die Konstruktion der Typen: Von Experimenten mit Gedankenbildern	**193**
1. Das Problem der kausalen Zurechnung	193
2. Konstruktionsplan für den Idealtyp	195
Abstraktion und Anreicherung	198
3. Die Typen ‚Journalist' und ‚Publizist'	202
Der brisante Fall	206
4. Die Konstruktion „objektiver Möglichkeiten"	207
Reifegrade der Typen	210
5. Experimente mit Typen	211
Instrumente für Voraussagen	212
Die Homunculi des Sozialwissenschaftlers	215

III. Komplexe Methoden   219

    Triangulation   220

10. Kapitel Die Konversationsanalyse: Kommunikationsordnungen auf der Spur   225
    1. Das ethnomethodologische Fundament   226
       „Alltagsmethoden"   227
       Das „Ärgernis" der Indexikalität   228
       Handlungen sind auch ihre Erklärung   230
    2. Die Konservierung des Rohmaterials   231
    3. Maximen und Schritte der Analyse   236
       Eine schwierige „einfache Beobachtung"   238
       Das Muster: Ein Stück Ordnung   240
       Die Gültigkeit der Ergebnisse   243
       Zum Exempel: Autorisierung von Klatschwissen   244
    4. Vom Konversations-Molekül zur Massenkommunikation   247
       Das vermittelte „Zeitgespräch"   251

11. Kapitel Die Gruppendiskussion: Von der Erschließung kollektiver Erfahrungsräume   255
    1. Traditionen und Grundlagen der Gruppendiskussion   258
       Auf der Suche nach der Sozialität der Gruppendiskussion   261
    2. Vom Nutzen der Gruppendiskussion   267
    3. Die Praxis der Gruppendiskussion   273
       Das Erkenntnisinteresse und die Rahmenbedingungen   273
       Die Rekrutierung der Diskussionsgruppen   277
       Der Verlauf der Gruppendiskussionen   281
       Die Auswertung   283

12. Kapitel Teilnehmende Beobachtung: Datenerhebung ‚hautnah' am Geschehen   286
    1. Hintergrund und Problematik der Methode   286
       Grundgedanke und zentrale Problematik des Verfahrens   287
    2. Konzeption und Durchführung   290
       Das Beobachtungsfeld und die Problematik des Feldzugangs   291
       Wahl der angemessenen Beobachtungsvariante   292
       Beobachtungsleitfaden und Wahl der Aufzeichnungsart   294
       Aufbereitung, Analyse, Ergebnispräsentation   296

13. Kapitel Das qualitative Interview: Die Darstellung von Erfahrungen   299
    1. Typische Verfahren   301
       Das narrative Interview   302
       Das Leitfadeninterview   306
    2. Transkription   311
    3. Auswertung   312

14. Kapitel Die qualitative Inhaltsanalyse: Rekonstruktion der Kommunikationswirklichkeit   315
    1. Grundlagen und Bedeutung   315
    2. Vorgehensweise   317
       Varianten qualitativer Textanalysen   317

Die qualitative Inhaltsanalyse	319
3. Induktive und deduktive Kategorienbildung	323
15. Kapitel Die biografische Methode: Thematisierung der Subjektivität	**328**
1. Tradition der biografischen Forschung	328
2. Gegenstand	328
3. Durchführung	331
Datenerhebung	332
Auswertung und Interpretation	333
4. Beispiele zur Illustration	336
Mediennutzung in der DDR	336
Frauenzeitschriften aus der Sicht ihrer Leserinnen	337
16. Kapitel Historische Untersuchungen: Von der „Faktenhuberei" zur Facherkenntnis	**339**
1. Historisches und systematisches Vorgehen	339
Das leitende Erkenntnisinteresse	341
2. Konzeption historischer Untersuchungen	344
Die Quellen	346
Oral History	351
3. Durchführung historischer Untersuchungen	352
Analyse und Auswertung des historischen Materials	355
Statt eines Resümees	**361**
17. Kapitel Wissenschaftliche Deskription: Zwischen „Dataismus" und Theoriebau	**361**
1. Zur Begriffs- und Theoriegeschichte	362
2. Verfahrensebenen der Deskription	366
„Deskriptives Schema"	367
3. Leistungen der Deskription	371
4. Zwischen Erzählen und Erklären	374
Literaturverzeichnis	**379**
Autorinnen und Autoren	**399**
Personenregister	**401**
Sachregister	**407**
Bereits erschienen in der Reihe STUDIENKURS Medien & Kommunikation	**421**

Abbildungsverzeichnis

T1:	Die Definitions-Gleichung	24
T2:	Der ‚weiche' Kommunikationsbegriff	28
T3:	Die semiotischen Dreiecks-Beziehungen	33
T4:	Das Organon-Modell der Sprache	36
T5:	Erkenntnistheoretische Positionen	39
T6:	Begriffs-Baum ‚Mensch'	51
T7:	Begriffs-Baum ‚Zeitung' (1)	53
T8:	Begriffs-Baum ‚Zeitung' (2)	55
T9:	Die klassischen Urteilsformen nach Kant	59
T10:	Die Schlussfiguren des Syllogismus	61
T11:	Deduktion und Induktion	66
T12:	Induktion und Deduktion: Forschungsablauf	72
T13:	Angewandte Phänomenologie	101
T14:	Fließende Ähnlichkeiten	120
T15:	Der Vergleich: Merkmalskoinzidenzen (1)	125
T16:	Der Vergleich: Merkmalskoinzidenzen (2)	126
T17:	Vergleichstypen: Fälle und Merkmale	136
T18:	Das Schema des Vergleichsverfahrens	143
T19:	Der Weg des Verstehens	155
T20:	Verstehen nach Dilthey und Gadamer	163
T21:	Hermeneutik: Zirkel und Differenz	169
T22:	Erklären und Verstehen	174
T23:	Die Schritte des dialektischen Verfahrens	180
T24:	Dialektik der Medienentwicklung	185
T25:	Disput über Massenkommunikation	189
T26:	Die dialektische Matrix bei Bernd Aswerus	191
T27:	Das Verfahren der Typenkonstruktion	199
T28:	Die Idealtypen ‚Journalist' und ‚Publizist'	204
T29:	Einfaches Notationssystem für Transkripte	235
T30:	Die Konversationsanalyse	237
T31:	Kleine Auswahl aus Klatschgesprächen	241
T32:	Das Verfahren der Gruppendiskussion	276
T33:	Ablaufphasen in Gruppendiskussionen	282
T34:	Verfahren der Teilnehmenden Beobachtung	297

Verzeichnis der Übersichten und Prüfungsschemata

T35:	Verfahren beim Qualitativen Interview	313
T36:	Schritte der Qualitativen Inhaltsanalyse	321
T37:	Schritte der Biographischen Methode	334
T38:	Schritte Historischer Untersuchungen	356
T39:	Quantifizierende Beschreibung	369
T40:	Deskriptive und verifizierende Untersuchung	370
T41:	Deskription und Typifikation	377

Wissen und Wissenschaft

von Hans Wagner

„Alle Menschen streben von Natur aus nach Wissen."

Mit diesem Satz beginnt Aristoteles sein Buch über die *„Metaphysik"*. Er wollte damit „offenbar zum Ausdruck bringen, dass der Mensch von Haus aus das Bedürfnis hat, in theoretischer Hingabe an die Dinge und ihre Sachverhalte heranzukommen".[6] Offen bleibt, zu welchem Ziel der Mensch Wissen erwerben will, um welche Art Wissen es geht. Aristoteles zollte allen Wissensarten seinen Respekt; aber von Wissenschaft im strengen Sinne sprach er nur dort, wo der Verstand auf der Grundlage von Erfahrung „*Beweiswissen*" produziert, wo er zur Erkenntnis des „Allgemeinen und Notwendigen" vorstößt.

Dass alle Menschen von Natur aus nach Wissen und Erkenntnis streben, heißt also nicht, dass alle Menschen Wissenschaftler sind.

Was aber ist Wissenschaft?

Die *Wissenschaftssoziologie* sieht in der Wissenschaft eine menschliche Aktivität, die mit besonderen Methoden die wissenschaftliche Wahrheit sozusagen konstruiert und produziert.[7]

Seit 2300 Jahren sucht auch die *Wissenschaftstheorie* den Voraussetzungen der Wissenschaft und den Möglichkeiten des Denkens auf die Spur zu kommen.[8] Die Fragen nach den Grundlagen der Wissenschaft lauten etwa: Wie können wir überhaupt zu Wissen, zu Erkenntnissen gelangen? Worüber können wir etwas wissen? Wie verhält sich das Wissen zu den Tatsachen? Welche Rolle spielt die Erfahrung für die Erkenntnis? Wie können wir zu allgemeinen Erkenntnissen gelangen, da wir doch immer nur Singuläres erfahren?

Wer ernsthaft wissenschaftlich arbeiten will, sollte wenigstens in groben Zügen kennen lernen, was die Wissenschaft über die Wissenschaft weiß, welche Erkenntnisse sie über Erkenntnis besitzt. Tatsächlich konnte man bis zum Ende des Mittelalters berufsqualifizierende Spezialwissenschaften (z. B. Recht, Medizin) nur studieren, wenn man zuvor die „Artistenfakultät" als Vorschule durchlaufen hatte. An dieser Fakultät wurden die *artes liberales*, mathematische Fächer etwa, vor allem Logik und Erkenntnistheorie, aber auch Rhetorik (die Vorläuferin der modernen Kommunikationswissenschaft) gelehrt. Wer sich also einer Brotwissenschaft zuwenden wollte, musste in dieser Vorschule erst einmal die Wege des Beobachtens, des Denkens, des Argumentierens und des Beweisens gehen lernen, die zum Ziel wissenschaftlicher Erkenntnis führen. Heute ist von solcher Vorbereitung, von der Einübung in wissenschaftliches Denken kaum noch etwas übrig – zum Schaden der Brotwissenschaften.

---

6 Meyer, Hans, Erkenntnislehre, 1955, S. 64.
7 Siehe Bühl, Walter L., Wissenschaftssoziologie, 1974, S. 50 f.
8 Vgl. Stichwort ‚Wissenschaftstheorie' in: Neuhäusler, Anton, Grundbegriffe, ²1967, S. 257.

Gerade deshalb müssen solche Grundfragen im Rahmen einer methodischen Propädeutik wenigstens gestellt werden. Es kann schließlich nicht angehen, dass der Eindruck entsteht oder gar provoziert wird, Wissenschaft sei schlechthin eben das, was Wissenschaftler halt machen, und Wissenschaftler seien vermutlich jene, die einen „Lehrstuhl" innehaben – als gäbe es keine verlässlichen Kriterien für wissenschaftliche Wisssuche, für wissenschaftlichen Wissenserwerb und Wissensgewinn, an denen sich auch jeder wirkliche Wissenschaftler messen lassen muss. Ein geistreich-schlaues Essay, das irgendein Problem aufwirft und irgendwie zu irgendwelchen Antworten vorstößt, ist noch keineswegs Wissenschaft, auch wenn es nominell von einem Wissenschaftler stammen sollte. Allerdings gilt auf der anderen Seite: Ein gerüttelt Maß an Unverständlichkeit oder ein wildwüchsiger Anmerkungs- und Zitaten-Apparat lässt keineswegs einen Schluss auf Wissenschaftlichkeit zu. Woran aber erkennt man dann Wissenschaft? Was unterscheidet das allgemein menschliche Streben nach Wissen von wissenschaftlicher Erkenntnis-Produktion?

Wie also sehen die Wege der Wissenschaft aus?

I. Wege der Wissenschaft

von Hans Wagner

Im Rahmen dieser Einführung in qualitative Methoden der Kommunikationswissenschaft können wissenschaftstheoretische Grundsatzprobleme lediglich angerissen werden. Ziel ist es, einige wichtige Grundbegriffe vorzustellen, mit denen wir durchgehend hantieren – als wäre daran und dabei alles selbstverständlich. Es muss uns ferner darum zu tun sein, erste Eindrücke von der ungeheuren Fülle der Probleme zu vermitteln, die sich hier in den Weg legen. Dabei sollte es auch gelingen, jene Scheuklappen abzulegen, die Wissenschaft nur noch als einspurigen (zumeist empirisch-analytischen) Verfahrens-Weg gelten lassen und viele andere mögliche Zugänge zugunsten *eines* dogmatisierten Wahrheitspfades ausblenden.

Mit Rücksicht auf die Kompetenzgrenzen werden sich die folgenden Kapitel auf sorgfältig ausgewähltes Fremdmaterial stützen müssen. Mehr als sonst üblich, muss sich das Unternehmen dieser Betrachtungen auf die Erklärungen sachkundiger Führer verlassen. Zwei Auswahlkriterien sind dabei leitend: zum einen die Rücksicht auf die Fundamentalprobleme der Wissenschaftstheorie, zum anderen die Rücksicht auf Fachrelevanz. Helmut Seiffert fasst die Fundamentalprobleme der Wissenschaftstheorie in drei Fragen zusammen:

1. Kann die Wissenschaft ihre Gegenstände *ganzheitlich* erfassen oder muss sie immer *analytisch*, das heißt: Gegebenheiten auflösend vorgehen?
2. Ist es das Ziel der Wissenschaft, *allgemeine Sätze* zu finden, oder soll sie auch einmalige, *individuelle Tatsachen* erforschen – oder ist beides notwendig?
3. Hat die Wissenschaft auch eine *lebenspraktische Bedeutung*? Soll sie dem Menschen helfen, besser mit praktischen Fragen fertig zu werden, oder sind praktische Fragen *außerwissenschaftliche* Angelegenheiten?

Die drei Fragen stehen untereinander in einem Zusammenhang. Die *analytischen Wissenschaften*, die – wie das Wort sagt – ihre Gegenstände in Einzelelemente „auflösen", streben zumeist auch mit besonderem Vorrang nach der Formulierung allgemeiner Gesetze und erklären Wertfragen zu außerwissenschaftlichen, rein praktischen Angelegenheiten. Die auf *Ganzheits-Erfassung gerichteten Wissenschaften* dagegen, denen Human- und Sozialwissenschaften zuzurechnen sind, haben es mit Individualerscheinungen zu tun, gehen daher (oft) individualisierend vor und sehen es auch als Aufgabe der Wissenschaft an, dem Menschen bei seiner Welt- und Lebensorientierung zu helfen.[9]

Diese Probleme und ihre Verknüpfungen also werden so etwas wie durchgängige Perspektiven für die Materialauswahl und -anordnung sein. Da es hier jedoch um eine Einführung in qualitative Methoden der Kommunikationswissenschaft geht, werden die allgemeinen wissenschaftstheoretischen Problemlagen und Problemlösungen nur so weit aufgedeckt, dass die Fundamente der interessierenden Verfahren sichtbar werden können.

---

9 Vgl. Seiffert, Helmut, Wissenschaftstheorie 1, [10]1983, S. 17–22.

I. Wege der Wissenschaft

Zum anderen erfordert die Bindung der Darstellung an die Fachrelevanz auch den Versuch, die allgemeinen Einsichten und Begriffe der Wissenschaftstheorie, wo immer es möglich ist, zurückzubiegen auf Gegenstände des Faches Kommunikationswissenschaft. Unabhängig von der hier naheliegenden Fachrelevanz bietet es sich an, die Erkundungsbohrungen zu den Fundamenten der Wissenschaft mit der Zielrichtung „Sprache" voranzutreiben.

Wie also sprechen wir? Wovon spricht die Sprache? Wie kommen wir in der Wissenschaft zu wahren Aussagen?

Der Versuch, auf diese Fragen angemessen zu antworten, ist das Programm der folgenden drei Kapitel. Es handelt sich dabei sozusagen um Erkundungen, die stets in die nämliche Richtung gehen, aber in ganz verschiedene Tiefenschichten reichen.

Dabei folgen wir zunächst einigen Strecken der Hauptstraße des Nachdenkens über Sprache, Realität und Erkenntnis, die Wissenschaftler seit mehr als zwei Jahrtausenden begehen. Auf dieser Straße liegen die großen, die klassischen Problembrocken: Spricht die Sprache von der Realität? Was ist diese Realität? Oder: Warum haben wir nur Allgemeinbegriffe, wo uns doch die Realität stets nur Singuläres vor die Sinne bringt?

Dann interessieren uns die Richtungen der Denkwege, auf denen die Wissenschaft zu Allgemein-Erkenntnissen zu gelangen versucht: das axiomatische, das deduktive und schließlich das induktive Denken. Letzteres ist von besonderer Bedeutung. Da Kommunikationswissenschaft eine Erfahrungswissenschaft ist, also von der Wahrnehmung der sozial-kommunikativen Wirklichkeit fortschreitet (oder jedenfalls fortschreiten möchte) zu allgemeinen, gültigen Erkenntnissen, kann das Problem der Induktion nicht negiert werden.

Weil schließlich wissenschaftliche Methoden stets dem interessierenden Gegenstand angemessen sein müssen, und weil der Gegenstand ‚Kommunikation' eindeutig der Sozialwelt zugerechnet werden muss, sind die Bedingungen zu beleuchten, welche die Anwendung qualitativ-verstehender Methoden bei der Erforschung sozialer Kommunikation unverzichtbar machen.

1. Kapitel Sprache und Erkennen: Von der Formulierung und der Form des Wissens

"Wir können nur das verstehen, was wir selbst herstellen können."[10] Auf diesem Prinzip eines wissenschaftstheoretischen „Konstruktivismus" bauen Wilhelm Kamlah und Paul Lorenzen ein ganzes Gebäude der sprachlogischen Propädeutik auf. Schritt für Schritt versucht diese, dem alltäglichen Umgang mit der Sprache zu folgen. Sie will dabei zeigen, wie wir im Alltag und schließlich auch in der Wissenschaft die ersten Grundbegriffe finden, „wie wir aus diesen Grundbegriffen in stetigem Weiterarbeiten zum Verständnis der Welt und unseres Wissenschaftsgebietes kommen."[11]

1. Der Windhauch eines Lautes

Die Basis des alltäglichen Sprachspiels besteht darin, dass wir unentwegt irgendwelche „Gegenstände" mit Wort-Etiketten versehen: Wir sprechen „Gegenständen" einen oder mehrere Prädikatoren zu. Prädikatoren sind in der Sprachlogik Prädikatausdrücke oder eindeutige Bezeichnungen für ein Prädikat. Wir bezeichnen einen Bleistift als ‚Bleistift', ein Buch als ‚Buch', eine Idee als ‚Idee', einen Traum als ‚Traum' usw. Dabei ist es gar nicht besonders wichtig, um welche „Gegenstände" es sich handelt, um körperliche Dinge vielleicht oder um „Gegenstände" eines Gesprächs, des Phantasierens oder des Denkens. Die logische Sprachpropädeutik geht davon aus, dass wir es da nicht einfach mit „Gegenständen" an sich zu tun haben; vielmehr bestimmt die Sprache, was sich als „Gegenstand" aus der Welt ausgliedern lässt. Ein *„Gegenstand"* ist – mit anderen Worten – alles, *„was wir mit einem Wort unserer Sprache bezeichnen können"*.

Welchen „Gegenständen" welche Prädikatoren zugesprochen werden, entscheidet der Gebrauch der Sprache, den wir gewissermaßen „von selbst" lernen. Mit dem Gebrauch der Sprache lernen wir zugleich die Regeln, nach denen wir bestimmte Prädikatoren bestimmten Gegenständen zusprechen und zuschreiben, welche Prädikatoren sich durch andere ersetzen lassen, oder welche Prädikatoren wir für „Gegenstände" nicht verwenden dürfen, sobald und weil wir ihnen schon andere Prädikatoren zugesprochen haben. Diese sogenannten Regeln ergeben sich „genau wie die einzelnen Prädikatoren selbst aus der Erfahrung und Interpretation der Welt, in der wir leben".

---

10 Lorenzen, Paul, Denken, Frankfurt a. M. ³1980; zit. nach Seiffert, Helmut, Wissenschaftstheorie 1, ¹⁰1983, S. 142.
11 Seiffert, Helmut, Wissenschaftstheorie 1, ¹⁰1983, S. 27. Seiffert bezieht sich mit dem Begriff „Logische Propädeutik" ausdrücklich auf Wilhelm Kamlah/Paul Lorenzen: Logische Propädeutik. Mannheim ²1973. – Soweit nichts anderes angegeben, stammen alle Zitate zur Sprachlogik in diesem ersten Abschnitt aus dem angegebenen Werk von Helmut Seiffert, wo die einzelnen Schritte der „Logischen Propädeutik" von S. 28 bis S. 104 ausführlich dargestellt sind.

I. Wege der Wissenschaft

T 1: Die Definitions-Gleichung

Zeitung = periodisches Neuigkeitsblatt

Definiendum:　　　　　　　　　Definiens:
das zu Definierende　　　　　das Definierende
kurz　　　　　　　　　　　　　　lang
neu　　　　　　　　　　　　　　alt
unbekannt　　　　　　　　　　bekannt
unverständlich　　　　　　　　verständlich

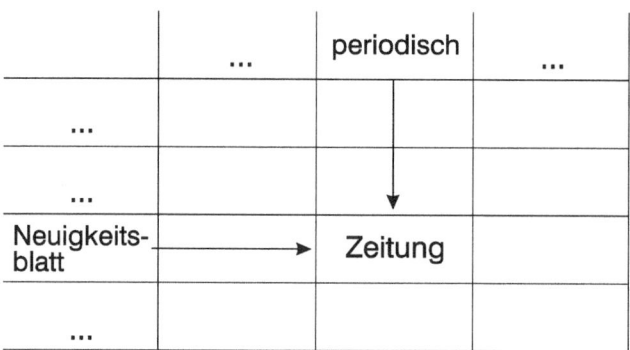

Der Prädikator 'Zeitung' steht im Schnittpunkt der gleichberechtigten Prädikatoren-Koordinaten 'periodisch' und 'Neuigkeitsblatt'.

Nach Helmut Seiffert: Einführung in die Wissenschaftstheorie, München [10]1983, Band 1, S. 39.

(Eine) Definition der Definition

Zu diesen Regeln gehört auch die Definitionsregel, die wir ständig anwenden, auch wenn uns dies meist nicht bewusst ist. Danach muss man, um zu Definitionen zu kommen, immer erst prädikatisierte Gegenstände haben. Denn „eine Definition, so können wir ‚definieren', ist die Gleichsetzung eines bisher noch unbekannten Wortes mit einer Kombination mindestens zweier bereits bekannter Wörter. Hieran wird schon sichtbar, dass man *niemals* mit einer Definition *beginnen* kann. Denn eine Definition setzt immer voraus, dass *schon bekannte Wörter da sind*, mit deren Hilfe wir dann noch unbekannte definieren können."

> Das klassische Beispiel für eine Definition ist die des Schimmels: *Ein Schimmel ist ein weißes Pferd.* Die Grundlage dieser Definition ist, dass die beiden Prädikatoren ‚Pferd' und ‚weiß' bereits bekannt sind, sodass durch sie das noch unbekannte Wort „Schimmel" bestimmt werden kann. Genauso lässt sich von der umgangssprachlichen Verwendung her definieren: „Zeitung ist ein periodisches Neuigkeitsblatt." Wir setzen dabei voraus, dass „periodisch" und „Neuigkeitsblatt" schon bekannt sind. Definitionen sehen also formal wie eine Gleichung in der Mathematik aus, bei der beide Seiten einander entsprechen müssen: Auf der linken Seite steht das *Definiendum*, auf der rechten das *Definiens*; beide Seiten und damit die Gleichung sind so zu charakterisieren, wie es Tafel 1 zeigt.

Im Falle solcher Definitionen wird mithin einfach festgelegt, welche Wörter füreinander stehen können. Außer den Prädikatoren einer Definitionsgleichung können auch *Synonyme* oder *Übersetzungen* füreinander stehen.

> Für das Wort „Zeitung" können also seine *Synonyme*, z. B. „Tagblatt", stehen. Als solche Synonyme zählt Kaspar von Stieler für das 17. Jahrhundert auf: „Aviso", „Gazette", „Relation", „Courante".[12] Diese Synonyme waren seinerzeit teils Lehnwörter, teils „*Übersetzungen*", wie sie sich ja auch heute noch anhören. Solche *Übersetzungen* (für Zeitung etwa lateinisch: „acta diurna", oder slowenisch: „casopís") sind die dritte Gruppe von Wörtern, die füreinander stehen können.

Was allen sprachlichen Ausdrücken, die füreinander stehen können, gemeinsam ist, wird in der Sprachlogik als „*Begriff*" bezeichnet. Auch der Begriff ist danach nur ein sprachliches Gebilde, das Ergebnis einer Abstraktion, die sich ganz und gar im Bereich der Sprache vollzieht. Der Begriff ist nämlich das, was übrigbleibt, wenn man von der Lautgestalt eines bestimmten Wortes absieht und dafür einen anderen sprachlichen Ausdruck einsetzt. Die *Bedeutung*, die ein solcher „Begriff" hat, ergibt sich aus dem täglichen Sprachgebrauch.

An dieser Stelle muss der Unterschied zur Wissenschaftssprache markiert werden: Im Falle wissenschaftlicher Begriffe ist die Bedeutung durch *ausdrückliche Vereinbarung* festgelegt. Während die Alltagssprache in bestimmten Toleranzgrenzen sprachliche Ungenauigkeiten hinnimmt, ist es in der Wissenschaft wichtig, dass

---

12 Stieler, Kaspar von, Zeitungs Lust, 1695, S. 25.

man genau angeben kann, wovon man redet. Daher müssen Fachwörter *normiert* werden; sie sind also nichts weiter als „*normierte Prädikatoren*". Solche Fachwörter heißen „*Termini*"; ein System von Termini, die miteinander in Beziehung stehen, nennt man „*Terminologie*". Beachtet man alle diese Vorzeichen, so braucht die oben angegebene Gleichung für Alltagsdefinitionen nicht geändert zu werden; im wissenschaftlichen Gebrauch verschärft sich lediglich die Bedingung, dass die Termini auf beiden Seiten der Gleichung auch wirklich denselben Begriff darstellen. Dies ist eigentlich schon dadurch garantiert, dass auf der Seite des Definiens wenigstens zwei bereits eindeutig normierte Prädikatoren stehen müssen. Diese zeichnen sich dadurch aus, dass ihre Bedeutung „unabhängig von der jeweiligen Redesituation", also völlig „*kontextinvariant*" festgelegt sind – oder jedenfalls festgelegt sein sollten.

> Interessanterweise bedient man sich zur Demonstration gerade solcher Sätze zumeist gängiger Termini aus hochformalisierten Wissenschaften, die ohne strenge Normierung gar nicht auskommen können. Wenn ein „englischsprechender Mathematiker ‚*triangle*' sagt, so meint er eindeutig dasselbe wie sein deutschsprachiger Kollege, der ‚Dreieck' sagt; und so ist es auch mit noch viel komplizierteren Termini zumindest in Naturwissenschaft und Technik", konstatiert Helmut Seiffert. In den „weichen" Sozial- und Humanwissenschaften dagegen ist die *Kontextinvarianz* der Bedeutungen durchaus fraglich. Man braucht dazu nur einen Blick auf die Definitionen für „Kommunikation" (siehe Tafel 2) zu werfen. Wenn hier ein englischsprachiger Wissenschaftler ‚*communication*' sagt, so muss er damit noch lange nicht dasselbe meinen wie sein deutschsprachiger Kollege, der das (wissenschaftlich klingende) Fremdwort ‚Kommunikation' gebraucht oder gar einer, der dafür das deutsche Wort ‚Mitteilung' benutzt, oder wieder ein anderer, der das alte griechische Lehnwort ‚Dialog' verwendet. Da die einheitliche Normierung der Termini fehlt, ist auch nur schwer auszumachen, welche sprachlichen Ausdrücke eindeutig „füreinander stehen können". Ob ‚communication' gleichbedeutend übersetzt ist mit ‚Mitteilung' oder mit ‚Beziehung', oder ob gar ‚Kommunikation' und ‚Mitteilung' als Synonyme füreinander stehen können, ist jedenfalls erst anhand der jeweiligen Redesituation, also des Kontextes feststellbar, dem gegenüber die Bedeutung des Wortes eigentlich invariant sein sollte – wenn es sich denn wirklich um einen wissenschaftlichen Terminus handelte. Das Fehlen einer einheitlichen Fachsprache ist ein vielbeklagtes Dilemma (nicht nur) der Kommunikationswissenschaft. Das schließt natürlich nicht aus, dass im Einzelfall (im Rahmen wissenschaftlicher Richtungen, Schulen oder Paradigmengemeinschaften) die Terminologie den Normierungs-Anforderungen durchaus entspricht.

Definitionsgleichungen sind unter den Vorzeichen der Sprachlogik letztlich also nur Sprachspiele. Die Frage nach einem „Gegenstand", der vor oder hinter der Sprache gewissermaßen als eine Realität eigener Art stehen könnte, wird und bleibt konsequent ausgeklammert. „An die Stelle der Gegenstände ‚als solche' treten die Wörter, die die Sprache ihnen zuordnet". Helmut Seiffert fügt an: „Durch diese geniale – und fast schon ein wenig unerlaubt wirkende – Wendung des Gegenstandsbegriffes schafft sich der Philosoph [sic!] ganz erhebliche Probleme vom Halse." Er umgeht „nämlich die uferlosen Probleme, die sich seit nun bald dreitausend Jahren um Dinge wie ‚Sein' und ‚Erkenntnis' gelegt haben: fachterminologisch gesprochen also die gesamte ‚Ontologie' (Seinslehre) und die ‚Erkenntnistheorie'".[13]

Das Dilemma ist nur, dass sich diese „uferlosen Probleme" gerade in der Sprachlogik durch die Hintertür wieder einschleichen. Mit jedem umgangssprachlichen Exempel nämlich, mit dem die Konstruktionen beginnen, schieben sich sofort (unscharf gesagt) Vorstellungen ins Denken hinein. Das Wort ‚Zeitung' (oder ein beliebiges anderes) lässt sich nicht sagen oder niederschreiben, ohne dass wenigstens das Gedankending (Begriff) evoziert wird, welches das Wort ‚Zeitung' zu verstehen gibt (sei es im alltagssprachlichen oder im wissenschaftlichen Umgang). Wird aber das Wort nicht einfach zur leeren Hülle, wenn wir von all dem abstrahieren wollen, was es zu verstehen gibt, wenn wir also abstrahieren von einem ‚seienden' Gegenstand, dem es zugesprochen wird, wobei es zudem noch gleichgültig sein soll, ob dieses ‚Seiende' real als Körperding oder ideal als Gedankending existiert?

In eine ähnliche Richtung hat schon im Spätmittelalter Johannes Roscellin (1050 bis 1124) argumentiert. Nach dem Zeugnis des Anselm von Canterbury (1033 bis 1109) hat Roscellin gelehrt, der Allgemeinbegriff sei nur *„flatus vocis"*, der „Windhauch eines Lautes".[14] Weil es ihr bei den Begriffen offenbar ebenfalls nur um den „Windhauch eines Lautes" geht, kann in der Sprachlogik konsequent auch die Definition nur die Gleichsetzung von Wörtern, also immer nur *Nominaldefinition* sein. Schließlich kann dann auch, was Wahrheit ist oder sein soll, nur in Sprachgebilden selbst (in der Aussage) zu finden sein, nicht aber in einer Beziehung zwischen Gegenständen und Denken. „Das Problem des ‚Gegenstandes an sich' ist mit der sprachanalytischen Wendung nicht gelöst, sondern nur beiseite geschoben", konzediert immerhin auch Seiffert. Er fährt fort: „Man *vermeidet* es einfach, sich damit zu beschäftigen, solange es geht – und das geht in der Tat ziemlich lange. (...) Aber das letzte Wort der Philosophie kann die Sprachanalyse ganz sicher nicht sein."[15] Im Alltag und in der Wissenschaft nämlich lässt sich die Frage nicht verdrängen, was den sprachlichen Gebilden, die wir benutzen, in unserem Denken, in unserer Wahrnehmung und schließlich in der Wirklichkeit entspricht. Daher konzentrieren sich in den Problemen der Sprachanalyse letzten Endes die zentralen Probleme der Erkenntnis sowie aller Bedingungen der Möglichkeit von Erfahrung und Denken.

---

13 Seiffert, Helmut, Wissenschaftstheorie 1, [10]1983, S. 30 f.
14 Vgl. de Vries, Josef, Erkenntnis, 1980, S. 41; ferner Meyer, Hans, Erkenntnislehre, 1955, S. 192.
15 Seiffert, Helmut, Wissenschaftstheorie 1, [10]1983, S. 31 f.

T 2: Der 'weiche' Kommunikationsbegriff

Das alles (und einiges mehr) bedeutet 'Kommunikation':

"Communication is an organizing principle of nature."
Juergen Ruesch, 1953

"Kommunikation bezeichnet die Einbettung eines Systems in ein Universum von Systemen."
Fred Weidmann, 1972

"Kommunikation bedeutet Austausch von Informationen zwischen dynamischen Systemen bzw. Teilsystemen, die in der Lage sind, Informationen aufzunehmen, zu speichern, umzuformen usw."
Georg Klaus, 1969

"Unter Kommunikation wird die Aufnahme und Verarbeitung von physikalisch, chemisch oder biologisch nachweisbaren Signalen durch ein Lebewesen verstanden."
W. Meyer-Eppler, 1969

"Wir definieren (...) den Begriff 'Kommunikation' in seinem weitesten Sinne als einen Übermittlungsprozess von Signalen."
Wulf D. Hund, 1970

"Im engeren Sinn versteht man unter Kommunikation einen Vorgang der Verständigung, der Bedeutungsvermittlung zwischen Lebewesen."
Elisabeth Noelle-Neumann, 1971

"Im engeren Sinn kann man von Kommunikation dann sprechen, wenn ein Handeln bewusst und ausdrücklich die Übermittlung von Informationen als seinen Hauptzweck anstrebt. In diesem Sinn ist Kommunikation eine besondere Art von sozialem Verhalten."
Niklas Luhmann, 1969

"Kommunikation heißt Transport von Mitteilungen."
Siegfried Maser, 1971

"Communication comes from the Latin 'communis', common. When we communicate, we are trying to establish a 'commonness' with someone."
Wilbur Schramm, 1948

"Kommunikation ist eine Bedingung des menschlichen Lebens."
Hermann Schnabl, 1972

"Jede Kommunikation vollzieht sich mit Hilfe von Zeichen, durch die ein Organismus das Verhalten eines anderen Organismus beeinflusst."
Simon Moser, 1968

***

Quelle: Klaus Merten, Kommunikation, Opladen 1977. Dort finden sich (von S. 168 bis S. 182) rund 160 Definitionen oder "definitoide" Sätze, die den Begriff 'Kommunikation' zu bestimmen suchen.

2. Wovon spricht die Sprache?

Die erste Frage, die sich nun geradezu aufdrängt, lautet demnach: *Wovon spricht die Sprache?* Wenn wir in Sprechakten nach bestimmten Regeln einen sprachlichen Ausdruck hervorbringen[16], so setzen wir damit Ereignisse in der äußeren Welt, die von anderen wahrgenommen werden können. Wir formen Laute, die als Worte und Wortfolgen gehört werden. Wir verändern die Haltungen unseres Körpers, wir agieren mit mimischen und gestischen Bewegungen, die von anderen beobachtet werden; wir zeichnen Linien aufs Papier oder in den Sand, die von Mitmenschen sehend nachgezogen und nachvollzogen werden. Wir tun etwas, wir handeln, wenn wir sprechen. Was immer wir da jedoch an wahrnehmbaren Ereignissen hervorbringen, an Lauten und Gesten, an Gesichtszügen und Körperhaltungen oder an Schriftlinien: *Sie meinen sich allesamt nicht selbst. Die Sprache spricht (in aller Regel) nicht von sich.*

Zeichen, die für etwas anderes stehen

Bewegungsbilder, Schriftbilder oder Lautbilder werden als solche nicht einmal bewusst wahrgenommen. „Redend und hörend leben wir *in* der Sprache, nicht auf sie hin", sagt Bernhard Waldenfels im Anschluss an Edmund Husserl. Dieser hatte festgehalten, dass wir keineswegs „im Lesen das Schriftzeichen auf dem Papier (...) zum ‚Thema' theoretischer oder gar praktischer Stellungnahmen machen; das Schriftzeichen ‚erscheint', wir ‚leben' aber im Vollzug des Sinnes". Und an anderer Stelle: Die Wortzeichen können ihrer Funktion nur gerecht werden, wenn der kommunikative Akt nicht bei ihnen als seinem Gegenstand „stehen bleibt", sondern durch sie „hindurchgeht".[17] Das wache Bewusstsein ist nur darauf gerichtet, was Laute, Gesten und Schrift bedeuten. Diese „*stehen für*" etwas anderes. Sie symbolisieren dieses andere. Eben deshalb sind es *Zeichen*.

> Zeichen, so Karl Bühler, „zeigen" auf das, was „vor Augen gestellt" ist; die Etymologie fasst das Moment der „Helligkeit" und der „Sichtbarkeit". „Das Vor- und Aufzeigen der Dinge oder das Hinweisen auf die Dinge" ist Sinn des Wortes ‚Zeichen'.[18] Jedes Wort, das wir hören oder lesen, ist eine Einheit von Wort*laut* und Wort*bedeutung*, von Form und Inhalt, eine „*verschmolzene Einheit*", von der Husserl bemerkt: Der Sinn „beseelt" die Worte, die Worte „verleiblichen" den Sinn.[19]

Sprache ist zwar selbst etwas, steht aber für etwas anderes.[20] Das Sprachzeichen ist damit ein Fall für die Relation der „*Stellvertretung*", die schon von den Scho-

---

16 Vgl. Searle, John Roger, Speech Acts, 1969, 1. Teil, 1. Kap., 4. Abschnitt, S. 16. Auch Bühler, Karl, Axiomatik, ²1976; ders., Sprachtheorie, 1978; ferner Schütz, Alfred, Symbol, 1971.
17 Waldenfels, Bernhard, Dialog, 1971, S. 168 f. Vgl. auch Schütz, Alfred, Notizbücher, 1984, S. 319; ders., Symbol, 1971, S. 363.
18 Bühler, Karl, Axiomatik, 1976, S. 25.
19 Nach Waldenfels, Bernhard, Dialog, 1971, S. 169; vgl. auch Starkulla, Heinz, Marktplätze, 1993, S. 86 ff.
20 Für den vorliegenden Zweck belassen wir es – der Anregung Karl Bühlers folgend – bei dieser Unschärfe. Dass es sich um eine solche handelt, gibt Martin Heidegger zu bedenken; nach Heidegger nämlich gehört das Wort zu solchem, „was es gibt und was gleichwohl nicht ‚ist'". (*Unterwegs zur Sprache*, 1959.) Zit. nach Jaeger, Hans, Heidegger, 1971, S. 96.

lastikern entdeckt und formuliert wurde: *„aliquid stat pro aliquo"*. Das *„stare quo"* sieht der Sprachphilosoph Karl Bühler denn auch als das fundamentale Charakteristikum des Sprachzeichens an; dabei unterstreicht er, dass Stellvertretung „zu den nicht-umkehrbaren Relationen" zählt: „Der Gesandte ist ein Stellvertreter seines Staates, aber nicht umgekehrt, der Rechtsanwalt steht vor Gericht für seinen Klienten, aber nicht umgekehrt. Das gilt auch von den Zeichen, und man kann hinzufügen, dass hier aus bestimmten Gründen das stellvertretende Glied des Gefüges (...) stets dem Bereich des Wahrnehmbaren angehört, während dies von dem anderen Glied nicht behauptet werden kann."[21]

Diese Art einer nicht umkehrbaren Relation entfaltet Alfred Schütz unter Rückgriff auf Husserl mit dem Begriff der *„Appräsentation"*. Diese ist eine assoziative Paarung zweier oder mehrerer Daten; solche an sich getrennten Phänomene verschmelzen so sehr, dass die Wahrnehmung des einen, des appräsentierenden Gliedes das andere, das appräsentierte Glied der Relation im Bewusstsein „weckt", „hervorruft", „vergegenwärtigt". Im Falle eines Sprachzeichens als dem appräsentierenden Glied kann das appräsentierte Glied „ein physisches Ereignis, eine Gegebenheit oder ein Ding sein, das allerdings vom Subjekt nicht unmittelbar wahrgenommen werden kann; es kann aber auch etwas Geistiges oder Nicht-Materielles sein. Es kann wirklich sein, im Sinne des Alltagsverstands, oder eine Phantasievorstellung. Es kann gleichzeitig mit dem appräsentierenden Glied sein oder ihm vorausgehen oder folgen. Es kann sogar zeitlos sein."[22]

Mit diesen Hinweisen ist zugleich schon angedeutet, dass Zeichen – Sprachzeichen vor allen anderen – den Menschen herauslösen aus allen Erfahrungsbeschränkungen. Mithilfe von Zeichen überwindet oder „transzendiert" der Mensch die zahlreichen Grenzen seiner Lebenswelt.[23]

> Das Wort präsentiert nichts, es appräsentiert, es *„mit-vergegenwärtigt"*. In diesem Sinn ermöglicht die Sprache dem an einen bestimmten Ort und an eine bestimmte Zeit gefesselten Menschen, jedes Nicht-Hier und jedes Nicht-Jetzt für sich zu erwecken und zur Vorstellung zu bringen.[24]

Dem Menschen erwächst „mit den frei verfügbaren Lauten eine Welt symbolischer Gegenwart der Dinge, über die er auch frei verfügen kann, weil er sie beruhigt anzuschauen vermag".[25]

Die Sprache als „Organon"

Immer hängen wir noch im Vorfeld der Frage, wovon die Sprache spricht. Drei Einsichten aber eröffnen sich aus diesen Vorüberlegungen darüber, was die Sprache ist und in welcher Beziehung sie zu dem steht, wovon sie spricht:

---

21 Bühler, Karl, Axiomatik, ²1976, S. 28 f.
22 Schütz, Alfred, Symbol, 1971, S. 342 f.; parallel Schütz, Alfred/Luckmann, Thomas, Lebenswelt 2, 1984, S. 181.
23 Siehe dazu Schütz, Alfred/Luckmann, Thomas, Lebenswelt 2, 1984, S. 194.
24 Im Phänomen der *Appräsentation* finden sich weitgehend auch die axiomatischen Grundlagen einer fachlichen Medientheorie. Vgl. dazu Wagner, Hans, Medientheorie, 1993, S. 165–188.
25 Zinsli, Paul, Sprache, 1958, S. 145.

- Die erste Einsicht lautet: Wie immer man das fasst, wovon die Sprache spricht, sicher ist, dass es nicht wieder nur Worte sind, wie es die propädeutische Sprachlogik nahelegt.
- Die andere Einsicht resultiert aus dem Sprechen über die Sprache: Das, wovon die Sprache spricht, wird in ihr symbolisiert oder appräsentiert. Jedenfalls *steht Sprache für das, wovon sie spricht.*
- Die dritte Einsicht ist zunächst nur in Andeutungen markiert: Die Sprache spricht von „etwas", von Sachverhalten. Sie ist Träger von Bedeutungen.

Der Zusammenhang dieser Einsichten ist im sogenannten *„semiotischen Dreieck"* (siehe Tafel 3, a) modelliert worden. Schon in seiner frühesten Fassung von Ogden und Richards (1923) versuchte es, dem Zeichencharakter der Sprache gerecht zu werden. Das Wort (beziehungsweise die Sprache) ist hier unscharf als „Symbol" etikettiert. Unscharf ist dies, weil damit der Unterschied zwischen Lautbild und Lautbedeutung, die zur Einheit des ‚Wortes' verschmelzen, untergeht. Durch die gestrichelte Linie an der Dreiecksbasis jedoch wird unmittelbar markiert, dass es zwischen dem Wort beziehungsweise dem Laut keine direkte Verbindung zum „Bezugsobjekt" oder zum „Referenten" gibt. Es führt vom Wort kein kurzer Weg zu dem Ding, das durch ein Wort bezeichnet ist. Das Zeichen bildet das Bezeichnete nicht ab; „die menschliche Sprache malt nicht."[26] Karl Bühler stellt dies fest und bemerkt: „Wenn wir heute den Laut und das Ding hin und her vergleichend betrachten, so ergibt sich keine ‚Ähnlichkeit' zwischen beiden, wir wissen auch in den meisten Fällen nicht, ob je eine bestanden hat und ob um dieser Ähnlichkeit willen die Zuordnung ursprünglich vollzogen worden ist."[27]

Um den Zeichencharakter der Sprache darzutun, können wir – Bühler folgend – auf die Formel Platons zurückgreifen: Die Sprache, so hat dieser im *„Kratylos"* definiert, ist ein *„Organon"*, ein Werkzeug, *„um einer dem anderen etwas mitzuteilen über die Dinge"*. Das semiotische Dreieck belehrt uns nun jedoch, dass die Beziehung zwischen Zeichen und Bezeichnetem *vermittelt* ist. Das Zeichen zeigt nicht unmittelbar auf das bezeichnete Ding; vielmehr folgen die *modi significandi* (die Arten, die Dinge zu bezeichnen) der Einsicht in die Dinge, gehen also *modo intelligendi* vor sich; das Maß und die Richtung einsichtiger Erkenntnis sind in den Arten und Ordnungen des Seienden (*modi essendi*) zu finden.

Die Formung menschlicher Sprachzeichen, innerhalb derer insbesondere Laut- und Schriftzeichen in hohem Grade als Äquivalente gelten können, ist durch Denkinhalte (Gedanken) über die Dinge, also – wie Aristoteles schon bemerkte – durch die *Vorstellung von den Dingen* bestimmt: „Die Stimmlaute sind Symbole

---

26 Bühler, Karl, Sprachtheorie, 1978, S. 191. (Abgesehen vielleicht von einzelnen Ausnahmen, wie sie im Verlauf des kindlichen Spracherwerbs auftreten; so etwa bezeichnen Kinder eine Kuh gelegentlich als die „Muh" oder einen Hund als „Wauwau" und ahmen mit solchen Namen den typischen Schrei dieser Tiere lautmalerisch nach. Doch daraus lassen sich verallgemeinernde Schlussfolgerungen nicht ziehen. Zur sogenannten „Wauwau-Theorie" siehe Bühler, Karl, Sprachtheorie, 1978, S. 215 f.)
27 Bühler, Karl, Axiomatik, ²1976, S. 100; ders., Sprachtheorie, 1978, S. 29 f.

der Vorstellung in der Seele, und die Schriftzeichen sind Symbole der Stimmlaute. Wie die Schriftzeichen nicht überall dieselben sind, so auch nicht die Laute. Aber es sind für alle dieselben Vorstellungen der Seele, für welche diese Laut- und Schriftfolgen in erster Linie Zeichen sind. Und bei allem, was diesen Vorstellungen ähnlich ist, handelt es sich um dieselben Dinge."[28] Das heißt, dass die Sprachzeichen zu verstehen geben, was die Vorstellung von den Dingen sagt.

> Obwohl man sich darüber streiten kann, ob das Wort „Vorstellung" immer und überall wirklich die gleiche Bedeutung hatte,[29] ist zumindest nicht von der Hand zu weisen, dass Träger einer „Vorstellung" das Subjekt ist. Würden aber Zeichen lediglich subjektive Ding- und Weltbilder reflektieren, so könnte Sprache auf dieser Basis kaum als Verständigungsmittel zwischen Menschen fungieren.

Gottlob Frege (1848–1925) hat wegen dieses Subjektivismusverdachts die „Vorstellungen" als unmittelbare Bezugsgröße des Sprachlautes ersetzt durch den „Sinn", beziehungsweise den „Sinn" mit der „Vorstellung" kombiniert. Der „Sinn" eines Wortes oder einer Wortfolge ist der Gedanke, der auf diese Weise ausgedrückt wird; oder anders: Die Wörter „beziehen sich nicht direkt über die Vorstellung auf die Dinge, sondern über die Vorstellung und den Sinn."[30]

> Aber dem „Sinn" erging es in der Sprachphilosophie nicht anders als der „Vorstellung": Der „Sinn" konnte sich als objektives Kriterium für die Sprachbasis nur dürftig ausweisen. Es stellte sich die Frage, wie gesichert war, dass der „Sinn" eines Wortes oder eines Satzes zwischen Menschen und über die Zeiten hinweg identisch blieb? Außerdem war der Begriff „Sinn" schillernd; seine Bedeutung blieb dunkel.[31]

Das Problem griff Ludwig Wittgenstein (1889–1951) auf: Weder die „Vorstellung" noch der „Sinn" verleiht einem Wort seine Bedeutung: Diese Bedeutung gewinnt das Wort vielmehr im *Gebrauch*. Erst der Gebrauch macht ein Sprachbild zum Sprachzeichen. „Der Sprachgebrauch orientiert sich an den Gepflogenheiten der Wortverwendung." Der Sprachgebrauch folgt Regeln. Es sind „die Gepflogenheiten einer Sprachgemeinschaft, die mich veranlassen, Wörter nach bestimmten Regeln zu gebrauchen. Wir folgen also derselben Regel, wenn es uns gelingt, uns zu verständigen. Das ist letztlich trivial. Damit wird allerdings das Problem der Rechtfertigung dafür, dass wir derselben Regel folgen, auch nicht gelöst, sondern nach Ansicht Wittgensteins nur aufgelöst, das heißt zum Verschwinden gebracht. Es ist also keineswegs eine seelische Bedeutung oder ein Sinn, welcher die Gebrauchsregel bestimmt, sondern die Gebrauchsregel bestimmt die seelische Bedeu-

---

28 Aristoteles, *De interpretatione* (Lehre vom Satz), 1. Kap. 16a.
29 Bei Aristoteles und im Hochmittelalter bedeutete es das Vor-Augen-Gestellte, die Wahrheitserkenntnis im Sinne einer angemessenen Einsicht in das Seiende, in die Dinge und Sachverhalte. Heute dagegen hören wir im Wort ‚Vorstellung' eher Psychologisches oder Inszeniertes mitschwingen; zudem sind Vorstellungen assoziiert mit den Inhalten öffentlicher oder veröffentlichter Meinungen. Dies alles liegt weit ab von der ursprünglichen Vorstellung von ‚Vorstellung'.
30 Ferber, Rafael, Grundbegriffe, 1998, S. 42.
31 Vgl. Ferber, Rafael, Grundbegriffe, 1998, S. 43 f.

T 3: Die semiotischen Dreiecks-Beziehungen

a)
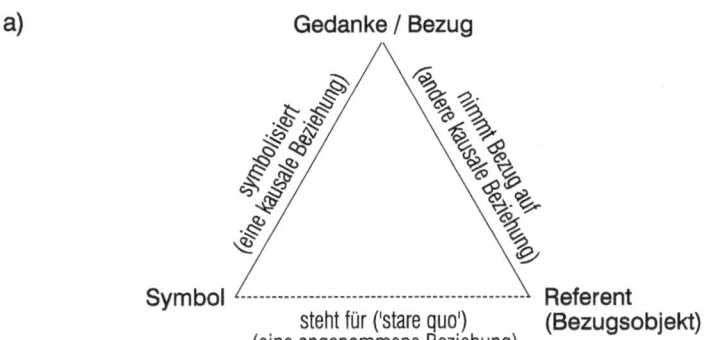

Vereinfacht nach C. K. Ogden / A. Richards, The Meaning of Meaning, 1923.

b)
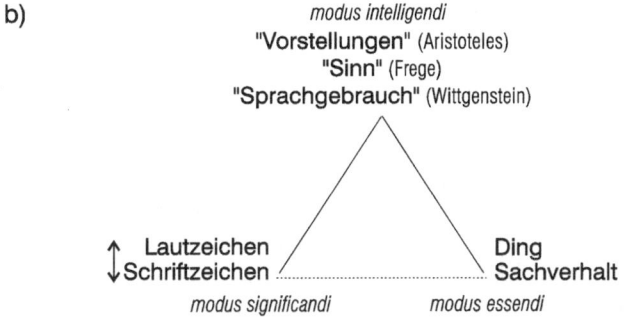

Zusammengefasst nach Rafael Ferber, Philosophische Grundbegriffe, 1998.

c)
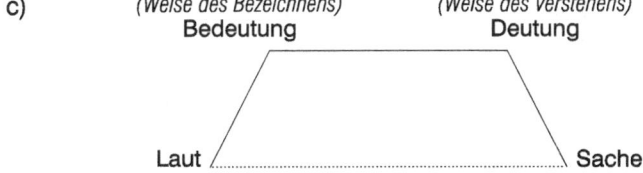

Semiotisches Trapez, modifiziert nach Wolfgang Raible, 1983.

tung und den Sinn. Erst wenn ich die Regel verinnerliche, entsteht eine Bedeutung als Vorstellung; erst wenn ich sie nach außen projiziere, entsteht ein Sinn als ‚Art des Gegebenseins'."[32] Wittgensteins Philosophie nimmt damit die „soziale Tatsache des Sprachgebrauchs" als ein Letztes hin, als ein „Urphänomen", das nicht mehr hinterfragbar ist. Man könne dies, so Wittgenstein selbst, nur beschreibend festhalten „und sagen: So ist das menschliche Leben."[33]

Auch wenn diese Lösung wie ein *„Deus ex machina"* erscheint, sie stößt doch auf einen tragfähigen Grund. Denn diese Lösung geht konform mit dem *Common-Sense-Denken*, mit dem Alltagsdenken. In solchem Denken wird die Welt „der physischen und sozialen (kulturellen) Objekte, in die wir hineingeboren wurden", für den Menschen „die unbefragte, aber immer befragbare Matrize, innerhalb derer alle unsere Untersuchungen anheben und enden". Und diese Lebenswelt „ist keineswegs meine private Welt. Von Anfang an *intersubjektiv*, teile ich sie mit meinen Mitmenschen; sie ist auch von anderen erfahren und interpretiert, eine Welt, die uns allen gemeinsam ist".[34]

Durch dreierlei Erfahrungen ist die Intersubjektivität der Lebenswelt vor allem konstituiert: durch die Erfahrung der Existenz von Mitmenschen, durch die Erfahrung, dass diese Mitmenschen ein Bewusstsein haben, schließlich und vor allem durch die Erfahrung, dass die Möglichkeit einer Kommunikation mit diesen Mitmenschen besteht.

Es ist diese Möglichkeit der Kommunikation mithilfe von Zeichen, die stets *„innerhalb der Realität der Außenwelt"* gesetzt werden, die dieser Welt „den Charakter der ausgezeichneten, bevorzugten Realität" (*„paramount reality"*) verleiht, wie Alfred Schütz immer wieder unterstreicht. Die Zeichen, die den Kommunikationsprozess tragen, „sind seitens des Mitteilenden immer schon vorinterpretiert". Der Mitteilende muss dabei erwarten, „dass das Interpretationsschema", das er auf das Zeichen anwendet, und das Deutungsschema, „das der Adressat auf eben dieses Zeichen anwenden wird, im großen und ganzen koinzidieren".[35]

Die Grundlage dafür ist der Spracherwerb. Im Spracherwerb wird zugleich das sozial approbierte Wissen weitergegeben: „Die Muttersprache kann als ein Inbegriff von Verweisungen aufgefasst werden, [durch] welche in Übereinstimmung mit der von der Sprachgemeinschaft approbierten relativ-natürlichen Weltanschauung vorweg bestimmt [wird], welche Merkmale der Welt wert sind, ausgedrückt zu werden, welche Qualitäten (…) Aufmerksamkeit verdienen, welche Typisierungen, Begriffsbildungen, Abstraktionen, Generalisierungen und Idealisierungen für die Erzielung typischer Resultate mit Hilfe typischer Mittel relevant sind."[36] Die Mut-

---

32 Ferber, Rafael, Grundbegriffe, 1998, S. 45 f.
33 Ferber, Rafael, Grundbegriffe, 1998, S. 47.
34 Schütz, Alfred, Notizbücher, 1984, S. 331 und S. 316 f.
35 Schütz, Alfred, Notizbücher, 1984, S. 326. – Die Intersubjektivität der Lebenswelt und die durch sie bestimmten koinzidierenden Deutungsschemata bilden das Fundament aller Verfahren des Verstehens. Vgl. dazu auch Kapitel 7 in diesem Band.
36 Schütz, Alfred, Notizbücher, 1984, S. 361.

tersprache, sagt Alfred Schütz, ist das „Schatzhaus der (...) sozial akzeptierten Typifikationen".[37]

Die „trinarische Struktur" des Dialogs

Bevor wir einen genaueren Blick in dieses „Schatzhaus" werfen, um vor allem die dort sedimentierten, erstaunlichen Kostbarkeiten von Abstraktionsformen und Allgemeinbegriffen zu betrachten, muss wenigstens noch grob ein dritter Problemkreis angerissen werden. Er ist direkt berührt, wenn wir fragen: Wovon spricht die Sprache? *Die Sprache spricht von den Dingen.* Diese Antwort ist zwar richtig. Aber sie verkürzt die möglichen Perspektiven.

Denn die Sprache ist nicht einfach Vehikel und Transportgerät für Gedanken oder Vorstellungen von Welt-Dingen; ihre Funktion „besteht nicht in der Übertragung eines fertigen Sinnes, sondern in der *gemeinsamen Sinnbildung*".[38] Die Funktion der Sprache schließt stets alle drei Elemente der Organon-Formel des Platon ein: Mithilfe der Sprache teilt einer dem anderen etwas mit über Dinge. Zwischen dem „*einen*" und dem „*anderen*" sowie den *Gegenständen* steht als Mittel und Mitte, als Medium in jeder Beziehung, das Zeichen, die Sprache.

So hat Karl Bühler sein berühmtes *Organon-Modell* entworfen (siehe Tafel 4) und erläutert: „Dreifach ist die Leistung der menschlichen Sprache: Kundgabe, Auslösung und Darstellung", oder – in modifizierter Terminologie: „Ausdruck, Appell und Darstellung". Dieses *„Dreifundamentenschema"* der Sprachleistung orientiert sich an den drei semantischen Funktionen des Sprachzeichens: „Es ist *Symbol* kraft seiner Zuordnung zu den Gegenständen und Sachverhalten, *Symptom* (Anzeichen, *Indicium*) kraft seiner Abhängigkeit vom Sender, dessen Innerlichkeit es ausdrückt, und *Signal* kraft seines Appells an den Hörer, dessen äußeres oder inneres Verhalten es steuert."[39]

Der Sprachphilosoph Bruno Liebrucks sieht in der „Einheit von Ausdruck, Darstellung und Mitteilung" die *„Dreistrahligkeit der semantischen Relation"* verwirklicht.[40] Bernhard Waldenfels schließlich leitet die *„trinarische Struktur"* des Dialogs von der Dreizahl der sprachlichen Grundfunktionen ab: Im Gespräch entfaltet die Sprache ihre volle Struktur als „Einheit von Besprechen, Sichaussprechen und Ansprechen".[41] Selbst die scheinbar reine Sachaussage ist noch begleitet von „einem un- oder mitthematischen Selbstbewusstsein", von einer entsprechenden Selbstaussage; beide, Sachaussage wie Selbstaussage, sind an den oder die anderen gerichtet. Selbst und gerade dann, wenn ein gemeinsames Thema in Rede und Gegenrede Vorrang hat und Gestalt gewinnt, durchleben wir im Gespräch „eine gemeinsame Situation. Leitend ist die gemeinsame Sache. Doch dass und wie diese

---

37 Schütz, Alfred, Notizbücher, 1984, S. 327.
38 Waldenfels, Bernhard, Dialog, 1971, S. 172.
39 Bühler, Karl, Sprachtheorie, 1982, S. 28. Vgl. dazu (und zu den terminologischen Problemen) auch Kainz, Friedrich, Sprache, [4]1967, S. 172–185.
40 Liebrucks, Bruno, Sprache, 1964, S. 215 ff.
41 Waldenfels, Bernhard, Dialog, 1971, S. 167 f.

T 4: Das Organon-Modell der Sprache

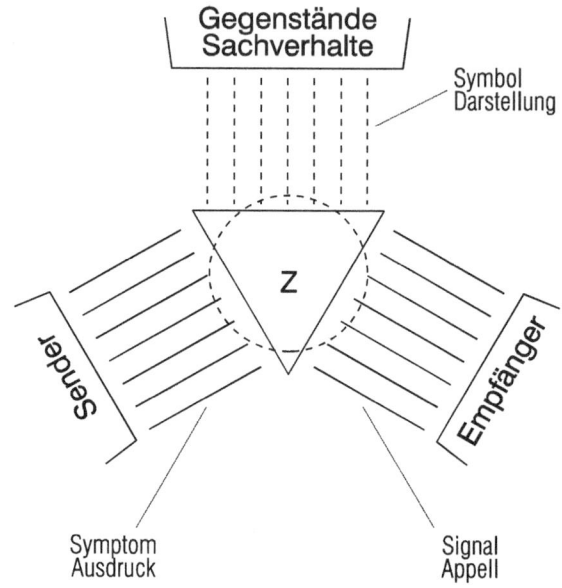

"Der Kreis in der Mitte symbolisiert das konkrete Schallphänomen. Drei variable Momente an ihm sind berufen, es dreimal verschieden zum Rang eines Zeichens zu erheben. Die Seiten des eingezeichneten Dreiecks symbolisieren diese drei Momente. Das Dreieck umschließt in einer Hinsicht weniger als der Kreis (Prinzip der abstrahierenden Relevanz). In anderer Richtung wieder greift es über den Kreis hinaus, um anzudeuten, dass das sinnlich Gegebene stets eine apperzeptive Ergänzung erfährt. Die Linienscharen symbolisieren die semantischen Funktionen des (komplexen) Sprachzeichens. Es ist Symbol kraft seiner Zuordnung zu Gegenständen und Sachverhalten, Symptom (Anzeichen, Indicium) kraft seiner Abhängigkeit vom Sender, dessen Innerlichkeit es ausdrückt, und Signal kraft des Appells an den Hörer, dessen äußeres oder inneres Verhalten es steuert wie andere Verkehrszeichen. (...) Dreifach ist die Leistung der menschlichen Sprache: Kundgabe, Auslösung und Darstellung. Heute bevorzuge ich die Termini: Ausdruck, Appell und Darstellung."

Karl Bühler, Sprachtheorie. [Jena 1934.] Stuttgart / New York 1982, S. 28 f.

herausgegriffen und in Angriff genommen wird, das ist mitbestimmt durch die Interessen und faktischen Voraussetzungen des Partners. Der eigene Beitrag zum Gespräch lässt sich nur verstehen im Zusammenhang mit dem fremden. (...) Während wir sagen, was wir meinen, deutet sich mit an, was wir sind. (...) *Wir geben einander zu denken.*"[42]

3. Vom Denken und von Gedanken

Der andere Brennpunkt der Probleme mit der Sprache ist der *Allgemeinbegriff*. Jedes Wort, das einen ‚Gegenstand' bezeichnet, also praktisch jeder sprachanalytisch vorgestellte Prädikator, ist ein Allgemeinbegriff, weswegen es notwendig ist, Namen und Indikatoren zu benutzen, wenn wir ein singuläres Ding meinen oder bezeichnen wollen. Bei näherem Nachdenken ist es wirklich eigenartig, dass wir in der Welt der ‚Gegenstände' ausschließlich auf Einzeldinge treffen, aber in der Sprache, abgesehen von Namen, nur Allgemeinbegriffe haben.

Diese Beobachtung provozierte eines der ältesten und grundlegenden Probleme der gesamten Philosophie: Wie können überhaupt Allgemeinbegriffe zustande kommen und was sind sie? Das ist das sogenannte *Universalien-Problem*.

Um das Problem selbst und die Versuche zu seiner Lösung wenigstens in Umrissen sichtbar zu machen, muss man sich zunächst mit der Grundfrage beschäftigen, was Denken und Erkennen überhaupt ist. Der Zusammenhang von Sprache einerseits und all dem, was ihr zugrunde- und vorausliegt, lässt sich verdeutlichen, wenn wir das Schema der Grundlagenwissenschaften von Werner Strombach entsprechend ergänzen, wie dies in Tafel 5 versucht ist. Trotz aller Vereinfachungen kann das Schema eine gewisse Ordnung schaffen und Zusammengehörigkeiten aufzeigen.

„Die Welt der Gegenstände, auf die sich unser Denken beziehen kann, nennen wir die *ontologische* oder *Seins-Wirklichkeit*. Dabei spielt es keine Rolle, ob die Gegenstände dieser Wirklichkeit vom Menschen vorgefunden oder real oder ideal gesetzt sind."[43] Vorgefundene Gegenstände wären etwa alle Gegenstände der Natur; real gesetzte sind alle Dinge der gegenständlichen, von Menschen geschaffenen Kultur (Kunstwerke, Tische, Häuser, Produkte der Technik, aber etwa auch Massenmedien); ideal gesetzt sind alle Produkte des Denkens (Ideen wie etwa Freiheit, Unendlichkeit, Solidarität, Staat, aber auch Romane, Gedichte und Geschichten). Dabei ist zu beachten, „dass das Denken den Gedankeninhalt produziert", dass aber „trotz dieser innigen Vereinigung von Denken und Gedanke beide doch im Grund wesensverschieden" sind: „Das eine ist ein im Menschen ablaufender physiologisch-psychischer Prozess, der andere ist ideale Setzung des Menschen, die auch Unwirkliches meinen kann. Alles, was man von den Gedanken mit Recht behaupten kann, dass sie nämlich sprachlich formuliert, ausgesprochen, mitgeteilt, dargelegt, niedergeschrieben, aufgesammelt und geordnet werden können, hat in bezug auf das Denken keinen rechten Sinn. (...) Auch lässt sich das Denken nicht

---
42 Waldenfels, Bernhard, Dialog, 1971, S. 171f. und 174.
43 Strombach, Werner, Denken, 1970, S. 6.

begründen, beweisen oder widerlegen, wohl aber kann man Gedanken begründen, beweisen oder widerlegen."[44]

Da also nicht nur die real vorgefundenen oder die gesetzten Dinge, sondern auch die Gedanken selbst etwas anderes sind als das Denken, sind sie insgesamt eine das Denken „überschreitende" (das heißt: transzendente) und ihm gegenüberstehende Wirklichkeit. Aussagen über diese Seins-Wirklichkeit macht die *Ontologie*. Die systematische Wissenschaft der *Logik* beschäftigt sich dagegen mit den Gedanken, mit den Verhältnissen, Beziehungen und Zusammenhängen, in denen sie verknüpft und verbunden sind. Aussagen über die Gesetze und Ordnungen der Gedanken sind demnach logische Aussagen.

> „Da nun das Seiende in seiner Gesamtheit Gegenstand der Ontologie ist, und da unsere Gedanken ja auch Seiendes, wenn auch ideal Seiendes sind, muss die ontologische Ordnung die logische mit umfassen: die logischen Gesetze müssen als Ausdruck einer übergreifenden ontologischen Gesetzlichkeit verstanden werden. Deshalb werden wir auch immer wieder enge Zusammenhänge zwischen ontologischen und logischen Beziehungen bemerken. So bekommt z.B. der in der Logik sehr wichtige *Satz vom Widerspruch*, das heißt, dass A und nicht-A sich ausschließen, ontologisch die Bedeutung, dass ein gewisser Sachverhalt nicht zugleich sein und nicht sein kann."[45]

Sinne und Verstand

Die Gegenstände des Seienden erfassen wir aber nicht nur denkend, sondern auch wahrnehmend. Den Begriff „Wahrnehmung" benutzen wir gewöhnlich für das „Weltinnewerden": Dabei treten die Gegenstände in unser Erleben als solche, die „draußen" sind, die uns gegenüberstehen, im Unterschied zu den Gefühlen und Strebungen, die aus unserer eigenen Erlebnismitte aufsteigen. Im „Weltinnewerden" begegnet uns Seiendes hier und jetzt „mit demselben Gewicht der Wirklichkeit, mit dem uns unser eigenes Sein in der Unmittelbarkeit des Strebens und Fühlens gegeben ist."[46] Ob solche Wahrnehmung grundsätzlich vor dem denkenden Erfassen liegt, ist eine der großen Streitfragen der Erkenntnistheorie, deren unterschiedliche Beantwortung jeweils weitgehende Konsequenzen hat. Wir wissen, dass Aristoteles alles Wissen mit der Erfahrung beginnen lässt. Insoweit (und wenn Erkennen nicht ausschließlich auf Wahrnehmung reduziert wird) kann man auch noch zustimmen, wenn John Locke (1632–1704) als Grundsatz des modernen Empirismus formuliert: *„Nihil est in intellectu, quod prius non fuerit in sensu."* – „Es ist nichts im Verstande, was vorher nicht in den Sinnen war."[47] Gottfried W. Leibniz (1646–1716) fügte zu Recht hinzu: *„Nisi intellectus ipse!"* – „Ausgenommen der Verstand selbst!"

---

44 Strombach, Werner, Denken, 1970, S. 5 f. mit Verweis auf Alexander Pfänder: Logik. Tübingen ³1963, S. 15.
45 Strombach, Werner, Denken, 1970, S. 6 f.
46 Lersch, Philipp, Person, ⁷1956, S. 305.
47 Zu diesem Satz, seinen Voraussetzungen und Folgen siehe Meyer, Hans, Erkenntnislehre, 1955, S. 295 f. und S. 350 f.

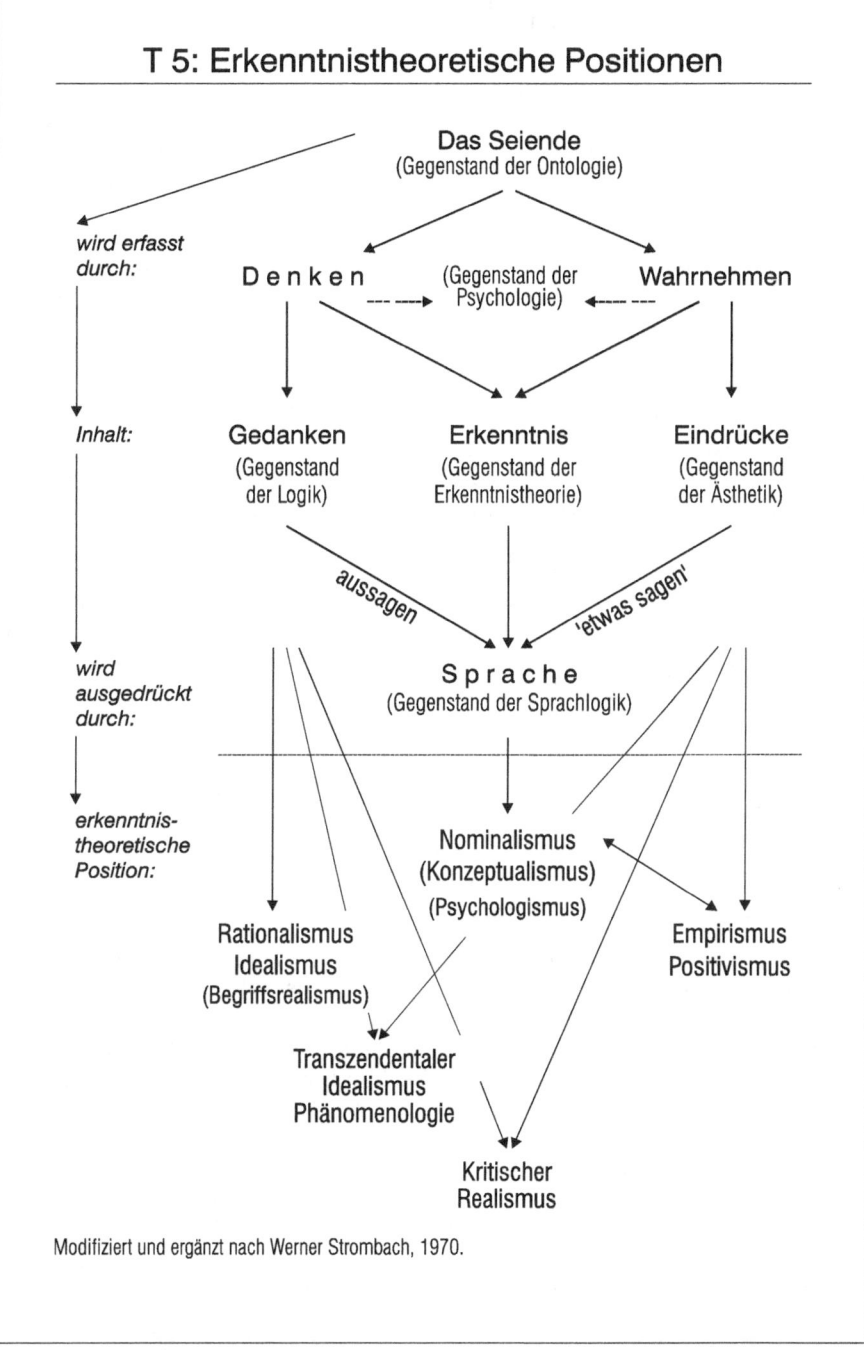

Sicher ist: wir nehmen die Gegenstände wahr und erfassen sie so. Das Produkt dieses Erfassens sind zunächst Eindrücke, in denen der „Gegenstand als *Bild*" erfasst ist. Mit dem Gehalt des Erscheinungsbildes von Gegenständen sowie mit der Funktion und den Gesetzlichkeiten des Vermögens der Wahrnehmung befasst sich die *Ästhetik*, sofern sie nicht in der Verkürzung als Kunstwissenschaft, sondern – wie ursprünglich und schon in der Antike – als eine Art Gegenstück zur Logik und damit als propädeutische Disziplin für die Philosophie gesehen wird.[48]

Die Fragen nach dem Vollzug der Wahrnehmungs- und Denkakte sind *psychologische* Fragen. Teilaspekte allerdings werden, nicht zuletzt in Zusammenhang mit dem Erkenntnisproblem überhaupt, zunehmend auch in der Biologie behandelt.[49]

Wie wir mithilfe des Denkens und des Wahrnehmens Wirklichkeit erkennen können, was wir erkennen und mit welcher Gewissheit wir Erkenntnis gewinnen, das sind die Grundprobleme der *Erkenntnistheorie* (oder der Erkenntniskritik). Letztere kommt also ohne die Logik und die Erkenntnis der Wahrnehmung nicht aus. Sie geht aber über diese Teildisziplinen insbesondere bei der Erklärung der Erkenntnis-Gewissheit hinaus. Das Schema deutet auch an, dass Erkenntnis in irgendeiner Weise ‚Gedanken' und sinnliche ‚Eindrücke' vereinigt oder verarbeitet: Das erkennende Subjekt empfängt vom Erkenntnis-Objekt in der Wahrnehmung eine ‚Beeindruckung' (‚*passio*'): Das ist die (‚passive') „Rezeptivität in der Erkenntnis und ihrer Tätigkeit".[50] Demgegenüber hat das erkennende Denken einen „mehr aktiven Charakter. Doch liegt darin nicht sein entscheidender Unterschied zum sinnlich-anschaulichen Erkennen. Denn auch sinnliche Vorstellungen, Phantasievorstellungen, werden von uns oft durch bewusste Eigentätigkeit hervorgebracht." Denken nennen wir im Gegensatz zur Wahrnehmung „die abstrakte, unanschauliche Weise des Erfassens eines Gegenstandes". „Erkennen bezeichnet „im weitesten Sinn" jede Weise, „wie wir eines Gegenstandes ‚innewerden'".[51] Erkennen umfasst also sowohl die Weise des Wahrnehmens wie die des Denkens.

Immanuel Kant (1724–1804) erklärt dazu in seiner „*Kritik der reinen Vernunft*": „Unsere Natur bringt es so mit sich, dass die Anschauung niemals anders als sinnlich sein kann, d. i. nur die Art enthält, wie wir von Gegenständen affiziert werden. Dagegen ist das Vermögen, den Gegenstand sinnlicher Anschauung zu denken, der Verstand. Keine dieser Eigenschaften ist der anderen vorzuziehen. Ohne Sinnlichkeit würde uns kein Gegenstand

---

48 Siehe dazu Söhngen, Gottlieb, Einübung, 1955, S. 14 f.
49 Hingewiesen sei insbesondere auf die bahnbrechenden Arbeiten von Jakob von Uexküll (Uexküll, Jakob v./Kriszat, Georg, Streifzüge, 1956), auf deren Bedeutung für die Erkenntnistheorie nachdrücklich Alois Dempf aufmerksam gemacht hat (vgl. Dempf, Alois, Anthropologie, 1950, insbes. S. 70–98), neuerdings vor allem auch Riedl, Rupert, Erkenntnis, [3]1981, sowie mit erheblichen Konsequenzen für Philosophie und Sozialwissenschaften gleichermaßen die Arbeiten des Neurobiologen Maturana, Humberto (Erkennen, 1982; Erkenntnis, 1987); zur Kritik an den damit auch verbundenen naturalistischen Reduktionismen: Irrgang, Bernhard, Erkenntnistheorie, 1993; zu Konsequenzen für konstruktivistische Ansätze in der Kommunikationswissenschaft: Merten, Klaus/Schmidt, Siegfried J./Weischenberg, Siegfried (Hrsg.), Einführung, 1994.
50 Söhngen, Gottlieb, Einübung, 1955, S. 9.
51 de Vries, Josef, Erkenntnis, 1980, S. 57 f.

gegeben, und ohne Verstand keiner gedacht werden. *Gedanken ohne Inhalt sind leer, Anschauungen ohne Begriffe sind blind.* (...) Beide Vermögen, oder Fähigkeiten, können auch ihre Funktionen nicht vertauschen. Der Verstand vermag nichts anzuschauen und die Sinne nichts zu denken. *Nur daraus, dass sie sich vereinigen, kann Erkenntnis entspringen.*"[52]

Alles, was wir erkennen, was wir also wahrnehmen und denken, drückt sich in der Sprache aus. Johann Gottfried Herder (1744–1803) hat, wie schon Platon, „Sprechen als lautes Denken, Denken als stilles Sprechen bezeichnet". „Eine völlig sprachfreie Denkbewegung ist ein Unding."[53] Die Annahme, „dass der Mensch rein averbale Begriffe, d.h. Denkinhalte, die nicht durch ein Wort oder eine Wortform fixiert sind, bildet", gilt heute als erledigt.

Doch ist die Sprache des erkennenden Denkens nicht die Sprache des Wahrnehmens. Aristoteles schon hat auf den feinen Unterschied aufmerksam gemacht: „Aussagen und Sagen ist nicht dasselbe." Das Denken nämlich führt zum Urteil. Und „Urteilen ist nun nicht einfach ein Sagen, sondern ein Aussagen. Das Urteil ist eine Aussage *über* einen Sachverhalt." „Im ästhetischen Verhalten aber erfüllt sich alles ‚Aussagen-über-etwas' im schlichten ‚Etwas-Sagen'." In der Dichtung, im Drama vor allem, aber auch in der Musik erscheint „im Sagen das Gesagte selbst".[54] Vieles, über das wir nichts aussagen können, lässt sich immerhin noch sagen. (Für einen angehenden Journalisten sollte dieser Unterschied einiges Nachdenken wert sein!)

4. Erkenntnistheoretische Positionen

Auf dieser Grundlage ist es nun möglich, wenigstens ungefähr und sehr vereinfacht die wichtigsten erkenntnistheoretischen Positionen zu fixieren, die sich im Laufe von fast zweieinhalb Jahrtausenden in der abendländischen Wissens- und Wissenschaftsgeschichte herausgebildet und allesamt ihren Einfluss auch auf die moderne Wissenschaft haben, die einen mehr, die anderen weniger.

> Im Schema der Tafel 5 sind diese Positionen, soweit es möglich war, in etwa spiegelbildlich zu den Erkenntnisvermögen und -schritten angeordnet, sodass – durch feinere Linien zusätzlich verdeutlicht – auch die Ansatzpunkte der jeweiligen Positionen sichtbar werden. Wir gehen im Folgenden auf diese Positionen nicht nach ihrer chronologischen Entwicklung, sondern nach ihrer sachlichen Anordnung ein.[55]

Alle diese scheinbar so variantenreichen Positionen lassen sich im Kern hinsichtlich zweier miteinander verbundener Kriterien unterscheiden:

---

[52] Kant, Immanuel, Reine Vernunft, 1956, B 75.
[53] Meyer, Hans, Erkenntnislehre, 1955, S. 86 und 87.
[54] Söhngen, Gottlieb, Einübung, 1955, S. 31 ff., auch S. 14 f.
[55] Vgl. dazu Brugger, Walter, Wörterbuch, [5]1953; Neuhäusler, Anton, Grundbegriffe, [2]1967; ferner Meyer, Hans, Erkenntnislehre, 1955; und de Vries, Josef, Erkenntnis, 1980.

(1.) nach der Lösung, die sie für das Problem der *Erkenntnis des Allgemeinen* bzw. für die Bildung und den Inhalt von Allgemeinbegriffen (Universalien-Problem) anbieten sowie

(2.) nach dem Gewicht, das sie – unter Umständen einseitig – den *menschlichen Erkenntnisvermögen* und ihren Leistungen beimessen.

Mit Berufung auf Worte und Erfahrung

Der *Nominalismus*, schon in der Antike vertreten, im Spätmittelalter etwa von Johannes Roscellin von Compiegne (um 1050–1124) sowie von Wilhelm von Ockham (um 1280–1348) wieder aufgenommen, geht davon aus, dass wir immer nur einzelne Dinge erkennen können, dass also Allgemeinbegriffe keine Entsprechung in der Wirklichkeit haben. Sie sind entweder bloß Worte, insofern ‚Namen' (das heißt: *nomina*), unter denen Gruppen von Erscheinungen zusammengefasst werden, oder allenfalls Gedankengebilde, also Begriffe (das heißt: *conceptus*; Konzeptualismus). Auf die nominalistische Tradition geht auch der *Konventionalismus* zurück, nach dem Begriffe und Begriffsverbindungen keine Aussagen über die Wirklichkeit an sich sind, sondern nach Maßgabe der „Denkökonomie" gewonnene, bequeme Konventionen. Der Nominalismus kann also zwar nicht leugnen, dass die Sprache überwiegend Allgemeinbegriffe enthält, aber diese entstehen als „allgemeine Worte, weil sie als Zeichen für mehrere Einzeldinge, nicht als Zeichen für allgemeine Ideen gebraucht werden".[56]

Der Nominalismus steht nun fast immer in einer mehr oder weniger engen Beziehung zum *Empirismus* oder *Positivismus*. Teils ist letzterer Voraussetzung, teils Folge des Nominalismus. Der Empirismus betrachtet, mehr oder weniger extrem, die *Erfahrung* als einzige Quelle einer (positiven) Erkenntnis und er lässt als zureichende Erfahrung wiederum meist nur die Erfahrung unserer Sinne zu (daher auch „Sensualismus"). John Locke (1632–1704) und David Hume (1711–1776) erkennen allerdings noch eine gewisse ‚innere Erfahrung' an: Die Erfahrung des Geistes von seiner eigenen Tätigkeit. Aber prinzipiell gibt es keine „apriorische", d. h. von der Erfahrung unabhängige Erkenntnis. Das kommt zum Ausdruck in dem zweihundert Jahre später von Alfred J. Ayer (1910–1989) formulierten „Verifizierungsprinzip": „Ein Satz ist für eine Person dann und nur dann sinnvoll, wenn die Person weiß, welche Beobachtungen sie dazu führen können, das durch den Satz ausgesagte Urteil als wahr anzunehmen oder als falsch abzulehnen."[57]

Der Empirismus beeinflusste außerordentlich stark die Entwicklung der modernen Naturwissenschaften und setzte sich als Grundhaltung auch in anderen Wissenschaftsbereichen, nicht zuletzt in den Sozialwissenschaften durch. Die Beziehung zum Nominalismus ergibt sich konsequent: „Da der Positivismus außer den Dingen, die stets Einzeldinge sind, nur die Wörter als Zeichen der Dinge kennt, kann das Allgemeine nur ein Wort sein."[58] Eine andere Lösung des Problems ist für den

---

[56] Meyer, Hans, Erkenntnislehre, 1955, S. 195.
[57] Zit. nach de Vries, Josef, Erkenntnis, 1980, S. 63.
[58] de Vries, Josef, Erkenntnis, 1980, S. 40.

Empirismus, dessen Tradition ebenfalls in die Antike reicht (z. B. Epikur), nicht möglich.

Mit Berufung auf den Verstand

Kant macht gegen den Empirismus geltend, dass es im Denken apriorische Denkformen gibt, die vor aller Erfahrung in uns liegen (also jegliche bloße Erfahrung „übersteigen"). Diese erkenntnistheoretische Position wird daher gewöhnlich als „*transzendentaler Idealismus*" bezeichnet. Folgt man Kant, so geben die allgemeinsten Begriffe, die sogenannten „Kategorien"[59], nicht Strukturen eines (erfahrbaren) wirklichen Seienden in der Außenwelt wieder, sondern sie sind „nur Formen des Denkens (...), durch die der denkende Verstand die sinnlich gegebenen Erscheinungen [in einer „*Synthese*"; H. W.] zur Einheit eines ‚Gegenstandes' zusammenfasst." So ist dann das „Ergebnis der Synthese nur Erscheinungsding, nicht aber Erkenntnisbild eines wirklich Seienden." Anders gesagt: „Die Kategorien haben keine *Seinsgeltung*, das heißt, sie stellen nicht an sich seiende Gegenstände oder deren allgemeinste Merkmale oder Strukturen dar."[60] In diese Richtung zielt Kants Aussage: „Wir erkennen in den Dingen nur, was wir selbst in sie hineingelegt haben."[61]

Diese Position Kants ist nicht nur gegen den Empirismus, sondern zugleich auch gegen den *Rationalismus* gerichtet.

Der *Rationalismus*, der sich als mögliche Grundhaltung ebenfalls durch die gesamte abendländische Geistesgeschichte hindurchzieht, behauptet, dass es keine wirkliche Sinnes-Erkenntnis gebe; er leugnet oder unterschätzt jedenfalls den Wert der Wahrnehmung für die Erkenntnis. Die Vernunft gilt als einzige oder doch hauptsächliche Quelle der Erkenntnis. Alles wahre Wissen fließt aus dem Denken und seiner Gesetzlichkeit selbst. Die Allgemeinbegriffe haben ihren Sitz im Verstand als an- und eingeborene Ideen (*ideae innatae*), ein Begriff, den der Vater des neuzeitlichen Rationalismus, René Descartes (1596–1650), eingeführt hat. Daher sind Intuition und – nach dem Vorbild der Mathematik – Deduktion die bevorzugten Arbeitsmethoden.[62] Verstandestätigkeit ist einzige Garantin wahrer Erkenntnis.

> Rationalistisch ist ohne Zweifel auch der *Neukantianismus*, der ebenfalls überhaupt nur „Produkte des Denkens" wahrhaben will. „Das Sein ruht nicht in sich selbst, das Denken erst lässt es entstehen", sagt etwa Hermann Cohen (1842–1918).[63] In der extremen Form eines „*subjektiven Idealismus*" hält Johann Gottlieb Fichte (1762–1814) alle Erkenntnis für das Produkt der autonomen Vernunft des Menschen und lehnt es ab, dass das Denken von einer vorbewussten Welt und ihren Gegenständen überhaupt affiziert wird.

---

59 Kategorien sind „die Bedingungen des Denkens zu einer möglichen Erfahrung" (Meyer, Hans, Erkenntnislehre, 1955, S. 309), bzw. die obersten Universal-Begriffe.
60 de Vries, Josef, Erkenntnis, 1980, S. 49.
61 Zit. nach Meyer, Hans, Erkenntnislehre, 1955, S. 325.
62 Vgl. Meyer, Hans, Erkenntnislehre, 1955, S. 301 ff.
63 Meyer, Hans, Erkenntnislehre, 1955, S. 317.

Verwandt mit dem Idealismus der Neukantianer ist der *Psychologismus*, der alles, was mit Erkenntnis zu tun hat, in Psychologie auflösen wollte. Dabei verkürzte er das Erkennen auf bloße psychische Akte und übersah, dass alle Erkenntnis unumstößlich auf etwas gerichtet, insoweit *intentional* ist und immer ein Bewusstsein ‚*von etwas*' voraussetzt.

Diesem Psychologismus trat Edmund Husserl (1859–1938) mit der Forderung nach einer *objektiven Logik* entgegen und versuchte mit seiner *Phänomenologie* der Einsicht in das Wesen, in die Bestimmtheit und Notwendigkeit der aller Erkenntnis vorgegebenen Gegenstände wieder Geltung zu verschaffen.[64] Ob Husserl mehr dem Idealismus oder dem Realismus zuzuordnen ist, darüber herrscht unter den Philosophen Uneinigkeit. Unbestreitbar ist, dass er – ähnlich wie Kant – einen Ausgleich zwischen extrem rationalistischen und extrem empiristischen Positionen suchte, und dass seine Leistung für das neuzeitliche Denken, insbesondere für die Human- und Sozialwissenschaften (die Kant kaum im Blick haben konnte), von ganz erheblicher Bedeutung ist.

Dem Idealismus wird häufig auch die Lehre Platons und – in der christlichen Philosophie – die Position des Augustinus zugeordnet. Dies hat seine Richtigkeit, wenn man hierzu vor allem das Kriterium der Erkenntnisgewinnung heranzieht. Orientiert man sich jedoch an der Frage nach den Allgemeinbegriffen, so ist Platon dem extremen „*Begriffsrealismus*" zuzurechnen. Dieser besagt, dass die Ideen etwas Seiendes sind, „das den Allgemeinbegriffen entspricht, und zwar sind sie ein von allen empirisch wahrnehmbaren Einzeldingen verschiedenes Seiendes; die Einzeldinge haben an ihm teil, und durch diese ‚Teilhabe' sind sie das, was sie sind."[65]

Es gibt verschiedene Auffassungen darüber, wo und wie diese real seienden, allgemeinen Ideen ihren Sitz haben. Nach Platon existieren sie über den Einzeldingen, nach anderen Auffassungen jedoch irgendwie in den Einzeldingen selbst. Gegen diesen „Begriffsrealismus" (nach dem also etwas den Allgemeinbegriffen Entsprechendes irgendwo – im viel zitierten „Platonischen Ideen-Himmel" zum Beispiel – und irgendwie tatsächlich existiert) wandte sich im Gegenzug der Nominalismus.

Lösungen des Universalienproblems

Messen wir diese Positionen daran, welchem Teil des Erkenntnisvermögens sie jeweils den Primat zuweisen, so zeigt sich, dass die einen (Empiristen und Nominalisten) ausschließlich auf Erfahrung oder sinnliche Wahrnehmung setzen, die anderen (Rationalisten, Idealisten) dagegen das Erkenntnisvermögen mehr oder weniger ausschließlich im Bewusstsein oder im Verstand lokalisieren und die Gegenstände der Außenwelt für mehr oder weniger bedeutungslos bzw. als nicht erkennbar betrachten. Wir finden also in der Grundlagenwissenschaft (wie auch sonst in den Wissenschaften) die Tendenz zur Absolutsetzung von Teilgegebenheiten, die

---

64 Vgl. Meyer, Hans, Erkenntnislehre, 1955, S. 95 f.; ferner Neuhäusler, Anton, Grundbegriffe, ²1967, S. 174.
65 de Vries, Josef, Erkenntnis, 1980, S. 54.

dann – trotz aller richtigen Erkenntnisse im Detail – zu entsprechenden Verkürzungen des Ganzen führen. Lediglich der „transzendentale Idealismus" und die Phänomenologie sowie unter diesem Aspekt auch der „Begriffsrealismus" versuchen, wenngleich mit unterschiedlichen Ergebnissen, sowohl die Rolle des Denkens als auch die Rolle des Wahrnehmens und die Relation beider für die Erkenntnis der gegebenen, wahrnehmbaren Seinswirklichkeit zu erfassen.

Soweit nun die Frage nach den *Allgemeinbegriffen (Universalien)* zur Debatte steht, lassen sich folgende Positionen fixieren:

- Die einen (*Empiristen, Nominalisten*) finden das Allgemeine nur in Wörtern, in sprachlichen Konventionen, mit deren Hilfe vorgefundene Ähnlichkeiten der Dinge nachträglich zusammengefasst werden (*universalia post rem*).
- Die anderen (*Idealisten, Rationalisten*) sehen das Allgemeine lediglich als Konstrukt und Produkt des menschlichen Geistes, dem in der Wirklichkeit nichts entspricht (Modifikation von *universalia post rem*).
- Die dritten (die *Begriffsrealisten*) nehmen an, dass das Allgemeine unabhängig von den wahrnehmbaren Einzeldingen, aber auch unabhängig vom menschlichen Bewusstsein ein eigenständiges reales Seiendes ist, das den Einzeldingen ihr Sein erst verleiht und ihnen vorausliegt (*universalia ante rem*).
- Der „*transzendentale Idealismus*" von Kant betrachtet das Allgemeine als ‚Zugabe' des Verstandes, das dieser mit den wahrnehmbaren Einzeldingen verknüpft. Was aber „der Mensch selbst zur Erkenntnis beisteuert", kann „unmöglich ein eigener Gehalt der Realität sein"; es kann nur ein „vielleicht allen Menschen gemeinsames, dennoch aber subjektives Konstrukt sein".[66] Das erkennende Subjekt schiebt damit letzten Endes die ontologische Wirklichkeit beiseite: „*Alle* Objektgestaltung erfolgt durch die Bestimmung von seiten des Subjekts."[67]

Nun geht man allerdings in der Grundlagenwissenschaft seit Aristoteles' Zeiten davon aus, „dass die Dinge nicht so, wie sie vorgestellt und gedacht werden, an sich existieren".[68] Thomas von Aquin (1225–1274) hat diesen Sachverhalt (zur Widerlegung des Platonismus) in der Unterscheidung von *Denkinhalt* und *Denkweise* niedergelegt: „Der Denkinhalt gibt einen realen Seinsgehalt wieder, aber er gibt ihn nicht auf gleiche Weise wieder, wie er im realen Seienden sich findet." Das heißt: „Obwohl also der Verstand (...) das Allgemeine gesondert vom Einzelnen denkt, braucht doch (...) das Allgemeine nicht gesondert vom Einzelnen zu existieren".[69] Den Universalienstreit hat Thomas von Aquin auf dieser Grundlage durch eine Synthese zu lösen versucht, die schon früher bei Peter Abaelard (1079–1142) vorentworfen ist. Sie besagt:

- Im Geist Gottes sind die Allgemeinheiten (Universalien) als Ideen von den Dingen notwendig auch *vor* den Dingen (*universalia ante rem*); in der Schöpfung, d. h. in den seienden Dingen sind sie deren verwirklichende Formen (*universa-

---

66 Lobkowicz, Nikolaus, Erfahrungsbegriff, 1980, S. 21.
67 Meyer, Hans, Erkenntnislehre, 1955, S. 325.
68 Meyer, Hans, Erkenntnislehre, 1955, S. 325.
69 de Vries, Josef, Erkenntnis, 1980, S. 55.

lia in re); in unserer Erkenntnis sind sie die von uns gebildeten Allgemeinbegriffe (*universalia post rem*).⁷⁰

Damit ist der Kern des gemäßigten oder „*kritischen Realismus*" angesprochen, der von Aristoteles über Thomas von Aquin bis in viele Verzweigungen des modernen Denkens, nicht zuletzt in die Lebens- und Existenzphilosophie hineinreicht. Diese Position geht also von der Auffassung aus, dass eine Wirklichkeit außerhalb unseres Bewusstseins existiert und dass sie erkennbar ist, dass aber ihre Erkennbarkeit Grenzen hat, die in den Erkenntnisbedingungen selbst liegen. „*Kritisch*" ist dieser Realismus, weil er sorgfältig eben diese Erkenntnisbedingungen prüft. Solche Kritik der Erkenntnisbedingungen stützt aber die Annahme, dass die geistige Organisation des Menschen der zu erkennenden Wirklichkeit entspricht, sodass die Erkenntnis der Wirklichkeit in Annäherung *adäquat* ist.⁷¹

„Das Hervorgehen der sinnlichen Erkenntnis aus der Leiborganisation des Menschen, die Gewinnung der geistigen Erkenntnisse aus seiner Geistesorganisation und ihr Zusammenspiel in der menschlichen Erkenntnistätigkeit entspringen der Gesamteinrichtung der Menschennatur. Durch diese Art Erkenntnis ist der Mensch gekennzeichnet. Er hat und braucht zuerst sinnlich gegebene Gegenstände, in denen er dann ihre Natur und ihr Wesen nach seiner eigenen Wesenheit durch seinen Geist erkennt. So hängen die Natureinrichtung und die Erkenntnisweise streng zusammen. Jede Erkenntnis ist der entsprechenden Natur *konnatural*, wie Thomas v. Aquin selber sagt, ist mit der Natur gegeben und naturgemäß."⁷² Weil dies so ist, befähigt die Erkenntnisorganisation des Menschen ihn zur Erkenntnis der real vorgefundenen ebenso wie zu der Erkenntnis der von ihm selbst gesetzten Dinge.

Man kann durchaus davon sprechen, dass der „*kritische Realismus*" von diesem Ansatzpunkt her und mit allen darauf gründenden Entwicklungen in vielem die Versöhnung der Widersprüche bedeutet, die in den verschiedenen Positionen der Erkenntnistheorie zutage treten. Man sollte nicht übersehen, dass von ganz unerwarteter Seite, nämlich von der theoretischen Biologie, die Fundamentalhypothese des „kritischen Realismus" seit einigen Jahrzehnten entfaltet und ihr empirischer Gehalt entschlüsselt wird. Das Auge, schreibt etwa Rupert Riedl, kann nur sehen, weil es „von den Mechanismen der Evolution dazu geführt" wurde, „alle einschlägigen Gesetze der Optik der Natur zu extrahieren. Linse, Linsenbewegung, Blende, Blendenverstellung, Brennebene, Abschirmung, alles wird entwickelt; wie im besten optischen Instrument, höchst vernünftig und mit Akribie." Riedl exemplifiziert damit eine Erkenntnis von Goethe, der ja nicht nur ein klassischer Dichter, sondern ein bedeutender Morphologe war: „Wär' nicht das Auge sonnenhaft, die Sonne könnt' es nie erblicken." Diese Verse, so Riedl

---

70 Vgl. Neuhäusler, Anton, Grundbegriffe, ²1967, S. 149.
71 Vgl. Neuhäusler, Anton, Grundbegriffe, ²1967, S. 182 f.; ferner Meyer, Hans, Erkenntnislehre, 1955, S. 325–360.
72 Dempf, Alois, Philosophie, ²1952, S. 129.

völlig richtig[73], gehen fast wörtlich auf Plotin (um 205 bis 270) zurück, der als einflussreicher Neuplatoniker die Lehre von der *„Konnaturalität der Erkenntnis"* vertreten hatte und einer der geistigen Lehrmeister des Thomas von Aquin war.

5. Begriff und Begriffsbildung

Da wir nun wenigstens in äußerster Vereinfachung das grobe Gefüge des Erkennens im Blick haben, können und müssen wir uns mit so wichtigen und grundlegenden wissenschaftlichen Werkzeugen wie „Begriffen" und „Aussagen" etwas näher befassen.

Wir wissen nun, dass der Begriff ein „Gedankending" ist, für das ein Wort als Zeichen steht. Auch wenn man nach der Erkenntnisbedeutung der Begriffe fragt, kann man von der vorwissenschaftlichen, alltäglichen, spontanen Begriffsbildung ausgehen. Im Umgang mit interessierenden Gegenständen entwickelt der Mensch nämlich Vorstellungen von mehr oder weniger großer Allgemeinheit und verwendet dafür Wortzeichen, die eben jene einzelnen Gegenstände oder eine Vielheit von Gegenständen bezeichnen und durch Zuschreibung bestimmter Merkmale kennzeichnen. Das aber heißt, dass sich schon in den singulären „Anschauungsganzheiten ein Allgemeines als ein irgendwie konstitutiver Faktor" offenbart.[74] Die Wissenschaft macht sich dies zunutze. „Begriffe sind (aus einem Merkmal oder) aus einer Mehrheit von Merkmalen bestehende Gedankengebilde, durch welche die Gegenstände der wissenschaftlichen Arbeit eindeutig bestimmt werden und in dieser Bestimmung in den Fortgang der Forschung eingehen. Dabei soll im Begriff das Wichtige, Charakteristische, Gemeinsame, Gesetzliche, Notwendige herausgehoben werden. Die Begriffe sind gedankliche Symbole zwecks Bezeichnung der Dinge, ein Bedeutungsbereich zur Erkenntnis eines Gegenstandsbereiches. Die Gegenstände sind die ‚intentionalen Korrelate' der Begriffe."[75]

> *Intension* (Inhalt) und *Extension* (Umfang) sind auf den Begriff bezogene Kriterien: „Der *Inhalt* (Intension) eines Begriffes ist die Summe der Merkmale des Gegenstandes (oder Sachverhaltes), auf den sich der Begriff bezieht." Auf Blaise Pascal (1623–1662) geht die Präzisierung zurück: „Ich nenne Inhalt des Begriffs die Attribute, welche er in sich schließt und welche man ihm nicht nehmen kann, ohne ihn zu vernichten."[76] In Abhängigkeit vom Begriffsinhalt ist unter dem *Umfang* (Extension) des Begriffes zu verstehen seine „Eignung, auf eine mehr oder minder große Zahl von Gegenständen bezogen zu werden".[77]

Der Umfang eines Begriffs kann sich auf Individuen, auf die Art oder Gattung erstrecken; er lässt sich aber (in Aussagen und Urteilen) auf unterschiedliche Men-

---

73 Riedl, Rupert, Erkenntnis, ³1981, S. 25 f. und S. 195. Die Zuordnung erfolgt hier, obwohl Riedl selbst zu verstehen gibt, dass er nicht eben viel von den verschiedenen erkenntnistheoretischen Versuchen und Positionen hält.
74 Meyer, Hans, Erkenntnislehre, 1955, S. 161 f.
75 Meyer, Hans, Erkenntnislehre, 1955, S. 162.
76 Strombach, Werner, Denken, 1970, S. 15.
77 Strombach, Werner, Denken, 1970, S. 16.

gen von Gegenständen anwenden. Unter dieser Voraussetzung kann man singuläre, partikuläre oder universale Begriffe unterscheiden. Ganz allgemein gilt für das Verhältnis von Inhalt und Umfang des Begriffes: *Je reicher der Inhalt, desto geringer der Umfang, je ärmer der Inhalt, desto größer der Umfang.* Die Extremfälle der singulären und allgemeinen Begriffe sind dafür gute Exempel.

Begriffe von Begriffen

Für die begriffliche Erfassung eines einzelnen, anschaulichen Gegenstandes wird sehr oft der Allgemeinbegriff zusammen mit einem Indikator (‚dieses') benutzt. Dass insgesamt die begriffliche Erfassung eines einzelnen Gegenstandes (*singulärer Begriff*) durch die Bestimmung seiner äußeren Merkmale „nicht restlos gelingt, ist oft genug ausgesprochen" worden. Um die Merkmale zu fixieren, auf die es bei der Einzel-Erfassung eines bestimmten Menschen ankommen könnte, ist folgender Merkvers entwickelt worden:

- „*Forma, figura, locus, tempus, stirps, patria, nomen:*
  Haec ea sunt septem, quae non habet unus et alter."[78]

> In freier Übersetzung etwa: Äußere Merkmale (Größe etc.), Gestalt, (Geburts- und Wohn-)Ort, Zeitpunkt (Geburtsdatum), Abkunft (Familie), Herkunft (Vaterland, Vaterstadt), Namen: Das sind sieben Merkmale, die zwei [Menschen] nicht gemeinsam haben. Diese Merkmalsgruppen zur Erfassung des einzelnen sind nicht nur aus logischen, sondern auch aus praktischen Gründen interessant. Werden doch offensichtlich nach dieser Logik bis heute Personalausweise formalisiert; und es ist unverkennbar, dass darin Entsprechungen zur Konkretisierung jener W-Fragen stecken, deren Beachtung dem Journalisten nahegelegt wird, dem als Nachrichtenstoff fast immer Einzel-Menschen, Einzel-Dinge und Einzel-Ereignisse aufgegeben sind.

Im Gegensatz dazu stehen die *Allgemeinbegriffe*. Zu ihnen gehören alle „*Art- und Gattungsbegriffe* sowie die *Gesetzesbegriffe*".[79] Allgemeinbegriffe zeichnen sich dadurch aus, dass sie mehr oder weniger stark absehen von allen Merkmalen, die das Einzelding auszeichnen, aber jene Merkmale enthalten, die allen Einzeldingen einer Art und Gattung oder eines Sachverhaltes in gleicher Weise zukommen.[80] Hier also tritt nun der „Unterschied zwischen der Abstraktheit des Begriffes und der Konkretheit des realen Seienden" ins Bewusstsein. „Dieser Unterschied bedeutet allerdings, dass der Begriff nie die ganze Fülle des real Seienden wiedergeben kann, aber er bedeutet nicht, dass er das reale Seiende verfälscht. Denn die *Abstraktion ist keine Negation*, die Abstraktheit des Begriffes sagt nicht, dass der Begriff die Bestimmungen, die er weglässt, leugnet; z.B. der Begriff ‚Mensch', der jedes bestimmte Alter und Geschlecht weglässt, bedeutet nicht einen ‚Menschen ohne bestimmtes Alter und Geschlecht'." Dies meint Thomas [v. Aquin] mit seiner Unterscheidung von Denkweise und Inhalt des Begriffes, wenn er nämlich sagt:

---

[78] Meyer, Hans, Erkenntnislehre, 1955, S. 183.
[79] Meyer, Hans, Erkenntnislehre, 1955, S. 182.
[80] Siehe dazu auch das 5. Kapitel dieses Bandes: Der einfache Vergleich.

„Was der Verstand denkt, muss sich allerdings im Seienden selbst finden, *aber nicht auf die gleiche Weise.*" Denn „die Abstraktheit ist nur die ‚Weise', wie das Menschsein im Begriff gedacht wird, sie geht nicht in den Inhalt des Begriffes selber ein. Der ‚Mensch' wird im Begriff nicht als jedes bestimmten Alters und Geschlechtes bar gedacht, sondern beides wird überhaupt nicht gedacht. So selbstverständlich es ist, dass dies eine Begrenztheit der Erkenntnis bedeutet, ebenso selbstverständlich ist es auch, dass es keine Verfälschung der Erkenntnis bedeutet."[81]

Zwischen den singulären Begriffen und den Allgemeinbegriffen stehen u. a. die sogenannten *Kollektivbegriffe*. „Während bei den Art-, Gattungs- und Gesetzesbegriffen der Begriffsinhalt auf die Gesamtheit und auf den Einzelfall passt, dient der Kollektivbegriff nur zur Bezeichnung des Ganzen, der aus einer Vielheit von Objekten zusammengezogenen Einheit."[82] Während der Begriff ‚Mensch' auf die ganze Art oder Gattung, aber auch auf jeden einzelnen Menschen angewendet werden kann, trifft dies nicht zu für Begriffe wie ‚die Franzosen' oder ‚die Deutschen'. Solche Kollektivbegriffe sind etwa auch ‚die deutsche Presse' oder ‚Journalisten' und viele andere. Die wenigen Beispiele, die sich beliebig vermehren ließen, deuten schon an, dass Kollektivbegriffe eine besondere Rolle in der Geschichte oder in geschichtlichen Situationen und damit überhaupt in Sozial- und Kulturwissenschaften spielen. In der alltäglichen Kommunikation greift man auf sie zur Pauschalierung ebenso gern und häufig zurück wie im Journalismus.

Eine Zwischenstellung zwischen Individual- und Allgemeinbegriffen nimmt auch der *Typus-Begriff* ein. Auch er ist von besonderer Bedeutung für die Erfassung der Geschichte; darüber hinaus aber hat er seine Wurzeln im Bereich der Biologie, nämlich in der vergleichenden Formenlehre, das heißt: in der *Morphologie*, als deren moderner Begründer Johann Wolfgang von Goethe gilt. Vom Typen-Schema geleitet, suchte er die Urform, das ‚Urbild' der Pflanze zu bestimmen.[83] „Der Typus ist zunächst ein durch vergleichende Anschauung oder ideierende Abstraktion [d. h. Abstraktion aus anschaulichen Vorstellungsbildern; H. W.] gewonnenes Bild, das kraft der Intuition des Forschers zu optimaler Prägnanz hinaufgehoben wird. (...) Wo vom Typus die Rede ist, da herrscht etwas vor, da ist etwas charakteristisch, dabei kann schon ein Einzelfall als Repräsentant eines Typus gelten."[84]

Zu unterscheiden sind hier wieder der *Durchschnittstypus* und der *Idealtypus* (gelegentlich auch *konstruierter Typus* genannt). „Der Durchschnittstypus, der das Gleichartige durch induktive Erfahrung zusammennimmt, ist als Zusammenfassung des Gemeinsamen seiner logischen Struktur nach ein Allgemeinbegriff, aber keiner, der nach nächsthöherer Gattung und spezifischer Differenz gegliedert ist."[85] Der *typische Fall* im Bereich der Kommu-

---

81 de Vries, Josef, Erkenntnis, 1980, S. 55 f.
82 Meyer, Hans, Erkenntnislehre, 1955, S. 182.
83 Vgl. Meyer, Hans, Erkenntnislehre, 1955, S. 184. Von dieser Wurzel her beschäftigt sich insbesondere Rupert Riedl (Erkenntnis, ³1981) ausführlich und lehrreich mit der Typenbildung sowie mit dem Erkenntniswert der Typenbegriffe.
84 Meyer, Hans, Erkenntnislehre, 1955, S. 185.
85 Meyer, Hans, Erkenntnislehre, 1955, S. 186.

nikationswissenschaft hierfür ist der häufig beschworene „Durchschnittsleser" etwa von Tageszeitungen oder der „Durchschnittszuschauer" von Fernsehprogrammen. In derartigen Typen werden die durch Umfragen gewonnenen Gleichartigkeiten zusammengefasst: In ihre Konstruktion gehen also im Wesentlichen Durchschnittswerte (näherhin: *Modalwerte*) ein, nicht aber Gattungsbegriffe oder Merkmale, die einen solchen Typus von der nächsthöheren Gattung unterscheiden würden. Dies gilt in ähnlicher Weise auch für den „*Idealtypus*". Im Unterschied zum Durchschnittstypus gilt der Idealtypus „entweder als reine, aber in Wirklichkeit nicht vorkommende Ausprägung, eine Fassung, in der er zum Maßbegriffe wird und vornehmlich heuristischen Zwecken [zum Finden von neuen Erkenntnissen und zur Lösung von Problemen; H. W.] dient", oder „als ein Grenzbegriff, an dem die Wirklichkeit gemessen wird".[86]

Methoden der Begriffsbildung

Schon bei dieser Skizze der Begriffsarten war es unvermeidbar, immer wieder auch die Arten und Methoden der Begriffsbildung selbst anzusprechen.

Da ist zunächst einmal und vor allem die *Abstraktion*. „Jede Abstraktion nimmt an der Wirklichkeit eine Veränderung vor, indem sie entweder ein Ganzes in neue geistige Sicht nimmt oder vom Ganzen ein Merkmal bzw. mehrere Merkmale abtrennt. Der Abstraktion im letzteren Sinn geht die vielleicht allgemeinste wissenschaftliche Methode, die Analyse eines Ganzen in seine Teile, voraus." Dem folgt „die *Heraushebung* eines oder mehrerer Bestandteile unter Absehen von anderen. Diese Heraushebung bedeutet einmal von etwas absehen und zugleich auf etwas Besonderes hinsehen, etwas in den Blickpunkt der Betrachtung rücken, besagt also eine genauere Erkenntnis eines Merkmals oder Sachverhaltes in besonderer Hinsicht."[87] An dieser Stelle wird also in der Methode der Abstraktion auch eine Konsequenz der Unterscheidung von Material- und Formalobjekt sichtbar.[88] Letzteres bestimmt ja eben die besondere Hinsicht auf einen Gegenstand. Welche Merkmale bei einer Abstraktion herausgehoben werden, hängt weitgehend von der wissenschaftlichen Perspektive, vom Gegenstandsinteresse ab.

„Man pflegt vor allem die zwei Arten der *isolierenden* Abstraktion und der *generalisierenden* Abstraktion zu unterscheiden. Die isolierende Abstraktion hat zur Voraussetzung die Analyse und hebt aus einem komplexen Ganzen ein oder mehrere Merkmale zwecks eingehender Betrachtung heraus. (...) Die generalisierende Abstraktion hebt die gemeinsamen Merkmale einer Gruppe, einer Vielheit von Individuen heraus und gelangt so zu Art- und Gattungsbegriffen. Die *klassifikatorische Begriffsbildung* mit ihren Über- und Unterordnungsverhältnissen fällt darunter. Auch sie wird in allen Wissenschaften angewandt, nicht bloß auf empirische Gegenstände, sondern auch auf Begriffe und Gesetzmäßigkeiten."[89]

---

86 Meyer, Hans, Erkenntnislehre, 1955, S. 186. (Dazu mehr im 9. Kapitel dieses Bandes.)
87 Meyer, Hans, Erkenntnislehre, 1955, S. 217 f.
88 Vgl. Wagner, Hans, Kommunikationswissenschaft, 1997, S. 72–79.
89 Strombach, Werner, Denken, 1970, S. 18.

1. Kapitel Sprache und Erkennen: Von der Formulierung und der Form des Wissens

T 6: Begriffs-Baum 'Mensch'

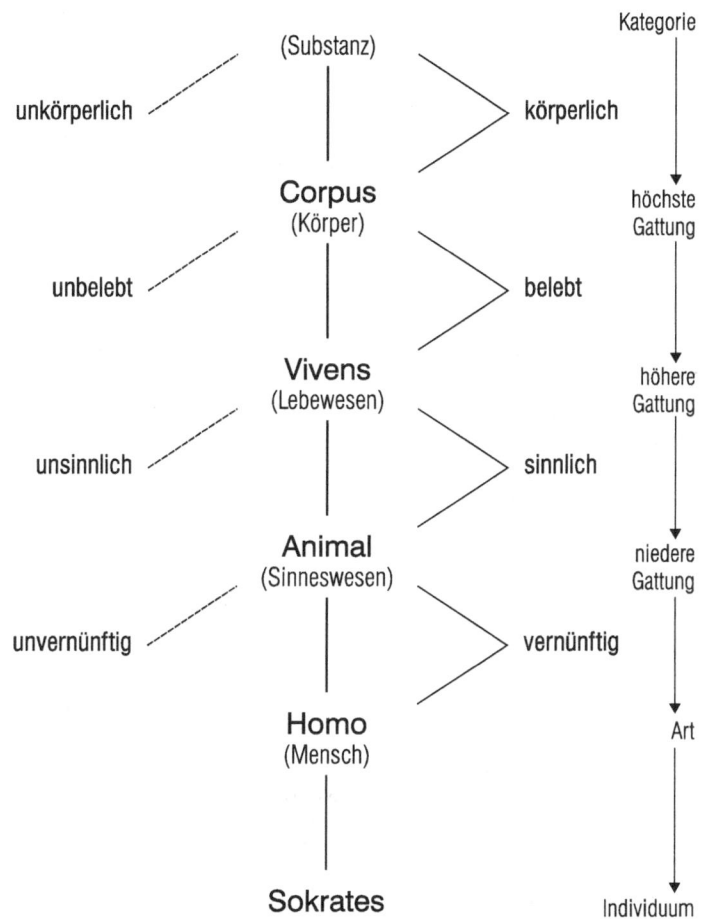

Quelle: Werner Strombach: Die Gesetze unseres Denkens, 1970, S. 18.

Diese *klassifikatorische Begriffsbildung* ist eben wegen ihrer hierarchischen Ordnung der Begriffe besonders wichtig. Das klassische Beispiel hierfür ist in Tafel 6 dargestellt. Es zeigt, dass die Begriffe, ausgehend vom singulären Begriff über den Artbegriff zu den Gattungsbegriffen verschiedenster Stufe (von unten nach oben) immer abstrakter werden, sich also durch zunehmende Abstraktionsgrade und abnehmende Inhaltsfülle auszeichnen, sodass der oberste Begriff auch als der „einfachste" gelten kann. Oder umgekehrt: Die Abstraktion nimmt ab, die Fülle der inhaltlichen Merkmale dagegen zu, je näher ein Begriff der untersten Stufe des Singulär-Begriffes ist. Ferner wird sichtbar, dass ganz offensichtlich der Umfang der Begriffe zunimmt, je abstrakter sie werden. Schließlich ist zu beachten, dass die als „Oppositionen" jeweils aufgeführten Paare von Unterscheidungsmerkmalen auf der jeweils nächsthöheren Stufe in ein und demselben Begriff „aufgehoben" sind, während auf den Begriff der nächsttieferen Stufe nur jeweils ein Glied des Gegensatzpaares zutrifft (im Schema jeweils das auf der rechten Seite stehende Merkmal), das eben deshalb wirklich ein „artbildendes" Merkmal (*differentia specifica*) sein kann.

In der *Art* sah die alte Philosophie das Wesen der Dinge, dementsprechend im *Artbegriff* einen *Wesensbegriff*. „Während heute oft die Auffassung vertreten wird, man finde das Wesen im Individuellen, das Wesen eines bestimmten Menschen also genau in dem, was ihm ganz persönlich zukommt, (...) sah man in der aristotelisch-scholastischen Tradition das Wesen im Allgemeinen, das sich in der Art anzeigt. Die Gattung sagt das Wesen nur unvollständig aus. Vollständig bestimmt wird es erst durch Hinzutreten des artbildenden Unterschiedes, das Wesen des Menschen also durch den Begriff ‚animal rationale'. Was dann noch von den Individuen ausgesagt werden kann, ist ihnen nicht mehr wesentlich (essentiell), sondern nur zufällig (akzidentell)."[90]

Wenn wir diese Kriterien der Begriffsklassifikation auf den fachwissenschaftlichen Grundbegriff „Zeitung" anwenden, so lassen sich – bei gleichem individuellem Ausgangspunkt – zwei verschiedene *Begriffs-Bäume* entwickeln, wie sie in den Tafeln 7 und 8 dargestellt sind. Dies rührt daher, dass der Begriff „Zeitung" zwei Bedeutungen hat, wobei auch die umgangssprachliche sich wissenschaftlich nutzen lässt. Es wird aber nun auch klar, dass notwendig beide Klassifikationen zu einem anderen Ergebnis auch hinsichtlich des Umfangs und der Art der eingeschlossenen bzw. jeweils ausgeschlossenen Gegenstände führen.

Führt die erste Ableitung (Tafel 7) konsequent zu einer allgemeinen *Medientheorie*, so die zweite (siehe Tafel 8) mit ebensolcher Konsequenz zu einer allgemeinen *Theorie der Sozialen Kommunikation*. Die Weichenstellung hierfür erfolgt, wie leicht zu sehen ist, bei der Bestimmung des *ersten artbildenden Unterschiedes*. Die Folge ist natürlich, dass im einen und im anderen Falle das fragliche Einzelding (hier eine bestimmte Tageszeitung) unter jeweils ganz anderen Aspekten (als ein ganz anderes Formalobjekt)

---

90 Strombach, Werner, Denken, 1970, S. 18.

1. Kapitel Sprache und Erkennen: Von der Formulierung und der Form des Wissens

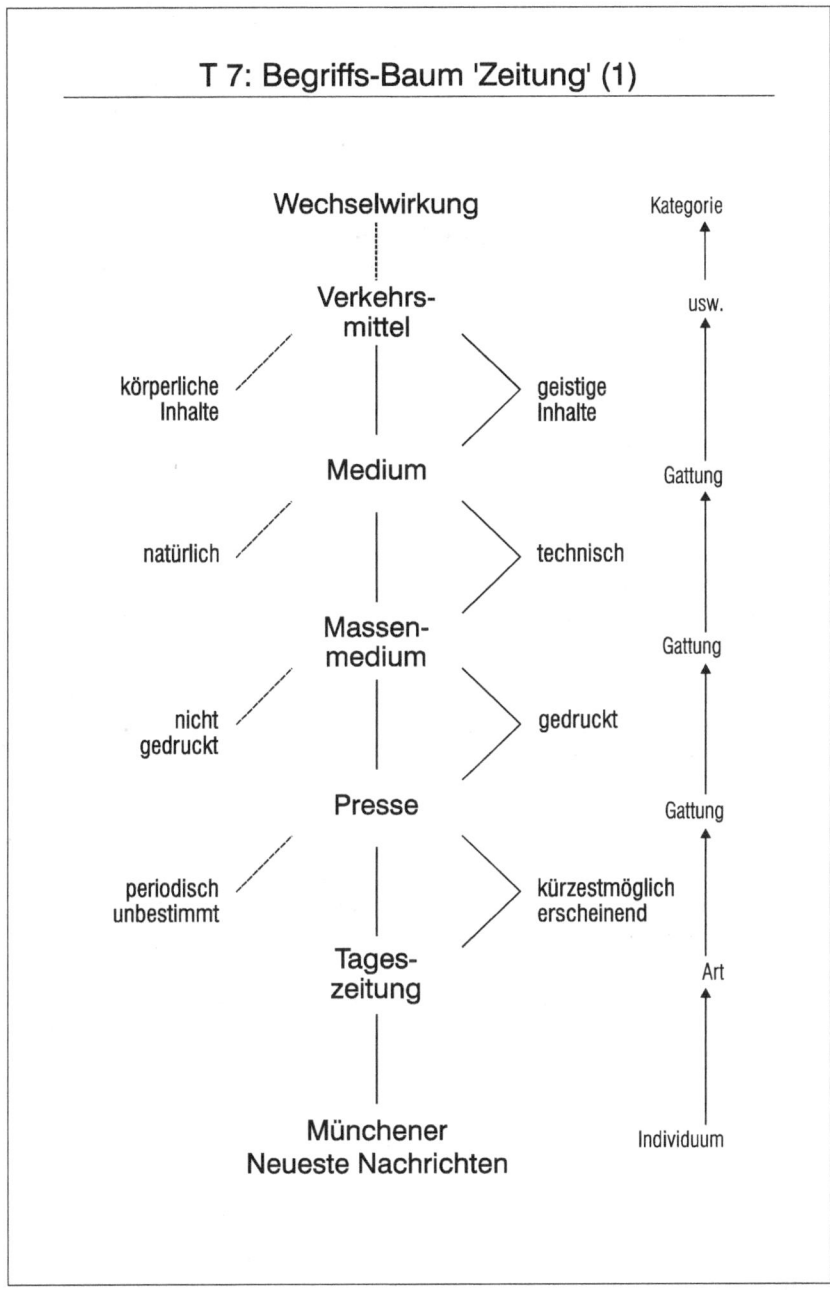

betrachtet wird. Man kann natürlich auch umgekehrt sagen: Weil der Gegenstand jeweils anders betrachtet wird, wird ein ganz anderes artbildendes Merkmal relevant oder – um es noch einmal mit den Worten von Hans

Meyer zu wiederholen – die abstrahierende Heraushebung von Einzelmerkmalen hängt „weithin von unserer Wahl" ab. Beide Wege, die in den Begriffs-Bäumen angedeutet sind, sind im Übrigen in der Fachwissenschaft tatsächlich gegangen worden.[91] Es ist schließlich auch darauf hinzuweisen, dass im Falle der zweiten Klassifikation der (kaum normierte) Begriff ‚Kommunikation' seine ganze Problematik entfaltet. Der Begriff nämlich kommt (abgesehen von vielen anderen Möglichkeiten) in der Literatur tatsächlich vor für ‚Nachrichtenaustausch', für ‚Mitteilung', für ‚Interaktion' und für die Kategorie der ‚Wechselwirkung'. (Vgl. Tafel 2.) Der Begriffs-Baum zeigt ziemlich eindeutig, dass dies verschiedene Dinge sind. Tautologien (zum Beispiel: „Interaktion heißt Kommunikation", was im Klartext bedeutet: „Kommunikation ist Kommunikation"!) sind dadurch geradezu vorprogrammiert. „Da Mehrdeutigkeiten aber zu Trugschlüssen Anlass geben können, dürfen sie in streng logischen Systemen nicht auftreten."[92] Der terminologischen Exaktheitsanforderung entspricht der Begriff „Kommunikation" jedenfalls nicht.

Arten und Regeln der Definition

Das Ziel in der Wissenschaft sind eindeutige Begriffe. Solche gewinnt man mit Definitionen. Ganz allgemein wird „durch eine Definition der Inhalt eines Begriffes festgelegt".[93]

Die *Nominaldefinition* haben wir einleitend schon kennengelernt. Bei ihr handelt es sich um eine „Worterklärung". Zu den Nominaldefinitionen gehören auch „Festsetzungen" für den Gebrauch eines Zeichens, vor allem wenn neue Zeichen, etwa Abkürzungen, eingeführt werden (zum Beispiel ‚KW' für ‚Kommunikationswissenschaft'). Im weiteren Sinne eines gemäßigten *Konzeptualismus* muss zu den Nominaldefinitionen auch die *Begriffsbestimmung* gerechnet werden, wie Kant sie versteht: Ein unbekannter Begriff wird mithilfe bereits bekannter Begriffe zergliedert (*analytische Definition*) oder neu konstruiert (*synthetische Definition*).[94] Aus erkenntnistheoretischer Sicht sind jedoch *Realdefinitionen* erforderlich, die man – wenngleich unscharf – zunächst auch als Sacherklärungen bezeichnen könnte. Hierbei sind zweierlei Arten von Realdefinitionen auseinanderzuhalten. (1.) Die einen, die eine *Wesensbestimmung* leisten. Dafür wird bis in die modernen Naturwissenschaften hinein an der alten Formel praktisch festgehalten: „*Omnis definitio fit per genus proximum et differentiam specificam.*"[95]

---

91 Vgl. Wagner, Hans, Kommunikationswissenschaft, 1997, 2. Kapitel, S. 69–109.
92 Strombach, Werner, Denken, 1970, S. 12.
93 Meyer, Hans, Erkenntnislehre, 1955, S. 219.
94 Vgl. Menne, Albert, Art. ‚Definition', in: Krings, Hermann/Baumgartner, Hans M./Wild, Christoph (Hrsg.), Grundbegriffe, 1/1973, S. 270.
95 Vgl. Strombach, Werner, Denken, 1970, S. 19; Meyer, Hans, Erkenntnislehre, 1955, S. 220f.; Menne, Albert, in: Krings, Hermann/Baumgartner, Hans M./Wild, Christoph (Hrsg.), Grundbegriffe, 1/1973, S. 271; Brugger, Walter, Wörterbuch, [5]1953, S. 47.

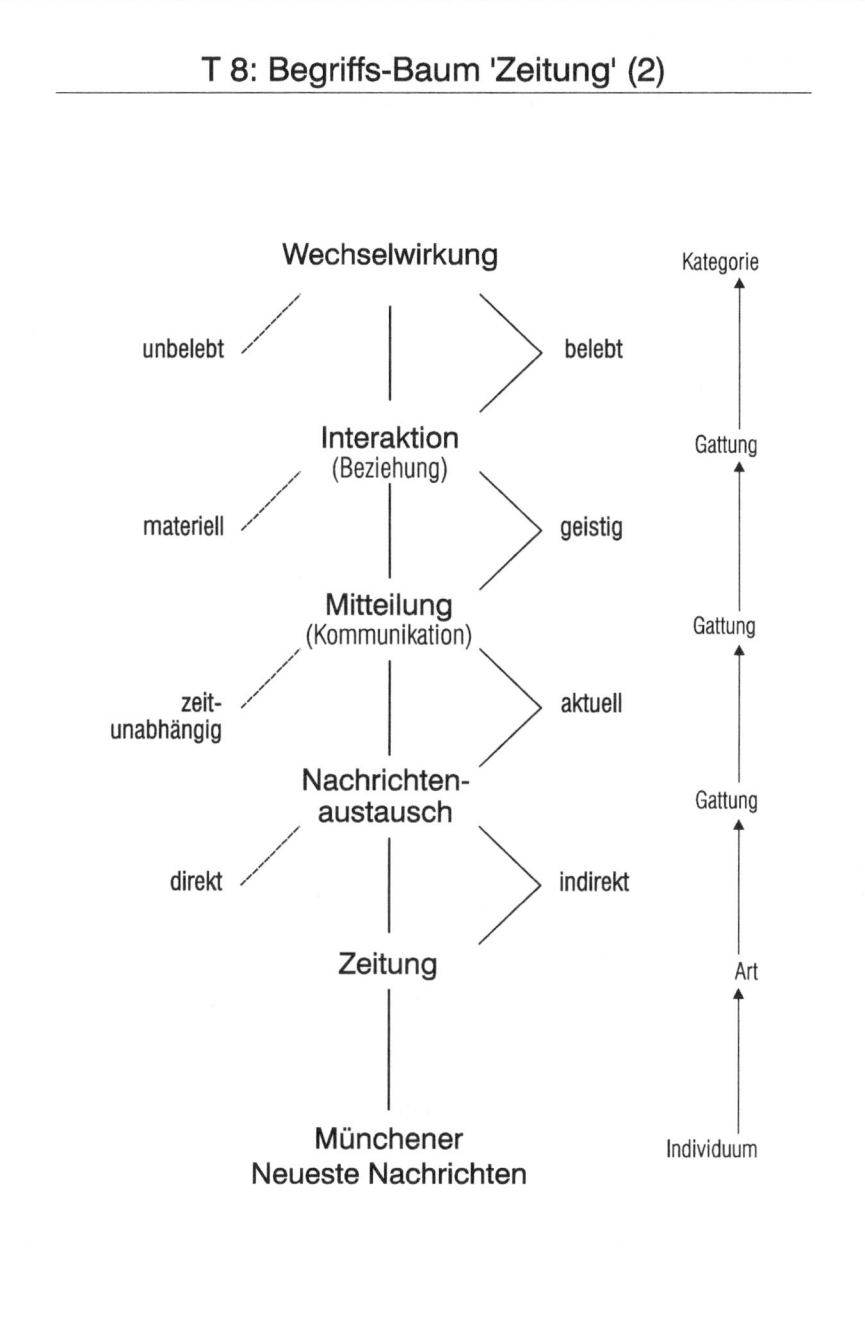

(„Jede Definition erfolgt durch Angabe der nächsthöheren Gattung und durch das artbildende Unterscheidungsmerkmal.") Eine Abart der Wesensdefinition bildet die *Finaldefinition*, bei der zur nächsthöheren Gattung als artbildender Unterschied der Zweck eines Gegenstandes hinzugefügt wird. (2.) Die andere, die sogenannte *deskriptive Realdefinition*, ist schon eher im eigentlichen Sinn eine Sacherklärung, bei der „man zu einer allgemeinen Gattungsbestimmung so viele Merkmale hinzufügt, bis der Gegenstand von jedem andersartigen genügend unterschieden ist".[96] Den beschreibenden Realdefinitionen kann man auch zurechnen die *historischen Definitionen*, die von der Geschichte eines Begriffes ausgehen, wobei Untergruppen *Denotationen* (Bestimmungen des primär durch einen Begriff bezeichneten Gegenstandes) einerseits und *Konnotationen* (Bestimmungen der assoziativ mit einem Gegenstand verbundenen Vorstellungen) andererseits sein könnten. Eine wichtige Art ist sodann die *genetische Definition*, die einen Gegenstand durch die Angaben bestimmt, die zu wissen erforderlich sind, um den Gegenstand zu erzeugen. Ihrer Anschaulichkeit wegen sind solche Definitionen in manchen Bereichen besonders beliebt.

Schließlich sind auch im wissenschaftlichen Bereich sogenannte *Zuordnungsdefinitionen* von ganz besonderer Bedeutung; das sind definitorische Festsetzungen, durch die Worte, theoretische Ausdrücke oder auch Maßeinheiten ganz bestimmten beobachtbaren oder messbaren Sachverhalten (Indikatoren) zugeordnet werden; sie werden auch als *operationale Definitionen* bezeichnet. Solche sind bei der Kategorienbildung für Inhaltsanalysen unverzichtbar.

Dabei ist immer das Ziel der Definitions-Methode zu beachten, das Thomas von Aquin so vorgestellt hat: „Wir erkennen einen Gegenstand umso besser, je mehr wir ihn in seinem Unterschied zu anderen Gegenständen erfassen."[97] Die Definitionsregeln, die im Lauf der Zeit zusammengetragen wurden, hat Werner Strombach eingängig fixiert. „Die wichtigsten Regeln des Definierens sind:

1. Die Definition (das Definiens) muss deutlicher sein als das zu Definierende (Definiendum).

2. Die Definition soll nichts Überflüssiges enthalten, aber auch nichts Notwendiges weglassen.

3. Die Definition soll konvertierbar sein, d. h. man muss die Definitionsgleichung von links wie von rechts lesen können.

4. Die Definition soll positiv sein, d. h. nicht etwa nur angeben, was etwas nicht ist."[98]

6. Die Urteile

„Im Begriff formt der Verstand die Mannigfaltigkeit von Eindrücken und Vorstellungen zu einer gedanklich-idealen Einheit. Und Mannigfaltiges zu einer Einheit zu

---

96 Brugger, Walter, Wörterbuch, ⁵1953, S. 47.
97 Zit. nach Meyer, Hans, Erkenntnislehre, 1955, S. 177. (Vgl. dazu Kapitel 5 in diesem Band.)
98 Strombach, Werner, Denken, 1970, S. 20.

synthetisieren, ist nach Kant auch die Grundhaltung des Denkens, die sich im *Urteil* zeigt."[99]

Begriffe sind einerseits ein mögliches Ergebnis des Urteils, insofern etwa Definitionen selbst Urteile sind. Anderseits sind Begriffe eine Voraussetzung des Urteilens, insofern in einem Urteil wenigstens zwei Begriffe miteinander verknüpft werden.[100] Die Form, in der Urteile Ausdruck finden, ist der Satz, und zwar primär der Aussagesatz bzw. der Behauptungssatz. Aber wie man Wort und Begriff unterscheidet, muss man auch Satz und Urteil voneinander unterscheiden. Ein Satz kann nur grammatikalisch richtig oder falsch sein; wahr oder falsch aber ist das Urteil, das in dem Satz zum Ausdruck kommt, weil das Urteil sich auf einen Gegenstand bezieht. „Will das Urteil wahr sein, so hat es sich dem ontischen Sachverhalt zu unterwerfen. Da in diesem Sinne unser Denken gegenstandsbezogen ist, wird wieder ein enges Verhältnis von Ontologie und Logik sichtbar."[101]

> Der Begriff bezieht sich selbstverständlich auf einen Gegenstand. Aber der einzelne isolierte Begriff bzw. das mit ihm gegebene Vorstellungsbild, zum Beispiel: ‚Zeitung', ‚Journalist', ‚Medium', ‚direkt' usw. kann nicht wahr oder falsch sein. Erst wenn Begriffe in einem Urteil miteinander verbunden werden, etwa: „die Zeitung ist ein Medium", kann von ‚wahr' oder ‚falsch' die Rede sein. „Erst das Urteil", zitiert Hans Meyer Thomas von Aquin, „in dem durch eine Synthesis eine Übereinstimmung des Begriffs mit dem Gegenstand behauptet wird, ist wahr oder falsch." Und Aristoteles: „Im Raum der bloßen Begriffe gibt es keinen Irrtum; wo Wahrheit und Irrtum herrscht, besteht eine Verbindung von Begriffen zu einer Einheit."[102]

In der einfachsten Form eines Aussagesatzes wird im Urteil ein Gegenstand (Subjekt = S) durch ein Prädikat (= P) inhaltlich bestimmt. Der Ausdruck lautet allgemein

- bejahend: *S ist P;* oder
- verneinend: *S ist nicht P.*

Es sind also immer wenigstens *drei Elemente,* die ein Urteil bilden:

- das *Subjekt* (S) zunächst, das ein Einzelnes oder ein Allgemeines sein kann;
- das *Prädikat* (P) sodann, das stets ein Allgemeines ist (außer in den Fällen, in denen das Prädikat ein Name im Sinne einer Kennzeichnung wäre).

Das Urteil selbst aber wird konstituiert durch das dritte Element, nämlich durch

- die *Kopula* „ist", durch die „der im Prädikatsbegriff ausgesprochene Inhalt auf den im Subjektbegriff gemeinten Gegenstand bezogen und damit eine Einheit hergestellt wird".[103]

---

99 Strombach, Werner, Denken, 1970, S. 24.
100 Vgl. Meyer, Hans, Erkenntnislehre, 1955, S. 101; Strombach, Werner, Denken, 1970, S. 24.
101 Strombach, Werner, Denken, 1970, S. 25.
102 Siehe Meyer, Hans, Erkenntnislehre, 1955, S. 102.
103 Meyer, Hans, Erkenntnislehre, 1955, S. 102.

I. Wege der Wissenschaft

Die traditionelle Logik hat von jeher den verschiedenen, möglichen Urteilsarten eine besondere Aufmerksamkeit geschenkt. Kant hat die Vielfalt der Urteilsformen in einer übersichtlichen Ordnung vorgestellt, die gegliedert ist nach den apriorischen Denkformen (Kategorien), die der Urteilsbildung zugrunde liegen. Diese Übersicht ist schematisch und vereinfacht in der Tafel 9 wiedergegeben. Ihr sind auch die (in vielfachen Zusammenhängen immer wieder auftauchenden) Begriffe zur Kennzeichnung der verschiedenen Urteilsarten zu entnehmen.[104] Kant hat außerdem die Urteile ihrem Inhalt nach in *„analytische"* und *„synthetische"* Urteile eingeteilt.

> Da die Begriffe auf ihn zurückgehen (obgleich die zugrunde liegenden Urteilsprobleme ebenfalls durchaus klassisch sind), sei aus der *„Kritik der reinen Vernunft"* zitiert: „In allen Urteilen, worinnen das Verhältnis eines Subjekts zum Prädikat gedacht wird, (...) ist dieses Verhältnis auf zweierlei Art möglich. Entweder das Prädikat B gehört zum Subjekt A als etwas, was in diesem Begriffe A (versteckterweise) enthalten ist; oder B liegt ganz außer dem Begriff A, ob es zwar mit demselben in Verknüpfung steht. Im ersten Fall nenne ich das Urteil analytisch, in dem anderen synthetisch. (...) Die ersteren könnte man auch Erläuterungs-, die anderen Erweiterungs-Urteile heißen, weil jene durch das Prädikat nichts zum Begriff des Subjekts hinzutun, sondern diesen nur durch Zergliederung in seine Teilbegriffe zerfällen, die in selbigem schon (obgleich verworren) gedacht waren: dahingegen die letzteren zu dem Begriffe des Subjekts ein Prädikat hinzutun, welches in jenem gar nicht gedacht war, und durch keine Zergliederung desselben hätte können herausgezogen werden. Z.B. wenn ich sage: Alle Körper sind ausgedehnt, so ist dies ein analytisches Urteil. Denn ich darf nicht über den Begriff, den ich mit dem Körper verbinde, hinausgehen, um die Ausdehnung, als mit demselben verknüpft, zu finden, sondern jenen Begriff nur zergliedern, d. i. des Mannigfaltigen, welches ich jederzeit in ihm denke, mir nur bewußt werden, um dieses Prädikat darin anzutreffen; es ist also ein analytisches Urteil. Dagegen, wenn ich sage: Alle Körper sind schwer, so ist das Prädikat etwas anderes als das, was ich in dem bloßen Begriff eines Körpers überhaupt denke. Die Hinzufügung eines solchen Prädikats gibt also ein synthetisches Urteil."[105]

Für die wissenschaftliche Arbeit von Bedeutung sind schließlich auch folgende Urteilsarten:

---

[104] Darstellungen der einzelnen Urteilsformen finden sich bei Strombach, Werner, Denken, 1970, S. 30–51; bei Meyer, Hans, Erkenntnislehre, 1955, S. 139–149.
[105] Kant, Immanuel, Reine Vernunft, 1956, B 10 f. (Vgl. auch B 189–B 197.)

T 9: Die klassischen Urteilsformen nach Kant

1. Einteilung nach der **Quantität** (Umfang des Urteilssubjekts)
a) universal Alle S sind P
b) partikular Einige S sind P
c) singulär Irgendein (dieses) S ist P

2. Einteilung nach der **Qualität** (Wert der Kopula)
a) bejahend S ist P
b) verneinend S ist nicht P
c) limitativ (unendlich) S ist Nicht-P
Logische Bejahung mittels eines Verneinungsprädikats, wodurch eine 'unendliche Sphäre' der Bestimmbarkeit offen bleibt.

3. Einteilung nach der **Relation**
(Art der Beziehung zwischen Subjekt und Prädikat)
a) kategorisch (unbedingt) S ist P
b) hypothetisch (bedingt) Wenn (falls) A ist, dann ist B
Ausdruck eines Bedingungsverhältnisses von Grund und Folge des Sachverhalts. Ein Grund-Folge-Verhältnis muss keine Ursache-Wirkungs-Beziehung sein.
c) disjunktiv (trennend) S ist entweder P oder Q
Ausdruck eines ausschließenden Gegensatzes: 'Entweder du gehst oder du gehst nicht'! Beides gleichzeitig ist ausgeschlossen. Der Gegensatz ist unversöhnlich.

4. Einteilung nach der **Modalität**
Die Art und Weise der Beziehung zwischen S und P wird hier unter den Gesichtspunkten der Notwendigkeit, Wirklichkeit und Möglichkeit erörtert.
a) problematisch S kann P sein
b) assertorisch (Tatsachenfeststellung) S ist P
c) apodiktisch (unwiderlegbar) S ist notwendig P

Nach Werner Strombach: Die Gesetze unseres Denkens. München 1970, S. 28 f.

Fundamentalurteile, auf denen eine Wissenschaft als Ausgangspunkt fußt; zu ihnen gehören auch die sogenannten „*Axiome*".

Im Unterschied zu den *Idealurteilen* (Urteile über Gedankengebilde, z. B. Urteile über Urteile) spielen die empirischen Urteile eine erhebliche Rolle. Letztere sind solche, die – nach Kant – ihren Grund in der unmittelbaren Wahrnehmung der Sinne haben. Zu diesen gehören *Wahrnehmungs-* und *Erfahrungsurteile*. Zu verweisen ist ferner auf die *Werturteile*, in denen einem Gegenstand (Objekt) ein Wert zuerkannt wird. Auf Werturteilen beruhen *Normurteile*, die eine Forderung und damit eine Norm des Handelns aussprechen.

Schließlich werden häufig auch *beschreibende* und *erklärende Urteile* nicht nur getrennt, sondern einander entgegengesetzt.[106]

Schluss- und Beweisverfahren

Die Lehre von den Urteilen und ihren Arten führt unmittelbar hin zu zwei großen Fragekreisen.

(1.) Zum Problem der *Schluss- und Beweisverfahren* zunächst (siehe Tafel 10): „Der Schluss ist die Ableitung eines Urteils aus einem oder mehreren anderen Urteilen; er besteht aus mehreren miteinander verbundenen Urteilen, wobei die Verbindung von besonderer Art sein muss: Es soll ja der Schluss-Satz, die *conclusio*, aus den Vordersätzen, den *Prämissen*, gefolgert werden. (...) Die Anmerkung ist nicht überflüssig, dass sowohl die Prämissen wie der Schluss-Satz Anspruch auf Wahrheit machen, dass aber die Wahrheit der Prämissen wie die Wahrheit des Schluss-Satzes keine Gewähr für einen folgerichtigen Schluss darbieten; es können die Prämissen wie der Schluss-Satz wahre Urteile sein, ohne dass folgerichtig geschlossen wird. Andererseits besteht die Möglichkeit eines folgerichtigen Schlusses, auch wenn eine oder mehrere Prämissen falsch sind. Ein Schluss, der ein gültiger Beweis sein will, verlangt also beides, Wahrheit der Prämissen und der *conclusio* wie die Folgerichtigkeit des Schluss-Satzes. Nur in diesem Fall folgt die Wahrheit des Schluss-Satzes aus der Wahrheit der Prämissen. Weil die Folgerung, der Schluss, ein Urteilszusammenhang ist, ist er auch ein Wahrheitszusammenhang."[107]

---

106 Meyer, Hans, Erkenntnislehre, 1955, S. 154–158.
107 Meyer, Hans, Erkenntnislehre, 1955, S. 225. „Die Lehre vom Schluss und Beweis" ist außerordentlich eingängig dargestellt bei Meyer, Hans, Erkenntnislehre, 1955, S. 225–255; ferner bei Strombach, Werner, Denken, 1970, S. 82–143.

T 10: Die Schlussfiguren des Syllogismus

a) Die allgemeine Anordnung syllogistischer Schlüsse

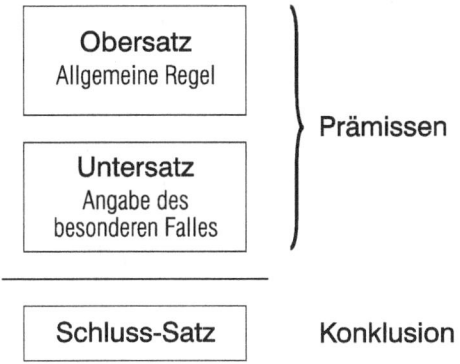

b) Die drei Schlussfiguren des Aristoteles

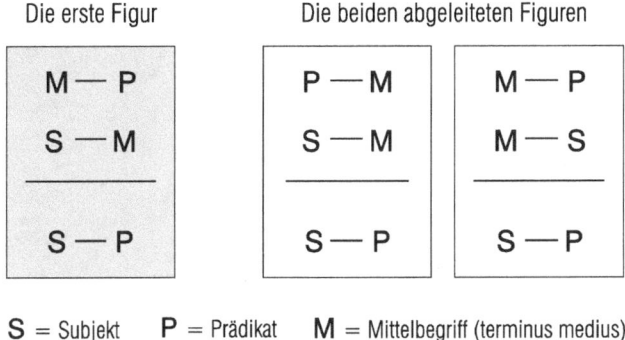

S = Subjekt   P = Prädikat   M = Mittelbegriff (terminus medius)

Der Mittelbegriff muss in beiden Prämissen vorkommen. Er stellt die vermittelnde Verbindung zu einem neuen Urteil im Schluss-Satz her.

Grundregeln des Syllogismus: Er darf nur drei eindeutig gebrauchte Begriffe enthalten. Es dürfen nicht beide Prämissen partikulär sein; eine muss allgemein sein. Es dürfen nicht beide Prämissen negativ sein. Ist eine negativ, ist auch der Schluss-Satz negativ.

I. Wege der Wissenschaft

(2.) Der zweite Fragenkreis, mit dem ersten und den hier behandelten Voraussetzungen unlösbar verknüpft, umfasst das *Problem der Erkenntnis- und Urteilswahrheit*. Kaum eine Frage ist so fundamental wie diese; und gleichzeitig spalten sich bezüglich ihrer Beantwortung die Auffassungen so sehr und so weit wie bei keiner anderen. Wenigstens die Grundsätze der von Aristoteles und seit ihm vertretenen „realistischen Wahrheitstheorie" seien zitiert: „,Die Wahrheit trifft derjenige, der das Getrennte für getrennt und das Verbundene für verbunden erklärt; in den Irrtum fällt derjenige, der der Wirklichkeit widerspricht.' Diese Wahrheitstheorie hat zur Voraussetzung, dass Gegenstände und ihre Sachverhalte vorgegeben sind, und dass sich unser Denken nach ihnen zu richten hat. Man spricht von der Wahrheit und demzufolge von der Geltung eines Urteils, wenn in ihm einem Gegenstand ein Sachverhalt [urteilend; H. W.] zuerkannt wird, der an ihm vorkommt, aus ihm herauswächst, in ihm fundiert ist, und ein Sachverhalt abgesprochen wird, der nicht an ihm vorkommt. Wahrheit kommt unseren Urteilsformen zu, wenn sie Verhältnisse an den Gegenständen in der rechten Weise wiedergeben."[108]

Hier konnten nur die Umrisse dieser Fragenkreise angedeutet werden. Wir müssen uns mit den grob behauenen Bruchstücken der logischen Grundlagen begnügen. Damit haben wir allerdings sehr wohl einige Voraussetzungen dafür geschaffen, um die Wege der Wissenschaft besser zu verstehen, die auch für das Fach Kommunikationswissenschaft von Bedeutung sind. Deren Terrain wird in den beiden folgenden Kapiteln zunächst allgemein vorbereitet, bevor in den anschließenden Hauptteilen die wichtigsten (qualitativen) Verfahren der verstehenden Sozialwissenschaften behandelt werden können.

---

[108] Meyer, Hans, Erkenntnislehre, 1955, S. 113 f. An gleicher Stelle findet sich – vgl. dort S. 113–139 – eine als Einführung recht gut geeignete Auseinandersetzung mit verschiedenen Wahrheitstheorien. Dies gilt auch für de Vries, Josef, Erkenntnis, 1980; diese Arbeit ist durchgehend der Klärung der Wahrheitsfrage ebenfalls unter Einbeziehung der wichtigsten Wahrheitstheorien gewidmet. Einige Voraussetzungen erfordert Puntel, Bruno L., Wahrheitstheorien, 1978.

2. Kapitel Deduktion und Induktion: Vom Beweiswissen und vom Erfahrungswissen

Vom *Anfang des Denkens* war in den vorausgegangenen Kapiteln verschiedentlich die Rede. Die Philosophie, insbesondere die Logik und Erkenntnistheorie haben seit jeher versucht, diesen Anfang des Denkens zu finden. Aristoteles vertrat die Auffassung, dass die Einzelwissenschaften ihre eigenen Anfangs-Gründe nicht selbst beweisen, sondern sie einer jeweils „höheren Wissenschaft" entnehmen; dass jene Wissenschaft mithin die höchste sei, die ihre Gründe keiner anderen entlehnt. Dies ist nach seiner Vorstellung die Grundlagen-Wissenschaft, die „erste Philosophie" (*sophia*), die allem Wissen die obersten, selbst nicht mehr beweisbaren Gründe, die „Prinzipien" anbietet und klärt.[109] So sind schon seit dieser Zeit die obersten *logischen Prinzipien* formuliert worden, zu denen u. a. zählen:

- Der *Satz vom Widerspruch*: „Zwei einander [kontradiktorisch; H. W.] widersprechende Urteile über denselben Gegenstand in derselben Hinsicht zu gleicher Zeit können nicht beide wahr sein." Ferner:
- Der *Satz vom zureichenden Grund*: „Die Wahrheit eines Urteils bedarf eines zureichenden Grundes, und die Gewissheit bedarf der Einsicht in diesen Grund; zureichend ist der Grund, wenn er allein imstande ist, die Wahrheit und Gewissheit des Urteilsgedankens zu garantieren."[110]

In ihrem Kern können diese Prinzipien als die bis heute und in allem (wissenschaftlichen) Denken tatsächlich gültigen Grundlagen angesehen werden.[111]

Die Frage, die bei allen Auseinandersetzungen um die Prinzipien im Mittelpunkt steht, zielt darauf, mit welchem Recht man solche Sätze überhaupt aufstellen und ihre Geltung behaupten kann, die über alle unmittelbare Erfahrung hinausgehen, Allgemeingültigkeit beanspruchen und die, „weil sie erst alles Schließen möglich machen, selbst nicht Ergebnis eines Schlusses sein können".[112] Bezüglich der Beantwortung dieser Frage unterscheiden sich die verschiedenen erkenntnistheoretischen Positionen. So etwa kommt dabei der Empirismus in erhebliche Schwierigkeiten, weil aus bloßer Erfahrung derartige Sätze nicht ableitbar sind.

1. Axiome

Natürlich haben mit diesen Problemen des Anfangs des Denkens jene Wissenschaften jedenfalls nicht direkt zu kämpfen, die im Sinne des Aristoteles „untergeordnete Wissenschaften" sind. Zwar sollte man sich nicht darüber hinwegtäuschen, dass auch in allen diesen Spezialwissenschaften die Begriffsbildung, das Urteil, jedes Schließen und Beweisen den obersten logischen Prinzipien folgt. Aber dies wird dabei meist unreflektiert als „Selbstverständlichkeit" vorausgesetzt und hingenommen. Stellt sich somit die Frage nach dem Anfang des Denkens ausdrücklich meist gar nicht, so ist doch auch für „untergeordnete Wissenschaften"

---

109 Siehe dazu Wagner, Hans, Kommunikationswissenschaft, 1997, S. 170–175.
110 Hier zit. nach Meyer, Hans, Erkenntnislehre, 1955, S. 260 und S. 270.
111 Zu den logischen Prinzipien siehe ausführlich Meyer, Hans, Erkenntnislehre, 1955, S. 257–273; Strombach, Werner, Denken, 1970, S. 66–81; ferner de Vries, Josef, Erkenntnis, 1980, S. 102–130.
112 de Vries, Josef, Erkenntnis, 1980, S. 102.

die Frage nach den „Fundamentalurteilen", nach den Grund-Sätzen, auf denen sie aufbauen, nicht ganz ohne Bedeutung.

In diesem Sinn könnte man als Grund-Satz etwa der „untergeordneten" Kommunikationswissenschaft durchaus das *„Kommunikative Prinzip"* auffassen, das in einfachster Formulierung lautet: *„Kommunikation konstituiert Gemeinschaft"*. Es ist sofort einsichtig, dass der Sachverhalt dieses Fundamentalurteils zum einen nicht jenseits aller Erfahrung liegt, zum anderen Gegenstand der Beobachtung, der Untersuchung und des Beweises in einer Reihe von „übergeordneten Wissenschaften", angefangen von der philosophischen Anthropologie bis hin zur Soziologie ist. Die Evidenz dieses Grund-Satzes beruht also auf einer Gewissheit, die begründet ist in den Erkenntnissen und im „Beweiswissen" zahlreicher, mit ganz unterschiedlichen Methoden arbeitender Wissenschaften. In diesem Sinne handelt es sich um einen „entlehnten" Grund-Satz, ein Axiom im klassischen Sinn ist das „Kommunikative Prinzip" nicht.

Ein *Axiom* (von griech. áxios, das heißt: wert, würdig, geltend) ist nämlich „ein Satz, der in der Wissenschaft eine hohe Wertschätzung genießt, weil er nicht bezweifelt werden soll und insofern – aufgrund einer Vereinbarung der ihn Benutzenden – nicht widerlegbar ist."[113] In diesem Sinn beanspruchen Axiome „Selbstevidenz"; das heißt nach Blaise Pascal, man solle oder könne nicht versuchen, Sätze oder Dinge zu beweisen, „die so selbstevident sind, dass es nichts noch Klareres mehr gibt, um sie zu beweisen".[114] Axiome sind also eines Beweises nicht bedürftige, einleuchtende Ausgangssätze.

Auf ihnen beruhen die Denkgebäude der sogenannten *„axiomatischen Wissenschaften"*, zu denen seit alters die Mathematik, die Geometrie und in der Neuzeit auch die formalistische Logik zählen. Auch für diese Wissenschaften gelten natürlich die Prinzipien vom Anfang des Denkens; ohne sie könnte ein in sich stimmiges Gedankengebäude nicht konstruiert werden. Die Axiome aber, die diese Wissenschaften zu ihrem Ausgangspunkt nehmen, „sieht man heute (...) nicht mehr als ‚evident' an. Sie sind willkürlich gesetzte, rein formal zu interpretierende Anfangssätze".[115] Insoweit sind Axiome dann weder wahr noch falsch. Es kommt nur darauf an, dass über konsequent richtiges Schließen aus dem gewählten Anfangssatz ein Gebäude in sich richtiger Schlussfolgerungen aufgebaut wird.

So ist das Parallelenaxiom der gesetzte Ausgangspunkt der euklidischen Geometrie; aber es gilt nicht in der nicht-euklidischen Geometrie, die im 19. Jahrhundert entwickelt wurde. Aber das Parallelenaxiom ist deshalb nicht falsch. Eine auf ihm aufbauende Geometrie ist lediglich anders.

Die Richtung des *logischen* und mathematischen *Konstruktivismus* geht einen Schritt weiter oder zurück, ganz wie man will. Paul Lorenzen geht davon aus, „dass wir nur das verstehen, was wir selbst herstellen können"; der Konstruktivis-

---

113 Seiffert, Helmut, Wissenschaftstheorie 1, [10]1983, S. 127.
114 Zit. nach Seiffert, Helmut, Wissenschaftstheorie 1, [10]1983, S. 136 f.
115 Seiffert, Helmut, Wissenschaftstheorie 1, [10]1983, S. 138.

mus müht sich daher um eine einsehbare oder verstehbare, also evidente Mathematik oder Logik. Die Evidenz ihrer Axiome wird begründet „durch das konstruktive Herstellen von Gegenständen", zum Beispiel durch die Konstruktion ‚natürlicher Zahlen' mittels Strichfolgen.[116] Entsprechend fängt auch die Sprachlogik nicht an einem absoluten Nullpunkt an, sondern bei einfachen Gegenständen der Umgangssprache, bei der Einführung von Beispielen aus dem alltäglichen Sprachgebrauch, aus denen dann schrittweise eine Wissenschaftssprache systematisch entfaltet wird.

2. Deduktion

Der Aufbau eines solchen Gedankengebäudes in den axiomatischen Wissenschaften erfolgt dadurch, dass aus einem hergestellt-evidenten oder selbstevidenten, in jedem Falle gesetzten Axiom bzw. aus einem System solcher Axiome mithilfe logischer Regeln schlussfolgernd weitere und immer speziellere Sätze *abgeleitet* werden. (Ableiten heißt lateinisch *deducere*: hinabführen, wegführen.) „Die Denkrichtung der *Ableitung*, d. h. die Methode, aus vorausgesetzten elementaren Sätzen kompliziertere Sätze korrekt abzuleiten, nennen wir daher auch die *deduktive Methode* oder *Deduktion*."[117]

Die *Deduktion* geht also von *allgemeinen* und zugleich einfachen Sätzen aus und gelangt zu immer komplizierteren, spezielleren Sätzen. Darin drückt sich, wie schon bei den Begriffen, nun auch für solche Sätze das Verhältnis von Extension und Intension aus: Je allgemeiner (abstrakter) und einfacher (geringe Inhaltsfülle) die Sätze sind, umso weiter ist der Bereich, für den sie gelten. Je mehr der Satz an Inhaltsfülle zunimmt, je komplexer und komplizierter er also wird, umso eingeschränkter wird der Bereich, für den er gilt.

> Im Mathematik- oder Geometrieunterricht werden die Schüler in der Regel mit besonderen Sätzen (zum Beispiel mit dem Pythagoreischen Lehrsatz) konfrontiert, die dann vom Lehrer *bewiesen* werden. Ein solcher „Beweis" erfolgt dadurch, dass vom komplizierteren Besonderen auf den Ableitungswegen wieder *zurückgegangen* wird (lateinisch: *regredi*, das heißt: zurückschreiten) auf das Allgemeinere und das Einfachere, aus dem vorher eben dieses Besondere in einem korrekten Ableitungsverfahren deduziert worden ist. Einen solchen „Beweis" nennt man daher eine *„regressive Deduktion"* oder *„Regression"*. Wenn derartige Regressionen korrekt durchgeführt werden, gilt der Beweis als sicher und *vollständig*. Obwohl die „regressive Deduktion" in der *Denkrichtung* der Induktion gleicht, liegt genau in der Gewissheit des Beweises der Unterschied zwischen beiden.[118] (Siehe dazu Tafel 11.)

---

116   Seiffert, Helmut, Wissenschaftstheorie 1, [10]1983, S. 142 f.
117   Seiffert, Helmut, Wissenschaftstheorie 1, [10]1983, S. 133.
118   Vgl. Seiffert, Helmut, Wissenschaftstheorie 1, [10]1983, S. 131, S. 133 f.

T 11: Deduktion und Induktion

a) Die Denkrichtung deduktiver und induktiver Schlüsse

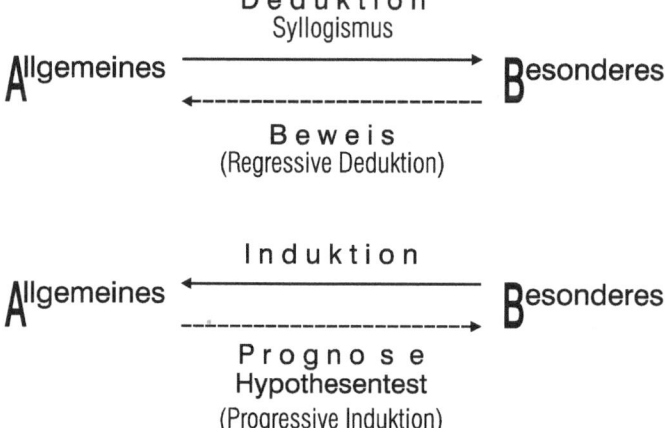

b) Deduktive und induktive Schlussfigur

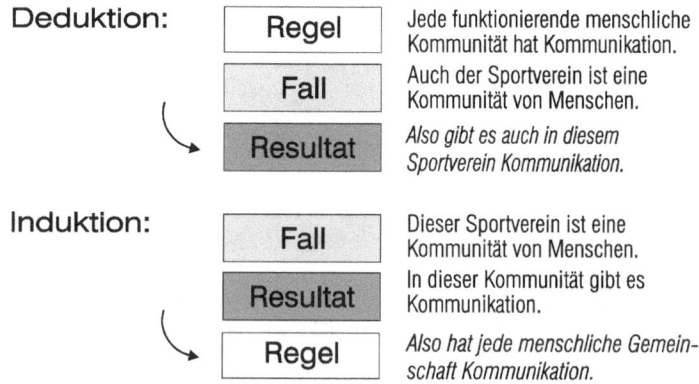

Nun ist aber das Verfahren der Deduktion nicht auf die axiomatischen Wissenschaften beschränkt. Vielmehr wird das Verfahren in allen Wissenschaften benutzt. Für Aristoteles ist es das wissenschaftliche Verfahren schlechthin, weshalb er wissenschaftliches Wissen stets „*Beweiswissen*" und Wissenschaft als „*schlussfolgerndes Denken*" bezeichnet. Aristoteles, der sich nicht nur mit dem Inhalt, sondern auch mit der Form des Denkens intensiv beschäftigt hat, hat dafür ein „System der Deduktionsweisen entworfen, die er auf ihre Gültigkeit und Anwendbarkeit für den wissenschaftlichen Fortschritt untersucht". Die klassische Lehre von den Arten des deduktiven Schließens trägt den Namen „*Syllogistik*". „Der Syllogismus oder der deduktive Schluss besteht in der denknotwendigen Ableitung eines Urteils aus zwei anderen Urteilen. Die beiden Urteile, die dem Schluss zugrunde liegen, heißen *Vordersätze (Prämissen)*, das gefolgerte Urteil heißt *Schluss-Satz (conclusio)*." Für dieses Schlussverfahren wurden exakte Regeln aufgestellt, die in vielen Jahrhunderten verfeinert wurden. (Siehe dazu auch die Tafel 10, S. 61.)

Die Syllogistik war und blieb Handwerkszeug der Wissenschaften. Von der modernen Logik wird lediglich „ihr Monopol als Deduktionswerkzeug" bestritten. Wichtig ist hier aber, dass in der traditionellen Logik der Syllogismus zunächst als der *Schluss vom Allgemeinen auf das Besondere* gilt, dass er darüber hinaus auch Schlüsse vom Allgemeinen auf anderes Allgemeines und vom Singulären auf Singuläres (das heißt also generalisiert: Schlüsse auf derselben Umfangsebene) einschließt. „*Niemals aber ist der Syllogismus der Weg vom Besonderen zum Allgemeinen.*"[119]

3. Die Induktion

Im Unterschied zur Deduktion und zum Syllogismus ist (ebenfalls seit Aristoteles) die *Induktion* der „Schluss vom Besonderen auf das Allgemeine". „Die Induktion schreitet vom Gegebenen und Beobachteten zum Nichtgegebenen, zum Nichtbeobachteten, vom Einzelnen, vom Teil zum Ganzen fort" und „ist ein Schluss der *Verallgemeinerung*"[120], markiert also eine Denkrichtung, die „von Einzelfällen auf allgemein gültige Sätze" weitergeht. (Vgl. dazu Tafel 11.) Damit sind zwei Probleme von hoher Allgemeinheit aufgeworfen.

Das erste wird sofort sichtbar, wenn man versucht, den allgemeinen Satz, dass die Winkelsumme eines Dreiecks stets 180 Grad betrage, nicht durch Regression innerhalb des Systems der Geometrie (also erfahrungsunabhängig und damit *a priori*) zu beweisen, sondern ihn induktiv durch Beobachtung des Gegebenen (und damit erfahrungsabhängig oder *a posteriori*) zu gewinnen. Zu diesem Zweck könnte man damit beginnen, Dreiecke aller Art auszumessen oder durch geschicktes, konstruktives Verfahren zu überprüfen. Während die „regressive Deduktion" für den Satz sofort einen absolut sicheren, vollständigen Beweis liefert, kann eine noch so fleißige und genaue Beobachtung sich immer nur auf eine bestimmte Anzahl von

---

119 Meyer, Hans, Erkenntnislehre, 1955, S. 229 ff.
120 Meyer, Hans, Erkenntnislehre, 1955, S. 240 f.

Dreiecken stützen. Sie bleibt also *unvollständig*. Weil die Induktion unvollständig bleibt, bleibt (scheinbar) auch der allgemeine Satz unsicher.[121]

Das zweite Problem reicht tiefer. Zunächst scheint es ein Vorteil zu sein, von etwas Besonderem auszugehen. Alle Gegenstände der Welt nämlich, seien es in der Natur vorgefundene oder von Menschen real gesetzte, sind uns als Einzeldinge gegeben. Man kann sie also wahrnehmen und so *erfahren*. Der Ausgangspunkt der Induktion ist insoweit immer *„Erfahrung"* des Einzeldings, *Empirie*. Daher ist die Induktion das Vorzugsverfahren der *empirischen* oder *Erfahrungs-Wissenschaften* und hier wiederum zunächst jener „harten" Wissenschaften, die sich mit den vorgefundenen Gegenständen der Welt, mit den *Naturdingen* befassen, also der *Naturwissenschaften*. Doch was ein Vorteil zu sein scheint, wird zum Problem. Denn das Besondere ist uns in der Erfahrung zunächst immer eben als ein einmaliges, individuelles und zugleich komplexes, mit einer Fülle von Merkmalen ausgestattetes Einzelding gegeben. Daher stellen sich ganz grundsätzliche Fragen: Was ist überhaupt wahrnehmbar und erfahrbar? Vor allem: Wie und mit welchem Recht ist es möglich, von der Erfahrung des Einzelnen und Besonderen auf Allgemeines zu schließen – ganz unabhängig davon, dass eben die Erfahrung und damit die Induktion nie vollständig sein kann.

Die 7 Schritte des Induktionsverfahrens

Daher besteht „die Aufgabe der Lehre von der Induktion darin, zu untersuchen, unter welchen Umständen Induktionsschlüsse möglich sind, wie groß die Sicherheit ist, mit der sie aufgestellt werden können, und wie man mit ihnen arbeiten kann".[122] Das *Verfahren der Induktion* lässt sich (im Hinblick zunächst immer auf die Naturwissenschaften) ziemlich einfach etwa so formalisieren:[123]

(1.) Der Ausgangspunkt besteht notwendig in der Erfassung eines jeweils besonderen Gegenstandes oder in dessen Wahrnehmung und *Beobachtung*, wobei durchaus offen bleiben kann, welche Beobachtungsinstrumente und ob überhaupt Beobachtungsinstrumente dafür benutzt werden. Die Beobachtung muss nur möglichst zuverlässig sein.

(2.) Das Ergebnis der Beobachtung wird fixiert in Aussagen: *Beobachtungsaussagen*. Man beschreibt also die gemachten Beobachtungen, indem man darüber ein „Protokoll" anfertigt; daher spricht man auch von *„Protokollaussagen"*.

(3.) Liegt nun eine Reihe von Einzelbeobachtungen vor, so muss weitergefragt werden, wie sich diese Beobachtungen (genauer: die beobachteten Einzelsachverhalte) *erklären* lassen. Zu diesem Zweck stellt man Annahmen oder Vermutungen auf, *Hypothesen* (griech. ‚Unterlegung', ‚Unterstellung'), deren noch vorläufiger Charakter auch dadurch zum Ausdruck kommt, dass man sie als *„Arbeitshypothesen"* bezeichnet.

---

[121] An diesem Beispiel arbeitet Helmut Seiffert (Wissenschaftstheorie 1, [10]1983, S. 153 ff.) dieses Problem der Induktion heraus.

[122] Seiffert, Helmut, Wissenschaftstheorie 1, [10]1983, S. 156.

[123] Vgl. dazu Seiffert, Helmut, Wissenschaftstheorie 1, [10]1983, S. 156–168.

(4.) Hypothesen werden nun dadurch geprüft, dass man aus ihnen neue Sachverhalte erschließt oder *ableitet* (deduktive Denkrichtung!), die bisher gar nicht beobachtet wurden, die aber beobachtbar sein müssen unter der Voraussetzung, dass die Hypothese stimmt. Dafür sind „Zuordnungsdefinitionen" oder *operationale Definitionen* erforderlich, die angeben, was genau unter welchen Bedingungen beobachtet werden muss, in welcher Beziehung die zu beobachtenden Sachverhalte zur Annahme stehen.

(5.) Auf dieser Grundlage folgen nun *weitere Beobachtungen* einschließlich der damit verbundenen Protokolle und Protokollaussagen.

(6.) Wenn sich durch weitere Beobachtungen die Hypothese bestätigen lässt, so handelt es sich um ein „*Gesetz*". Insofern ist ein „Gesetz" eine bestätigte Hypothese. Allerdings wird eine bestätigte Hypothese nur dann als ‚Gesetz' bezeichnet, wenn die Hypothese ein allgemeiner Satz und nicht nur eine Aussage über Einzel-Sachverhalte ist. „Solche Hypothesen, die allgemeine Sachverhalte zum Gegenstand haben, nennen wir genauer ‚Gesetzeshypothesen'."[124]

(7.) Auf Gesetzen baut nun die *Theorie* auf (obwohl gelegentlich auch schon ein Gesetz eine Theorie genannt wird). Allgemein kann man „eine Theorie als Zusammenfassung mehrerer Gesetze zu einem ‚Obergesetz'"[125] betrachten, wobei offen bleiben kann, ob eine Theorie einen höheren Allgemeinheitsgrad (sowohl im Sinne eines höheren Abstraktionsgrades wie im Sinne einer größeren Extension) hat als die ihr zugrunde liegenden Gesetze.

> Im 4. Schritt des Verfahrens finden wir eine „*Deduktion innerhalb der Induktion*". Dies hat folgenden logischen Hintergrund: „Wenn wir einen Einzelvorgang durch eine allgemeine Gesetzmäßigkeit erklären, so bedeutet das auf der anderen Seite, dass wir andere Einzelvorgänge aus dieser Gesetzmäßigkeit auch *ableiten* können müssen."[126] Dabei wird also der Weg, der zur Hypothesenbildung geführt hat, in umgekehrter Richtung gegangen; von etwas schon Beobachtetem und vorläufig Erklärtem gehen wir „*vorwärts*" (lateinisch *progredi*, das heißt: vorwärtsgehen, fortschreiten) zu noch nicht Beobachtetem, wir vollziehen eine „*progressive Induktion*" oder eine „*Progression*", deren *Denkrichtung* eben einer Deduktion entspricht. (Vgl. Tafel 11.)

Solche progressiven Induktionen haben einen forschungspraktischen Wert für die Überprüfung von Hypothesen. Aber schon in diesem Falle wird in solchen Progressionen eine *Voraussage* getroffen oder eine *Prognose* gestellt, wenn man darunter ganz allgemein Aussagen versteht, die sich darauf beziehen, was sich künftig ereignen wird oder was wir erst künftig erfahren werden. Solche Voraussagen lassen sich aber nicht nur aus Hypothesen, sondern selbstverständlich erst recht aus Gesetzen und Theorien ableiten. Und diese haben – insofern sie in der ständigen Wiederholung und Weiterführung des induktiven Verfahrens zur Erweiterung des Wissens und der Kenntnisse führen – einen unmittelbar forschungspraktischen

---

124 Seiffert, Helmut, Wissenschaftstheorie 1, [10]1983, S. 163.
125 Seiffert, Helmut, Wissenschaftstheorie 1, [10]1983, S. 166.
126 Seiffert, Helmut, Wissenschaftstheorie 1, [10]1983, S. 180.

und wissenschaftlichen Wert. Dass darüber hinaus Prognosen, die aus wissenschaftlichen Gesetzen und Theorien abgeleitet werden, auch einen praktischen Wert haben (von der Wettervorhersage bis zur Wirkung von Massenkommunikation) ist unbestreitbar. Nur erschöpft sich eben Prognose nicht in diesem praktischen Wert.

Erst recht kann die Berechtigung wissenschaftlicher Prognosen nicht mit dem Argument in Zweifel gezogen werden, dass es bestehende Tatsachen nur in der Gegenwart, nicht aber in der Zukunft geben könne, weshalb die Wissenschaft, die es ja nur mit bestehenden Sachverhalten zu tun habe, Prognosen nicht als ihren Gegenstand betrachten könne und dürfe.

Mit diesem Argument eines extremen Positivismus (der überhaupt nur gelten lässt, was jetzt als bestehend erfahrbar ist) würde sozusagen die Induktion bzw. die empirische Wissenschaft ihre eigenen Voraussetzungen aufheben. Gerade die Erfahrungswissenschaften sind es nämlich, die aus der Beobachtung des Besonderen zu allgemeinen Gesetzeserkenntnissen voranschreiten wollen. Falls dies mit dem Verfahren der Induktion aber überhaupt möglich ist, so muss umgekehrt jeder aus bestätigten Gesetzen oder Theorien korrekt abgeleitete Schluss im Rahmen einer progressiven Induktion wenigstens dieselbe Gewissheit haben, die eben diese Theorie oder dieses Gesetz beanspruchen. Wenn aber solche Prognosen wissenschaftlich nicht möglich sein sollen, dann muss überhaupt geleugnet werden, dass eine allgemeine Erkenntnis aus der Beobachtung von Einzeldingen gewonnen werden kann.

Wie induktive und deduktive Forschungsrichtung und Denkbewegung sich zueinander verhalten, fasst anschaulich das in Tafel 12 vorgestellte Schema zusammen, wobei zu beachten ist, dass die „Richtung von oben nach unten in allen deduktiv aufgebauten Wissenschaften tatsächlich gegeben (ist), während sie in den induktiv vorgehenden Wissenschaften nachträglich erschlossen wird".[127]

Das Beobachtungsproblem

Das gesamte Induktionsverfahren beruht im Wesentlichen auf zwei Annahmen: „Die erste lautet, der *Ausgangspunkt der Wissenschaft ist die Beobachtung*; die zweite: *Beobachtung bietet eine sichere Grundlage*, aus der Erkenntnis abgeleitet werden kann".[128] Daran hält jedenfalls der Empirismus oder – wie Alan F. Chalmers sagt – der „naive Induktivismus"[129] fest.

Da ausschließlich Beobachtungsaussagen die Grundlage der Wissenschaft bilden, sich also die Zuverlässigkeit der Beobachtung überträgt auf die Gesetze und Theorien, die daraus gewonnen werden,[130] muss der Empirismus sein besonderes Augenmerk auf Forschungstechniken richten, die höchstmögliche Gewähr für die Zuverlässigkeit und Objektivität dieser Erkenntnisgrundlagen bieten. Die ur-

---

127 Seiffert, Helmut, Wissenschaftstheorie 1, [10]1983, S. 168.
128 Chalmers, Alan F., Wissenschaftstheorie, 1986, S. 25.
129 Chalmers, Alan F., Wissenschaftstheorie, 1986, S. 2–14.
130 Vgl. Chalmers, Alan F., Wissenschaftstheorie, 1986, S. 13.

sprüngliche Technik jeder Erfahrungswissenschaft ist die unmittelbar *wahrnehmende Beobachtung* selbst, die für alle Vorgänge unabdingbar ist, sofern sie ohne menschliches Zutun ablaufen. Dazu tritt das *Experiment* zur Beobachtung solcher Vorgänge, die von einem menschlichen Beobachter selbst kontrolliert herbeigeführt werden.

Im Bereich der empirisch arbeitenden Sozialwissenschaften seien als besondere Beobachtungstechniken *Test*, *Befragung* und *Inhaltsanalyse* schon an dieser Stelle erwähnt. Da es bei all diesen Forschungstechniken in der Regel um das exakte Erfassen von Größen und Häufigkeiten geht, gehören nicht nur diese Verfahren, sondern vor allem auch die Lehre vom Messen zur Methodologie der Erfahrungswissenschaften.[131] Diese sogenannten „exakten Methoden" scheinen die Garantie dafür zu bieten, dass das gesamte Induktionsverfahren tatsächlich zu exakten, gültigen Allgemeinerkenntnissen beziehungsweise zu richtigen Erklärungen und Vorhersagen führt. Bei näherem Hinsehen aber steckt ein Hauptproblem des Induktivismus gerade in dieser Annahme.

Chalmers bringt folgende schwerwiegenden Einwände dagegen vor und untermauert sie mit zahlreichen Beispielen zumeist aus der Physik und Astronomie, also aus „exakten Naturwissenschaften":[132]

- Beobachtungen sind Wahrnehmungen. Abgesehen einmal von allen möglichen Wahrnehmungstäuschungen (die ja in der exakten Empirie möglichst vermieden werden sollen), kann das Nämliche auf sehr verschiedene Weise wahrgenommen und gesehen werden. Schon im Alltag werden Wahrnehmungen geleitet von Vorwissen und Erwartungen.
- Ebenso sind alle Beobachtungen in der Wissenschaft nicht ziellos, ungerichtet und willkürlich. Schon mit der einfachen Anweisung, etwas zu beobachten, wird eine Auswahl zwischen überflüssigen und wichtigen Bedingungen getroffen; die Beobachtung der ersteren kann demnach vernachlässigt werden, die der letzteren muss unbedingt erfolgen. Aber aufgrund welcher Maßgaben entscheidet man darüber, was zu ersteren oder zu letzteren gehört? Auf keinen Fall bietet solche Maßgabe die Beobachtung selbst. Das heißt: „Im Widerspruch zu der Forderung der Induktivisten (muss) irgendeine Theorie allen Beobachtungsaussagen vorangehen."
- Ferner sind Beobachtungsaussagen eben deshalb niemals unfehlbar, weil sie schon von theoretischen Erwartungen bestimmt sind und immer in der Sprache der einen oder anderen Theorie formuliert werden. Es gibt viele Beispiele dafür, dass sich Beobachtungsaussagen in der Wissenschaft als falsch erwiesen haben.
- Damit steht schließlich in Beziehung, dass das, was überhaupt beobachtet werden kann, abhängig ist von Beobachtungsinstrumenten, die entwickelt und verfeinert werden können. Was gestern noch reine „Theorie" war, kann sich heute schon als durchaus beobachtbar herausstellen.

---

131 Vgl. Seiffert, Helmut, Wissenschaftstheorie 1, [10]1983, S. 178 f.
132 Siehe dazu Chalmers, Alan F., Wissenschaftstheorie, 1986, S. 25–38.

I. Wege der Wissenschaft

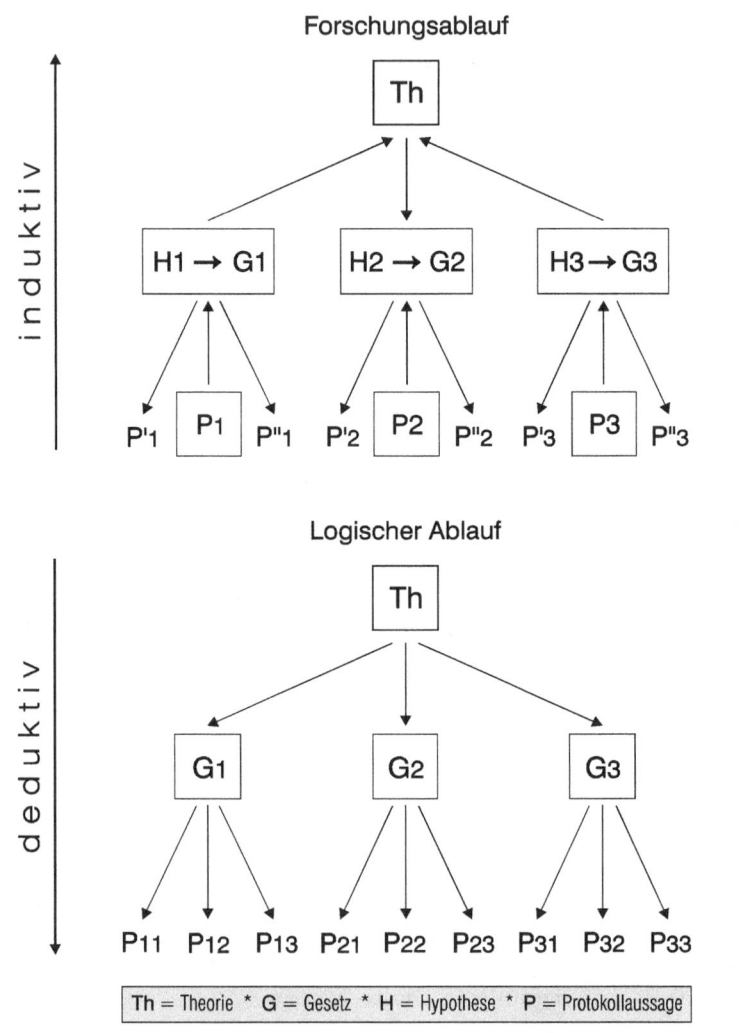

T 12: Induktion und Deduktion: Forschungsablauf

Th = Theorie * G = Gesetz * H = Hypothese * P = Protokollaussage

Quelle: Helmut Seiffert: Einführung in die Wissenschaftstheorie. Band. 1, München 1983, S. 187.
Schema nach I. M. Bochenski: Die zeitgenössischen Denkmethoden, 1980.

Alles in allem: Schon in den scheinbar exakten Erfahrungswissenschaften beginnt Wissenschaft „nicht mit Beobachtungsaussagen, weil ihnen allen irgendeine Theorie vorausgeht, und Beobachtungsaussagen bilden, da sie fehlbar sind, keine sichere Grundlage, auf der wissenschaftliche Erkenntnis aufgebaut werden kann. Gleichwohl kann daraus nicht der Anspruch abgeleitet werden, dass Beobachtungsaussagen überhaupt keine Rolle in der Wissenschaft spielen sollten. (...) Ich behaupte hingegen lediglich, dass die Induktivisten den Beobachtungsaussagen einen falschen Stellenwert zuschreiben."[133]

Das Wahrscheinlichkeitsproblem

Das mit den Mitteln des Empirismus selbst nicht lösbare Beobachtungsproblem greift nun natürlich schon nach dem Wert des Induktionsprinzips. Dieses besagt ja, dass aus eben jenen Beobachtungen des Besonderen auf Allgemeines geschlossen werden kann, wenn – wie Chalmers hinzufügt – bestimmte Bedingungen eingehalten werden, die sich so zusammenfassen lassen:

„1. Verallgemeinerungen müssen auf einer großen Anzahl von Aussagen beruhen.
2. Die Beobachtungen müssen unter einer großen Vielfalt von Bedingungen wiederholt worden sein.
3. Keine Beobachtungsaussage darf in Widerspruch zu dem entsprechenden allgemeinen Gesetz stehen."[134]

Chalmers zeigt stringent, dass keine dieser Bedingungen erfüllt werden kann, ohne dass vor der Beobachtung bereits theoretische Annahmen und Erwartungen stehen: Wieviele Beobachtungen bilden eine hinreichend große Anzahl, die Verallgemeinerungen zulässt? Wie groß muss die Vielfalt und welches müssen die Bedingungen sein, die eine solche hinreichende Vielfalt konstituieren? Klärung und Entscheidung dieser Fragen setzen bereits entsprechende Theorien voraus.

Ein Versuch, dieses Problem zu umgehen, besteht darin, die Zielvorstellung, also den Anspruch abzuschwächen, über Induktion zu allgemeinen Sätzen und Erkenntnissen zu kommen. Nichts anderes besagt schon der Satz, dass Induktion immer unvollständig bleiben müsse. Daher ist die wissenschaftliche Erkenntnis, die man gewinnen kann oder will, niemals endgültig beweisbares oder bewiesenes Wissen. Sie repräsentiert nur ein Wissen, das *wahrscheinlich* wahr ist. Die Induktion operiert nun also mit *Wahrscheinlichkeitssätzen* oder Teils-teils-Sätzen, die darauf beruhen, dass die Wahrscheinlichkeit für die Wahrheit einer Verallgemeinerung umso größer ist, je größer die Anzahl der gleichartigen Beobachtungen wird, von denen sie getragen wird.

> Das klassische Beispiel: Wenn man in vielen Fällen beobachtet hat, dass Schwäne weiß sind, tendieren diese Beobachtungen zu dem allgemeinen „Gesetz": „Alle Schwäne sind weiß." Doch dieser Satz ist tatsächlich nur eine Wahrscheinlichkeitsaussage, weil es – wie jedermann weiß – auch schwarze Schwäne gibt, wenn auch nur in sehr kleiner Menge, sodass man

---
133 Chalmers, Alan F., Wissenschaftstheorie, 1986, S. 37.
134 Chalmers, Alan F., Wissenschaftstheorie, 1986, S. 4.

den allgemeinen Satz sozusagen als „Aufrundung" verstehen kann. Der richtige statistische Satz könnte etwa lauten: „Die meisten Schwäne (95 %) sind weiß, einige (5 %) sind schwarz." Kaum eine der vielfältig beobachtbaren Populationen von weißen und schwarzen Schwänen kann einem solchen Satz etwas anhaben; es könnte lediglich sein, dass er hinsichtlich der Wahrscheinlichkeit *modifiziert* werden muss, wenn die ursprüngliche Beobachtungsfolge, von der er seinen Ausgang nimmt, nicht *repräsentativ* genug war.

Wir verstehen jetzt, warum in der Empirie die *Wahrscheinlichkeits-Statistik* eine so große Rolle spielt. „Die Statistik ist nicht eine Forschungstechnik unter anderen. (...) Sie ist vielmehr die Methode, die uns hilft, aus Feststellungen einzelner Tatbestände *induktive Schlüsse* zu ziehen."[135] Um mit dieser Methode zum gewünschten Ziel zu kommen, muss sie wesentlich als *Stichprobenstatistik* entfaltet werden. Denn das entscheidende Problem ist auf den ersten Blick, wie man zu repräsentativen Stichproben und damit zu repräsentativen Ergebnissen kommen kann, aus denen sich Wahrscheinlichkeiten möglichst exakt ablesen lassen. Die Konsequenz hieraus: „Wir sind ja im Bereich der induktiven Forschungsverfahren überhaupt nicht darauf angewiesen, unanfechtbare Allsätze aufzustellen. Denn an die Stelle solcher Allsätze können wir jederzeit *statistische* Sätze setzen."[136]

Chalmers zeigt allerdings schlüssig, dass auch die Wahrscheinlichkeits-Version des Induktivismus dem grundsätzlich aufgezeigten Dilemma nicht entkommt. Zum einen nämlich impliziert die Wahrscheinlichkeits-Statistik eine Menge von theoretischen Voraussetzungen, die jedenfalls mit dem Beobachtungspostulat nicht in Einklang zu bringen sind. Das zentrale Argument hierzu lautet: „Jeder Beweis, der auf Beobachtung beruht, besteht aus einer endlichen Zahl von Beobachtungsaussagen, während ein allgemeiner Satz sich auf eine unendliche Zahl möglicher Situationen bezieht. Die Wahrscheinlichkeit, dass der allgemeine Satz wahr ist, ist also gleich dem Bruch aus einer endlichen Zahl durch eine unendliche, was immer Null ergibt, wie hoch die endliche Zahl der Beobachtungsaussagen, die den Nachweis begründen, auch ansteigen mag." Zum anderen kann auch die Wahrscheinlichkeits-Version des Induktionsprinzips (die ja selbst ebenfalls eine allgemeine Aussage ist) ohne Zirkelschluss induktiv nicht gerechtfertigt werden.[137]

---

135 Seiffert, Helmut, Wissenschaftstheorie 1, [10]1983, S. 184.
136 Seiffert, Helmut, Wissenschaftstheorie 1, [10]1983, S. 188.
137 Vgl. Chalmers, Alan F., Wissenschaftstheorie, 1986, S. 20f. – Hier muss allerdings angefügt werden, dass die Berechnung des Gewissheitsgrades von Beobachtungen auch ganz anders möglich ist und dann auch zu völlig entgegengesetzten Ergebnissen führt. Riedl etwa rechnet vor, dass die Ungewissheit des Eintretens eines Ereignisses, das 100mal ohne Ausnahme und Widerspruch beobachtet wurde, gleich $1{,}3 \cdot 10^{-30}$ beträgt, selbst wenn man der Annahme, es könne sich um Zufall handeln, die Chance 1/2 einräumt; die Unsicherheit steht erst 30 Nullen hinter dem Komma, beträgt also in Worten nur mehr ein Quintillionstel. (Vgl. Riedl, Rupert, Erkenntnis, [3]1981, S. 57, S. 95 et passim.) Rafael Ferber (Grundbegriffe, 1998, S. 65 ff.) konfrontiert beide Berechnungsweisen miteinander und gibt ersterer (oben nach Chalmers zitiert) den *logischen*, letzterer den *lebenspraktischen* Vorzug.

Das Falsifikationsproblem

Was nun mögliche allgemeingültige wissenschaftliche Aussagen betrifft, so ergibt sich unter Aspekten der Induktion folgende Sachlage:[138]

Da die Induktion vom Besonderen ausgeht, können auf jeden Fall *Existenzsätze* aufgestellt werden. Das sind solche Sätze, welche die Existenz mindestens eines Gegenstandes von bestimmter Beschaffenheit behaupten. (Etwa: „Es gibt mindestens einen schwarzen Schwan.") Ein Existenzsatz kann *niemals endgültig falsifiziert*, das heißt: widerlegt werden (denn es kann ja jederzeit ein solches Exemplar auftreten, auch wenn es bisher nicht beobachtet wurde); aber er kann *endgültig verifiziert* (das heißt: bestätigt) werden, wenn auch nur ein einziger schwarzer Schwan tatsächlich beobachtet wird.

Solche Sätze aber sind für die empirischen Wissenschaften in der Regel uninteressant, weil diese Wissenschaften es ja gerade auf die Erkenntnis des Allgemeinen und daher auf *Allsätze* abgesehen haben. (Etwa: „Alle Schwäne sind weiß.") Ein solcher Allsatz aber kann (aufgrund der unvollständigen Induktion) *niemals endgültig verifiziert* werden (denn es kann ja jederzeit ein abweichender Fall eintreten, der nur noch nicht beobachtet ist); aber er kann – so jedenfalls lautet bislang die Annahme – stets *endgültig falsifiziert* werden (sobald nämlich auch nur ein einziger beobachteter Gegenfall aufgetreten ist).

Scheinbar in der Mitte zwischen den beiden Extremen stehen die *Teils-teils-Sätze* oder statistische Sätze. Helmut Seiffert zeigt nun aber plausibel, dass solche Wahrscheinlichkeitssätze tatsächlich eine *Kombination mehrerer Existenzsätze* sind. Daher kann ein solcher Satz *nie falsifiziert*, sondern aufgrund besserer empirisch-statistischer Beobachtungen nur *korrigiert* werden.

Diese letzteren Sätze sind unvermeidlich, wo immer der Empirist sich auf die Wahrscheinlichkeits-Version des Induktionsprinzips zurückzieht. Genau diese Sätze aber, so sagt nun der „*Falsifikationismus*" (Chalmers), sind wissenschaftlich unannehmbar, eben weil sie nicht falsifizierbar sind, sondern alle möglichen Modifikationen zulassen und daher auch nichts erklären.[139] Der Falsifikationismus ist eng mit dem Namen Karl Popper (1902–1994) verbunden, der diese wissenschaftstheoretische Position schon vor mehr als vier Jahrzehnten gegen den Empirismus entwickelt hat.[140] Im Gegensatz zum Empirismus geht Popper davon aus, dass Erfahrung zwar eine wichtige Voraussetzung für Erkenntnis ist, aber nicht die einzige und ausschließliche, wie der Induktivismus behauptet. Theorien und Hypothesen haben also ihren Grund auch im Denken, im Vorwissen, in der objektiven Gegebenheit von Proble-

---

138 Vgl. Seiffert, Helmut, Wissenschaftstheorie 1, [10]1983, S. 189 f.
139 In der wissenschaftlichen Praxis sieht wohl auch dieses Problem etwas anders aus. Für den Biologen Riedl ist das wohl von Popper eingeführte Schwanen-Exempel Anlass zu folgender Bemerkung: „Wie also überwanden die Zoologen das Problem ihres beispielhaft fatalen Irrtums mit den Schwänen und welche Konsequenz zogen sie aus der Feststellung einer offenbar irreführenden Methode blinden Vermutens? Nun wird der Logiker entsetzt sein. Die Zoologen nahmen die Sache gar nicht als Problem wahr und taten, was sie in hunderttausend ähnlichen Fällen schon mit Erfolg taten: sie erweiterten die Definition der Schwäne um eine Farbe und zogen überhaupt keine Konsequenz; außer der Befriedigung, die Gänseverwandten wieder in Ordnung zu haben." (Erkenntnis, [3]1981, S. 67.)
140 Zum Falsifikationismus vgl. Chalmers, Alan F., Wissenschaftstheorie, 1986, S. 43–70.

men ebenso wie in der objektiv gegebenen Welt. So stellt der Wissenschaftler Theorien oder Hypothesen auf, also allgemeine, erklärende Sätze, die im wissenschaftlichen Sinne dann gut sind, wenn sie falsifizierbar sind.

Das heißt nicht, wie gelegentlich unzulässig simplifiziert wird, der Wissenschaftler habe möglichst bewusst falsche oder unrealistische Theorien zu entwickeln. Das wäre grotesk. Vielmehr ist eine Theorie oder eine Hypothese „allein deswegen falsifizierbar, weil sie eine definitive Aussage über die Wirklichkeit macht".[141] Und sie ist dann falsifizierbar, „wenn eine logisch mögliche Beobachtungsaussage oder eine Menge von Beobachtungsaussagen existieren, die mit der Hypothese unvereinbar sind. Wenn diese [Beobachtungsaussagen; H. W.] als wahr nachgewiesen werden, würden sie die Hypothese falsifizieren".[142] Das aber bedeutet: „Die Falschheit von allgemeinen Aussagen kann von entsprechenden Einzelaussagen [die Beobachtungsaussagen sind; H. W.] abgeleitet werden. Dieser logische Sachverhalt ist der Grundsatz des Falsifikationismus."[143]

Insgesamt ergeben sich daraus Folgerungen für den Prozess der wissenschaftlichen Erkenntnisgewinnung: „Wenn eine Hypothese, die erfolgreich einer Vielfalt rigoroser Überprüfungen standgehalten hat, schließlich falsifiziert wird, ist ein neues Problem aufgetaucht, das hoffentlich bereits ein Stück weiter vom gelösten Ausgangsproblem entfernt ist. Dieses neue Problem erfordert, dass neue Hypothesen aufgestellt werden, gefolgt von erneuter kritischer Überprüfung. In dieser Weise setzt sich der Prozess unbegrenzt fort. Man kann niemals von einer Theorie behaupten, dass sie wahr ist, wie gut sie auch rigoroser Überprüfung standgehalten hat; aber es kann hoffentlich gesagt werden, dass eine gegenwärtige Theorie ihrem Vorgänger überlegen ist, in dem Sinne, dass sie den Überprüfungen standhalten kann, durch die ihre Vorgänger falsifiziert wurden."[144]

So richtig die Ablehnung der Erfahrung als der einzigen und ausschließlichen Quelle der Erkenntnis im Falsifikationismus auch ist, sein Schwachpunkt liegt gerade im Falsifikations-Verfahren selbst. Chalmers, selbst Popper-Schüler, weist nämlich schlüssig (belegt mit zahlreichen Beispielen) nach, dass dieses Falsifikations-Verfahren seinerseits völlig auf der Wahrheit oder Falschheit von Beobachtungsaussagen beruht, dass mithin die ganzen Fragwürdigkeiten des Beobachtungsproblems auf den Falsifikationismus zurückfallen: „Gerade die Tatsache, dass Beobachtungsaussagen fehlbar sind und ihre Annahmen lediglich vorläufig und offen für Revisionen, gefährdet die falsifikationistische Position. *Theorien können nicht endgültig falsifiziert werden, weil die Beobachtungsaussagen, die die Grundlage für die Falsifikation darstellen, sich im Licht späterer Entwicklungen ihrerseits als falsch erweisen können.*"[145]

---

141 Chalmers, Alan F., Wissenschaftstheorie, 1986, S. 48.
142 Chalmers, Alan F., Wissenschaftstheorie, 1986, S. 45.
143 Chalmers, Alan F., Wissenschaftstheorie, 1986, S. 44.
144 Chalmers, Alan F., Wissenschaftstheorie, 1986, S. 52.
145 Chalmers, Alan F., Wissenschaftstheorie, 1986, S. 75. Die gesamte Argumentationsreihe zur Widerlegung des Falsifikationismus siehe ebd. S. 71–90.

4. Dilemma und Erfolg der Induktion

Das Ergebnis, zu dem Chalmers aufgrund seiner harten Einwände gegen einen „naiven Induktivismus" kommt, ist ernüchternd. Er schreibt es ins Stammbuch von Nicht-Naturwissenschaftlern, die sich der Faszination des Empirismus nicht entziehen können: „Die Methode, der sie zu folgen versuchen, [ist] nicht nur dürftig und unfruchtbar, sondern ebensowenig diejenige, der die Physik ihre Erfolge verdankt."[146]

Dieser eher ernüchternde Befund ist primär gegen empiristische Induktivisten gerichtet; er darf weder der Form noch dem Umfang nach ohne Weiteres als ein prinzipieller Einwand gegen die Induktion überhaupt missverstanden oder umgeschmiedet werden. Genau genommen, bezieht sich die Kritik am *„naiven Induktivismus"* auf drei Aspekte, die miteinander in Verbindung stehen:

- Zum ersten auf eine geradezu dogmatisch fixierte Absolutsetzung eines einzigen und einzig als „wissenschaftlich" anerkannten Verfahrens, das in seinen Kernstücken auf Quantifizierung (und wahrscheinlichkeitsstatistischer Analyse der Quantitäten) beruht. Offenbar soll dieses Quantitätsstreben den vermittelten Ergebnissen das Image gesicherter Erkenntnis verleihen.
- Zum zweiten auf einen von realen Forschungs- und Erkenntnisprozessen weit abweichenden Stellenwert einzelner Verfahrensschritte. Das betrifft insbesondere Rang und Funktion der Beobachtung, von der das induktive Verfahren angeblich seinen absoluten Ausgang nehmen soll. Tatsächlich ist jedoch auch dieses Verfahren von Anfang an klar theorieabhängig.
- Zum dritten auf eine ganze Reihe unerklärter Prämissen, die das induktive Verfahren tatsächlich hat und stillschweigend voraussetzt, wenn es überhaupt funktionieren soll.

Wenn die Induktion in einen derart naiven Empirismus abgleitet, diskreditiert sie sich selbst. Indessen ist Induktion für jede Wissenschaft, die es mit Erfahrungstatsachen zu tun hat, unumgänglich. In solchen Wissenschaften beruht der Zugang zu Wissen und Erkenntnis immer zumindest auch auf induktiven Schlüssen.

Das Induktionsproblem

Aber diese Schlüsse selbst sind das eigentliche, das sogenannte *Induktionsproblem*, das sich in den oben behandelten Teilproblemen lediglich reflektiert und durch den „naiven Induktivismus" nur übermäßig scharf zugespitzt wird. Die Kernfrage nämlich lautet, was uns dazu berechtigt, Ähnliches als gleich zu denken, das Gleiche auf dieselbe Ursache zurückzuführen, die Beobachtung eines Einzelfalles auf ein Allgemeines, Notwendiges zu erweitern, von der Erfahrung, die wir gemacht haben, auf Erfahrungen zu schließen, die wir noch nicht gemacht haben, unser bisheriges Erfahrungswissen in die Zukunft hinein zu verlängern? Was also legitimiert den Induktionsschluss vom Besonderen auf das Allgemeine, vom Bekannten auf das noch Unbekannte?

---

[146] Chalmers, Alan F., Wissenschaftstheorie, 1986, S. xx.

Von David Hume (1711–1776) wurde das Problem zwar nicht zuerst gesehen, aber in aller Schärfe formuliert. Kein geringerer als Immanuel Kant hat bekundet, dass eben dieser Hume ihn damit aus seinem „dogmatischen Schlummer" erweckt habe. Auf den Punkt gebracht, vertrat Hume die Ansicht, dass kein logischer Weg zu einem gültigen Schluss vom Besonderen zum Allgemeinen führen könne, da es keinen wirklich logischen Schluss geben könne, der in seiner Conclusio mehr Wahrheit enthalte als in seinen Prämissen. Entsprechend sucht bis heute die philosophische Logik nach des Rätsels Lösung: „Von welcher Art sind die Argumente, die vom Beobachteten zum Nichtbeobachteten führen?" Das Rätsel besteht nämlich genau darin, dass „der Gehalt der Aussage, in der wir unser angebliches Wissen über Nichtbeobachtetes mitteilen, nicht im Gehalt unseres Beobachtungswissens eingeschlossen" ist.[147] Das heißt: *Nach allen Regeln der Logik ist der induktive Schluss nicht gültig.*

Das Problem wird dadurch zum Dilemma, dass der Induktionsschluss aber auch induktiv nicht zu rechtfertigen ist. Dabei müsste man nämlich aus der Erfahrung, dass das Induktionsprinzip in den Fällen A, B, C usw. höchst erfolgreich war, verallgemeinernd folgern, dass eben dieses Induktionsprinzip immer (oder wenigstens meistens) auch in Zukunft erfolgreich sein wird. Dieser Schluss aber entspräche einer echten „*petitio principii*", wäre ein lupenreiner Zirkelschluss: Er setzt bereits voraus, was durch eine Schlussfolgerung erst bewiesen werden soll: das erfolgreiche Induktionsprinzip.[148] Da die Induktion also weder deduktiv noch induktiv zu begründen ist, sucht man seit zwei Jahrhunderten nach einer Rechtfertigung des Induktionsschlusses, während parallel seine Anwendung den rasanten Fortschritt der Naturwissenschaften ermöglicht.

> David Hume selbst versuchte, den Induktionsschluss durch die Gewohnheit der Menschen zu rechtfertigen. Dagegen spricht aber die Sicherheit, mit der Induktionsschlüsse vor allem für Naturgesetze gezogen werden. Diese Sicherheit muss ihren Grund in der Natur haben; denn es ist nur schwer einzusehen, warum sich die Natur menschlicher Gewohnheit fügen sollte. Andere Rechtfertigungsversuche argumentierten mit der Wahrscheinlichkeit. Aber auch dies kann, wie gezeigt, nicht befriedigen. Einen dritten Weg schlug Karl Popper mit dem Falsifikationsprinzip ein. Letztlich verbirgt sich dahinter der Gedanke, dass ein Erfahrungsgesetz, das sich bewährt hat, „wertvoll genug ist, um akzeptiert zu werden".[149]

Indem er das Prinzip „Bewährung" ins Spiel bringt, wechselt Popper nach Auffassung von Rafael Ferber von der theoretischen Vernunft zur praktischen Vernunft. Die *praktische Vernunft* sagt, dass man sich nach Erfahrungen, die sich bewährt haben, richten kann, dass man mit dem, was man heute oder früher als richtig oder notwendig erkannt hat, auch morgen rechnen kann. In den Erfahrungsgesetzen, „die sich bewährt haben, [hat sich] das erworbene Wissen der bisherigen

---

147 Stegmüller, Wolfgang, Das Problem der Induktion (1971); zit. nach Riedl, Rupert, Erkenntnis, ³1981, S. 65.
148 Vgl. Chalmers, Alan F., Wissenschaftstheorie, 1986, S. 17 f.
149 Ferber, Rafael, Grundbegriffe, 1998, S. 69. Im angegebenen Kapitel werden die Rechtfertigungsversuche des Induktionsschlusses sehr plausibel und ausführlich vorgestellt. (Vgl. ebd. S. 61–69.)

Menschheit niedergeschlagen. Dieses Wissen hat sich offensichtlich als Vorteil in deren Kampf ums Überleben erwiesen." Wer diese Erfahrungsgesetze als bloßen Zufall betrachtete, sich nicht daran hielte und damit nicht rechnete, würde sich „wohl über kurz oder lang im Nachteil gegenüber denen befinden, welche die ‚gültigeren' bzw. zweckmäßigeren Schlüsse ziehen".[150] Es mag sein, dass dieses Ergebnis unter rein formallogischen Vorzeichen unbefriedigend erscheint. Und Wolfgang Stegmüller spricht – seinem Philosophen-Kollegen C. D. Broad folgend – angesichts des ungelösten und doch so erfolgreichen Induktionsschlusses von einer „Schmach der Philosophie".[151]

Verfahren der Heuristik

Vor diesem Hintergrund und durchaus verträglich mit dem Zweckmäßigkeits- und Bewährungstheorem zur Rechtfertigung der Induktion, rekurriert Rupert Riedl auf die alte Unterscheidung zwischen Logik und *Heuristik*. Die Logik, die vor dem Induktionsproblem versagt (und vermutlich versagen muss), hat als Lehre vom richtigen Denken begonnen, hat sich dann auf die Prinzipien des richtigen „Argumentierens" zurückgezogen und so das Reich der Deduktion errichtet, wo zwingende Schlüsse möglich sind. Aus diesem Reich jedoch hat man die Heuristik verbannt, „die phantasievolle, unpräzise Schwester" der Logik. Tatsächlich nämlich sei der Induktionsschluss ein heuristisches und gerade kein logisches Verfahren (im Sinne der formalen Logik). Auch ist der induktive Schluss „kein wahrheits-erweiternder, er ist ein erwartungs-erweiternder Schluss". Eben deshalb lasse er sich in der Logik nicht finden, sei die Logik die falsche Instanz.[152] Wenn aber der induktive Schluss erwartungs-erweiternd ist, so ist er auch der Weg, auf dem wir über die Erfahrung, das heißt: über die Sinne zu mehr Wissen kommen. Das ist die Grundlage dafür, dass die Induktion sozusagen ein Erfolgsprinzip der Wissenschaft geworden ist.

> Darauf hat Aristoteles, der im Induktionsschluss eine Art Gegenstück zur Deduktion gesehen hat, sowohl unter erkenntnistheoretischen wie unter psychologischen Aspekten hingewiesen. „Es ist unmöglich", schreibt er in der Zweiten Analytik, „die Induktion vorzunehmen, ohne dass man den Sinn hat. Denn für das Einzelne ist der Sinn da. Denn es ist unmöglich, von solchem Einzelnen ohne Sinn und Wahrnehmung die Wissenschaft zu erlangen, da man sie weder aus dem Allgemeinen ohne Induktion, noch durch Induktion ohne den Sinn gewinnen kann."[153] Darauf kommt er in den Schluss-Sätzen des gleichen Werkes noch einmal zurück: So, nämlich durch Induktion, „bildet auch die Wahrnehmung uns das Allgemeine ein".

Schon Aristoteles sieht also in der Induktion ganz ohne Zweifel ein heuristisches Verfahren. Heuristik versucht – im Unterschied zur Logik und ihrem syllogisti-

---

150 Ferber, Rafael, Grundbegriffe, 1998, S. 670 f. – Mit dem ersten Teil seiner Argumentation, der einen Vorteil im Kampf ums Überleben konstatiert, nähert sich Ferber der Position einer evolutionären Erkenntnistheorie und deren Begründung für das Induktionsprinzip an. (Vgl. dazu Riedl, Rupert, Erkenntnis, ³1981.)
151 Zit. nach Riedl, Rupert, Erkenntnis, ³1981, S. 65.
152 Siehe Riedl, Rupert, Erkenntnis, ³1981, S. 181.
153 Aristoteles, Zweite Analytik (Die Lehre vom Beweis), 81 b.

schen Verfahren – zwei Aufgaben auf induktivem Weg zu lösen: Suchregeln für die Hypothesenbildung zu entwickeln und die Hypothesenbewertung mithilfe von formalen Regeln zu ermöglichen. Mit dieser Zielsetzung ist Heuristik ein Teil der *Topik*, die Cicero als die *„ars inveniendi"*, als die Kunstlehre von den Anfangssätzen, von den Suchregeln sowie von der Entwicklung widerspruchsfreier Wahrscheinlichkeitssätze bezeichnet, streng geschieden von der *„ars iudicandi"* der Syllogistik, also der Kunst, über zwingende Schlüsse zu richtigen Urteilen zu gelangen.[154]

> Wo immer Aristoteles im Zusammenhang von Rhetorik und Dialektik induktive Schlüsse und Deduktion miteinander vergleicht, kommt er zu recht aufschlussreichen Einschätzungen unter psychologischen Aspekten: Der Schluss der Induktion sei „einleuchtender".[155] Und: „Die Induktion ist überzeugender, deutlicher, sinnlich fassbarer und der Menge vertrauter", wohingegen der Syllogismus zwingender und – sofern man ihn für Widerlegungen nutzt – wirksamer ist.[156]

Vor allen Dingen aber verengt Aristoteles nirgendwo die Induktion als das wissensfördernde Verfahren auf die Naturwissenschaften oder auf eine Verfahrenstechnik, die wir heute als positivistisch oder empiristisch bezeichnen würden; erst recht kann bei ihm von einem „naiven Induktivismus" nicht die Rede sein. Was Aristoteles bei der Induktion in diesem ganz weiten Sinn vorschwebte und was sie in einer Art geisteswissenschaftlicher Wende bedeutet, hat in der Neuzeit wohl am ehesten John Henry Newman (1801–1890) mit seiner Lehre vom *„Folgerungssinn"* und vom *„Konvergenzbeweis"* getroffen.[157] Im Gegensatz zur Einseitigkeit des syllogistischen Denkens ist der „Folgerungssinn" als Vermögen der Vernunft die Fähigkeit des „formlosen Schließens", wie Newman sagt, oder des „natürlichen Schließens".[158] Die erreichbare Gewissheit ist dabei von Beweisen abhängig, „die formlos und persönlich sind (...) und nicht unter eine logische Regel gebracht werden können". Es handelt sich um eine Tätigkeit des Geistes, die „feiner und reicher an Inhalt ist als die bloße Beurteilung eines syllogistischen Schlusses"; denn die „formale logische Anordnung [ist] tatsächlich nicht die Methode, durch die wir instandgesetzt werden, des Konkreten gewiss zu werden". Das ist auch ein Resümee der kritischen Auseinandersetzung zwischen Logik und Heuristik, zwischen Induktion und Deduktion, wie sie oben skizziert wurde.

> Positiv betrachtet, besteht die Methode des Folgerungssinns in der „Häufung von Wahrscheinlichkeiten, unabhängig voneinander, entspringend der

---

154 Vgl. dazu Riedl, Rupert, Erkenntnis, ³1981, S. 70. – Auch bei Aristoteles spielt der Induktionsschluss in der Topik eine entscheidende Rolle (s. Topik, 105 a). Der Topik stellt Aristoteles die Aufgabe, „eine Methode zu finden, nach der wir über jedes aufgestellte Problem aus wahrscheinlichen Sätzen Schlüsse bilden können und, wenn wir selbst Rede stehen sollen, in keine Widersprüche geraten" (Topik, 100 a).
155 Aristoteles, Erste Analytik (Lehre vom Schluß), 68 b.
156 Aristoteles, Topik, 105 a.
157 Newman, John Henry: *Essay in aid of a Grammar of Assent*. London 1870; deutsche Neuausgabe: *Entwurf einer Zustimmungslehre*. (Übersetzt v. Theodor Haecker.) Mainz 1961. Hier erfolgt die Darstellung nach den Ausführungen von de Vries, Josef, Erkenntnis, 1980, S. 86 ff.
158 Siehe dazu auch die Auffassung von Cicero, der die Topik als *„ordine naturae certe prior"* charakterisiert. (Zit. nach Riedl, Rupert, Erkenntnis, ³1981, S. 70.)

Natur und den Umständen des einzelnen Falles, der gerade untersucht wird; Wahrscheinlichkeiten, zu fein, um einzeln von Nutzen zu sein, zu subtil und umständlich, um in Syllogismen umwandelbar zu sein, zu zahlreich und verschiedenartig für eine solche Umwandlung, selbst wenn sie umwandelbar wären". Es ist „eine Fülle von Wahrscheinlichkeiten, die sich in ihrer Wirksamkeit gegenseitig korrigieren und bestätigen", eine „Vielheit von Gründen aus verschiedenen Prinzipien", die zusammen „auf einen Beweis hinauslaufen", der „den Geist zufriedenstellt".

Der Folgerungssinn läuft damit auf den Zielpunkt zu, „auf den hin die Wahrscheinlichkeiten konvergieren", sowie auf alle jene Gründe, die „für einen Beweis hinreichend sind".[159] Die einzige Bedingung dabei ist, dass kein wirkliches Gegenargument vorliegt, das ebenfalls Anspruch auf Wahrscheinlichkeit erheben kann; diese Bedingung ist jedoch eine Selbstverständlichkeit, weil durch das Auftreten eines solchen Gegenarguments die *Konvergenz der Gründe* hinfällig würde.

Entscheidend ist nun jedoch auch, dass John Henry Newman selbst eine ganze Reihe von Anwendungsgebieten des Folgerungssinns benennt, zu denen neben der Beurteilung sittlicher Fragen und der Geschichtsgewissheit auch die „Induktion" gehört – Induktion hier verstanden im engeren Sinn als das naturwissenschaftliche Vorzugsverfahren.[160] Josef de Vries erweitert diese Anwendungsgebiete auf das Verstehen der Sprache, auf die Beurteilung der Glaubwürdigkeit von Zeugen, auf die Erinnerungsgewissheit sowie auf die Gewissheit einer „intersubjektiven Welt".[161] Damit ist die ursprüngliche Weite des Induktionsverfahrens wiedergewonnen und jenes Terrain abgesteckt, das den Sozial- und Geisteswissenschaften zur Erforschung auch mit verstehenden Verfahren aufgegeben ist.

Unerklärte Prämissen

Ist diese weitere Perspektive erst einmal aufgerissen, so wird umgekehrt die Fragwürdigkeit ihrer Verengung auf eine positivistische Methode mit ausschließlich quantifizierendem Verfahren erneut bewusst. Aber selbst noch in solcher Verengung stecken Prämissen, die aus dem ursprünglich weiteren Konzept der Induktion übriggeblieben sind, oder besser: die untrennbar mit der Induktion als dem Erkenntnisorgan für das Lebendig-Konkrete, wie es Newman wieder freigelegt hat, verbunden sind. de Vries hat in diesem Zusammenhang überzeugend dargestellt, dass der Empirismus gerade in den exakten Naturwissenschaften eine ganze Reihe unerklärter Voraussetzungen stillschweigend mitführt, die er anerkennen muss, um überhaupt arbeiten zu können, die er aber leugnen muss, wenn er eigenen Methoden-Postulaten gemäß arbeiten will. Es sind zum Teil beinahe Selbstverständlichkeiten, die hier zum Problem werden.

---

159 de Vries, Josef, Erkenntnis, 1980, S. 87.
160 Siehe dazu die Paraphrase von de Vries, Josef, Erkenntnis, 1980, S. 82f. Die de-facto-Verengung der Induktion auf ein empiristisch-naturwissenschaftliches Verfahren (gegenüber der ursprünglich viel weiteren Ausdehnung auf menschlichen Wissensgewinn überhaupt bei Aristoteles) moniert auch Hans-Georg Gadamer (Wahrheit, 1975, S. 1 ff.) nachdrücklich.
161 de Vries, Josef, Erkenntnis, 1980, S. 79–84.

Simple Protokollsätze (etwa die Aussage: „Ich sehe dies oder jenes ..."; oder: „Ich habe dies oder jenes beobachtet..."), die in der Naturwissenschaft vorausgesetzt werden müssen, lassen sich hinsichtlich ihrer Evidenz durch dritte Personen empirisch nicht überprüfen. Klar ist auch, „dass damit noch nichts gesagt ist über die reale Existenz des beobachteten Vorgangs". Wenn und soweit die Naturwissenschaft also „das reale Dasein der beobachteten Vorgänge voraussetzt", geht sie notwendig von einer Prämisse aus, „die durch die Sinneserfahrung allein nicht begründet werden kann". In ähnlicher Weise muss die Zuverlässigkeit von Erinnerungen vorausgesetzt werden, muss angenommen werden, „dass wir aus den Worten anderer deren Gedanken richtig erkennen können" – alles Sachverhalte, die sich sinnlicher Beobachtung entziehen. Nicht zuletzt aber: Um überhaupt „von einer gegebenen Realität auf eine andere, nicht gegebene, schließen zu können, bedarf es eines Satzes, der *unabhängig von der Erfahrung* zu einem gegebenen Subjekt eine hier und jetzt nicht gegebene Beziehung hinzufügt, d.h. eines ‚synthetischen Satzes a priori'".[162]

Der Falsifikationismus immerhin erkennt dieses Problem: Erkenntnis ist nur zu gewinnen aus dem Wechselspiel von Denken und Erfahrung. Darum sind für ihn (ebenso wie für gemäßigte Empiristen) Deduktion und Induktion keine unvereinbaren Gegensätze, sondern – gut aristotelisch – aufeinander bezogene „Gegenstücke", einander ergänzende und im Wechsel einander folgende Verfahren der Erkenntnisgewinnung.

---

162 de Vries, Josef, Erkenntnis, 1980, S. 69 ff.

3. Kapitel Natur und Sozialwelt: Von Konstruktionen erster und zweiter Ordnung

Der Reiz, den der neuzeitliche naturwissenschaftlich-positivistische Empirismus auf die Geistes- und Sozialwissenschaften ausübt, kann kaum schärfer zugespitzt werden als in der Inschrift, die am Haus der Sozialwissenschaften der Universität von Chicago angebracht ist: *„Wenn man nicht messen kann, ist das Wissen dürftig und unbefriedigend."*[163] Die leitende Schlussfigur lautet: Nur die Naturwissenschaften arbeiten wissenschaftlich. Auch die Sozialwissenschaften wollen wissenschaftlich arbeiten. Also müssen sie arbeiten wie die Naturwissenschaften.

> Ein derartiger Schluss mag formal richtig sein. Aber er ist falsch, weil seine erste Prämisse auf jeden Fall falsch ist. Selbst wenn der Induktivismus der Naturwissenschaften unproblematisch wäre, selbst wenn die Erfolge der Naturwissenschaften wirklich auf dem reinen und gerade deshalb naiv angewandten Induktionsprinzip beruhten – eine Annahme, die nach Chalmers von der Geschichte der Naturwissenschaften auf Schritt und Tritt widerlegt wird – bliebe die Prämisse unannehmbar. Denn damit würde eine einzige Methode, die für die Erkenntnisziele innerhalb eines ganz bestimmten Erkenntnisbereiches fruchtbar war, absolut gesetzt. Ein logischer oder irgendein sachlicher Grund hierfür könnte nicht beigebracht werden. Zudem müsste eine solche Vereinheitlichung der Wissenschaft mittels eines Methodenzwanges all dem Hohn sprechen, was unter wissenschaftssoziologischen Aspekten mit dem Stichwort von der Wissenschaft als einem „offenen System" postuliert wird.

Die Tendenz, Wissenschaftlichkeit nur mehr den Naturwissenschaften bzw. den naturwissenschaftlich-induktiven Verfahren zuzusprechen, ist neuzeitlicher Provenienz. Es war Wilhelm Dilthey (1833–1911), der dieser Tendenz entgegentrat und dem Wissenschaftsverständnis der Naturwissenschaften ausdrücklich ein „geisteswissenschaftliches" Wissenschaftsverständnis entgegensetzte. Bei dieser Konfrontation des Natur-Begriffes mit dem Geist-Begriff war er beeinflusst vom Deutschen Idealismus. Es ist nicht einfach, diesen schillernden Geist-Begriff zu rekonstruieren. Einleuchtender ist es, von den Fächern auszugehen, die mit dem Etikett „Geisteswissenschaften" versehen wurden: Philosophie, Sprachwissenschaften, Geschichte, Kunstwissenschaften, Rechtswissenschaften, Theologie sowie schließlich auch Pädagogik, Psychologie und Soziologie.[164]

1. Wissenschaften vom Menschen

All diese Wissenschaften haben noch einen gemeinsamen Nenner: Es geht durchweg um Wissenschaften, die unter irgendeiner Perspektive vom Menschen handeln. Daher „heißen die ‚Geisteswissenschaften' im Englischen ‚*humanities*' und im Französischen ‚*sciences humaines*'. Es geht bei ihnen um die *humanitas*, um das Menschliche, um dasjenige, was den Menschen zum Menschen macht. Hierfür

---
[163] Hier zitiert nach Chalmers, Alan F., Wissenschaftstheorie, 1986, S. xx.
[164] Vgl. Danner, Helmut, Pädagogik, 1979, S. 18 f.

kann nun auch losgelöst von der Geist-Philosophie des Deutschen Idealismus die Chiffre ‚Geist' verwendet werden. Denn dasjenige, was den Menschen gegenüber dem Naturding und dem Tier auszeichnet, ist ‚Geist'. Durch ihn wird der Mensch befreit aus den rein kausalen Bezügen; er kann und muss zu seinem Leben Stellung nehmen; er muss sich entscheiden; Gestaltung des Daseins, Orientierung an Qualität und Werthaftem sind Kennzeichen und Folge menschlichen ‚Geistes'."[165] Als Wissenschaften vom Menschen sind den Geisteswissenschaften Perspektiven eigentümlich, die unablösbar mit ihren Gegenständen schon gegeben sind. Diese Perspektiven prägen die Charakteristika von Geisteswissenschaften,[166] die im Folgenden für eine geisteswissenschaftlich betriebene Wissenschaft von der Sozialen Kommunikation konkretisiert und exemplifiziert seien.

(1.) Da ist zum einen und ersten die *Geschichtlichkeit* des Menschen. Das besagt auch, dass der Mensch ebenso wie die Gesellschaft eine Vergangenheit, eine Entwicklung hat, die sich stets in die Gegenwart hinein erstreckt, in die jeder – ob er will oder nicht – hineingebunden ist. Aber Menschen leben nicht nur mit und aus ihrer Geschichte; sie ‚machen' ihre Geschichte auch.

> Soziale Zeit-Kommunikation, der Gegenstand einer als Menschenwissenschaft verstandenen Kommunikationswissenschaft, präsentiert gewissermaßen die sensible Wachstumszone der Geschichte: „Da, nach Bernd M. Aswerus, nur Geschichte (das heißt: Gesellschaftstat) wird, was *vor* dem kulturellen Geschehen beredet wurde, bzw. nur zur Historie (das heißt: Gesellschaftserlebnis) zählt, was *nach* einem Geschehen in die Soziale Zeit-Kommunikation eingeht, hebt diese das kulturgesellschaftliche Geschehen aus der Anonymität des Ablaufs in das Bewusstsein der Gesellschaft. So projektiert, ja etabliert die Soziale Zeit-Kommunikation das soziokulturelle Geschehen"[167] und bestimmt, was Geschichte wird und als Geschichte wirkt.

(2.) Diese Stichworte skizzieren schon den Hintergrund und den Zusammenhang dafür, dass die Analyse „des jeweiligen Zeitgesprächs eine exakte historische Rückschau auf den in ständiger Wandlung begriffenen ‚Sinn' der historisch Handelnden" gestattet. „In diesem ‚Sinn' manifestiert sich das ruhelose Streben nach Selbstverwirklichung der Menschen und der Gesellschaft."[168] Eben deshalb aber „wiederholt" sich Geschichte im strengen Sinn des Wortes niemals. Oder anders: Als eine Wissenschaft vom Menschen ist Kommunikationswissenschaft unausweichlich konfrontiert mit dem *Einmaligen*, mit dem *Individuellen*, nicht nur in der Geschichte, sondern stets auch bei jedem aktuellen Kommunikations-Handeln. Kommunikation ist auch und noch in allen Gestalten des aktuellen Gesellschaftsgesprächs ein personaler Akt (der auch personal zu verantworten ist). Richtig ist, dass in diesem personalen Akt der Mitteilungen die „Verkettung der Geister" (F. A. Löffler) erfolgt, dass in ihm sich so etwas wie der „objektive Geist" einer Zeit, einer Gesellschaft oder eines Kulturraumes konstituiert.

---

165 Danner, Helmut, Pädagogik, 1979, ebd.
166 Vgl. zu den folgenden Kriterien: Danner, Helmut, Pädagogik, 1979, S. 20 ff. sowie S. 27.
167 Starkulla, Heinz: Entwurf zu einer Studienordnung. Zit. nach Wagner, Hans, Die Karriere eines außergewöhnlichen Zeitungswissenschaftlers. In: ders. (Hrsg.), Idee, 1988, S. 370.
168 Starkulla, Heinz, a.a.O.

Aber schon die Rede von einem „objektiven Geist" oder von einer „Verkettung der Geister", führte auf Holzwege, bliebe dabei nicht der personale Ursprung des Kommunikationsaktes bewusst und präsent. Daher auch kann Kommunikationswissenschaft nicht einfach Kulturkörper (die Presse z. B. oder beliebig andere Medien) zu ihrem Gegenstand machen und sich darauf beschränken. Diese sind „Objektivationen" des menschlichen Geistes und können losgelöst vom Menschen nicht gedacht werden.[169] Daher beschäftigt sich die Wissenschaft von der Sozialen Kommunikation „mit dem Menschen, der in seiner gesellschaftlichen Existenz durch das Phänomen ‚Kommunikation' charakterisiert ist, (..) und sie studiert Gesellschaft, sofern sich diese in Kommunikation befindet."[170]

(3.) Als weitere markante Perspektive einer geisteswissenschaftlich betriebenen Wissenschaft von der Sozialen Kommunikation ist damit schon die *Ganzheit* des Kommunikationsgeschehens angedeutet, das sowohl im Lebenszusammenhang des einzelnen Menschen wie im Erscheinungs- und Entwicklungszusammenhang der Gesellschaft zu betrachten und zu verorten ist. Kommunikation manifestiert die Lebensprozesse der Gesellschaft, konstituiert deren *Ordnungen* und *Strukturen*, wie umgekehrt diese zurückwirken auf die Prozesse der aktuellen Sozial-Kommunikation. Die „jeweilige Kommunikation bezeugt die Daseinsweise der jeweiligen Gesellschaft und erzeugt sie zugleich".[171] Dieser Zusammenhang kann natürlich analytisch aufgebrochen werden; der Preis dafür aber ist, dass entsprechend nur Erkenntnisbruchstücke zutage gefördert werden können, aus denen die Einheit des gesellschaftlichen Lebensprozesses nur mehr unvollständig zu rekonstruieren ist. Andererseits verbietet die Einheit und Ganzheit des gesellschaftlichen Kommunikationsphänomens die Isolierung oder gar die Absolutsetzung eines einzigen Partikularaspekts; das heißt etwa: Man kann solche Kommunikationswissenschaft nicht „journalismuszentriert" betreiben, wenn man nicht den ganzen Rest der Gesellschaft zum bloßen Publikum verkommen lassen will – wie dies leider manch gängige kommunikationswissenschaftliche Ansätze unreflektiert inszenieren.[172]

(4.) Schließlich hat sich eine geisteswissenschaftlich betriebene Wissenschaft von Sozialer Kommunikation unentwegt *Wert-* oder *Ziel-* und *Sinnfragen* zu stellen. Wenn überhaupt, so finden Wertvorstellungen und Werturteile Ausdruck im Zeitgespräch der Gesellschaft, das in seinen wesentlichen Teilen ja als laufender, gesellschaftlicher Definitionsprozess neuer, aktueller Situationen zu verstehen ist, als Prozess öffentlicher Beratung darüber auch, wie Handeln als wertgesteuerte Antwort auf definierte Situationen aussehen könnte; zugleich erstreckt sich die öffentliche Beratung in der Sozialen Kommunikation stets wiederum auf die Bewertung sozialen Handelns von allen nur denkbaren Standorten aus.

---

169 Vgl. Groth, Otto, Vermittlung, 1998, S. 85; dazu Wagner, Hans, Massenkommunikation, 1998, S. 211 f.
170 Aswerus, Bernd M., Zeitgespräch, 1993, S. 86.
171 Aswerus, Bernd M., Zeitgespräch, 1993, S. 87.
172 Wagner, Hans, Massenkommunikation, 1998, S. 199–207.

> Da sich und soweit sich dieses Zeitgespräch der Gesellschaft in Medien manifestiert, gipfelt ganz logisch schon der erste empirische Untersuchungskatalog bezüglich des Zeitungswesens, den Max Weber 1911 dem Ersten Deutschen Soziologentag als Entwurf vortrug, in der Frage: Was wird durch die Zeitungen „an Massenglauben, an Massenhoffnungen vernichtet und neu geschaffen, an ‚Lebensgefühlen' – wie man heute sagt –, an möglichen Stellungnahmen für immer vernichtet und neu geschaffen?"[173]

Weder diese letzte noch irgendeine der vorausgehenden Perspektiven macht aus einer Geisteswissenschaft bzw. aus einer geisteswissenschaftlich betriebenen Kommunikationswissenschaft eine „normative Kommunikationswissenschaft". Letztere müsste sich, philosophisch orientiert, zweifellos beschäftigen mit all dem, was in der Sozialen Kommunikation gelten soll, wonach Kommunikations- und Vermittlungs-Handeln sich richten soll; sie hätte sich also zu kümmern um Regeln und Normen Sozialer Kommunikation sowie um deren Begründungen. So wichtig das (gerade für den Praktiker oder für den Kommunikationspolitiker) sein mag, solche Sollens-Disziplin darf nicht mit einer geisteswissenschaftlich betriebenen Kommunikationswissenschaft verwechselt oder gar gleichgesetzt werden.[174] Eine solche nämlich macht sich ausschließlich die gesellschaftliche *Kommunikationswirklichkeit* sowie die *Realität ihrer Vermittlung* zum Gegenstand, und zwar eben möglichst jede Facette dieser Kommunikations- und Vermittlungswirklichkeit in ihrer Gesamtheit und Einheit.

Tatsächlich fällt es schwer, sich vorzustellen, was von einer Menschenwissenschaft mit dem Gegenstand „aktuelle, gesellschaftliche Kommunikation" oder „gesellschaftlicher Nachrichtenverkehr" ernsthaft übrigbleiben könnte, wenn man die spezifischen Perspektiven geisteswissenschaftlicher Orientierung negierte bzw. ihre Zugehörigkeit zu den Geisteswissenschaften bzw. zu den „*humanities*" aufzulösen sich anschickte.

2. Dimensionen der Erfahrung

Zweifellos gehen starke Nachkriegs-Tendenzen in solche Richtung. Noch in den ersten Jahrzehnten dieses Jahrhunderts votierten in aller Regel die Praxis-Fachverbände der Journalisten und Verleger bei ihren Forderungen nach Etablierung einer Zeitungskunde für deren „natürliche" Zuordnung zu den philosophischen oder historischen, also geisteswissenschaftlichen Fächern. Diese Zugehörigkeit wurde erst infrage gestellt, nachdem gewisse Richtungen der Soziologie immer ausschließlicher methodisch mit dem naturwissenschaftlichen Positivismus liebäugelten, in deren Sog dann eine sowohl in theoretischen wie in methodologischen Sackgassen steckende Publizistik- und Kommunikationswissenschaft ihre Rettung als „empirische Sozialwissenschaft" suchte.[175]

---

173 Weber, Max, Zeitungswesen, 1994, S. 29. [Erstpublikation in: Schriften der Deutschen Gesellschaft für Soziologie, Serie 1, Bd. 1, Tübingen 1911, S. 39–62 (Verhandlungen des Ersten Deutschen Soziologentages in Frankfurt 1910).]
174 Vgl. Danner, Helmut, Pädagogik, 1979, S. 23.
175 Vgl. Wagner, Hans, Fach, 1993; ders., Kommunikationswissenschaft, 1997.

Hinter diesen Vorgängen macht sich mehr oder weniger unverhohlen die Okkupation des Empirie-Begriffes breit. (Der Wissenschaftsbetrieb macht keine Ausnahme von der Regel, dass man heutzutage Begriffe „besetzen" muss, um Einfluss und Macht zu gewinnen.) Die Besetzung des Empirie-Begriffs impliziert die zum Monopolanspruch stilisierte Behauptung, nur die naturwissenschaftlich-positivistische, also die (naiv) induktive Verfahrensweise garantiere „empirische Erkenntnis", nur sie sei und bleibe konsequent an (erfahrbarer) Wirklichkeit orientiert.[176]

Solcher Anspruch kollidiert indessen nicht nur mit dem Anspruch der Geistes- oder Humanwissenschaften, sondern auch mit deren historischer Realität. Theodor Litt etwa spricht durchgehend und selbstverständlich von empirischen, sogar ausdrücklich von „induktiven" Geisteswissenschaften.[177] Unschwer lässt sich vermuten, dass hinter solchen Ansprüchen und Kennzeichnungen womöglich recht unterschiedliche Begriffe von Empirie, von Erfahrung also, herrschend sind, von denen einige Varianten unter Umständen durchaus dem Empirie-Begriff der Naturwissenschaften verwandt sein mögen. Es ist daher fürs erste auf jeden Fall nützlich, den Erfahrungs-Begriff selbst genauer zu durchleuchten und sodann danach zu fragen, auf welche Erfahrungsbereiche er überhaupt angewandt wird.

Schon im Alltag sprechen wir nämlich von *zweierlei Erfahrung*, von der, die man besitzt, und von jener anderen, die man macht, wobei die erstere eine Art Lernergebnis zu sein scheint, während die letztere eher einem Lernanstoß gleichkommt.[178] Je nachdem, welcher dieser Erfahrungsbegriffe akzentuiert und welche Rolle der so akzentuierten Erfahrung im Prozess der Erkenntnisgewinnung zugewiesen wird, lassen sich im Laufe der abendländischen Geistesgeschichte ganz verschiedene Typen der Empirie hervorheben:

(1) Für die *Vorsokratiker*, z. B. Parmenides (um 540–470 v. Chr.) oder Heraklit (um 550–480 v. Chr.) war Erfahrung ein *Sinneserlebnis*, das lediglich als *Berufungsinstanz für das falsche Meinen* galt, weil solche Erfahrung bloßer Schein war im Gegensatz zur Wahrheit des Denkens.
(2) Schon bei Platon (427–347 v. Chr.), erst recht bei Aristoteles (384–324 v. Chr.) und von da an weit über das mittelalterliche Denken in die Neuzeit hinein war die Erfahrung eine Vorstufe und eine *Quelle der Erkenntnis*, aus der zu entnehmen war, was und wie etwas ist, nicht aber warum es so ist. Erfahrung ist hier primär Erfahrenheit, nicht Einzelerfahrung. Und darum sagt

---
[176] Ein neueres Exempel dafür statuiert das Einleitungskapitel des Einführungsbuches in die *Methoden der empirischen Kommunikationsforschung* von Hans-Bernd Brosius und Friederike Koschel (Wiesbaden 2001). Obwohl hier zunächst der Begriff ‚Empirie' formal zutreffend mit ‚Erfahrung' übersetzt ist, werden in der Folge ‚verstehende' bzw. ‚qualitative' Methoden als „nicht-empirische" Methoden etikettiert (S. 16): „*Nicht-empirisch vorzugehen heißt*, einen singulären Sachverhalt aufgrund eigener Erfahrung und des theoretischen, allgemeinen Wissens einer Wissenschaft zu verstehen und systematisch einzuordnen." (S. 17) Abgesehen von anderen Fragwürdigkeiten, welche die Leistungsfähigkeit oder das Verhältnis von Theorie und Methode betreffen, wird hier der Hinweis auf die Erfahrung subtil unter Subjektivismusverdacht gestellt. Tatsächlich identifiziert dieses Methodenbuch dann durchgehend „empirische Methoden" mit quantifizierenden Verfahren.
[177] Vgl. dazu Litt, Theodor, Erkenntnis, 1980.
[178] Vgl. Lobkowicz, Nikolaus, Erfahrungsbegriff, 1980, S. 16.

noch Thomas Hobbes (1588–1679) im Leviathan: „*Memoria multarum rerum dicitur experientia.*" Erfahrung ist die Erinnerung an viele Vorfälle, die wir erfahren haben.[179]

(3) Der ältere Empirismus von Francis Bacon (1561–1626) nahm ebenso wie der spätere Falsifikationismus von Karl Popper (1902–1994) Erfahrung in Gestalt der Wahrnehmung als die „*Bewährungsprobe*" unserer wissenschaftlichen Erkenntnis, der erstere im Sinne eines Verifizierungs-, der letztere im Sinne eines Falsifizierungsprinzips.

(4) Schließlich aber wird die auf Wahrnehmung der unmittelbaren Gegebenheiten reduzierte Erfahrung seit John Locke (1632–1704) und David Hume (1711–1776) zur totalen, das heißt zur *einzigen und ausschließlichen Quelle der Erkenntnis*. Diese Vorstellung prägt auch den „naiven Induktivismus" und die weit verbreitete Auffassung von „naturwissenschaftlichem Verfahren".[180]

Die Unterstellung, wissenschaftlich könne nur sein, was dem Vorgehen der Naturwissenschaft als dem einzig soliden und exakten Weg zur Erkenntnis folge, bedeutet also zunächst einmal eine geradezu gewaltsame *Reduktion der Erkenntnis auf Sinneswahrnehmung*. Diese Reduktion geht noch weit über die bloße Einschränkung des Erfahrungsbegriffes auf die machbaren und einem Menschen zustoßenden Einzelerfahrungen hinaus. Sie bedeutet nämlich nicht mehr und nicht weniger als den Ausschluss des größten Teils aller Erfahrungen, die wir als Menschen in der Welt und mit Menschen machen können.

Von „Lebenserfahrung" spricht in diesem Zusammenhang Theodor Litt und greift für die Schilderung, „in welcher Weise der Mensch zu Werke geht, wenn es ihm um ‚Lebenserfahrung' zu tun ist", auf Dilthey zurück: Dieser stellt dar, „wie das eigene ‚Erleben', die gedankliche Vergegenwärtigung dieses Erlebens, das Auffassen des ‚Ausdrucks', in dem fremdes Erleben von sich Kunde gibt, und endlich das ‚Verstehen' dieses Ausdrucks zusammenwirken, um generelle Vorstellungen von menschlicher Art und menschlichem Treiben entstehen zu lassen".[181] In der Tat ist der Erfahrungsbegriff im menschlichen Bereich eng gekoppelt an Erlebnisse wie Freude und Angst, Liebe und Hass und viele andere ähnliche Regungen. Vor allem erleben wir die Akte unseres Bewusstseins und in ihnen unser eigenes Sein. Diese Erfahrung kann uns damit etwas geben, was keine äußere Sinneserfahrung zu vermitteln vermag.

> Josef de Vries macht dies an einem sehr einleuchtenden Beispiel deutlich. Keine Sinneserfahrung kann uns beibringen, was Wirken oder Wirkung ist. „Die Wahrnehmung kann im besten Falle zeigen: Das Licht wird angezündet, und dann wird es hell, das heißt, es besteht ein zeitliches Nacheinander. Das Wirken selbst aber nehmen wir nicht wahr. In unserem Denken fügen wir also zu dem, was wir wahrnehmen, etwas hinzu, was durch die Wahrnehmung, jedenfalls durch die Wahrnehmung allein, nicht ‚gedeckt'

---

[179] Damit knüpft Hobbes unzweifelhaft an Aristoteles an; vgl. Aristoteles, Zweite Analytik (Lehre vom Beweis), 100 a, b; Metaphysik, 980 b, 981 a.
[180] Die Darstellung der Empirietypen folgt Lobkowicz, Nikolaus, Erfahrungsbegriff, 1980, S. 16–21.
[181] Litt, Theodor, Erkenntnis, 1980, S. 26.

ist." Im Gegensatz dazu „erleben wir in unserem Bewusstsein unser eigenes *Wirken*. In die Gegebenheiten der äußeren Wahrnehmung können wir allerdings das Wirken immer nur durch unser Denken (mit Recht oder Unrecht) hineindeuten. In unser eigenes Innere aber wird es nicht hineingedeutet, sondern wir erleben es im Ablauf unserer Gedanken und besonders in unserem Wollen selbst, dass wir nicht bloß Zuschauer sind, die nur beobachten, wie die Akte gleichsam auf einer unkörperlichen Bühne auftauchen und wieder verschwinden, sondern dass wir selbst dabei wirksam sind, dass wir durch unser Wirken die Gedanken lenken, dass wir unser Wollen selbst zustande bringen, selbst wirken. Nur aus solchem Erleben wissen wir überhaupt, was mit dem Wort ‚Wirken' gemeint ist. So stammen gerade diese, für die ganze Auffassung der Wirklichkeit so entscheidenden Begriffe wie (...) Ursache und Wirkung ursprünglich aus dem Bewusstsein, der inneren Erfahrung, nicht aus der äußeren Sinneserfahrung."[182]

Auch de Vries spannt den Erfahrungs-Begriff über äußere Wahrnehmung und innere Wahrnehmung; auch er rechnet letzterer neben den Erlebnissen der Bewusstseinsakte, der Stimmungen oder des Wollens die konkreten Sinnesvorstellungen oder Phantasievorstellungen zu; auch er verweist in diesem Rahmen auf die Funktion der Sprache als Ausdruck dieser Erfahrungen. Aber er unterstreicht zugleich den Unterschied zwischen dieser ‚inneren' Wahrnehmung und der ‚äußeren' Wahrnehmung, der darin besteht, dass „Gegenstände der äußeren Wahrnehmung *direkt*, das heißt gleichsam in der ersten, unwillkürlichen Richtung des Blickes erfasst werden, während die eigenen Akte nur in einer Art Blickwendung von außen nach innen, in einer Art ‚Rückkehr' zu sich selbst beachtet werden. Nur bei der ersten Art von Wahrnehmung sprechen wir von ‚Anschauung' im eigentlichen Sinne, während das Wahrnehmen oder ‚Erleben' der eigenen Akte besser nicht als ‚Anschauung' bezeichnet wird."[183]

Es ist wirklich nur schwer einzusehen, warum alle Akte der „inneren Erfahrung" und darüber hinaus alle Erscheinungen der „Lebenserfahrung" vom Empirie-Begriff abgelöst werden sollen, oder warum wissenschaftliche Arbeit sich lediglich auf Akte der äußeren Wahrnehmung stützen sollte. Zum einen nämlich verdanken wir den reflexiven Erfahrungsakten der „inneren Wahrnehmung" ganz offensichtlich Erkenntnisse, ohne die schon der Versuch einer Erklärung äußerer Erfahrungsakte scheitern müsste; zum anderen wäre eine solche Negation aller Erfahrungstatsachen der „inneren Wahrnehmung" doppelt widersinnig in Wissenschaften, die sich ja gerade dem menschlichen und sozialen Handeln im Allgemeinen oder der menschlichen Kommunikation im Besonderen zuwenden. Es ist nicht einzusehen, warum die Arbeit etwa mit historischen Dokumenten weniger empirisch sein sollte als eine repräsentative Umfrage, oder warum die Untersuchung von Fernsehberichten dann empirisch sein soll, wenn die Länge der einzelnen Kamera-Einstellungen gemessen wird, nicht aber dann, wenn etwa die Tendenz dieses Inhalts interpretativ untersucht wird. In allen diesen Fällen liegen der wissenschaftli-

---

182 de Vries, Josef, Erkenntnis, 1980, S. 22 und S. 28.
183 de Vries, Josef, Erkenntnis, 1980, S. 57. (Zur Einzeldarstellung und schrittweisen Entfaltung der verschiedenen Erfahrungsarten siehe de Vries, Josef, Erkenntnis, 1980, S. 32–59.)

chen Erkenntnisarbeit Erfahrungstatsachen zugrunde, welche als Objektivationen des menschlichen Geistes bzw. „innerer Erfahrung" zu behandeln sind; geschieht letzteres nicht, so bleibt im Gegenteil der Rückzug auf die bloß messbaren äußeren Erfahrungstatsachen gerade hier wissenschaftlich ziemlich belanglos.

Dies aber heißt nun auch, dass sich die Sozialwissenschaften nicht die mit der Verengung des Empirie-Begriffs notwendig korrespondierenden Forschungsverfahren und -operationen als die allein zugelassenen und wissenschaftlich anerkannten vorschreiben lassen können. Solcher *Methoden-Monismus* würde jede Art Sozialwissenschaft nämlich eben auf jenes Messen und Zählen allein zurückwerfen, das die Chicago-Inschrift naiv-induktivistisch zur einzig sicheren Grundlage des Wissens erklärt. Natürlich entspricht diese Erklärung der sozialwissenschaftlichen Praxis in Teilbereichen durchaus. Die Wirkungsforschung im Fach Kommunikationswissenschaft ist dafür ein beinahe schon klassisches Beispiel.

> Nur über Experiment und messbare Beobachtung sollen Erkenntnisse über Medienwirkungen zu gewinnen sein. Lediglich operationalisierbare bzw. falsifizierbare Hypothesen sollen dem Wissenschaftsideal entsprechen. Das Postulat der Operationalisierbarkeit schließt Zuordnungsdefinitionen ein, exakte Angaben darüber also, mit welchen messbaren Sachverhalten sich welche Wirkungszusammenhänge erklären lassen. Nicht zuletzt aus diesen Gründen war Medienwirkung lange Zeit fast ausschließlich definiert und fixiert auf den Nachweis von „Veränderungen", die durch Medien hervorgerufen worden sein sollen; nur sie werden ja im äußeren Verhalten irgendwie sichtbar und als „Vorher-Nachher-Messwerte" erfassbar. Wenn neuerdings allen Ernstes die affektiven Wirkungen von Medienangeboten mithilfe von Hautwiderständen, Pulsfrequenzen und Hirnströmen gemessen werden, dann mag dies – je nach Standpunkt – erheiternd oder erschreckend wirken, im Sinne eines naiven Induktivismus ist es nur konsequent.

Misst man die „Erfolge" jahrzehntelanger Arbeit solcher Wirkungsforschung am Maßstab der naturwissenschaftlichen Fortschritte, *so tendiert das Ergebnis gegen Null*. Zwar gibt es Tausende von Studien mit Millionen von Einzelbeobachtungen, aber trotz all dem eingestandenermaßen keine Theorie, die naturwissenschaftlichen Kriterien auch nur einigermaßen standhalten könnte. Ganz im Gegenteil. Die wenigen, möglicherweise tragfähigen Teilhypothesen, zu denen durchaus auch das Konzept der „Schweigespirale" gezählt werden kann, sind gerade nicht naivem Induktivismus entwachsen, sondern – ähnlich wie es für die Naturwissenschaften Chalmers schildert – aus theoretischem Vorwissen und aus Voraus-Erkenntnissen, die zwar auch empirisch, jedoch nicht über operationale Definitionen, nicht über Experimente und Quantifizierungen gewonnen wurden. Demgegenüber nehmen sich die empiristischen Verifizierungs- beziehungsweise Falsifikationsversuche der Schweigespiralen-Hypothese geradezu als Schwachpunkte aus.[184]

---

[184] Vgl. hierzu die Darstellung der „Entdeckung" sowie den Rückgriff auf historische und ideengeschichtliche Belege der Schweigespiralen-Hypothese bei: Noelle-Neumann, Elisabeth, Schweigespirale, 1980.

Sein zweites Gesicht zeigt der Methoden-Monismus auf diesem Sektor darin, dass die zahllosen Erfahrungen von und mit Medienwirkungen im Alltag, die Zeugnisse von den sogenannten *„small effects"* der Medien, als nicht wissenschaftsfähige Kulturkritik abgetan werden.[185] Das Dilemma, das hier offenkundig wird, besteht darin, dass alle Wirkungen von Massenkommunikation zunächst nur als innere Erfahrung wahrnehmbar werden; was davon schließlich in äußerem Verhalten sichtbar und beobachtbar wird, kann dann – jedenfalls nach streng induktivistischen Prinzipien – einem bestimmten Medieneinfluss gar nicht mehr zugeordnet werden; oder aber der Forscher muss bei den Betroffenen über Umfragen Äußerungen zu diesen inneren Erfahrungen provozieren, die dann zwar aufgezeichnet, gezählt und gemessen werden können, aber – konsequent gedacht – unter den restriktiven Voraussetzungen eines verengten Induktionsprinzips wissenschaftlich so wertlos sind, dass sie streng genommen Wirkungserklärungen irgendwelcher Art gar nicht zulassen dürften. Ob nämlich und wie das äußerlich wahrnehmbare Ausdrucksverhalten einer inneren Wirkungserfahrung tatsächlich entspricht, lässt sich zureichend nicht messen.

Ärgerlich ist die Inkonsequenz dieses naiven Induktivismus: Er operiert stillschweigend genau mit jenen Voraussetzungen, die er nach außen als unwissenschaftlich ablehnt. So schleppen sich dann die von Chalmers schon für die Naturwissenschaften erkannten Widersprüche auch in die Sozialwissenschaften hinein; und Chalmers unterstreicht mehrfach, die Schwierigkeiten der Sozialwissenschaften resultierten gerade daraus, dass sie versuchten, die naturwissenschaftlichen Verfahren nachzuahmen.[186] Von einem *„dogmatischen Positivismus"* spricht Josef de Vries, wo die Methoden der Naturwissenschaft „im Gesamtbereich der menschlichen Erkenntnis für die einzig gültigen erklärt" werden.[187] Gezielt auf das Dilemma des Induktivismus stellt Theodor Litt die „empirische Geisteswissenschaft" vor die Wahl: „Entweder Erfahrungswissen anstreben, dann aber auch die Sätze bejahen, in denen die Bedingungen möglichen Erfahrungswissens niedergelegt sind, oder diese Sätze verneinen, dann aber auch das Streben nach Erfahrungswissen als unerfüllbar fallen lassen!"[188]

3. Zweierlei Gegenstände

Um welche Sätze handelt es sich da?

Theodor Litt hat die Bedingungen dafür, dass der Mensch vom Menschen auf der Grundlage von Erfahrung ein allgemeines Wissen gewinnen kann, so formuliert: „*Ich setze voraus*, dass er eine Vielheit von inhaltlich abweichenden Erlebnissen nicht bloß sukzessive durchläuft, sondern sie auch in einem verlässlichen Gedächtnis festzuhalten, in Akten der Erinnerung getreulich zu reproduzieren, nach ihrer

---

185 Vgl. McQuail, Denis, Mass Communication, 1983, S. 175; McCombs, Maxwell E./Becker, Lee B., Mass Communication, 1979, S. 120; Wagner, Hans, Fach 1993, S. 515.
186 Chalmers, Alan F., Wissenschaftstheorie, 1986, S. xix f. und S. 167.
187 de Vries, Josef, Erkenntnis, 1980, S. 57. Vgl. damit übereinstimmend auch Lobkowicz, Nikolaus, Erfahrungsbegriff, 1980, S. 22.
188 Litt, Theodor, Erkenntnis, 1980, S. 41

Bedeutung zu würdigen, nach ihrem Zusammenhang zu begreifen, nach Unterschieden einzuteilen und nach Gruppen zusammenzufassen die Fähigkeit besitzt. *Ich setze voraus*, dass er seine Erlebnisse in sinnlich wahrnehmbaren Aktionen unwillkürlicher oder willkürlicher Art so aus sich herauszustellen vermag, dass sie dem Mitwesen zugänglich werden. *Ich setze voraus*, dass er den Ausdruck mitmenschlicher Erlebnisse richtig zu deuten, das dergestalt Erschlossene oder Mitgeteilte gleichfalls sachgemäß zu ordnen, mit dem eigenen Erfahrungsbestand zu vereinigen und den Ertrag dieser Vereinigung zu stichhaltiger Erkenntnis zu verarbeiten imstande ist."[189]

Ganz offensichtlich handelt es sich um eine den geisteswissenschaftlichen Gegenständen angepasste Formulierung genau jener Bedingungen, die als „unerklärte Voraussetzungen" auch in den naturwissenschaftlichen Induktivismus eingehen. Fragt sich also, warum sie in der Naturwissenschaft „unerklärt" bleiben können oder sogar dürfen, während in den Geistes- oder Sozialwissenschaften dieses Bündel der Voraussetzungen, dieses Apriori, explizit zu machen und explizit anzuerkennen ist.

Der Grund liegt einfach darin, dass Naturwissenschaften und Geisteswissenschaften es mit völlig anderen Gegenständen zu tun haben. Wieder ist es Theodor Litt, der den Unterschied scharf heraushebt: „Der Erforscher der ‚Natur' kann es sich gestatten, auf die ausdrückliche Vergegenwärtigung des Apriori, das er nicht weniger als der Erforscher des Geistes voraussetzt, Verzicht zu leisten, denn das, was in diesem Apriori ausgesagt wird, trägt nichts zur Bestimmung dessen bei, was er erforschen will. Es kann unbeleuchtet in seinem Rücken liegenbleiben, ohne dass der Bestimmung seines Gegenstandes dadurch Abbruch geschähe. Wollte der Erforscher des Geistes dem Apriori ebensowenig Beachtung schenken, dann würde er dem seine Aufmerksamkeit versagen, was dem von ihm zu Erforschenden – zum mindesten als *notwendiger Teil* angehört. Was er in seinem Rücken liegen lässt, das kann nicht unbeachtet bleiben, ohne dass die Bestimmung seines Gegenstandes zu kurz käme. Denn darüber ist doch kein Zweifel möglich: jene ‚Leistungsformen', von denen das Apriori Rechenschaft ablegt, sind Betätigungen eben des Geistes, dessen Wesen zu bestimmen sie eingesetzt werden, und damit ein Teil desjenigen, was durch sie bestimmt werden soll."[190] Und kurz darauf präzisiert er: Nicht nur ein „Teil" der geistigen, vom Menschen gesetzten Welt und damit der Gegenstände der Geisteswissenschaften werde mit diesen Voraussetzungen „ins Licht gerückt, sondern das ganze Grundgerüst des geistig-menschlichen Seins, und zwar mit Einschluss seiner sinnlich-leiblichen Seite (Ausdruck, Sprache!), in Begriffe" gefasst.[191]

> Unter diesem Aspekt also erscheint jedenfalls eine Scheidung zwischen Geistes- und Sozialwissenschaften nicht besonders plausibel. Denn die Gegenstände beider sind die vom Menschen real oder ideal gesetzten Dinge, gleichgültig, ob zur Untersuchung Literatur oder Kunstwerke, Staatsformen

---

189 Litt, Theodor, Erkenntnis, 1980, S. 27. Siehe dazu völlig übereinstimmend auch: Schütz, Alfred, Sozialwissenschaften, 1971, S. 61.
190 Litt, Theodor, Erkenntnis, 1980, S. 35.
191 Litt, Theodor, Erkenntnis, 1980, S. 36.

oder Berufsrollen, Massenmedien oder deren Wirkungen anstehen, gleichgültig auch, ob dabei je gegenwärtige oder geschichtliche Sachverhalte erforscht werden sollen. Immer handelt es sich um „Objektivationen" des menschlichen Geistes, die Welt und Wirklichkeit des Menschen ausmachen.

Während also „die Naturwissenschaften die Realität studieren, die ihrer Natur nach von dem Menschen unabhängig ist, die eine objektive Existenz nachweisen kann, unabhängig davon, ob jemand von ihr weiß oder nicht, ob der Mensch sich über sie Gedanken macht oder nicht, trifft dies gerade für die Geisteswissenschaften nicht zu. Der Geisteswissenschaftler erforscht jene Realität, die der Mensch geschaffen hat und die eben dadurch auch nur insoweit wirklich ist, als sie Inhalt menschlichen Bewusstseins ist".[192]

Wenn wir also im weitesten Sinn den Sozialwissenschaften die Aufgabe zuweisen, ein „geordnetes Wissen von der sozialen Wirklichkeit" zu gewinnen, so ist darin eingeschlossen „die Gesamtheit von Gegenständen und Erscheinungen in der sozialen Kulturwelt". Das Erfassen dieser Wirklichkeit aber kann nicht davon absehen, wie sie von den Menschen, die in ihr täglich in vielfachen Beziehungen handeln, selbst erfasst wird. Denn die Art und Weise, wie Gesellschaft und Kulturwelt von den Handelnden erfasst werden, ist für das Handeln der Menschen, für ihre realen und idealen Setzungen maßgebend, bestimmt diese Kulturwelt und schafft eben jene Realität, die Gegenstand der Sozialwissenschaften ist.[193] Dagegen müsste eine auf bloß sinnliche Wahrnehmung gestützte, ausschließlich am beobachtbaren Verhalten orientierte, mithin ‚behavioristisch' geprägte sozialwissenschaftliche Empirie den größten Teil dieser sozialen Wirklichkeit schlechthin negieren. Von diesen grundsätzlichen Erwägungen ausgehend, kommt Alfred Schütz mit Blickrichtung schon auf das für die Sozialwissenschaften spezifische Verfahren zu folgendem Schluss:

„Dem Naturwissenschaftler und nur ihm allein (bleibt es) vorbehalten, sein Beobachtungsfeld in Übereinstimmung mit den Verfahrensregeln seiner Wissenschaft zu definieren: Er bestimmt damit in diesem Feld die Tatsachen, Daten und Ereignisse, die für sein vorliegendes Problem und seine verfügbaren wissenschaftlichen Ziele relevant sind. Diese Tatsachen und Ereignisse sind nicht bereits vorher ausgesucht, und ebenso wenig ist das Beobachtungsfeld im voraus interpretiert. Die in der Weise des Naturwissenschaftlers erforschte Welt der Natur ‚bedeutet' den Molekülen, Atomen und Elektronen gar nichts. Das Beobachtungsfeld des Sozialwissenschaftlers, also die soziale Wirklichkeit, hat dagegen eine besondere Bedeutung und Relevanzstruktur für die in ihr lebenden, handelnden und denkenden menschlichen Wesen. Sie haben diese Welt, in der sie die Wirklichkeit ihres täglichen Lebens erfahren, in einer Folge von Konstruktionen des Alltagsverstands bereits vorher ausgesucht und interpretiert. Diese ihre eigenen gedanklichen Gegenstände bestimmen ihr Verhalten (...). Um diese soziale Wirklichkeit zu erfassen, müssen die vom Sozialwissenschaftler konstruierten gedanklichen Gegenstände auf denen aufbauen, die im Alltagsverstand des Menschen konstruiert werden, der

---

192 Helle, Horst Jürgen, Verstehen, 1986, S. 23.
193 Vgl. Schütz, Alfred, Sozialwissenschaften, 1971, S. 60 f.

sein tägliches Leben in der Sozialwelt erlebt. Daher sind die Konstruktionen der Sozialwissenschaften sozusagen *Konstruktionen zweiten Grades*, das heißt Konstruktionen von Konstruktionen jener Handelnden im Sozialfeld, deren Verhalten der Sozialwissenschaftler beobachten und erklären muss, und zwar in Übereinstimmung mit den Verfahrensregeln seiner Wissenschaft."[194]

Dem Unterschied der Gegenstände entspricht notwendig ein Unterschied der Verfahren, mit deren Hilfe diese Gegenstände wissenschaftlich ergriffen und letztlich begriffen werden. Grundsätzlich aber demonstrieren alle Versuche, die Gegenstände der „Natur" und jene des menschlichen „Geistes" zu scheiden, zunächst eine grundlegende Gemeinsamkeit: Sowohl die Human- oder Geisteswissenschaften wie die Naturwissenschaften beschäftigen sich mit *erfahrbarer Wirklichkeit*. Aber man muss von beiden Seiten her konzedieren, dass der Begriff „Wirklichkeit" in jedem Fall auf je andere Objekte gerichtet ist, und dass, was hier jeweils „Erfahrung" meint, auch andere Wirklichkeitsakzente setzt.

Sodann: Human- oder Geisteswissenschaften sind nicht etwa keine Wissenschaften, wie der „dogmatische Positivismus" es „in einer Art monopolistischem Imperialismus" (Alfred Schütz[195]) vertritt; sie sind einfach Wissenschaften *anderer Art*. Kriterien und Merkmale dieser Andersartigkeit lassen sich sehr präzise und in einer der Sache durchaus entsprechenden Form angeben:

- „Während (..) die Naturwissenschaft, zum Beispiel die Physik, aus ist auf allgemeine *Gesetzmäßigkeiten*, befasst sich Geisteswissenschaft mit geschichtlichen, anthropologischen *Grundstrukturen*.
- Das Auffinden von Gesetzmäßigkeiten [in der Naturwissenschaft; H. W.] beruht auf der Beschäftigung mit positiv Gegebenem (Positivismus!), mit *quantitativen* Momenten; Geisteswissenschaft hat dagegen *qualitative* Momente zum Inhalt, wie etwa Sinn, Wert, persönliche Einmaligkeit, Schönheit etc.
- Naturwissenschaft kann darum *messen*, zählen, wiegen, um zu Ergebnissen zu kommen, während Geisteswissenschaft auf Hinschauen, Beschreiben, *Deuten* angewiesen ist.
- Die Zusammenhänge sind im naturwissenschaftlichen Bereich *kausal*, das heißt: auf eine bestimmte Ursache folgt immer eine bestimmte Wirkung; Geisteswissenschaften haben es dagegen mit *Sinn-Zusammenhängen* zu tun.
- Dort sind *Beweise* möglich, hier ‚nur' *Hinweise*. Das eine Vorgehen muss ‚exakt', das andere dagegen muss ‚*streng*' sein, um als wissenschaftlich zu gelten."[196]

---

194 Schütz, Alfred, Sozialwissenschaften, 1971, S. 67 f.; parallel auch S. 6 f. et passim.
195 Schütz, Alfred, Sozialwissenschaften, 1971, S. 57.
196 Danner, Helmut, Pädagogik, 1979, S. 22 f.

II. Die Basismethoden des Verstehens

von Hans Wagner

Methoden müssen dem jeweiligen Gegenstand einer Wissenschaft angemessen sein. Das ist ein ständig wiederholter Leitsatz. Tatsächliche wissenschaftliche Arbeit und Forschung vollzieht sich jedoch fast immer auf mehreren planvoll eingeschlagenen, regelförmigen Wegen, also mithilfe mehrerer komplementärer Methoden. Jede dieser Methoden hat ihre ganz besonderen Möglichkeiten und ebenso ihre ganz besonderen Grenzen (wenngleich es hierzu im Detail recht unterschiedliche Auffassungen gibt). Deshalb ergänzen sich diese Verfahren im geistes- und sozialwissenschaftlichen Erkenntnisbemühen. Wir werden uns also zunächst einmal mit den fundamentalen Verfahren befassen müssen:

- Mit der *Phänomenologie*, die als wissenschaftliches Verfahren auch einer human- oder geisteswissenschaftlich betriebenen Kommunikationswissenschaft die Grundgegebenheiten gewissermaßen erst zur Verfügung stellt: Sie ist das fundamentale Verfahren der Bestandsaufnahme und der Beschreibung der wissenschaftlich relevanten Tatsachen.
- Mit der *Hermeneutik*, mit deren Hilfe die verfügbaren Grundgegebenheiten gedeutet und verstanden werden.
- Mit der *Dialektik* schließlich, die als vorwärtstreibende Reflexion die verstandenen Grundgegebenheiten produktiv zu neuen Erkenntnissen zu führen vermag.[197]

Allerdings ist damit nicht das gesamte Basiswerkzeug qualitativer Verfahren und also einer verstehend betriebenen Kommunikationswissenschaft ausgebreitet. Wenigstens zwei weitere Verfahren sind in diesen Fundus aufzunehmen:

- Das Verfahren der *Typenkonstruktion* oder der *„Idealtypenbildung"*; es ist von Max Weber als Methode der kausalen Zurechnung im Bereich des sozialen Handelns und als Methode der Geltungssicherung sozialwissenschaftlicher Erkenntnisse ausgebaut worden. Es hat in allen, vornehmlich in den historisch-systematisch arbeitenden Sozialwissenschaften einen hohen Stellenwert.

Das Verfahren der Typenkonstruktion, aber auch das Verstehen und Interpretieren oder die Dialektik, schließlich aber auch die fundamentalen wissenschaftlichen Arbeiten der Begriffsbildung und der Schlussfolgerung kommen ohne ein letztes wichtiges Werkzeug nicht aus: den *Vergleich*.

- Das wissenschaftlich reflektierte *Vergleichs-Verfahren* ist eine in ganz buchstäblichem Sinne grund-legende Methode für eine induktive Geisteswissenschaft. Schon Aristoteles unterstrich, dass wir ohne Vergleich nichts lernten und nicht wüssten, was die Dinge wirklich sind, um deren Erkenntnis es geht.

---

[197] Die genannten drei Methoden behandelt Danner, Helmut in Pädagogik, 1979 (siehe auch die 5. Aufl. 2006) ausführlich. Wer sich über die knappen Resümees in der vorliegenden Einführung hinaus mit den skizzierten Verfahren genauer befassen will, sollte sich unbedingt von der Dannerschen Arbeit weiterhelfen lassen.

II. Die Basismethoden des Verstehens

Die qualitativen oder verstehenden Methoden in der Wissenschaft sind offenbar eng verwandt mit Alltagsmethoden – abgesehen vielleicht von der phänomenologischen Beschreibung, weil dabei gerade die Einbruchstellen des Alltagsdenkens mit seinen ganz ordinären Hypothesen über Gott und die Welt und mit seinen extraordinären Ideologien, Idealen und Ideen unter Kontrolle gebracht werden sollen. Diese Verwandtschaft löst gelegentlich auch in der Wissenschaft Naserümpfen aus. Das Vorurteil gegen solch „niedrige Herkunft" hat mancherlei Gestalt: Es reicht von Zweifeln an der Exaktheit der Verfahren über den häufig traktierten Subjektivismus-Verdacht bis hin zur Unterstellung der Nicht-Wissenschaftlichkeit. Letztere stützt auch die ganz und gar unwissenschaftliche Parole, dass es nur ein wahres, wissenschaftliches Verfahren gebe: Zählen und Messen.

Auf der anderen Seite lässt sich die Alltagsverwandtschaft der verstehenden Methoden auch als nützliche Appellations-Instanz missbrauchen; mit Berufung auf sie will man begründen, warum verstehende Methoden nicht gelernt zu werden brauchen: Weil man sie sozusagen „von Natur aus" kann! Das ist selbstverständlich ein Dünnbrettbohrer-Argument, mit dem man nicht selten der Mühsal von Quantität und Quantifizierung zu entkommen trachtet.

Selbstverständlich und noch einmal: Der Alltagsmensch beschreibt, vergleicht, versteht, disputiert und typifiziert. Gleichwohl sind die phänomenologische Beschreibung, der Vergleich, die Hermeneutik, die Dialektik und die Typenkonstruktion keine Alltagsverfahren. Als wissenschaftliche Verfahren nämlich verlangen sie Disziplin und machen eine wissenschaftliche Disziplin. Nicht vorbewusst-routinemäßig wie im Alltag, sondern nur reflektiert sind sie im Prozess der Erkenntnissuche anzuwenden. Um mit diesen Verfahren Wissenschaft zu betreiben, muss man ihre Grundlagen, ihre Grundsätze, ihre Möglichkeiten und Grenzen kennen. Ihre Techniken und die einzelnen Verfahrensschritte müssen gelernt und sie müssen vor allem eingeübt werden. Das verlangt „Disziplin" im Sinne von Fleiß und Strenge – wobei letztere jedenfalls Voraussetzung für eine effektive Einklammerung des Alltagsdenkens ist. Nur solche Methoden-Strenge gewährleistet die Ordnung des Vorgehens und des Denkens, durch die Erkenntnis gewonnen und ihre Geltung gesichert wird.

4. Kapitel Die phänomenologische Beschreibung: Von der Sicherung der Tatsachen

Es ist schon eigenartig, dass man häufig auf den Namen eines Naturwissenschaftlers stößt, wenn man anfängt, über die Methoden der Geisteswissenschaften nachzudenken und sich mit ihnen auseinanderzusetzen: Galileo Galilei (1564–1642), Mathematiker und Begründer einer neuen, modernen Physik. „Galilei war ein Mann, der sowohl die antike wie die mittelalterliche Wissenschaft gut kannte. Vor allem bewunderte er Archimedes. Aber in voller Kenntnis solch älterer Leistungen sagte er: ‚Wir wollen einmal davon absehen, wir wollen einfach das Fallen des Steins untersuchen, oder die Frage: Warum gibt es Ebbe und Flut? Also ausgehen von alltäglichen Beobachtungen, einfachen Tatsachen; weg mit den Büchern.' Das hieß nicht: Verachtung der früheren Wissenschaft, die er ja voll in sich aufgenommen hatte und die auch seine Fragestellungen beeinflusste. Es hieß vielmehr: *Energische Wendung zu den Fakten*, ihre neue Untersuchung von Grund auf, nicht Weiterspinnen bisheriger Gedanken."[198]

Mit dieser Einstellung war Galilei ein mustergültiger *Phänomenologe* – auch wenn Begriff und Verfahren der Phänomenologie zu seiner Zeit noch in der Zukunft lagen. Denn zunächst und vor allem lautet die Maxime des Phänomenologen: *Zu den Sachen selbst!*[199] Von Anfang an soll damit das Missverständnis ausgeräumt sein, die Phänomenologie habe es möglicherweise mit irgendeinem Schein im Unterschied zur Wirklichkeit zu tun oder gar mit Unwirklichem.

> „Das ‚Phänomen' ist auch nicht die ‚Erscheinung' von etwas, während das Ding selbst verborgen bliebe, so wie etwa das Fieber die Erscheinung für eine Krankheit ist", die wahrnehmbare Außenansicht, das Symptom also für etwas, was sich in Wirklichkeit ‚unsichtbar' abspielt. Nicht selten werden derlei Missverständnisse schon aus einer verfälschend verdrehten Wort-Interpretation hergeleitet: ‚Phänomenologie' heißt nämlich ‚Lehre von den Erscheinungen'. Das griechische Wort ‚phainómenon' bedeutet das, was erscheint, aber durchgehend in dem Sinn: was zum Vorschein kommt, was offenbar und klar und wirklich vor uns liegt – weil es nämlich hell beleuchtet ist. (In dem Wort steckt die Wurzel ‚phos', das heißt ‚Licht'!)[200] Es ist nun jedoch sofort ratsam, die Phänomenologie als eine Form der Philosophie von der ‚angewandten Phänomenologie' im Sinne eines geisteswissenschaftlichen Verfahrens zu unterscheiden und beide Spielarten auseinanderzuhalten.

1. Ein Fundamentalprogramm

Die *Phänomenologie als Philosophie* wurde begründet und in einem lebenslangen Denkprozess entwickelt von Edmund Husserl (1859–1938). Husserl wollte die Voraussetzungen aufdecken, „auf denen jede Wissenschaft von der Welt natürlicher und sozialer Gegenstände und selbst die gängige Philosophie gründen. Es war

---

198 Eucken, Walter, Nationalökonomie, ⁷1959, Vorwort zur 2. Aufl. von 1941.
199 Siehe Danner, Helmut, Pädagogik, 1979, S. 112.
200 Danner, Helmut, Pädagogik, 1979, S. 112.

sein Ideal, ein ‚Anfänger' – im wahrhaften Sinn des Wortes – in der Philosophie zu sein. Nur in mühsamen Analysen, nur in furchtlosem, folgerichtigem Nachforschen und in radikalem Wandel unserer Denkgewohnheiten können wir darauf hoffen, jene Sphäre einer ‚ersten Philosophie' freizulegen, die den Ansprüchen einer ‚strengen Wissenschaft' genügt."[201] Als eine strenge Methode des Denkens und Erkennens soll die Phänomenologie nach Husserl also „den *Grund legen für alle anderen Wissenschaften*; dazu muss sie selbst eine Wissenschaft sein, die von Prämissen *unabhängig* und darin absolut *sicher* ist". Insoweit versteht sich die Phänomenologie als ‚erste Philosophie', als ‚*philosophia prima*', welche die ‚*principia*', die Grund-Sätze, also die Prämissen des Erkennens erarbeitet. Die Fundamentalfrage der Phänomenologie lautet daher, „*wie* uns ‚Welt' in unserem Bewusstsein und Erleben *gegeben* ist, und zwar im Hinblick auf *Wesensstrukturen*". Die ‚Welt' ist das Thema für die Phänomenologie „*als bewusste, erlebte Welt*". Oder präziser: Der Gegenstand der (philosophischen) Phänomenologie „ist das Bewusstsein, sofern und wie es sich auf ‚Welt' *richtet*"; diese Gerichtetheit heißt ‚Intentionalität'. Damit haben die „Inhalte der Phänomenologie aber einen Doppelcharakter, indem einmal die Gegenstandsseite akzentuiert werden kann, und ein andermal die Bewusstseinsseite!"[202]

> Die Denkanstrengungen, die erforderlich sind, um zu diesen äußersten Grund-Gegebenheiten der Welt und des Bewusstseins vorzustoßen, sind radikal und für das Alltagsverständnis jedenfalls ungewohnt. Kommt hinzu, dass Husserl (der ein ausgebildeter Mathematiker war) gerade die Darstellung seines Verfahrens in einer „höchst technischen Sprache" (A. Schütz) gehalten hat, sodass es schwierig erscheint und ist, ihm auf seinem Weg zu folgen. Irreführend gefährlich ist es geradezu, dafür Abkürzungen zu gehen – obwohl sie uns hier genügen müssen.

Husserl will zu den ‚Anfängen' des Denkens über mehrere *Reflexionsstufen* vordringen. Jede dieser Stufen ist charakterisiert durch eine bestimmte *epoché*: das griechische Wort bedeutet das Anhalten, meint Zurück-Haltung. Schon in der alten griechischen Philosophie versteht man darunter einen – zumeist methodisch gebotenen – Verzicht auf Urteile zur Vermeidung von Fehlaussagen. Es handelt sich also um methodisch geforderte „*Einklammerungen*", das heißt: Die Phänomenologen klammern bei der Betrachtung ihres Gegenstandes ‚Welt' zunächst einmal alle Vor-Urteile und auch jegliches Vor-Wissen, sodann alle naiv-natürlichen Einstellungen zur Welt, nicht zuletzt den „Glauben an die äußere Existenz der Welt" ein; sie versuchen, von all dem einmal ‚*abzusehen*', all das einfach nicht zu berücksichtigen. (Das darf jedoch keinesfalls dahin missverstanden werden, sie würden leugnen, dass es all das gibt oder dass die Welt wirklich existiert.) Solch

---

201 Schütz, Alfred, Grundbegriffe, 1971, S. 114. – Schütz (der Husserl-Schüler war und bei Husserl in hohem Ansehen stand, bevor er als Jude gezwungen war, vor der nationalsozialistischen Verfolgung in die USA zu emigrieren) erklärt in diesem Aufsatz amerikanischen Sozialwissenschaftlern auf möglichst einfache Weise, was Phänomenologie ist und leistet. Daher ist er als Einführung besonders zu empfehlen.
202 Danner, Helmut, Pädagogik, 1979, S. 118 ff.

abstrahierendes Absehen, den Verzicht letztlich auf Voraussetzungen und Befangenheiten, bezeichnet man als *phänomenologische Reduktion*".[203]

Im Verfahren der schrittweisen Reduktion „*überschreitet*" („transzendiert") das Denken die äußere, die natürliche Welt, aber genauso auch etwa die naiven Ansichten von dieser Welt; der auf diese Weise methodisch reduzierte Bereich entspricht daher einer „*transzendentalen Sphäre*": Was in ihr bleibt und für die Erkenntnis erschlossen wird, ist „die Gesamtheit meines Bewusstseinslebens, der *Bewusstseinsstrom* mit all seinen Aktivitäten", mit seinen Gedanken, Erfahrungen, Befürchtungen, Phantasien, Erinnerungen (...) Das phänomenologische Verfahren macht mich damit sozusagen zum Beobachter meines eigenen Bewusstseins, das jedoch in all seiner Lebendigkeit immer *gerichtet*, immer *intentional* ist, immer ein Bewusstsein *von etwas* ist."[204] Von dieser „transzendentalen Phänomenologie" sagt Alfred Schütz, sie vermöge „allein die Grundlagen für alle Kultur- und Sozialwissenschaften zu schaffen", weil sie den „Weg zum Sinnverständnis der Lebenswelt" eröffne und jene Bewusstseinsleistungen zu ihrem Gegenstand mache, durch die „sich diese Welt konstituiert".[205]

> Für die Kommunikationswissenschaft ist solche „transzendentale Phänomenologie" Grundlagen-Wissenschaft nicht nur in einem allgemeinen Sinn. Je nachdrücklicher und konsequenter nämlich eine als Menschen-Wissenschaft betriebene Wissenschaft von der Sozialen Zeit-Kommunikation auf die Frage stößt, wie überhaupt sich durch Kommunikation im Bewusstsein Realität konstituiert, umso unverzichtbarer sind hierfür die von der Phänomenologie aufgedeckten Prämissen. Denn die Eigenart der „intentionalen Gegenstände", die letztlich ihr Objekt sind, liegt darin, „dass sie auf sogenannten ‚wirklichen' Gegenständen der äußeren Welt gründen und dass sie nur durch Zeichen und Symbole vermittelt werden können, die ihrerseits wahrnehmbare Dinge sind wie Schallwellen des gesprochenen Wortes, wie gedruckte Buchstaben. Daher muss die Phänomenologie eine semantische Theorie entwickeln", welche ihrerseits Basis jeglicher Medientheorie ist.[206] Alle Sozialwissenschaften nehmen es als selbstverständlich hin – was einer richtig verstandenen Kommunikationswissenschaft zum Fundamental-Problem werden müsste –, „dass Menschen auf andere Menschen einwirken, dass Kommunikation in Zeichen und Symbolen möglich ist", dass das „Bewusstseinsleben des Anderen mir zugänglich" ist durch Mitteilung, dass ich auf diese Weise „den Anderen und seine Handlungen verstehen" kann, dass umgekehrt er mich und mein Tun versteht. „Aber wie kommt es dazu, dass gegenseitiges Verstehen und Kommunikation überhaupt möglich werden?" Das ist eine der vielen Fragen, deren Beantwortung eine phänomenologische Untersuchung verlangt, weil sie mit den Methoden der positivistischen Sozialwissenschaft allein nicht beantwortet werden können.[207]

---

203 Danner, Helmut, Pädagogik, 1979, S. 121 f.
204 Schütz, Alfred, Grundbegriffe, 1971, [1945], S. 121 f.
205 Schütz, Alfred, Phänomenologie, 1971, S. 137.
206 Schütz, Alfred, Grundbegriffe, 1971 [1945], S. 116.
207 Schütz, Alfred, Grundbegriffe, 1971, [1945], S. 134 f.

2. Phänomene zur Selbstdarstellung bringen

Dieses anspruchsvolle Fundamental-Programm der „transzendentalen Phänomenologie" ist nun in der *„angewandten Phänomenologie"* ganz erheblich eingeschränkt und vereinfacht. Insbesondere werden die Reflexionsschritte bei der angewandten Phänomenologie nicht mehr bis zur äußersten Bewusstseins-Grenze gegangen. Damit hängt zusammen, dass hierbei auch weniger die intentionalen Bewusstseins-Gegebenheiten in den Blick geraten als vielmehr die Welt-Tatsachen selbst, auf die das Bewusstsein *gerichtet* ist.[208] Mit diesen näher gesteckten Zielen, die auf verkürzten Wegen erreichbar sind, wird Phänomenologie nun zu einer *Methode*: „Und diese ist so ‚wissenschaftlich' wie irgend eine andere!"[209]

Knapp zusammengefasst: „Phänomenologisch verfahren heißt (...), in *unvoreingenommener* und *vorbehaltloser* Weise die *Phänomene beschreibend zur Selbstdarstellung* bringen."[210] Fügt man als mögliches Ziel solcher Beschreibung noch hinzu, es komme darauf an, das *Wesentliche der Phänomene* festzuhalten, so sind damit alle wichtigen Schritte und Aufgaben des phänomenologischen Verfahrens fixiert (wie sie in der Tafel 13 oben dargestellt werden).

> Dabei entspricht der Einstieg in das Verfahren noch am ehesten der ersten Reflexionsstufe der philosophischen Phänomenologie. Die *„theoretische Einstellung"*, die den Ausgangspunkt bildet, umfasst nicht nur wissenschaftliche oder populärwissenschaftliche Vorstellungen, Deutungen und Wirklichkeits-Konstruktionen, sondern auch interessenbedingte subjektive ‚Filter' und ‚Brillen', die den Blick auf die ‚Sache selbst' verstellen können. In den Rahmen solch feingesponnener Befangenheiten ist eine ‚theoretische Welt' eingespannt, „die wir uns in vielfacher Weise *zurechtmachen*, die also ‚unnatürlich' ist". Die ‚Enthaltung' von dieser ‚theoretischen Einstellung', das Absehen von allen möglicherweise verzerrenden Vor-Sätzen und Idealen, von Voraus-Urteilen und Wissens-Vorgaben, von wissenschaftlichen und außerwissenschaftlichen Parteistandpunkten, von Wirklichkeitssetzungen oder „Zuteilungen zu irgendeinem Reich der Realität" (A. Fischer) – von all dem bewusst abzusehen, ist die unumgängliche methodische Aufgabe des phänomenologischen Verfahrens.

So soll eine „möglichst vorurteilsfreie Einstellung" gewonnen werden. In der ‚strengen Phänomenologie' ist dieser Punkt erreicht, wenn die Lebenswelt in unbefangener, vor-wissenschaftlicher Einstellung wahrgenommen, wenn – im guten Wortsinn – ‚naiv' hingenommen wird, dass die Dinge da sind und wie sie in ihrer räumlichen und zeitlichen Ordnung mitsamt all ihren inneren und äußeren Horizonten da sind.

---

208 Vgl. hierzu Danner, Helmut, Pädagogik, 1979, S. 130 und S. 146. Vgl. dazu auch Schütz, Alfred, Phänomenologie, 1971, S. 138.
209 Schütz, Alfred, Grundbegriffe, 1971, [1945], S. 116.
210 Röhrs, H.: Forschungsmethoden der Erziehungswissenschaft. Zit. nach Danner, Helmut, Pädagogik, 1979, S. 135. (Hervorhebungen bei H. Danner.)

T 13: Angewandte Phänomenologie

a) Methodische Schritte der angewandten Phänomenologie

b) Phänomenologische Beschreibung

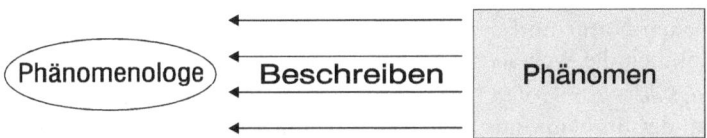

c) Die Rolle der Vorurteile bei der Beschreibung

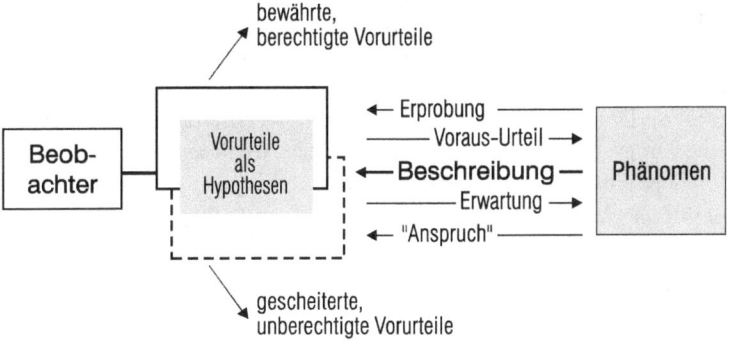

Quellen: a) und b) nach Helmut Danner, Pädagogik, 1979, S. 135 und 141;
c) nach Hans-Georg Gadamer, Wahrheit, 1975.

II. Die Basismethoden des Verstehens

Abbau der Filter

Der Sinn des Verfahrens liegt darin, die störenden Blickverengungen und die schon selbstverständlich gewordenen Deutungsmuster, mit denen wir durch die Welt laufen, überhaupt bewusst zu machen, sie also zu durchschauen, sie auszuschalten, so gut sich dies überhaupt bewerkstelligen lässt: „Es geht prinzipiell darum, von einer Welt ‚aus zweiter Hand' auf eine Welt ‚aus erster Hand' zurückzugehen"[211], also wirklich zu den Tatsachen selbst vorzudringen.

Francis Bacon (1561–1626) hat 1620 im *Novum Organum Scientiarum* versucht, die Theorie der Erfahrung als Theorie einer wahren Induktion zu entwickeln, die dadurch charakterisiert war, dass der Geist beim schrittweisen Aufstieg zur Verallgemeinerung aus der Beobachtung des Besonderen nicht sich selbst überlassen werden darf: „Er darf nicht so, wie er möchte, fliegen!"[212] Vor allem müssen, um wissenschaftliche Einsicht überhaupt möglich zu machen, Erkenntnis-Barrieren aus dem Weg geräumt werden, die im Allgemeinen zu verfälschenden Beobachtungen und verfälschten Vorstellungen führen. Vier Arten solcher „*Idola*", das heißt: Trugbilder, hat Bacon namhaft gemacht[213]:

- Die „*Trugbilder des Stammes*" (*idola tribus*): Sie haben ihren Grund in der menschlichen Natur und deren Beschränktheit, die nicht zuletzt darin besteht, dass Menschen die Welt stets nach ihrem menschlichen Maß sehen.
- Die „*Trugbilder der Höhle*" (*idola specus*): Das sind Beobachtungs- und Denkschemata des Individuums, die durch Veranlagung, Erziehung, Gewohnheit und Vorlieben entstanden sind; soweit er sich an sie hält, zieht der Mensch sich in sein eigenes Gehäuse, in seine „Höhle" zurück und vermag die Welt nur aus deren schmalen Sehschlitzen zu betrachten.
- Die „*Trugbilder des Marktes*" (*idola fori*): Das ist in seiner Summe das Geschwätz der Straße; das sind die populären Schlagworte und Alltagsetikettierungen, mit denen Menschen die Objekte ihrer Lebenswelt versehen, die Namen also auch, die wir den Dingen geben, die immer schon und zugleich soziale Zuordnungen, Deutungen und nicht zuletzt Wertmarkierungen enthalten.[214] Ehe wir die Dinge richtig sehen, schönen oder schwärzen wir sie auf diese Weise, färben sie jedenfalls, wie es dem Zeitgeist gefällt.
- Die „*Trugbilder des Theaters*" (*idola theatri*) schließlich: Damit sind alle die Täuschungen gemeint, die aus den Inszenierungen der Wissenschaft selbst, im Besonderen aus jenen der Philosophenschulen, resultieren; um die „Theorien" der wissenschaftlichen Moderichtungen handelt es sich da, mit denen man Eindruck macht – auch wenn deren Fehler offensichtlich sind.

Wissenschaft, so fordert Francis Bacon, muss sich von all diesen Vor-Urteilen freimachen, muss diese Brillen ablegen, um zu einer ungehinderten Sicht auf die Welt, um zu einer wirklichen „Theorie" zu kommen. Insoweit deckt sich diese Forderung mit dem ersten Grundsatz der „angewandten Phänomenologie". Und es deu-

---

211 Danner, Helmut, Pädagogik, 1979, S. 137.
212 Gadamer, Hans-Georg, Wahrheit, 1975, S. 331.
213 Vgl. Pörksen, Uwe, Visiotype, 1997, S. 101 f.
214 Vgl. Wagner, Hans, Medien-Tabus, 1991, S. 158 ff.

tet sich in dieser Idola-Lehre von Bacon schon an, dass alles, was den Blick auf die Wirklichkeit verstellt, irgendwie und irgend etwas mit Sprache zu tun hat. Der Sprachwissenschaftler Leo Weisgerber hat deshalb die Sprache als eine „Zwischenwelt" bezeichnet, durch die hindurch Menschen wie durch Filter-Medien die Welt anschauen und ordnen. Auch Weisgerber gliedert diese Filterschichten ähnlich wie Bacon: Es handelt sich dabei (1.) um die menschliche Grundausstattung, (2.) um die individuelle Erfahrung sowie (3.) um die gruppenabhängigen Ordnungs- und Wertschemata.[215]

Was also eingeklammert und zurückgehalten werden muss, wenn wir zu den wissenschaftlich brauchbaren Tatsachen gelangen wollen, ist einigermaßen klar (wenngleich offen bleibt, wie und ob solche Zurückhaltung immer befriedigend gelingen kann). Viel schwieriger ist der zweite Schritt der „angewandten Phänomenologie" zu vollziehen: die *„Wesenserfassung"*. Beschrieben werden soll ja das Wesentliche der interessierenden Phänomene. Dies ist letztlich der Kern der Maxime: „Zu den Tatsachen selbst!"

„Sprachrohr der Sache"

Zunächst einmal sind wir da mit relativ allgemeinen Postulaten und Regeln für die phänomenologische Beschreibung konfrontiert: *Schlicht* beschreiben! So *unvoreingenommen* wie möglich beschreiben! So *genau* wie möglich beschreiben und sehen lassen! So *einfach*, so *vollständig* wie möglich beschreiben! Sich nur in den Grenzen der *Phänomengegebenheit* bewegen! Was phänomenologisches Beschreiben grundsätzlich bedeutet, kann mit Martin Heidegger so unterstrichen werden: „Das, was sich zeigt, so wie es sich von ihm selbst her zeigt, von ihm selbst her sehen lassen."[216] Damit, so interpretiert Helmut Danner, ist angegeben, wie die Blickrichtung und die Bewusstseinsbewegung des beschreibenden Phänomenologen aussehen muss: Er „lässt gewissermaßen die Sache auf sich zukommen, er will – wenigstens idealiter – nichts in sie hineinlegen; er ist quasi das Sprachrohr der ‚Sache selbst'. Das Erscheinende, das Phänomen, soll im Beschreiben dominieren."[217]

> Das (in der Erfahrung) *Gegebene* soll die phänomenologische Beschreibung festhalten. Sie muss daher auf die Frage antworten: „Was ist?" Allerdings kann diese simple Frage einen ganz verschiedenen Klang, ganz verschiedene Intentionen haben oder annehmen. „Was ist?" Die Frage kann sich darauf beziehen, wo ein Gegebenes herkommt oder sich herleitet, auf die Genese des Gegebenen also. Aber so ist die Was-ist-Frage nicht erlaubt. Denn jede genetische Fragestellung zielt auf eine analytische oder konstruktive Erklärung, welche die Deskription übersteigt. Die *analytische* Was-ist-Frage kann erst gestellt werden, „wenn die *deskriptive* ‚Was-ist'-Frage endgültig beantwortet ist". Denn ehe man zu erklären beginnt, muss man sicher sein, dass das Problem überhaupt richtig gesehen und markiert ist: „Erst muss

---

215 Nach Pörksen, Uwe, Visiotype, 1997, S. 99 und 102 f.
216 Zit. nach Danner, Helmut, Pädagogik, 1979, S. 139 f.
217 Danner, Helmut, Pädagogik, 1979, S. 140.

> man wissen, was das ist, das man erklären will, dann kann man zu erklären versuchen, was ist." Unerlaubt wäre es auch, dieses „Was ist?" umzudeuten: Solches geschähe, wenn das Gegebene in ein „Aufgefasstes" oder „Beurteiltes" umgewandelt würde. Dadurch würde eine Antwort auf die Frage „Was ist?" unmöglich, „weil niemals der Gegenstand selbst in seiner ursprünglichen Daseinsweise (...), sondern schon Begriffe von Gegenständen, wenn auch rohe, den Ausgangspunkt der wissenschaftlichen Fragestellung bilden würden". Die Leitfrage „Was ist?" zielt vielmehr auf eine „*erschöpfende Charakteristik des Gegebenen* (...) nach allen Seiten, die unmittelbar an ihm erfassbar sind".[218]

Aloys Fischer hat diese Hinweise dadurch präzisiert, dass er die Leitfrage in vier Teilfragen entfaltet, die in einer Beschreibung des Gegebenen nach phänomenologischen Ansprüchen beantwortet werden müssen, soweit dies „ohne Änderung seiner Daseinsweise" und „ohne Zuhilfenahme theoretischer Grundbegriffe möglich ist". Demnach ist das Gegebene zu beschreiben

(1.) nach seinem „Was": Was es selbst ist.
(2.) nach seiner Gegebenheit: „Wie es jetzt da ist, geschaut, gemeint, gedacht, mit Worten bezeichnet."
(3.) nach seiner Stellung zum erlebenden Ich sowie schließlich
(4.) nach seiner Stellung zu den gleichzeitigen Gegenständen des Bewusstseins.

> „Auf diese Weise wird es möglich, die *wesentlichen Merkmale vollständig und geordnet* zunächst zu finden und dann anzugeben."[219] Der Vorschlag läuft darauf hinaus, dass der Gegenstand des wissenschaftlichen Interesses von möglichst vielen Seiten und unter verschiedenen Aspekten betrachtet und beschrieben werden soll. Zu Recht unterstreicht Helmut Danner, dass mit diesen Maßgaben Beobachtungs- und Beschreibungsvarianten des gegebenen Gegenstandes angepeilt sind, aus denen sich dann das „*Invariante und Allgemeine*" herauskristallisiert, das – nachdem es von allem Zufälligen geschieden ist – dem „Wesen" im phänomenologischen Sinn entspricht.[220]

Ähnlichkeit hat solche „Wesensbeschreibung" mit der „eidetischen Reduktion" oder der sogenannten „Wesensschau". Diese ist nichts Mysteriöses. Vielmehr geht sie aus „von den unmittelbar, intuitiv gegebenen Phänomenen und versucht nun das Wesentliche dadurch herauszuanalysieren, dass sie das jeweilig *vorgegebene Phänomen* in seinen möglichen Formen frei *variiert*; was sich dann in der Vielfalt der Variationen ‚*invariant*' durchhält, wird als das *Wesen* angesprochen, seien es objektive Formen oder seien es subjektive Strukturen, etwa Erlebnisweisen, Ein-

---

218 Fischer, Aloys, Pädagogik, [1914] 1950, S. 16 ff.
219 Fischer, Aloys, Pädagogik, [1914] 1950, S. 23.
220 Danner, Helmut, Pädagogik, 1979, S. 143 f.

stellungen."[221] Oder anders: „Das Kongruierende [wird] gegenüber den Differenzen als Wesen identifiziert."[222]

Wie immer man auch versucht darzustellen, was die Wesensbeschreibung ausmacht: stets gewinnt ein Verfahren Kontur, bei dem bloß gedanklich oder real variierte Fälle miteinander verglichen werden, um die unstet in Erscheinung tretenden Merkmale von den stetig und konstant auftretenden zu trennen.[223] Wenn diese letzteren Merkmalskomplexe unabhängig von allen Variationen des Gegenstandes mit und an diesem immer da sind, so ist das ein Indiz dafür, dass hierfür nicht ein Zufall, sondern eine Notwendigkeit verantwortlich ist; die invarianten Merkmale hängen nicht bloß irgendwie am Gegenstand, sie machen ihn aus. „Wissenschaftlich bei dem anzusetzen, was *tatsächlich gegeben ist* und nicht bei dem, was Tradition, Ideologie, Lehrmeinungen usw. vorgeben – darin liegt ein Moment der *Befreiung* durch die phänomenologische Methode: Man kann bei einem neuen Anfang beginnen, kann Ursprüngliches in den Blick bekommen; Verengungen und Sackgassen können sich zu neuen Wegen öffnen."[224]

> Das war wohl auch die Haltung, mit der vor beinahe 300 Jahren Kaspar von Stieler sich von all den moralischen und pädagogischen Scheuklappen befreite, mit denen seine Zeitgenossen die teuflische Verderblichkeit des „neuen Mediums" Zeitung damals begründeten; so erst konnte er dann „bemerken", wie Zeitung sich in seiner Zeit tatsächlich darstellte.[225] Und solche Haltung erst ließ ihn sehen, dass diese angeblich ‚neue' gedruckte Zeitung letztlich nichts anderes war als die Fortsetzung des ehedem gesprochenen und des sodann geschriebenen Nachrichtenaustausches. Damit gelang es Stieler im Gegensatz zu fast allen zeitgenössischen Zeitungs-Beobachtern, zu einer *wesentlichen* Einsicht in das Zeitungswesen vorzudringen.

Es ist wohl kein Zufall, wenn bezüglich der nämlichen Frage, was denn ‚Zeitung' sei, Karl d'Ester ausdrücklich verlangte, man müsse zu ihrer Klärung von allen inzwischen aufgehäuften „begrifflichen Zergliederungen" absehen und statt dessen die Tatsachen sammeln, zunächst nur eben die Tatsachen sprechen lassen, die vorhandenen Tatsachenberichte zu Rate ziehen. Das ist gut phänomenologisch gedacht und zielt auf das Verfahren der phänomenologischen Beschreibung.[226] Zu einem Neuanfang der Tatsachen-Sicht und sodann des Denkens könnte das phä-

---

221 Diemer, Alwin (Die Phänomenologie und die Idee der Philosophie als strenge Wissenschaft, 1959); zit. nach Danner, Helmut, Pädagogik, 1979, S. 125.
222 Danner, Helmut, Pädagogik, 1979, S. 126 (mit ausdrücklichem Bezug auf Edmund Husserl).
223 Ausführlich ist das Verfahren der „eidetischen Betrachtungsweise" bzw. der „Wesensschau" dargestellt in Kapitel 6 dieses Bandes, S. 144–147.
224 Danner, Helmut, Pädagogik, 1979, S. 113.
225 Stieler, Kaspar von, Zeitungs Lust, 1695, S. 26: „So bemerken wir die Zeitungen/wovon wir reden/folgender Gestalt: daß sie seyn: gedruckte Erzehlungen derer hin und wieder wahrhaftig/oder vermeintlich vorgegangenen Dinge/ohne gewisse Ordnung und Beurtheilung; zur Ersättigung der Lesenden Neugierigkeit und Benachrichtigung der Welt-Händel erfunden."
226 Vgl. d'Ester, Karl, Gesprochene Zeitung, 1940, Sp. 1288. – Es ist wissenschaftsgeschichtlich außerordentlich interessant, dass diese und einige ähnliche Formulierungen d'Esters auffällige Ähnlichkeiten haben mit Formulierungen von Aloys Fischer (1880–1937), der seit 1914 Professor für Philosophie und Pädagogik an der Münchner Universität war. Karl d'Ester verbanden mit Fischer und seiner Familie über die loyale Kollegialität hinaus enge freundschaftliche Beziehungen. Fischer aber war hervorgetreten als Erneuerer

nomenologische Verfahren für die Gegenstände des Faches zweifellos auch da führen, wo als ‚wissenschaftlich' deklarierte Denkzwänge und deren längst auch popularisierte Schemata die gegebenen Tatsachen fast vollständig ausblenden. Das betrifft etwa die Schablone, Massenkommunikation sei eine „Einbahnstraße", die obendrein gleich auch noch impliziert, Massenkommunikation sei ein bloßer Anspracheprozess, der von professionellen Medien-Kommunikatoren zu einem Massenpublikum verlaufe.[227]

Solche ‚Theorien', weit davon entfernt, eine Schau auf Tatsachen zu sein, verstellen diese vielmehr höchst erfolgreich: Die Tatsache etwa, dass Massenkommunikation überwiegend *Vermittlung* von Kommunikationsprozessen ist, die – das ist die zweite relevante Tatsache – gar nicht zwischen professionellen Kommunikatoren und irgendwelchen Rezipienten, sondern zwischen gesellschaftlichen Gruppen und ihren Repräsentanten spielen; der Durchschnitts-Rezipient ist in diese Prozesse soweit hineingenommen, als er durch die Position der kommunizierenden Repräsentanten jeweils selbst mitrepräsentiert ist.

> Diese Repräsentanz-Phänomene sind eine dritte Tatsache, die bis heute völlig unter dem Geröll verkürzter Deutungen verschüttet ist – obwohl auch sie in ‚naiv-natürlicher' Rezipienten-Erfahrung ebenfalls von Kaspar v. Stieler 1695 schon beschrieben worden ist: „Es bedenke ein aufgewecktes Herz/was dieses vor eine Süsse bringe/wenn ich in meiner Stube [durch die Zeitungen; H. W.] verständiget werden kan/was dieser und jener König geredet/wessen er sich unterfangen/*und/was diejenige Partey/derer ich zugetahn bin/ausgerichtet hat? (...) Ich versetze keinen Fuß und erhebe doch ein Jubel-Geschrey in meinen Gedanken ...*"[228]

Würde man wirklich einmal ernsthaft absehen von all den pseudowissenschaftlichen Befangenheiten, die da inzwischen in Millionen Köpfe geredet wurden, so könnte unschwer jeder Zeitungsleser (Rundfunkhörer und Fernsehzuschauer) solche Tatsachen aus eigener Mediennutzungs-Erfahrung bestätigen: Aus den Medien entnimmt jeder von uns nicht nur für politische Themen, was die „Partei" meint, sagt, weiß und vorstellt, der er sich zugehörig fühlt; aus den nämlichen Medien

---

der Pädagogik, für deren Weiterentwicklung er Husserls Phänomenologie ebenso wie die Weberschen Methoden der Soziologie fruchtbar zu machen suchte. In einem berühmt gewordenen Aufsatz von 1914 über „Deskriptive Pädagogik" schrieb Fischer u. a.: „... ich meine, dass die Theorie erst die Aufgabe hat, die Tatsache Erziehung im Ganzen und die Einzeltatsachen der Erziehung nach ihrem historischen und aktuellen Bestande genau zu studieren. Und in dieser Grundaufgabe ist die Deskription eingeschlossen, die reine, allerdings so tief wie möglich geführte Beschreibung und Zergliederung der Einzelheiten der pädagogischen Praxis." Und an gleicher Stelle. „Die Tatsachen müssen doch darüber entscheiden, welche Begriffe auf sie angewandt werden dürfen; dazu aber müssen diese Tatsachen selbst in einer nicht schon mit Hilfe von ‚Theorien' (wenn auch vulgären und infolge ihrer universellen Verbreitung gern übersehenen Theorien) vollzogenen Beschreibung festgestellt worden sein" (Fischer, Aloys, Pädagogik, [1914] 1950, S. 9 und S. 19). Es ist mit Sicherheit davon auszugehen, dass d'Ester (selbst ein engagierter Pädagoge) den Text wenigstens dem Inhalt kannte und dass er, was ihm daraus brauchbar schien, eigenen Überlegungen einverleibte – ohne den Gedanken allerdings systematisch zu entwickeln.

227 Exemplarisch und sowohl die wissenschaftlichen wie die vulgären Denkschemata prägend: Maletzke, Gerhard, Massenkommunikation, 1963. Eine geradezu lehrreich simplifizierende Popularfassung bieten Hadorn, Werner/Cortesi, Mario, Massenkommunikation, 1985. Vgl. dazu Wagner, Hans, Massenkommunikation, 1998, S. 187 f. und S. 202–207.

228 Stieler, Kaspar v., Zeitungs Lust, 1695 S. 21 f. (Hervorhebung H.W.)

zieht er vielmehr auf eine bequeme und emotional wenig belastende Weise laufende Erkenntnisse auch darüber, welche Gegen-Argumente und Gegen-Meinungen die jeweiligen Gegen-Parteien vorbringen. Eben diese Tatsache aber wurde jahrzehntelang durch die Zentralbehauptung des *selective-exposure-Konzepts* zugedeckt, wonach jedermann nur das aus den Medien hole, was seinen vorgefassten Meinungen entspreche oder sie gar bestätige.[229] Eine wirklich phänomenologisch verfahrende Tatsachen-Zuwendung könnte also auch im Fach Kommunikationswissenschaft geradezu emanzipatorische Folgen zeitigen, und zwar ziemlich exakt für die Klärung von Zentralfragen, etwa, was Massenkommunikation überhaupt sei, welche Wirkungen Massenkommunikation auslöse und in welchen Ursachen-Zusammenhängen solche Wirkungen zu sehen wären.

3. Vom Vorurteil gegen Vorurteile

„Am Anfang aller Wissenschaft muss man also *beschreiben*, das heißt fragen, was die mit den Worten des betreffenden Gebietes bezeichneten Dinge und Sachverhalte sind; und zwar die Sachverhalte in ihrer natürlichen, vortheoretischen Gegebenheit. (...) Man muss die Frage, was ein Gegenstand sei, so weit treiben, bis weiter zu fragen evident unsinnig wird; und man muss diese Frage dabei immer richten auf das Gegebene als solches (...), sie nicht umbiegen oder hineingeraten lassen in eine andere ‚Was ist?'-Frage, nämlich in die Frage der *verstehenden* bzw. *erklärenden* Theorie."[230]

Husserl selbst räumt allerdings ein, dass der Traum einer Philosophie, die im strengen Sinn eine absolut vorurteilslose Wissenschaft wäre, wohl ausgeträumt sei. Die Gründe dafür liegen auf der Hand. Unser *Denken* nämlich ist immer *geschichtlich bedingt* und all unser *Wissen* ist in irgendeiner Weise *sozial abgeleitet*. Gilt dies schon für die Philosophie, so haben solche Einschränkungen für die angewandte Phänomenologie noch weit mehr Berechtigung. Dreierlei Befangenheiten stellen sich als Hindernisse dem Bemühen um die „ideale" phänomenologische Beschreibung und Tatsachensicherung in den Weg, die so oder modifiziert auch das Induktionsproblem ganz allgemein ausmachen und nicht ohne Weiteres auszuräumen sind.

(1.) Da ist zum ersten die unumgängliche Bedingung, dass eine Entscheidung darüber gefällt werden muss, welche Tatsachen überhaupt zum Gegenstand einer (fach)wissenschaftlichen Untersuchung gemacht werden. Dies ist keineswegs eine Selbstverständlichkeit. Warum etwa spielt die klassische Rhetorik oder spielen überhaupt Erscheinungen der „Versammlungskommunikation" in der neueren Kommunikationswissenschaft (oder wie immer sie sich sonst bezeichnet) kaum noch eine Rolle, während die Gegenstände der sogenannten Massenkommunikation fast ausschließlich das fachwissenschaftliche Terrain beherrschen? Das war im 19. Jahrhundert oder auch noch um die Jahrhundertwende keineswegs ebenso. Oder: Woher weiß ein Kommunikationswissenschaftler, was Kommunikation ist, präziser: was eine fachlich relevante Kommunikation ist?

---

[229] Siehe Schenk, Michael, Medienwirkungsforschung, ³2007, v. a. S. 155–176, 411 f. sowie S. 762–765.
[230] Fischer, Aloys, Pädagogik, [1914] 1950, S. 17 und Danner, Helmut, Pädagogik, 1979, S. 142.

Warum untersucht er Handeln und Handlungsmuster von Zeitungs- und Rundfunkredaktionen oder auch die Rolle von Moderatoren in Fernsehshows, nicht aber die Gesprächsleiterrolle etwa des Bundestagspräsidenten oder die Leistung der „Mediation" bei Ehekonflikten? Warum hält der Kommunikationswissenschaftler Kommunikationsvorgänge für relevant, bei denen ein Publizist sein Publikum zu überzeugen versucht, welche Zahnpasta die richtige ist und welche Partei die Kompetenz zur Lösung von Gegenwartsproblemen hat, nicht aber solche, bei denen ein Studienrat einer Schulklasse beweist, dass der Pythagoreische Lehrsatz noch immer stimmt oder dass Demokratie trotz aller Schwächen die beste aller bekannten Staatsformen ist? Hier wie dort handelt es sich doch eindeutig um Kommunikationsprozesse!

So deutet sich an, dass die Auswahl der relevanten Tatsachen abhängig ist vom Zeitgeist im Allgemeinen und vom Wissenschaftsverständnis einer Zeit im Besonderen, von den bildungs- und universitätspolitischen Rahmenbedingungen, von Fachzuschnitten, die ihrerseits vielfachen Interventionen unterliegen können, kurzum: von Vorgaben, die schon deshalb nicht beliebig eingeklammert werden können, weil sie die Bedingung der Möglichkeit sind, Wissenschaft zu betreiben.

(2.) Die zweite Art der unaufhebbaren Voraus-Setzungen schließt sich hier unmittelbar an, versteckt sich aber sozusagen hinter einer nicht abweisbaren Problemlösung. Aloys Fischer hat die Engstelle recht genau markiert, an der die Absicht vorurteilsloser Beschreibung zu scheitern droht: „Entweder gerät die Beschreibung bei der Häufung der Merkmale ins Unendliche oder in eine Auswahl nach vorgefassten, bewussten oder nur tatsächlich wirksamen Theorien."[231] Helmut Danner illustriert dies und gibt zu bedenken, „dass eine (möglichst) vorurteilsfreie Beschreibung *allein* zu nichts führt, solange sie nur Daten sammelt. Ein bloßes Abschildern wäre wie ein Fotografieren; doch schon beim Foto kommt mehr zum Vorschein als nur irgendetwas Beliebiges, was ‚naturgetreu' wiedergegeben ist. Ein Foto hat ein ‚Motiv'; es will etwas ‚Wesentliches' festhalten. (...) In Analogie hierzu müssen wir die Aufgabe der phänomenologischen Beschreibung verstehen: Sie zielt auf die *Erfassung des Wesens* eines Phänomens."[232] Und sie kann anders auch gar nicht verfahren, weil eine beliebige Aufzeichnung der ungezählten und unzählbaren möglichen Facetten irgend einer Tatsache niemals an ein Ende käme.[233]

Es gibt also keine wirklich vollständige Beschreibung, sondern nur ein beschreibendes Hervorheben von bestimmten Merkmalen an den ausgewählten Sachverhalten – von „wesentlichen Merkmalen", fordert der Phänomenologe. Aber dabei gilt es zu beachten, dass an einem beliebigen Tatbestand, etwa an einem Medienunternehmen, für einen Betriebswirtschaftler ganz andere Merkmale „wesentlich" sind oder werden als für einen Juristen, und wieder ganz andere sind maßgebend für eine kommunikationswissenschaftliche Beschreibung. Welche Merkmale für

---

231 Fischer, Aloys, Pädagogik, [1914] 1950, S. 17.
232 Danner, Helmut, Pädagogik, 1979, S. 142.
233 Siehe dazu auch das 17. Kapitel dieses Bandes: Wissenschaftliche Deskription.

einen bestimmten Fachwissenschaftler „beschreibungs-relevant", weil „wesentlich" sind, hängt ab vom Erkenntnisinteresse. Das Erkenntnisinteresse entscheidet darüber, was eine Wissenschaft aus einem Materialobjekt „macht", was ihr Gegenstand im Sinne eines Formalobjekts ist.[234] Unabhängig von einzelnen Theorieansätzen, von Schulrichtungen oder modischen Paradigmata, deren Vorgaben bei der phänomenologischen Tatsachensicherung bis zu einem gewissen Grade eingeklammert und kontrolliert werden können, handelt es sich beim Formalobjekt um eine die wissenschaftliche Blickrichtung steuernde Voraus-Setzung, die kaum außer Kraft zu setzen ist.

(3.) Schließlich und endlich aber kann die phänomenologische Beschreibung der Befangenheit nicht entgehen, die aus ihrer Gebundenheit an Sprache resultiert. Diese wirkt sich in doppelter Hinsicht aus. Zum einen ist weit vor jeder wissenschaftlichen Betrachtung die Welt und mit ihr jeder wissenschaftlich interessierende Gegenstand durch die Muttersprache oder durch die je eingesetzte Sprache immer schon „vor-interpretiert", sodass unwiderruflich damit zugleich ein wirkliches „Vor-Urteil" in jede Untersuchung eingebracht ist. Sodann ist selbstverständlich jede „Beschreibung auf Sprache angewiesen, wodurch also nicht ‚die Sache selbst', sondern etwas sprachlich Vorgegebenes zum Ausdruck kommen kann", selbst wenn der Phänomenologe sich bemüht, „eine einfache und vorwissenschaftliche Sprache zu gebrauchen".[235] In jedem Falle sind Bezeichnungen und Begriffe für die interessierenden Tatsachen mit mehr oder weniger schwerwiegenden Bedeutungs-Hypotheken belastet, sodass, wer sie unbedacht verwendet, mit Worten verstellt, was ihm als Gegebenes einigermaßen klar entgegentritt. Solche Voraus-Setzungen wissenschaftlicher Beobachtung haben ihre Wurzeln durchweg in dem, was uns überkommen ist, was mithin zur Überlieferung, zur Tradition gehört oder sie ausmacht. Sie exemplifizieren und demonstrieren also, dass unsere sprachlichen und inhaltlichen Vor-Meinungen, mit denen wir uns an die Untersuchung wissenschaftlicher Gegenstände machen, *geschichtsbedingt* sind. Mehr noch: dass jedes menschliche Handeln, dass menschliche Existenz überhaupt, „auch die freieste, begrenzt und auf mannigfache Weise bedingt" ist.[236] Wenn wir jedoch diese Vor-Meinungen nicht ablegen können wie Kleider, so fragt sich, ob die vorurteilslose Tatsachenbeobachtung wirklich ein Ideal ist, oder ob es sich letztlich dabei um eine Illusion handelt, der nachzujagen ebenso unsinnig wie nutzlos wäre.

Vorurteile stehen offenbar in einem zweifelhaften, schlechten Ruf. Jedoch hat Hans-Georg Gadamer gezeigt, dass dies selbst ein echtes Vorurteil ist, „dass erst durch die Aufklärung der Begriff des Vorurteils die uns gewohnte negative Akzentuierung findet". Es gibt nämlich „auch ein Vorurteil der Aufklärung, das ihr Wesen trägt und bestimmt: dies grundlegende Vorurteil der Aufklärung ist das Vorurteil gegen die Vorurteile überhaupt und damit die Entmachtung der Überlieferung."[237] Denn die Aufklärung unterschied zweierlei Quellen für Vorurteile: das

---

234 Vgl. Wagner, Hans, Kommunikationswissenschaft, 1997, S. 76 f.
235 Danner, Helmut, Pädagogik, 1979, S. 137.
236 Gadamer, Hans-Georg, Wahrheit, 1975, S. 260.
237 Gadamer, Hans-Georg, Wahrheit, 1975, S. 255; ausführlich S. 256–261. – Dieses Vorurteil gegen das Vorurteil erfuhr im Zuge der 68er Studentenbewegung und der sie tragenden „kritischen" Gesellschaftstheorie ein Remake – wieder unter dem Vorzeichen der ‚Aufklärung'.

menschliche Ansehen, also die Autorität, einerseits sowie die Übereilung im Urteilen andererseits. Erstere schafft nachhaltige Voreingenommenheit, da Autorität überwiegend an Überlieferung geknüpft ist. Daher rührt die Tendenz der Aufklärung, Überlieferung und Autorität infrage zu stellen. Nach ihrer Auffassung muss ein Urteil seinen Grund in der Sache selbst haben; keinesfalls darf es auf Autorität „gegründet" werden. „Das ist ein echter Schluss im Geist des Rationalismus. Auf ihm beruht die Diskreditierung der Vorurteile überhaupt und der Anspruch der wissenschaftlichen Erkenntnis, sie völlig auszuschalten."[238]

Tatsächlich ist das Vorurteil jedoch nichts anderes als *„ein Urteil, das vor der endgültigen Prüfung aller sachlich bestimmenden Momente gefällt wird"*.[239] Es ist nicht von vornherein ein falsches oder unberechtigtes Urteil; der Begriff Vor-Urteil ist ambivalent: Er kann positiven und negativen Wert annehmen.

Daraus kann allerdings nicht gefolgert werden, dass man sich bei der wissenschaftlichen Behandlung von Tatsachen „der Zufälligkeit der eigenen Vormeinung überlassen" dürfte, oder dass die eigenen Vorurteile dabei unbeachtet bleiben könnten, nur weil man aus ihrem „Bannkreis" nicht herauskommt. Die „Beirrung durch Vor-Meinungen" und durch „die Willkür von Einfällen" ist und bleibt ein Risiko für Verstehen und Erkennen.[240] Aber es ist die Herrschaft der „undurchschauten Vorurteile" und der „unmerklichen Denkgewohnheiten", die uns hindert wahrzunehmen, was die Tatsachen sagen.[241] Auf dem Weg zur wissenschaftlichen Sicherung der Tatsachen muss man daher die Vorurteile ins Spiel bringen, argumentiert Gadamer; nur so stehen sie tatsächlich auf dem Spiel.

Hat man das Vorurteil – so gut es geht – vorurteilslos gefasst, klingt der Verfahrensgrundsatz zum wissenschaftlichen Umgang mit Vorurteilen im Ansatz beinahe konträr zur Forderung der angewandten Phänomenologie nach einer „möglichst vorurteilsfreien Einstellung": *„Vorurteile spielen eine aktive Rolle bei der beschreibenden Feststellung wissenschaftlicher Tatsachen. Das heißt: sie werden dabei aktiviert und „als Hypothesen behandelt, die scheitern oder sich bewähren können"*.[242] Aber diese Leitlinie läuft nicht quer zu einer menschenmöglich vorurteilslosen Einstellung, sie ist vielmehr Auslegung und Anleitung zu deren tatsachenadäquater Realisierung.

Folgt man Gadamer bei seiner Rehabilitierung des Vorurteils, so sind – soweit es sich um ein Verfahren handelt – folgende Bewegungen zu vollziehen:

„Gereizt" und provoziert durch das, was die Sache selbst sagt, werden die Vorurteile erst bewusst. Dies ist ausschlaggebend. Denn solange ein Vorurteil uns unbemerkt und undurchschaut „bestimmt, wissen und bedenken wir es nicht als Urteil". Es kommt aber alles darauf an, Vorurteile gleichsam „vor uns zu bringen", vor uns hinzustellen, um sie als solche bewusst zu machen und so kontrollieren zu

---

238 Gadamer, Hans-Georg, Wahrheit, 1975, S. 255.
239 Gadamer, Hans-Georg, Wahrheit, 1975, S. 255.
240 Gadamer, Hans-Georg, Wahrheit, 1975, S. 251 ff.
241 Gadamer, Hans-Georg, Wahrheit, 1975, S. 251 und 254.
242 Schneider, Wolfgang L., Verstehen, 1991, S. 37. – Auf die Nähe dieses Verfahrensgrundsatzes zum Falsifikationsprinzip von Popper macht Schneider (ebd. S. 38) aufmerksam.

können. So erst können wir die Tatsachen sagen lassen, womit sie uns ansprechen. So erst werden Voraus-Setzungen und Vormeinungen „ins Offene gestellt", das heißt: in ihrer Geltung suspendiert. Die *Suspendierung der eigenen Urteile, erst recht der Vorurteile*, ist es, was das Postulat einer „vorurteilslosen" Beschreibung verlangt.

Diese Suspendierung von Vorurteilen „hat, logisch gesehen, die Struktur der Frage". Wenn ein Vorurteil fraglich wird, gerät es unter den „Anspruch" der Tatsache, die zu erfassen, zu beschreiben und so zu sichern wissenschaftliche Aufgabe ist. Unter dieser Bedingung muss das Vorurteil als ein Voraus-Urteil sich bewähren oder scheitern. Erst unter dem „Anspruch" der Tatsachen lassen sich wahre Urteile von falschen, berechtigte von unberechtigten scheiden.[243]

Phänomenologische Beschreibung der Tatsachen setzt also die bewusste Kontrolle der eigenen Voraus-Setzungen, der eigenen Voraus-Urteile und Vormeinungen voraus. Nicht das Auslöschen der Vorurteile öffnet den Zugang zu den Tatsachen. Dieser wird vielmehr dadurch erreicht, dass die eigenen Vorurteile offengehalten werden. So werden schließlich die Vorurteile als Deutungshypothesen verständnisermöglichend und auslegungsleitend und damit zur Bedingung der Möglichkeit jeglichen Verstehens.[244] Und da Voraus-Urteile auch erwartungserweiternd beim Vergleich der Tatsachen wirken, sind sie zudem die Bedingung der Möglichkeit des Lernens.

So spielen Vorurteile in den Verfahren des Vergleichs und des Verstehens eine konstitutive Rolle. *Wer Vorurteile auslöschen oder abschaffen wollte, würde auf Verstehen und Lernen verzichten.*

---

243 Gadamer, Hans-Georg, Wahrheit, 1975, S. 251 ff. und 282 f. (Vgl. dazu auch Tafel 13 c, S. 101.)
244 Vgl. Schneider, Wolfgang L., Verstehen, 1991, S. 36 f.

5. Kapitel Der einfache Vergleich: Von der Merk-Würdigkeit der „Wesensmerkmale"

Nachdem er die sozialwissenschaftlich relevanten Tatbestände definiert und unterstrichen hat, dass wissenschaftlich die sozialen Erscheinungen wie die Dinge der Außenwelt zu behandeln seien, die sich der Beobachtung anbieten, entwickelt Emile Durkheim (1858–1917) in seiner berühmten Schrift über *„Die Regeln der soziologischen Methode"* von 1895[245] Folgerungen aus diesen Grundsätzen. Die ersten beiden sind von besonderem Gewicht.

> *„Es ist notwendig"*, statuiert Durkheim zunächst, *„alle Vorbegriffe systematisch auszuschalten."*[246] Diese Regel begründet er mit ausdrücklichem Verweis auf die „Theorie der *Idola* von [Francis] Bacon" (1561–1626) und erläutert: „Der Soziologe muss also, sowohl bei der Bestimmung des Gegenstandes seiner Forschung als auch im Verlaufe seiner Beweisführung, sich des Gebrauchs von Begriffen entschieden entschlagen, die außerhalb der Wissenschaft und für Bedürfnisse, die nichts Wissenschaftliches an sich haben, gebildet wurden. Er muss sich von den falschen Selbstverständlichkeiten befreien, die den Verstand des naiven Menschen beherrschen, und ein für alle Mal das Joch dieser empirischen Kategorien abschütteln, die durch lange Gewöhnung schließlich zu einer tyrannischen Macht werden. (...) Was diese Emanzipation in der Soziologie besonders schwierig macht, ist der Umstand, dass das Gefühl häufig Partei ergreift."[247]
>
> Die Emanzipation sozialwissenschaftlicher Forschung verlangt demnach die bewusste Einklammerung aller *„notiones vulgares"* und aller *„praenotiones"* (nach Bacon), welche die Sicht auf Tatsachen verbauen könnten.[248] Insofern geht es auch hier darum, die Tatsachen sprechen zu lassen, sie als Gegenstände der Wissenschaft möglichst unverstellt und unverzerrt in den Blick zu nehmen nach Art einer phänomenologischen Beschreibung. Dennoch, so fährt Durkheim fort, besagt diese negativ formulierte Regel noch nicht, *wie* die sozialwissenschaftlichen Gegenstände „zu erfassen sind, um sie objektiv zu erforschen".

1. Der Vergleich gibt der Beobachtung Wert

Um dies zu sichern, muss man die relevanten Tatsachen kennen. Dies aber ist nur möglich, wenn man die Erscheinungen „nicht nach einer bestimmten Auffassung, sondern nach den ihnen innewohnenden Eigentümlichkeiten" erfasst; diese Eigentümlichkeiten müssen zudem „äußerlich genug sein, um sofort erkannt zu werden". Wissenschaft muss „die Phänomene mittels eines Merkmals, das aus deren Natur hervorgeht, und nicht mittels ihrer Übereinstimmung mit einer mehr oder weniger ideellen Anschauung charakterisieren". Auf diese Forderung bezieht sich die zweite Regel. Sie lautet: *„Immer ist zum Gegenstande der Untersuchung nur eine Gruppe von Erscheinungen zu wählen, die zuvor durch gewisse äußere ge-*

---

245 Durkheim, Emile, Methode, ²1965.
246 Durkheim, Emile, Methode, ²1965, S. 128.
247 Durkheim, Emile, Methode, ²1965, S. 128 f.
248 Durkheim, Emile, Methode, ²1965, S. 117.

meinsame Merkmale definiert worden ist; in die gleiche Untersuchung sind alle Erscheinungen einzuschließen, die der Definition entsprechen."[249]
Nur auf diese Weise könne der Sozialwissenschaftler „festen Fuß in der Wirklichkeit fassen"; eine solche Klassifikation der Tatsachen hängt in diesem Falle nicht von ihm oder von einer besonderen Richtung seines Denkens ab, sondern von der Natur der Dinge. Das zur Klassifikation benutzte Kennzeichen „kann aller Welt gewiesen und von aller Welt erkannt und die Behauptungen eines Beobachters können von anderen nachgeprüft werden".[250]

> Da indessen derartige Wahrnehmungen allzu leicht subjektiv sein könnten, müsse zusätzlich das Prinzip aufgestellt werden, „dass die sozialwissenschaftlichen Tatbestände desto geeigneter sind, objektiv erfasst zu werden, je mehr sie von den individuellen Handlungen, an denen sie sich offenbaren, losgelöst werden". „Denn Bedingung aller Objektivität ist das Vorhandensein eines dauernden und gleichbleibenden Zielpunktes, auf den die Vorstellung bezogen werden kann und der alles Veränderliche, also Subjektive, auszuschließen gestattet." Daher empfiehlt Durkheim schließlich, die fraglichen Eigentümlichkeiten an Erscheinungen, an Strukturen oder Formen zu untersuchen, die „in Permanenz existieren und sich nicht mit ihren verschiedenen Anwendungen ändern".[251]

Mit den *positiven Regeln* dafür, wie soziale Tatsachen zu erfassen seien, um sie wissenschaftlich objektiv zu behandeln, beschreibt Durkheim in einem ersten Anlauf das *Verfahren des Vergleichs*. Um herauszufinden, ob einer interessierenden Tatsache Eigenschaften oder Merkmale zukommen, die sie von anderen Tatsachen unterscheiden, muss eine Reihe von weiteren Fällen beobachtet werden, die bezüglich des fraglichen Merkmals ähnlich sind oder zumindest ähnlich erscheinen. Fälle müssen also miteinander verglichen werden. Denn eine Tatsache, ein Ding oder ein Vorgang „bekommt nur dann eine individuelle Identität, wenn man es mit anderen vergleicht". Eine Beobachtung ist nichts wert, vor allem aber wissenschaftlich ohne Bedeutung, wenn man sie nicht mit anderen Beobachtungen vergleicht.[252] Um sicher zu gehen, dass solche Merkmale einer sozialen Tatsache nicht mit den Einzelfällen variieren, also zufällig sind, muss man sie an permanenten, stets wiederkehrenden und in der Wiederkehr zu vergleichenden Formen aufsuchen. Für Durkheim wird das Vergleichen auf diese Weise zu einem fundamentalen Verfahren sozialwissenschaftlichen Vorgehens. Er arbeitet vor allem *drei Ziele* des Vergleichs heraus.

- Das *erste* dieser Ziele ist – wie soeben erläutert – die objektive Erfassung und *Sicherung der relevanten Tatsachen*, die als Gegenstände der Soziologie im Be-

---

249 Durkheim, Emile, Methode, ²1965, S. 130 f. – Durkheim illustriert diese Regel mit Verweis auf Handlungen, „die insgesamt das äußere Kennzeichen besitzen, dass sie, einmal begangen, vonseiten der Gesellschaft jene besondere Reaktion auslösen, die man Strafe nennt. Wir bilden daraus eine Gruppe sui generis, die wir mit einem gemeinsamen Namen belegen: wir nennen Verbrechen jede mit Strafe bedrohte Handlung und machen das so definierte Verbrechen zum Gegenstand einer Spezialwissenschaft ..." (S. 131 f.)
250 Durkheim, Emile, Methode, ²1965, S. 132.
251 Durkheim, Emile, Methode, ²1965, S. 138 f.
252 Siehe Aarebrot, Frank H./Bakka, Pal H., Methode, 1987, S. 45.

sonderen, der sozialwissenschaftlichen Arbeit im Allgemeinen behandelt werden sollen. Insoweit schon handelt es sich beim Vergleich um ein sozialwissenschaftliches Basisverfahren.

- Das *zweite Ziel* ist die Entwicklung einer *„sozialen Morphologie"*, die auf der Basis des Vergleichs von Ähnlichkeitsfeldern erfolgen muss; der Sozialwissenschaftler ordnet die Welt durch vergleichende Klassifikation von Phänomenen. Anstatt eine solche Klassifikation durch den Vergleich einer unendlichen Menge von Individualerscheinungen vorzunehmen, muss sie auf dem Vergleich von Typen beruhen. Dieser Vergleich ist jedoch nur dann erfolgreich, wenn die Typen ihrerseits nicht mithilfe „eines vollständigen Inventars aller individuellen Eigenschaften, sondern aufgrund einer kleinen Anzahl sorgfältig ausgewählter Eigenschaften" gebildet werden.[253]

- Schließlich und vor allem aber sieht Durkheim in der vergleichenden Methode das der Soziologie (und den Sozialwissenschaften überhaupt) einzig verfügbare Mittel, *„um festzustellen, dass ein Phänomen die Ursache eines anderen ist"*; das schließt zwei Schritte ein: „das Vergleichen der Fälle, in denen beide Phänomene gleichzeitig auftreten oder fehlen", und das „Nachforschen, ob die Variationen, die sie unter diesen verschiedenen Umständen zeigen", wirklich beweisen, „dass das eine Phänomen vom anderen abhängt". Das Vergleichen wird so im Sinne eines *„indirekten Experiments"* das sozialwissenschaftliche Vorzugsmittel der *Beweisführung*.[254]

Dieses letztere Ziel des Vergleichens veranlasst Durkheim schließlich zu der Feststellung: „Die vergleichende Soziologie ist nicht etwa nur ein besonderer Zweig der Soziologie; sie ist soweit die Soziologie selbst, als sie aufhört, rein deskriptiv zu sein, und danach strebt, sich über die Tatsachen Rechenschaft zu geben."[255] Dies könne man, kommentiert René König, auch so ausdrücken, „dass die Soziologie *in dem Maße vergleichend wird, wie sie theoretisch wird"*.[256] Und natürlich auch umgekehrt: Sozialwissenschaften werden und arbeiten in dem Maß theoretisch, in dem sie vergleichend arbeiten.

Wenn die Bedeutung des Vergleichens für die Sozialwissenschaften so groß ist, wenn es ohne Vergleichung weder eine zureichende Kenntnis der Gegenstände noch eine tragfähige Typologie der relevanten Tatsachen und endlich auch keine verlässliche Theoriebildung gibt, so ist es schon einigermaßen merkwürdig, wie mit dem Vergleichs-Verfahren in den einschlägigen Wissenschaften, Kommunikationswissenschaft eingeschlossen, verfahren wird.

2. Merkwürdigkeiten der Vergleichenden Methode

Gegen Ende des 19. Jahrhunderts bildeten sich in den Geistes-, Kultur- und Gesellschaftswissenschaften unter dem Einfluss evolutionistischer Konzepte zahlreiche, neuartige Forschungszweige aus, die sich an der vergleichenden Methode ori-

---

253 Durkheim, Emile, Methode, ²1965, S. 167 ff.
254 Durkheim, Emile, Methode, ²1965, S. 205 f.
255 Durkheim, Emile, Methode, ²1965, S. 216.
256 König, René, Einleitung, 1965, S. 75.

entierten, zum Beispiel Vergleichende Rechtswissenschaft, Vergleichende Religionswissenschaft, Vergleichende Sprachwissenschaft und manch andere. Eine im Wesentlichen geschichtstheoretisch orientierte Richtung der Vergleichenden Soziologie blieb (auch methodisch) umstritten.[257]

In anderen Abspaltungen oder Entfaltungen der Gesellschaftswissenschaften, etwa in der Politikwissenschaft, gibt es eine lange Tradition vergleichender Forschung. Im Allgemeinen beruft man sich da bereits auf Aristoteles, der 158 Verfassungen verschiedener Staaten seiner Zeit miteinander verglichen hatte. Gelegentlich wird der Vergleich sogar als der „Königsweg der Politikwissenschaft" bezeichnet. Doch konstatiert 1991 Hiltrud Nassmacher, dass ein erhebliches Defizit komparativer Studien zu verzeichnen sei.[258]

Im Unterschied dazu hat die Kommunikationswissenschaft so wenig wie eine ihrer vorgängigen Denominationen je einen komparatistischen Zweig getrieben. So etwas wie eine „Vergleichende Medientheorie" oder eine „Vergleichende Zeitungskunde" oder gar eine „Vergleichende Kommunikationswissenschaft" gibt es nicht. Dies ist eine *erste Merkwürdigkeit*: In der sozialwissenschaftlichen Praxis scheint das *Verfahren des Vergleichs relativ bedeutungslos*, zumindest minderbewertet zu sein, wenn man von den Methodendeklarationen ausgeht. Wenn richtig ist, dass eine Sozialwissenschaft in dem Maße theoretisch wird, in dem sie vergleichend vorgeht, so ist es mit der Theoriebildung im Fach Kommunikationswissenschaft nicht weit her – sofern man das Maß an der ausdrücklichen Methodenreflexion nimmt.

Die Gründe dafür liegen vermutlich in der Expansionsphase des Faches nach dem Zweiten Weltkrieg: Nach dem Motto, dass nichts wissenschaftsfähig sei, was nicht gezählt und gemessen werden könne, setzte man auf einen „naiven Induktivismus"; analytische Empirie sollte den Fortschritt verbürgen. Man suchte den Anschluss an die „seriösen" Sozialwissenschaften ausgerechnet über eine Methodenoption, die tatsächlich nicht genuin sozialwissenschaftlich war, sondern als Leihverfahren aus dem Arsenal der Naturwissenschaften stammte. Dabei gingen alle Verfahren mehr oder weniger unter, die auch an geschichtlichen Tatsachen geeicht waren oder einem Denken in Entwicklungskategorien verbunden schienen.[259]

Der Hinweis auf diese Sondersituation der Kommunikationswissenschaft darf indessen die viel allgemeineren Vorbehalte gegen das Verfahren des Vergleichs nicht zudecken, die schon deshalb eine weitere, *zweite Merkwürdigkeit* darstellen, weil sie im Gegensatz zur Allgemeinheit des Vergleichs stehen.

---

257 Vgl. Brodersen, Arvid: Vergleichende Methode. In: Bernsdorf, Wilhelm (Hrsg.), Soziologie, 1969, S. 1235–1238.
258 Vgl. dazu Naßmacher, Hiltrud, Politikforschung, 1991, S. 1–4. Ferner Berg-Schlosser, Dirk/Stammen, Theo, Politikwissenschaft, [6]1995 (insbes. S. 129–131); Berg-Schlosser, Dirk/Müller-Rommel, Ferdinand (Hrsg.), Politikwissenschaft, 1987; Beyme, Klaus von, Vergleich, 1988.
259 Vgl. dazu Wagner, Hans, Fach, 1993.

Die *Vergleichung ist ein Alltags- und Allerweltsverfahren*. Wir könnten nichts lernen ohne Vergleich. Vergleiche sind Grundlage unserer Begriffsbildung: Begriffe, und zwar die normalen Alltagsbegriffe, „beziehen sich ja auf eine Reihe von Merkmalen, die verschiedenen Dingen und Geschehnissen in vergleichbarer Weise zukommen". Um sie für die Begriffsbildung zu extrahieren, ist vorausgesetzt, „dass die Sachinhalte zur Durchführung des Vergleichs in Einzelvorstellungen vor das Bewusstsein gebracht werden können". So „führt der Vergleich zunächst zur Bildung von allgemein schematisierten und standardisierten Vorstellungen. Diese stellen das Bindeglied zwischen vorstellendem Vergegenwärtigen und denkendem Erfassen im Begriff dar."[260] Die Schematisierungen, zu denen der Vergleich auf dem Weg der Extraktion gemeinsamer Merkmale aus vielen Individualerscheinungen führt, findet zudem in zahlreichen Alltagstypifikationen Ausdruck: in der Zuschreibung typischer Rollen, typischer Funktionen, typischer Motive nicht nur auf andere Menschen, sondern auch auf uns selbst.[261] Dies gilt auch für die Wissenschaft. Ohne stetes Vergleichen sind weder Terminologien noch Typologien oder irgendwelche anderen wissenschaftlichen Ordnungssysteme überhaupt denkbar. Auch die Kommunikationswissenschaft vergleicht unentwegt – ob deklariert oder nicht. Die Unterscheidung von Zeitung und Zeitschrift beruht ebenso auf Vergleichen wie die Zusammenfassung von Zeitung, Zeitschrift, Radio oder Fernsehen unter dem Aggregat-Begriff Massenmedien. Wer wissenschaftlich arbeitet, kann dem Verfahren des Vergleichs nicht entgehen. Doch obwohl ubiquitär und ständig im Gebrauch, ist der Vergleich *vermutlich die am wenigsten reflektierte Methode der wissenschaftlichen Arbeit*.

Die *dritte Merkwürdigkeit* ergibt sich daraus fast zwingend: „Im Gegensatz zur anerkannten Bedeutung des Vergleichs sind Reflexionen über theoretische und methodische Aspekte des Vergleichs bislang kaum vorhanden", bilanziert Hiltrud Nassmacher.[262]

> Tatsächlich findet man kein Einführungsbuch in die sozialwissenschaftlichen Methoden, in dem der Vergleich als gegenstandsadäquates Verfahren berücksichtigt würde. Soweit es die Grundlegung der Vergleichs-Methode betrifft, so weist nach wie vor der Richtungsanzeiger ziemlich einsam auf Emile Durkheims Methodenbuch, das vor über 100 Jahren geschrieben wurde. Und das eben ist merkwürdig: *Der Vergleich hat als Verfahren nur ein äußerst schütteres theoretisches Fundament*, wenn man aktuelle Methodenlehren zum Maß nimmt.

Natürlich muss man dabei bedenken, dass viele grundlegende Teile einer Vergleichs-Theorie unter anderen Namen zu finden sind, unter dem Stichwort „*Analogieschluss*"[263] etwa, oder „*Konvergenzschluss*"[264] oder in der *soziologischen*

---

260 Lersch, Philipp, Person, [7]1956, S. 386f.
261 Vgl. Schütz, Alfred, Gleichheit, 1972, S. 214ff.
262 Nassmacher, Hiltrud, Politikforschung, 1991, S. 4.
263 Siehe dazu u. a. Brugger, Walter, Wörterbuch [5]1953; de Vries, Josef, Erkenntnis 1980; Meyer, Hans, Erkenntnislehre, 1955.
264 de Vries, Josef, Erkenntnis, 1980, S. 73–101.

Methodenlehre unter dem Stichwort *Typenkonstruktion*.[265] Schließlich werden tragende Elemente einer Vergleichs-Theorie freigelegt in der evolutionistischen Begründung der Induktion als einem Erkenntnisweg der Heuristik, wie sie Riedl vorgelegt hat.[266] Dieser Führung wollen wir uns zunächst anvertrauen, weil hierbei das Vergleichs-Verfahren im Blick auf seine praktische Anwendung skizziert wird.

3. Die Probleme des Gleich-Machens

Zunächst ist Vergleichen, obwohl unbestreitbar Grundlage der Sprache, des Lernens und der Erkenntnis, nicht problemlos. Das Hauptproblem kommt schon im Wort ‚Vergleich' selbst zum Ausdruck. ‚Vergleichen' heißt *„gleich machen, gleich stellen"*, entsprechend heißt ‚Vergleichung' die „Nebeneinanderstellung zweier ähnlicher Dinge behufs Gleichstellung oder behufs kritischer Hervorhebung der Ähnlichkeiten und Unähnlichkeiten".[267]

Schon die Wortbedeutung enthüllt also, dass wir Dinge, Vorgänge, Ereignisse, nicht zuletzt Handlungen oder soziale Einrichtungen gleich machen, gleich machen müssen, weil sie nicht gleich sind – und in der Sozialwelt gar nicht gleich sein können. Die Gegenstände der Sozialwissenschaften, auch die der Kommunikationswissenschaft, sind durchweg Individualerscheinungen. Die „Vergleichung ist der Dinge Tod", meint daher Leopold Schefer (1784–1862), ein später Zeitgenosse Goethes. Wo immer man nämlich vergleichend gleich macht, verschwindet das Einzigartige, geht – wo Menschen betroffen sind – das Wesentliche verloren, das Unaustauschbare der unzerlegbaren Individualität.

Dieses *Generalproblem des Vergleichens* hat mehrere Facetten.

■ *Selbst über das Einzigartige können wir nur in einer Sprache reden, „die ausschließlich aus Gleichgemachtem besteht"*[268] *und als Gleichmacherin fungiert.*

Sogar noch dann, wenn eine Zeitung über einzigartige Leistungen von Menschen – im guten oder im bösen – berichtet, gelingt dies nur in der *Sprache der Allgemeinbegriffe*; und noch das sensibelste Porträt eines Menschen, das Journalisten zeichnen, kommt nicht um den Gebrauch von *allgemeinen Bezeichnungen* für Eigenschaften, Haltungen, Körpermerkmale, Lebensstile und vieles andere mehr herum, die allesamt nur Allgemeines aussagen und allenfalls in ihrer Kombination die individuellen Besonderheiten hervorheben können.

Noch einmal anders akzentuiert sich das Problem, wenn man den Inhalt der Allgemeinbegriffe sondiert, die wir benutzen, um alles Spezielle in der natürlichen und in der sozialen Welt zu bezeichnen und darzustellen. Je allgemeiner diese Begriffe sind, umso abstrakter sind sie zugleich: inhaltsleer ist das Allgemeine, wenn man es neben das konkret Individuelle hält, das Qualitäten und Details in einer ungeheuer beeindruckenden Fülle erkennen lässt. Welchen Sinn also sollte das

---

265 Schütz, Alfred, Gleichheit, 1972; auch ders., Typus, 1971, S. 127–152.
266 Riedl, Rupert, Erkenntnis, ³1981, S. 81–117.
267 Grimm, Jacob und Wilhelm: Deutsches Wörterbuch. Bd. 25. [1956] München 1986, Sp. 450–460.
268 Riedl, Rupert, Erkenntnis, ³1981, S. 81.

Vergleichen der Fülle des Einzigartigen haben, wenn das allgemein Gleichgemachte gerade hinsichtlich der Vielfalt der Qualitäten ganz unbestimmt bleibt?[269]

- Doch selbst da, wo das Gleich-Machen durch eine gleichgemachte Sprache berechtigt ist, weil wir scheinbar Gleichem begegnen, muss immer noch in Rechnung gestellt werden, *dass das Gleiche niemals dasselbe ist.*

    Wenn zwei Fernsehapparate der gleichen Marke und der gleichen Baureihe nebeneinander stehen und auf das gleiche Programm geschaltet sind, sodass der Betrachter das gleiche Bild auf dem einen und auf dem anderen Bildschirm parallel verfolgen kann, so ist dennoch nicht dasselbe Bild zu sehen, weil nicht ein Molekül, aus denen die Bildpunkte sich zusammensetzen, wirklich dasselbe ist.

Das gilt von den beiden „identischen" Zeitungsexemplaren ebenso, die am gleichen Morgen in meinem und meines Nachbarn Briefkasten stecken. „Gewiss, nicht dasselbe Exemplar", würde der unverbildete Zeitgenosse sagen, „aber doch sicher dieselbe Zeitung"! „Wie und wodurch denn kann", fragt Otto Groth weiter, „eine Zeitung dieselbe sein, wenn alles, was von ihr in Erscheinung tritt, gleiche Exemplare am gleichen Tag sind, an verschiedenen Tagen jedoch nur und immer wieder ganz verschiedene, also nicht einmal gleiche Ausgaben?" Was ist, darauf zielt seine Frage, das notwendig Gleiche der Zeitung, ihre Identität in allen Metamorphosen?[270] Wo wir vergleichen, mögen wir auf Gleiches stoßen, nie jedoch auf dasselbe. Nichts gleicht etwas anderem wie ein Ei dem anderen – nicht einmal ein Ei.

- Die Schwierigkeit des Vergleichs wächst, *„wenn wir erkennen, dass das Ähnliche keine Grenzen hat"*.[271]

    Das handfeste Exempel, das Riedl zur Illustration des Problems statuiert, sind die fragwürdigen, weil fließenden Grenzen zwischen Staub, Sand, Kies, Steinen und Blöcken. Man kann hier aus praktischen Gründen Grenzen ziehen, Korngrößen bzw. zulässige Größenintervalle definieren, wie es ja auch tatsächlich geschieht. Auch die Wissenschaft definiert entsprechend ihre Messlatten und Begriffe. Fragt sich nur, welche der vielen möglichen Ähnlichkeiten oder deren Maße für eine solche Grenzziehung herangezogen werden können oder dürfen. Schon zwei miteinander variierende Merkmale konstituieren nicht weniger als zehn mögliche, unterschiedliche, untergeordnete und ineinander verschachtelte Merkmalsfelder, die jeweils durch abbildende Begriffe abgedeckt werden können. (Vgl. Tafel 14.) Solche fließenden Ähnlichkeiten treten auch im Gegenstandsbereich der Kommunikationswissenschaft in Erscheinung, etwa bei Meinungsdifferenzierungen auf einem Kontinuum oder bei dem Versuch, die Tendenz konkreter Medien

---

269 Vgl. dazu die Ausführungen zur Sprachlogik, zum Universalienproblem sowie zur Begriffsbildung im 1. Kapitel dieses Bandes: Sprache und Erkennen.
270 Vgl. Groth, Otto, Vermittlung, 1998, S. 11–19.
271 Riedl, Rupert, Erkenntnis, ³1981, S. 81.

oder Medienprogramme auf einem Links-Rechts-Spektrum zu bestimmen.[272]

Geradezu klassisch sind fließende Ähnlichkeiten zu beobachten bei der Abgrenzung zwischen verschiedenen Arten von Zeitungen und Zeitschriften; solche Abgrenzungen muten nachgerade willkürlich an: Tageszeitungen, denkt man, erscheinen täglich; tatsächlich werden aber auch fünf- oder viermal, sogar lediglich dreimal wöchentlich erscheinende Organe noch als „Tageszeitungen" geführt. Wieso aber nicht zweimal wöchentlich erscheinende Blätter? Die Periodizität der Zeitschriften wiederum zeigt viele Varianten bis hin zu jährlichen Erscheinungsintervallen. Aber sind jährliche Medien tatsächlich jeweils Kalender, Jahrbücher, aber keine Zeitschriften? Nicht weniger schwierig sind die fließenden Ähnlichkeiten zwischen Blättern, Zeitungen und Zeitschriften zu fassen, wenn man die Begriffsbildung an inhaltlichen Merkmalen wie Universalität und Aktualität festmacht. Die von Otto Groth auf dieser Basis entworfene zyklische Pressetypologie mit drei etikettierten Typenfeldern ist nur deshalb so plausibel, weil die Variationen der beiden Merkmale durch das Kriterienpaar „begrenzt" versus „unbegrenzt" höchst abstrakt und zugleich praktisch „genormt" sind (siehe Tafel 14) – nicht viel anders als die Intervalle der Korngrößen zwischen Schluff, Sand oder Kies.[273]

■ Schließlich und endlich scheint die Vergleichung auf Unmögliches hinzutreiben, *„wenn des Ungleichen viel zu vieles ist"*.

Die offenen Fragen werden in diesem Fall geradezu aufdringlich: „Von welchen der vielen Größen des Speziellen [kann] auf das Allgemeine geschlossen werden? Was, wenn das Spezielle beliebig viele Formen des Allgemeinen bilden lässt?" Ist möglicherweise dann das Erfassen und Speichern des Speziellen doch die letzte, die einzig mögliche Lösung? Es ist keine Lösung, erklärt Riedl, denn „das Zu-Viel des Einzelnen vermögen wir gar nicht zu fassen".[274] An einem Spaziergang in einer belebten Großstadt demonstriert Riedl den Tatbestand: Pro Sekunde sehen wir bei einem solchen Bummel vielleicht zehn Menschen; das wären in drei Stunden rund 100.000. Eine Riesenzahl Einzelner mit einer endlosen Vielfalt von Einzelheiten ist so an uns vorbeigezogen. Aber was könnten wir von diesen 100.000 Einzelnen beschreiben? Nur wenige „Merkwürdigkeiten", die Gemeinsamkeiten dieser Menge, bleiben letztlich haften: Viele – je nach Jahreszeit – leicht bekleidete oder dick vermummte Menschen. Nicht viel mehr.

---

272 Vgl. dazu die Methoden zur Ermittlung und Darstellung des politisch-publizistischen „Normalspektrums" von Prestigeblättern in der Bundesrepublik Deutschland bei Hans Matthias Kepplinger (Demontage, 1998, S. 40–46).
273 Vgl. dazu Groth, Otto, Vermittlung, 1998, S. 78–82. – Fließende Ähnlichkeiten spielen übrigens eine ganz erhebliche Rolle bei dem immer häufiger in der Fachliteratur traktierten (grundsätzlich theorielosen und daher schon fragwürdigen) Versuch, den Beginn der Massenkommunikation auf das 19. Jahrhundert, konkret: auf Tageszeitungen mit „Massenauflagen" zu datieren. Aber was sind „Massenauflagen"? Beginnen sie bei 1000 Stück oder erst bei 100.000 Exemplaren oder bei noch mehr? Aber warum nicht schon bei 500 Reproduktionen pro Ausgabe – zumal das wahrnehmbare Merkmal „Auflage" über die tatsächliche Verbreitung überhaupt nichts aussagt. (Vgl. zu dieser Fragwürdigkeit u. a. Kübler, Hans-Dieter, Kommunikation 1994, S. 59 f.)
274 Riedl, Rupert, Erkenntnis, ³1981, S. 82.

T 14: Fließende Ähnlichkeiten

a)

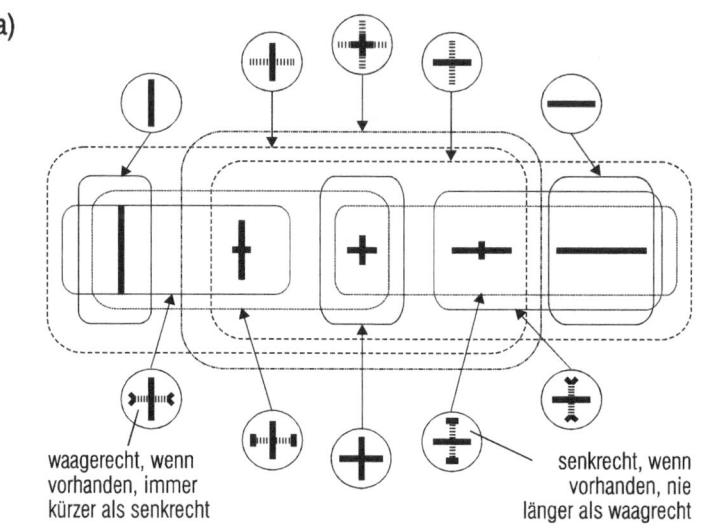

waagerecht, wenn vorhanden, immer kürzer als senkrecht

senkrecht, wenn vorhanden, nie länger als waagrecht

Fließende Ähnlichkeiten: Die fünf Figuren in der Mitte bilden mit nur zwei variierenden Merkmalen bereits zehn Subfelder, deren Typus-Merkmale in den Kreisen symbolisch dargestellt sind. Setzt man für waagerecht "links" und für senkrecht "rechts", konturiert sich das Spektrum der Links-Rechts-Tendenzen mit fließenden Übergängen. (Nach: Rupert Riedl, Biologie der Erkenntnis, 1981, S. 82.)

b)

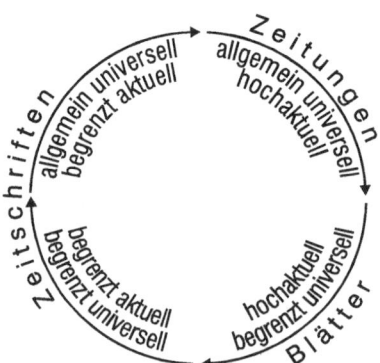

Zyklische Pressetypologie nach Otto Groth (Vermittlung, 1998): Fließende Ähnlichkeiten der Presse-Typen bei fließenden Übergängen der zwei typenbildenden Inhalts-Merkmale Universalität und Aktualität.

„Das Allgemeine, Gleiche", so Riedl, „musste also [aus dem Vergleich aller Einzelnen] zwangsläufig gebildet werden". Auch in anderen Bereichen, so scheint es, setzt sich diese Zwangsläufigkeit durch. Wer sich auf dem Laufenden halten will, Nachrichten liest, hört oder anschaut, empfängt auf diesem Weg eine kaum mehr überschaubare Menge von Informationen über alle möglichen Ereignisse und Vorgänge, über Staatsbesuche, Konferenzen, Skandale, Katastrophen, Konflikte, kriegerische Auseinandersetzungen und vieles andere mehr. Keiner, der gut informiert sein will, könnte auch nur einen Bruchteil aller so vermittelten Informations-Details verarbeiten und im Gedächtnis speichern.

Zur Erklärung für die Wahrnehmung und Verarbeitung einer so komplexen Informationsfülle bietet die kognitive Psychologie das *Schema-Konzept* an, das weitgehend den noch vorläufigen Vorstellungen von den Leistungen des Vergleichs entspricht: Schemata nämlich sind aktive, hypothesengeleitete Strukturen im Gedächtnis des Menschen, „die bereits existierende Annahmen darüber bündeln und organisieren, wie die Welt um uns herum aufgebaut ist und wie Objekte, Ereignisse und Personen klassifiziert" und interpretiert werden können.[275] Schemata sind gewissermaßen Extraktionen des Allgemeinen aus einer Vielzahl gleichgearteter Informationen und Nachrichten. Ihre Funktion sehen Forscher darin, „dass der Rezipient sich zurücklehnen und sagen kann, ‚nichts Neues in den Nachrichten, alles schon mal dagewesen'!"[276] – obwohl ja doch in Wirklichkeit jede Nachricht etwas Neues, bisher nicht Dagewesenes präsentiert.

Das „Allgemeine, Gleiche muss also zwangsläufig gebildet werden" – gerade in und aus dem Vergleich einer verwirrenden Menge des Ungleichen: An diesen Leitsatz zur Markierung der letzten Facette des Vergleichsproblems ist zu erinnern, weil es der rationalen Vernunft vorbehalten ist, Möglichkeit und Notwendigkeit des Vergleichs höchst unvernünftig zu negieren.

> Davor schützt Wissenschaft nicht. So konstatiert etwa ein junger Kommunikationswissenschaftler aufgrund eines aufwendigen Vergleichs: „Die Suche nach den Kriterien zur Bewertung journalistischer Produkte führt zur Erkenntnis, dass es keine festgelegten Maßstäbe geben kann (...). Die journalistische Qualität schlechthin kann es nicht geben."[277] Da ist angesichts des (scheinbar) allzu vielen Ungleichen offenkundig nicht nur er, sondern manch anderer mit seinem Heimwerkerlatein am Ende: „Qualität im Journalismus definieren zu wollen, gleicht dem Versuch, einen Pudding an die Wand zu nageln", liest man aus renommierter Professoren-Feder.

Mit solchen „Erkenntnissen" indessen wird nicht nur die Chance des wissenschaftlichen Vergleichs-Verfahrens vertan; vielmehr handelt es sich dabei um einen mit wissenschaftlichem Anspruch höchst irrational erklärten Verzicht darauf, lernen zu wollen. Natürlich wäre es denkmöglich, dass kein journalistisches Produkt irgendeinem anderen gleicht, dass es mithin keine übereinstimmenden Qualitätsmerkmale journalistischer Produkte gibt: Journalismus wäre dann ein chaotisches

---

275 Brosius, Hans-Bernd, Alltagsrationalität, 1995, S. 100 ff.
276 Brosius, Hans-Bernd, Alltagsrationalität, 1995, S. 103.
277 Siehe Wallisch, Gianluca, Qualität, 1995, S. 233.

System, das ausschließlich von Willkürlichkeiten und Zufälligkeiten bestimmt wird. Dafür allerdings spricht schon deshalb nichts, weil Journalismus eine Kulturinstitution darstellt, durch die von typischen Rollenträgern typische Zwecke mit typischen Mitteln erreicht werden sollen.[278]

4. Trennung des Zufälligen vom Notwendigen

Vom Chaos wäre in der Tat nichts zu lernen; lernen kann man nur, wo irgendeine Ordnung vorausgesetzt werden kann: das Grundlegendste an und in aller Ordnung aber „ist *die Koinzidenz von Zuständen oder Ereignissen.* Das heißt, dass die meisten Dinge sich mit großer Regelmäßigkeit nur gemeinsam miteinander, nacheinander oder im Rahmen bestimmter anderer Dinge ereignen".[279] Nur dann, wenn solche Regelmäßigkeiten oder Koinzidenzen wirklich bestehen, lassen sie sich im Vergleich mehrerer oder vieler Einzelerscheinungen als etwas Beständiges, den Einzelerscheinungen gemeinsam, womöglich notwendig Zukommendes herauslösen. So auch lässt sich dieses Gemeinsame dann von allem Variierenden erst unterscheiden. Schließlich und vor allem aber kann das im Vergleich der Einzelerscheinungen aufgefundene Gemeinsame als ein Vorausurteil für und als Erwartung an das künftige Auftreten der gleichen Erscheinungen fixiert werden. Verlässlich ist ein solches Vorausurteil allerdings nur dann, wenn ein Merkmal oder eine Merkmalskombination der fraglichen Erscheinung oder dem interessierenden Einzelding *notwendig* zukommt und eben deshalb regelmäßig vorhanden ist. In einem ganz allgemeinen Sinn gilt also, dass wir sowohl aufgrund bestätigter wie aufgrund durchkreuzter Erwartung neue Erfahrungen gewinnen oder „machen". Die Vergleichung als Grundlage solchen Erfahrungsgewinns ist „erwartungserweiternd".[280] Der Vergleich selbst ist und schafft noch nicht Wissen; er ist vielmehr der Anfang des Weges, auf dem neues Wissen erworben wird, indem die im Voraus-Urteil enthaltenen Erwartungen überprüft werden.

Nach Riedl besteht der Effekt des Vergleichens in einem verblüffend einfachen und zugleich treffsicheren Algorithmus zur Verrechnung von Ähnlichkeiten, bei dem Gleiches von Ungleichem getrennt wird. Die entscheidende Abstraktionsleistung zielt darauf, „*das Unwesentliche*, das ist das Unstete, Variierende, die Erwartung Enttäuschende, vom *Wesentlichen*, also vom Steten, Konstanten, die Erwartung Bestätigenden, abzuziehen. Das Gleichmachen im Ver-Gleichen beinhaltet also den höchst berechtigten und notwendigen Vorgang, vom Untypischen, vom Unvorhersehbaren abzusehen, um die Voraussicht auf das Typische, Vorhersehbare verlässlicher zu machen; denn die Treffsicherheit der notwendigen Vorausurteile über die Dinge von Bedeutung wird durch das Herausschälen des Vorhersehbaren fortgesetzt erhöht."[281]

Dies ist die Basis des „einfachen Vergleichs": Eine Mehrzahl ähnlicher oder unter bestimmten Rücksichten ähnlicher Vergleichsobjekte wird dabei auf die an ihnen feststellbaren Merkmale oder Merkmalsgruppen sozusagen „*nebeneinander*" be-

---

278 Vgl. dazu Wagner, Hans, Journalismus, 1998, S. 95–111.
279 Riedl, Rupert, Erkenntnis, ³1981, S. 84.
280 Riedl, Rupert, Erkenntnis, ³1981, S. 65 et passim.
281 Riedl, Rupert, Erkenntnis, ³1981, S. 90 f.

trachtet. Dieser Vergleich kann mehrere Ziele verfolgen (wie es das Vergleichsschema der Tafel 15 für jeweils nur zwei Vergleichsobjekte sichtbar macht):

- Zu beobachten ist zunächst (1.) das stetige Zusammenfallen, also die Koinzidenz von Merkmalen bei beiden Vergleichsobjekten, gewissermaßen die *Schnittmenge der gemeinsamen Merkmals-Koinzidenzen*. Diese kann aus zweierlei Arten von Merkmalen bestehen:
- – solche, die unmittelbar oder zumindest ohne großen Aufwand (sinnlich) wahrnehmbar sind: *wahrnehmbare Koinzidenzen*;
- – sodann solche, die mit einigem Aufwand, zum Beispiel durch ein gründliches Studium der Sache oder durch förmliche Analysen, erschlossen werden können; sie springen nicht auf den ersten Blick ins Auge, sind aber bei Kenntnis der wahrnehmbaren Koinzidenzen über Schlussfolgerungen erwartbar: *erschließbare Koinzidenzen*.
- Zu beobachten sind ferner (2.) jene stetigen Koinzidenzen (der genannten beiderlei Arten), die nicht allen Vergleichsobjekten gemeinsam, sondern jeweils nur an einem der Vergleichsobjekte oder nur an einer der Vergleichsgruppen in Erscheinung treten, an der anderen jedoch nicht oder in ganz unterschiedlicher Gestalt. Solche Merkmale markieren die Differenzen oder die „wesentlichen" Unterschiede zwischen den Vergleichsobjekten und signalisieren, dass es sich um jeweils wirklich verschiedene Sachverhalte handelt.
- Zu beobachten ist schließlich (3.) eine Fülle weiterer Merkmale, die an jedem der in Betracht gezogenen Vergleichsobjekte variieren, sich immer wieder verändern, ohne dass dadurch das beobachtete Objekt oder Ereignis ein anderes würde oder die Vergleichsbasis entzogen wäre.

Alle diese Beobachtungsziele sind beim „einfachen Vergleich" wichtig. Darauf hat schon Aristoteles Wert gelegt. Er erläutert das Vergleichen der Dinge bei der Erklärung von Definitionen. Dabei müsse man, so sagt er, „das Gleiche und das Verschiedene ins Auge fassen". Und Aristoteles weist auch schon darauf hin, dass „nicht jeder Unterschied macht, dass etwas ein Verschiedenes oder ein Anderes wird, da manche Unterschiede dem der Art nach Identischen zukommen, ohne ihm der Wesenheit nach und an sich zuzukommen."[282]

> Die Möglichkeiten des „einfachen Vergleichens" lassen sich an schrittweisen Medienvergleichen demonstrieren. (Vgl. die Tafeln 15 a, 16 b und 16 c.) Vergleicht man zwei (oder mehrere) aufeinanderfolgende Ausgaben derselben Zeitung (Fall 15 a), so fallen vom Kopf über das Layout bis zur Erscheinungsweise und zur Verbreitung zahlreiche *formale* Merkmale unter die stetigen Koinzidenzen; das heißt: mit diesen Merkmalen wird eine Zeitungs-Identität Gestalt. Die Grundlagen dieser Identität, das Zeitungskonzept, die Ausprägung der Universalität, die Tendenz u. ä. können erwartet und erschlossen werden. Wirkliche Differenzen, die stetig nur in der einen oder in der anderen oder in einer beliebig weiteren Ausgabe koinzidieren, kommen nicht vor. Wären solche beobachtbar, würde dies zu berechtigten

---

282 Aristoteles, Die Lehre vom Beweis (Zweite Analytik), 97 a und 97 b.

Zweifeln Anlass geben, ob es sich tatsächlich um verschiedene Ausgaben der nämlichen Zeitung handelt. Was aber natürlich jeder Zeitungsleser weiß: in jeder Zeitungsausgabe stehen neue Themen, locken neue Bilder, werben neue Anzeigen, wechseln einzelne Rubriken, wiegt das Blatt einmal mehr und einmal weniger: unstet wechselnde Eigenheiten, die jede Ausgabe zu einer neuen, nicht aber die Zeitung zu einer anderen machen. Vergleicht man dagegen eine beliebige Tageszeitung (bzw. deren Ausgaben) mit einer beliebigen Zeitschrift (bzw. deren Ausgaben) (Fall 16 b), so rücken zahlreiche Merkmale, die beim Vergleich von Ausgaben ein und derselben Zeitung oder Zeitschrift in die Schnittmenge der stetigen gemeinsamen Koinzidenzen fallen, in den Bereich der unstet variierenden Merkmale. Gemeinsam koinzidierende Merkmale der beiden Medientypen können nun (nach Otto Groth) in den sogenannten Wesensmerkmalen ausgemacht werden, wobei die Einzelmerkmale der Universalität (Themenuniversalität, Partneruniversalität) beide Medien als ein „Forum" sozialer Kommunikation bzw. spezieller Gesprächsgruppen konstituieren. In diesem Fall zeigen die deutlich ausgeprägten koinzidierenden Differenzen auch, dass Zeitung und Zeitschrift Verschiedenes auf gleicher Basis sind: die Wesensmerkmale der Zeitschrift sind stets und notwendig begrenzt, die der Zeitung prinzipiell unbegrenzt.[283] Unter diesen Bedingungen sind nicht nur die Ausprägungen der Wesensmerkmale unterschiedlich; je andere Gestalt nehmen auch die Vermittlungsverfassungen an, die Konzentrationsgrade der Sozialen Kommunikation, die in typischen Mustern der Darstellungsformen ihren äußeren Ausdruck finden.

Beachtenswert ist, dass zu den gemeinsam-stetigen Koinzidenzen beim Vergleich von Zeitung und Zeitschrift unbestreitbar das Medium selbst gehört: der „papierene Versammlungsraum" (Heinz Starkulla). Wenn man also nur „Schriften zur Zeit" in Augenschein nimmt, ist der Druck ganz ohne Zweifel ein „Wesensmerkmal". Genau diesen Weg einer Definition hat Otto Groth (und eine Reihe von Zeitungskundlern) in den ersten Jahrzehnten des 20. Jahrhunderts eingeschlagen. Noch in seinem Werk „Die Zeitung" von 1928 zählt Groth zu den Wesensmerkmalen der Zeitung die mechanische Vervielfältigung (Druck), den allgemein interessierenden Inhalt und die wirtschaftliche Unternehmung.[284]

---

283 Siehe dazu Groth, Otto, Vermittlung, 1998, S. 74 ff.
284 Vgl. dazu Groth, Otto, Zeitung, 1928, S. 21–90.

T 15: Der Vergleich: Merkmalskoinzidenzen (1)

Allgemeines Vergleichsschema

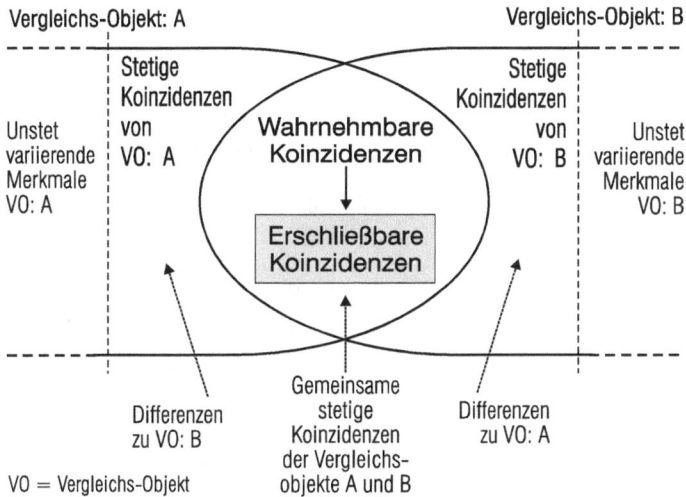

a) Vergleich zweier Ausgaben derselben Tageszeitung

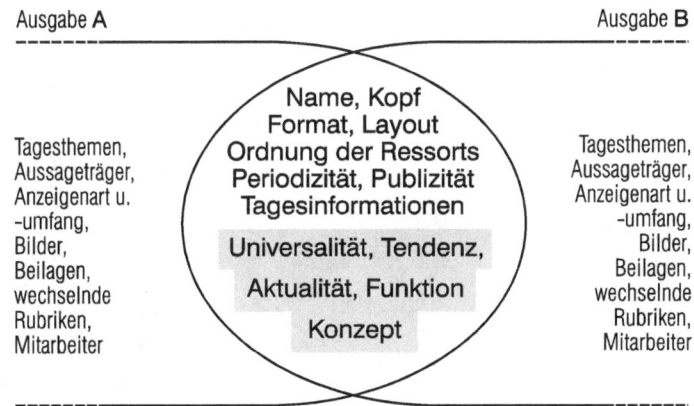

T 16: Der Vergleich: Merkmalskoinzidenzen (2)

b) Vergleich der Kulturwerkzeuge Zeitung und Zeitschrift
(nach Otto Groth)

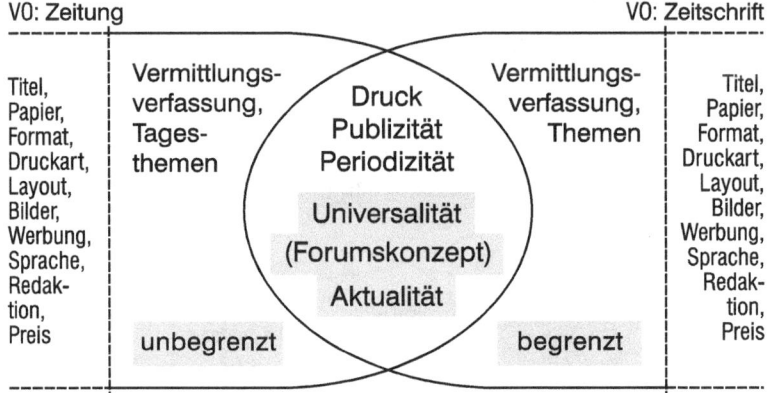

c) Vergleich: Tageszeitung / Öffentlich-rechtlicher Hörfunk

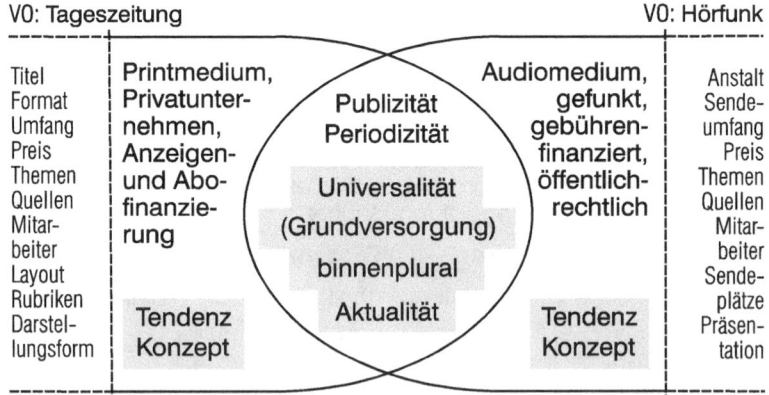

Bezüglich dieser Merkmalskoinzidenzen aber gilt (mit Modifikationen), was Groth in der *„Unerkannten Kulturmacht"* als Revisionsgrund für den Ausschluss des Drucks aus der Reihe der Wesensmerkmale angibt: „Solange es nur Zeitungen gab, die gedruckt wurden, lag es nahe zu glauben, dass die Publizität der Zeitung nur auf diese Weise materialisiert werden konnte"; im Verlauf des 20. Jahrhunderts seien indessen ganz andere Techniken entwickelt und gebraucht worden, um „die Zeitung" zu verkörpern, andere Kulturwerkzeuge, die denselben Sinn realisieren. Das aber heißt bezogen auf das Vergleichsverfahren: Solange nur Zeit-Schriften (im weiten Sinn einer „Schrift zur Zeit") überhaupt miteinander verglichen werden konnten (und Groth hat zeitgenössische und historische Erscheinungsformen der „Schriften zur Zeit" in unglaublicher Zahl miteinander verglichen), scheint die Art der Materialisierung bzw. deren Herstellung ein stetig koinzidierendes Merkmal zu sein.

Konsequent baut die revidierte Theorie Groths von 1960 auf einem Vergleich aller nun möglichen „Zeitungs"-Medien oder Zeitungsmanifestation auf; dabei ist wohl zu beachten, dass der Zeitungs-Begriff in diesem Zusammenhang auf seine ursprüngliche Bedeutung der „Nachricht", besser: des „Nachrichtenaustausches" zurückgeführt wird. Die Art der Materialisation bzw. der technischen Realisierung von Manifestationen des gesellschaftlichen Nachrichtenaustausches besagt mithin für den Sinn der entsprechenden Kulturinstitutionen nichts.[285]

Dieser Einsicht folgend, zeigt der Vergleich von Tageszeitungen (Abonnementzeitungen) und öffentlich-rechtlichen Rundfunkprogrammen (Fall 16c), dass beide Medienarten einen Teil dieser „angeblichen Wesensmerkmale" ganz ohne Zweifel als koinzidierende Differenz führen (die Art der Materialisation, die Organisationsform, den Unternehmenstyp, die hauptsächliche Finanzierungsquelle usw.), dass die gemeinsam koinzidierenden Merkmale sie jedoch eben als universelle Medien oder als Medien der „Grundversorgung" ausweisen.

Die Beispielreihe der Medien-Vergleiche illustriert und skizziert insgesamt die möglichen Beobachtungsziele des „einfachen Vergleichs". Sie macht aber auch deutlich, dass die konkrete Ausfüllung des Beobachtungsrahmens sich verändert mit den Ähnlichkeitsfeldern, die in einen Vergleich eingehen; die Konstruktion der Ähnlichkeitsfelder aber ändert sich mit den Fragestellungen oder ist – anders gesagt – abhängig von der Problemrelevanz.

---

285 Vgl. dazu u. a. Groth, Otto, Kulturmacht, 1960, S. 332, wo ausdrücklich von der „gesprochenen Zeitung" des Rundfunks die Rede ist. Ganz generell erläutert Groth auch den tatsächlichen Geltungsbereich seiner Theorie auf dieser Basis: Die Vermittlung der Sozialen Kommunikation ist „an keine bestimmte Materialisation gebunden, sondern ist fähig, alle technischen Formungen des Periodikums, die gedruckte wie die gesprochene, die im Radio gehörte, im Tonfilm geschaute und gehörte ... einzuschließen". (Ders., Vermittlung, 1998, S. 96.)

Auf diesen Grundlagen, die den „einfachen Vergleich" tragen, formuliert Riedl die „Vergleichs-Hypothese":

„Die Hypothese vom Ver-Gleichbaren enthält die Erwartung, dass das Ungleiche in der Wahrnehmung der Dinge ausgeglichen werden dürfe, und dass sich ähnliche Sachen, obwohl sie offenbar nicht dasselbe sind, auch in manchen noch nicht wahrgenommenen Eigenschaften als vergleichbar erweisen würden: sie lässt erwarten, dass Ähnliches die Voraussicht über weitere Ähnlichkeiten zuließe."[286]

Zunächst wäre es völlig unsachgemäß zu unterstellen, ein (wissenschaftlicher) Vergleich ziele nur auf die Entdeckung des Gemeinsamen, des Stetigen als des vermuteten Wesentlichen ab. Der Vergleich fördert immer gleichermaßen das Variierende und das Konstante, das Gemeinsame und die Differenz zutage. Beides ist für den Erfolg des Vergleichs von Wichtigkeit, wie bereits Aristoteles erkannte. Das Auffinden „des Unterschieds der Dinge ist zum einen von Nutzen, um *Schlüsse über Identisches und Verschiedenes* zu bilden, und sodann, um *zu erkennen, was jedes ist".* Wenn nämlich Unterschiede (als koinzidierende Differenzen) auftauchen, die an der Gleichartigkeit der verglichenen Dinge und Sachverhalte zweifeln lassen, so hätten wir es mit verschiedenen Dingen zu tun, die voneinander zu trennen, für die entsprechend auch unterschiedliche Begriffe zu bilden sind.[287]

5. *Die Konstitution der Ähnlichkeitsfelder*

Immer vorausgesetzt, die Vergleichsobjekte stammen aus demselben „Ähnlichkeitsfeld"[288], so weisen die parallel zu den Ähnlichkeiten auffallenden Differenzen auf je ganz verschiedene Gründe für die Konstitution eines Ähnlichkeitsfeldes und seiner zugehörenden Gegenstände hin.

(1.) Im Falle eines *„dispersen Ähnlichkeitsfeldes"*, das von *zufalls-analogen Merkmalen* bestimmt ist, sind wirkliche oder scheinbare Ähnlichkeiten nicht auf einen gemeinsamen Grund zurückzuführen. Ähnlichkeiten zwischen den Vergleichsobjekten sind rein *zufällig*; sie verbergen in diesem Fall eher, was die Differenzen klar anzeigen: Die Vergleichsgegenstände gehören ganz verschiedenen Handlungs-, Sach- oder Ereignisbereichen an.

> Eingängige Fälle von *Zufallsanalogien* präsentiert das *metaphorische Sprechen*: Da ist etwa die Rede von verbalen oder visuellen oder sonstigen *„Kanälen"* der Kommunikation, auch von Fernseh-*Kanälen* und manch anderen, ohne dass wir erwarten, da würden Fernsehbilder oder Texte und Worte durch mehr oder weniger enge Röhren gezwängt oder über künstliche Wasserläufe geflößt. Gleichwohl erhärten wir diese Vorstellung von „Kommunikationskanälen" noch durch die Metapher vom Informations-*"Fluß"* oder vom Nachrichten-*"Strom"* – ohne dass jemand darin schwimmen oder angeln wollte; allerdings werden die „Wasser" auch dieser Flüsse und

---

[286] Riedl, Rupert, Erkenntnis, ³1981, S. 93.
[287] Vgl. Aristoteles, Topik, 1. Buch, 18. Kap. 108 a und 108 b.
[288] „Unter einem Ähnlichkeitsfeld ist ein von seiner Umgebung abgrenzbarer Bereich von (...) Gegenständen zu verstehen, die eine bestimmte Gruppe von Merkmalen gemeinsam besitzen", definiert Rupert Riedl (Erkenntnis, ³1981, S. 209).

Ströme nicht selten als „verschmutzt" angesehen, und die Überschwemmungsgefahr durch eine *„Informationsflut"* wird ganz seriös beschworen.[289]

(2.) Ein völlig anderes Ähnlichkeitsfeld bilden *funktions-analoge Merkmale* aus. Dabei sind *Ähnlichkeiten durch Ursachen begründet, die von außen einwirken und für das Gleichsein der Vergleichsobjekte verantwortlich sind.* In diesem Fall kennzeichnen die Differenzen die Metamorphosen des Gleichen.[290]

Wenn der Literaturhistoriker Wilhelm Scherer die Sänger und Spielleute im 11. und 12. Jahrhundert als *„Wandernde Journalisten"* tituliert, so handelt es sich da nicht um eine Metapher; maßgebend ist vielmehr hier eine aus dem Vergleich der älteren Tagespoesie und der neueren Tagesliteratur herauspräparierte Merkmalskonstellation, die in völlig verschiedenen Gestalten die gleiche Funktion sichtbar macht: Nachrichtenarbeiter waren diese „wandernden Journalisten" ebenso wie später die zeitung-sammelnden fürstlichen Korrespondenten, die zeitung-produzierenden Postmeister des 17. Jahrhunderts oder die Zeitungs- oder Fernsehredakteure des 19. und 20. Jahrhunderts.

Selbst der schreibende und kopierende Nachrichten-Kompilator Chrestus, der als Fabrikant von *acta diurna* aus Ciceros Briefwechsel bekannt ist, nimmt im dispers-harmonischen Ähnlichkeitsfeld des Journalismus einen ebenso berechtigten Platz ein wie bestimmte Klassen von beamteten oder in privaten Diensten stehenden Herolden, wie sie Wolfgang Riepl beschrieben hat. Der außerordentlich weit variierende Gestaltenreichtum ist verknüpft mit einem stets gleichen, entscheidenden Merkmalsbestand: Er ist bewirkt von der Notwendigkeit, den gesellschaftlichen Nachrichtenaustausch über (räumliche) Distanz zu bewältigen.[291]

Auf den Vergleich aller relevanten Erscheinungen in einem funktions-analogen, dispers-harmonischen Ähnlichkeitsfeld zielt auch der an Beobachtungen orientierte Vorschlag von Karl d'Ester, vor jeder allzu eilfertigen begrifflichen Festlegung des Fachgegenstandes vergleichend zu prüfen, ob die Formen der ‚gesprochenen' und ‚geschriebenen Zeitung' „nicht in ihrer Zeit die gleiche Bedeutung hatten, wie in einer späteren die periodisch gedruckte Zeitung". Nur davon hänge eine befriedigende Gegenstandsbestimmung ab, nicht aber von dem äußeren Eindruck, dass der gesprochenen oder geschriebenen ‚Zeitung' einige „wichtige Merkmale" fehlen, die „zum heutigen Begriff der Zeitung gehören".[292]

---

[289] Zu diesen und anderen Zufalls-Analogien siehe Krippendorff, Klaus, Bote, 1994, S. 85–101.
[290] Vgl. Riedl, Rupert, Erkenntnis, ³1981, S. 135. – Zu den extremen Ausprägungen einer Funktionsanalogie rechnet Riedl im Bereich der Biologie die nachahmenden und täuschenden Ähnlichkeiten der Mimikry. Es wäre wohl einiger Überlegung wert, zu untersuchen, inwieweit Fälschungen und Täuschungen im Nachrichtenaustausch und in der Nachrichtenvermittlung auf journalistischer Mimikry beruhen, also Ausdruck einer Funktionsanalogie sind.
[291] Siehe zusammenfassend Wagner, Hans, Ur-Journalist, 1995, S. 78–94. Im Einzelnen: Scherer, Wilhelm, Dichtung, 1875; Schacht, Hjalmar, Journalismus, 1897; Baumert, Dieter Paul, Journalismus, 1928; Riepl, Wolfgang, Nachrichtenwesen, 1913.
[292] d'Ester, Karl, Gesprochene Zeitung, 1940, Sp. 1288. – ‚Zeitung' ist hier in der ursprünglichen Bedeutung von Nachricht oder Nachrichtenaustausch gebraucht.

(3.) Eine noch einmal andere Vergleichsbasis liegt mit jenen „harmonischen Ähnlichkeitsfeldern" vor, die von *homologen Merkmalen* geprägt sind. Im Falle einer *Homologie* ist die Ursache der Ähnlichkeit *„systemimmanent"*. Die Differenz zwischen den Dingen resultiert hier daraus, dass die Merkmalsmuster, welche die Gleichartigkeit konstituieren, lediglich innerhalb enger Toleranzgrenzen variieren.[293] Wo solche Variationen massiv und abrupt eintreten, ist zu vermuten, dass dafür zusätzlich zu den systemimmanenten Ursachen mehr oder weniger starke Außeneinflüsse wirksam sind.

> Im Bereich der Massenkommunikation bzw. der Kommunikationsmedien stellen die täglich neuen Ausgaben-Varianten ein und derselben Zeitung ein solch homologes Ähnlichkeitsfeld vor. Jedoch sind auch die Emanationen einer rund vierhundertjährigen Entwicklung des Tagespressewesens als homolog anzusehen.

Die verschiedenen Arten der Ähnlichkeitsfelder hängen also davon ab, wie sie zustande kommen. Die Konstitution der Ähnlichkeit schlägt durch auf den Stellenwert der gemeinsamen Merkmale und der Differenzen. Jedes Vergleichsergebnis muss daraufhin befragt werden, was es über den Grund der festgestellten Ähnlichkeit und Unähnlichkeit verraten kann. Solange – ganz im Unterschied zum Reich der Biologie – eine Morphologie, ein vollständiges und stimmiges, nach Ähnlichkeiten klassifiziertes Ordnungssystem der Gegenstände der Kommunikations- und Medienwelt nicht vorliegt, wird es allerdings nicht immer einfach sein, Fundamente und Umfänge der Ähnlichkeitsfelder zuverlässig zu bestimmen. Wenn die Vergleichs-Hypothese besagt, „dass das Ungleiche in der Wahrnehmung der Dinge ausgeglichen werden dürfe", so heißt das nicht, dass die Unterschiede zwischen den Dingen bedeutungslos wären. So sehr der Wert der Differenzen zu Buche schlägt, es kommt auf die gemeinsamen Merkmale, auf das Gleiche in den wechselnden Erscheinungen mehr an: „Das Zusammensein der Phänomene hat (...) etwas Auffälliges, was uns unwillkürlich nach einer Erklärung fragen läßt."[294]

---

293 Vgl. Riedl, Rupert, Erkenntnis, ³1981, S. 137.
294 de Vries, Josef, Erkenntnis, 1980, S. 98.

6. Kapitel Das wissenschaftliche Vergleichsverfahren: Von den „Experimenten im Kopf"

Mit Augenmerk auf das Gleiche markiert die Vergleichs-Hypothese zwei ganz verschiedene Prozeduren des Vergleichens. In beiden Fällen aber geht es um einen Induktionsschluss vom Bekannten auf das noch Unbekannte.

1. Die Vergleichsprozeduren

In der einen, der *ersten* Variante wird geschlossen von wahrnehmbaren stetigen Koinzidenzen auf nicht unmittelbar sinnlich gegebene, ebenfalls stetig auftretende Merkmale; diese können zwar nicht direkt bemerkt, jedoch erschlossen und erwartet werden. „*Von der Ähnlichkeit in einem oder in mehreren Merkmalen wird auf Ähnlichkeiten in anderen Merkmalen geschlossen*, z.B. von der Ähnlichkeit der äußeren Gebärde auf eine ähnliche seelische Regung." Oder allgemeiner: „Von einem Gegenstand A ist bekannt, dass er die Merkmale, Eigenschaften a, b, c, d, e besitzt; von einem Gegenstand B ist bekannt, dass er ebenfalls die Merkmale a, b, c, d besitzt. Nun wird auf Grund der Ähnlichkeit in vier Merkmalen geschlossen, dass der Gegenstand B auch das Merkmal e besitzt." Die Ähnlichkeit baut auf einzelnen Gegebenheiten auf; je nach der Zahl der ähnlichen Merkmale und der Sicherheit des Zusammenhangs lässt sich zwischen der wahrgenommenen Merkmalskoinzidenz und dem erschlossenen Merkmal ein „innerer Notwendigkeitszusammenhang" erweisen.[295]

Bei dieser Vergleichsprozedur richtet sich die Beobachtung auf *Simultankoinzidenzen*.[296] Das heißt: Fokus des Vergleichs ist der *Merkmalsreichtum* eines Ereignisses oder eines Sachverhalts. Das Nebeneinander komplexer, geordneter Merkmalsstrukturen erlaubt die Voraussicht auf Art und Zuordnung der Einzelmerkmale ebenso wie eben auch auf nicht oder noch nicht wahrnehmbare Merkmale, die jedoch vorhanden und erschließbar sein müssen.

> Ein derartiger Merkmalsreichtum wird relevant für die Identifikation einer Einzelerscheinung. So heben, angefangen von der Buch- und Ressorteinteilung sowie der Rubrikenordnung über die Gestaltung des Titelblattes bis zur Wahl von Schriftarten und -größen, viele wahrnehmbare Elemente ein ganz bestimmtes Tageblatt aus der Summe aller Tageszeitungen heraus; unverwechselbare Merkmalssyndrome dieser komplexen Art lassen buchstäblich „auf den ersten Blick" eine Boulevardzeitung von einer Abonnementzeitung unterscheiden. Nicht zuletzt ermöglicht die erfahrungsbewährte Voraussicht über derlei Merkmalsstrukturen auch die sichere Zuordnung eines bestimmten, aber undatierten Zeitungsausschnitts zum zugehörigen Blatt und sogar zur konkreten Ausgabe.

---

295 Meyer, Hans, Erkenntnislehre, 1955, S. 250 f. Vgl. auch de Vries, Josef, Erkenntnis, 1980, S. 98. De Vries statuiert das nur wenig modifizierte Exempel im Rahmen der Rechtfertigung des Konvergenzschlusses.
296 Riedl, Rupert, Erkenntnis, ³1981, S. 96 f.

Eine Vergleichsprozedur etwas anderer Art hängt sich an die *Sukzedankoinzidenzen*[297] an, das heißt: an die Voraussicht aufeinanderfolgender, ähnlicher Ereignisse mit stetigen Eigenschaften. Der klassische Fall einer Sukzedankoinzidenz ist das Werfen einer Münze. Fällt beim ersten Wurf, sagen wir, die Zahl, so hält es sich im Rahmen der Erwartung, dass die beiden möglichen Ergebnisse – Kopf oder Zahl – gleiche Chancen haben und in Zufallsfolge auftreten werden. Fällt die Zahl auch beim zweiten, dritten und vierten Wurf, schwindet allmählich der Glaube an den Zufall. Die Vermutung, hier versuche jemand mit Tricks eine Täuschung, wächst. Rund 90 Prozent studentischer Versuchspersonen sind vom Vorherrschen einer Absicht fest überzeugt, wenn auch noch der sechste Münzenwurf hintereinander die Zahl bringt, die Koinzidenz sich im Nacheinander der Würfe also verfestigt.[298]

> Ähnlich lassen sich normale, in der Regel harmlose journalistische Vermittlungsfehler von bewussten, absichtsvollen Manipulationen durch Sukzedankoinzidenzen bestimmter, das heißt: bestimmbarer Komplexe von Fehlerqualitäten im Vergleich aufeinanderfolgender Produkterscheinungen klar trennen und sicher ausmachen. Im Fall sogenannter „faktischer Vermittlungslatenzen", also bei Ausfällen im Rahmen unbeabsichtigter Vermittlungsfehler, findet man die möglichen Defizite in Medieninhalten einmal hier und einmal dort; stellt man Vergleiche über längere Zeit an, so streuen solche Fehler relativ weit und fügen sich in zahlreichen Merkmalshinsichten annähernd in eine Zufallsverteilung. Dagegen werden Informationsdefizite als Leitmerkmale im Fall absichtsvoller Manipulation als *permanent gleichgerichtete Funktionsverstöße* auffällig. Die Koinzidenz der Einseitigkeitsmerkmale gibt dem Glauben an einen Zufall keinen Spielraum mehr.[299]

Auf der nämlichen Vergleichsbasis fördert die wiederholte Beobachtung von alltäglichen Gesprächssequenzen kommunikative Handlungsmuster zutage, die ebenfalls als stetige Sukzedankoinzidenzen sichtbar werden. Jörg R. Bergmann hat auf diese Weise für den Alltagsklatsch mehrere Muster von Klatscheinladungen isolieren können, von deren regelmäßig wiederkehrenden Merkmalen eines das „wiederholte Thematisieren scheinbar unverfänglicher Details oder Daten" ist; diese „unschuldige Art", Klatschinteresse zu bekunden, löst das Problem, in den Klatsch einsteigen zu können, ohne als klatschhaft zu gelten.[300] Mithilfe des Vergleichs zahlreicher Klatschsequenzen konnten viele weitere Merkmalssyndrome rekonstruiert werden, die bei der Klatschproduktion gleichermaßen für die Erzeugung von Glaubwürdigkeit wie für die Sicherung der eigenen Reputation maßgeblich sind.[301]

---

297 Riedl, Rupert, Erkenntnis, ³1981, S. 95 f.
298 Vgl. Riedl, Rupert, Erkenntnis, ³1981, S. 56 f.
299 Vgl. dazu Wagner, Hans, Medien-Tabus, 1991, S. 127 ff.
300 Bergmann, Jörg R., Klatsch, 1987, S. 120 f.
301 Bergmann, Jörg R., Klatsch, 1987, S. 142–148. Vgl. dazu auch Kap. 10 in diesem Band: Die Konversationsanalyse.

Ohne Zweifel geht schon aus den wenigen Exempeln hervor und wird auch sonst nicht bestritten, dass sukzedane Koinzidenzen nur durch den *Vergleich des Wiederholbaren* aufgefunden werden können. Eine wichtige Bedingung für den erkenntnisfördernden Vergleich ist also die Wiederholung der interessierenden Ereignisse oder Sachverhalte. „Einmalige Ereignisse erlauben uns keine Voraussicht auf Neues. Denn Voraussicht beruht auf bestätigter Erwartung und diese auf der Wiederholung von Vergleichbarem. (...) Am Wege aller Entdeckung (...) ist die Wiederholung unentbehrlich."[302] Eine „ausnahmslose Wiederholung des gleichartigen Vorgangs unter gleichen Bedingungen betrachten wir als sicheres Anzeichen für ein zugrundeliegendes ‚Gesetz', das heißt eine den Dingen innewohnende Notwendigkeit, so und nicht anders zu wirken. So gehen wir von der oftmals beobachteten Gleichartigkeit des Geschehens zu der Behauptung über, dass sich diese Gleichartigkeit des Geschehens stets, also auch in Zukunft, zeigen wird."[303]

Aber nicht nur die Erkenntnis einer Sukzedankoinzidenz von Merkmalen ist an Wiederholung gebunden. Der Grundsatz gilt ebenso für die Erfassung einer *Simultankoinzidenz*, obwohl deren Gestalt primär von der Zuordnung der Merkmale und ihrer Verknüpfung abhängt. Während Wiederholung im ersteren Fall die Wiederholung der Ereignisse, die wiederkehrende Aufeinanderfolge von Erscheinungen des Merkmalsträgers meint, kommt Wiederholung im letzteren Falle ohne die *Wiederholung der vergleichenden Beobachtung* nicht aus. Am allgemeinen Grundsatz der wiederholten Beobachtung hängt im Wesentlichen auch die „Rezeptologie" des Vergleichens.

2. Die Rezeptologie des Vergleichs

Die Wiederholung zielt auf den Vergleich der (geeigneten) Fälle und auf deren Beobachtung; das Ver-Gleichen selbst bezieht sich auf die wahrnehmbaren oder auf die erschließbaren Merkmale. Da der Vergleich eine Art „*Experiment*" ist, wird sein Erfolg von der sorgfältig geplanten Auswahl und Anordnung der Fälle sowie der interessierenden Merkmale bestimmt. Dabei geht man von der Annahme aus, dass es für das jeweilige Untersuchungsziel eine Gruppe klar definierter Fälle und Merkmale gibt. Diese doppelte Annahme ist Konstruktionsgrundlage für die möglichen Arten der Fallbeobachtung, die – nach Aarebrot und Bakka – in der Tafel 17 (S. 136) vorgestellt sind.[304]

Jeder Vergleich wird seinen Anfang bei einer *Ausgangsbeobachtung* nehmen, in der ein Fall und ein (besonders interessierendes) Merkmal in den Blickpunkt rückt (F1/M1); sie wird auf entsprechende *Fallbeschreibungen* zurückgreifen oder im weiteren Verlauf solche mehr oder weniger detaillierten, an den relevanten Merk-

---

302 Riedl, Rupert, Erkenntnis, ³1981, S. 95. – Im Anschluss an Konrad Lorenz ergänzt Riedl, die Koinzidenz eines Syndroms von Krankheitszeichen werde von Ärzten erst dann als invariante Gestalt wahrgenommen, wenn die Beobachtung sehr oft, in manchen Fällen buchstäblich tausende von Malen wiederholt wurde.
303 de Vries, Josef, Erkenntnis, 1980, S. 83. Entsprechend meint de Vries: „Die einzelne Erfahrung ist (..) oft kaum von Bedeutung, erst ihre Wiederholung ergibt eine gewisse Wahrscheinlichkeit, und die Konvergenz zahlreicher derartiger Wahrscheinlichkeiten lässt schließlich den Zweifel verstummen." (S. 79 f.)
304 Vgl. Aarebrot, Frank H./Bakka, Pal H., Methode, 1987, S. 46–49.

malen orientierten Fallbeschreibungen auch selbst bieten müssen (vgl. F1/My und F1/Mk).

Auch *Klassifikationen* sind teils Voraussetzung für Vergleiche, teils Ergebnis von solchen. Unter einer „Klassifikation" verstehen Aarebrot und Bakka das Verfahren, alle in Betracht kommenden Fälle (Fn/M1) oder eine Auswahl davon (Fx/M1) auf der Grundlage eines einzelnen, wahrnehmbaren Merkmals zu reihen und zu ordnen. Folgt man dieser Voraussetzung, so ist selbstverständlich jede, auch die einfachste Klassifikation Resultat eines (eingeschränkten) Vergleichs. Eine Voraussetzung für den Vergleich sind die Klassifikationen von Fällen deshalb, weil auf ihrer Grundlage die „Normalfälle" von abweichenden oder extremen Fällen unterschieden werden können. Eine solche Unterscheidung wiederum ermöglicht eine gezielte Auswahl der Fälle, die in den Vergleich eingehen sollen.

Der *„eigentliche Vergleich"* (im Schaubild Fx/My) besteht in der „systematischen Untersuchung einer optimalen Fallzahl mit einer sorgfältig eingegrenzten Reihe von Variablen". Generell setzt eine vergleichende Analyse ein Minimum von zwei Fällen und zwei Variablen voraus.[305] Unabhängig von konkreten Vergleichsquantitäten ist es jedoch wichtig, „eine Abgrenzung zwischen den praktischen Erfordernissen der Anlage eines Forschungsvorhabens und unterschiedlichen idealen Anforderungen vorzunehmen".[306]

Solche relativ unrealistischen Idealkonzepte grenzen im Schaubild direkt an die „Vergleichende Analyse" an: Der „Umfassende Vergleich" geht auf Vollständigkeit aller in Betracht kommenden Fälle, ist also dem Umfang nach uneingeschränkt; der „Komplexe Vergleich" markiert den Versuch, alle denkbaren, auch nur möglicherweise relevanten Merkmale anhand einer Fallauswahl zu beobachten und zu überprüfen. Die Tendenz, „Universale Einsicht" zu gewinnen, kombiniert die beiden scheinbaren Idealanforderungen zur Utopie: Alle möglichen Merkmale an allen bekannten Fällen zu vergleichen, kann – nicht wie die vorgängigen Idealkonzepte – nur dazu führen, dass die Objektoberflächen abgegrast werden, statt die Untersuchung in die Tiefe zu Erkenntnissen der Zusammenhänge zu führen.

---

305 Aarebrot, Frank H./Bakka, Pal H., Methode, 1987, S. 46. – Nicht generell auszuschließen ist die Variante der „intensiven und möglichst umfassenden Erfassung eines Einzelfalles" im Rahmen einer *„konfigurativen Vorgehensweise"*. Hier wird nur ein Fall beobachtet, der explizit mit keinem zweiten verglichen wird; aber „durch die (zumindest implizit komparative) Verwendung sozialwissenschaftlicher Konzepte für eine solche Analyse und die Beobachtung der Veränderungen im Zeitablauf können (...) auch solche Studien über das Niveau bloßer Deskription hinausgelangen", also theoretisch werden. (Berg-Schlosser, Dirk/Müller-Rommel, Ferdinand, Stellenwert, 1987, S. 13.) Als Beispiel geben Berg-Schlosser und Müller-Rommel u. a. die durch kommunikationswissenschaftlich relevante Studie von Alexis de Tocqueville „*L'Ancien Régime et la Révolution*" (1856) an. Ein fachliches Exempel für ein derart „konfiguratives Vorgehen" mit zahlreichen komparativen Elementen bietet Wolfgang Riepl mit seiner klassischen Arbeit über „*Das Nachrichtenwesen des Altertums. Mit besonderer Rücksicht auf die Römer*" von 1913. Eine derart „konfigurative Vorgehensweise" stellt tatsächlich einen Sonderfall der vergleichenden Methode dar. „Konfiguration" bedeutet ja nichts anderes als eine geordnete Menge von Elementen und Merkmalen sowie deren Lagen zueinander und im Ganzen.

306 Aarebrot, Frank H./Bakka, Pal H., Methode, 1987, S. 47.

Erkenntnisfördernd kann die vergleichende Analyse nur sein, wenn man eine von der Sache und vom Untersuchungsziel her *begründete Auswahl* von Fällen trifft und mit größter Sorgfalt die Merkmale festlegt, die in die vergleichende Beobachtung eingehen. Die *Optimierung der Untersuchungsanlage*, das heißt: die Balance von Fällen und Merkmalen kann (vor allem bei makrotheoretisch ausgerichteten Vergleichen) dadurch beeinträchtigt werden, dass man es bei einer relativ geringen Zahl von vergleichbaren Fällen mit einer sehr komplexen Vielzahl von Merkmalen zu tun bekommt (etwa bei einem Vergleich von Mediensystemen verschiedener Länder). „Die Zahl der theoretischen Erklärungsmöglichkeiten [für den Zusammenhang und die Ordnung von Merkmalen; H. W.] übersteigt dann schnell die Zahl der betrachteten Fälle." Nach den Lehrbuchregeln kann dieser Schwierigkeit auf zwei Wegen begegnet werden.[307]

(1.) Durch eine *Erweiterung der Fälle*; das ist auf doppelte Weise möglich: durch die *Einbeziehung „diachronischer"*, das heißt historisch zurückliegender Fälle einerseits, andererseits durch eine *Ausdifferenzierung der Subsysteme*. (Ob und welche dieser Möglichkeiten tatsächlich realisiert werden können, hängt natürlich von der Quellen- und Datenlage ab.)

Will man etwa über Vergleichsstudien herausfinden, ob es eine Tendenz der Anpassung öffentlich-rechtlicher Fernsehprogramme an die Programmformate der privaten Anbieter gibt, so könnte man aufs erste geneigt sein, für die öffentlich-rechtliche Seite lediglich zwei Fernsehprogramm-Fälle in den Vergleich einzubeziehen, nämlich das ZDF- und das ARD-Angebot. Zu prüfen wäre daher, ob es sinnvoll ist, die Dritten Fernsehprogramme der Landesrundfunkanstalten als eigene Fälle in den Vergleich einzubringen, also die Fallreihe durch Ausdifferenzierung auszuweiten. Obwohl es zur Überprüfung der Konvergenz-Hypothese diachronische Fälle strikter Art im Rahmen des Rundfunksystems der Bundesrepublik Deutschland nicht gibt, böte sich eine zusätzliche Fallausweitung immerhin dadurch an, dass die Beobachtung der interessierenden Merkmale vergleichend für mehrere Zeitschnitte, etwa in Drei- oder Fünf-Jahres-Intervallen bis zur Einführung privater Fernsehprogramme zurückverfolgt wird.

Der andere Ausweg aus dem Missverhältnis von Fällen und Merkmalen eröffnet sich

(2.) durch *Reduzierung der Merkmals-Menge*, für die ein Vergleich durchgeführt wird. Die Eingrenzung auf *„Schlüsselvariablen"* bietet sich hier vor allem an – allerdings nur dann, wenn solche durch vorgängige Beobachtungen oder Fallstudien erkannt und im Rahmen theoretisch begründeter Hypothesen erfolgversprechend sind. Dabei werden also „einige wenige als besonders wichtig erachtete oder ermittelte Variablen herausgegriffen unter bewusster Vernachlässigung aller vielleicht noch möglichen anderen".[308]

---

307 Aarebrot, Frank H./Bakka, Pal H., Methode, 1987, S. 47; vgl. auch Berg-Schlosser, Dirk/Stammen, Theo, Politikwissenschaft, [6]1995, S. 129 f.
308 Berg-Schlosser, Dirk/Stammen, Theo, Politikwissenschaft, [6]1995, S. 130.

T 17: Vergleichstypen: Fälle und Merkmale

	Fälle (F) 1 .... x .... n		
Merkmale (M) 1	Ausgangs-beobachtung F 1 / M 1	Klassifikation F x / M 1	Universale Klassifikation F n / M 1
y	Fall-beschreibung F 1 / M y	Ver-gleichende Analyse F x / M y	Umfassender Vergleich F n / M y
k	Ideale Fall-beschreibung F 1 / M k	Komplexer Vergleich F x / M k	Universale Einsicht F n / M k

n = Gesamtheit aller in Betracht kommenden, möglichen Fälle
k = Gesamtheit aller (für die Untersuchung) relevanten Merkmale
x = jede Zahl von Fällen, die größer als 1 und kleiner als n ist
y = jede Zahl von Merkmalen, die größer als 1 und kleiner als k ist

Quelle: modifiziert nach Aarebrot, Frank H. / Bakka, Pal H.: Die vergleichende Methode. 1987.

Auch das lässt sich am skizzierten Beispiel illustrieren: Konvergenz-Tendenzen lassen sich – sofern sie wirklich vorhanden sind – an Hunderten von Merkmalen feststellen, die weit in die Feinstrukturen des Programmangebots hineinreichen. Je nach Untersuchungsziel genügt es indessen durchaus, das Augenmerk nur auf „Schlüsselmerkmale" wie: formale Angebotsweisen, Verhältnis von Informations- und Unterhaltungsangeboten oder auf Gewaltdarstellungen zu richten.

Äpfel und Birnen: Das Ähnlichkeitsfeld

Im Hintergrund der angesprochenen Schwierigkeiten steckt allerdings häufig ein anderes Problem; es drängt sich in der Frage vor, wie ganz generell Vergleichbarkeit festgestellt und hergestellt werden kann. Auf den ersten Blick erscheinen die möglichen oder vorgesehenen Fälle zu heterogen, als dass ein Vergleich zweckdienlich wäre. Wir haben es mit allzu vielen Ungleichheiten zu tun, mit den sprichwörtlichen Äpfeln und Birnen also – obwohl niemand ernsthaft leugnen wird, dass auch sie unter bestimmten Aspekten sehr wohl miteinander verglichen werden können. ‚Ähnlichkeit' und ‚Verschiedenheit' der Vergleichsobjekte müssen also irgendwie in einem sinnvollen Verhältnis zueinander stehen: Um wenigstens einige Merkmale überprüfen und erklären zu können, müssen in den Vergleichsfällen andere Merkmale, weil sie als ähnlich gelten können, vernachlässigt werden dürfen.[309] Es geht hier also um die Konstruktion geeigneter Ähnlichkeitsfelder, um die Abgrenzung jener Gegenstände und Ereignisse oder eben Fälle, die eine angebbare Gruppe von Merkmalen gemeinsam besitzen. Dafür lassen sich allgemein nur zwei Regeln angeben:

- *Die Konstruktion der Ähnlichkeitsfelder hängt vom Untersuchungsziel ab: Sie steht unter den Vorzeichen der Problemrelevanz.*

Das Untersuchungsziel gibt das Problem an,[310] das untersucht werden soll. Jedes Ähnlichkeitsfeld muss *problemrelevant* konstruiert werden. Das heißt: Es ist nicht einfach vorgegeben; es entsteht vielmehr durch Heraushebung und Betonung genau jener Merkmale, die für einen bestimmten Zweck relevant oder „*homogen*" sind, während die zahlreichen anderen, unterschiedlich-individuellen oder gemeinsamen Merkmale für den fraglichen Zweck irrelevant sind und außer Acht gelassen werden können. Ähnlichkeitsfelder tragen daher (jedenfalls soweit sie in und aus der Sozialwelt konstruiert werden) gewissermaßen einen Index, der sich auf den Zweck bezieht, um dessentwillen sie gebildet wurden. Dieser Zweck ist nichts anderes als das theoretische oder praktische Problem, das in der vergleichenden Untersuchung gelöst werden soll.[311] Daher setzt jede vergleichende Untersuchung

---

309 Vgl. Berg-Schlosser, Dirk/Stammen, Theo, Politikwissenschaft, ^{6}1995, S. 130.
310 Statistisch gesprochen: die abhängige Variable, die geklärt werden soll.
311 Diese Darstellung orientiert sich an der Erklärung des Zusammenhangs von Problemrelevanz und (Alltags-)Typifikation bei Alfred Schütz. Die Begriffe ‚Typifikation' oder ‚Typenbildung' und ‚Konstruktion von Ähnlichkeitsfeldern' sind hier austauschbar, insoweit es in beiden Fällen um die Herstellung von „Gleichheit" individuell unterschiedlicher Gegenstände durch Betonung ausgewählter Merkmale geht. Vgl. Schütz, Alfred, Gleichheit, 1972, S. 212 f.

eine präzise, möglichst konkrete und detailgenaue Bestimmung des Untersuchungsziels voraus.

Tatsächlich sind ja öffentlich-rechtliche und private Rundfunkanstalten – wie Äpfel und Birnen – zwei ganz verschiedene Dinge: Unterschiedliche rechtliche Rahmenbedingungen und Vorgaben, unterschiedliche Organisationsstrukturen, unterschiedliche Finanzierung und entsprechend unterschiedliche Marktorientierungen, unterschiedliche Kontrollbedingungen und zahlreiche Folgedifferenzen lassen eine Vergleichbarkeit der Systeme – binnenpluralistisch das eine, außenpluralistisch das andere angelegt – schon generell fragwürdig werden. Wenn man nun als Untersuchungsziel vorgibt, Informationsdefizite in der Berichterstattung in den Programmangeboten des einen und des anderen Systems vergleichend festzustellen und zu erklären, so wären die Befunde – wie immer sie aussehen mögen – kaum miteinander vergleichbar. Das Merkmal-Set der die Berichterstattung beeinflussenden Rahmenbedingungen zeigt keine Übereinstimmung, hat keine Konstanten, keinen gemeinsamen Teiler, der ohne Verlust des Erklärwertes weggekürzt und vernachlässigt werden dürfte.

> Angenommen, der Befund „Informationsdefizite" förderte für die öffentlich-rechtlichen und die privaten Programmangebote völlig ähnliche Muster zutage, so signalisierte das scheinbar Ähnliche oder Gleiche keineswegs etwas Gleiches, sondern höchst Verschiedenes, und es müsste – trotz aller Ähnlichkeit – jeweils völlig anders erklärt werden. Was in einem öffentlich-rechtlichen Programm, das eine informationelle Grundversorgung zu erbringen hat, als klares Informationsdefizit auszumachen ist, wäre in einem privaten Fernsehprogramm möglicherweise nichts anderes als ein funktionsbedingtes Informationsmuster mit typischen Abstrichen und Einschränkungen. Das gleiche Untersuchungsziel vorausgesetzt, würde genau dieses Problem der Vergleichbarkeit auch auftauchen, wollte man die diesbezüglichen Merkmalsausprägungen in Abonnementzeitungen einerseits und in Boulevardzeitungen andererseits, oder in Tageszeitungen einerseits und in Wochenblättern und -magazinen andererseits vergleichend unter die Lupe nehmen.

Etwas allgemeiner gesagt: Brauchbare Ergebnisse zu Untersuchungsfragen, welche die Funktionserfüllung von Medien betreffen, können nur durch Vergleich funktionsgleicher oder wenigstens funktionsähnlicher Medien geliefert werden. Das problemrelevante Ähnlichkeitsfeld müsste für solche Untersuchungsziele durch Merkmalsgruppen bestimmt werden, die Indikatoren für die Funktion eines Mediums sind. Und noch genereller: *Ein problemrelevantes Ähnlichkeitsfeld wird konstituiert durch koinzidierende Merkmale der Rahmenbedingungen, das heißt durch konditionale Merkmale.*

Die Rahmenbedingungen verändern sich mit dem Wechsel des Untersuchungsproblems. Will man etwa vergleichend Gewaltdarstellungen im Fernsehen und deren Entwicklung untersuchen, so werden mit diesem Thema die Rahmenbedingungen sozusagen eine Nummer größer (und abstrakter): Nunmehr kann man als konditionale Merkmale herausgreifen, dass die in Betracht kommenden Fernsehangebote Vollprogramme und potenziell allgemeinzugänglich sind. Diese beiden Bedingungen konstituieren für den vorliegenden Zweck ein problemrelevantes Ähnlichkeitsfeld, in dem öffentlich-rechtliche und private Fernsehprogramme zwanglos unter einen Hut zu bringen sind.

> Für die Untersuchungsanlage bleiben allerdings die weiter oben statuierten Unterschiede zwischen öffentlich-rechtlichen und privaten Fernsehangeboten nach wie vor bedeutsam. Manche, und zwar gerade die offensichtlichsten dieser Unterschiede sind nämlich nun unmittelbar mit dem Problem verbunden und direkt lösungsrelevant, die unterschiedliche Programmfinanzierung und – damit in Wechselbeziehung – die unterschiedliche Marktorientierung etwa. Solche direkt *problemabhängigen Merkmale* sind nun geeignet, aus einem Ähnlichkeitsfeld gleicher Fälle die im Hinblick auf das gestellte Problem unterschiedlichsten, womöglich extremen herauszugreifen und in die vergleichende Beobachtung einzubeziehen. Das entspricht der Erwartung, dass auf diese Weise am ehesten geklärt werden kann, ob ganz bestimmte Typen von Marktorientierung tatsächlich Effekte auf Umfang und Art der Gewaltdarstellung haben.

Mit diesen nur grob skizzierten Exempeln ist nun im Wesentlichen auch schon die zweite Regel umrissen:

- *Das Ähnlichkeitsfeld der in Betracht kommenden Fälle sollte, nachdem es durch konditionale Merkmale konstituiert und konstruiert ist, möglichst ähnliche Fälle versammeln („most similar systems design"). Die aus dieser Fallreihe tatsächlich in die Untersuchungsanlage aufgenommenen Fälle können in Hinsicht auf unmittelbar problem- und lösungsbezogene Merkmale größtmögliche Unterschiede aufweisen („most different systems design").[312] Auf jeden Fall aber muss für jede Vergleichsuntersuchung die Wahl der für das Ähnlichkeitsfeld maßgebenden Merkmale ebenso angegeben und begründet werden wie die Entscheidung für jene Merkmale, welche die Auswahl der tatsächlich analysierten Fälle leiten.*

Konditionale und analytische Taxonomien

Für die erforderlichen Auswahlentscheidungen leisten sogenannte *Taxonomien* gute Dienste. Taxonomien sind Klassifikationsschemata zur Konstruktion eines hierarchischen Ordnungsgefüges von Erscheinungen aufgrund geeigneter Merkmale. Zwei verschiedene Taxonomien sind für das vergleichende Verfahren erheblich:

---

312 Aarebrot und Bakka übernehmen diese Begriffe für die Analysestrategien von Adam Przeworski und Henry Teune (*The Logic of Comparative Social Inquiry*. New York 1976). Vgl. Aarebrot, Frank H./Bakka, Pal H., Methode, 1987, S. 50.

- eine Taxonomie aufgrund der *konditionalen Merkmale* und
- eine *„analytische Taxonomie"*, gebildet mithilfe der unmittelbar problembezogenen Merkmale.[313]

Zum besseren Verständnis ein relativ häufig realisiertes Beispiel: Wenn man vergleichend untersuchen will, ob es Einseitigkeitstendenzen in der Berichterstattung über den technischen Fortschritt oder über Sozialprogramme, über Ausländerprobleme oder über den Wahlkampf oder über sonst ein aktuelles Thema gibt, so müsste dafür eine *konditionale Taxonomie*, ein einfaches Ordnungsgefüge aufgebaut werden, das alle infrage kommenden Medien mit politischer Berichterstattung umfasst. Geeignete Merkmale für die erforderliche hierarchische Reihung könnten etwa Auflagengößenklassen, Verbreitungsbereiche (überregional, regional, lokal), Vertriebsart (Abonnement, Straßenverkauf) oder eine Verbindung davon sein. Wählt man auf dieser Grundlage die ähnlichsten Fälle, so könnten diese (neben anderen Möglichkeiten) in der leicht überschaubaren Reihe der überregionalen Abonnementzeitungen zu finden sein. Als *„analytische Taxonomie"* bietet sich bei dieser Problemstellung das politische „Normalspektrum" bzw. das „Links-Rechts-Spektrum" an, wobei im Interesse eines effektiven Vergleichs darauf zu achten ist, dass die tatsächlich in eine Analyse aufgenommenen Medien auf diesem Spektrum jeweils eindeutig anders positioniert sind.[314]

> Das Ergebnis beider Auswahlentscheidungen lässt sich gut zur Deckung bringen. Die Vergleichsreihe wird konkret gebildet von der „FRANKFURTER RUNDSCHAU", von der „SÜDDEUTSCHEN ZEITUNG", von der „FRANKFURTER ALLGEMEINEN ZEITUNG" sowie von der „WELT": Die vier Blätter gehören ein und demselben Medientyp an, weisen diesbezüglich also untereinander größte Ähnlichkeit auf; sie sind zugleich von ihrer Richtung her so unterschiedlich, dass sie zusammen das gesamte politische „Normalspektrum" repräsentieren. Tatsächlich sind auf dieser Basis zahlreiche Vergleichsstudien vorgenommen worden.[315]

Das Beispiel demonstriert zugleich, dass beide Taxonomien letztlich auf relativ einfache Klassifikationen hinauslaufen. Diese beruhen auf Merkmalen, die dem Bereich der direkt wahrnehmbaren, koinzidierenden Merkmale der Vergleichsobjekte entstammen. Im Allgemeinen lassen sich daher die hierfür benötigten Daten und Angaben unschwer den einschlägigen fachlichen Handbüchern und Darstellungen entnehmen. Hilfreich könnte auch der Hinweis sein, dass die für eine konditionale Taxonomie geeigneten Merkmale in der Regel im *äußeren Themen-* oder

---

313 Den Begriff der „analytischen Taxonomie" führen Aarebrot und Bakka für das Ordnungsgefüge jener Merkmale ein, die von „den Ausprägungen der abhängigen Variablen", also mehr oder weniger direkt vom Untersuchungsproblem bestimmt sind. (Vgl. Aarebrot, Frank H./Bakka, Pal H., Methode, 1987, S. 54 f.)
314 Zur Entwicklung, Konstruktion und Anwendung dieser Taxonomie siehe Kepplinger, Hans Mathias, Hörfunk, 1985, S. 16–29.
315 Nachdem im ersten Jahrzehnt des neuen Jahrtausends die *„Franfurter Rundschau"* ihre überregionale Bedeutung sowie ihre eindeutige Positionierung verloren hatte, wurde ihr Platz in vergleichenden Inhaltsanalysen neuerdings durch die in Berlin erscheinende *„taz"* besetzt.

Problemhorizont, die der „analytischen Taxonomie" dagegen im *inneren Themen- oder Problemhorizont* liegen.[316]

3. Die Vergleichs-Schritte

Da der Vergleich ein „indirektes Experiment" (Durkheim) oder ein „Quasi-Experiment" (Aarebrot/Bakka) ist, muss die hier ausführlich beschriebene Grundlegung einer vergleichenden Untersuchung mit größter Akribie überlegt, vorbereitet und verwirklicht werden. Von der problemrelevant richtigen *Konstruktion der Ähnlichkeitsfelder* und von der Fallauswahl hängt die Güte des Experiments und der gewonnenen Erkenntnisse ab. Auch für den Vergleich gilt: der erste Schritt ist der wichtigste (wie es auch Tafel 18 veranschaulicht).

Ist er getan, so kann die *vergleichende Beobachtung* erfolgen. Je nach Problemstellung wird dabei die Differenz oder die Gleichheit der verglichenen Fälle im Blickpunkt stehen. Aber natürlich ist und bleibt der Vergleich der Königsweg zur *Erkenntnis von der Ordnung der Dinge*: Was die Dinge, auch die sozialen Dinge, sind, wie sie zusammengehören, lässt sich mithilfe des Vergleichs ermitteln. Reicht die Qualität der Vorarbeiten aus, werden durch das vergleichende Verfahren zum einen die nicht unmittelbar wahrnehmbaren, koinzidierenden Merkmale erschlossen, zum anderen und insbesondere die stetigen Koinzidenzen von den unsteten, variierenden getrennt werden können.

> Auf dieser Grundlage ist sodann zu prüfen, ob die Zahl der beobachteten Fälle, aber mehr noch die Qualität ihrer Gleichheit und Unterschiedlichkeit den *Schluss auf das Allgemeine* tragen kann. Ist dies der Fall, so kann die Erwartung formuliert werden, dass sich die Beobachtung auch in anderen Fällen wiederholen lassen werde; dass sich die wahrgenommenen Merkmalskoinzidenzen unter zwar gleichen Rahmenbedingungen, jedoch unter möglicherweise ganz anderen historischen, situativen oder sozialen Voraussetzungen wieder zeigen werden. In der „Annahme, dass ähnliche Wahrnehmungen die Wahrnehmung weiterer Ähnlichkeiten erwarten" lasse,[317] spiegeln sich *Notwendigkeitszusammenhänge, Ordnungsmuster* und *Strukturen* auch der sozialen Welt, hier: der Welt sozialer Kommunikation. Daher zeigt an dieser Stelle ein *Rückverweis wieder auf „Vergleich"*, das heißt: auf das Erfordernis erneuter, weiterer Beobachtung, um der Erwartung nachzugehen.

Jede *Erwartung* trifft auf eine Alternative: Sie kann *bestätigt* oder *enttäuscht* werden. Wird sie bestätigt, so wird neue Erfahrung gewonnen. Aber es gehört auch zur Erfahrung, dass sie immer wieder bestätigt werden muss. „Erst durch die Wiederholung wird sie gleichsam erworben".[318] Genau darin aber liegt nach Hans-Georg Gadamer *„die grundsätzliche Offenheit der Erfahrung für neue Erfahrung* – nicht in dem allgemeinen Sinne, dass Irrtümer zur Berichtigung kommen, sondern sie ist ihrem Wesen nach auf ständige Bestätigung angewiesen und wird da-

---

316 Siehe Schütz, Alfred, Grundbegriffe, 1971, S. 122–126.
317 Riedl, Rupert, Erkenntnis, ³1981, S. 111.
318 Gadamer, Hans-Georg, Wahrheit, 1975, S. 336.

her notwendigerweise selbst eine andere, wenn die Bestätigung ausbleibt."[319] Sie bleibt aus, wenn die vorgängige Erwartung fehlgeht. Riedl deutet die Erfahrungsänderung dann nur in eine Richtung: „Findet sich die Erwartung enttäuscht, so wird die Folge-Erwartung geschwächt und der Erfahrungs-Zuwachs ist zunächst unspezifisch, bleibt also erst in Erwartungen anderer Art einzuordnen."[320] Dies ist zu eng gesehen. Im Unterschied zu Erfahrung, die durch Bestätigung von Erwartungen gewonnen und erworben wird, führt nach Gadamer nämlich eine enttäuschte Erwartung zu eben jener *Erfahrung, die man „macht"*. Und dies sei die „eigentliche Erfahrung".

> „Wenn wir (...) eine Erfahrung machen, so heißt das, dass wir die Dinge bisher nicht richtig gesehen haben und nun besser wissen, wie es damit steht. Die Negativität der Erfahrung hat also einen eigentümlich produktiven Sinn. Sie ist nicht einfach eine Täuschung, die durchschaut wird und insofern eine Berichtigung, sondern ein weitgreifendes Wissen, das erworben wird. Es kann also nicht ein beliebig aufgelesener Gegenstand sein, an dem man eine Erfahrung macht, sondern es muss so sein, dass man an ihm ein besseres Wissen nicht nur über ihn, sondern über das, was man vorher zu wissen meinte, also über ein *Allgemeines* gewinnt."[321]

Die im Vergleich bestätigte Erwartung also gibt uns sicheres Wissen über Sachverhalte, auch über Medien, über Kommunikation, über Journalismus oder über Wirkungen von Kommunikation und Medien. Dieses Wissen kann verarbeitet werden und sich niederschlagen in Begriffen und Klassifikationen, in Typenkonstruktionen, die – wenn mit ihnen umfassende Einsicht in einen Bereich sozialer Erscheinungen erstrebt ist – in einer Morphologie münden kann: In einer möglichst vollständigen Darstellung der Erscheinungsformen eines Gegenstandsbereiches, ihrer Entwicklung und ihrer Variationen. Bestandteil einer solchen Morphologie ist jedoch immer auch die *Erklärung der Erscheinungsformen*. Diese wird gewonnen, wenn und soweit es gelingt, die Organisationsprinzipien der Erscheinungsformen und ihrer Metamorphosen aufzudecken, ihre *Gründe* also namhaft zu machen. Die *Tat-Sachen* der Sozialen Kommunikation finden ihre Erklärung in sozialen und kommunikativen *Ur-Sachen*. Einerseits skizzieren diese Stichworte Ergebnisse des Vergleichs, die Art und Weise, in welcher der Wissensgewinn aus dem Vergleichs-Verfahren verarbeitet wird;[322] andererseits kommen wir damit wieder auf die Erkenntnisziele der vergleichenden Methode zurück.

> Das Wechselspiel zwischen Erwartung und Erfahrung (im Schema des Vergleichens durch eine Schleife angedeutet) ist komplex und kompliziert. Es trägt nicht nur das Vergleichen; es rührt an die Grundlagen der Induktion mit ihren Schlüssen vom Ähnlichen auf Ähnliches, vom Besonderen auf Besonderes und vom Besonderen auf das Allgemeine. Das kann hier nicht

---

319 Gadamer, Hans-Georg, Wahrheit, 1975, S. 334.
320 Riedl, Rupert, Erkenntnis, ³1981, S. 105 f.
321 Gadamer, Hans-Georg, Wahrheit, 1975, S. 336.
322 Hinweise dazu finden sich zahlreich, aber verstreut bei Riedl, Rupert, Erkenntnis, ³1981; Aarebrot und Bakka behandeln „Das Einordnen von Erkenntnissen" aus dem Vergleich explizit. (Siehe Aarebrot, Frank H./ Bakka, Pal H., Methode, 1987, S. 57–61.)

6. Kapitel Das wissenschaftliche Vergleichsverfahren: Von den „Experimenten im Kopf"

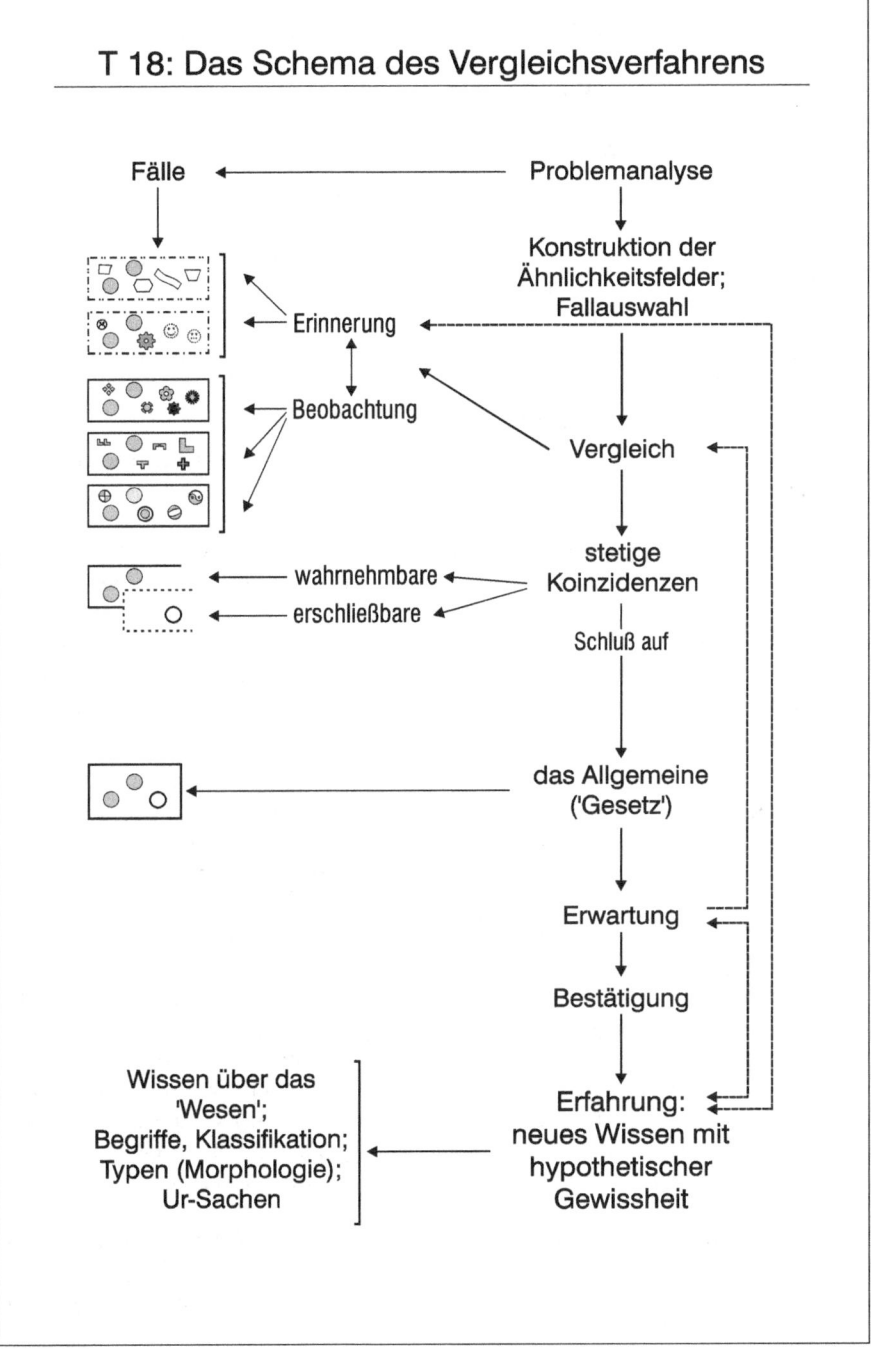

weiterverfolgt werden. In eine vielversprechende Richtung jedoch sollten wir unsere Erkundung noch vorantreiben. Sie betrifft die Beziehung von Erwartung und Erfahrung zur Erinnerung. (Sie ist im Schema der Tafel 18 ebenfalls mit einem Wechselpfeil markiert.)

4. Die „eidetische Betrachtungsweise"

Bei fast allen bisherigen Überlegungen sind wir davon ausgegangen, dass der Vergleich auf der direkten Beobachtung, das heißt auf der Wahrnehmung von Tatsachen beruht, die sich ereignen und sich zeigen. *„Beobachten"* im selbstverständlich gebrauchten Wortsinn scheint dahin zu deuten, dass die Vergleichs-Objekte uns buchstäblich *vor die Augen kämen.* „Beobachtung" ist dabei Sinneswahrnehmung. Aber diese Art „Beobachtung" würde uns völlig auf aktuelle Ereignisse und Abläufe zurückwerfen; wir wären allein auf gegenwärtige Wahrnehmung von Ereignissen angewiesen, um überhaupt vergleichen zu können.

Josef de Vries, der das Vergleichen und die mit ihm gegebenen Erkenntnismöglichkeiten, insbesondere die so aufzudeckenden Koinzidenzen, unter dem Terminus *„Konvergenz"* vorstellt, hat demgegenüber unterstrichen: „Die konkreten Tatsachen, von deren Konvergenz wir ausgehen, sind (...) zum größten Teil vergangene Tatsachen, die uns nur durch die Erinnerung gegeben sind. (...) Das, was vergangen ist, kann sich, eben weil es vergangen ist, jetzt nicht mehr an sich selbst und durch sich selbst zeigen, sondern nur in einem Erinnerungsbild."[323] Solche Erinnerungsbilder können viele Formen annehmen; sie können sich manifestieren im gesprochenen Wort, in Dokumenten, in historischen Darstellungen wissenschaftlicher und nichtwissenschaftlicher Art.

> Solche Dokumente besagen letztlich nichts anderes als: Der Autor hat dieses oder jenes beobachtet und erinnert sich genauso daran, wie er es aufgezeichnet hat! Es handelt sich also um Aussagen über vergangene Ereignisse oder Erlebnisse, die „nur aufgrund der Erinnerung als wirklich geschehen angenommen werden" können.[324] Die Zuverlässigkeit der Erinnerung muss dabei gleich mehrfach vorausgesetzt werden: Denn im Allgemeinen folgt die Aufzeichnung der Beobachtung; die Qualität der Aufzeichnung steht und fällt damit, dass die Erinnerung der Beobachtung entspricht; dass diese erste, ursprüngliche Erinnerung zuverlässig gewesen sei; dass zudem zahllose (aufgezeichnete und so tradierte) Kontexte von ihren Chronisten richtig erinnert werden, ist wiederum unumgängliche Voraussetzung für jene historischen Werke, die ich zu Rate ziehe, wenn ich zu einem Vergleich historischer Fälle ansetze, wobei ich da zusätzlich noch die Gewissheit meiner eigenen Erinnerung an diese und andere Fälle voraussetzen muss.

Von solchen Erinnerungsbildern kann man nicht in einem deduktiven, formalen Schluss „auf die gewesene Existenz des Ereignisses schließen, an das wir uns erinnern". „Vielmehr beruht auch die Erinnerungsgewissheit auf einer ersten, grundle-

---

323 de Vries, Josef, Erkenntnis, 1980, S. 84.
324 de Vries, Josef, Erkenntnis, 1980, S. 70.

genden Konvergenz. Es ist dies die erlebte Übereinstimmung der aufgrund der Erinnerung gefassten Erwartung und der in der Wahrnehmung erfolgenden Bestätigung der Erwartung, und das nicht bloß in einer Einzelheit, sondern in vielen Einzelheiten. Die Konvergenz, auf die es ankommt, ist hier gerade die Übereinstimmung in vielen Einzelheiten."

> de Vries demonstriert dies an einem Beispiel: „Die Erinnerung lässt mich erwarten, dass ich beim Blick aus dem Fenster viele Einzelheiten sehen werde: Häuser, Bäume, Straße usw. in ganz bestimmter Anordnung; und wenn ich den Blick nun wirklich durch das Fenster werfe, sehe ich tatsächlich das alles, so wie ich es erwarte; ich erlebe die Bestätigung der Erwartung."[325]

Die Erinnerungsbilder, auf die sich Erwartung und Erfahrung mit solcher Gewissheit stützen, sind Vorstellungen. Diese und alle Vorstellungen setzen – eigene oder fremde – Wahrnehmungen voraus: „Hätten wir keine Wahrnehmung, dann hätten wir auch keine Vorstellung."[326] Und zunächst geht es hier um „anschauliche" oder visuelle Vorstellungen. Diese sind in gewisser Weise Abbilder der Sinneswahrnehmung, aber schon „schematisierte, standardisierte, verallgemeinerte" Abbilder, die viele der von Erscheinung zu Erscheinung wechselnden Einzelmerkmale außer Acht lassen, von den unsteten, in den Erscheinungen variierenden Merkmalen also abstrahieren. Solches Absehen von variierenden Eigenschaften endet schließlich, nach Josef de Vries, in *„unanschaulichen"* oder in *„abstrakten Vorstellungen"*, die dadurch charakterisiert sind, dass sie auch alle Eigenschaften, ohne die ein bestimmtes „Ding" gar nicht vorgestellt werden könnte, nicht in bestimmten Größen (Quantitäten) oder Qualitäten abbilden, sondern diese ganz unbestimmt lassen.[327]

> Das klassische Demonstrationsbeispiel ist ein Dreieck. Es kann in der anschaulichen Vorstellung mit bestimmten Farben, Materialqualitäten, wie Härte, Dicke, Gewicht usw. einerseits, andererseits aber auch mit bestimmten Seitenlängen oder Winkelgraden vor das geistige Auge gerückt werden. In der „unanschaulichen Vorstellung" dagegen sind die Merkmale der ersten Gruppe völlig weggenommen, die Merkmale der zweiten Gruppe (drei Seiten, drei Winkel) aber haben dann keinen konkret bestimmten Datengehalt mehr.

Diese „Beobachtungen" und Überlegungen besagen allerdings auch: *„Unanschauliche Vorstellungen"* setzen einen (wiederholten) *Vergleich* der fraglichen Erscheinungen *schon voraus. Die anschaulichen Vorstellungen* (und zumindest die entsprechenden Erinnerungsbilder) *geben eine ausgezeichnete Vergleichsbasis her*, weil sie eine beliebige Zahl und beliebig variierende Vergleichsfälle präsentieren. Es ist also durchaus möglich, dass Vergleiche vollständig oder überwiegend auf der Grundlage abgerufener Erinnerungsbilder und damit verbundener oder angestoßener Vorstellungen angesetzt und realisiert werden können. Das ist die „um-

---

325 de Vries, Josef, Erkenntnis, 1980, S. 84.
326 Lersch, Philipp, Person, [7]1956, S. 351.
327 Vgl. de Vries, Josef, Erkenntnis, 1980, S. 43.

wälzende Möglichkeit", im „Raum des Gedächtnisses Erfahrung gegen Erfahrung zu setzen".[328] Das sozialwissenschaftliche Vergleichs-Experiment wird so zu einem Experiment im Kopf, zu einem abstraktiven Gedankenexperiment.

In der Phänomenologie von Edmund Husserl hat dieses Gedankenexperiment den Namen „*eidetische Betrachtungsweise*". Husserl hat dafür (so Alfred Schütz) „die nicht sehr glücklich gewählten Begriffe *Wesen* und *Wesensschau*" eingeführt, die „manches Missverständnis" völlig unnötig hervorgerufen haben. Aber auch diese „eidetische Betrachtungsweise" ist „nichts weiter als ein methodologisches Forschungsverfahren" des Vergleichens.

> Das Prinzip kann an einem ganz einfachen Beispiel illustriert werden: „Angenommen, ich hätte auf diesem Schreibtisch, von einer Lampe beleuchtet, einen roten hölzernen Würfel von einem Zoll Kantenlänge vor mir. In natürlicher Einstellung nehme ich dieses Ding, das die erwähnten Qualitäten und Eigenschaften hat, als fraglos wirklich wahr. In der phänomenologisch reduzierten Sphäre behält das Phänomen Würfel – der Würfel, wie er mir erscheint – diese gleichen Qualitäten als intentionaler Gegenstand meines wahrnehmenden Aktes. Aber angenommen, ich wäre daran interessiert, die allen Würfeln gemeinsamen Qualitäten zu finden. Ich will nicht die Methode der Induktion benutzen, die nicht nur die Existenz ähnlicher Gegenstände voraussetzt, sondern auch gewisse unberechtigte logische Voraussetzungen impliziert. Ich habe nur diesen einzelnen konkreten Gegenstand vor mir, den ich wahrnehme. Ich kann aber ungehindert diesen wahrgenommenen Gegenstand in meiner phantasierenden Vorstellung verändern, indem ich nacheinander seine Merkmale variiere – seine Farbe, seine Größe, das Material, aus dem er gefertigt ist, seine Beleuchtung, seine Umgebung und seinen Hintergrund, die Perspektive, in der er erscheint, und so fort. So kann ich mir eine unendliche Zahl verschiedener Würfel vorstellen."

„Aber alle diese Variationen lassen eine *Gruppe von Merkmalen unberührt, die allen vorstellbaren Würfeln gemeinsam* ist, z.B. ihre Rechtwinkeligkeit, ihre Begrenzung in sechs Quadraten, ihre Körperlichkeit. Diese in allen vorstellbaren Transformationen des konkreten, wahrgenommenen Dinges unveränderliche Gruppe von Merkmalen – sozusagen der Kern aller vorstellbaren Würfel – wird man als die wesentliche Charakteristik des Würfels bezeichnen, bzw. mit dem griechischen Begriff als sein ‚eidos'.[329] Es ist kein Würfel denkbar, der nicht diese wesentlichen Merkmale hätte."[330] Blaise Pascal muss sich wohl vom Allgemeinbegriff genau die gleiche Vorstellung eines „Wesens-Begriffes" gemacht haben; denn er meinte – insoweit ganz übereinstimmend mit der modernen Phänomenologie –, der Inhalt eines Begriffs umschließe genau jene Attribute, „welche man ihm nicht nehmen kann, ohne ihn zu vernichten".[331]

---

328 Riedl, Rupert, Erkenntnis, ³1981, S. 156.
329 Das griechische „eidos" hat mehrere Bedeutungen, die für die „eidetische Betrachtungsweise" relevant sein können; es bedeutet (1.) das Sehen, Schauen; (2.) Gestalt, Form, äußere Erscheinung; und (3.) Begriff, Vorstellung, Idee, aber auch Wesen.
330 Schütz, Alfred, Phänomenologie, 1971, S. 130 f.
331 Zit. nach Strombach, Werner, Denken, 1970, S. 15.

Präziser wird man hier vielleicht zwischen *Allgemeinen Wörtern* und *Begriffen* (im strengen Sinn) unterscheiden müssen. Die Allgemeinen Wörter (oder eben die Alltagsbegriffe der Sprache) resultieren ja aus einem *abstraktiven Vergleichsverfahren*, soweit es sich auf Gegenstände bezieht, die einer anschaulichen Vorstellung zugänglich sind. Aber es gibt viele Gegenstände, von denen Sinneswahrnehmungen und entsprechend visuelle Vorstellungen nicht möglich sind. Josef de Vries meint: Wenn wir das Wort ‚Tausendeck' aussprechen, wissen wir sofort, was damit gemeint ist, obwohl niemand sich davon eine konkrete Vorstellung machen kann. Noch weniger dürfte es möglich sein, sich den Unterschied zwischen einem Tausendeck und einem Neunhundertneunundneunzig-Eck vorzustellen, obwohl dieser Unterschied sonnenklar ist.[332] Die Unmöglichkeit einer anschaulichen Vorstellung wächst bei Wörtern wie ‚Freiheit', ‚Staat', ‚Kommunikation' usw. In all diesen Fällen sind es „abstrakte Vorstellungen, die den Wörtern ihre Bedeutung verleihen"; solche abstrakten Vorstellungen nennen wir „Begriffe".[333]

Zu derartigen Wesens-Begriffen kann die „eidetische Methode" führen: Es handelt sich dabei letztlich um ein Vergleichs-Experiment im Denken. Die so erreichte „Wesensschau" meint nicht irgendeine „passiv erschaute Wahrheit", hat nichts zu tun mit geheimnisvoll-mystischen Erkenntnispfaden: das „Wesen", um das es geht, wird nämlich auch hier einsichtig aufgrund der Trennung aller frei variierenden Merkmale von allen steten und damit notwendig zusammengehörenden Attributen eines „Dinges". So und nicht anders sind etwa die von Otto Groth namhaft gemachten „Wesensmerkmale" der Zeitung (Universalität, Aktualität, Publizität und Periodizität) zustande gekommen und zu lesen: als Ergebnis zahlloser Vergleiche zwischen historischen und gegenwärtigen, teils beobachteten, teils in der Vorstellung imaginierten Fällen.[334]

Auch diese „Wesens"-Entdeckung durch Vergleich entspricht der oben schon angesprochenen Problemrelevanz. Die Frage beim Einsatz der „eidetischen Betrachtungsweise" lautet nämlich gerade: Welches sind die allen je ähnlichen Dingen, allen Dreiecken, allen Zeitungen, allen Journalisten usw. gemeinsamen Eigenschaften, Merkmale oder Qualitäten. Hier also wollen wir mit Aristoteles wissen, was jedes Ding sei und wodurch es sich von anderen unterscheidet.[335]

5. Zur Entdeckung der Ur-Sachen

Die Antwort auf diese Frage zielt nach Hans-Georg Gadamer auf das erste Allgemeine, auf die Allgemeinheit des Begriffs. Aber dies ist nicht die einzig mögliche Frage beim Vergleichen. Von der durch sie gefundenen „Allgemeinheit des Begriffs", von der Allgemeinheit der Erfahrung, die in ihm sich ausdrückt, nimmt die Wissenschaft ihren Ausgang. Wenn dieses Allgemeine gesichert ist, das heißt: wenn „die einzelnen Beobachtungen (..) regelmäßig das Gleiche zeigen", kann erst die Anschlussfrage „nach dem Grund und damit die Fragestellung, die zur Wis-

---

332 Vgl. de Vries, Josef, Erkenntnis, 1980, S. 42.
333 de Vries, Josef, Erkenntnis, 1980, S. 43.
334 Vgl. hierzu Groth, Otto, Vermittlung, 1998.
335 Vgl. Aristoteles, Topik, 108 a.

senschaft führt, einsetzen".[336] Zumindest ein mögliches Erkenntnisinteresse bei der Frage, warum etwas ist, wie es ist, reicht hin zu den Ur-Sachen. Dies ist – hier schließt sich der Kreis unserer Überlegungen zum Verfahren des Vergleichens – eben jene Frage, die Emile Durkheim als das Vorzugsziel des Vergleichens im Auge hatte.

Die Grundlage dieser Erwartung an das Vergleichs-Verfahren formuliert Durkheim in dem Satz: *„Zu derselben Wirkung gehört stets dieselbe Ursache".*[337] Riedl entfaltet diesen Grundsatz in zwei Hypothesen, die beide auf der Vergleichung der Erscheinungen basieren;

- Die „Hypothese von der Ur-Sache": Sie *„enthält die Erwartung, dass ähnliche Ereignisse oder Zustände ähnliche Ereignis- oder Zustandsfolgen prognostizieren ließen; und dass (...) ein bestimmtes Feld von Ähnlichkeiten, ein und dieselbe Menge von Ereignissen oder Zuständen, auch ein und dieselbe bestimmte Ereignis und Zustandsfolge vorhersehen ließe".*[338] Ferner:

- Die „Hypothese von den Zwecken" (oder von den Final-Ursachen): sie *„enthält die Erwartung, dass die Funktionen ähnlicher Systeme als Subfunktionen desselben Obersystems verstanden werden dürfen",* oder vereinfacht, *„dass gleiche Strukturen demselben Zwecke entsprechen oder genügen werden".*[339]

Mit diesen grundsätzlichen Annahmen ist auch schon grob markiert, worauf die Vergleichsbeobachtungen sich bei der Frage nach der Ur-Sache und/oder nach den Gründen zu richten haben. Drei Möglichkeiten, die nicht hart und übergangslos voneinander zu trennen sind, seien hervorgehoben:

- die Beobachtung von Ereignissen, die einander beständig folgen;
- die Beobachtung von Ereignissen oder Zuständen, die stets miteinander eintreten; und schließlich
- die Beobachtung von Ereignissen oder Zuständen, die parallel miteinander variieren.

---

336 Gadamer, Hans-Georg, Wahrheit, 1975, S. 333.
337 Durkheim, Emile, Methode, ²1965, S. 208.
338 Riedl, Rupert, Erkenntnis, ³1981, S. 130; vereinfacht, so Riedl, besage die Hypothese, *„dass ähnliche Ereignisse oder Zustände dieselbe Ursache haben und dieselbe Wirkung tun werden".* Das ist also nur eine erweiterte Fassung der Annahme Durkheims.
339 Riedl, Rupert, Erkenntnis, ³1981, S. 159. – Die Unterscheidung verschiedener Ursachen geht auf Aristoteles zurück, der vier verschiedene Arten von Ursachen namhaft gemacht hat. (Siehe Aristoteles, Metaphysik, 1014 a und b sowie Zweite Analytik, 94 a.) Zu ihrer Illustration ist seither das Exempel des Hausbaus üblich: Der Hausbau bedarf „erstens einer Antriebs-Ursache, der *causa efficiens,* eines Aufwandes also an Energie, Geld und Arbeitskraft. Zweitens ist Material nötig, die Material-Ursache oder *causa materialis,* Baumaterial: Ziegel, Zement, Balken und so fort. Drittens geht es nicht ohne einen Plan, der die Form bestimmt, die Form-Ursache oder *causa formalis,* das sind Grund- und Aufrisse, welche die Auswahl und Anordnung der Materialien festlegen; und viertens [ist] nicht ohne eine Zweck-Ursache, eine *causa finalis,* also irgend jemandes Absicht, ein Haus zu bauen." (Riedl, Rupert, Erkenntnis, ³1981, S. 120.) Diese Lehre von den Ursachen ist im Anschluss an Aristoteles viel diskutiert und teilweise ergänzt worden (z. B. durch eine *causa per accidens,* d. h. den Zufall als Ursache; vgl. de Vries, Josef, Erkenntnis, 1980, S. 88 f.).

Diese letzteren Fälle vor allem hat Emile Durkheim im Blick; er bezeichnet diese Beobachtung als die *„Methode der parallelen (konkomitanten) Variationen"*.[340] Schon ein einfacher Parallelismus von Merkmalen und Daten, den zwei Erscheinungen miteinander durchlaufen, ist nach Auffassung von Durkheim „ein Beweis, dass zwischen ihnen eine Relation besteht", sofern ein solcher Parallelismus „in einer hinlänglichen Zahl von zureichend variierten Fällen festgestellt worden ist". Und „sobald zwei Phänomene regelmäßig eines wie das andere variieren, muss man einen Zusammenhang selbst dann als gegeben hinnehmen, wenn in gewissen Fällen das eine dieser Phänomene ohne das andere auftreten sollte".[341]

> Solche Parallelismen lassen sich bei kommunikationswissenschaftlich relevanten Erscheinungen vielfach beobachten. Exemplarisch dafür sind etwa Beziehungen des Mediennutzungsverhaltens zu Merkmalen der Bildung oder der Einkommensschichtung der Nutzer, die neuerdings zunehmend auch im Rahmen vergleichender „Medienbiografien" untersucht werden. Parallelismen dieser Art findet man aber auch zwischen journalistischen Arbeitsprinzipien bzw. Selbstverständnissen und qualitativen Merkmalssyndromen der entsprechenden journalistischen Produkte, wie sie im Rahmen vergleichender Studien zu verschiedenen „Journalismuskulturen" regelmäßig ermittelt worden sind.[342]

Schon bei dieser Strategie der Beobachtung paralleler Variationen steht nicht mehr – wie beim „einfachen" Vergleich – die Koinzidenz von Merkmalen oder Merkmalsgruppen im Mittelpunkt, sondern die „Sukzession" von Merkmalen (so Riedl) in zeitlicher Abfolge: Immer wenn sich Merkmale einer Erscheinung A in angebbarer (beobachteter) Weise verändern, verändern sich auch parallel Merkmale der Erscheinung B ebenfalls in angebbarer Weise. Oder man kann, falls die Beobachtung bei der Erscheinung B beginnt, aus einer angebbaren Veränderung an deren Merkmalen schließen, dass entsprechend bestimmte Merkmale der Erscheinung A parallel verändert sein werden.

Dies wird noch schärfer sichtbar, wenn wiederkehrend und beständig eine zeitliche Abfolge von Ereignissen vergleichend beobachtet wird: Auf A folgt unweigerlich B wie der Donner dem Blitz. Es gibt im Bereich der Sozialen Kommunikation, insbesondere bei deren Modus, der (untauglich) als „Massenkommunikation" bezeichnet wird, solche Fälle recht häufig. Sie treten deutlich auf als sogenannte Alltagswirkungen der Medienberichterstattung. Diese werden in der Literatur auch als *„small effects"* bezeichnet, weil die dem Ereignis ‚Berichterstattung' folgenden Handlungs- oder Verhaltens-Ereignisse im Allgemeinen von kurzer Dauer sind, jedoch oft steil ansteigende, massive Reaktionsgrade erreichen.

---

340 Durkheim, Emile, Methode, ²1965, S. 209. – *Konkomitanz* ist ein primär sprachwissenschaftlicher Fachbegriff; er besagt das „Miteinandervorkommen" sprachlicher Elemente aus unterschiedlichen Klassen (z. B. Verben und Objekte); das Miteinandervorkommen kann völlig unterschiedliche Erscheinungsweisen haben: es kann obligatorisch, fakultativ oder – im gesetzmäßig negativen Falle – auch ausgeschlossen sein.
341 Durkheim, Emile, Methode, ²1965, S. 209 f.
342 Vgl. dazu u. a. Köcher, Renate, Spürhund, 1985; oder Donsbach, Wolfgang, Kontrolle, 1993; ders. Journalismus, 1993.

II. Die Basismethoden des Verstehens

Ein typischer Fall dafür ist der „*Morbus Mohl*"; Hans Mohl war – vielfach ausgezeichnet – lange Jahre Leiter und Moderator des ZDF-Gesundheitsmagazins „Praxis"; die nach ihm benannten Krankheitsbilder traten schlagartig und teilweise sehr heftig in den Folgetagen nach Sendungen des Gesundheitsmagazins auf, in denen die jeweiligen Krankheiten und ihre Symptome vorgestellt worden waren. Entsprechendes war (und ist) mit großer Regelmäßigkeit zu beobachten bei der Nachfrage nach Diagnose- und Therapieverfahren, die durch derartige Sendungen angeregt und anschließend in den einschlägigen Arztpraxen registriert werden. In ganz ähnlicher Weise löst die Berichterstattung über „Wundermittel" (und selbst noch die ausdrückliche Warnung davor) schon nahezu gesetzmäßig einen Run auf die Bezugsquellen aus, schüren Katastrophenszenarios Ängste, legen Großaufnahmen von ekligen Madenwürmern in Frischfisch über eine sofort einsetzende Kaufzurückhaltung für Wochen den Fischmarkt lahm.[343]

Natürlich beobachten wir in den zugrundeliegenden Vergleichen niemals Kausalitäten. Was tatsächlich (direkt sinnlich wahrgenommen oder indirekt über Vorstellungsbilder) beobachtet werden kann, ist lediglich eine zeitliche Aufeinanderfolge von Veränderungen, von Zuständen oder Ereignissen. Dabei wird der zuerst erscheinende Vorgang als Ursache, die ihm folgende Erscheinung oder deren Veränderung als Wirkung interpretiert. Eine solche Interpretation ist, ganz allgemein gesagt, mehrfach begründet und berechtigt: Zum einen ist es durchaus von lebenspraktischer Bedeutung, wiederkehrende Zusammenhänge als Ursache-Wirkungsbeziehungen aufzufassen, zumal die Erfahrung des eigenen Wollens und Handelns zeigt,[344] dass da Ursachen gesetzt werden, von denen Folgen ausgehen und weiterlaufen.[345] Zum anderen fordert „die Tatsache der Konvergenz eine hinreichende Ursache. Das ist unbedingt gewiss. (...) Konvergenz besagt auf jeden Fall eine Vielheit von Geschehnissen, deren Zusammenspiel mindestens den Eindruck eines zusammenhängenden Ganzen macht."[346]

Dieser Eindruck eines notwendigen, kausalen Zusammenhangs muss allerdings auf der Grundlage der vergleichenden Beobachtung sehr genau überprüft werden. Vor allem sind Zufall und Täuschungen auszuschließen, wie Josef de Vries ausführlich darlegt. Emile Durkheim fordert mit der nämlichen Zielsetzung eine äußerst sorgfältige Interpretation der Vergleichsbeobachtungen: es könne ja schließlich sein, dass von konkomitanten Veränderungen nicht eine die Ursache und die andere die Wirkung, sondern dass beide Wirkungen einer gemeinsamen Ursache seien, was auch für die zeitliche Aufeinanderfolge von Ereignissen zu beachten ist. Hinweise darauf, welche Art Ursache zu suchen und wo sie möglicherweise zu fin-

---

343 Siehe dazu Wagner, Hans, Angst, 1993, S. 30–35.
344 Vgl. de Vries, Josef, Erkenntnis, 1980, S. 28: „Wir erleben (..) im Ablauf unserer Gedanken und besonders in unserem Wollen selbst, dass nicht bloß Zuschauer sind, die nur beobachten, wie die Akte gleichsam auf einer unkörperlichen Bühne auftauchen und wieder verschwinden, sondern dass wir selbst dabei wirksam sind, dass wir durch unser Wirken die Gedanken lenken, dass wir unser Wollen selbst zustande bringen, selbst wirken. Nur aus solchem Erleben wissen wir überhaupt, was mit dem Wort ‚Wirken' gemeint ist."
345 Vgl. dazu Riedl, Rupert, Erkenntnis, ³1981, S. 126 ff.
346 de Vries, Josef, Erkenntnis, 1980, S. 95.

den ist, geben bereits die Ähnlichkeitsfelder, welche die Vergleichsbasis bilden: Funktionsanalogien haben Ursachen, die von außen einwirken, Homologien systemimmanente Ursachen.[347] Aber zu Recht unterstreicht Durkheim eben auch, dass solche Interpretationssorgfalt nicht eine Sonderforderung an das vergleichende Verfahren sei; es gebe auch sonst keine experimentelle Methode, die mechanisch eine Kausalitätsbeziehung zutage fördere.

Sicher ist aber, dass mit der Anwendung der vergleichenden Methode als eines Verfahrens zur Beweisführung auf die Ursachen hin ein entscheidender Schritt über den „einfachen" Vergleich hinaus getan wird. Letzterer hält fest und beschreibt, welche Merkmalskoinzidenzen oder Ereigniskoinzidenzen (und auch Merkmalsdifferenzen) beobachtbar sind. Ein Vergleich, der nach Kausalzusammenhängen fahndet, beschreibt koinzidierende Sachverhalte nicht mehr nur, sondern versucht, sie zu erklären.[348] Generell setzt diese Erklärung also den „einfachen" Vergleich auf jeden Fall voraus. Die Möglichkeiten der Erklärung sind abhängig von der Qualität der Ergebnisse des „einfachen" Vergleichs. Unbestreitbar ist demnach, dass „die Erkenntnis der Koinzidenzen als Voraussetzung der Erkenntnis von Folgezuständen auch den Grad der erreichbaren Genauigkeit der Folge-Schlüsse bestimmen muss".[349] Zu bedenken ist auch, dass eine Erklärung sehr wohl falsch sein oder werden kann, auch wenn die Beobachtung und Beschreibung der relevanten Koinzidenzen völlig zutreffend und richtig ist. Daher muss, so statuiert Durkheim, ein auf die Entdeckung von Kausalzusammenhängen zielender Vergleich mit Strenge durchgeführt werden; das heißt vor allem, dass auf die Vorarbeiten zum Vergleich, auf die Konstruktion von Ähnlichkeitsfeldern und Fallreihen, das besondere Augenmerk zu richten ist.

---

347 Siehe dazu S. 137f.
348 Ganz allgemein besteht keine Kluft zwischen Erklären und Verstehen in dem Sinne, dass die wissenschaftliche Erklärung eines Sachverhalts zwingend ein empirisch-analytisches Verfahren erforderte. Vgl. dazu 7. Kapitel: Hermeneutik und 17. Kapitel: Wissenschaftliche Deskription.
349 Riedl, Rupert, Erkenntnis, ³1981, S. 130.

7. Kapitel Hermeneutik: Von den Regeln des Verstehens

„Verstehen" – im alltäglichen Umgang ist das etwas Vielsagendes und Vieldeutiges. Alles verstehen, sagt man, heißt alles verzeihen! Von solch fragwürdiger Verständnisinnigkeit ist wissenschaftliches Verstehen weit entfernt. Als wissenschaftliches Verfahren, dies Missverständnis sollte sofort ausgeräumt werden, hat Verstehen nichts zu tun mit Sympathie und schon gar nichts mit Billigung eines Sachverhaltes. Auch ist Verstehen nicht einfach Kenntnisnehmen, nicht gleichbedeutend mit Beschreibung der Wirklichkeit. Es enthält von all dem wohl Spurenelemente; und deshalb haben Historiker wie Ranke, ältere und neuere Philosophen (wie Thomas von Aquin, Dilthey, Heidegger oder Gadamer) immer wieder darauf hingewiesen, dass Verstehen ein *Erkenntnisakt* ist, in dem *alle* Kräfte des menschlichen Geistes wirksam sind.[350] Dilthey hebt immer wieder die Trias (Dreiheit) der Schritte „*Erlebnis – Ausdruck – Verstehen*" hervor, worin wir „geradezu das Kernstück derjenigen Begriffe vor uns (haben), die (...) von den Leistungsformen Rechenschaft geben, deren das Subjekt fähig sein muss, damit dem von ihm Gedachten der Geltungswert von Erfahrung beigemessen werden könne".[351] Lebensphilosophie und Phänomenologie betonen gleichermaßen, dass „Leben und Verstehen zusammengehören", dass das Verstehen von Zeichen und Gebärden vom ersten Tag an unser Dasein bestimmt, dass ohne Verstehen ein Zusammenleben unter Menschen nicht möglich ist.[352]

1. Der Sinn des Verstehens

Verstehen ist, darin stimmen die in vielen Details sehr unterschiedlichen Lehrmeinungen überein, stets auf die Erkenntnis von *Sinngebilden und Sinnzusammenhängen* gerichtet. Die verstehende Sozialwissenschaft zielt darauf, die in den Verstehensprozessen des Alltags angelegten Möglichkeiten für sich nutzbar zu machen und „methodisch kontrolliert herauszuarbeiten, aufgrund welcher Sinnbezüge gerade so gehandelt wurde, wie gehandelt wurde".[353] Während wir jedoch im Alltag den subjektiv gemeinten Sinn, von dem die Handlungsentwürfe bestimmt werden, mit Rückgriff auf Erfahrungstypen eher intuitiv, verkürzt und lediglich näherungsweise rekonstruieren oder unterstellen, ist es dem wissenschaftlichen Verstehen um rationale Rekonstruktionen des Typischen zu tun, das sich je im Einzelfall und im Besonderen zeigt: „Es geht um die idealtypische Rekonstruktion des typischen subjektiv gemeinten Sinns."[354] Das sinnhafte Zusammengehören einzelner Strukturen, Faktoren und Elemente erfassen wir dabei vom Ganzen her und im Zusammenhang des Ganzen.

> Von dieser Zielrichtung her wurde und wird das *Verstehen* als wissenschaftliche Methode vom *Erklären* nicht nur unterschieden, sondern ihm entgegengesetzt. Man fasst dann unter ‚Erklären' vornehmlich die *Kausalerklärung*, die sich im Sinne von Kant auf die gesetzmäßige Aufeinanderfol-

---

350 Vgl. Meyer, Hans, Erkenntnislehre, 1955, S. 421.
351 Litt, Theodor, Erkenntnis, 1980, S. 33 und an mehreren Stellen.
352 Vgl. Meyer, Hans, Erkenntnislehre, 1955, S. 417.
353 Schroer, Norbert, Hermeneutik, 1997, S. 112.
354 Schroer, Norbert, Hermeneutik, 1997, S. 111 und S. 113.

ge von Ereignissen und Sachverhalten bezieht, wie sie eben im Bereich der Natur vorkommt und von Naturwissenschaften geübt wird. Wenn wir metaphysische Fragen ausklammern, dürfte es jedenfalls schwer sein, nach dem ‚Sinn' der Natur oder nach dem (vorgegebenen) „Sinn" bestimmter Eiweißstrukturen zu fragen; der Naturwissenschaftler kann ‚Sinn' in die Naturgegebenheiten allenfalls „hineininterpretieren". Das meint Alfred Schütz, wenn er sagt, die Gegenstände des Naturwissenschaftlers seien nicht „vorinterpretiert".

Daher lässt sich folgern, dass wir „weder Gott noch den Sinn der Welt oder der Natur" verstehen, aber wir verstehen Werkzeuge oder mathematische Formeln.[355] Wir verstehen alle kulturellen Gegenstände und alle sozialen Erscheinungen und zwar deshalb, weil alle diese Gegenstände in Sinnzusammenhängen stehen, die menschlichem Handeln entspringen. Sie „weisen in Ursprung und Bedeutung auf die Tätigkeiten menschlicher Individuen zurück", wobei es unerheblich ist, ob diese Tätigkeiten von Zeitgenossen oder „Vorgängern" gesetzt wurden. Insofern ist die Geschichtlichkeit von Gesellschaft und Kultur nichts anderes als „die Sedimentation menschlicher Tätigkeiten", und sie „erschließt sich einer Untersuchung erst in Bezug auf diese Tätigkeiten. Aus demselben Grund kann ich einen kulturellen Gegenstand nicht verstehen, ohne ihn auf die ihn hervorbringende menschliche Tätigkeit zu beziehen. Zum Beispiel verstehe ich ein Werkzeug nicht, ohne den Zweck seines Entwurfs zu kennen; ein Zeichen oder ein Symbol bleiben unverständlich, falls ich nicht weiß, was die es benutzende Person damit meint; eine Institution bleibt mir unverständlich, solange ich nicht weiß, was sie für die Individuen bedeutet, die in ihr und auf sie hin ihr Verhalten orientieren."[356]

Weil alle Gegenstände im sozialen oder kulturellen Bereich Ergebnisse und Produkte menschlichen Handelns sind, können sie verstehend erfasst werden. Max Weber beginnt daher seine Darstellung der soziologischen Grundbegriffe eben mit dem Satz: Soziologie sei die Wissenschaft, „welche soziales Handeln deutend verstehen und dadurch in seinem Ablauf und seinen Wirkungen ursächlich erklären will. ‚Handeln' soll dabei ein menschliches Verhalten (...) heißen, wenn und insofern als der oder die Handelnden mit ihm einen subjektiven Sinn verbinden. ‚Soziales' Handeln soll ein solches Handeln heißen, welches seinem von dem oder den Handelnden gemeinten Sinn nach auf das Verhalten *anderer* bezogen wird und daran in seinem Ablauf orientiert ist."[357]

Darauf und auf nichts anderes ist in den Sozialwissenschaften das Postulat der *„subjektiven Interpretation"* bezogen: dass wir nämlich den *Sinn* aller Sozial- und Kulturgebilde nur dann verstehen, wenn wir danach fragen, welchen *Sinn* die Handlungsabläufe und Handlungsergebnisse *für die handelnden* Subjekte selbst (und nicht etwa für den wissenschaftlichen Beobachter) haben.[358] Nichts damit zu

---

355 Meyer, Hans, Erkenntnislehre, 1955, S. 417.
356 Schütz, Alfred, Sozialwissenschaften, 1971, S. 12.
357 Weber, Max, WuG, ⁵1972, S. 1.
358 Vgl. Schütz, Alfred, Sozialwissenschaften, 1971 S. 12, S. 28 et passim.

tun hat der (oft absichtsvoll geschürte) Subjektivismus-Verdacht, dass nämlich solches Sinnverstehen lediglich zu willkürlichen, subjektivistischen Sinninterpretationen oder zu beliebigen Annahmen über Handlungsabfolgen oder „Wechselwirkungen" führen könne, also weniger wert sei als das „harte Erklären" der Naturwissenschaften. Genährt wird solcher Verdacht zum einen durch eben den Hinweis, dass auch die Sinngebung eines Handelns durch den Handelnden selbst immer subjektiv bleibt, weshalb das Verstehen dieses Sinnes nur zur Erfassung subjektiver Absichten tauge; zum anderen durch zahlreiche, zumindest missverständliche Theorien darüber, wie Verstehen, insbesondere Fremdverstehen überhaupt vor sich gehe: als eine „Einfühlung", als ein „Hineinversetzen" in die Haut eines anderen, als ein Nacherleben, als Mitvollzug oder wie immer.[359] Der erste Komplex von Vorbehalten zielt primär auf die Gegenstände des Verstehens; der zweite Einwand zielt mehr auf die methodologischen Voraussetzungen. Beide Aspekte können nur angedeutet werden.

> Was die *Gegenstände des verstehenden Erkennens* betrifft, so haben schon die Ausgangsüberlegungen den wesentlichen Sachverhalt zutage gefördert. Es muss sich nämlich bei diesen Gegenständen um sinnlich wahrnehmbare Gegebenheiten handeln, die als vom Menschen hervorgebracht und gestaltet erkannt sowie in ihrer Bedeutung bzw. in ihrem Sinn erfasst werden.[360] (Vgl. Tafel 19, a: Die Schritte des Verstehens.)

Die entscheidende Frage lautet nun aber, wie es überhaupt möglich ist, dass jemand das versteht, was ein anderer hervorgebracht hat. Oder noch einmal anders gefragt: *Wie kann Verstehen so möglich sein*, dass sein Ergebnis richtig und verbindlich ist und eben nicht in beliebig subjektive Annahmen und Unterstellungen ausartet?

2. Die Vorgabe: der „objektive Geist"

Die Antwort ist in der Tatsache zu finden, dass der im Verstehen zu erschließende subjektive Sinn eines Handelns oder eines Handlungsergebnisses selbst nichts Beliebiges, nichts willkürlich und unendlich Variierendes darstellt, sondern eingebettet ist in das, was Dilthey als den *„objektiven Geist"* bezeichnet hat. Das ist zweifellos eine für heutige Ohren ganz fremdartige, ungewohnte und auch missverständliche Ausdrucksweise. (Und daher müssen wir uns darum bemühen, zu „verstehen", was damit gemeint ist!)

Selbstverständlich kann mit dem *„objektiven Geist"* eine metaphysische oder absolute Größe gemeint sein. Tatsächlich ist das jedoch nur eine nicht von vornherein ausgeschlossene Möglichkeit. Zunächst jedoch meint der Terminus etwas,

---

[359] Zu den verschiedenen Versionen siehe Meyer, Hans, Erkenntnislehre, 1955, S. 423 ff. – In der Forderung an den Interpreten, alle Befangenheiten seiner eigenen Existenz abzustreifen und sich in die Situation des Urhebers eines Sinngebildes zu versetzen, sieht Wolfgang L. Schneider nicht nur den Appell an ein mysteriös kongenialisches Vermögen; ein solches Postulat führe vielmehr unausweichlich in ein vitiöses, d. h. fehlerhaftes und daher unerlaubtes Zirkeldenken: „Der Interpret soll als Vorbedingung jeder Auslegung sich dem Autor gleichstellen, kann dies aber nur durch Auslegung seiner Schriften" (Schneider, Wolfgang L., Verstehen, 1999, S. 33 f.).
[360] Siehe Danner, Helmut, Pädagogik, 1979, S. 34.

T 19: Der Weg des Verstehens

a) Die Schritte des Verstehens

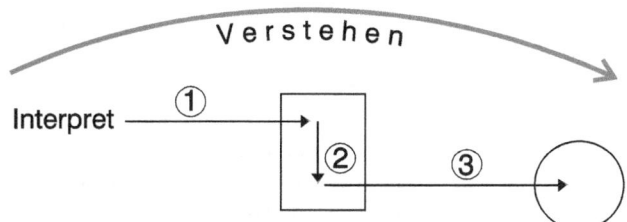

① Etwas sinnlich Gegebenes ─ wird ─ ② als menschliches Produkt identifiziert ─ und ─ ③ in seiner Bedeutung erfasst

b) Die Subjekte und der "objektive Geist"

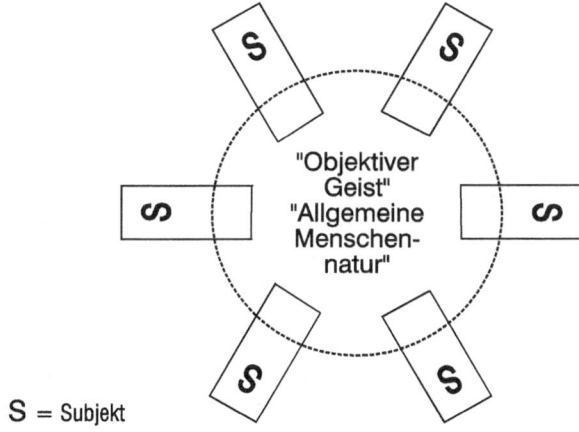

S = Subjekt

Quelle: Helmut Danner, Pädagogik, 1979, S. 141 und S. 145.

was dem einzelnen Menschen und seinem subjektiven Handeln als objektiv geltend entgegentritt: Das kann ein Brauch sein, eine Sitte, eine Gewohnheit, eine Tradition, eine Regel, eine Vorschrift oder ein Gesetz. Was immer es ist, es beeinflusst das subjektive Handeln, indem es ihm Grenzen setzt und Möglichkeiten vorgibt. Das „objektiv" Geltende bedingt eine gewisse *Regelmäßigkeit des Handelns*. Dies vorausgesetzt, gilt: „Verbindliches Sinn-Verstehen ist nur möglich aufgrund des ‚objektiven Geistes'. (...) Er stellt ein *Gemeinsames* dar, ein verbindendes Drittes, an dem die einzelnen Subjekte, die konkreten Menschen also, Anteil haben. Dilthey umschreibt dies folgendermaßen: ‚Jedes Wort, jeder Satz, jede Gebärde oder Höflichkeitsformel, jedes Kunstwerk und jede historische Tat sind nur verständlich, weil eine Gemeinsamkeit den sich in ihnen Äußernden mit dem Verstehenden verbindet; der einzelne erlebt, denkt und handelt stets in einer *Sphäre von Gemeinsamkeit*, und nur in einer solchen versteht er. Alles Verstandene trägt gleichsam die Marke des Bekanntseins aus solcher Gemeinsamkeit an sich.' (...) Jene ‚Sphäre der Gemeinsamkeit' ist eine Umschreibung für den ‚objektiven Geist'. Hieran hat jeder von uns Anteil, ohne aber in dieser Gemeinsamkeit ganz aufzugehen. Dennoch stellt dieser ‚objektive Geist' etwas *Verbindliches* für uns dar, da wir nicht beliebig darüber verfügen können; er ist uns vorgegeben; wir sind gewissermaßen in diese ‚Sphäre der Gemeinsamkeiten' hineingeboren."[361]

Alles *verstehende Erkennen*, das elementare des Alltags ebenso wie das höhere der Wissenschaft, muss also von der unbestreitbaren Tatsache ausgehen (die im Übrigen auch in der naturwissenschaftlichen Induktion unausweichlich vorausgesetzt werden muss[362]), dass uns die Welt als eine „*intersubjektive Welt*" gegeben und vorgegeben ist, und dass „die Gegenstände dieser Welt dem Wissen meiner Mitmenschen zugänglich, also entweder bekannt oder erkennbar sind".[363] Dies sind nur modernere, phänomenologische und wissenssoziologische Formulierungen für das, was Dilthey mit dem Begriff „objektiver Geist" vorbringt.

> „Unsere Alltagswelt ist von vornherein intersubjektive Kulturwelt: *intersubjektiv*, weil wir als Menschen unter anderen Menschen in ihr leben, mit ihnen verbunden zum gemeinsamen Wirken und Werken, andere verstehend und anderen zum Verständnis aufgegeben; Kulturwelt, weil uns die Lebenswelt von vornherein ein Universum von Bedeutsamkeiten ist, von Sinnzusammenhängen, die wir zu deuten haben, und von Sinnbezügen, die wir erst durch unser Handeln in dieser Lebensumwelt stiften; Kulturwelt auch deshalb, weil wir uns ihrer *Geschichtlichkeit* immer bewusst sind, einer Geschichtlichkeit, die uns in Tradition und Habitualität entgegentritt und befragbar ist, weil alles Fertig-Vorfindliche auf eigene oder fremde Aktivität zurückverweist, deren Sediment es ist."[364]

Obwohl gleichzeitig gewiss ist, dass nicht unbedingt jeder in seiner eigenen Situation und von seinem eigenen Standpunkt aus die Dinge der Welt, der Sozialwelt

---
361 Danner, Helmut, Pädagogik, 1979, S. 45. – (Vgl. Tafel 19 b.)
362 Vgl. dazu de Vries, Josef, Erkenntnis, 1980, S. 83.
363 Schütz, Alfred, Sozialwissenschaften, 1971 S. 12.
364 Schütz, Alfred, Phänomenologie, 1971, [1940], S. 155.

im Besonderen, auch auf gleiche Weise sieht, kann dies doch umgekehrt nicht bedeuten, dass es lediglich Millionen von individuellen, subjektiven menschlichen Lebenswelten gibt. Wäre dies der Fall, so wäre schlichtweg jedes Verstehen der Menschen untereinander und natürlich erst recht jede Allgemeinerkenntnis notwendig unmöglich.

3. Die Axiome des Verstehens

Dieser Sachverhalt verweist auf die Fundamental-Fragen von Individuum und Gesellschaft,[365] zeigt aber auch, „dass das Verstehen auf der Gleichartigkeit der menschlichen Natur" beruht, die sich über und durch alle Individualitäten hinweg auswirkt.[366]

> Nach Dilthey stehen sich also „die Individualität des Auslegers und die seines Autors nicht als zwei unvergleichbare Tatsachen gegenüber: auf der Grundlage der allgemeinen Menschennatur haben sich beide gebildet, und hierdurch wird die Gemeinschaftlichkeit der Menschen untereinander für Rede und Verständnis ermöglicht".[367] Weil also über alle lebensweltlichen Situationen und Horizonte hinweg Autor und Interpret an einer „allgemeinen Menschennatur" teilhaben, muss sich der Interpret nicht mehr in einem „metaphysischen Sprung" aus dem eigenen Lebenszusammenhang befreien, um sich in einen anderen, fremden hineinzuversetzen. Vielmehr kann er ein „transhistorisches Vorverständnis" für seine und in seiner Interpretation zur Geltung bringen – auch wenn bei Dilthey noch offen bleibt, wie ein solches Vorverständnis von den je zeitgebundenen und daher inadäquaten Deutungsschemata abgehoben und sozusagen gereinigt werden kann.[368]

Zwei *Idealisierungen*, das heißt gedanklich konstruierte Annahmen, die das Alltagsdenken und -handeln als Selbstverständlichkeiten hinnimmt, muss das wissenschaftliche Verstehen auf dieser Grundlage zunächst und ausdrücklich setzen: (1.) die Annahme von der „*Austauschbarkeit der Standpunkte*" und (2.) die Annahme von der „*Kongruenz der Relevanzsysteme*".

- Die erste Annahme von der „*Austauschbarkeit der Standpunkte*" besagt: „Ich setze es als selbstverständlich voraus, dass mein Mitmensch und ich die gleiche Erfahrung von der gemeinsamen Welt machen würden, wenn wir unsere Plätze austauschten."

- Die zweite Annahme von der „*Kongruenz der Relevanzsysteme*" fügt hinzu: Ich setze voraus (und nehme an, dass auch der andere dies voraussetzt), dass wir „die aktuell oder potenziell gemeinsamen Gegenstände, Gegebenheiten und

---

365 Kritische Einwände gegen das Verstehen als wissenschaftliche Methode unter dem Aspekt von Individuum und Gesellschaft finden sich bei Bühl, Walter L., Soziologie, 1972, S. 48 ff.
366 Meyer, Hans, Erkenntnislehre, 1955, S. 419.
367 Zit. nach Schneider, Wolfgang L., Verstehen, 1991, S. 34.
368 Schneider, Wolfgang L., Verstehen, 1991, S. 34f. Die Lösung des hier angesprochenen Problems findet schließlich Ausdruck in einem neuen Verständnis des sogenannten hermeneutischen Zirkels. (Vgl. ebd., S. 177 ff.)

Geschehnisse in einer ‚empirisch' – also für alle praktischen Zwecke ausreichend – ‚identischen' Weise deuten", das heißt, dass alle individuellen Verschiedenheiten der Deutung vernachlässigt werden können, „solange kein Gegenbeweis vorliegt", dass dies nicht möglich ist.[369]

Alfred Schütz fasst diese Idealisierungen als „Generalthese der Reziprozität der Perspektiven" zusammen und nennt sie die *„Axiome" des Verstehens.*

Tatsächlich ist ohne diese Grundannahmen ein Verstehen nicht möglich und nicht denkbar. Die gemeinsame, *intersubjektive* Welt wird wesentlich aufgebaut durch die gemeinsame Sprache. In gemeinsamer Sprache vor allem, darüber hinaus auch in anderen „Objektivationen" des Geistes (etwa in Werkzeugen, Apparaten, in Kunstwerken, in Gebäuden usw.) drücken Menschen aus, was sie erfahren und erleben, drücken vor allem auch die inneren Wahrnehmungen ihrer Bewusstseinsakte aus. Daher kann Verstehen immer nur ansetzen bei dem *Ausdruck*, den Menschen ihren Erlebnissen und Erfahrungen geben.

Daher steht in der Trias der Leistungsformen des menschlichen Erkennens von Dilthey der ‚Ausdruck' in der Mitte: *Erlebnis – Ausdruck – Verstehen.* „Nur durch das Erfassen von Gegenständen, Gegebenheiten und Geschehnissen in der Außenwelt", die allerdings nicht bloß als einfache Wahrnehmungsdinge, sondern als Verweisungen erfasst werden, „nämlich als Ausdruck der *cogitationes* eines Mitmenschen, wird uns dessen Bewusstseinsleben zugänglich. Das Wort *cogitationes* wird im weitesten (...) Sinn verwendet, so dass es Gefühle, Strebungen, Empfindungen usw. umfasst."[370]

Verstehen heißt also, den Sinn einer Gegebenheit als Ausdruck einer Sinngebung seitens des Handelnden zu *deuten.* Was immer wir verstehen wollen: eine Handlung oder ihren Effekt, ein Bild oder ein Gedicht, eine aktuelle Rede oder einen überlieferten Text, immer ist deren Verständnis geleitet durch eine *„Antizipation von Sinn".* Diese Unterstellung von Sinn ist jedoch keineswegs subjektiv-beliebig. Vielmehr bestimmt sie sich „aus der Gemeinsamkeit, die uns mit der Überlieferung verbindet", die aber in einem gegebenen Lebens- oder Zeitrahmen nicht ein für alle Mal fest fixiert, sondern „in beständiger Bildung begriffen" ist. Hans-Georg Gadamer sieht in der Antizipation von Sinn „eine formale Voraussetzung, die alles Verstehen leitet". Als das „Axiom aller Hermeneutik"[371] bezeichnet er daher den *„Vorgriff der Vollkommenheit".* Es meint, „dass nur das verständlich ist, was wirklich eine vollkommene Einheit von Sinn darstellt. So machen wir denn diese Voraussetzung der Vollkommenheit immer, wenn wir einen Text lesen, und erst wenn diese Voraussetzung sich als unzureichend erweist, d.h. der Text nicht verständlich wird, zweifeln wir an der Überlieferung und suchen zu erraten, wie sie zu heilen ist."[372] Solcher „Vorgriff der Vollkommenheit" ist im buchstäblichen

---

369 Schütz, Alfred, Symbol, 1971, S. 364 f. Ebenso: Schütz, Alfred, Sozialwissenschaften, 1971, S. 12 f., S. 70 f. et passim.
370 Schütz, Alfred, Symbol, 1971, S. 368.
371 Gadamer, Hans-Georg, Wahrheit, 1975, S. 352.
372 Gadamer, Hans-Georg, Wahrheit, 1975, S. 277 f.

Sinn eine Voraus-Setzung des Verstehens, eine Paraphrase gewissermaßen der allgemeinen Idealisierungen, wie sie Alfred Schütz formuliert hat.

Was auf der Grundlage der oben genannten Idealisierungen im Alltagsleben für alle praktischen Zwecke hinreichend sicher und zuverlässig funktioniert, wird nun für die Wissenschaft zum Ausgangspunkt des Methodenproblems und der Prozedur des Verstehens.

Hierzu kann und soll nur das Grundlegende skizziert werden. Denn gerade in den neueren Entwicklungen der Sozialwissenschaften „zeigen sich hermeneutische Ansätze breit aufgefächert".[373] Vergleicht man solche verästelten Methodenangebote, so fällt formal auf, dass es sich teilweise um äußerste Partikular-Konzepte handelt, die nur auf einzelne hermeneutische Objekte zugeschnitten scheinen, was von der hermeneutischen Theorie her nur schwer begründbar ist. Damit hängt zusammen, dass bei vielen dieser hermeneutischen Denominationen der Geltungs- und Brauchbarkeitsanspruch in keinem Verhältnis zu ihrer Begründungslogik oder zu den empfohlenen Prozeduren steht, die sich – weil recht vage – durch große Spielräume der Beliebigkeit auszeichnen.[374] Und ganz sicher geht es dabei nicht selten mehr um wissenschaftsstrategische als um methodologische Positionierung der Verfahrens-Vertreter. Inhaltlich ist der gemeinsame Nenner dieser hermeneutischen Varianten zweifellos das Bemühen um ein sach-bezogenes und sach-angemessenes Verstehen: Es geht nicht mehr so sehr um den subjektiv gemeinten Sinn, den die Autoren eines Sinngebildes in dieses investiert haben, im Zentrum der neueren hermeneutischen Optionen steht der ‚Sinn der Sache'.

Von „*Objektiver Hermeneutik*" ist daher im Allgemeinen und im Besonderen viel die Rede.[375] Unverkennbar damit verwandte Züge trägt etwa die „*Deutungsmusteranalyse*"[376] (die ihrerseits wieder in *Diskursanalysen*[377] oder in die „*Geschichtshermeneutik*"[378] im Rahmen der Biografieforschung hineinreicht); ferner die „*struktural- hermeneutische Symbolanalyse*"[379] zur Bildinterpretation. Die Verbindungslinien erstrecken sich auch zur sogenannten „*Grounded Theory*",[380] ein – wie der Name andeutet – methodisch orientierter Versuch zu „gegenstandsnaher Theoriebildung",

---

373 Kleining, Gerhard, Sozialforschung, 1995, S. 17. Siehe dazu auch Flick, Uwe u. a. (Hrsg.), Handbuch, ²1995, und Hitzler, Ronald/Honer, Anne (Hrsg.), Hermeneutik, 1997.
374 Exemplarisch sei verwiesen auf folgende Charakterisierungen zur „objektiven Hermeneutik", die sozusagen in einem Atemzug vorgetragen werden: „Das Verfahren der objektiven Hermeneutik gilt zur Zeit als eines der verbreitetsten und reflektiertesten innerhalb der bundesdeutschen qualitativen Sozialforschung. (...) Fast alle früheren Mitarbeiter und Schüler von Oevermann [auf den das Verfahren zurückgeht; H.W.] verzichten bei ihrer Forschung auf die explizite Anwendung und Verbreitung dieser Art der Texthermeneutik. (...) Das Gesamtkonzept der objektiven Hermeneutik (...) ist bislang noch ohne große Resonanz." (Reichertz, Jo, Hermeneutik, 1997, S. 51; wortgleich schon ders., Hermeneutik, 1995, S. 226 f.)
375 Siehe Oevermann, Ulrich, Hermeneutik, 1993; Reichertz, Jo, Hermeneutik, 1995; ders., Hermeneutik, 1997.
376 Siehe Lüders, Christian/Meuser, Michael, Deutungsmusteranalyse, 1997 (mit Verweisen auf weitere Literatur).
377 Vgl. u. a. Keller, Reiner, Diskursanalyse, 1997.
378 Siehe Vonderach, Gerd, Fallanalyse, 1993; ders. Geschichtshermeneutik, 1997.
379 Müller-Doohm, Stefan, Bildhermeneutik, 1993 und Bildinterpretation, 1997.
380 Als Einführung: Wiedemann, Peter, Theoriebildung, 1995; vgl. v.a. die Darstellungen der Begründer: Glaser, Barney G./Strauss, Anselm L., Discovery, 1967; dies. Grundstrategie, 1965, sowie Glaser, Barney G., Sensibility, 1978.

der ganz wesentlich auf einem interpretativen Paradigma aufruht. In diesen Rahmen fügt sich schließlich auch ein die „*Wissenssoziologische Hermeneutik*"[381], der es um die rationale „Rekonstruktion eines objektiven Typus sozialen Handelns (Weber) in seiner konkreten fallspezifischen Ausprägung" geht.

Natürlich können solche Ausfächerungen, sofern ihre Verfahrensempfehlungen hinreichend konkret sind, nützliche Dienste in der wissenschaftlichen Arbeit leisten. Jedoch macht es in einer Einführung mehr Sinn, die Gründe und Begründungen des hermeneutischen Denkens und Verfahrens freizulegen. Bevor hierzu wenigstens in Stichworten einiges gesagt wird, sei darauf verwiesen, dass an dieser Stelle sich auch der Zugang zu Fundamentalfragen der Kommunikationswissenschaft eröffnet.

Wie baut Soziale Kommunikation die je gemeinsame, gegenwärtige Lebenswelt auf? Wie verständigen sich Menschen und Gruppen in der Gesellschaft über die je gegenwärtige Situation und ihre Probleme? Welche Verständnisprobleme treten dabei zutage? Wie entstehen unterschiedliche, ja gegensätzliche Meinungspositionen und -gruppen? Auf welchen Typen von Verständigung oder Nicht-Verständigung beruhen sie? Unter welchen Bedingungen kann Verständigung und Einverständnis Öffentlichkeit konstituieren?

Und wenn Alfred Schütz in diesem Rahmen darauf verweist, dass für das Verstehen zwar der gegenständliche, objektivierte ‚Ausdruck', nicht aber die äußere Gegenwart des sich Ausdrückenden erforderlich ist, oder dass der wahrnehmbare Träger des Ausdrucks, seine Materialisation also, wechseln kann, ohne dass damit die Verweisung auf den Sinn des Ausdrucks in Mitleidenschaft gezogen ist, so sind damit durchgehend Grundfragen und Bedingungen der Möglichkeit von sogenannter *„Massenkommunikation" sowie Grundfragen einer tragfähigen Medientheorie* angesprochen.[382]

4. Hermeneutische Wenden

Soviel ist zum Methodenproblem des Verstehens sicher: In der Regel gibt noch nicht schon ein einziges Wort die Gewissheit, einen anderen richtig verstanden zu haben, sondern nur der „Gesamtzusammenhang des Gespräches, der nicht zufällig zustandekommen kann". Das heißt: Ein solches Verstehen und seine Gewissheit ist „nur auf dem Hintergrund der ‚Konvergenz'" vieler lautlicher Einzelwahrnehmungen denkbar, „die sich im Ganzen des Gesprächs geltend macht".[383] Was hier bezüglich der Sprache und des Gesprächs angedeutet ist, lässt sich auf jeden Akt des Verstehens anwenden, gleichgültig von welchem „Ausdruck" er seinen Ausgang nimmt. Stets muss ein solcher Ausdruck, müssen die äußeren, empirischen Gegebenheiten „gedeutet" werden. Daher nimmt in der gesamten verstehenden

---

381 Vgl. Schroer, Norbert, Hermeneutik, 1997, sowie Soeffner, Hans-Georg, Auslegung, 1989.
382 Schütz, Alfred, Symbol, 1971, S. 369. Vgl. Wagner, Hans, Medientheorie, 1993; ferner Gadamer, Hans-Georg, Wahrheit, 1975, S. 361–463.
383 de Vries, Josef, Erkenntnis, 1980, S. 82.

Sozialwissenschaft die Methode der *Deutung, Auslegung* oder *Interpretation* einen herausragenden Platz ein.

Diese Methode wird *Hermeneutik* genannt (vom griechischen ‚hermeneúein', das heißt: auslegen, interpretieren, aus einer fremden Sprache in eine bekannte ‚übersetzen'). Die klassischen Wissenschaftsbereiche der *Hermeneutik* (in einem engeren Sinne) sind daher überall dort zu suchen, wo Texte beziehungsweise sprachliche Äußerungen auszulegen sind, deren Sinn auf diese Weise erfasst werden soll. Es handelt sich dabei um *Geschichte* (Auslegung historischer Zeugnisse), um die *Philologie* (Auslegung literarischer Werke), *Rechtswissenschaften* (Auslegung von Gesetzestexten) und nicht zuletzt um die *Theologie* (Auslegung der Heiligen Schriften). Zu dieser engeren, klassischen Hermeneutik, die nach wie vor bedeutsam bleibt, ist seit dem 19. Jahrhundert ein erweiterter und *gewandelter Hermeneutik-Begriff* getreten.

Im Zeitalter der Romantik nämlich beginnt, was man die „*philosophische Hermeneutik*" oder die „hermeneutische Wende" nennt. Hermeneutik wird zu einer allgemeinen Methodenlehre des Verstehens. Entwickelt von Friedrich Schleiermacher (1768–1834), ist vor allem Wilhelm Dilthey (1833–1911) unlösbar mit der Ausgestaltung der Hermeneutik als der spezifisch geisteswissenschaftlichen Methode verbunden. Dilthey hat die Grundstruktur des Sinn-Verstehens in einer prägnanten Formel gefasst: „*Wir nennen den Vorgang, in welchem wir aus Zeichen, die von außen sinnlich gegeben sind, ein Inneres erkennen: Verstehen.*"[384]

Demnach also zeigt sich bei jedem Akt der Interpretation, der Auslegung oder Deutung das ‚Innere' als „*Sinn* und *Bedeutung*", während das ‚Äußere' als *Ausdruck* jenes Sinns verstanden werden kann. Dies leuchtet unmittelbar bei Gesten etc. ein. Die Zeichen, die verstanden werden, sind (...) die ‚sinnhaltigen Formen'; an sie als die *hermeneutischen Gegenstände* stellt Dilthey die Forderung, daß sie möglichst unverändert und dauernd zugänglich sein müßten, um zu einem möglichst allgemeingültigen Verstehen gelangen zu können. Er spricht darum von ‚dauernd fixierten Lebensäußerungen'. Mit ‚Lebensäußerungen' sind menschliche Produkte gemeint, Äußerungen des menschliches Geistes, die – in der Regel – schriftlich niedergelegt sind. Es versteht sich von selbst, daß neben Texten auch Kunstwerke, notierte Musik, archäologische Funde usw. hierzu zählen."[385] Und natürlich rechnet der Gesamtbereich der Massenmedien (samt ihren fixierten Inhalten), das gesamte Materialobjekt einer umfassend arbeitenden Kommunikationswissenschaft ohne Ausnahme zu diesen für das Verstehen relevanten Lebensäußerungen.

Max Weber allerdings war mit dieser Verstehens-Formel von Dilthey nicht einverstanden. Verstehen auf die Interpretation sinnlich gegebener Zeichen als Ausdruck eines Inneren festzulegen, sei eine Verkürzung. Diese Formel treffe in einem um-

---

384 Zit. nach Danner, Helmut, Pädagogik, 1979, S. 36. (Vgl. dazu Tafel 20.)
385 Danner, Helmut, Pädagogik, 1979, S. 38.

fassenden Sinn, wie ihn später Georg Simmel (1858–1918) entfaltete, noch „nicht einmal für das ‚Verständnis des Gesprochenen' restlos zu". Weber verweist hier auf eine wichtige, auch von Simmel herausgearbeitete Unterscheidung: Das „objektive ‚Verstehen' des *Sinnes* einer Äußerung" einerseits und die „subjektive ‚Deutung' der *Motive* des (sprechenden oder handelnden) Menschen" andererseits. „Im ersteren Fall ‚verstehen' wir das Gesprochene, im letzteren den Sprechenden (oder Handelnden)."[386]

Die beiden Zielrichtungen des Verstehens, die Max Weber im Blick hat, stehen in der gesamten neuzeitlichen Entwicklung der Hermeneutik bis in die Gegenwart hinein in der Diskussion. Was soll verstanden werden: der Sinn eines menschlichen Werkes oder der Mensch, der es geschaffen hat, oder beide, der Mensch und sein Werk? Dass erst Simmel diese Unterscheidung entfaltet habe, ist wohl ein Missverständnis. Auch Schleiermacher und vor ihm schon Chladenius (1742)[387] kennen den Unterschied. Bei Schleiermacher steckt er in der Vorstellung, dass jede Rede und jeder Text verstanden werden könne „aus dem gesamten Denken und Leben eines Autors" und andererseits „aus der Totalität des sprachlichen Systems, in dem sich der Autor artikuliert". Entsprechend sind dem Verstehen zwei Wege gewiesen: Die *psychologische Interpretation*, die „den Prozess der Erzeugung eines sprachlichen Gebildes (...) aus den Lebensumständen seines Autors" rekonstruiert, und „das *grammatische Verstehen*", das „die Bedeutung des so entstandenen Produktes gemäß den Regeln der Sprache" entschlüsselt.[388] Unbestreitbar ist aber, dass in der Hermeneutik Schleiermachers das psychologische Verstehen mit der Rekonstruktion des Produktionsprozesses in den Vordergrund tritt, während die Erschließung des sachlichen Gehalts eines Ausdrucks an Bedeutung verliert.

> Hierin zeigt die Hermeneutik jene Charakteristik, deretwegen Hans-Georg Gadamer diese Phase als „*romantische Hermeneutik*" bezeichnet. Sie ist Interpretations-Kunst durch „Nachverständnis" der Ausdruckserzeugung und also „Umkehrung" oder „Inversion" des Schaffensprozesses (E. Betti). Diese Akzentgebung der Hermeneutik als eines *reproduktiven* Verfahrens ist Konsequenz der Auffassung, dass Verstehen eine zur Rhetorik komplementäre Kunst sei. Reden gilt Schleiermacher als die äußere Seite des Denkens; und daher besteht „die Zusammengehörigkeit der Hermeneutik und Rhetorik (...) darin, dass jeder Akt des Verstehens die Umkehrung eines Aktes des Redens ist, indem in das Bewusstsein kommen muss, welches Denken der Rede zum Grunde gelegen".[389]

---

386 Weber, Max, Wissenschaftslehre, [7]1988, S. 93.
387 Chladenius stellt 1742 in seiner Schrift zur richtigen Auslegung fest, „einen Autor vollkommen verstehen, sei nicht dasselbe wie: eine Rede oder Schrift vollkommen verstehen (§ 86). Die Norm für das Verständnis eines Buches sei [daher] keineswegs die Meinung des Autors. Denn ‚weil die Menschen nicht alles übersehen können, so können ihre Worte, Reden und Schriften etwas bedeuten, was sie selbst nicht willens gewesen zu reden oder zu schreiben', und folglich ‚kann man, indem man ihre Schriften zu verstehen sucht, Dinge, und zwar mit Grund dabey gedenken, die denen Verfassern nicht in Sinn gekommen sind'." Zitiert nach Gadamer, Hans-Georg, Wahrheit, 1975, S. 172.
388 Schneider, Wolfgang L., Verstehen, 1991, S. 29 f.
389 Zit. nach Schneider, Wolfgang L., Verstehen, 1991, S. 29.

T 20: Verstehen nach Dilthey und Gadamer

a) nach Wilhelm Dilthey

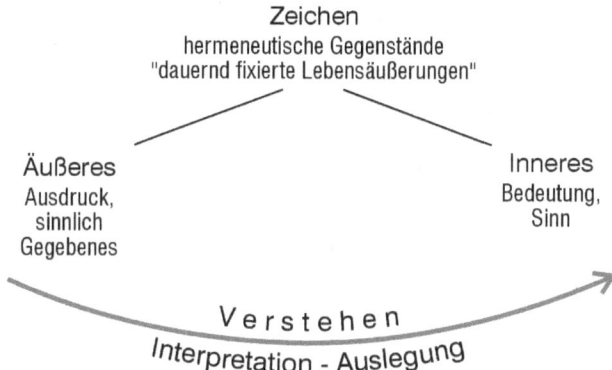

Quelle: Helmut Danner, Pädagogik, 1979, S. 38.

b) nach Hans-Georg Gadamer

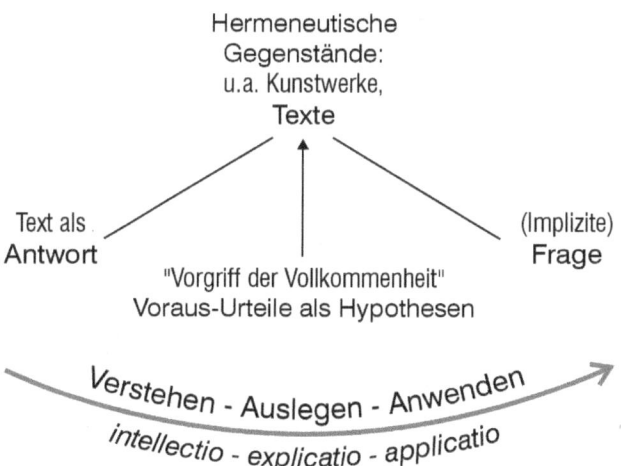

Solchermaßen drückt sich der tiefe Glaube der Romantik an das Gespräch in all seinen Erscheinungsformen „als eine eigene, undogmatische und durch keine Dogmatik ersetzbare Wahrheitsquelle" aus. Das Lebensgefühl der Romantik bildet den methodischen Ausgangspunkt für Hermeneutik;[390] es gibt aber auch den Antrieb zu ihrem Zielpunkt: „Die höchste Vollkommenheit der Auslegung sei die", so Schleiermacher, „einen Autor *besser* zu verstehen, als er selbst von sich Rechenschaft geben könne."[391] Dieser Topos, den Dilthey später wieder aufnimmt[392] und der auch noch in die Gegenwartsdiskussion zum Verstehen hineingetragen wird, ist begründet in der „romantischen Lehre vom unbewussten Schaffen des Genies".[393] Das Genie nämlich greift in seiner schöpferischen Originalität *unbewusst* auf die richtigen Stilmittel und Techniken zurück; diese bleiben *implizit* im Schaffensprozess. Der Interpret aber legt sie frei, macht sie *explizit* und weiß es in diesem Sinne „besser" als der Autor.[394]

Diese Aspekte einer „romantischen Hermeneutik" tendieren zu einem subjektbezogenen, psychologischen Verstehen. Auch wenn dann Dilthey in vielem an diese romantische Hermeneutik anknüpfte, gewinnt bei ihm doch der Eigen-Sinn der Objektivationen des menschlichen Geistes und damit ein objekt-bezogenes Verstehen deutlich an Gewicht. Die Tendenz zu einer objektiven Hermeneutik setzt sich schließlich in der „ontologischen Wende" durch, wie sie sich in der Heideggerschen Philosophie sowie im philosophischen Konzept der Hermeneutik von Hans-Georg Gadamer vollzieht.

> In diesem Rahmen ist Verstehen nicht mehr ein Verhalten bestimmten Objekten gegenüber, sondern die Art und Weise, wie der Mensch in der Welt ist. Aufgabe der Hermeneutik ist es da nicht, Prozeduren zu entwickeln, mit deren Hilfe man verstehen kann, „sondern die Bedingungen aufzuklären, unter denen man versteht".[395] Unsere Zielsetzung in diesem Buch ist viel bescheidener. Wie Verstehen als wissenschaftliches Verfahren abläuft, soll geklärt werden.

Folgt man Gadamer, so ist eine ausschließliche oder überbetonte psychologische Interpretation problematisch. Der gemeinte Sinn des Autors (*mens auctoris*) bietet nämlich, so lautet ein Argument dazu, keinen zureichenden und angemessenen Ansatzpunkt des Verstehens in den vielen Fällen, in denen der Autor verschwindet: bei religiösen und historischen Urkunden, bei der Rechtsüberlieferung, bei Gemeinplätzen, wie sie etwa Sprichwörter darstellen, und manch anderen. Aber auch in Fällen, in denen ein Autor sichtbar ist, drängt sich – wie bei literarischen Werken – die Frage auf: Spricht der Dichter zu uns oder die Dichtung?[396] So stellt Gadamer immer wieder das Verstehen „der Sache" in den Blickpunkt seiner Her-

---

[390] Gadamer, Hans-Georg, Hermeneutik, 1968, 37 f.
[391] Zit. nach Schneider, Wolfgang L., Verstehen, 1991, S. 31.
[392] Dilthey schreibt: „Das letzte Ziel des hermeneutischen Verfahrens ist, den Autor besser zu verstehen, als er sich selbst verstanden hat." Zit. nach Schneider, Wolfgang L., Verstehen, 1991, S. 32, FN 54.
[393] Gadamer, Hans-Georg, Hermeneutik, 1968, 39.
[394] Vgl. Schneider, Wolfgang L., Verstehen, 1991, S. 31 ff.
[395] Gadamer, Hans-Georg, Wahrheit, 1975, S. 279; ders., Text, 1983, S. 142 f.
[396] Vgl. Gadamer, Hans-Georg, Hermeneutik, 1968, S. 44 ff sowie ders., Wort, 1971, S. 129 f.

meneutik: Sich „von der Sache bestimmen lassen, ist für den Interpreten (...) ständige und letzte Aufgabe."[397] Oder: Verstehen heißt, „sich in der Sache verstehen". Schließlich fordert Gadamer mit Rücksicht auf das in den Verstehensprozess einzubringende Vorverständnis, dieses müsse „im Zu-tun-haben mit der gleichen Sache" entspringen.[398]

Gadamer rückt damit von den zentralen Prämissen der romantischen Hermeneutik ab. *„Textsinn und subjektiv vermeinter Sinn* [des Autors; H.W.], *Sachverstehen und Meinungsverstehen treten somit auseinander.* Ersteres erhält Vorrang vor letzterem."[399] Die zweite dieser Grundformen des Verstehens, das Meinungsverstehen, bei dem es um die Gedanken, Intentionen oder Motive des Autors eines Textes oder einer Handlung geht, eröffnet noch einmal zwei zu unterscheidende Wege der Interpretation: das *historische Verstehen* und das *psychologische Verstehen*: „Das historische Verstehen erschließt den Sinn eines Textes vor dem Hintergrund der Sach-Meinungen seiner Ursprungsepoche"; das psychologische Verstehen „hat es demgegenüber zu tun mit der Rekonstruktion des gedanklichen Erzeugungsprozesses und der Bedeutungsintentionen, die mit der Abfassung eines Textes zum Ausdruck gebracht werden sollten". Beide Male geht es um Kontexte, von denen her ein Text sinnvoll ausgelegt werden kann, um die kulturtypischen Kontexte im ersten, um die „individualspezifischen" im zweiten Fall.

> Diese verschiedenen Formen und Ebenen der Deutung und des Verstehens dürfen jedoch nicht dahin missverstanden werden, als handle es sich um mehrere Methoden der Auslegung, „die beliebig zur Wahl stehen". Der Gadamer-Interpret Wolfgang L. Schneider ist vielmehr der Meinung, dass die aufgezeigten Verstehens-Formen in einer streng hierarchischen Ordnung zueinander stehen: Dem Sachverstehen „kommt die Führungsrolle zu"; das Sachverstehen erschließt nämlich nicht nur die Wahrheit des Textes; „die Konfrontation des Textwortlautes mit dem sachlichen Vorverständnis des Interpreten" fördert vielmehr zugleich jene besonderen Deutungsprobleme zutage, die dann „durch die historische und psychologische Auslegung zu lösen sind". Die Ebene des Meinungs-Verstehens muss also betreten werden, wenn sich der Text dem Sachverständnis zu entziehen scheint und wenn „alle Möglichkeiten einer sachlich konsistenten Deutung erschöpft sind". In diesem Falle ist dann das historische Verstehen dem psychologischen vorgeordnet. Subjektspezifisch gemeinter Sinn im Erzeugungsprozess des Textes steht erst zur Untersuchung, wenn „die bekannten historisch-kulturell typischen Normalitätsunterstellungen zu keiner konsistenten Interpretation führen".[400]

Diese Wende zu einer objektiven Hermeneutik impliziert mehrere prozedurale Konsequenzen.

---

[397] Gadamer, Hans-Georg, Wahrheit, 1975, S. 251.
[398] Gadamer, Hans-Georg, Wahrheit, 1975, S. 278.
[399] Schneider, Wolfgang L., Verstehen, 1991, S. 57.
[400] Schneider, Wolfgang L., Verstehen, 1991, S. 57 ff. Vgl. dazu Gadamer, Hans-Georg, Wahrheit, 1975, S. 278 und S. 354.

II. Die Basismethoden des Verstehens

- Vor allem anderen ist der Interpret „gehalten, die Auslegung zunächst unter der Prämisse zu beginnen, dass [zwischen ihm und dem Autor; H.W.] Einverständnis in der Sache herzustellen sei". Der Interpret richtet also Sinnerwartungen an den Text, die – aus seinem eigenen Vorverständnis abgeleitet – die Gestalt von Deutungshypothesen annehmen; diese werden „fortlaufend an den Aussagen des Textes [ge]prüft und revidiert"; nur wenn er sich so „allmählich an den Eigen-Sinn des Textes annähert, nimmt er dessen Geltungsanspruch ernst und schöpft damit alle Möglichkeiten des Verstehens aus".[401]

- Sodann und zweitens hat das Verstehen seine „analytische Grundfigur" in Frage und Antwort: der Text (oder auch ein anderer sinntragender Ausdruck), der ausgelegt werden soll, ist zu diesem Zweck als Antwort auf eine Frage zu nehmen. Einen Text kann man nur verstehen, „wenn man die Frage verstanden hat, auf die er eine Antwort ist". Aber diese Frage kann man nur aus dem Text gewinnen; denn er ist ja die Antwort auf die Frage, die gefragt ist. Voraussetzung für die Rekonstruktion der Frage ist die Unterstellung, dass die Antwort der Frage angemessen ist. Das Auslegungsverfahren weist deshalb an dieser Stelle unmittelbar zurück auf das Axiom vom *„Vorgriff der Vollkommenheit"*.[402] Die Frage nach der Frage, auf die ein Text eine Antwort ist, muss solange gestellt, geprüft und fortgesetzt werden, bis der Text sich in allen seinen Teilen ohne Widerspruch mit der gefundenen Frage vereinbaren lässt. Wird dies nicht erreicht, muss der Weg zum Meinungsverstehen beschritten werden.

- Schließlich und drittens hat Gadamer den Verstehens-Akt als solchen entfaltet, oder genauer: das volle Verständnis dieses Aktes wiederhergestellt. Drei Momente nämlich konstituieren diese geistige Tätigkeit: das *Verstehen* selbst als ein geistiges Einsicht-Nehmen (*intellectio*), als das *Auslegen* (oder die *explicatio*) und schließlich als die *Anwendung* (die *applicatio*).[403] Das Auslegen ist nicht ein zum Verstehen hinzukommender Akt, sondern Verstehen ist immer Auslegung; Auslegung ist die „explizite Form des Verstehens"[404] oder der „Vollzug des Verstehens selbst"[405], das darin sprachliche Ausdrücklichkeit gewinnt. „Der Text soll durch die Auslegung zum Sprechen kommen." Daraus wieder folgt zweierlei: Zum einen kann es unter diesen Bedingungen „keine richtige Auslegung ‚an sich' geben"; vielmehr besteht „das geschichtliche Leben der Überlieferung" in „immer neuer Aneignung und Auslegung" eines Textes. Zum anderen (und damit unlösbar verbunden) tritt in dieser sprachlichen Ausdrücklichkeit oder in solcher *„Konkretion des Sinnes"* das Moment der *Anwendung* auf: „Einen Text verstehen, heißt immer schon: ihn auf uns selbst anwenden und wissen, dass ein Text, auch wenn er immer anders verstanden werden muss, doch derselbe Text ist, der sich uns jeweils anders darstellt."[406]

---

401 Schneider, Wolfgang L., Verstehen, 1991, S. 55 f.
402 Gadamer, Hans-Georg, Wahrheit, 1975, S. 352. Zum ideengeschichtlichen Hintergrund, insbesondere zu dem von Gadamer hier vorgenommenen Rückgriff auf das Konzept von R. G. Collingwood, siehe ausführlich Schneider, Wolfgang L., Verstehen, 1991, S. 39–54. – Siehe auch Tafel 20, S. 163.
403 Vgl. dazu Tafel 20, S. 163.
404 Gadamer, Hans-Georg, Wahrheit, 1975, S. 291.
405 Gadamer, Hans-Georg, Wahrheit, 1975, S. 375.
406 Gadamer, Hans-Georg, Wahrheit, 1975, S. 375.

> (Die Beispiele, an denen Gadamer dies demonstriert, sind die je neuen und je auf eine andere Gegenwart und Situation bezogenen Auslegungen und Anwendungen von Gesetzestexten oder von Heiligen Schriften.) Allerdings darf Anwendung gerade nicht missverstanden werden „als *praktische* Aktualisierung durch Ableitung normativ verbindlicher Handlungsorientierungen für die Gegenwart"; der Kernpunkt der hermeneutischen Anwendung besteht darin, „dass der Text auf den Sinnhorizont bezogen werden muss, der durch die Situation des Interpreten bestimmt ist": Anwendung heißt „situationsbezogene Aneignung" eines Textes.[407]

Wie jede der vorausgehenden Wendungen der Hermeneutik wird auch dieses auf das Objekt zentrierte Verstehens-Konzept manifest in der Art und Weise, wie das Problem des *„hermeneutischen Zirkels"* gelöst wird.

5. Hermeneutischer Zirkel und hermeneutische Differenz

Wo immer man sich mit *Hermeneutik* befasst, stößt man unweigerlich auf den sogenannten *„hermeneutischen Zirkel"*. Helmut Seiffert erklärt ihn ganz allgemein so: „Zunächst haben wir eine ganz vage Alltagsvorstellung, ein ‚Vorverständnis', von unserem Gegenstand. Daraufhin lesen wir unsere erste Literatur. Unser Bild des Gegenstandes nimmt hierdurch Konturen an. Die größere Klarheit über den Gegenstand führt zu weiterer Lektüre (...), die wiederum das Bild präzisiert. So arbeiten wir uns im ständigen Wechsel von *Entwurf* und *Kenntnisnahme* bis zur weitestmöglichen, dem gegebenen Forschungsstand entsprechenden Information über unser Problem vor."[408]

> Diese sehr allgemeine Darstellung entspricht in vielen Alltags- und Wissenschaftsbereichen einer selbstverständlich hingenommenen Erfahrung, die keineswegs nur auf das Verstehen von Texten oder anderen Objektivationen des menschlichen Geistes eingeschränkt ist. So arbeitet man sich in Fächer und Stoffgebiete, in Denkschulen und Theoriekonzepte ein, so entdeckt man Probleme und gewinnt Einsichten. Es entspricht auch ziemlich genau dieser „hermeneutischen Erfahrung", wenn Studierende nach der Abgabe von Abschlussarbeiten immer wieder erklären, nun erst wüssten sie, „wie es geht", wie man es richtig oder besser machen könnte.

Dieser ‚*hermeneutische Zirkel*' hat also nichts mit einem Zirkelschluss[409] zu tun. Er beschreibt vielmehr, wie Auslegungs- und Verstehensschritte aufeinander aufbauen, einander bedingen und sich gegenseitig stützen. „Der Begriff des hermeneutischen Zirkels drückt (...) aus, dass im Bereiche des Verstehens gar keine Ab-

---

[407] Schneider, Wolfgang L., Verstehen, 1991, S. 59 f.; siehe auch Gadamer, Hans-Georg, Wahrheit, 1975, S. 323.
[408] Seiffert, Helmut, Wissenschaftstheorie 2, [8]1983 S. 130 f.
[409] Der „Zirkelschluss" ist die wichtigste Form des (logischen) Trugschlusses (*circulus vitiosus*, auch Diallele genannt). Dabei kommt es zu einer *„petitio principii"*, das heißt zu einer Beanspruchung eines noch unbewiesenen Satzes bzw. einer noch unbewiesenen Behauptung als Prämisse. Mit anderen Worten: Was erst zu beweisen ist, wird als Beweismittel schon vorausgesetzt. Ein solcher Schluss wäre „vitiös", fehlerhaft und also (logisch) unerlaubt.

II. Die Basismethoden des Verstehens

leitung des einen von dem anderen prätendiert wird, so dass der logische Beweisfehler der Zirkelhaftigkeit hier kein Fehler des Verfahrens ist, sondern die angemessene Beschreibung der *Struktur des Verstehens* darstellt."[410] Auch wenn sich das Verstehen in dieser Bewegung nicht in einem logischen Zirkel selbst fängt, macht doch der ‚hermeneutische Zirkel' eine *paradoxe Situation* deutlich: Es muss nämlich das, was verstanden werden soll, schon irgendwie vorweg verstanden sein.[411]

> „Man sieht nur, was man weiß!" Dieser Slogan einer Tourismuswerbung spricht sehr zutreffend eine hermeneutische Grundwahrheit aus. Wir brauchen, um ein menschliches Handeln oder eine andere menschliche Lebensäußerung zu verstehen, ein Minimum an Vorverständnis, mit dem wir an den hermeneutischen Gegenstand herangehen. Die Beschäftigung damit (zum Beispiel mit einem Text) erweitert das Vorverständnis oder korrigiert es auch nicht selten; mit dem so geläuterten und verbesserten Vorverständnis gewinnen wir im nächsten Schritt ein besseres Verständnis des fraglichen Gegenstandes (Textes) und so weiter... Die Bewegung des Verstehens entspricht dabei eigentlich einer ‚hermeneutischen Spirale', in der wir immer wieder zum gleichen Punkt kommen, diesen aber gewissermaßen stets auf einem jeweils höheren Verstehens-Niveau erreichen.[412] (Vgl. Tafel 21.)

Hinter dieser scheinbar selbstverständlichen Erfahrung steckt jedoch ein zentrales Problem: Welcher Art ist das Vorverständnis, mit dessen Hilfe der Verstehensprozess in Gang kommt und ein gültiges Verständnis eines Textes oder eines anderen sinntragenden Ausdrucks gefunden werden kann? Woher kommt dieses Vorverständnis? In welcher Beziehung steht es zum hermeneutischen Gegenstand, um dessen Verständnis es geht? Die Fragen sind in den einzelnen Phasen der Entwicklung der Hermeneutik und als Konsequenz ihrer theoretischen Grundlegung jeweils recht verschieden beantwortet worden.

- Die „romantische Hermeneutik", die das Verstehen am Sinnhorizont des Autors orientierte, forderte konsequent, der Interpret müsse sich diesen Sinnhorizont zu eigen machen, er müsse, um ein zureichendes Vorverständnis zu gewinnen, in die Lebens- und Gedankenwelt des Autors eindringen und dabei von allem absehen, was an Voraussetzungen und Vorstellungen aus seiner eigenen Lebenswelt stamme. Bei den letzteren Elementen handle es sich um Befangenheiten, die den Zugang zu einem Text und dessen Verständnis verstellten. Jedoch kann man, was ein Autor (sich) gedacht hat und wie er gedacht hat, nur aus der Auslegung seiner Werke erfahren. Wenn somit zur Vorbedingung der Auslegung gemacht wird, was erst deren Resultat sein kann, mündet hier der hermeneutische Zirkel tatsächlich in einen Zirkelschluss. Letztlich steht dann alles hermeneutische Bemühen vor der „wenig attraktiven Alternative", entweder „überhaupt nicht oder falsch zu verstehen".[413]

---

410 Gadamer, Hans-Georg, Text, 1983, S. 142.
411 Danner, Helmut, Pädagogik, 1979, S. 54. – Siehe dazu Tafel 21.
412 Siehe dazu auch Gadamer, Hans-Georg, Text, 1983, S. 168 f.
413 Schneider, Wolfgang L., Verstehen, 1991, S. 34.

T 21: Hermeneutik: Zirkel und Differenz

a) Hermeneutischer Zirkel

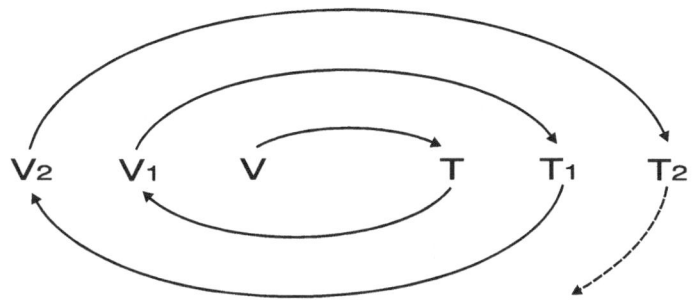

V = Vorverständnis; T = Textverständnis.
V_1 = erweitertes Vorverständnis; T_1 = verbessertes Textverständnis usw.

b) Hermeneutische Differenz

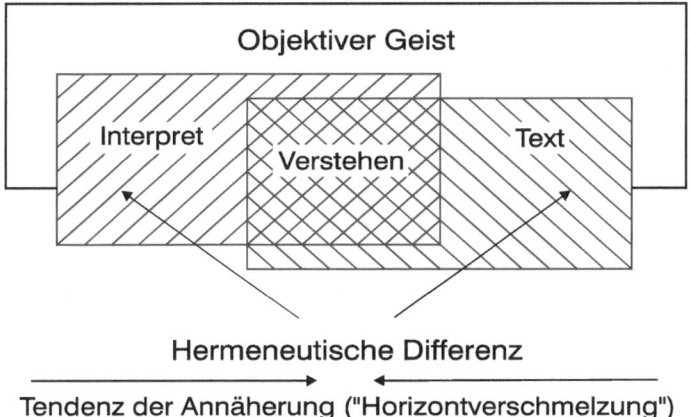

Quelle: Modifiziert nach Helmut Danner, Pädagogik, 1979, S. 53 und S. 55.

- Dilthey hat diese Schwierigkeit erkannt und den Weg gewiesen, wie sie überwunden werden kann: Da Autor und Interpret teilhaben am „objektiven Geist" und an der „allgemeinen Menschennatur" stehen sich ihre Sinnhorizonte nicht total unvereinbar gegenüber. Der Fundus ihrer Gemeinsamkeit ermöglicht und sichert, dass auch über historische und lebensweltliche Besonderheiten hinweg ein angemessenes Vorverständnis des Interpreten in den Sinn des Textes hineinreicht. Allerdings muss nach Dilthey das im Prinzip vorhandene „verständnisermöglichende transhistorische Vorverständnis des Interpreten (...) von zeitgebundenen Deutungsschemata gelöst" werden. Für eine solche Scheidung des richtigen und zum Verständnisziel führenden Vorverständnisses von seinen falschen, verständnishindernden Elementen lassen sich jedoch keine Kriterien bei Dilthey finden. „Deutlich wird nur, daß diese Scheidung im Prozess der Auslegung selbst vonstatten gehen soll."[414]

- Die Hermeneutik Gadamers bietet auch für dieses Problem eine Lösung: Wer einen Text verstehen will, wendet sich diesem Gegenstand mit einer Sinn-Erwartung zu, entwickelt Vorentwürfe für eine Deutung. Solche Deutungshypothesen sind „Abkömmlinge eines allgemeinen Vorverständnisses" (d. h. des „Vorgriffs der Vollkommenheit") und als solche durchweg Voraus-Urteile, „weil sie durch die auszulegende Sache zu Beginn des Interpretationsvorganges noch nicht gedeckt sein können, für sie also eine hinreichende Begründung nicht gegeben werden kann." Aber sie sind gerade als Voraus-Urteile unerlässlich, weil sie den Auslegungsprozess erst in Gang bringen. Es gibt Voraus-Urteile, die das Verstehen behindern, und solche, die es fördern. Aber eine „vorgängige Trennung zwischen angemessenen und unangemessenen Vorverständniselementen ist weder möglich noch notwendig. Es genügt, dass sie ‚ins Offene gestellt', d.h. als Hypothesen behandelt werden, die scheitern oder sich bewähren können."[415]

Mit dieser Wendung des Vorverständnis-Problems verändert sich auch der Charakter des hermeneutischen Zirkels. Im Vollzug des Verstehens und Auslegens besteht er in der „Erprobung der eigenen Vor-Urteile, um festzustellen, ob sie zureichen [und welche von ihnen zureichen; H.W.], dem fremden Symbolgebilde einen einheitlichen Sinn zuzuweisen. Auf diese Weise werden immer neue Vorentwürfe an das zu verstehende Werk herangetragen, Sinn-Antizipationen geprüft und verändert, werden Deutungshypothesen verworfen, korrigiert und modifiziert, bis keines der neu in der Auslegung begegnenden Elemente mehr Widerspruch anmeldet und eine Revision erzwingt".[416]

> Hans-Georg Gadamer hebt in einer knappen Beschreibung dieser Verstehens-Bewegung hervor, „dass jede Revision des Vorentwurfs in der Möglichkeit steht, einen neuen Entwurf von Sinn vorauszuwerfen, dass sich rivalisierende Entwürfe zur Ausarbeitung nebeneinander herbringen können, bis sich die Einheit des Sinnes eindeutiger festlegt; dass die Auslegung mit Vorbegriffen einsetzt, die durch angemessenere Begriffe ersetzt werden":

---

414 Schneider, Wolfgang L., Verstehen, 1991, S. 35.
415 Schneider, Wolfgang L., Verstehen, 1991, S. 37. Dazu Gadamer, Hans-Georg, Wahrheit, 1975, S. 250 ff.
416 Schneider, Wolfgang L., Verstehen, 1991, S. 37 f.

Dieses „ständige Neu-Entwerfen" mache die Sinnbewegung des Verstehens und Auslegens aus. Für eine „Beirrung durch Vor-Meinungen" sei das Verfahren des Verstehens nur dann anfällig, wenn der Interpret seine Vor-Meinungen nicht ausdrücklich auf „Herkunft und Geltung" prüft und wenn er ihre Bestätigung nicht „an der Sache selbst" suche.[417]

Aus unseren ganz alltäglichen Erfahrungen mit Verstehens-Bewegungen wissen wir nun zusätzlich etwas recht Bedeutsames: Je öfter wir den Weg in einem hermeneutischen Zirkel durchschreiten, umso besser verstehen wir; je intensiver wir uns mit einer (menschlichen) Sache, mit einem Buch z. B. oder mit einem Bild beschäftigen, umso klarer wird sie uns nach und nach. Das aber heißt: Ursprünglich besteht offenbar eine ziemlich weite Kluft zwischen dem, was wir verstehen möchten und dem, was wir tatsächlich davon verstehen. Diese Kluft wird im Laufe des Verstehens-Vorganges immer geringer. Oder anders: in der Verstehens-Bewegung, im oftmaligen Durchschreiten des hermeneutischen Zirkels, vollzieht sich „die Überwindung der *hermeneutischen Differenz*". (Siehe dazu auch Tafel 21.)

Die „hermeneutische Differenz" ist der Abstand, der zwischen dem Verstehenden und dem zu Verstehenden (sei es ein Text, ein Werkzeug, ein Zeichen oder was immer sonst an menschlichen Lebensäußerungen) besteht. Dieser Abstand verringert sich im Prozess des Verstehens. Jedoch scheint die vollständige Auflösung „der hermeneutischen Differenz eher eine Zielvorstellung als eine realisierbare Möglichkeit zu sein".[418] Trotzdem gilt auch hier, dass zumindest im Elementarverstehen des Alltags die „hermeneutische Differenz" regelmäßig bis zu einem Grad überwunden wird, der Verstehen und Verständnis für alle lebenspraktischen Zwecke zureichend ermöglicht.

Was das wissenschaftliche Verfahren des Verstehens anlangt, so gehört die hermeneutische Differenz „als Strukturmoment zu jeder hermeneutischen Situation". Die hermeneutische Differenz basiert auf dem Unterschied zwischen („wesensmäßiger') Subjektivität des handelnden, des Zeichen setzenden, des sich mitteilenden Menschen und dem (geschichts- und/oder kulturbedingten) ‚objektiven Geist', in den einerseits das handelnde Subjekt, andererseits der Interpret der fraglichen Lebensäußerung auf unterschiedliche Weise, womöglich in anderen Zeiten und unter je anderen Umständen eingebettet sind. Hier ist allerdings auch zu wiederholen und zu unterstreichen, dass umgekehrt Verstehen überhaupt nur auf der Basis eines die Subjekte verbindenden und für sie alle verbindlichen ‚objektiven Geistes' möglich ist.

Es wäre also, um auch an dieser Stelle noch einmal auf Gadamers Hermeneutik zurückzukommen, ein Irrtum, anzunehmen, der Sinnhorizont der Gegenwart (des Interpreten) wäre samt seinem Bestand an Meinungen und Wertungen etwas Festgefügtes, etwas vom Horizont der Vergangenheit völlig Abgehobenes, das für sich steht. Vielmehr ändert sich der Gegenwartshorizont unentwegt dadurch, dass „wir alle unsere Vorurteile ständig erproben müssen". Solche Erprobung geschieht

---

417 Gadamer, Hans-Georg, Wahrheit, 1975, S. 251 f.
418 Danner, Helmut, Pädagogik, 1979, S. 55.

nicht zuletzt in der Begegnung mit der Vergangenheit. „Der Horizont der Gegenwart bildet sich also gar nicht ohne die Vergangenheit." Verstehen ist unter diesem Aspekt *„immer der Vorgang der Verschmelzung solcher vermeintlich für sich seiender Horizonte".*[419] Diese „Horizontverschmelzung" ist aber nicht Bedingung des Auslegens, sondern dessen Resultat. Im Durchschreiten des hermeneutischen Zirkels, das heißt: bei der Erprobung unserer Voraus-Urteile, in deren immer weitergetriebenen Bestätigung, Korrektur oder Zurückweisung, vermögen wir „in sukzessiver Annäherung an das fremde Sinngebilde die Konturen des eigenen Horizontes soweit zu verschieben, dass sie schließlich an den lebensweltlichen Horizont, dem dieses Sinngebilde angehört, heranreichen, mit ihm ‚verschmelzen'."[420]

Dies kann aber gerade nicht bedeuten, dass im „Idealfall" der Interpret das Sinngebilde genauso versteht, wie es (möglicherweise) sein Urheber verstanden hat. Die Markierung eines solchen hermeneutischen Ziels wäre gewissermaßen ein Rückfall in die Fehler der „romantischen Hermeneutik". Weil das Verstehen immer im Sinnhorizont der Gegenwart des Interpreten erfolgt, wird jede Zeit einen Text oder ein Sinngebilde anderer Art „auf ihre Weise verstehen müssen". Das „verstehenskonstitutive Moment" (W. L. Schneider) der *Anwendung* besteht gerade darin, dass ein Text oder ein Werk immer (auch) auf den Sinnhorizont des Interpreten bezogen werden muss. Insofern ist festzuhalten, dass man – aus der mutmaßlichen Perspektive des Produzenten eines Sinngebildes und der Situation seiner Produktion – *„anders versteht, wenn man überhaupt versteht".*[421]

> Die Tendenz zur Verkleinerung oder Überwindung der hermeneutischen Differenz in der Zirkel-Bewegung des Verstehens ist nicht nur erfahrbar im Verhältnis von Vorverständnis und gesuchtem ‚Verständnis einer Lebensäußerung' (z. B. eines Textes), von dem wir ausgegangen waren. Sie prägt Interpretationsvorgänge auch da, wo es um das Verhältnis des Teils zum Ganzen oder des Besonderen zum Allgemeinen geht. So etwa „erschließt sich unter Umständen der Sinn eines einzelnen Wortes erst aus dem gesamten Satz. Andererseits wird der Satz aber erst klarer, wenn alle Worte verstanden sind. Ebenso können einzelne zentrale Begriffe oft nur aufgrund des ganzen Textes verstanden werden, während der Gesamttext das Verstehen dieser Begriffe zur Voraussetzung hat, sich in seinem Gesamtsinn also erst erschließt, wenn die Begriffe inhaltlich gefüllt werden können. (...) Der hermeneutische Zirkel besteht darin, dass der Teil vom Ganzen her verstanden, korrigiert oder erweitert wird und dass umgekehrt das Ganze sich in gleicher Weise vom Teil her bestimmt" und öffnet.[422]

6. Erklären und Verstehen

An dieser Stelle drängt sich geradezu die Frage nach dem Verhältnis von *Verstehen und Erklären* auf. Wir waren davon ausgegangen, dass es sich dabei im selben Maß um unvereinbare Erkenntniswege handle, in dem die Gegenstände der Er-

---

419 Gadamer, Hans-Georg, Wahrheit, 1975, S. 289.
420 Schneider, Wolfgang L., Verstehen, 1991, S. 38.
421 Gadamer, Hans-Georg, Wahrheit, 1975, S. 280.
422 Danner, Helmut, Pädagogik, 1979, S. 55 f.

kenntnis, Natur und Geist, voneinander geschieden sind. Je unbefangener wir aber nun das hermeneutische Verfahren anwenden und je mehr Erfahrungen wir bei der Arbeit des Sinn-Verstehens sammeln, umso unausweichlicher stoßen wir auf einen ganz simplen Tatbestand: Wir treffen „Lebensäußerungen" an, deren Sinn es ganz offenbar ist, anderes Handeln zu bewirken oder jedenfalls zu beeinflussen.

> Das gesellschaftliche Kommunikationsgeschehen ist voll davon. Da gibt es Appelle, denen gehorcht werden soll; da gibt es Servicemeldungen und Nachrichten zum Danachrichten; da bleiben wir auch hängen etwa an mehr oder weniger fein gesponnenen Aprilscherzen in Massenmedien, mit denen arglose Rezipienten gefoppt werden. Allerdings: Gefopptes Handeln entdecken wir auch, wo Fiktionen, oder vielleicht besser: fake news, als Berichte der Realität daherkommen, wo Schein-Realitäten zum Weil-Motiv eines reagierenden Handelns werden – ganz unabhängig davon, welches Um-zu-Motiv den Handlungs-Sinn der ursprünglichen Täuscher ausmachte.

Wie immer Wirkungsabläufe der angedeuteten Art im Detail aussehen mögen: Wir verstehen Handlungen hier als bewirkt; wir vermögen das bewirkte Handeln einem wirkenden Handeln zuzurechnen – und stecken auf diese Weise mitten im Erklären. Denn „*Erklären* ist das Herleiten von *Tat-Sachen* aus *Ur-Sachen*, das Ableiten einer Gegebenheit aus einem Prinzip."[423]

> So allgemein gefasst, deckt das erkennende Erklären nicht mehr nur naturgesetzliche Kausalzusammenhänge, sondern eben auch nicht gesetzmäßige Handlungszusammenhänge im menschlichen bzw. sozialen Bereich. Auf diese Weise können wir etwa durchaus adäquat den schlagartigen Rückgang des Weinverbrauchs, des Konsums von Teigwaren oder der Einkäufe von Frischfisch erklären als unbezweifelbare Reaktion auf Medienberichte über Glykol-Panschereien, über Nudel-Produktion mit verdorbener Flüssigei-Brühe oder über seltene Madenwürmer im Fischfleisch.

Schon die wenigen Exempel demonstrieren, dass es durchaus sinnvoll ist, den Begriff des Erklärens nicht in der Engführung auf Naturvorgänge zu belassen, wie er bei Dilthey gebraucht wird. Auch im humanen, im sozialen und nicht zuletzt eben im kommunikativen Bereich führen wir ständig Tat-Sachen auf Ur-Sachen zurück. Nur sprechen wir hier häufig nicht von „*kausaler Verursachung*", sondern von „*Gründen*", denen ein Handeln folgt, die in Entscheidungen eingehen, denen das Moment der Freiheit anhaftet. Nicht zuletzt hat gerade die phänomenologische Handlungstheorie uns gelehrt, die Motive des Handelns sehen, unterscheiden und verstehen zu können.[424] „Erklären im Bereich des Menschlichen geht darum immer einher mit Verstehen, denn die Gründe [und die Motive; H.W.] sind etwas, was verstanden werden muss."[425]

---

423 Danner, Helmut, Pädagogik, 1979, S. 34.
424 Siehe dazu insbesondere Schütz, Alfred, Interpretation, 1971 [1953], S. 3–54.
425 Danner, Helmut, Pädagogik, 1979, S. 34. (Vgl. dazu Tafel 22.)

T 22: Erklären und Verstehen

a) Der Erklär-Prozess

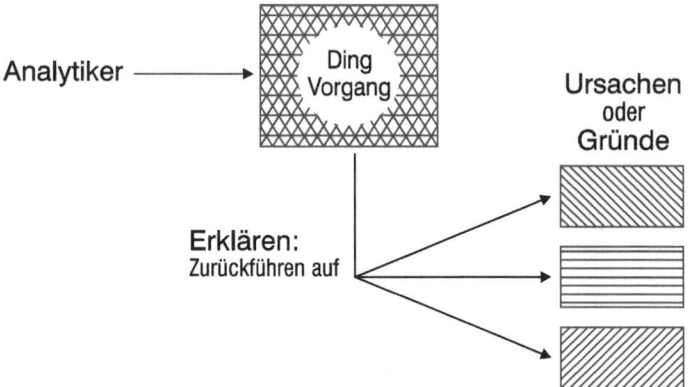

Quelle: Helmut Danner, Pädagogik, 1979, S. 141.

b) Verstehen und Erklären als hermeneutischer Zirkel
(nach Paul Ricoeur)

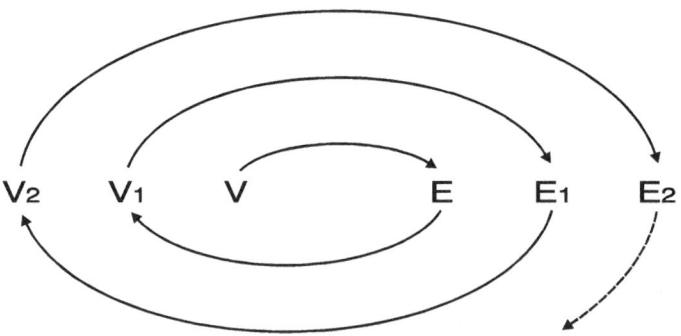

V = Verstehen; E = Erklären.
V_1 = erweitertes Verstehen; E_1 = verbessertes Erklären usw.

Schon Max Weber hat unterschiedliche Sinnzusammenhänge namhaft gemacht, die dem empirischen Verstehen aufgegeben sind. Er trennt voneinander „*sinnhaft adäquate*" und „*kausal adäquate*" Handlungszusammenhänge und -verläufe und definiert: „,*Sinnhaft adäquat*' soll ein zusammenhängend ablaufendes Verhalten in dem Grade heißen, als die Beziehung seiner Bestandteile von uns nach den durchschnittlichen Denk- und Gefühlsgewohnheiten als typischer (...) Sinnzusammenhang bejaht wird. ,*Kausal adäquat*' soll dagegen eine Aufeinanderfolge von Vorgängen in dem Grade heißen, als nach Regeln der Erfahrung eine Chance besteht: dass sie stets in gleicher Art tatsächlich abläuft."[426] Für die Deutung eines konkreten Handelns bedeutet dies, dass man zuerst sein sinngebendes Motiv und seinen Ablauf zutreffend verstehen muss; erst dann kann man, sofern die Erfahrung zusätzlich eine tatsächlich gegebene, hohe Wahrscheinlichkeit des regelmäßigen Ablaufs von solchen Zusammenhängen erwarten lässt, zu einer kausalen Erklärung fortschreiten. Mit anderen Worten: Hohe statistische Wahrscheinlichkeiten bleiben ohne Sinnadäquanz „unverständlich"; selbst die „evidenteste Sinnadäquanz" aber bliebe ohne die angebbare Chance eines entsprechend regelmäßigen Handlungsablaufs eine „Konstruktion ins Blaue".[427]

Auch wenn man – aus guten Gründen – der Meinung sein kann, dass den „verstehenden Methoden" in den Sozial- und Geisteswissenschaften der Vorrang gebührt, so deuten doch diese Weberschen Positionsbestimmungen schon an, dass ein unüberbrückbarer Gegensatz zwischen Erklären und Verstehen wohl nicht aufrechterhalten werden kann. Wenn Verstehen heißt, alles zu erfassen, was ein fremdes Subjekt an Sinn in seinem Handeln ausdrückt, wenn andererseits Erklären nicht beschränkt wird auf das Erfassen von kausalen Abfolgen (Ursache – Wirkung), wenn es vielmehr auch die Aufdeckung von Wechselbeziehungen in der sozialen Wirklichkeit einschließt, dann ergibt sich, dass auch Erklären und Verstehen zirkulär aufeinander verwiesen sind. Man kann vom Verstehen zum Erklären fortschreiten und vom Erklären zu weiterem Verstehen gelangen.

Anhand der Analyse von Textinterpretationen hat Paul Ricoeur eine entsprechende Annäherung entwickelt. Nach ihm sind Erklären und Verstehen „als die zwei Pfeiler eines beide verbindenden hermeneutischen Bogens zu betrachten". Oder allgemeiner noch: Der hermeneutische Zirkel „bleibt eine unausweichliche Strukturbedingung des Wissens, insoweit es menschliche Angelegenheiten betrifft. (...) Im Grunde besteht der ,hermeneutische Zirkel' in nichts anderem als in der (...) Beziehung von Erklären und Verstehen und von Verstehen und Erklären."[428] Im Bereich sinnhaften Handelns können wir letztlich nur erklären, was wir zuvor verstanden haben. Die adäquate Erklärung fördert sodann das weitere Verstehen als Grundlage einer immer genaueren Erklärung.

---

426 Weber, Max, WuG, [5]1972, S. 5.
427 Vgl. dazu Bühl, Walter L., Soziologie, 1972, S. 38 f.
428 Paul Ricoeur: Der Text als Modell: Hermeneutisches Verstehen. In: Bühl, Walter L., Soziologie, 1972, S. 252–283, hier S. 282.

8. Kapitel Rede und Gegenrede: Vom dialektischen Verfahren

In der Hermeneutik sah Friedrich Schleiermacher (1768–1834) das – von ihm fälschlich nur als reproduktiv eingeschätzte – Gegenstück zur Rhetorik. „Die Zusammengehörigkeit der Hermeneutik und Rhetorik", schrieb er, „besteht darin, daß jeder Akt des Verstehens die Umkehrung eines Aktes des Redens ist."[429] Dieser Logik entspricht es, wenn er nicht nur die Hermeneutik als eine allgemeine wissenschaftliche „Kunstlehre des Verstehens", sondern auch *„Principien der Kunst zu philosophieren"* entwickelte, nämlich eine *Dialektik*, die – sehr im Unterschied zu seinem unmittelbaren Zeitgenossen Georg Wilhelm F. Hegel – gedacht war als ein wissenschaftliches Instrument zur *Konstruktion eines sicheren Wissens*.

1. Das Gespräch als Modell

Schleiermacher verstand *Dialektik* vom *Gespräch* her und damit im ganz ursprünglichen Sinn.[430] Dies erhellt bereits aus der Wortbedeutung: ‚téchne dialektikè' ist griechisch und bedeutet allgemein die Kunst der Gesprächsführung.

Dabei denkt man am besten an eine Diskussion, die in Rede und Gegenrede die unterschiedlichsten Standpunkte entfaltet und sie am Ende einander annähert. Die Präposition ‚diá', die auch im bedeutungsähnlichen Lehnwort „Dialog" auftritt, heißt ‚auseinander'. Was „Dialektik" oder auch „Dialog" meinen, ist insoweit im Deutschen (wörtlich und übertragen) mit *„Auseinander-Setzung"* adäquat vorgestellt, wobei zu bedenken ist, dass jedes Auseinander-Setzen bedingt, dass wir uns – in welcher Form immer – zum Gespräch zunächst zusammen-setzen! „Dialektik" wäre im engeren Sinn das Streitgespräch, wie es in der Antike vor den Volksgerichten, aber auch in der Volksversammlung gepflegt wurde.

Wie Platon im *Phaidros* hervorhebt, war in solch öffentlichem Gespräch die *„Kunst des Gegenredens"* gefragt; man ging ganz richtig davon aus, dass jede Rede in diesem Rahmen ihre Gegenrede gewissermaßen schon irgendwie enthielt, sie antizipierte und jedenfalls provozierte.[431] In Rede und Gegen-Rede sollten die möglichen Sichtweisen und Standpunkte einsichtig gemacht werden; so wollte man der Wahrheit auf die Spur kommen, die beste Lösung für das Wohl aller finden. Aristoteles schreibt dazu in seiner „Metaphysik": „Obwohl kein einzelner [die Wahrheit] angemessen zu erreichen vermag, können wir doch nicht alle dabei versagen; jeder stellt eine Behauptung auf über die Natur, und als einzelner trägt er nichts oder nur wenig zur Erkenntnis bei; aber aus der Vereinigung aller resultiert etwas Großes an Wissen."[432] Daher resultiert als „allgemeinster Begriff der Dialektik": „Sie ist das *Streitgespräch*, bei dem *Widersprüche* festgestellt werden und bei dem auf *Versöhnbarkeit* gesetzt wird."[433]

---

429 Zit. nach Schneider, Wolfgang L., Verstehen, 1991, S. 29. (Vgl. oben S. 162.)
430 Vgl. Seiffert, Helmut, Wissenschaftstheorie 2, [8]1983, S. 273–278.
431 Platon, Phaidros (übertragen von Friedrich Schleiermacher), Kap. XLIV.
432 Aristoteles, Metaphysik, 993 b und 1281 b.
433 Danner, Helmut, Pädagogik, 1979, S. 158.

Man kann und muss Dialektik von dieser „Versöhnbarkeit der Standpunkte" her entfalten und verstehen. Sie ist nämlich nur möglich als Antwort auf das Wort der Standpunkte, präziser darauf, dass die Standpunkte sich ganz buchstäblich infrage stellen lassen. „Aus diesem Grund ist die Vollzugsweise der Dialektik das Fragen und Antworten, oder besser: der Durchgang alles Wissens durch die Frage."[434] Insofern ist die Dialektik die Kunst des Fragens, meint Hans-Georg Gadamer. Allerdings unterstreicht er auch: Es sei keine Kunst, die im Sinne einer Technik lehrbar oder lernbar sei. Denn es gehe gerade nicht um ein kunstgerechtes Verfahren, „siegreich gegen jeden zu argumentieren". „Die Kunst des Fragens ist die Kunst des Weiterfragens, d.h. aber sie ist die Kunst des Denkens. Sie heißt Dialektik, denn sie ist die Kunst, *ein wirkliches Gespräch zu führen.*" Dialektik zielt auch als Streitgespräch nicht dahin, dass man, was einer sagt, mit besonderer Lust „in seiner Schwäche zu treffen versucht", sondern dass man es „zu seiner wahren Stärke bringt". Das sachliche Gewicht der anderen Meinung [ist] wirklich zu erwägen", das heißt: zu erproben: „Die Kunst des Erprobens ist aber die Kunst des Fragens."[435]

Wenn wir schon im Alltag wirkliche Fragen von bloß „rhetorischen Fragen", richtige von falschen oder schiefen Fragen aussondern, so bekunden wir, dass wir durchaus ungefähre Vorstellungen davon haben, was das Fragen ausmacht. Diese Voraussetzungen müssen hier wenigstens angerissen werden.

- Fragen müssen einen Sinn und eine Richtung haben, nicht nur insofern, als sie auf sinnvolle Antworten zielen. Vielmehr können sie nur in einem klar bestimmten Fragehorizont gestellt werden, der durch die fragliche Sache Kontur gewinnt und begrenzt ist. Das schließt notwendig auch ein, dass eine Frage erkennbar die Voraussetzungen fixiert, die wirklich feststehen und von denen sich das Fragliche, also das, was noch offen ist, abhebt.
- Fragen heißt sodann, sich mit seinen Vor-Meinungen „ins Offene stellen": „Die Offenheit des Gefragten besteht in dem Nichtfestgelegtsein der Antwort."
- Das ist die Voraussetzung dafür, dass eine Frage entschieden werden kann. Entschieden wird sie durch „das Überwiegen der Gründe für die eine oder gegen die andere Möglichkeit". Aber erst dann und nur, wenn auch „die Gegenargumente in ihrer Unrichtigkeit durchschaut sind, ist die Sache selbst gewusst" und Erkenntnis gewonnen.[436]

„Die Entscheidung der Frage ist der Weg zum Wissen", sagt Gadamer. Also kann „Wissen nur haben, wer Fragen hat. Fragen aber umfassen in sich das Gegensätzliche des Ja und Nein, des So und Anders. Nur weil Wissen in diesem umfassenden Sinn dialektisch ist, kann es eine ‚Dialektik' geben, die das Gegensätzliche des Ja und Nein ausdrücklich zu ihrem Gegenstand macht."[437]

---

[434] Gadamer, Hans-Georg, Wahrheit, 1975, S. 345.
[435] Gadamer, Hans-Georg, Wahrheit, 1975, S. 349.
[436] Die Darstellung der Wesenselemente des richtigen Fragens folgt Gadamer, Hans-Georg, Wahrheit, 1975, S. 345–347.
[437] Gadamer, Hans-Georg, Wahrheit, 1975, S. 347.

Das ist, sehr vereinfacht und vergröbert, das Fundament der Dialektik. Es gibt gute Argumente dafür, sich dieses Fundaments auch in einer Diskussion um Methoden zu versichern.

Zum einen, soviel wird sich sofort zeigen, ist das verfahrenstechnische Schema der Dialektik auf allen Positionen ein *leeres*, ein *unbestimmtes Schema*. Dies wird nicht selten kritisiert. Die exemplarisch vorgestellten kommunikationswissenschaftlichen Anwendungen des dialektischen Schemas arbeiten implizit und explizit mit inhaltlichen Kriterien-Vorgaben. Die Beispiele demonstrieren, was die theoretische Fundierung im Gesprächsvollzug als unabdingbar ausweist: Das Instrument des dialektischen Verfahrens muss immer konkret-inhaltlich für die Sache eingerichtet werden, auf deren Erkenntnis es gerichtet ist.

Zum anderen verrät das freigelegte Fundament nicht nur eine lange, bis in die Antike zurückreichende Tradition der Dialektik; soweit sich in diesem Fundament die Kontur (scheinbar) alltäglicher Gesprächs-Selbstverständlichkeiten wiederfindet, erklärt dies wenigstens zum Teil, warum das dialektische Verfahren unter rationalistischen und positivistischen Vorzeichen dem „Verdikt der Unwissenschaftlichkeit" verfiel und weitgehend vernachlässigt, jedenfalls hinsichtlich seiner Potenzialitäten für Entdecken und Erkennen unerschlossen ist.[438] Auch in der Kommunikationswissenschaft hat die Anwendung dialektischer Verfahren Seltenheitswert.

Dabei muss unterstrichen werden, dass dieses Fundament, obwohl unlösbar mit dem Verstehen verbunden, ein Verfahren der Heuristik, ein „entdeckendes Verfahren" also ist. Mit ihm lassen sich neue Erkenntnisse gewinnen: Es ist eine „Methode", wörtlich eben: ein Weg zum Wissen.

2. Das Verfahren

Das auf Frage und Antwort gestellte Streitgespräch ist das Modell der dialektischen Bewegung und damit der *dialektischen Schritte*. Das Grundschema und – womöglich noch unmittelbarer – die Benennung seiner Elemente weisen unmissverständlich auf dieses Modell zurück:

These – Antithese – Synthese.

Alle drei Elemente enthalten oder variieren das Grundwort ‚These', das – vom Griechischen ‚thésis' kommend – das ‚Gesetzte', den ‚Satz' meint. Für die ersten beiden Positionen ist auch im Deutschen die Rede- bzw. Gesprächs-Herkunft sprachlich unschwer hervorzuheben: *Satz – Gegen-Satz*, Rede – Gegen-Rede, Spruch – Widerspruch. Nicht so alltagsvertraut sind mögliche Eindeutschungen

---

438 Vgl. Kleining, Gerhard, Sozialforschung, 1995, S. 21 f. – Kleining zeigt im Übrigen auch, dass neuere Entwürfe und Programme, die Dialektik als Forschungsverfahren entwickeln oder mit anderen Methoden verknüpfen, ausschließlich oder doch überwiegend den sogenannten „kritischen", das heißt: marxistisch orientierten Wissenschaftslagern zuzurechnen sind. Dies könnte ein zusätzlicher (in wissenschaftlichen Debatten selbstverständlich sorgsam tabuisierter) Grund dafür sein, dass Dialektik eine (fast) vergessene Basismethode ist.

von ‚Synthese': das ist die ‚Zusammen-Setzung', ein komplexer Satz also, ein ‚Gemein-Satz' oder der ‚Verbindungs-Satz', der demnach – das ist zumindest eine mögliche inhaltliche Füllung – den Gegensatz von These und Antithese auf einer höheren Ebene wieder verbindet und so versöhnt, den Gegensatz also „aufhebt".

„Aufhebung" in seiner dreifachen Wortbedeutung war für Hegel zur Interpretation von *Synthese* leitend; „Aufhebung" besagt dann nämlich

a) das Negieren,
b) das Aufbewahren und schließlich
c) das Hinaufheben.[439]

Von all dem kann die *Synthese* etwas haben. Doch folgen wir hier am besten dem Grundschema der dialektischen Methode. Auf diese Weise können auch die einzelnen Schritte des dialektischen Verfahrens präpariert werden (wie sie auf Tafel 23 schematisch vorgestellt sind).[440]

Der *erste* Schritt des dialektischen Verfahrens setzt an bei der *These* und geht hin zur *Antithese*: Dieser Schritt besteht also in der Verneinung, in der *Negation der These* (siehe Tafel 23). Diese Negation wird gelegentlich ausdrücklich als *Sprung* betrachtet, weil hier „nämlich das Denken über ‚ein bisher begrenztes und umgrenztes Feld' hinwegspringt" (R. Heiss nach H. Danner). Aber so unproblematisch ist dieser Sprung keineswegs. Denn er setzt das Vorhandensein einer These voraus. Aber wer setzt die These, und warum diese und keine andere? Woher kommt die These? Wie ist sie sachlich begründet?

Unterstellen wir also, die These sei – wie und von wem immer – provozierend genug gesetzt, so erhebt sich sofort die Frage, welcher Art der erwartete Widerspruch sein kann.

> Hierzu sind zwei Möglichkeiten grob zu scheiden. Die *Antithese* kann *kontradiktorisch*, das heißt als logisch mit der These unvereinbarer Widerspruch, gesetzt werden (z. B. Freiheit versus Unfreiheit, ‚einseitige' Massenkommunikation versus ‚wechselseitige' Kommunikation). Der Widerspruch kann aber auch *konträr* fixiert sein, sodass These und Antithese etwa als Extrempunkte eines verbindenden Kontinuums, als Spannungspole, als unterschiedliche Ausprägungen auf einer gemeinsamen Basis oder als Sowohl-als-auch-Beziehung erscheinen (z. B. Freiheit versus Bindung, universelle versus spezielle Medien).

---

439 Siehe Danner, Helmut, Pädagogik, 1979, S. 167.
440 Für die Gliederung und Unterscheidung der einzelnen Verfahrensschritte gibt es zwei Möglichkeiten. Die eine – von Helmut Seiffert (Wissenschaftstheorie 2, [8]1983) bevorzugte – folgt den drei Positionen des dialektischen Schemas: Jedes dieser drei Glieder – These, Antithese, Synthese – entspricht dann gleichzeitig auch einem Verfahrensschritt. Anders geht Helmut Danner vor; er setzt die Verfahrensschritte als Relations-Sprünge zwischen den dialektischen Positionen (Danner, Helmut, Pädagogik, 1979, S. 165–169); aus pragmatischen Gründen, weil so nämlich nicht nur die einzelnen Glieder des Verfahrens, sondern immer auch schon die Relationen zwischen diesen Gliedern in den Blick kommen, übernehme ich diese Lösung in der folgenden Darstellung. (Siehe auch Danner, Helmut, Pädagogik, 1979, S. 175.)

T 23: Die Schritte des dialektischen Verfahrens

Erster Schritt: Die Negation der These

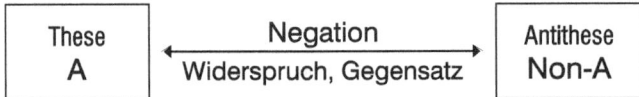

Zweiter Schritt: Das Finden der Synthese

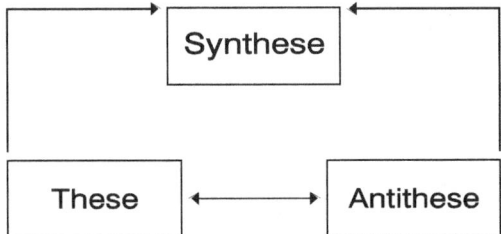

Dritter Schritt: Umschlag der Synthese zur neuen These
Fortschreiten des dialektischen Prozesses

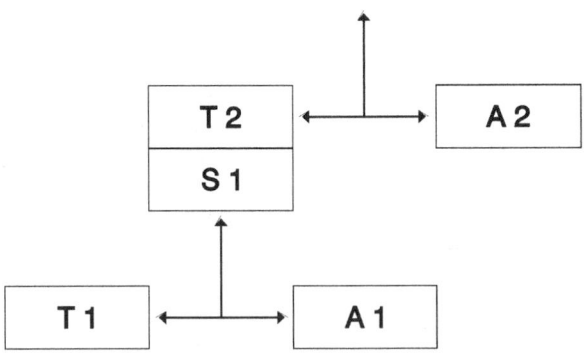

Quelle: Helmut Danner, Pädagogik, 1979, S. 166 f und S. 169.

Ganz zweifellos macht es die Kunst der Dialektik aus, die ‚richtige', erkenntnisfördernde Negation zu finden. Denn die Negation muss, weil sie infrage stellt, als das treibende, als das *dynamische Moment* des Verfahrens angesehen werden. Entscheidend ist, dass die Negation und damit die Antithese „inhaltlich an die These" gebunden wird (H. Danner), bzw. dass These und Antithese in einer „Ähnlichkeitsbeziehung" zueinander stehen (H. Seiffert). Das ist der Fall, wenn These und Antithese im Gespräch in einen sachlichen Zusammenhang gebracht werden können, wenn sie aufeinander eingehen.

Der Widerspruch zwischen These und Antithese drängt zu einer Lösung. In deren Richtung zielt der *zweite* Schritt des Verfahrens: „Seine wesentliche methodische Aufgabe besteht in der *Aufhebung des Gegensatzes*", im zureichenden *Vollzug einer Synthese* (womit auch hier keinerlei inhaltliche Festlegung getroffen ist, in welcher Richtung eine derartige Synthese überhaupt zu suchen ist).

> Es gibt auch verschiedene Auffassungen darüber, was aus dem vorgängigen Gegensatz in einer Synthese wird und geschieht: „Der Gegensatz kann nämlich als völlig beseitigt gelten" oder auch „als weiterbestehend und nur in eine andere Ebene gehoben" (was in der Grafik des 2. Schrittes auf Tafel 23 nahegelegt ist). Was die Synthese ist und bewirkt, ist am ehesten einsichtig, wenn sie aufgefasst wird „als eine *höhere Einheit*, die These und Antithese [in sich] aufnehmen kann, als ein Ganzes oder als ein größerer Zusammenhang".[441]

Die dialektische Bewegung des Denkens oder des Gesprächs kommt mit der Synthese keineswegs zur Ruhe. Die Dynamik des Prozesses erschöpft sich nicht in einem einmaligen Durchgang durch die dialektischen Stationen. Die Synthese ist – im Allgemeinen jedenfalls – nicht ein Ergebnis, das nicht mehr zu verändern oder zu verbessern, nicht mehr zu korrigieren oder weiter zu entfalten wäre. Vielmehr folgt im dialektischen Modell nun der *Umschlag* der Synthese in eine neue These; dieser Umschlag zu einer neuen These auf nunmehr höherem Niveau kann als der *dritte* Schritt des dialektischen Verfahrens verstanden werden. Ist diese neue These erreicht, so beginnt die gesamte Schrittfolge mit der Negation der neuen These durch eine neue Antithese von vorne. Das *Fortschreiten* des dialektischen Prozesses in einer Stufenfolge mit letztlich ‚offenem' Ausgang (wie es auch das letzte Schema der Tafel 24 zeigt) ermöglicht erst das Vorantreiben von Themen, Gedanken oder Problemen, solange dies sinnvoll erscheint. Erst durch dieses Fortschreiten in aufeinander aufbauenden Stufen wird Dialektik zu einem Prinzip für die Konstruktion von Aussage- und Denksystemen.

Grundsätzlich nämlich ist Dialektik keineswegs – wie es bislang stillschweigend unterstellt war – auf das (wissenschaftliche) Gespräch beschränkt und wird keineswegs nur als Erkenntnisverfahren, als *Mittel der Reflexion*, genutzt. Man kann vielmehr eine ganze Reihe von Ansatzpunkten für die Anwendung des Dialektik-Schemas unterscheiden.[442]

---

441 Danner, Helmut, Pädagogik, 1979, S. 166 f.
442 Ich folge auch hier mit geringfügigen Modifikationen der Darlegung von Danner, Helmut, Pädagogik, 1979, S. 158–164 sowie S. 171 f.

- Da ist zunächst, wovon wir ausgegangen waren, die *Gesprächs-Dialektik* (wie sie schon im Meinungsstreit der antiken Volksversammlungen hautnah erlebbar war).[443] Sie ist offen bzw. unempfindlich dafür, ob die je zutage tretenden Widersprüche im Gespräch konstituiert werden, ob sie aus unterschiedlichen Erkenntnisstrukturen oder Denkansätzen hervorgehen, oder ob diese Widersprüche gar in den Sachen selbst liegen.
- Dialektik kann sodann eine Kunstlehre, ein *Kunstgriff der Darstellung* sein, wie Platon ihn ganz sicher etwa in den Sokrates-Dialogen anwendet, oder wie eben Schleiermacher Dialektik zur Kunstlehre entwickelt hat. Mithilfe dieser Technik soll die vielseitige Problematik von Sachverhalten bewusst gemacht werden. Dialektik ist hier also wesentlich *Mittel der Reflexion*.
- Diese Art darf nicht verwechselt werden mit der *Denkdialektik* oder *Ideal-Dialektik*, die von Widersprüchen in der menschlichen Erkenntnisstruktur (und folgerichtig auch etwa von entsprechenden Widerspruchs-Manifestationen in der Sprache) ausgeht. Mit derartigen *Antinomien* der Vernunft setzt sich u. a. die idealistische Erkenntnis-Position von Kant auseinander.
- Ganz im Gegensatz dazu legen Hegel und später Marx und die Marxisten dar, dass dialektische Prozesse in der Wirklichkeit ablaufen, dass die fraglichen *Widersprüche in der Realität* selbst vorfindbar sind, im Gang der Geschichte wirklich auftreten sowie deren Ablauf wirklich bestimmen. Ein solch dialektischer Prozess ist etwa der reale Klassenkampf bzw. genauer – bei Marx – der Konflikt zwischen den Produktionsverhältnissen und den Produktivkräften, der in jeder Epoche, das heißt auf jeder Stufe der dialektischen Geschichtsbewegung, eine neue Klassenherrschaft als jeweilige Synthese hervorbringt. Doch jede Klassenherrschaft wird in einem Umschlag solange zur These, die eine neue, sozial-reale Antithese provoziert, bis der Endpunkt einer klassenlosen Gesellschaft erreicht ist. Bei diesem und ähnlichen Ansätzen handelt es sich um Systeme einer *Real-Dialektik*.
- Endlich bleibt zu erwähnen die „*Dialektik der existentiellen Erfahrung*", bei der – wie im Werk von Sören Kierkegaard (1813–1855) – die *Paradoxien des Daseins* die zentrale Rolle spielen, der Konflikt etwa zwischen Neigung und Pflicht, zwischen Wunsch und Realität, zwischen Freiheit und Zwängen ... „Existenz ist Widerspruch, und existieren heißt dialektisch im Widerspruch leben": Auf diesen Nenner bringt R. Heiss diese Position[444], die sich im französischen Existenzialismus zur Erfahrung des *Absurden* verdichtet.

Von all diesen Arten der Dialektik ist die *Real-Dialektik* unbestreitbar die bedeutsamste, wenn man ihre weltgeschichtliche Wirksamkeit bedenkt. Tatsächlich handelt es sich indessen dabei um Entwürfe von Geschichtsbetrachtungen, die bei He-

---

[443] Helmut Danner (Pädagogik, 1979, S. 171) ordnet die Lehr- und Gesprächspraxis des Sokrates bzw. des Platon dem ersten Typus der ‚Gesprächs-Dialektik' zu. Bedenkt man indessen Zweck und Entstehung der fraglichen Dialoge, so fällt es schwer, dem zu folgen. Wenn irgendwo, so ist hier Dialektik ein Kunstgriff, das bewusst eingesetzte Werkzeug der gründlichen Reflexion. Vgl. dazu auch Gadamer, Hans-Georg, Wahrheit, 1975, S. 344–351.

[444] Zit. nach Danner, Helmut, Pädagogik, 1979, S. 164.

gel sowohl wie bei Marx und den Marxisten mit je anderen Akzenten unter die „Fortschritts-Theorien" einzureihen sind.

Auch wenn man diesen dialektischen Interpretationen ein außerordentlich „anspruchsvolles Diskussionsniveau" bescheinigt, ist andererseits nicht zu leugnen, dass damit der Geschichte Zwang angetan worden ist.[445] Weder die Klassenkämpfe (bei Marx) noch die drei Reifungsstadien des Geistes (bei Hegel) sind als „Gesetze" aus der Geschichte „herauszulesen"; umgekehrt haben vielmehr diese Dialektiken jede hermeneutische Anschmiegsamkeit an die historischen Tatsachen grob beseitigt: Einem konstruierten dialektischen System wurden jeweils die geschichtlichen Tatsachen eingepasst; der Geschichte wurde eine faktenferne Kappe übergestülpt.

3. Dialektik der Mediengeschichte

Eine solche Gefahr lässt sich kaum ausschließen, wo mit Real-Dialektik hantiert wird; sie lässt sich allenfalls erträglich klein halten, wenn die Anwendung eines dialektischen Schemas mit hermeneutischem Bemühen verbunden wird. Einen solchen Versuch kann man für den kommunikationswissenschaftlichen Fachgegenstand bei Franz Adam Löffler (geb. 1808) auffinden.[446] Stark von Hegels Philosophie beeinflusst, legte er in dem 1837 erschienenen Werk „Über die Gesetzgebung der Presse" nicht nur eine erste Periodisierung der Mediengeschichte vor, sondern stellte diese unter dem Stichwort „Gebärungsprozeß der Presse" als einen dialektischen Entwicklungsgang dar. (Vgl. hierzu Tafel 24.)

Der Ausgangspunkt des fraglichen „Gebärungsprozesses" ist markiert durch den ursprünglichen Gebrauch der *Lautsprache*. Diese leistet zwar die „Verkettung der Geister" und begründet Verständigung über alle „natürlichen Bedürfnisse"; aber sie begrenzt die Gesellschaft. Diese Begrenzung wird erst aufgehoben durch das *Wortzeichen*: Die Schrift ermöglicht Erfindungen, Künste, Wissenschaften, Geschichte, Gesetzgebung und sie wird damit Basis des ‚Staates'. Aber das Wortzeichen (und jeder ihm „ähnliche Träger der Idee") behindert, erschwert und begrenzt die „Austragung der Idee". Diese Begrenzung wiederum wird aufgehoben durch den Buchdruck, also durch die „*Presse*", indem sie ein Doppeltes leistet: Zum einen die absolute Loslösung der Idee vom Produzenten, zum anderen unbeschränkte Reproduktion dieser losgelösten Idee. Dies ist die Voraussetzung für die wirkliche „Universalisierung des Gedankens".[447]

Im Schema dieses „Gebärungsprozesses der Presse" verläuft die dialektische Bewegung zwischen *Leistung* einerseits und *Leistungs-Grenze* des jeweiligen Mediums andererseits, das die einzelne Entwicklungsstufe prägt. Um den Gegensatz zwischen *Leistung* und *Schwäche* aufzulösen, die vom jeweiligen Medium bedingte Grenze aufzuheben, wird das je „neue Medium" entwickelt – nicht weil dialektische Realzwänge in der Mediengeschichte am Werk wären, sondern weil die

---
445 Seiffert, Helmut, Wissenschaftstheorie 2, [8]1983, S. 290 und S. 300–306.
446 Siehe dazu im Überblick: Groth, Otto, Zeitungswissenschaft, 1948. S. 121–162.
447 Vgl. Löffler, Franz Adam, Gesetzgebung, 1837, S. 101–146.

Grenzen der je verfügbaren Medien von den Zeitgenossen als Problem empfunden wurden, dem sie – meist nach dem Verfahren von Versuch und Irrtum – mit ihren Lösungskonzepten zu Leibe rückten. Löffler scheint (hierin vielleicht der Fixierung der drei Zeitalter des Geistes bei Hegel folgend) mit der dritten dialektischen Stufe, mit der Presse, das Ende der Medienentwicklung zu konstatieren. Kann dem ernsthaft beigepflichtet werden?

Natürlich konnte Löffler 1837 noch nichts von der Nutzung der Elektrizität für das Medienwesen in Gestalt des Radios, des Fernsehens oder gar in Gestalt der vernetzten Systeme von heute wissen. Aber warum hat er dann das dialektische Stufenschema nicht offen gehalten? Man kann begründet fragen, was denn das Radio und später das Fernsehen zum Fortschritt der Medienentwicklung noch beigetragen haben, wenn man diese Entwicklung – wie es Löffler tut – ausschließlich unter dem Aspekt der *Erweiterung von Kommunikations- und Gesellschaftsräumen* betrachtet. Eine potenziell menschheitsweite Entgrenzung dieser Räume ist tatsächlich bereits mit der Presse erreicht. Schließt man in die Überlegungen jedoch andere, zusätzliche Bedingungen der Medienentwicklung ein, so kann man sich auch die neuere Mediengeschichte durch den dialektischen Motor von *Medienleistung* und *Mediengrenze* an- und weitergetrieben vorstellen.

> Zwar ist mit der Presse also die unbegrenzte „Universalisierung der Gedanken" möglich, aber das neue Handicap sind erhebliche Zeitverzögerungen, die für den aufwendigen Vermittlungsvorgang in Kauf genommen werden müssen. Mit dem Radio wird die „Sukzessivität des Auseinandertragens" der Ideen (W. Riepl)[448] aufgehoben, das Ideal der Gleichzeitigkeit von Ereignis und Vermittlung (*Live-Prinzip*) erreicht oder technisch wieder zurückgewonnen. Aber das Radio ist nur ein *ein-sinniges* Hör-Medium, weit entfernt vom multi-sensoriellen Erlebnis des „natürlichen" Kommunikationsvorgangs. Dieses Defizit wird minimalisiert durch das Fernsehen, das nunmehr Hören und Sehen möglich macht – aber zunächst mit außerordentlich reduzierter Eindrucksqualität: Die Fernsehbilder sind – von allen anderen Unschärfen abgesehen – lediglich schwarz-weiß. Diese Distanz zum natürlichen Sehen einer farbig gegebenen Welt wird aufgehoben mit dem Farbfernsehen … Und selbstverständlich spricht wenig dafür, dass damit das Ende der Mediengeschichte erreicht wäre. Noch bleibt nämlich – trotz aller technisch hergestellten Surrogate ursprünglicher Kommunikationsmöglichkeiten – ein ganz erhebliches Problem. Es besteht in den Zwängen des Angebots: Da muss man ja schließlich zu vorgegebenen Zeiten ein von weitgehend anonymen Macher-Systemen vorgefertigtes Programm annehmen. Das bleibt ein Zwang, auch wenn immer mehr derartige Programm-Konstruktionen zur Wahl stehen. Tendenziell ist die Lösung mit „Multimedia", mit der Kombination unvorstellbar leistungsstarker Sende- und Speichersysteme sowie mit deren weltweiter Vernetzung bereits gefunden. Die Dekonstruktion aller fremdbestimmten Programme ist technisch

---

448 Siehe Riepl, Wolfgang, Nachrichtenwesen, 1913.

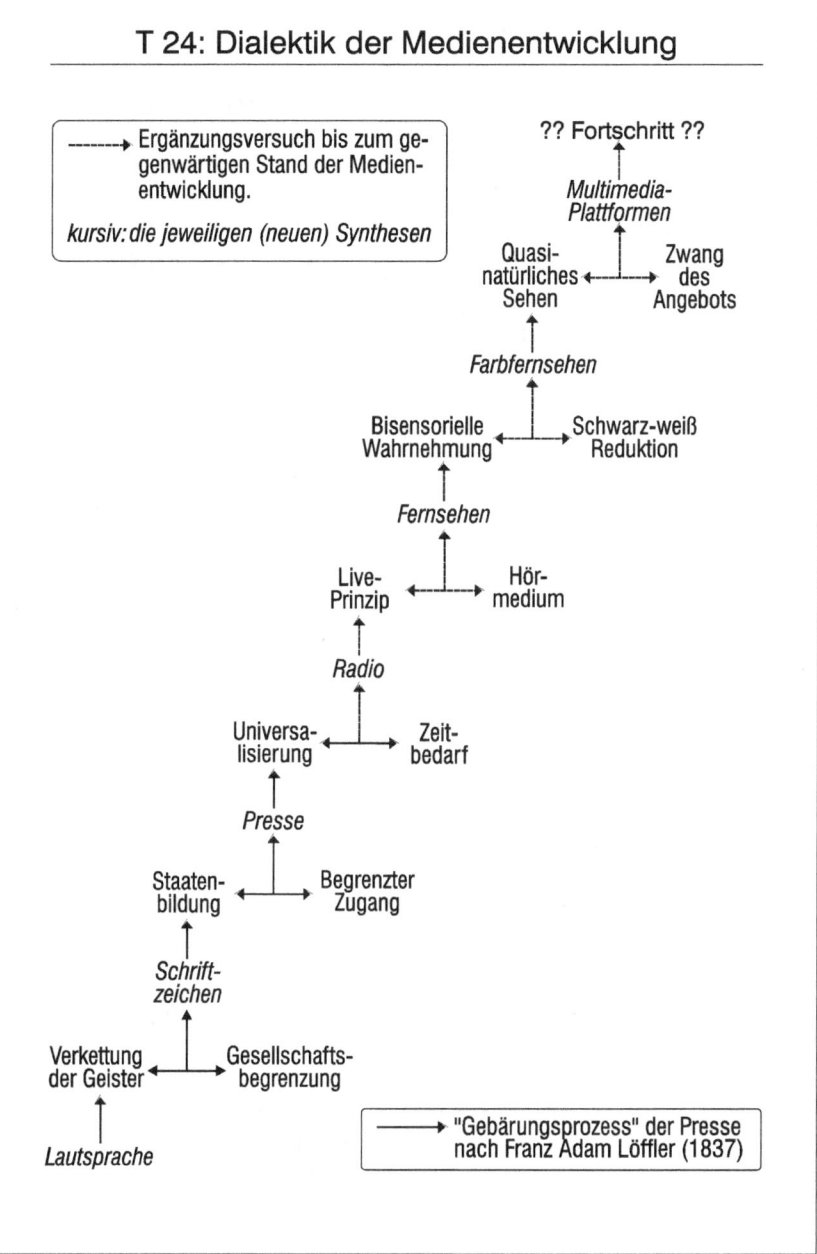

> möglich und machbar: Jeder sein eigener Programmdirektor und jedes Programm ein Unikat!

Wohin aber läuft diese Entwicklung? Zum unaufhaltsamen Fortschritt? Die Frage wird geradezu erzwungen. Denn das dialektische Schema registriert gewissermaßen die gestuften Leistungssteigerungen der Medien im Verlauf ihrer Entwicklung. Ob diese Entwicklung aber tatsächlich zu einem Fortschritt führt, muss wohl an ganz anderen Kriterien gemessen und entschieden werden. Es ist zweifellos das dialektische Schema selbst, das diesen Fortschritts-Eindruck suggeriert, das seine Anwendung als Interpretationsschema für die Realgeschichte jedoch so überaus frag-würdig macht.

Nutzt man indessen das Schema als Technik der Auseinandersetzung oder als Mittel der Reflexion, so schlagen alle wesentlichen Momente der Dialektik recht positiv zu Buche: Die Dynamik der dialektischen Schritte treibt das Denken weiter, setzt es kritischen Einwänden aus, befreit vom „unkritischen Hinnehmen", das letztlich einer „Befangenheit im Gegebenen", einem „Festkleben am Vorfindlichen" gleichkommt. Die Dialektik „begreift einen Widerspruch nicht als etwas, das vermieden werden soll, sondern als Möglichkeit, in der *Wahrheitsfindung* weiterzukommen. (...) Widerspruch, Negation, ist hier eine positive Möglichkeit". Ein *optimistischer* Grundzug charakterisiert die Methode: „Die Gesprächspartner sind zuversichtlich, dass sie zu einer Einigung kommen werden. (...) Eine Synthese wird gar als ein *Höherheben* gedeutet. (...) Der Dialektiker lässt sich vom ‚Prinzip Hoffnung' leiten: Das Neue wird das Bessere sein."[449]

> Die Kehrseite des dialektischen Verfahrens ist trotz alledem nicht einfach wegzustecken. „Kritik kann ‚vorwärts' bringen, sie vermag aber auch zu zerstören"; Widerspruch kann Erkenntnis fördern, er kann aber ebenso zum bloßen Spiel, zum Unsinn oder zum Selbstzweck geraten; die ganze dialektische Bewegung kann in „leere Spekulation" münden, zur Rechtfertigung jeglichen, selbst noch verbrecherischen Handelns stilisiert werden, in die „Vergewaltigung der Wirklichkeit" ausarten.[450] Dialektik kann eingesetzt werden zur Manipulation und Täuschung der Menschen; mit ihrer Hilfe kann das Nämliche einmal als Recht, dann als Unrecht, einmal als gut und dann wieder als Gegenteil präsentiert werden.[451]

„Dialektik als reine Methode", sagt Helmut Danner ohne Zweifel zu Recht, „ist ambivalent", sie kann „zum ‚Guten' und zum ‚Bösen' führen".[452] Die Kunstlehre des Gegenredens wäre wie jedes Verfahren „nur wie eines Blinden Wanderung", erklärt Sokrates im *Phaidros*, wenn jene, die sie nutzen, die Sachen nicht erkannt hätten, über die sie reden, wenn sie die „Natur der Seele", die sie mit ihren Reden leiten wollen, nicht verstanden hätten.[453]

---

449 Danner, Helmut, Pädagogik, 1979, S. 173 ff.
450 Danner, Helmut, Pädagogik, 1979, S. 174 f.
451 Siehe etwa: Platon, Phaidros, S. 54 f. et passim.
452 Danner, Helmut, Pädagogik, 1979, S. 174.
453 Platon, Phaidros, S. 66 f.

4. Dialektische Dispute über Kommunikation

Die dialektische Methode ist sozusagen ‚leere Form'. Sie braucht inhaltliche Vorgaben. Nur solche Vorgaben, die von anderswo herkommen, liefern auch Kriterien dafür, was mit welchem Sinn als These gesetzt, als Antithese entgegengestellt und schließlich als Synthese gesucht wird. Auch das sei an zwei Fachexempeln noch einmal knapp demonstriert.

Beginnen wir einmal mithilfe der dialektischen Schritte einen *Disput über Massenkommunikation*. (Vgl. dazu Tafel 25.) Sie sei einseitig, eine Einbahnstraße, hören wir sagen; deshalb sei sie der wechselseitigen (direkten) Kommunikation entgegengesetzt. Den sachlichen Sinn dieser Feststellungen haben wir einigermaßen verstanden, wenn wir wissen, dass in ihnen noch eine weitere Aussage impliziert ist: Die behauptete Einseitigkeit wird nur plausibel, wenn man Massenkommunikation als einen Aussage- und Rede-Prozess zwischen einer relativ kleinen Schar von Profi-Kommunikatoren (Redakteuren usw.) an ein („ihr") Publikum hin auffasst. Das ist die Ausgangsbedingung, die verfestigte und weit ausgebreitete Vor-Meinung dieses Konzepts. Exakt deshalb ist es nun aber auch möglich, den scheinbar kontradiktorischen Widerspruch zwischen „einseitiger" und „wechselseitiger" Kommunikation aufzuheben. Dazu braucht man nur die Bedingung infrage stellen, aus der die behauptete Einseitigkeit abgeleitet wird. Sobald man nämlich Massenkommunikation als Vermittlung gesellschaftlicher Kommunikationsprozesse auffasst (wofür gesicherte Tatsachen sprechen),[454] ist unter diesen neuen Bedingungen sowohl ein ständiger Austausch mit wechselnden Rollen zwischen gesellschaftlichen Kommunikationsinteressenten aller Art via Medien möglich, wie die monologe (urteilende, räsonierende, kommentierende etc.) Ansprache-„Zutat" der Profi-Kommunikatoren.

Allerdings könnten (und werden) letztere die Synthese „Vermittlung" zu einer neuen These biegen; sie nämlich können sich Vermittlung aufgrund ihres Selbstverständnisses nur vorstellen als publizistische „Anwaltschaft" für Minderheiten, Randgruppen, Schwache oder sonstige Gruppen, mit denen sie eine emotionale oder intellektuelle Wahlverwandtschaft verbindet. Dieser neuen These tritt ganz extrem die Antithese entgegen, dass Vermittlung nicht weniger heiße, als jedes Einzelnen Auffassung in die Öffentlichkeit zu transportieren, jedermann das Medium zur Wortmeldung zu öffnen.

> Da letzteres kaum realisierbar wäre, ersteres jedoch einer recht subjektiven Einschätzung der Vermittlungswürdigkeit von Standpunkten (und damit einem fragwürdigen Eingriff in Jedermanns Meinungsfreiheit) gleichkäme, ist eine Lösung wohl auf wiederum höherer Ebene zu suchen: Sie muss gewährleisten, dass sowohl Minderheiten wie Mehrheiten öffentliche Vernehmbarkeit eingeräumt wird, dass die individuelle Meinungsfreiheit realisiert wird, ohne dass jeder Einzelne reden muss. Eine solche Lösung lässt sich aus dem Vermittlungskonzept entwickeln.[455] Sie besteht darin, dass ei-

---

454 Siehe Groth, Otto, Vermittlung, 1998.
455 Diesen Zusammenhang entwickelt explizit Waldenfels, Bernhard, Dialog, 1971, insbes. Kap. III, Abs. 17: Der vermittelte Dialog, S. 209–218.

nige wenige für die anderen reden, dass also die einzelnen Standpunkte kommunikativ repräsentiert werden; um alles zu erreichen, was den neuerlichen Widerspruch aufhebt, ist journalistisch die Vermittlung des umfassenden Spektrums der Kommunikations-Repräsentanzen anzustreben.

Wieder könnten hier die Profi-Kommunikatoren einhaken; sie seien keine Verlautbarungs-Journalisten und nähmen für sich in Anspruch, wenigstens die Mitteilungen der Repräsentanten so auszuwählen, zu schneiden, zu bearbeiten, zu montieren und zu akzentuieren, dass am Ende die Darstellung mit der „Vernunft" oder dem wohlverstandenen „Allgemeininteresse" vereinbar sei. Kurzum: sie sprechen einem tendenziösen Ereignismanagement das Wort, das sich in einer Instrumentalisierung der zu vermittelnden Aussagen niederschlägt.[456]

Dem könnte als Antithese entgegengehalten werden, was die Repräsentanten sagten, müsse möglichst unverfälscht zum Leser befördert werden. Das Stichwort, das auf dieser Stufe für die Erarbeitung einer Synthese leitend ist, wird wohl lauten müssen: „Mitteilungsadäquate" oder „sinntreue" Konzentration und Vermittlung von Kommunikation[457] aller einzelnen Aussagen und der gesamten Sozialen Zeit-Kommunikation.

Beobachtet man die hier skizzierte dialektische Bewegung und fragt, warum hier Thesen, Antithesen und Synthesen so und nicht anders gesetzt wurden, so kommt folgender sachliche Hintergrund in den Blick:

- Die jeweilige Setzung der *Thesen* auf den einzelnen Stufen entspricht (wenigstens angenähert) der *typischen* Position eines *publizistischen* Selbstverständnisses, nach welchem die professionellen Kommunikatoren mehr oder weniger nur die ihrem Gewissen und ihrem *subjektiven* Standpunkt verpflichteten *Realitäts- und Sinnkonstrukteure* sein wollen. ‚Publizisten' sehen (wie alle Menschen) ihre Welt subjektiv und können sie daher auch nur subjektiv schildern: Das ist in etwa der Kern dieser Berufsauffassung, die in vielen Varianten in der Literatur vertreten ist.

- Die *Antithesen* der einzelnen Stufen sind im Wesentlichen zu dialektischen Zwecken eingeführte Widersprüche – nicht in unserem Demonstrationsbeispiel, sondern in der einschlägigen Literatur! Diese Antithesen resultieren ziemlich konsequent aus der als Denk- und Diskussionsspiel konstruierten Typik, ein *„Vermittler"* sei – mehr oder weniger geringgeachtet – nichts weiter als ein Bote, ein Briefträger, ein Terminschreiber, ein Verlautbarungs-Verstärker, kurzum ein *„Transportarbeiter"*. (Nicht selten dienen die aus dieser Typik abgeleiteten „Argumente" in der einschlägigen Fachliteratur ausschließlich und handfest dazu, Funktion und Begriff des „Vermittlers" so richtig überzeugend zu diskriminieren.)

- Die *Synthesen* schließlich liegen im Rahmen des *Typus ‚Journalist'*, der sich (nach Bernd M. Aswerus) als *„Gesprächsanwalt"* der ganzen Gesellschaft und

---

456 Vgl. Kepplinger, Hans Mathias, Ereignismanagement, 1992, sowie ders., Realität, 1990.
457 Siehe dazu Schröter, Detlef, Mitteilungs-Adäquanz, 1988, S. 175–216; ferner Schönhagen, Philomen, Unparteilichkeit, 1998.

T 25: Disput über Massenkommunikation

a) Dialektischer Disput über Massenkommunikation

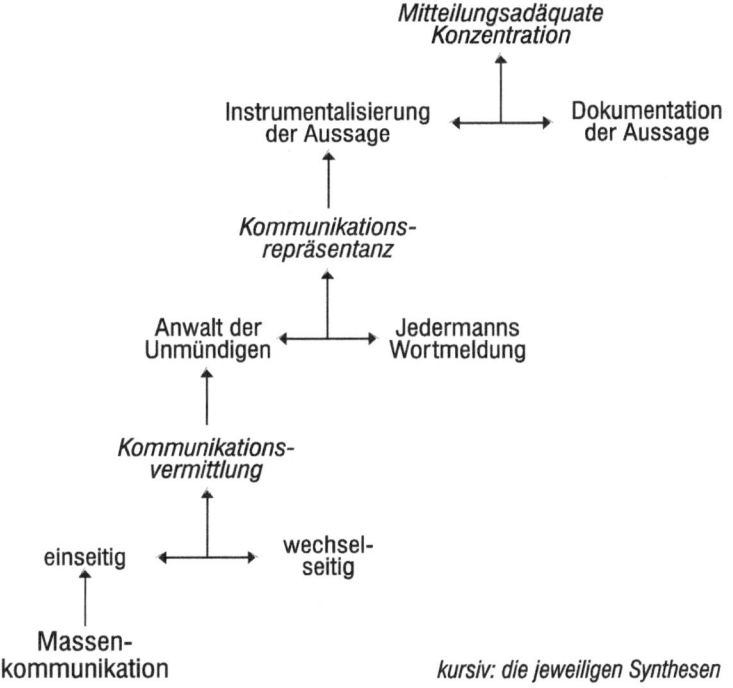

kursiv: die jeweiligen Synthesen

b) Die (impliziten) Inhaltsvorgaben der dialektischen Setzungen

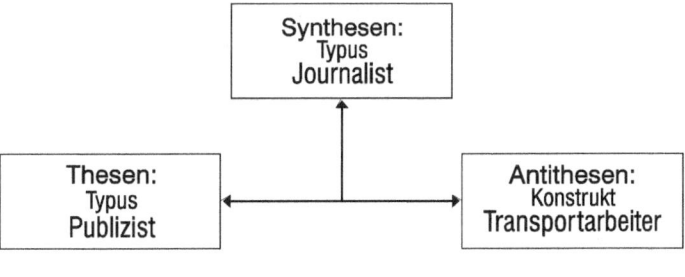

ihres Zeitgesprächs versteht. Gleich weit entfernt vom subjektivistischen Sinnkonstrukteur und vom bloß routinierten Transportarbeiter, sichert der journalistische Vermittler das Funktionieren der aktuellen gesellschaftlichen Kommunikation, und er versteht seine notwendigerweise massiv in das Mitteilungsgeschehen eingreifende Vermittlungstätigkeit als einen Dienst an der ganzen Gesellschaft und an der Kommunikationsfreiheit jedes Einzelnen.[458]

Wenn also das Problem der dialektischen Methode gelöst wird, wenn die ‚leere Form' des Schemas mit sachbezogenen Kriterien, mit Bezugsvorgaben für das ‚Streitgespräch' aufgefüllt wird, wird das Instrument nützlich. Dann wird allgemein erkennbar, wie die These gesetzt und die Antithese entgegengesetzt werden muss, wie bestimmte Fragen gestellt und wie die Synthesen gewonnen werden können. Im Besonderen leistet dann die Methode, was von ihr erwartet wird. Ihr heuristischer Wert kommt zur Geltung. Neue Ansichten vom interessierenden Gegenstand können geprüft werden, bisher nicht beachtete Phänomene und Aspekte treten vor Augen. Offene Möglichkeiten des Ja und des Nein werden erprobt. Man setzt sich auf die Spur neuer Erkenntnisse.

Ganz bewusst als Such- und Entdeckungsinstrument hat Bernd M. Aswerus das dialektische Verfahren für seine zeitungswissenschaftlichen Modellkonstruktionen ausgebaut. Seine Typologien und Morphologien des Zeitgesprächs der Gesellschaft sowie dessen konstitutiver Elemente ‚Zeit', ‚Gespräch' und ‚Gesellschaft' hat Aswerus mithilfe eines Denk- und Darstellungsschemas gewonnen, das ganz klar eine dialektische Struktur aufweist und insgesamt zu einer „dialektischen Matrix" mit wenigstens fünf Dimensionen entwickelt ist.[459]

> In der Anordnung von These, Antithese und Synthese (die Aswerus als solche nie deklariert) werden die wirksamen Kräfte in Gesellschafts- und Kommunikationsprozessen fixiert (*Statik, Dynamik, Kybernetik*), deren Ablauftypiken gereiht (*funktional, intentional, intellektual*) sowie die für diese Prozessabläufe verantwortlichen sozialen Steuerungskräfte angegeben (*Los/Schicksal, Zwecke, Ideen bzw. Sinn*). Da Gesellschaft und Gespräch sich stets nur bis zu dem Grad entfalten, in dem sich Menschen mit ihrem Selbstsein in Kommunikation einbringen, können – wie Aswerus gezeigt hat – die Kommunikationsgestalten und -typen auch nach ihrer jeweiligen *„Selbstkaräligkeit"* bestimmt werden. Demnach unterscheiden sich die Formen gesellschaftlicher Zeitkommunikation dadurch voneinander, dass sie ausschließlich oder überwiegend von je anderen Vermögen des personalen Selbstes geprägt sind: vom Gemeinschaftsvermögen (*Sociativ*), vom Wollen (*Volitiv*) oder vom erkennenden Geist (*Cognitiv*). Eine letzte Dimension bilden schließlich die drei „Ordnungs- und Lebensprinzipien" der Gesellschaft, die als Zentralparolen der französischen Revolution bekannt sind: *Freiheit, Gleichheit, Brüderlichkeit*.

---

458 Siehe dazu Aswerus, Bernd M., Zeitgespräch, 1993.
459 Siehe dazu Wagner, Hans, Zeitungswissenschaft, 1993, insbes. S. 144 ff. – Vgl. die detaillierte Darstellung in Tafel 26.

T 26: Die dialektische Matrix bei Bernd Aswerus

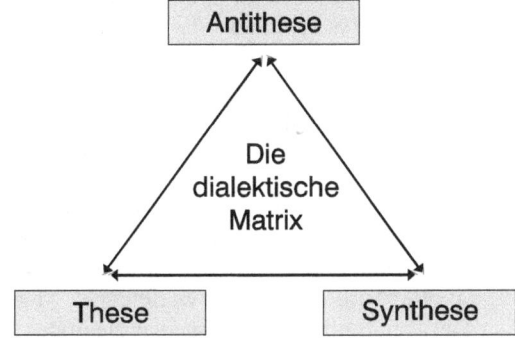

5. Freiheit
4. Volitiv (Willenswesen)
3. Zweck
2. intentional
1. Das Bewegende:
Dynamik

1. Das Beharrende:
Statik
2. funktional
3. Los / Schicksal
4. Sociativ (Sozialwesen)
5. Gleichheit

1. Das Steuernde:
Kybernetik
2. intellektual
3. Ideen / Sinn
4. Cognitiv (Vernunftwesen)
5. Brüderlichkeit

Die Dimensionen der dialektischen Matrix
1. Die Prozesskräfte und ihre Funktion
2. Ablauftypen
3. Steuerungskräfte
4. *Die Konstituanten des menschlichen Selbstseins*
5. Gesellschaftliche Lebensprinzipien

Gerade für diese Ordnungsprinzipien demonstriert Aswerus mehrfach deren dialektische Struktur. Er statuiert alle möglichen historischen und kommunikativen Exempel, um zu zeigen, dass und wie absolut gesetzte Gleichheit unvermeidlich die Freiheit zerstört, dass andererseits das Postulat und die Praxis einer unumschränkten Freiheit die Gleichheit ruiniert, weil dann die Stärkeren erfahrungsgemäß mehr Rechte, mehr Privilegien oder mehr Zugeständnisse verlangen, als eben sie den anderen, den „gewöhnlichen" Leuten einzuräumen bereit sind. Die Antinomie dieser beiden Prinzipien kann nur durch ein drittes Prinzip, durch die Brüderlichkeit nämlich aufgehoben werden. Denn „nur der Bruder will den Bruder gleich und frei".[460]

> Aswerus hat also das dialektische Schema durch die Konstruktion formaler und inhaltlicher, auf die „in Frage stehende" gesellschaftliche Zeitkommunikation bezogener Vorgaben so modifiziert, dass es gezielt als ein Such- und Entdeckungsinstrument einzusetzen war – nie mit all seinen Dimensionen auf einmal, sondern stets in eben der dimensionalen Ausstattung, die der Sache und der Frage angemessen war. Dabei macht die von Aswerus selbst gewählte Form des Schemas (das sogenannte Aswerus-Dreieck) nachdrücklich darauf aufmerksam, dass die Einzelelemente der je genutzten dialektischen Dimension in wechselseitigen Abhängigkeits- und Einflussbeziehungen stehen, die sich zu spiralförmigen Prozessen ausweiten können. Es handelt sich also (fast immer) um *zirkuläre* und *reflexive* Abläufe.

Die sinnvolle, erkenntnisfördernde Anwendung des dialektischen Verfahrens muss geleitet oder gar angeleitet werden durch inhaltliche Vorgaben, die phänomenologisch erfasst und vorweg auch bereits verstanden sind. Das heißt konkret im vorliegenden Fall etwa, dass der Sinn des „Kulturwerkzeugs" Massenmedien verstanden sein muss, dass der Sinn verstanden sein muss, den die in den Massenmedien professionell Handelnden ihrem Handeln zuschreiben, dass vor allem der Sinn des Zeitgesprächs der Gesellschaft für den Menschen verstanden sein muss, wenn man über all das fortschreitend weitere Erkenntnis erlangen will. Dieser Verständnis- und Erkenntniszugang zur Wirklichkeit der Sozialen Zeitkommunikation im Allgemeinen sowie zur Massenkommunikation im speziellen ist Bedingung für die Setzung einer *„verstandenen These"* und einer ebenfalls *„verstandenen Antithese"*. Erst so kann dann nämlich der Widerspruch zwischen beiden verstanden und ein Weg zur Synthese erschlossen werden. Oder anders: Das Verstehen des Widerspruchs ist ein antizipierendes Verstehen der Synthese. Andererseits sollte auch nicht übersehen werden, dass das hermeneutische Verfahren, die Erprobung der fragend gesetzten Hypothesen im hermeneutischen Zirkel, grundsätzlich dialektischen Charakter hat.

Insgesamt also ist das dialektische Verfahren – so fruchtbar und kreativ es für möglichen Erkenntnisgewinn genutzt werden kann – ein den anderen geisteswissenschaftlichen Methoden untergeordnetes, ein sie ergänzendes Verfahren. In diesem Sinn ist auch für den Arbeitsbereich der Kommunikationswissenschaft wohl nur eine *„verstehende Dialektik"* angemessen.[461]

---

460 Aswerus, Bernd M., Zeitgespräch, 1993, S. 96 f.
461 Vgl. Danner, Helmut, Pädagogik, 1979, S. 178.

9. Kapitel Die Konstruktion der Typen: Von Experimenten mit Gedankenbildern

Man wird kaum bestreiten wollen, dass in wechselnder Abfolge und in komplexer Verschränkung die (phänomenologische) Bestandsaufnahme und Sicherung relevanter Tatsachen, dass deren Vergleich, dass deren (hermeneutisches) Deuten und Verstehen sowie schließlich deren (auch) dialektische Reflexion insoweit Fundamental-Verfahren sind, als sie human- und sozialwissenschaftliche Erkenntnismöglichkeiten grundlegen.[462] Rundum befriedigend jedoch ist diese Auskunft nicht. Sie lässt nämlich zwei miteinander verbundene Probleme von ganz erheblichem Ausmaß völlig in der Schwebe: das *Problem der Geltung* der gewonnenen Erkenntnisse und das *Kernproblem der ‚Erklärung'*.

1. Das Problem der kausalen Zurechnung

Auf das *Erklär-Problem* waren wir schon im Zusammenhang des ‚Verstehens' gestoßen; wir hatten dabei erkannt, dass die Kluft zwischen ‚Verstehen' und ‚Erklären' nicht unüberbrückbar ist, dass das ‚Erklären' im Bereich sozialer Tatsachen keineswegs überflüssig wird. Nach Erklärung nämlich verlangt „der tatsächliche Ablauf eines Handelns", und ‚Erklären' „bedeutet also für eine mit dem Sinn des Handelns befasste Wissenschaft soviel wie: Erfassung des *Sinnzusammenhangs*, in den (...) ein aktuell verständliches Handeln hineingehört".[463]

Den Unterschied von ‚Erklären' und ‚Verstehen' im Bereich sozialen Handelns demonstriert Max Weber an dieser Stelle mit einer Reihe von Beispielen; unter anderem: Wir ‚verstehen aktuell' den Sinn des Satzes „2 x 2 = 4", den wir jemand sagen hören; das heißt: wir verstehen das, was der Satz bedeutet. Wir ‚verstehen' jedoch ‚motivationsmäßig', welchen Sinn derjenige, der den Satz ausspricht, damit verbindet, wenn wir ihn bei einer kaufmännischen Kalkulation oder bei einer mathematischen Lehrstunde oder bei einer technischen Berechnung usw. beobachten; dann nämlich verstehen wir, warum der Satz gerade jetzt und in diesem Zusammenhang vorkommt; wir können das vorliegende Handeln nun also – kurz gesagt – ‚erklären', indem wir seinen *Sinnzusammenhang* erfassen. Und wir ‚erklären', indem wir die Tat-Sache der Aussage einer mathematischen Formel auf ihre Ur-Sache, nämlich etwa auf ‚kaufmännische Kalkulation' zurückführen.

Aber ein dem ‚Erklären' adäquates Verfahren findet sich im bisher vorgestellten Methoden-Bündel nicht. Auf der anderen Seite ist der Verdacht nicht ganz von der Hand zu weisen, dass Elemente eines Erklär-Verfahrens ungeklärt in das dialektische Verfahren eingeschmuggelt wurden. Wo wir etwa das dialektische Schema auf die Medienentwicklung appliziert haben, ist Schritt für Schritt unterstellt, dass die erfahrene Leistungsgrenze eines je im Gebrauch befindlichen Mediums zur Ursache für die Suche nach Medienverbesserungen geworden ist; wir ‚erklären' auf diese Weise einen Sinnzusammenhang der Medienentwicklung oder unterstellen jedenfalls einen solchen; damit geben wir gleichzeitig auch schon eine Erklärung für den Ablauf der (Medien-)Geschichte. Aber auch im anderen Fall, in dem Dia-

---

462 Vgl. Danner, Helmut, Pädagogik, 1979, S. 177.
463 Weber, Max, Wissenschaftslehre, [7]1988, S. 533.

lektik lediglich als „Mittel der Reflexion" fungierte, wurden fortwährend Sinnzusammenhänge konstruiert.

Wir behaupten da etwa, dass die typische Berufsauffassung eines ‚publizistischen Realitätskonstrukteurs' zu kalkulierbar typischen Handlungspostulaten und Handlungsresultaten führen müsse (ebenso wie auf der anderen Seite das typisch ‚journalistische' Selbstverständnis oder das Konstrukt eines bloßen Nachrichten-Transporteurs auch). Möglicherweise macht gerade dies die ‚weiche Stelle' des dialektischen Verfahrens überhaupt aus, dass es einerseits verlangt, Thesen, Antithesen und Synthesen in einen Sinnzusammenhang zu stellen, dass es andererseits aber explizit Regeln oder gar ein adäquates Verfahren nicht angibt.

Das ungelöste Problem des Erklärens spitzt sich zu auf das *Geltungs-Problem*. Es fragt sich nämlich, welcher Erkenntniswert den Deutungen der empirischen Tatsachen zukommen kann. Entscheidend ist, ob es gelingt, „die empirische Wirklichkeit in einer Weise *denkend zu ordnen*, welche den Anspruch auf *Geltung* als Erfahrungswahrheit erhebt". Eine „methodisch korrekte wissenschaftliche Beweisführung", die etwa im abendländischen Kultur- und Denkrahmen entwickelt wird, muss auch „auf dem Gebiet der Sozialwissenschaften, wenn sie ihren Zweck erreicht haben will, (...) von einem Chinesen als richtig anerkannt werden."[464] Solche objektive Geltung der Erkenntnis hängt ab von der Art der Begriffe, nicht zuletzt von der Art, wie sie gebildet wurden. Hierfür aber ist gerade die durch Deutung und Verstehen erreichbare Evidenz nicht ausreichend, unterstreicht Max Weber. „Jede Deutung strebt zwar nach Evidenz. Aber eine sinnhaft noch so evidente Deutung kann als solche und um dieses Evidenzcharakters willen noch nicht beanspruchen: auch die kausal *gültige* Deutung zu sein. Sie ist stets an sich nur eine besonders evidente kausale Hypothese."[465] Darin spricht sich keineswegs eine Geringschätzung oder gar eine Ablehnung des Sinnverstehens aus. Vielmehr ist für Max Weber ganz klar, „dass der Sinn einerseits nur verstehend erreichbar ist, und dass andererseits kausale Zuordnung auf kultur- und sozialwissenschaftlichem Gebiet ohne den Sinnbezug nicht durchführbar und keinesfalls relevant ist".[466]

Eine gültige Erkenntnis liegt erst dann vor, wenn eine kausale Zurechnung von Handlungen oder von anderen sozialen Tatsachen eindeutig nachgeprüft und nachgewiesen ist, wenn die *kausale Zurechnung* zudem demonstriert werden kann. „Zum Zwecke der *kausalen Zurechnung* empirischer Vorgänge bedürfen wir eben rationaler, je nachdem empirisch-technischer oder logischer Konstruktionen, welche auf die Frage antworten: wie bei absoluter rationaler, empirischer und logischer ‚Richtigkeit' und ‚Widerspruchslosigkeit' ein Sachverhalt, möge er einen äußeren Zusammenhang des Handelns oder etwa ein Gedankengebilde (...) darstellen, aussehen (...) würde."[467] Da also „kausale Zurechnung" identisch ist mit dem ‚Erklären', läuft die Lösung des *Geltungs-Problems* auf eine den human-, so-

---

464 Weber, Max, Wissenschaftslehre, [7]1988, S. 155.
465 Weber, Max, Wissenschaftslehre, [7]1988, S. 534.
466 So Aswerus, Bernd M., Sozialgeschehen, 1955, S. 113.
467 Weber, Max, Wissenschaftslehre, [7]1988, S. 520 f.

zial- und kulturwissenschaftlichen Gegenständen entsprechende Lösung des Erklär-Problems hinaus.

Intensiv und mit einem bis heute maßgebenden Erfolg hat sich Max Weber (1864–1920) um die Lösung dieses Doppel-Problems bemüht. Er hat die gesuchten „Konstruktionen" für eine kausale Zurechnung entworfen und erprobt, und er hat sie als zentrales Instrument eingefügt in ein von ihm entwickeltes Verfahren der Geltungssicherung.

2. Konstruktionsplan für den Idealtyp

Dem Werkzeug für die Bewältigung der kausalen Zurechnung gab Max Weber den Namen „*Idealtypus*". Begriff und Sache sind in der Folgezeit nicht selten missverstanden, auf jeden Fall heftig angegriffen und viel diskutiert worden. Man hat Max Weber auch vorgeworfen, dass sein Konzept zur Bildung der Idealtypen an vielen Stellen unklar und nicht widerspruchsfrei sei.[468]

Tatsächlich ist es nicht ganz einfach, die Grundgedanken der Methode herauszuschälen. Richtig ist allerdings auch, dass kaum eine Methode seit ihrer wissenschaftlichen Präsentation und Demonstration so häufig angewendet, modifiziert, präzisiert und verfeinert worden ist wie eben diese. „Die typologische Methode ist heute eine der bestausgearbeiteten Methoden der verstehenden Soziologie."[469]

Max Weber hat die Methode freilich nicht von Grund auf erfunden. Auch er sah – wie später etwa Howard Becker oder Alfred Schütz – ganz klar, dass Typenbildung im Alltagsdenken etwas ganz Selbstverständliches war; dass Historiker vor allem, ebenso aber auch andere Kulturwissenschaftler, unentwegt bei zahllosen „Verallgemeinerungen" letztlich Typenbegriffe formulierten und nutzten[470]; hierzu führt er eine Reihe historischer Begriffe wie ‚Individualismus', ‚Imperialismus', ‚Merkantilismus' usw. als Beispiele an, die keineswegs Ausdruck einer bloß „voraussetzungslosen Beschreibung" sind, sondern durch „abstrahierende Zusammenfassung" dessen gewonnen wurden, „was mehreren konkreten Erscheinungen gemeinsam ist". Die Sprache der Historiker sei voll von solchen allerdings unreflektiert gewonnenen „*Gedankenbildern*".[471]

Demgegenüber wollte Weber das Verfahren bewusst machen und rationalisieren. Und da Weber sich ganz auf der Höhe der Methodendiskussion seiner Zeit be-

---

[468] Ausführliche Zitationen derartiger Kritik sowie Verweise auf die Kritik der Kritik finden sich bei Bernd M. Aswerus (Sozialgeschehen, 1955, an zahlreichen Stellen). Wichtig erscheint: Ein nicht unerheblicher Grund für häufig wechselnde Wortwahl, für die Varianten der Begrifflichkeit und auch für manch scheinbar inkonsistente Konstruktions- und Anwendungsregel bei der Idealtypen-Bildung ist die Tatsache, dass Weber seine Methodologie nicht in einer geschlossenen Systematik entwickelte und vorlegte; er hat sie vielmehr in zahlreichen Aufsätzen im Rahmen recht konkreter Auseinandersetzungen und Argumentationen mit Sozialwissenschaftlern, Wirtschaftswissenschaftlern und Historikern zu erklären versucht und auf diese Weise schließlich einen großen Fundus roh behauener Blöcke, aber nicht einen fertigen Bau präsentiert.
[469] Bühl, Walter L., Soziologie, 1972, S. 64.
[470] Siehe Weber, Max, Wissenschaftslehre, [7]1988, S. 913.
[471] Vgl. auch etwa Weber, Max, Wissenschaftslehre, [7]1988, S. 101 f. An dieser Stelle weist Weber (wie an einer ganzen Reihe ähnlicher) darauf hin, dass etwa die ganz gewöhnliche Argumentations-Zuflucht zum „normalen" Menschen oder zum „normalen" Handeln „natürlich ganz ebenso zu bestimmten Zwecken konstruierte idealtypische Gedankengebilde" sind wie andere auch. (Vgl. ebd. S. 196 f.)

fand, kannte er die Überlegungen von Dilthey etwa, nach denen man Geschichte nicht auflösen kann und darf in tausend und abertausend total unverbundene, voneinander isolierte und letztlich dann auch bedeutungslose Details; vielmehr stellt das „Wechselspiel persönlicher Wirkkräfte" den „notwendigen Zweckzusammenhang" in der Geschichte der Menschheit her.[472] Will man indessen diesen Zweckzusammenhang in der Geschichte durchschauen, so darf man diese Geschichte nicht auf das Prokrustesbett irgendeiner Theorie oder Ideologie zwingen.[473] Es muss ein Weg gefunden werden, um in der Auseinandersetzung mit den Tatsachen die Erkenntnis über eine bloß summative Anhäufung von Daten hinauszuführen. Schon Georg Simmel (1858–1918) hatte unterstrichen, dass zu diesem Zweck „die bunte Vielfalt der Daten erst gedanklich zu einer geordneten Wirklichkeit konstruiert werden muss, um als sinnhaltig wahrgenommen werden zu können". Er forderte daher eine *„kreative Kombinatorik"* als Merkmal sozialwissenschaftlicher Vorgehensweise.[474] Zu einer derart „kreativen Kombinatorik" hat Max Weber die seit alters im wissenschaftlichen Gebrauch befindliche Typenbildung ausgebaut.[475]

Mit vielen Worten, mit Anweisungen und Erklärungen hat Max Weber die Bauanleitungen und Funktionsbeschreibungen seiner „Idealtypen" versehen. An zahlreichen Stellen spricht er etwa von idealtypischen „Begriffen" oder „Begriffsbildungen", immer wieder auch von „Idealtypen" als „begrifflichen Hilfsmitteln", die jedoch nichts gemein haben (sollen) mit den üblichen „Gattungsbegriffen".[476] Andererseits handelt es sich bei den „Idealtypen" ganz sicher um *„ideale Grenzbegriffe"*, an welchen „die Wirklichkeit zur Verdeutlichung bestimmter bedeutsamer Bestandteile ihres empirischen Gehalts gemessen, mit [denen] sie *verglichen* wird"[477]; eine geschichtliche Untersuchung erfolgt „unter Benutzung der theoretischen Begriffe als idealer Grenzfälle".[478]

> So sind Idealtypen „von hohem heuristischen Wert für die Forschung und hohem systematischen Wert für die Darstellung, wenn sie lediglich als begriffliche Mittel zur *Vergleichung* und *Messung* der Wirklichkeit an ihnen verwendet werden".[479] Im Rahmen seiner heuristischen Funktion erleich-

---

472 Zit. nach Helle, Horst Jürgen, Verstehen, 1986, S. 35.
473 Weber, Max, Wissenschaftslehre, [7]1988, S. 195.
474 Zit. nach Helle, Horst Jürgen, Verstehen, 1986, S. 53 und S. 55.
475 Zu meinen, Max Weber habe den Idealtypus „entdeckt", sei ein Missverständnis, zu dem Weber selbst keinerlei Anlass geliefert habe, bemerkt Walter Eucken (Nationalökonomie, [7]1959, S. 268 f.) völlig zu Recht. Er verweist darauf, dass wissenschaftlich reflektierte Typenkonstruktionen bereits von Platon und insbesondere von Aristoteles verwendet wurden in dem Bestreben, „das Einzelne zu einem Ganzen zu verbinden". Dabei will Aristoteles die „durchgehenden Züge (..) für die Menge der Erscheinungen aufsuchen, das Verwandte zusammenbringen und es dadurch gegensätzig sich erklären lassen, die Probleme verallgemeinern und sie somit der Lösung nähern".
476 Weber, Max, Wissenschaftslehre, [7]1988, S. 130, S. 190 et passim; über den Unterschied zu Gattungsbegriffen (nach dem Konstruktionsprinzip: *genus proximum, differentia specifica*) siehe u. a. ebd. S. 92, S. 201.
477 Weber, Max, Wissenschaftslehre, [7]1988, S. 194.
478 Weber, Max, Wissenschaftslehre, [7]1988, S. 205.
479 Weber, Max, Wissenschaftslehre, [7]1988, S. 199; ähnlich S. 358 (Anm.) oder S. 397 et passim. In diesem Zusammenhang bemerkenswert: „Für die Forschung will der idealtypische Begriff das Zurechnungsurteil schulen: er ist keine ‚Hypothese', aber er will der Hypothesenbildung die Richtung weisen. Er ist nicht eine Darstellung des Wirklichen, aber er will der Darstellung eindeutige Ausdrucksmittel verleihen" (Wissenschaftslehre, [7]1988, S. 190).

tert der idealtypische Begriff die „empirisch gültige Deutung" dadurch, „dass die gegebenen Tatsachen mit einer Deutungsmöglichkeit – einem *Deutungsschema* – verglichen" werden.[480] Insoweit also *können* Idealtypen, laut Weber, auch „nach Analogie naturwissenschaftlicher hypothetischer ‚Gesetze'" zwar *fungieren*, reichen in Wirklichkeit aber logisch weit darüber hinaus; denn eine naturwissenschaftliche Hypothese, „die in *einem* Fall definitiv versagt", fällt „ein für allemal in sich zusammen"; eine idealtypische Konstruktion dagegen muss gar nicht „generell gelten"; sie bleibt richtig auch dann und weiterhin brauchbar, wenn sie als Deutungsschema in einem bestimmten historischen Fall nicht zutreffend anwendbar war.[481]

Im Anschluss an derlei Differenzierungen und Fixierungen tauchen dann auch Termini für diverse Arten von Idealtypen auf; da ist von „Richtigkeitstypen" die Rede oder von „Irrtumstypen", und besonders nachdrücklich etwa davon, Idealtypen seien „Konstruktionen eines streng zweckrationalen Handelns".[482]

Eine solche nur angedeutete „Musterkarte" (wie Max Weber selbst einmal die Vielzahl der von ihm benutzten Termini und Verfahrensbeschreibungen vergleicht) zeigt allein schon „die ungeheure Verschlungenheit der begrifflich-methodischen Probleme, welche auf dem Gebiet der Kulturwissenschaften fortwährend lebendig bleiben".[483] Andererseits aber signalisiert diese „Musterkarte" wohl auch, dass Max Weber von Idealtypen auf recht unterschiedlichen Funktionsstufen und von verschiedenen Arten von „Idealtypen" redet. Für die hier notwendigen Vereinfachungen bleibt wichtig: In jedem Fall sind „Idealtypen" *Gedankengebilde*, insofern im rein *logischen Sinn* „ideale Gebilde".

Damit sind zweierlei Deutungen des „Idealtyps" von vornherein ausgeschlossen: Idealtypen sind nicht etwas, was in der äußeren, sinnlich wahrnehmbaren Realität existiert; und Idealtypen haben mit irgendwelchen Zielen einer normativen Vollkommenheit, also mit moralischen „Idealen", nicht das allergeringste zu tun.[484] Ferner sind Idealtypen eine Art *„Begriffs-Werkzeug"*, das jedoch nicht (oder jedenfalls nicht primär) nach der Bauweise üblicher Allgemein-Begriffe, nämlich nicht durch „generalisierende

---

480 Weber, Max, Wissenschaftslehre, [7]1988, S. 130.
481 Weber, Max, Wissenschaftslehre, [7]1988, S. 131.
482 Weber, Max, Wissenschaftslehre, [7]1988, S. 433 f., S. 438, S. 521, S. 530 f.
483 Weber, Max, Wissenschaftslehre, [7]1988, S. 205.
484 Die Verwechslung von „Idealtyp" und (normativem) „Ideal" ist eine – selbst in ‚seriöser' Fachliteratur – häufig vorkommende, beinahe unausrottbare Leichtfertigkeit, die nur beweist, dass der betreffende Verfasser methodologisch ahnungslos ist. – Max Weber hat nicht nur einmal auf die Unterschiede hingewiesen. Eine besonders markante Warnung sei hier zitiert: „Ein ‚Idealtyp' in unserem Sinn ist (…) etwas gegenüber der wertenden Beurteilung völlig indifferentes, er hat mit irgend einer anderen als einer rein logischen ‚Vollkommenheit' nichts zu tun. Es gibt Idealtypen von Bordellen so gut wie von Religionen, und es gibt von den ersteren sowohl Idealtypen von solchen, die vom Standpunkt der heutigen Polizeiethik aus technisch ‚zweckmäßig' erscheinen würden, wie von solchen, bei denen das gerade Gegenteil der Fall ist." (Wissenschaftslehre, [7]1988, S. 200.)

Abstraktion"[485] gewonnen wird; es ist im Forschungs- und Erkenntnisprozess offenbar multifunktional einsetzbar.

Abstraktion und Anreicherung

Was ist positiv über den Bau und den Einsatz der Idealtypen zu erfahren? Ein Idealtypus ist der für eine häufige (oder regelmäßige) Erscheinung der Sozialwelt zu konstruierende Sinnzusammenhang. Reine idealtypische Konstruktionen stellen dar, „wie ein bestimmt geartetes, menschliches Handeln ablaufen würde, wenn es streng zweckrational, durch Irrtum und Affekte ungestört, und wenn es ferner ganz eindeutig nur an einem Zweck orientiert wäre. Das reale Handeln verläuft nur in seltenen Fällen, und auch dann nur annäherungsweise, so wie im Idealtypus konstruiert."[486] Seine Konstruktion hat „innerhalb empirischer Untersuchungen nur den Zweck: die empirische Wirklichkeit mit ihm zu ,vergleichen', ihren Kontrast oder ihren Abstand von ihm oder ihre relative Annäherung an ihn festzustellen, um sie so mit *möglichst eindeutig verständlichen Begriffen* beschreiben und *kausal zurechnend verstehen und erklären* zu können."[487]

Beinahe wortkarg gibt Max Weber das eigentliche Grundrezept des Verfahrens an: Der Idealtypus wird gewonnen „durch eine einseitige Steigerung eines oder einiger Gesichtspunkte und durch Zusammenschluss einer Fülle von diffus und diskret, hier mehr, dort weniger, stellenweise gar nicht, vorhandenen Einzelerscheinungen, die sich jenen einseitig herausgehobenen Gesichtspunkten fügen, zu einem in sich einheitlichen Gedankengebilde."[488]

Walter Eucken resümiert Jahrzehnte später das Verfahren völlig bedeutungsgleich als „Abstraktion durch ,*pointierende Hervorhebung*'", bei der „eine Steigerung der einzelnen Seiten eines konkreten Tatbestandes und so die Gewinnung von reinen Formen", nämlich von Idealtypen, erfolgt.[489]

Max Webers Konstruktionsplan straffend, gibt Johannes Winckelmann dessen Kernstücke so an: Die Bildung von Idealtypen geschieht „durch gedankliche Steigerung eines oder mehrerer Gesichtspunkte in ihre letzten Konsequenzen und durch Zusammenschluss einer Vielzahl faktischer Elemente der Wirklichkeit zu einer in sich geschlossenen Konstruktion isoliert gedachter Zusammenhänge in einem Gedankenbild ganz bestimmter Vorgänge und Beziehungen. Diese charakterisierenden Einzelbestandteile werden nicht spekulativ oder begrifflich-deduktiv gewonnen, vielmehr in ihrer Eigenart dem Material der jeweiligen historisch-sozialen Konstellation im Hinblick auf die konkrete Fragestellung entnommen und zur Einheit einer konsequenten Konstruktion komponiert."[490]

---

485 Typen, die mit Hilfe „generalisierender Abstraktion" gewonnen werden, bezeichnet Walter Eucken (Nationalökonomie, [7]1959, S. 249, Anm. 13) als „Realtypen" und sondert sie wegen dieses Konstruktionsverfahrens von den Idealtypen ab.
486 Weber, Max, Wissenschaftslehre, [7]1988, S. 534.
487 Weber, Max, Wissenschaftslehre, [7]1988, S. 522 f.
488 Weber, Max, Wissenschaftslehre, [7]1988, S. 191.
489 Eucken, Walter, Nationalökonomie, [7]1959, S. 70, S. 154 et passim.
490 Winckelmann, Johannes, Idealtypus, 1969, S. 438 f.

9. Kapitel Die Konstruktion der Typen: Von Experimenten mit Gedankenbildern

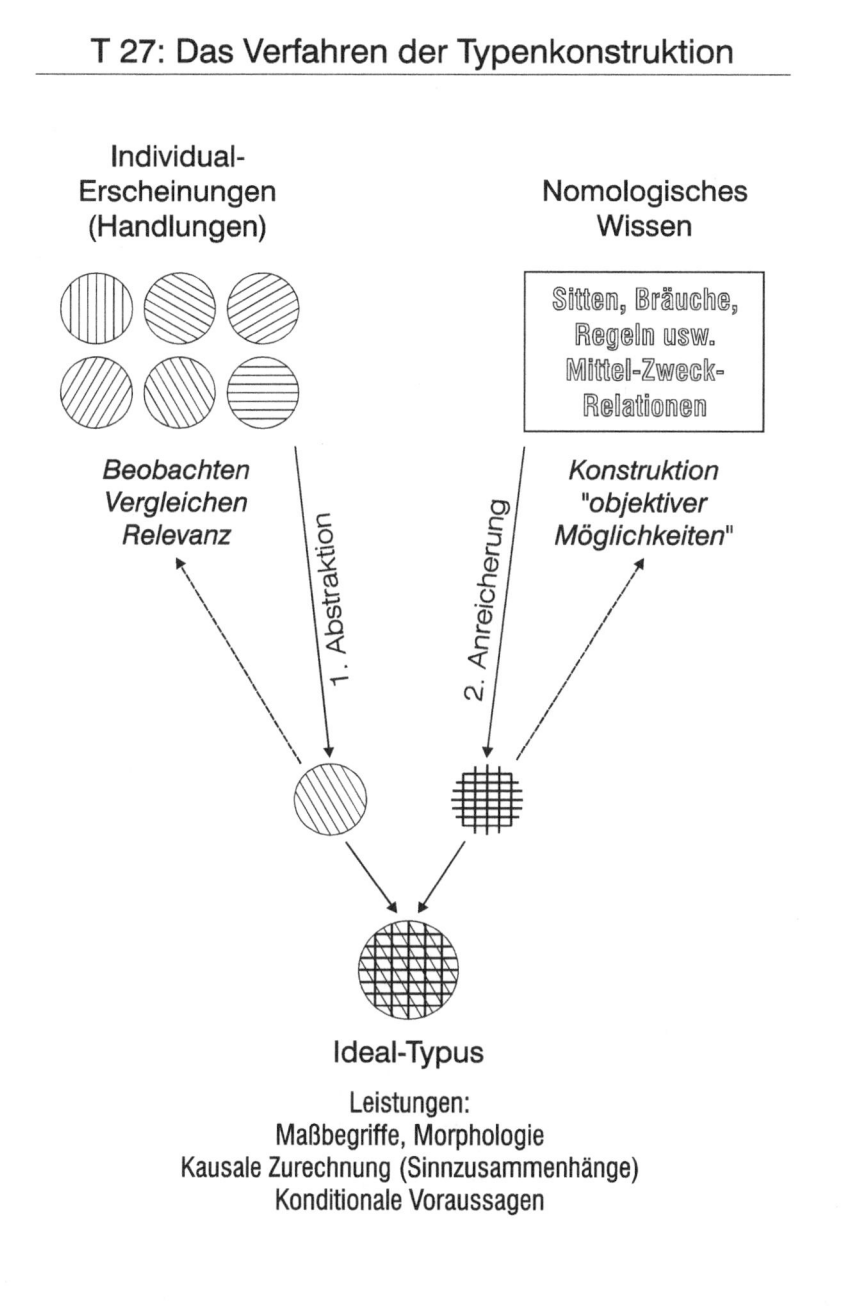

II. Die Basismethoden des Verstehens

Zugegeben: Wer nun versuchen wollte, auf der Basis dieser Skizzen selbst Idealtypen zu bauen, würde vermutlich sofort scheitern.[491] Immerhin: Dass das Verfahren aus *zwei Schritten* besteht, markieren alle Autoren.

Der *erste Schritt* ist ein solcher der *Abstraktion*: Von dem zu untersuchenden, konkreten Sachverhalt sind alle unwichtigen, nebensächlichen Seiten und Gesichtspunkte *wegzulassen, abzuziehen*, sodass nur mehr jene wenigen übrigbleiben, die dann hervorgehoben werden sollen. Auch hier also findet ein „*Ausscheiden* des ‚Zufälligen'" statt.[492] Entscheidend ist aber nun, dass die Bildung eines derart abstrakt-allgemeinen Begriffes nicht – wie in den naturwissenschaftlichen Verfahren – Ziel und Zweck, vielmehr ‚nur' *Mittel zum Zweck* ist (was Max Weber immer und immer wieder betont).

Das kommt zum Ausdruck darin, dass dieser Abstraktion der für die Typenbildung erst typische *zweite Schritt* folgt: der Zusammenschluss nämlich von Elementen zu einem einheitlichen, in sich stimmigen Gedankengebilde (nach Max Weber), die Steigerung der einzelnen Seiten des Tatbestandes (wie Walter Eucken sagt), eine *„Anreicherung"* der relevanten Elemente des Tatsachen-Stoffes (wie Aswerus in Analogie zu entsprechend chemischen Verfahren kommentiert[493]). Das ist der Schritt der *Synthese*, des *„kompositiven" Verfahrens*, weil es nachgerade „Zweck der idealtypischen Begriffsbildung ist", *„nicht* das Gattungsmäßige, sondern umgekehrt die *Eigenart* von Kulturerscheinungen scharf zum Bewusstsein zu bringen".[494] (Vgl. Tafel 27.)

> Es ist zwar richtig, dass auch Sozialwissenschaften „Typen-Begriffe bilden", weil sie *„generelle Regeln* des Geschehens" suchen; aber die „Reduktion des Empirischen auf ‚Gesetze'" kann hier nicht Ziel wissenschaftlicher Arbeit sein; nicht etwa deshalb, weil Kulturvorgänge oder geistige Vorgänge objektiv „weniger gesetzlich abliefen, sondern weil (1.) Erkenntnis von sozialen Gesetzen keine Erkenntnis des sozial Wirklichen ist", sondern nur ein Hilfsmittel unter anderen für unser Denken, und weil (2.) keine wirkliche Erkenntnis von „Kulturvorgängen anders denkbar ist, als auf der Grundlage der Bedeutung, welche die stets individuell geartete Wirklichkeit

---

491 Es sei hier vermerkt, dass es wohl zur Eigenart jeglicher Typenbildung, auch der Alltagstypifikation, gehört, dass ihr Vollzug außerordentlich schwer zu erklären und zu rationalisieren ist. Wohl deshalb ist er meist nur lückenhaft in den diversen Verfahrens-Rezepten niedergelegt. Zu den beachtenswerten Erfahrungen zählt jedoch auch, dass Verfahren der Typen-Konstruktion unmittelbar evident erscheinen, wenn sie an Exempeln vorgeführt und demonstriert werden. (Die Vielzahl solcher Exempel macht etwa Howard Beckers einschlägige Methoden-Einführung so lehrreich.) Daher ist gerade die Methode der Typenkonstruktion mehr als jede andere einzuüben, was mit einigem Effekt zunächst im *Nachvollzug* und in der Rekonstruktion schon wissenschaftlich konstruierter Typen geschieht. Als fachlich einschlägig für ein solches Rekonstruktions-Programm bieten sich an die (nicht bewusst, aber außerordentlich sauber konstruierten) Typen bei Wolfgang Riepl, sodann die außerordentlich zahlreichen und vielgestaltigen Typenkonstruktionen bei Otto Groth, bei Bernd M. Aswerus oder bei Heinz Starkulla; nicht zu vergessen schließlich die Typenkonstruktionen, die zu vielen relevanten Sachverhalten von Alfred Schütz vorgelegt wurden.
492 Weber, Max, Wissenschaftslehre, ⁷1988, S. 201.
493 Vgl. Aswerus, Bernd M., Sozialgeschehen, 1955. (Unter „Anreicherung" ist die künstliche Steigerung der Anteilskonzentration eines Stoffbestandteils zu verstehen, die bei natürlichem Vorkommen nicht erreicht wird. Die „Anreicherung" durch Bearbeitung ist erforderlich, um irgendwelche erwünschten oder erwarteten Reaktionen überhaupt in Gang zu bringen – wie etwa bei der Anreicherung des natürlichen Urans zur Verwendung als Brennstoff in Kernreaktoren.)
494 Weber, Max, Wissenschaftslehre, ⁷1988, S. 202.

des Lebens in bestimmten *einzelnen* Beziehungen für uns hat".[495] Das bedeutet nicht ein Weniger an Erkenntnis, vielmehr eine „Mehrleistung der deutenden gegenüber der beobachtenden Erklärung": Wir sind „bei ‚sozialen Gebilden' in der Lage: *über* die bloße Feststellung von funktionellen Zusammenhängen und Regeln (‚Gesetzen') *hinaus* etwas aller ‚Naturwissenschaft' (...) ewig Unzugängliches zu leisten: eben das ‚Verstehen' des Verhaltens der beteiligten *Einzelnen*, während wir das Verhalten z.B. von Zellen nicht ‚verstehen', sondern nur funktionell erfassen und dann nach Regeln seines Ablaufs feststellen können."[496]

Auch wenn wir damit die Verfahrensschritte kennen und wissen, warum sie in der genannten Reihenfolge zu absolvieren sind, ist damit keineswegs auch schon geklärt, wie man sie vollziehen muss. Von welchen Elementen der konkreten Wirklichkeit ist im Abstraktions-Verfahren *abzusehen* und welche anderen sind umgekehrt zum Zwecke einer pointierenden Hervorhebung aus der unendlichen Fülle der Facetten und Details als bedeutsam herauszulösen? Und sodann: Welche Seiten, Gesichtspunkte oder Elemente eines konkreten Sachverhaltes sind aus welchen Gründen im Verlauf des synthetischen Schrittes zu einem einheitlichen, stimmigen Gedankengebilde zu kombinieren?

Um zu einer Antwort auf die erste Frage zu kommen, muss man daran erinnern, dass Idealtypen Sinnzusammenhänge (nach-)konstruieren und so eine kausale Zurechnung des Handelns und Geschehens in der Sozialwelt ermöglichen. Daraus folgt, dass im Abstraktionsverfahren nur jene Momente und Bestandteile aus dem tatsächlichen Geschehensablauf aufzunehmen sind, die für die „Zurechnung eines konkreten ‚Erfolges' zu einer einzelnen ‚Ursache'" infrage kommen, die also für einen solchen Kausalzusammenhang wesentlich und bedeutsam sind. Max Weber spricht durchgehend von der „Kulturbedeutung" solcher Bestandteile; er fragt aber zugleich, ob es überhaupt möglich und vollziehbar sei, aus der „Unendlichkeit von ursächlichen Momenten", die schlechthin alle für „das Zustandekommen des Erfolgs in seiner konkreten Gestalt" irgendwie unentbehrlich waren, eine einzelne oder einige wenige herauszunehmen und auf sie die kausale Zurechnung zu stützen.

Max Weber nähert sich der Lösung vom anderen Extrem her: Es wäre „eine nicht nur faktisch unmögliche, sondern prinzipiell sinnlose Aufgabe", die konkrete Wirklichkeit eines individuellen geschichtlichen Ereignisses so verstehen zu wollen, dass man es „in der Gesamtheit seiner individuellen Qualitäten unverkürzt zu ‚reproduzieren' und kausal zu erklären habe": Welche Momente und Elemente unter bestimmten Gesichtspunkten von allgemeiner Bedeutung an einem solchen Ereignis sind, hängt ab von unseren (wissenschaftlichen) Interessen.

Max Weber macht das am Beispiel der juristischen Untersuchung eines Mordfalles deutlich. Für die Abwägung und Entscheidung des Richters ist nicht der gesamte individuelle Ablauf des Geschehens von Bedeutung; viel-

---

495 Weber, Max, Wissenschaftslehre, [7]1988, S. 180.
496 Weber, Max, Wissenschaftslehre, [7]1988, S. 540 f.

mehr interessiert er sich nur für jene wesentlichen Bestandteile, die dafür ausschlaggebend sind, unter welche gesetzliche Norm die Tat subsumiert werden kann.[497] Mit anderen Worten: Die Möglichkeit einer kausalen Zurechnung und Erklärung sowie einer zu diesem Zweck vorgenommenen Abstraktion auf die wesentlichen Geschehensmomente hängt ab von der *Relevanz* dieses Geschehens. Die Relevanz lenkt die „*Reduktion von Komplexität*" (N. Luhmann); sie entscheidet, was jeweils wichtig oder unwichtig ist.[498]

3. Die Typen ‚Journalist' und ‚Publizist'

Wie fachwissenschaftliche Relevanz wirkt, lässt sich unschwer am Beispiel der Idealtypen ‚Journalist' und ‚Publizist' nachzeichnen. Um diese Typen zu konstruieren, ist zunächst fachlich relevant, dass Menschen, die – gleichgültig in welcher Zeit und unter welchen Umständen – einem dieser Typen zugerechnet werden sollen, etwas mit Nachrichten zu tun haben müssen; sie müssen, mit einem Wort, ‚Nachrichtenarbeit' leisten, was einschließen kann sowohl das Sammeln wie das Bearbeiten und das Weiterverbreiten von Nachrichten. Würde man von diesem Merkmal absehen, so könnte man schon den Gedanken an einen ‚Journalisten' oder ‚Publizisten' nicht mehr vollziehen. Dieser Merkmalskomplex bildet also das Skelett der beiden Typen.

Millionen anderer Details, deren Darstellung ganze Bücherregale füllt, lassen wir als ‚irrelevant' beiseite, sogar scheinbar recht wichtige, etwa: ob die fraglichen ‚Nachrichtenarbeiter' ihre Tätigkeit aus Gefälligkeit oder gegen Bezahlung leisten, welche Transportmittel sie benützen, wie sie zu den Nachrichten kommen, ob sie ihre Nachrichten reimen, singen, ausrufen oder in Prosa niederschreiben (was z. B. für Literaturwissenschaftler keineswegs irrelevant wäre), welche Wirkungen sie mit den Nachrichten tatsächlich erzielen ... und vieles mehr. All dies und manch anderes ändert kaum etwas Grundlegendes an dem Tatbestand ‚Nachrichtenarbeit', obwohl er natürlich davon nicht unbeeinflusst bleibt; keinem dieser abertausend möglichen Elemente kommt jedoch mehr als ein ‚zufälliger' Einfluss zu.

Keines dieser Elemente vermag die fragliche Nachrichtenarbeit *regelmäßig in ihrer Substanz* zu verändern – außer einem einzigen: die Abhängigkeit oder Unabhän-

---

[497] Weber, Max, Wissenschaftslehre, [7]1988, S. 271 f. Weber präzisiert im Fortgang: Den Richter „interessiert – ganz abgesehen von der Unendlichkeit ‚absolut' trivialer Einzelheiten – nicht einmal alles, was für andere, naturwissenschaftliche, historische, künstlerische Betrachtungsweisen von Interesse sein kann: nicht, ob der tödliche Stich den Tod unter Nebenerscheinungen ‚herbeiführte', die für den Physiologen recht interessant sein mögen, nicht, ob die Pose des Toten oder des Mörders ein geeigneter Gegenstand künstlerischer Darstellung hätte sein können, nicht, ob etwa der Tod einem unbeteiligten ‚Hintermann' in der Beamtenhierarchie zum ‚Aufrücken' half, also, von dessen Standpunkt aus kausal ‚wertvoll' wurde, oder aber etwa Anlass zu bestimmten sicherheitspolizeilichen Anordnungen wurde, vielleicht gar internationale Konflikte schuf und sich so ‚historisch' bedeutsam zeigte. Das für ihn allein Relevante ist: ob die Kausalkette zwischen Stich und Tod derart gestaltet und der subjektive Habitus des Täters und sein Verhältnis zur Tat ein solches war, dass eine bestimmte strafrechtliche Norm anwendbar wird."
[498] Siehe dazu grundsätzlich: Schütz, Alfred, Relevanz, 1982.

gigkeit von einzelnen Kommunikationsinteressen. Dieses Element, das in der Handlungsmotivation der Nachrichtenarbeiter ausnahmslos irgendwie verankert ist, bestimmt – je nach Ausprägung – das Produkt der Nachrichtenarbeit spezifisch und so regelmäßig, dass eben für eine kausale Zurechnung der Nachrichtenarbeit dieses Ursachen-Element unentbehrlich ist.

Dabei spielt es keine Rolle, an welcher Stelle in einer Motivations-Kette dieses Element auftritt; es führt immer zum gleichen Erfolg, unabhängig davon, ob es als Endzweck die Nachrichtenarbeit motiviert, oder ob es als Mittel zu einem solchen Zweck wirksam ist. Die Unabhängigkeit von einzelnen Kommunikationsinteressen, also das Unparteilichkeitsprinzip, war wohl nur in seltenen Fällen sozusagen ‚idealer' Journalistenzweck; zumeist war es das ‚Mittel', um sich Unannehmlichkeiten vom Leib zu halten, häufiger wohl noch, um die wertvolle Nachrichtenware möglichst vielen Herren mit je ganz unterschiedlichen Überzeugungen verkaufen zu können – eine Motivationsverkettung, die bis heute nicht nur in Nachrichtenagenturen erhebliche Bedeutung hat, wie man leicht einsieht.[499]

Solange wir noch dabei sind, dieses Element ‚Interessen-Orientierung' aus der Fülle des Tatsachenmaterials und seiner Facetten als relevant herauszulösen, bewegen wir uns nach wie vor in der Schritt-Vorgabe einer *pointierend-hervorhebenden Abstraktion*. Sobald wir aber nun das Element Interessen-Orientierung in seinen beiden möglichen Ausprägungen ‚Interessen-Unabhängigkeit' und ‚Interessen-Abhängigkeit' mit dem Skelett-Element ‚Nachrichtenarbeit' verbinden und auf dieser Basis die Typen *Journalist* und *Publizist* voneinander scheiden, haben wir mit der konkret kompositorischen, konstruktiven, also *synthetischen Arbeit* bei der Typenbildung begonnen, wenngleich vorerst noch mit ganz kleinen Schritten. Das Nämliche geschieht, wenn später dem Idealtyp ‚Publizist' noch das Element ‚Art des Interesses' (bzw. Art des Mandats) beigefügt wird (siehe Tafel 28); auch dieses Element ist ‚relevant', weil es regelmäßig ursächlich dafür ist, wie sich publizistische Nachrichtenarbeit typischerweise ausprägt.

Der Zusammenschluss von adäquaten Elementen oder die „Anreicherung" des Typs setzt mit aller Deutlichkeit schließlich da ein, wo wir im dialektischen Verfahren die bisherige ‚nackte' Typenkonstruktion als Inhaltsvorgabe für die Konstruktion von Sinnzusammenhängen benutzt haben (vgl. Tafel 25). Im Klartext geht es bei den fraglichen Setzungen nämlich um eine wissenschaftlich begründete und möglichst gesicherte Antwort auf folgende Frage: *Wenn einem typischen ‚Journalisten' oder einem typischen ‚Publizisten' bestimmte Leitungsaufgaben in der Massenkommunikation übertragen würden, wie würden die Lösungen des einen und des anderen notwendig aussehen, sofern beide nur ganz konsequent und rational sich an den ihr Berufs-Handeln motivierenden Zwecken orientierten?* Im Ergebnis können wir so das bislang aus Minimal-Bestandteilen zusammengefügte Gedankenbild *Journalist* anreichern mit den Charakteristiken, er werde im gegebenen Fall in seinen Massenmedien allen gesellschaftlichen Meinungspositionen faire Sprech-Chancen einräumen, die sich zwangsläufig allerdings auf mittei-

---

499 Siehe hierzu vor allem Schönhagen, Philomen, Unparteilichkeit, 1998; ferner Wagner, Hans, Ur-Journalist, 1995.

II. Die Basismethoden des Verstehens

T 28: Die Idealtypen 'Journalist' und 'Publizist'

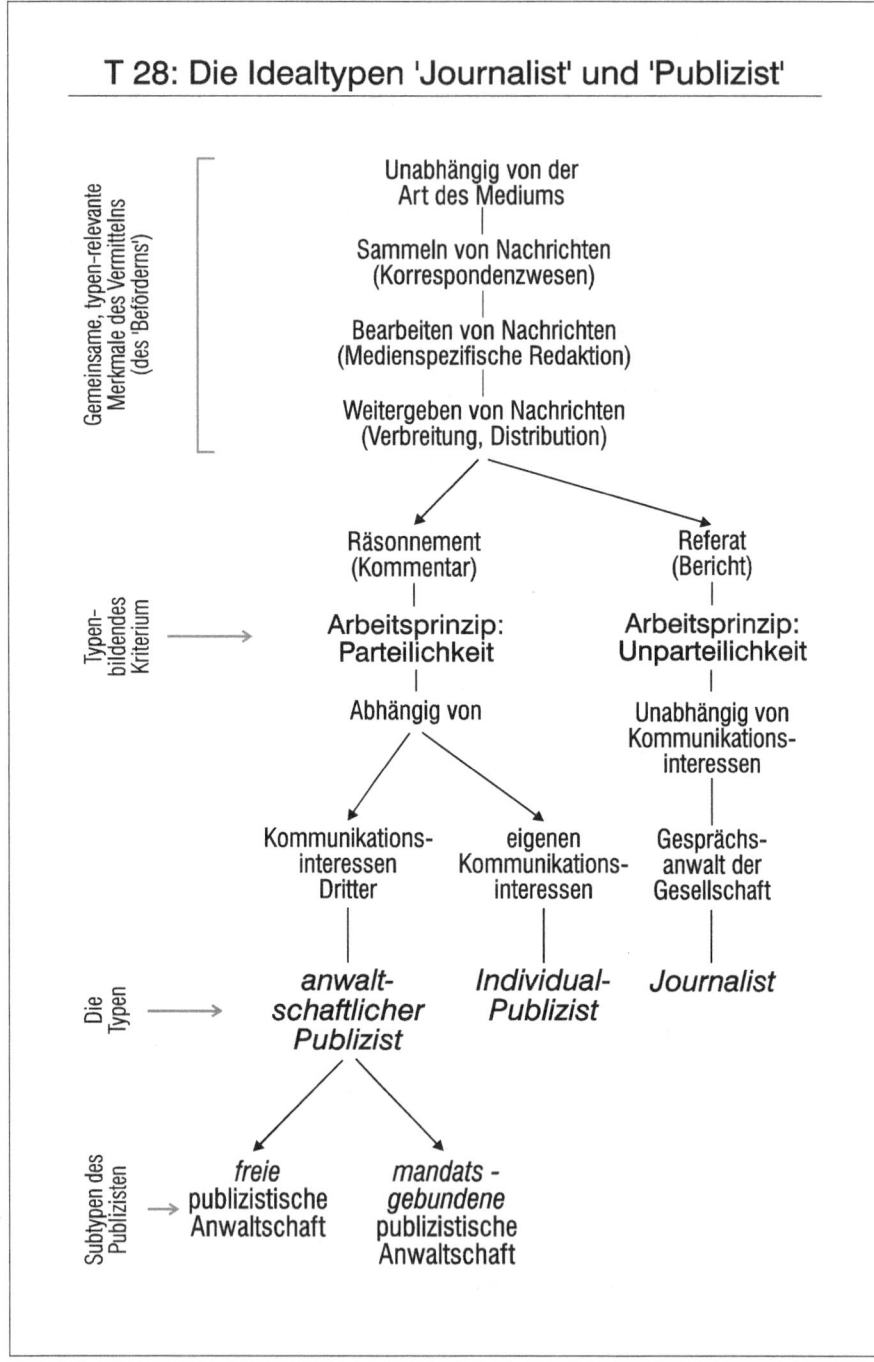

lungsadäquate Konzentrationen der Positions-Aussagen beschränken werden. (Auch für den ‚*Publizisten*' sind entsprechende Ergänzungs-Charakteristiken konstruiert.)

Es ist auch einsichtig, dass diese Überlegungen ausgedehnt werden könnten auf alle möglichen konkreten Abläufe oder Aufgaben-Konstellationen, z. B.: Wie würde der eine und der andere ‚sein' Publikum jeweils behandeln? Wie würde der eine und der andere über die Gründung einer Partei berichten, deren Programm er für extrem und gesellschaftsgefährlich hält?[500] Welche Art von Kontrolle oder Kritik an seiner Arbeit würde der eine und der andere akzeptieren? Mit jeder Frage bzw. mit jeder entsprechenden Lösung würden die zur Debatte stehenden Idealtypen reicher und konkreter werden, mit zugehörigen Charakteristiken immer umfassender ausgestattet. Doch wozu soll all dies gut sein?

Da sind verschiedene und recht unterschiedliche Anwendungsmöglichkeiten (und Typen-Funktionen) auf dem Weg zur wissenschaftlichen Erkenntnis denkbar. Die einfachste könnte etwa so aussehen: Es liegt ein bestimmtes Medium mit all seinen inhaltlichen Besonderheiten vor; wird dieses Medium von publizistischen oder journalistischen Vermittlungs-Ambitionen beherrscht? Welche dieser typischen Strategien ist dominant, welche ergänzend verwirklicht? Wie sehen die wahrscheinlich realisierten Mischverhältnisse aus? In welchen Gestalten der Form und des Inhalts manifestieren sie sich wie? Um solche Fragen beantworten zu können, kann der Idealtypus als Grenz- und Maßbegriff dienen, sofern er eben vorher auf dem Weg der Konstruktion mit all den Kennzeichen aufgefüllt und angereichert wurde, die zur erklärenden Sondierung des zu untersuchenden Medienprodukts benötigt werden.

Eine schon wesentlich komplexere Variante wäre provoziert, wenn jemand behauptete, dieses fragliche Medienprodukt, etwa ein Lokalteil, sei in seiner Form und in seiner inhaltlichen Gestalt überhaupt nicht ursächlich vom Redaktionspersonal bestimmt, sondern von den „Einflüssen aus der Öffentlichkeit". Um den tatsächlichen Stellenwert dieser zunächst nur vermuteten Ursache zu untersuchen, ist ein komplizierteres Vergleichsverfahren einzuschlagen. Eine voll durchkomponierte Konstruktion des Idealtyps ‚Journalist' (oder ‚Publizist') ermöglicht es, festzustellen, wie etwa der fragliche Lokalteil aussehen müsste, wenn er ganz zweckrational journalistisch gestaltet worden wäre (oder wenn er umgekehrt ebenso konsequent publizistisch bewirkt würde); tatsächlich im untersuchten Medium vorfindbare Abweichungen davon, die ihrer Qualität und ihrem Umfang nach so zu ermitteln sind, müssen demnach auf andere Ursachen zurückführbar sein. Und man kann das Gewicht dieser anderen Ursachen, etwa das Eingreifen von Honoratiorengruppen in die redaktionelle Gestaltung, herausdestillieren, wenn es gelingt, durch die bislang geschilderten Verfahren dieses Eingreifen als kausal rele-

---

500 Genau diese Frage ist im Rahmen einer englisch-deutschen Journalistenumfrage gestellt worden; die hier und dort präferierten (d. h. statistisch mehrheitlich jeweils vertretenen) Positionen entsprechen sehr genau den Erwartungen, die auf der Grundlage der idealtypischen Konstruktionen zu fixieren sind; es handelt sich also insoweit um „objektive Möglichkeiten". Vgl. Köcher, Renate, Spürhund, 1985.

vant und adäquat zu fixieren, z. B. also den Typus ‚Zeitung als Transportunternehmen' für gesellschaftliche Interessengruppen entsprechend zu einem neuen Maßbegriff zu konstruieren.

Der brisante Fall

Die am weitesten reichende Möglichkeit deutet sich indessen an, wenn man die idealtypische Konstruktion sozusagen an die äußerste Grenze treibt: Was wären die notwendigen Folgen, wenn das typisch journalistische und das typisch publizistische Handeln sich nicht mehr ergänzten, wenn vielmehr ersteres von letzterem gänzlich überwuchert und schließlich eliminiert würde, das publizistische Handeln also am Ende monopolistisch die gesamte Soziale Kommunikation und ihre Vermittlung beherrschte? Dies würde notwendig bedeuten, „dass der Verwirklichung des demokratischen Prinzips der gesellschaftlichen Meinungsbildung die Herrschaft schwer gemacht, das demokratische Miteinander gestört wird". Denn „,Publizistik' als einsinnige Beeinflussungsform ist autoritären Herrschaftsformen zugeordnet, nicht aber der Demokratie, die prinzipiell (...) auf gesellschaftlich-gemeinschaftlicher Programmierung der Herrschaft mittels geistigen Austausches zwischen allen Staatsbürgern, das heißt auf Kommunikation, beruht". Eine die gesamte gesellschaftliche Kommunikation beherrschende ‚Publizistik' „zerreißt die Gesellschaft in vor sich hinmonologisierende Einzelne und Gruppen, die durch kein Gespräch zueinander finden, sondern durch monopolistische oder quasi-monopolistische Interessenten-Institutionen ‚in Form gebracht' (...) zur politischen Tat schreiten". „Die monopolistische Publizistik ist es, die (...) Staat und Gesellschaft (...) funktionsunfähig zu machen droht." Oder noch allgemeiner: *Die Verfassung einer Gesellschaft* (und natürlich auch deren Zerfall) *entspricht ihrer Kommunikationsverfassung*. Das ist die idealtypisch gewonnene „*Regel*", (zumindest also) eine „*kausale Hypothese*" zur Erklärung des Gesellschaftsgeschehens, herausdestilliert aus der Beobachtung und Deutung historischer Einzelfälle, die zur Auflösung einer demokratischen Ordnung sowie umgekehrt zum Aufstieg autoritärer oder totalitärer Herrschaft den harten Tatsachenbestand liefern. Wenn diese in der „Regel" fixierte kausale Verknüpfung gelten soll, so muss jeder beliebige relevante, zumindest aber *ein* historischer Sonderfall dieser idealtypischen „Regel" subsumiert, durch sie empirisch voll erklärt werden können: Der Idealtyp muss empirisch demonstriert werden. Heinz Starkulla, der die „Regel" formuliert hat, gibt auch den brisanten Fall an: „Das ist anhand der deutschen Erfahrung von 1933 leicht nachzuweisen: Der Diktator wird im allgemeinen Kommunikations-, und daraus folgend Gesellschafts-Chaos als allein potente Ordnungsmacht begriffen und gelangt über die nicht von ihm gewonnene, sondern gerade *von seinen Gegnern publizistisch verschuldete* ‚demokratische' Mehrheit legitim an die Macht."[501]

---

501 Alle Zitate dieses Abschnitts von Starkulla, Heinz, Publizistik, 1963, S. 161 ff. (Die empirische Demonstration des Idealtyps ist bei Starkulla nicht durchgeführt und also bis heute ein Desiderat.) Um alle Missverständnisse auszuschließen, sei hier noch einmal unterstrichen, dass diese ins Extrem gezogene idealtypische Konstruktion einer ‚monopolistischen Publizistik' nichts zu tun hat mit einer normativen Bewertung etwa in dem Sinne, Publizistik sei etwas ‚Böses', Journalismus hingegen das schlechthin ‚Gute'. Im Normalfall einer Sozialen Kommunikation erfüllen vielmehr sowohl publizistische wie journalistische Hand-

Wir brechen hier den exemplarischen Gang ab. Die Beschäftigung mit dem prominenten Idealtypen-Paar *Journalist* und *Publizist* hat uns weit über die illustrierende Erläuterung des Abstraktionsschrittes bei der Typenkonstruktion hinausgeführt. Genau betrachtet hat das Exempel alles Wesentliche zu den möglichen Varianten des synthetischen Schrittes ebenso wie zu den Funktionsvarianten des Idealtypus ebenfalls schon präsentiert.

4. Die Konstruktion „objektiver Möglichkeiten"

In allgemeiner Form hat Max Weber dazu folgendes festgehalten: Es handle sich beim synthetischen Ausbau und bei der „Anreicherung" der Idealtypen „um die Konstruktion von Zusammenhängen, welche unserer *Phantasie* als zulänglich motiviert und als ‚objektiv möglich', unserem *nomologischen Wissen* als adäquat erscheinen".[502] Auf den kürzesten Nenner gebracht: „Objektive Möglichkeiten" sind zu konstruieren. Wird aber damit nicht die Abdankung der Wissenschaft zugunsten einer beliebig-willkürlichen Science-fiction-Produktion eingeleitet?[503] Was stellen die konstruierten „objektiven Möglichkeiten" – sofern nicht schon der Begriff widersprüchlich ist – denn eigentlich vor?

Die Konstruktion der „objektiven Möglichkeiten" mündet in die Bildung von *Möglichkeits-Urteilen*. Das sind Aussagen darüber, „was bei Ausschaltung oder Abänderung gewisser Bedingungen" aus einem tatsächlich gegebenen Ablauf geworden wäre, und umgekehrt, was bei Zugrundelegung eines mutmaßlich ursächlichen Moments an Folgen und Erfolg zu erwarten wäre. Zunächst heißt das: Die Kategorie der *Möglichkeit* kommt hier nicht als Synonym für Nicht-Wissen oder für Unterstellungen oder für bloße Vermutungen ins Spiel, etwa nach der Art, dass jemand achselzuckend hinwirft „Schon möglich!", wenn er kundtun will, dass er „*subjektiv* keine Tatsache kenne, welche [eine] Annahme ausschließe, aber auch ihre Richtigkeit zu behaupten nicht in der Lage sei".[504]

> Möglichkeits-Urteile sind vielmehr *hypothetische Urteile* in klassischer Gestalt. Diese dürfen keinesfalls verwechselt werden mit Hypothesen im Sinne „vorläufiger und unverbindlicher Annahmen (...) zur Ausfüllung einer Lücke des Wissens". In der Form „*Wenn A ist, dann auch B*", behauptet das hypothetische Urteil im Gegenteil, „dass sich aus einem bestimmten [zureichenden] Grund eine bestimmte Folge" *mit Sicherheit* ergibt. „Richtig gewonnene *hypothetische Urteile* gelten *unumstößlich, streng notwendig, apodiktisch* und keineswegs vorläufig."[505] Es handelt sich also um „be-

---

lungen, Entscheidungen und Leistungen unverzichtbare, aufeinander verwiesene Funktionen. Der rein zweckrational konstruierte Extremtypus ‚monopolistische Publizistik' gibt lediglich und ausschließlich an, was zu erwarten wäre, wenn der publizistische Vermittlungstypus vollständig an die Stelle des journalistischen träte.

502 Weber, Max, Wissenschaftslehre, [7]1988, S. 192.
503 Vgl. Weber, Max, Wissenschaftslehre, [7]1988, S. 282.
504 Weber, Max, Wissenschaftslehre, [7]1988, S. 276.
505 Eucken, Walter, Nationalökonomie, [7]1959, S. 264. Eucken fügt hier zu Recht an, dass über den Unterschied von Hypothese (i. S. einer Annahme oder Vermutung) und hypothetischem Urteil „jedes Lehrbuch der Logik" ausreichend orientiere, „so dass das genannte Missverständnis nicht entschuldbar ist". (Vgl. Tafel 9, S. 59.)

II. Die Basismethoden des Verstehens

dingte Notwendigkeitsurteile"[506], auf keinen Fall aber um Kreationen einer frei vagabundierenden Phantasie.

Was aber macht Möglichkeits-Urteile so sicher, die konstruierten Möglichkeiten „objektiv"? Das resultiert aus den beiden Konstruktions-Elementen, die hier synthetisch miteinander verbunden werden: Zum *einen* isolieren wir aus der gegebenen Wirklichkeit *relevante, bedeutsame Tatsachen eines Handelns*, eines Geschehens, eines historischen Vorganges und setzen sie – wie oben allgemein und exemplarisch gezeigt – als Bedingungen oder als mögliche Ursachen in die Typenkonstruktion ein; ein so gewonnenes Gedankengebilde empfängt zum zweiten dadurch seine sachliche Gültigkeit, „dass wir zu der ‚gegebenen Wirklichkeit' den ganzen Schatz unseres *‚nomologischen' Erfahrungswissens hinzubringen"*.[507]

Wieder besteht die Schwierigkeit darin, herauszufinden, was dieses „nomologische Wissen" ist: Es ist eine „Kenntnis von ‚Gesetzen'", von „Regelmäßigkeiten der Kausalzusammenhänge"[508] im Sozialgeschehen bzw. in Handlungsabläufen, mithin zunächst und vor allem „positives Wissen von den ‚Regeln des Geschehens'", ein Wissensvorrat von „allgemeinen Erfahrungsregeln" „insbesondere von der Art, wie Menschen in gegebenen Situationen zu reagieren pflegen"[509].

Max Weber setzt dieses „nomologische Wissen" irgendwie voraus. Über seine Herkunft und über die Art, wie es gewonnen wird, gibt es kaum befriedigende Angaben.[510] Doch kann wohl als sicher gelten, dass dieser Wissensfundus sowohl aus *persönlicher Lebenserfahrung*[511] wie aus den Quellen der *Wissenschaft* gespeist wird.[512] Nimmt man die zahlreichen Hinweise Webers zusammen, so kann man auch annehmen, dass das „nomologische Wissen" konstituiert wird als ein Wissen vom „objektiven Geist", also von den Bedingungen und Vorgaben einer „intersubjektiven Lebenswelt", die als solche ja überhaupt erst zweckmäßiges, kalkulierbares, verlässliches Handeln ermöglicht. Insoweit erstreckt sich „nomologisches Wissen" auf die „Chancen einer Regelmäßigkeit der Einstellung sozialen Handelns", wie sie Max Weber selbst mit großer Nachdrücklichkeit als funda-

---

506 Weber, Max, Wissenschaftslehre, [7]1988, S. 129.
507 Weber, Max, Wissenschaftslehre, [7]1988, S. 277.
508 Weber, Max, Wissenschaftslehre, [7]1988, S. 179.
509 Weber, Max, Wissenschaftslehre, [7]1988, S. 276 f.
510 Vgl. dazu Aswerus, Bernd M., Sozialgeschehen, 1955, S. 104. Mit einigen Abstrichen ist zu bedenken, was Aswerus dort festhält: „Auf das Wesen dieses immer wieder angezogenen ‚nomologischen Wissens' geht Weber nicht näher ein. Es bleibt offen, wie weit dieses Wissen Erfahrungswissen ist (das sich als reines Erfahrungswissen zirkelhaft selbst garantieren würde), und wie weit es sich als ein Wertwissen darstellt ...." Indessen lässt Max Weber wohl weniger den Inhalt dieses nomologischen Wissens im Dunkeln, als vielmehr dessen Herkunft. Je nachdem, wie der Anfang dieses nomologischen Wissens aussieht, ließe sich sein Einsatz bei der Konstruktion „objektiver Möglichkeiten" auch mit der Situation einer Erweiterung von Erkenntnissen im hermeneutischen Zirkel interpretieren: Wir setzen ein Minimum gesammelten und gesicherten nomologischen Wissens zur idealtypischen Konstruktion einer „objektiven Möglichkeit" ein; sofern die so gewonnenen Erkenntnisse über kausale Zusammenhänge sich als gültig bewähren, erweitert sich dadurch unser nomologisches Wissen; dieses erweiterte nomologische Wissen ermöglicht Klärung und Erklärung neuer, vielleicht auch sehr komplexer Kausalzusammenhänge.
511 Vgl. u. a. Weber, Max, Wissenschaftslehre, [7]1988, S. 179.
512 Vgl. Weber, Max, Wissenschaftslehre, [7]1988, S. 83 f.

mental vorgestellt hat.⁵¹³ Eine Chance solcher Regelmäßigkeiten des sozialen Handelns kann demnach beruhen auf der Orientierung des Handelns der einzelnen an gleichartigen Erwartungen, oder auf der Ausrichtung an Interessenlagen, auf dem Respekt vor Sitten⁵¹⁴ und Bräuchen. Im weiteren und engeren Sinn umfasst somit das nomologische Wissen auch das gesamte „Wertwissen", sofern es Handeln steuert.

Ein ganz besonders taugliches „Konstruktionsmittel zur Schaffung von Gedankenbildern" ist die „Kenntnis der Mittel-Zweck-Relation", das Wissen davon also, „dass wir zweckvoll handeln können",⁵¹⁵ ein Wissen, das sich für alltagspraktische Zwecke (um deren Erklärung es der Wissenschaft schließlich geht) als außerordentlich sicher und zuverlässig erweist. In genereller Formulierung nämlich ist es das Wissen, dass wir in typischen Situationen unter typischen Bedingungen mit typischen Mitteln typische Zwecke erreichen. Weil sicheres Wissen über zielführende, hinreichend notwendige Mittel-Zweck-Relationen ziemlich umfassend verfügbar ist, gehören die ‚zweckrationalen Idealtypen' zu den häufigsten Konstruktionen.

Deren Bevorzugung bedeutet also nicht, dass Max Weber oder die ihm folgenden Sozialwissenschaftler dem abenteuerlichen Glauben huldigten, alle Menschen aller Zeiten und Gesellschaften handelten durchweg zweckrational. Denn das Gegenteil dürfte tendenziell eher realistisch sein. Aber wo der ‚zweckrationale Idealtyp' gewissermaßen zum Grenz- und Maßbegriff konstruiert wird, lässt sich aus den gemessenen Abständen zwischen der Konstruktion und der Wirklichkeit gerade das Gewicht der irrationalen, der affektiven oder sonstiger Ursachen für die realen Handlungs- und Geschehensabläufe ablesen, lässt sich ermitteln, von welch ursächlicher Bedeutung eben auch Verrücktheiten sind. Was für alle idealtypischen Konstruktionen gilt, gilt für die zweckrationalen prinzipiell auch: „Um wirkliche Kausalzusammenhänge zu durchschauen, *konstruieren* wir *unwirkliche.*"⁵¹⁶

Diesen Charakter einer unwirklichen „Konstruktion" tragen auch und nicht zuletzt die sogenannten „*Richtigkeitstypen*"; sie sind – nach Max Weber jedenfalls –

---

513 Siehe dazu Weber, Max, Wissenschaftslehre, ⁷1988, S. 527–565 („Soziologische Grundbegriffe", aus: „Grundriß der Sozialökonomik", 1921; meist als 1. Kap. des ersten Teils von „Wirtschaft und Gesellschaft" gedruckt). Der entscheidende Abschnitt beginnt: „Es lassen sich innerhalb des sozialen Handelns tatsächlich Regelmäßigkeiten beobachten, d. h. in einem typisch gleichartig gemeinten Sinn beim gleichen Handelnden sich wiederholende oder (...) bei zahlreichen Handelnden verbreitete Abläufe von Handeln." (Wissenschaftslehre, ⁷1988, S. 556.)

514 „Die Stabilität der (bloßen) Sitte" und damit die sichere Chance eines an ihr ausgerichteten Handelns „beruht wesentlich darauf", schreibt Max Weber (Wissenschaftslehre, ⁷1988, S. 558 f.), „dass derjenige, welcher sein Handeln nicht an ihr orientiert, ‚unangepasst' handelt, d. h. kleine und große Unbequemlichkeiten und Unzuträglichkeiten mit in den Kauf nehmen muss, solange das Handeln der Mehrzahl seiner Umwelt nun einmal mit dem Bestehen der Sitte rechnet und darauf eingestellt ist." – Auf diesem Sachverhalt baut Elisabeth Noelle-Neumann unter dem Stichwort „Isolationsfurcht" ganz wesentlich die Wirkungstheorie der „Schweigespirale" auf. Dabei wird die Webersche ‚Sitte' als „Öffentliche Meinung" und insoweit als Kontrollinstanz des Handelns vorgestellt und etikettiert.

515 Weber, Max, Wissenschaftslehre, ⁷1988, S. 129, S. 131, S. 179 f. et passim.

516 Weber, Max, Wissenschaftslehre, ⁷1988, S. 287.

Konstruktionen, die von der („objektiven") Beobachterposition des Wissenschaftlers aus auf der Grundlage der wissenschaftlich als gültig und richtig gewussten Zweck-Mittel-Relationen für ein bestimmtes Handeln entwickelt werden; wenn das fragliche konkrete Handeln dann diesem „Richtigkeitstypus" nicht entspricht, muss das keineswegs heißen, dass es seinem (vom Handelnden *subjektiv*) gemeinten Sinn nach nicht zweckrational orientiert sein könnte. Wissenschaftliche „Richtigkeitsrationalität" und „Zweckrationalität" des Alltagshandelns müssen keineswegs in eins fallen; nicht zuletzt nämlich ist es auch der Erfolg eines konkreten Handelns, der ihm Art und Grad seiner „Rationalität" zuwachsen lässt.[517]

Reifegrade der Typen

Die Konstruktion der Idealtypen ist so wenig eine Spielerei wie der Umgang mit anderen Erkenntniswerkzeugen. Entsprechend den Rollen, die der Idealtyp im humanwissenschaftlich oder historisch interessierten Erkenntnisprozess spielt, hat Bernd M. Aswerus auf der Grundlage der Weberschen Methodologie drei „Reifestadien" des Idealtyps fixiert:

- Im *ersten Stadium* wird nach Beobachtungen von Tatbeständen „aufgrund von Vermutungen zunächst rein provisorisch ein Idealtyp konstruiert", der lediglich als eine *Orientierungshilfe*, als „technischer Behelf zur Erleichterung der Übersichtlichkeit" im Tatsachen-Terrain dient. (Das entspricht der Phase einer abstrahierenden Isolation relevanter Merkmale; das Ergebnis hat den Charakter einer ‚Hypothese' – ohne tatsächlich eine solche zu sein.)
- Im *zweiten Stadium* wird im Zuge fortschreitender Komposition der Idealtyp hinaufgesteigert und determiniert zu Gedankengebilden der *„objektiven Möglichkeit"*; die Konstruktion gewinnt so den Charakter einer „Regel" (einem allgemeinen Satz oder einem ‚Gesetz' in den Naturwissenschaften ähnlich – ohne es tatsächlich zu sein).
- Im *dritten Stadium* gewinnt die idealtypische Konstruktion erst *Geltung*, wenn es nämlich gelungen ist, eine geschichtliche Erkenntnis „durch den Aufweis kausaler Verknüpfungen zwischen historischen Gegebenheiten" zu gewinnen: „Die theoretische Konstruktion hat sich als eine Art Kartenprojektion" in der Empirie logisch bewährt.[518]

---

517 Zum gesamten Problem des „Richtigkeitstypus" und seiner Beziehung zur Zweckrationalität siehe Weber, Max, Wissenschaftslehre, [7]1988, S. 433–438.
518 Siehe Aswerus, Bernd M., Sozialgeschehen, 1955, S. 206–209. Aswerus betont in diesem Zusammenhang, dass das letzte Stadium, die Vollgestalt des Idealtyps, in Max Webers Werk entsprechend selten vorzufinden sei. Das entscheidende Exempel aber, das Max Weber statuiert hat, führt Aswerus (an mehreren Stellen) so vor: „Auf dem wirtschaftlichen Gebiet hatte Weber empirisch die ‚Regel' ermittelt: Keine Wirtschaftsform ohne den dazugehörigen wirtschaftlichen Geist. Positiv ausgedrückt: Zur Wirtschaft gehört der [sie] determinierende wirtschaftliche Geist. Diese von ihm als ‚Regel' angetroffene Verbindung zwischen Wirtschaft und Wirtschaftsgeist war Weber bestrebt, als eine notwendige Verknüpfung darzutun, um für sie objektive Geltung in Anspruch nehmen zu können. Die auf Grund der ‚Regel' vermutete kausale Verknüpfung konnte als wissenschaftlich bewiesen gelten, wenn es gelang, einen wirtschaftlichen Einzelfall, also eine bestimmte Wirtschaftsform, unter das Wirtschafts-Superindividuum ‚wirtschaftsgeistdeterminierte Wirtschaft' zu subsumieren und nach dessen Vorbild synthetisch darzustellen. In dem von Max Weber gewählten Modellfall bedeutet das: Zur Wirtschaftsform des modernen, abendländischen Kapitalismus den zugehörigen Wirtschaftsgeist, also den kapitalistischen Geist, in seinen Einzelzügen empirisch aufzusuchen und synthetisch darzustellen." (Sozialgeschehen, 1955, S. 171.)

Damit ist in groben Zügen auch das von Weber angewandte Verfahren zur *Geltungssicherung* skizziert. Auch dieses Verfahren operiert offensichtlich mit Allgemeinem; es gibt auch hier einen „allgemeinen Satz", eine „Regel" aufgrund der Beobachtung von konkreten Tatbeständen und Fällen; das besondere Konkrete wird so auf seine Ur-Sache zurückgeführt. Aber dieses Allgemeine und Einfache ist nicht Erkenntnisziel, sondern durchgehend Erkenntnismittel. Es wird nämlich – zunächst in den „anreichernden" Konstruktionsschritten – vorentworfen zur Ziel-Sache, die eine *Voll-Sache* ist. Eine „Voll-Sache", so erläutert Aswerus, enthält alle wesentlichen, aus der Ur-Sache folgenden Besonderungen in solcher Anreicherung und Ausgestaltung, dass sie vollständiger nicht gedacht werden kann. Ein solcher Vorentwurf einer Voll-Sache verläuft in der Denkrichtung vom (beobachteten, realen) konkreten Besonderen „zum Besondertsten", welch letzteres insofern ein Allgemeines darstellt, „als es sämtliche wesentlichen Besonderungen an sich aufweist".[519]

Dies eben ist der voll ausgebaute „Idealtyp", den Aswerus deshalb zunächst auch als eine „Superindividualität" bezeichnet[520], weil er in der Lage sein muss, jede historisch oder aktuell im Gesellschaftsgeschehen zutreffende Handlungs- oder Ablaufindividualität gewissermaßen ganz in sich „aufzusaugen", sie in sich „aufzuheben". Das ‚Superindividuum' Webers wird somit durch zunehmende Konkretion gewonnen. Schon nach Aristoteles ist Erkenntnis, die gültig ist, eben in zweifacher Richtung möglich: „Sie kann sich zurückbewegen zur Ursache und den Weg der traditionellen Logik gehen. Sie kann aber auch die umgekehrte Richtung einschlagen und den Gegenstand, den es zu erkennen gilt, nicht zurückführen auf seine Ursache, sondern vorausführen auf seine Voll-Sache."[521]

5. Experimente mit Typen

Welche Möglichkeiten die Konstruktion von Idealtypen eröffnet, konnte hier nur in groben Umrissen angedeutet werden. Die folgenden, resümierenden Verweise auf die Auffassungen anderer Autoren sollen daher als exemplarische Ergänzungen verstanden werden, die den einen oder anderen Aspekt zu verdeutlichen vermögen, der bislang vielleicht zu kurz gekommen ist.

Idealtypen als „Behelfe zur Erleichterung der Überschaubarkeit" eines schwer zugänglichen Tatsachen-Terrains sowie als „Regeln", die zu Maßgrößen angereichert wurden, sind Grundlagen jeglicher *morphologischen Erfassung* der Wirklichkeit – nicht nur in der Sozialwelt übrigens, sondern auch und vor allem in der Tier- und Pflanzenwelt.[522] Entsprechend wollte der Nationalökonom Walter

---
519 Aswerus, Bernd M., Sozialgeschehen, 1955, S. 205.
520 Aswerus, Bernd M., Sozialgeschehen, 1955, S. 108 et passim; gelegentlich auch in der Variante „Superindividuum"; mit beiden Wortbildungen ist jedoch nicht im Entferntesten an eine Personifizierung gedacht. An der angegebenen Stelle bemerkt Aswerus ausdrücklich, der Begriff komme bei Weber selbst nicht vor; auch lasse die Wortbildung „zu wünschen übrig", werde aber vorläufig eingeführt, um einen bestimmten Charakter der Idealtypen herauszuarbeiten, der von „den immer neu aufgelegten Missverständnissen" und Missdeutungen der Weberschen Begriffe fast zugedeckt worden sei.
521 Aswerus, Bernd M., Sozialgeschehen, 1955, S. 200 ff.
522 Siehe dazu im Allgemeinen und im Besonderen Riedl, Rupert, Erkenntnis, ³1981, S. 80–117, insbes. S. 107 ff. Neben außerordentlich interessanten Aspekten zum Typifikations-Verfahren auf dem Weg des

Eucken (1891–1950), dessen Werke einen erheblichen Einfluss auf die Gestaltung der Wirtschaftsordnung in der Bundesrepublik Deutschland hatten, Idealtypen als Instrumente für die Erarbeitung einer vollständigen Morphologie der (wirtschaftlichen) Wirklichkeit einsetzen. Nach seiner Auffassung enthält die Morphologie die Idealtypen, also die „reinen Formen", gewissermaßen wie ein Alphabet. Erst wenn man das Alphabet hat, kann man daraus Worte formulieren und schreiben; erst wenn man die idealtypisch reinen Formen aus der Morphologie kennt, kann man mit den je relevanten Teilen dieses Alphabets größere Modelle „buchstabieren" und zum Aufbau von Theorien fortschreiten.[523]

> Mit ausdrücklicher Berufung auf Eucken hat Bernd M. Aswerus ebenfalls eine Morphologie aller Erscheinungen des „Zeitgesprächs der Gesellschaft", des wissenschaftlichen Gegenstandes „Zeitung" also, als unverzichtbares Fundament für eine zeitungswissenschaftliche Theorie postuliert sowie den ersten Entwurf zu einer derartig morphologischen Typenkonstruktion vorgelegt.[524]

Instrumente für Voraussagen

Prinzipiell nur von *„konstruierten Typen"* redet Howard Becker (1899–1960), ein amerikanischer Soziologe, der sich intensiv mit einer Typologie von Wertsystemen beschäftigt hat. Diese Wortwahl entspricht bei ihm bewusster Strategie; denn in den „Hirnen angriffslustiger Soziologen", so meint er, könnte das Wort *„Idealtyp"* falsche Vorstellungen von Idealismus und ähnlichen Missdeutungen heraufbeschwören. Tatsächlich nämlich sei der „konstruierte Typus" eben nur in dem Sinne „ideal", „dass er mit keinem einzigen empirischen Beispiel übereinstimmt. Er findet sich weder zu Land noch zu Wasser!"

> So sei etwa der konstruierte Typus ‚Revolution' „aufgrund zahlreicher Beobachtungen vieler empirischer Revolutionen" aufgebaut; aber „sie passen niemals ‚ganz genau' auf den Typus". „Nicht einer dieser Typen wird sich irgendwo in Gestalt eines konkreten Beispiels finden. Der Grund, weshalb ein solcher Typus sich nicht in der äußeren Natur auffinden lässt, ist der, dass er im Geist des Forschers entstanden ist. Er ist eine Konstruktion."[525]

Vergleichens sowie über die Gewissheit der so gewonnenen Einsichten finden sich hier folgende Hinweise, an die an dieser Stelle noch einmal erinnert sei: „Es scheint unserem Bewusstsein meist wie eine Selbstverständlichkeit, dass wir die Ähnlichkeits-Felder aus ihren Repräsentanten definieren, die Repräsentanten aber wiederum nach ihren Ähnlichkeits-Feldern selektieren, und zwar ohne dass eine nur eine dieser Kategorien vorgegeben wäre, vermögen wir den Typus, das sie Einende, zu erkennen. (...) Die erstaunlichsten Leistungen hat hier die biologische Systematik etabliert, die den Typus jeder Klasse aus ihren Ordnungen definierte; ein Natürliches System von hunderttausenden Typen, von den Gattungen bis zu den Reichen. Und erst nachdem das geleistet war, hat man bemerkt, nicht zu wissen, wie es geleistet wurde. Und es machte sich dann Unglück der Gedanke breit, dass dieser Vorgang, da man seine Methode nicht kannte, auch keine Methode haben könnte. (...) Die Morphologie aber ist dadurch empfindlich verunsichert, ja bedroht worden, ganz aus den Wissenschaften verbannt zu werden. Dies ist nun umso paradoxer, als es gerade die Morphologie war, die am tiefsten in das Verständnis des Vergleichens eingedrungen ist."

523 Siehe dazu Eucken, Walter, Nationalökonomie, 71959, S. S. 168 f. und S. 269 f.
524 Vgl. Aswerus, Bernd M.: Typische Phasen, in: Zeitgespräch, 1993, S. 84–100.
525 Becker, Howard, Soziologie, o.J., S. 176.

Aus den nämlichen Gründen hatte Max Weber schon zugespitzt: Idealtypen seien „*Utopien*".[526]

Für Howard Becker sind konstruierte Typen „Werkzeuge, mit denen wir arbeiten müssen", um zum Allgemeinen vorzustoßen: Denn das Allgemeine muss in den Sozialwissenschaften konstruiert werden. Der Prozess solcher Konstruktion „beginnt mit einem verschwommen angedeuteten Problem, der Aufstellung einer Hypothese, auswählender Beobachtung (und alle Beobachtung ist in irgendeinem Sinne auswählend) im Hinblick auf die Hypothese"; und dieser Prozess mündet schließlich ein in „die Konstruktion eines Typus, oder einer Reihe von Typen, die bei der weiteren Forschung dienlich sind."[527]

Einfach liest sich der Konstruktionsplan für die Typen auch bei Howard Becker nicht. Von einem „verschwommen erfassten Problem" her ergibt sich für den Konstrukteur zunächst eine Art Hypothese, die unter anderem auch besagt, welche Kriterien für die Konstruktion relevant oder wichtig sein könnten. So entwickelt der Konstrukteur ein Modell, nicht im Sinne einer „erwünschten Struktur", sondern im Sinne einer „Definition der Situation", indem er nämlich eben die Situation der von ihm untersuchten Individuen oder Gruppen interpretiert und interpretierend zu verstehen sucht.[528] Auch nach Becker ist dies nur möglich als Versuch, den subjektiv gemeinten Sinn des Handelns im Rahmen von „Motivationsmodellen" zu erfassen.

Hat der Konstrukteur die Analyse der Situation bzw. die Interpretation der Tatsachen an einem Fall geleistet, so kann er darangehen, ähnliche oder vergleichbare Fälle zu finden. Dabei darf er sich allerdings die Realitäten nicht nach gusto zurechtmachen: Vielmehr muss er die „Daten so hinnehmen, wie sie sind". „Tatsachen sind widerborstig, und konstruierte Typen müssen von ihnen abgezogen und dauernd auf sie zurückbezogen werden, wenn nicht leere Spekulation echte Verallgemeinerung ersetzen soll. Konstruktive Typologie bietet weder Hilfe noch Befriedigung für wunschhaftes Denken." Wenn der Typus mit äußerster Sorgfalt wirklich richtig konstruiert ist, so lassen sich schließlich mit seiner Hilfe „Vorausbestimmungen der hypothetischen oder tatsächlichen Wiederkehr von Erscheinungen" treffen, „die für den jeweiligen Zweck als identisch angesehen werden".[529] Immer wieder kommt Howard Becker mit ähnlichen Formulierungen auf dieses Ziel der Typen-Konstruktion zu sprechen: „Die systematische Feststellung der Wahrscheinlichkeit der hypothetischen oder tatsächlichen Wiederkehr von Ereignissen, die für den jeweiligen Zweck als identisch angesehen werden", sei die Aufgabe der Sozialwissenschaft.[530]

---

526 Weber, Max, Wissenschaftslehre, ⁷1988, S. 190, S. 192, S. 520.; und auch: je „*weltfremder* sie (..) sind, desto besser leisten sie ihren Dienst, terminologisch und klassifikatorisch sowohl wie heuristisch" (ebd., S. 577).
527 Becker, Howard, Soziologie, o.J., S. 177.
528 Becker, Howard, Soziologie, o.J., S. 287. Vgl. hierzu auch die Originalfassung des Topos ‚Situationsdefinition' bei William Isaac Thomas (aus den Jahren 1919–1921), an den sich Becker hier außerordentlich eng anlehnt. Thomas, William I., Sozialverhalten, 1965, S. 84 ff.
529 Becker, Howard, Soziologie, o.J., S. 182f., ferner S. 193 sowie auch S. 349 ff.
530 Becker, Howard, Soziologie, o.J., S. 162 f. et passim.

Aber mithilfe der konstruierten Typen schwingt der Soziologe sich keineswegs zum Propheten auf, unterstreicht Becker ebenso deutlich; der Soziologe kann stets nur konditionale Voraussagen darüber machen, „was wahrscheinlich geschehen wird, wenn gewisse typische Züge in typischer Verbindung miteinander auftreten."[531]

Diese Auffassung bewegt sich nicht sehr weit weg von den ursprünglichen Ideen Max Webers. Er diskutiert das Problem sowohl unter dem Aspekt idealtypischer Begriffsbildung allgemein wie unter dem Aspekt der Möglichkeit wissenschaftlich zulässiger, theoretisch begründeter, technischer Sätze, die gewissermaßen Handlungsrezepte darstellen. Solche „technischen Sätze" (in unserem Falle etwa wissenschaftlich begründete kommunikations- oder medienpolitische Aussagen) sind eben nichts anderes als die von Becker angezielten „konditionalen Voraussagen".

> In ihrer allgemeinen Form lauten sie etwa: Für die Erreichung des Erfolgs oder des Zieles x ist y das einzige Mittel bzw. sind unter den Bedingungen b' oder b'' entsprechend y' oder y'' die besten und erfolgreichsten Mittel; oder noch deutlicher: Wenn man das Ziel x erreichen will, muss man typischerweise das Mittel y (bzw. unter den Bedingungen b' oder b'' die Mittel y' oder y'') einsetzen. Das einzige Problem solcher Sätze, konstatiert Max Weber, ist die *Eindeutigkeit* der Bezeichnung des Zweckes. Bei eindeutig gegebenem Zweck ist dann die „Wahl der Mittel zwar nicht notwendig ebenfalls eindeutig", bleibt aber noch weniger in einer „gänzlich unbestimmten Vieldeutigkeit"; vielmehr lässt eben gerade unser nomologisches Wissen von den „bekannten Regeln des Geschehens" ziemlich zuverlässige Aussagen darüber zu, was passiert, wenn welche Mittel für welche Zwecke eingesetzt werden, wie groß die Chancen unter gegebenen Bedingungen werden, um das bestimmte Ziel mit bestimmten Mitteln zu erreichen. Alle diese Versuche aber, zu einigermaßen zuverlässigen, konditionalen Voraussagen zu kommen, betont Max Weber, sind nichts anderes als „einfache Umkehrungen von kausalen Sätzen". Es gibt für die Wissenschaft keinen Hinderungsgrund, die „technischen teleologischen Sätze" als „einfache Kausalsätze" zu fassen; diese haben dann die Form: Auf y folgt stets x; oder: unter den Bedingungen b' oder b'' folgt x stets auf y' oder y''.[532]

Die von Howard Becker als Ziel der Typenkonstruktion angestrebten Möglichkeiten von konditionalen Voraussagen über die Wahrscheinlichkeit einer Wiederkehr von handelnd veranlassten Ereignissen, die bezüglich einer eindeutig bestimmten Zwecksetzung als identisch angesehen werden, ist also zumeist unter dem Stichwort „kausale Zurechnung" diskutiert. Soviel kann aus diesem Konzept ganz allgemein zur Konstruktion von Typen festgehalten werden:

- Konstruierte Typen sind ein *Handwerkszeug der Forschung.*
- Konstruktion von Typen setzt die *strenge Trennung von* (wissenschaftlichem) *Beobachter und dem je beobachteten Handelnden* voraus.

---

531 Becker, Howard, Soziologie, o.J., S. 182.
532 Siehe dazu Weber, Max, Wissenschaftslehre, [7]1988, S. 128 ff. sowie S. 523 f.

- Konstruierte Typen setzen die *Interpretation des subjektiv gemeinten Sinnes* voraus, den die Handelnden selbst mit ihrem Handeln verbinden.
- Konstruierte Typen gehen von *tatsächlichen Merkmalen des Handelns* aus, aus denen der Sinn des Handelns erschlossen werden kann; die Bestimmung der für die Typenkonstruktion entscheidenden Merkmale ist daher nicht beliebig.
- Konstruierte Typen sind *„individualisierend"*, insofern sie sich „an die von den Handelnden selbst gebrauchten Typifikationen anschließen"; und
- sie sind „generalisierend", insofern durch „Typenbegriffe eine ‚Typifikation der Typifikation' geleistet wird".[533]

Howard Becker zeigt gerade diesen letzteren Aspekt an vielen Beispielen. Er geht dabei von der unausweichlichen Tatsache aus, dass das menschliche Handeln im Alltag für die Handelnden selbst vorausbestimmbar, in gewissen Grenzen absehbar sein muss. Und dies ist nur dadurch möglich, dass der Handelnde selbst sein eigenes Handeln typisiert und gleichzeitig voraussetzt, dass auch der Mithandelnde dies tut.[534]

Die Homunculi des Sozialwissenschaftlers

Diesen Sachverhalt arbeitet mit besonderer Schärfe Alfred Schütz heraus. Er spricht deshalb ganz konsequent durchgehend von „Konstruktionen zweiter Ordnung", die da von der Wissenschaft hochgezogen werden. Die Typifikation erster Ordnung wird von den Handelnden selbst in ihrem Alltag vollzogen. Dort haben nach der Meinung von Schütz die „konstruktiven Typen" oder „Idealtypen" ihren eigentlichen Ursprung, sodass ihre wissenschaftliche Verwendung gewissermaßen die Verfeinerung und Rationalisierung eines elementaren Alltags- und Lebenswerkzeuges bedeutet.

Aus der alltäglichen Handlungs-Perspektive beschreibt Alfred Schütz diese Grundlage: Ich verstehe das Verhalten meiner Mitmenschen nur, „wenn ich ihre Motive, Ziele, Entscheidungen und Pläne verstehe". Aber dabei kann ich niemals „die Einzigartigkeit des subjektiven Sinns" ihres Handelns vollständig erfassen, ich kann nur nach seinen typischen Aspekten greifen. Und daher konstruiert schon der Normalmensch „typische Muster von den Motiven und Zwecken des Handelnden, und selbst von seinen Einstellungen und seiner Persönlichkeit. (...) Diese typisierten Muster des Verhaltens anderer werden dann ihrerseits zu Motiven seines eigenen Handelns".[535]

Wenn nun der Sozialwissenschaftler darangeht, seine Typifikationen dieser Alltagstypifikationen zu konstruieren, so geht er dabei etwa so vor: „Er beobachtet gewisse Tatsachen und Ereignisse in der sozialen Wirklichkeit, die auf menschliches Handeln verweisen, und er konstruiert typische Muster des Verhaltens oder des Handlungsablaufs aus dem, was er beobachtet hat. Daraufhin ordnet er diesen typischen Mustern des Handlungsablaufs jeweils Modelle eines oder mehrerer idealer Handelnder zu,

---

533 Bühl, Walter L., Soziologie, 1972, S. 40.
534 Vgl. Becker, Howard, Soziologie, o.J.; Vorwort des Herausgebers, S. 23.
535 Schütz, Alfred, Sozialwissenschaften, 1971, S. 70.

die er sich mit Bewusstsein ausgestattet vorstellt. (...) Er schreibt so diesem fiktiven Bewusstsein eine Reihe typischer Vorstellungen, Absichten und Ziele zu, die in dem scheinbaren Bewusstsein des imaginären Handelnden als invariant vorausgesetzt werden. Diese Figur, dieser Homunculus, soll mit anderen Homunculi, die ähnlich konstruiert sind, in Mustern von Wirkensbeziehungen verbunden sein. Unter diesen Homunculi, mit denen der Sozialwissenschaftler sein Modell der alltäglichen Sozialwelt bevölkert, werden nun Folgen von Motiven, Zielen, Rollen – allgemein gesagt – werden Relevanzsysteme in genau der Weise verteilt, wie es das vorliegende wissenschaftliche Problem verlangt. Der Hauptpunkt ist jedoch dieser, dass diese Konstruktionen auf keinen Fall beliebig sind."[536] Denn diese gedanklichen Konstruktionen müssen logisch richtig und konsistent sein, und sie müssen verträglich sein mit den Konstruktionen der Alltagswelt.

Es ist kein Zufall, dass mit den „Homunculi", wie Alfred Schütz die wissenschaftlichen Konstruktionen und Typifikationen der Handelnden nennt, die Assoziation an eine Bühne, an ein Spiel mit Figuren geweckt wird. Zunächst wird dadurch unterstrichen, dass auch die „reinen Typen" der verstehenden Sozialwissenschaft unter Erkenntnisaspekten eben Konstruktionen sind, die denen der Allgemeinbegriffe zumindest in einer Hinsicht nicht unähnlich sind: Was in diesen Konstruktionen über Konkretes ausgesagt wird, was der Denkinhalt dieser Konstruktionen ist, muss eine Entsprechung im mannigfaltig Konkreten haben. Aber wir denken und konstruieren es denkend nicht in der gleichen Weise, wie es im Seienden vorhanden ist. Nur infolge seiner Verträglichkeit mit dem tatsächlichen Handeln konkreter Menschen in konkreten Lebenswelten kann das „Spiel" mit den gedanklichen Konstruktionen überhaupt einen praktischen Wert (auch im Sinne konditionaler Voraussagen) haben. Wenn die Bedingungen der „logischen Konsistenz" und der „Verträglichkeit mit den Alltagskonstruktionen" gewahrt sind, bietet es sich auch an, Situationen des Handelns, vor allem aber „objektive Möglichkeiten" der Folgen des Handelns „durchzuspielen". Handeln wird in Gedanken-Modellen erprobt; Handlungen und ihre Folgen werden phantasierend vorentworfen, Möglichkeiten geprüft, variiert, verworfen – oder angenommen. Dies alles geschieht aber, ohne dass auch nur das kleinste äußerliche Handeln, das kleinste Wirkhandeln in der körperlichen Welt, sichtbar würde. All diese Erprobungen von Möglichkeiten laufen im Kopf ab.

Ausdrücklich sagt Howard Becker in diesem Zusammenhang: „In den meisten, wenn nicht in allen Fällen" muss in den Sozialwissenschaften „das ‚Experimentieren' im *Geiste* vor sich gehen".[537] Das „Laboratorium" des Sozialwissenschaftlers ist zunächst einmal sein Kopf; und eines der Hauptwerkzeuge seines Experimentierens ist ganz ohne Zweifel die Phantasie. Auch diesbezüglich ist der Unterschied zwischen den auf Erfahrung gründenden Sozialwissenschaften und den empirischen Naturwissenschaften gar nicht so groß.

> Nur einen „naiven Induktivisten" könnte es überraschen, wenn Alan F. Chalmers berichtet: „Viele der ‚Experimente', auf die [Galilei] sich beruft, wenn er seine Theorie darlegt, sind Gedankenexperimente. Dies stellt für diejenigen

---

536 Schütz, Alfred, Sozialwissenschaften, 1971, S. 73 f.
537 Becker, Howard, Soziologie, o.J., S. 177.

Empiristen einen Widerspruch dar, die davon ausgehen, dass neue Theorien auf irgendeine Weise aus Tatsachen abgeleitet werden, es wird aber unmittelbar verständlich, wenn man sich vergegenwärtigt, dass präzises Experimentieren nur dann durchgeführt werden kann, wenn man im Besitz einer präzisen Theorie ist."[538] Ist er im Besitz einer präzisen Theorie, so ist selbst der Naturwissenschaftler nicht unbedingt auf das Experiment im Labor angewiesen; es kann auch ihm das gedankliche Experiment vollauf genügen, vor allem dann, wenn er die technischen Möglichkeiten für ein reales Experiment gar nicht hat. So etwa schied Galilei bei der Untersuchung der Fallgeschwindigkeit die Neigung der Bahn als irrelevant durch reale Versuche aus. Rein gedanklich aber schaltete er in geistvollen Überlegungen den Luftwiderstand als Einflussfaktor aus, da er nicht über die technischen Möglichkeiten verfügte, das für den Versuch benötigte Vakuum herzustellen.[539]

Die gesamte Typen-Konstruktion basiert wesentlich auf gedanklichen Experimenten. Zur Ermittlung der relevanten oder möglicherweise ursächlichen Momente für einen Geschehensablauf variiert der Forscher eben diesen Geschehensablauf oder dessen Bedingungen in seiner Phantasie. (Wie anders könnte er mit Geschehensabläufen überhaupt experimentieren?) Er versucht, Umstände oder Elemente „wegzudenken", um herauszufinden, ob das Geschehen auch ohne diese abgelaufen wäre, wie es abgelaufen ist; auf diese Weise entpuppen sich etwa die „weggedachten" Elemente als irrelevant für den Ablauf des Geschehens. In ähnlicher Manier kann der Forscher ebenso gut Elemente und Bedingungen zu einem Geschehensablauf „hinzudenken", um im gedanklichen Experiment zu prüfen, was dann passiert. Die gesamte Konstruktion der „objektiven Möglichkeiten" ist nichts anderes als ein experimentelles Hinzu- und Zusammen-Denken von Fakten mit variierten Bedingungen, mit möglichen Einflussgrößen, mit gewussten Mittel-Zweck-Beziehungen. Das geistige Vermögen, das hierbei bevorzugt eingesetzt wird, ist unsere Phantasie. Aber mit ihrer Hilfe konstruieren wir eben gerade nicht Spekulationen, nicht einfach wilde Fiktionen. Wissenschaftliche Gedanken-Experimente sind nicht Produkte einer frei vagabundierenden Phantasie.

Ganz im Gegenteil. Alle Elemente, sowohl die hinzugedachten wie die jeweils weggedachten, repräsentieren harte Tatsachen. Die Geschehensabläufe, mit denen solche Gedanken-Experimente angestellt werden, sind rundum fixiert durch Daten und Fakten. Daher finden wir bei den Experten dieses wissenschaftlichen Verfahrens durchgehend den Warnhinweis: Wunschdenken kann hier nicht ausgetobt werden! Vielmehr sind diese Gedanken-Experimente ein ständiges und mühsames „Ringen mit den Tatsachen" – mit den „verdammten Tatsachen", wie Howard Becker oft wiederholt.[540]

---

538 Chalmers, Alan F., Wissenschaftstheorie, 1986 S. 93. – Das Gleiche gilt im Übrigen auch für Albert Einstein (1879–1955). Auch „er führte Gedankenexperimente durch, die andere Wissenschaftler in den folgenden sechs Jahrzehnten mit Hilfe komplizierter (und meistens sehr kostspieliger) Experimente zu verifizieren versuchten." Cohen, Martin, Rätsel, [10]2006, S. 234.
539 Vgl. Aswerus, Bernd M., Sozialgeschehen, 1955, S. 102.
540 Vgl. hierzu u. a. Becker, Howard, Soziologie, o.J., S. 243.

III. Komplexe Methoden

Es ist keinerlei wissenschaftliches Arbeiten denkbar oder möglich, das nicht in irgendeiner Weise auf das Instrumentarium der qualitativen Basismethoden zurückgreifen müsste. Diese Methoden sind in einem buchstäblichen Sinne grundlegend.[541]

Die Allgemein-Behauptung erstreckt sich selbstverständlich auch und nicht zuletzt auf die sogenannte empirisch-quantitative Wissenschaftsarbeit. Ohne den Einsatz qualitativ-verstehender Methoden könnte sie weder beginnen noch gelingen. Jede Befragung, jede Inhaltsanalyse und jedes Experiment bedarf nicht nur im Vorfeld, sondern auch im gesamten Ablauf des Forschungsprozesses der phänomenologischen Tatsachensicherung: Auch der ‚Empiriker' muss den Forschungsstand verstehen samt den Büchern, aus denen er ihn entnimmt; bei der Konstruktion von Fragebogen oder von Kategoriensätzen für Inhaltsanalysen müssen zwangsläufig Begriffe gebildet und verwendet werden, die ohne ständige Vergleiche der zugrundeliegenden Tatsachen entweder willkürlich oder bedeutungslos wären. Zudem handelt es sich bei nicht wenigen solcher Begriffe um ganz charakteristische Typenbegriffe, deren Konstruktionskriterien wenigstens annähernd durchschaut werden sollten, wenn sie brauchbare Beschreibungen liefern sollen... Kurz und gut und um die wenigen Andeutungen mit offenem Ende abzubrechen: De facto kommt keine empirisch-quantifizierende Untersuchung ohne Kombination mit qualitativ-verstehenden Methoden aus. In aller Regel aber bleibt diese Tatsache implizit und wird von manchen ‚Empirikern' als eine Quantité négligeable behandelt[542] – wenn qualitative Methoden in den Vorbereitungsphasen des Forschungsprozesses zum Einsatz kommen, also bei der Entwicklung der wissenschaftlichen Fragestellung, bei der theoretischen Fundierung dieser Fragestellung, bei der Definition der zentralen Begriffe sowie bei der Hypothesenbildung. Von der „Wahl der Methode" ist dann erst im Anschluss, nämlich für die Indikatorenfestlegung, für die Datenerhebung und für die Datenanalyse explizit die Rede.[543]

Folgte man solchem Methodenreduktionismus, so wären alle genannten Schritte der Vorbereitungsphase des Forschungsprozesses methodenlos und müssten damit den Anspruch auf Wissenschaftlichkeit konsequent aufgeben – obwohl sie doch entscheidend sind für die Bestimmung des Erkenntnisziels und für die Qualität der Erkenntnisprozedur. Die vorgeblich erst mit der Wahl einer Methode zur Datenerhebung und -analyse einsetzende Forschung beruhte dann schlicht auf einer unwissenschaftlichen Basis, sofern Wissenschaftlichkeit unlösbar an methodisches Vorgehen gebunden ist.

Auch wenn reale Forschungsprozesse so extrem methodenresistent wohl nicht ablaufen, bleiben doch in den Vorbereitungsschritten, aber auch in den Kernphasen des Forschungsprozesses die zumindest ergänzend zu nutzenden qualitativen Ele-

---

541 Vgl. dazu Wagner, Hans, Beobachtung, 2006, insbesondere S. 77 ff.
542 Solche Vernachlässigungen rechtfertigen dann scheinbar Behauptungen derart, in der Kommunikationswissenschaft fänden sich „nicht-empirische, man sagt auch verstehende Methoden, (...) relativ selten". (Siehe Brosius, Hans-Bernd/Koschel, Friederike, Methoden, S. 16.)
543 Vgl. Brosius, Hans-Bernd/Koschel, Friederike, Methoden, 2001, S. 33.

mente des Vorgehens in den oben erwähnten Fällen unreflektiert. Wenn es aber richtig ist, dass man (fachspezifische) wissenschaftliche Methoden genauso lernen und „beherrschen lernen [muss] wie eine Fremdsprache",[544] so erweckt eine vorgeblich empirisch-quantifizierende Methoden-Autarkie jedenfalls den Eindruck, als entsprächen die notwendig begleitenden qualitativen Vorgehensweisen, um den durchaus brauchbaren Vergleich weiter zu treiben, muttersprachlicher Alltagsselbstverständlichkeit, die man schlecht und recht handhabt – meist eher schlecht als recht. Anstatt diese Methoden streng-diszipliniert und ihrem Potenzial entsprechend zu verwenden, werden sie dann implizit, ohne Begründung, regellos und entgegen allen Forderungen nach intersubjektiver Nachprüfbarkeit irgendwie gehändelt und damit notwendig entwertet.

Allerdings sind solch „apodiktische methodologische Ausschließlichkeitsansprüche"[545] mittlerweile selten geworden. Insbesondere in jüngerer Zeit haben sich „Mixed-Methods"-Designs mit unterschiedlichen Zielsetzungen etabliert.[546] Qualitative und quantitative Methoden werden hier als gleichberechtigte und legitime Werkzeuge empirisch Forschender betrachtet. Qualitative Methoden haben in diesen Forschungsdesigns ihre „Lückenbüßerfunktion"[547] oder „Handlangerfunktion"[548] verloren. „Mixed-Methods"-Designs verdeutlichen auch, dass trotz – oder vielleicht sogar gerade wegen – unterschiedlicher Forschungslogiken qualitativer und quantitativer Methoden beide ihren Platz in den Sozialwissenschaften sowie der Kommunikations- und Medienforschung gefunden haben. Sie ergänzen sich hierbei vielmehr, als dass sie austauschbar wären. Die Wahl der Methodik wird dabei einzig durch die Forschungsfrage bzw. das Forschungsziel festgelegt, nicht durch methodische Präferenzen oder Kompetenzen der Forschenden. Für manche Forschungsfragen eignen sich Forschungsdesigns mit einer einzigen (qualitativen oder quantitativen) Vorgehensweise am besten; für andere kann es sinnvoll sein, ein komplexeres Design mit einer Kombination qualitativer und quantitativer Methoden einzusetzen. Im Kontext der qualitativen Methoden werden Methodenkombinationen meist im Zusammenhang mit dem Verfahren der „Triangulation"[549] diskutiert.

Triangulation

Es waren konkrete Forschungserfahrungen, verbunden mit der Absicht, Erkenntnismöglichkeiten zu erweitern, die amerikanische Sozialwissenschaftler Mitte der 70er-Jahre des vergangenen Jahrhunderts unter Rückgriff auf ältere Ideen veranlassten, die Methodenkombination zu einem methodologischen Konzept zu entwickeln, das mit dem Schlagwort „Triangulation" etikettiert wurde und in den letzten Jahrzehnten zunehmend Eingang auch in die deutschsprachige Methodenliteratur gefunden hat. Der Begriff, der fürs erste Ähnliches meint wie „multimethodisches Vorgehen" oder „Methodenmix", ist als Metapher dem Bereich der Land-

---

544 Brosius, Hans-Bernd/Koschel, Friederike, Methoden, 2001, S. 15.
545 Lamnek, Siegfried, Sozialforschung, ³1995, S. 250.
546 Vgl. etwa Kelle, Udo, Mixed Methods, 2014 sowie Kuckartz, Udo, Mixed Methods, 2014.
547 Mayring, Philipp, Einführung, ⁶2016, S. 150.
548 Ayaß, Ruth/Bergmann Jörg, Medienforschung, 2006, S. 19 f.
549 Denzin, Norman K., Research Act, 1970, S. 261.

vermessung bzw. der Navigation entlehnt, wo er die genaue Ortsbestimmung eines Objekts mithilfe multipler Bezugspunkte meint.[550]

Der Sinn der Metapher verweist schon auf die Erwartung, dass (sozialwissenschaftliche) Gegenstände oder erklärungsbedürftige Probleme in diesem Gegenstandsbereich vollständiger und genauer erfasst werden können, wenn man sie aus verschiedenen (theoretischen) Blickwinkeln betrachtet und sie auf mehreren Verfahrenswegen angeht. Durch Triangulation kann man, so jedenfalls das Konzept, dem interessierenden „Gegenstand eher gerecht werden". Indem auf diese Weise in der Triangulation sehr „unterschiedliche Aspekte und Facetten" eines Problembereichs beleuchtet werden, wird zugleich „eine eher ganzheitliche, holistische Sicht" erreicht; ein „besseres Verstehen und Erklären" ist erwartbar, wo man mit mehreren methodischen Instrumenten „tiefer in die Materie" eindringt und auf diese Weise unter Umständen auch ganz „neue Dimensionen" an ihr entdecken kann.[551]

Mit diesen Konzepterwartungen sind die beiden wichtigsten Typen der Triangulation grob abgedeckt, die nicht völlig unabhängig voneinander sind: die „methodologische Triangulation" und die „Theorien-Triangulation".[552] *Theorien-Triangulation* will einen Gegenstand aus verschiedenen theoretischen Perspektiven betrachten und unter diesen Voraussetzungen für dessen Untersuchung entsprechend unterschiedliche Hypothesen und Untersuchungsdesigns entwickeln. Einerseits soll so die Nützlichkeit und die Erklärkraft von Theorien geprüft, andererseits der Erkenntnisgewinn verbreitert werden.[553] Da aber theoretische Perspektiven den wissenschaftlichen Gegenstand im strikten Sinn, das Formalobjekt nämlich, erst konstituieren, und die Methoden diesem Gegenstand angemessen sein müssen, bildet die *methodologische Triangulation* das Äquivalent zur Theorien-Triangulation. Eine Triangulation auf beiden Ebenen begründet dann erst „Hoffnungen auf ein breiteres und profunderes Erkenntnispotential".[554]

Für die „*methodologische Triangulation*" hat Norman K. Denzin zwei Subtypen namhaft gemacht: Bei der einen und zugleich „populärsten Form" nach Siegfried Lamnek und Claudia Krell kommen mehrere Methoden zum Einsatz, um das gesteckte Erkenntnisziel zu erreichen. Denzin bezeichnet diesen Subtyp als „*between-method*" oder als „*across-method*". Im anderen Fall der Methoden-Triangulation, von Denzin als „*within-method*" etikettiert, werden innerhalb einer Methodenanwendung verschiedene Techniken oder Modifikationen des Instruments eingesetzt, um die relevanten Daten zu sammeln oder zu interpretieren.[555]

---

550 Vgl. Lamnek, Siegfried/Krell, Claudia, Sozialforschung, [6]2016, S. 155 u. 261.
551 Lamnek, Siegfried/Krell, Claudia, Sozialforschung, [6]2016, S. 264.
552 Flick, Uwe, Sozialforschung, [8]2017, S. 519 f. – Flick führt zudem die beiden weiteren Typen der „Daten-Triangulation" sowie der „Forscher-Triangulation" an (ebd., S. 519). Alle diese Typen sind von Norman K. Denzin (Research Act, 1970, S. 301–313), einem der amerikanischen Hauptvertreter des Triangulations-Konzepts, entwickelt und entfaltet worden.
553 Flick, Uwe, Sozialforschung, [8]2017, S. 519.
554 Lamnek, Siegfried/Krell, Claudia, Sozialforschung, [6]2016, S. 277.
555 Lamnek, Siegfried/Krell, Claudia, Sozialforschung, [6]2016, S. 264; vgl. auch Flick, Uwe, Sozialforschung, [8]2017, S. 519 f.

Diese beiden Subtypen seien im Rahmen der qualitativen Methodologie der Sozialforschung wenigstens knapp exemplifiziert. Eine *within-method*-Triangulation wäre etwa gegeben, wenn bei *Gruppendiskussionen* mit mehreren Variationen des Grundreizes gearbeitet wird, oder wenn für *Teilnehmende Beobachtungen* oder *Qualitative Inhaltsanalysen* verschiedene, auf das nämliche Erkenntnisziel ausgerichtete Beobachtungsindikatoren festgelegt werden. In der *Konversationsanalyse* ist diese Form der Triangulation praktisch dadurch schon fest verankert, dass für die Geltungssicherung der Befunde die Suche nach und die Untersuchung von funktionsäquivalenten Lösungen des je fraglichen Interaktionsproblems gewissermaßen vorgeschrieben ist. Eine besondere Ausprägung dieses Subtyps liegt bei Anwendung qualitativer Methoden aber auch vor, wenn mit Vergleichsgruppen gearbeitet wird (die nach unterschiedlichen Auswahlkriterien rekrutiert wurden), wie das für Gruppendiskussionen oder gelegentlich auch für Teilnehmende Beobachtungen empfohlen wird.[556] Auch die Notwendigkeit, für Konversationsanalysen Vergleiche möglichst vieler Emanationen derselben Interaktionsgattung in die Untersuchung einzubeziehen, entspricht dieser Triangulationsform.

Die Kombination mehrerer Methoden, eine *between-method-* oder *across-method*-Triangulation also, ist in der qualitativen Sozialforschung häufig anzutreffen. Eine solche liegt etwa vor, wenn *Teilnehmende Beobachtung* mit *Leitfadeninterviews* verknüpft wird; um Rezeptionsmuster und -stile verschiedener Typen von Fernsehzuschauern oder Zeitungslesern zu ermitteln, werden gelegentlich *Qualitative Inhaltsanalysen* ebenfalls mit *Qualitativen Interviews* kombiniert. *Historische Untersuchungen* verbinden *Qualitative Befragungen* von Zeitzeugen *(Oral History)* mit der Auswertung und Interpretation klassischer historischer Quellen (Urkunden, Dokumente etc.); ähnliche Kombinationen sind auch bei der Anwendung *Biografischer Methoden* üblich, wenn *Qualitative Interviews* die Auswertung von Tagebüchern oder anderen biografischen Notizen ergänzen.

Alle diese Kombinationen, gleich welchen Subtyps, sind sowohl in ihrer Realisierung wie hinsichtlich der zu erzielenden Erkenntnisresultate unproblematisch, weil ihre Elemente derselben qualitativen Methodologie zuzurechnen sind. Ganz anders steht es jedoch im Falle der nahezu klassischen und zugleich brisanten *across-method-Triangulation*, bei der eine Mischung von quantitativen und qualitativen Verfahren zum Einsatz kommt. Dies geschieht meist, um Befunde zu validieren,[557] was jedoch nur dann möglich ist, wenn die Befunde auch grundsätzlich vergleichbar sind; Triangulation durch eine Kombination qualitativer und quantitativer Methoden zu erzielen, wird daher durchaus kritisch betrachtet.[558] Insbesondere die Idee der grundsätzlichen Vergleichbarkeit von Resultaten, die mit völlig unter-

---

556 Vgl. dazu Lamnek, Siegfried/Krell, Claudia, Sozialforschung, [6]2016, S. 262.
557 Vgl. Lamnek, Siegfried/Krell, Claudia, Sozialforschung, [6]2016, S. 262; generell zur Problematik und zur Kritik des Triangulationskonzepts siehe ausführlich ebd., S. 258–263 sowie 270–277.
558 Vgl. Flick, Uwe, Triangulation, [3]2011, S. 11–126; Hussy, Walter et al., Forschungsmethoden, 2010, S. 277; Tashakkori, Abbas/Teddlie, Charles, Mixed Methods, 2010.

schiedlichen Methoden erzielt wurden, ist Gegenstand von Kritik.[559] Ausgangsbasis der Validierung durch Triangulation ist die Annahme, dass jedes Messergebnis zum Teil ein methodisches Artefakt darstellt, weil die Datenerhebungsmethode das Ergebnis beeinflusst; durch die Kombination verschiedener Methoden wird versucht, die Befunde um dieses Artefakt zu bereinigen.[560] Je größer die Schnittmenge zwischen den Befunden, die mit unterschiedlichen Methoden erzielt wurden, desto geringer die methodischen Artefakte der einzelnen Befunde – so die Annahme. Werden dabei qualitative und quantitative Methoden kombiniert, so muss es – in Anbetracht des Umstandes, dass qualitativen und quantitativen Methoden unterschiedliche Forschungslogiken zugrunde liegen –, jedoch kein methodisches Artefakt sein, wenn sich die jeweils erzielten Befunde unterscheiden; Differenzen lassen sich möglicherweise auch dadurch erklären, dass jeweils unterschiedliche Facetten desselben Konstrukts gemessen wurden. Insofern erscheint es fraglich, ob eine derartige Kombination qualitativer und quantitativer Methoden im Sinne einer Triangulation, also mit dem Ziel einer Art wechselseitiger Validierung der Daten, sinnvoll ist.

Aus dieser Problematik sowie aus der Unterschiedlichkeit qualitativer und quantitativer Methoden lässt sich somit nicht der Schluss ziehen, dass sie miteinander und in ihrer Anwendung gänzlich unvereinbar wären, sofern diese Methoden nur jeweils unter Beachtung ihrer Möglichkeiten und Grenzen, ihrer Stärken und ihrer Schwächen eingesetzt werden. Tatsächlich nämlich „ergänzen sich qualitative und quantitative Ansätze gegenseitig und konkurrieren nicht miteinander. Jeder liefert eine Art von Information, die sich nicht nur von der anderen unterscheidet, sondern auch für deren Verständnis wichtig ist. (...) Die Anwendung einer bestimmten Methode kann man also nicht mit seinem ‚Paradigma' oder seinen Neigungen begründen, sondern sie muss von der Eigenart des jeweiligen Forschungsproblems ausgehen."[561] Mit dieser besonderen Art der Komplementarität sowie mit der Leistungsfähigkeit dieser Methoden für die Theorieentwicklung wird sich das letzte Kapitel dieses Abschnitts über *Komplexe Methoden* unter dem Titel-Stichwort

■ *Deskription*

noch einmal praxisnah befassen. Die übrigen Kapitel stellen komplexe Verfahren vor, die dadurch charakterisiert sind, dass sie jeweils mehrere qualitative Methoden kombinieren. So betrachtet triangulieren sämtliche der vorgestellten Untersuchungsverfahren nach dem einen oder dem anderen oder nach beiden skizzierten Subtypen der methodologischen Triangulation (wie es weiter oben in den skizzierten Exempeln schon angedeutet ist).

Das Besondere der komplexen Verfahren besteht jedoch darin, dass sie qualitative (Basis-)Methoden gewissermaßen in standardisierten Paketen kombinieren. Diese Kombinationsstandardisierungen sind zugeschnitten auf klar umgrenzte (fachrelevante) Frage- und Problemstellungen beziehungsweise auf die besonderen Eigenarten der zur Untersuchung jeweils anstehenden Materialobjekte. Insbesondere ist

---

559 Vgl. Hussy, Walter et al., Forschungsmethoden, 2010, S. 277.
560 Vgl. Lamnek, Siegfried/Krell, Claudia, Sozialforschung [6]2016, S. 262 sowie Kelle, Udo, Integration, 2007.
561 So Thomas P. Wilson schon 1982; zit. nach Flick, Uwe, Sozialforschung, [8]2017, S. 53.

das methodische Handwerkszeug zur Sammlung sowie zur Sicherung der Daten auf die Besonderheiten des jeweiligen Materials abgestimmt.

Selbstverständlich sind die standardisierten sozial- und kommunikationswissenschaftlich relevanten Kombinationsmethoden wesentlich zahlreicher, als die begrenzte Sammlung in diesem Band sie präsentiert. Für die schließlich getroffene Auswahl waren zwei Kriterien maßgebend. Zum einem ist es das Entdeckungspotenzial, das mit einigen dieser komplexen Verfahren gegeben ist und diese besonders attraktiv macht, auch wenn sie in der Kommunikationsforschung bislang relativ selten angewendet wurden. Zu dieser Gruppe gehören

- die *Konversationsanalyse* sowie
- die *Gruppendiskussion*.

In diesen beiden Fällen ist die Darstellung der Entwicklung der Methoden und ihrer theoretischen Hintergründe breiter angelegt, um die Erkenntnismöglichkeiten durchschaubar und nachvollziehbar zu machen, die sich mit der Anwendung der Verfahren bieten.

Die Darstellung der restlichen Verfahren ist im Allgemeinen knapper gehalten, weil hierzu die Grundlagen eher auf der Hand liegen. Das leitende Kriterium für die Aufnahme in die vorliegende Lehrbuchsammlung war dabei die Häufigkeit, mit der diese Verfahren angewendet und entsprechend auch nachgefragt werden. Es geht dabei

- um die *Teilnehmende Beobachtung*,
- um die wichtigsten Formen des *Qualitativen Interviews*,
- um die *Qualitative Inhaltsanalyse*,
- um die *Biografische Methode* sowie
- um *Historische Untersuchungen*.

Es sind vor allem diese komplexen qualitativen Verfahren, die auch in der Kommunikationswissenschaft Erkenntnis- und Theoriegewinne erwarten lassen – oder ihr solche in der Vergangenheit, längst vor dem seit Ende der 70er-Jahre des letzten Jahrhunderts einsetzenden *„qualitative turn"*, schon gebracht haben.[562]

---

[562] Vgl. hierzu ausführlich Ayaß, Ruth/Bergmann, Jörg, Medienforschung, 2006, S. 42–71.

10. Kapitel Die Konversationsanalyse: Kommunikationsordnungen auf der Spur

von Hans Wagner

Begrüßungsrituale, Streitereien, Beratungsgespräche, Bitten und ihre verbale Erfüllung, Frage-Antwort-Spiele, Telefongespräche, Witze erzählen und Lachen, Alltagsunterhaltungen, Verkaufsgespräche, gewöhnlicher Klatsch, Notrufe bei der Feuerwehr, Urlaubsgrüße auf Postkarten – das alles und manch ähnliche Kommunikationserscheinungen sind typische Objekte und Themen, mit denen sich die Konversationsanalyse vorzugsweise beschäftigt. Man könnte also zweifeln, ob ein derartiges Analyseverfahren überhaupt kommunikationswissenschaftlich relevant ist – sofern man unterstellt, Kommunikationswissenschaft habe es, wenn nicht ausschließlich, dann doch wenigstens primär mit Massenkommunikation zu tun.

Kommt hinzu, dass für Außenstehende der Zirkel der Konversationsanalytiker schon gelegentlich esoterische Züge hat – oder jedenfalls diesen Eindruck schwer vermeiden kann. Dies liegt zum einen daran, dass immer wieder betont wird, das Verfahren der Konversationsanalyse widersetze sich einer „Kanonisierung allgemein methodischer Regeln";[563] Ethnomethodologie und Konversationsanalyse seien „nur widerstrebend bereit, ihr Vorgehen in Gestalt allgemeiner Regeln zu formulieren".[564] Letztlich komme es auch gar nicht darauf an, einen Regelkanon festzuschreiben; viel zutreffender müsse man vielmehr von einer besonderen *„analytischen Mentalität"* sprechen. Die Kompetenz des Konversationsanalytikers resultiere nicht aus der „perfekten Beherrschung vorgegebener Methoden"; vielmehr brauche er „einen hohen Grad an Sensibilität für Interaktionsvorgänge, ein Beobachtungsvermögen für Details *und* für Strukturen, einen Blick für den Einzelfall *und* für generelle Organisationsprinzipien, ein Gehör für Bedeutungsnuancen *und* eine Fähigkeit, über Differenzen hinwegzuhören, und dazu noch: Ausdauer und Einfallsreichtum bei der Verfolgung der oft kaum sichtbaren Spuren eines interaktiven Objekts."[565]

> Daraus leitet sich sodann und zum anderen ab, dass – nach Auffassung der Konversationsanalytiker – die Methode „nicht aus Büchern erlernt werden" könne, sondern dass sie der Anleitung durch einen „Meister" bedürfe, der die Etüden der „Novizen" und deren *„learning by doing"* im strengen Auge behält. Entsprechend werden spezielle Ausbildungsstätten empfohlen.[566]

Diese eher zur Vorsicht drängenden Eindrücke sind hier nicht wiedergegeben worden, um abzuschrecken; im Gegenteil: Ich möchte gerade verhindern, dass sich kommunikationswissenschaftlich orientierte Interessenten von derartigen Bemerkungen, die sich immer wieder in den Darstellungen der Konversationsanalyse fin-

---

563 Vgl. Bergmann, Jörg R., Studienbrief, 1988, KE 2, S. 5 f.; Eberle, Thomas Samuel Konversationsanalyse, 1997, S. 257.
564 Bergmann, Jörg R., Konversationsanalyse, 1995, 216.
565 Bergmann, Jörg R., Studienbrief, 1988, KE 2, S. 7 und S. 27.
566 Eberle, Thomas Samuel, Konversationsanalyse, 1997, S. 261; auch Bergmann, Jörg R., Studienbrief, 1988, KE 2, S. 8.

den, vorschnell von einer Prüfung der Methode abbringen lassen. Tatsächlich nämlich ist das Verfahren der Konversationsanalyse außerordentlich attraktiv; die Entdeckungsmöglichkeiten durch diese Methode, wie sie in zahlreichen Studien sichtbar werden, sind faszinierend; die Methode ist, insbesondere bei den Linguisten und in der Soziologie, voll anerkannt. Und wenn die „Insider" auch eine Kanonisierung der Regeln im Sinne eines Rezeptbuches ablehnen, so sind doch die Schritte dieses Analyseverfahrens, seine Prinzipien und Maximen inzwischen auch in der deutschsprachigen Literatur so klar beschrieben worden, dass man sich auf diesen Grundlagen auf den Weg machen kann.[567]

1. Das ethnomethodologische Fundament

Die Konversationsanalyse ist in ihren Grundzügen anfangs der 60er-Jahre von Harvey Sacks (1935–1974) in den USA entwickelt und in Form von Vorlesungen, die Sacks an verschiedenen kalifornischen Universitäten hielt, eingeführt und verbreitet worden. Er orientierte sich an einem sozialwissenschaftlichen Forschungsprogramm, das von Harold Garfinkel begründet worden war: an der *Ethnomethodologie*. Diese Begriffsbildung schließt an das Konzept der *„ethnoscience"* nordamerikanischer Kulturanthropologen an, die damit die Wissens- und Vorstellungswelten der Menschen oder *„die Ordnung der Dinge in den Köpfen der Leute"* rekonstruieren wollten.

Damit knüpfte Garfinkel an Fragestellungen zweier Sozialwissenschaftler an, die dazu geradezu konträre Antworten formuliert, sich aber beide auf die Theorie des sozialen Handelns von Max Weber bezogen hatten: einerseits an Talcott Parsons, dessen Schüler er war. Parsons versuchte im Rahmen eines systemfunktionalistischen Theoriegebäudes die soziale Ordnung mit dem Einfluss eines vorgegebenen kulturellen Wertesystems auf das Handeln des Einzelnen zu erklären. Alles soziale Handeln ist demnach im Rahmen dieser Normvorgaben zu sehen. Demgegenüber und völlig unabhängig von diesem Ansatz verfolgte Alfred Schütz das Ziel, der Theorie des sozialen Handelns bei Max Weber ein philosophisch, näherhin phänomenologisch begründetes Fundament mit der Analyse sozialer Wirklichkeit zu geben. Bei Max Weber ansetzend, aber über ihn hinausgehend, spürte er der Sinngebung des alltäglichen Handelns durch die Handelnden selbst nach.

Zwischen Schütz und Parsons entwickelte sich 1940/41 zu dieser Frage eine wissenschaftlich brisante Korrespondenz, nachdem Schütz vor der Bedrohung durch die Nationalsozialisten in die USA hatte fliehen müssen. Parsons lehnte die Position von Schütz als irrelevant für seine eigene Theorie ziemlich brüsk ab.[568] Sein Schüler Garfinkel jedoch nahm 1952 in seiner, von Parsons betreuten Dissertation den Gedankengang von Schütz wieder auf: In der Theorie Parsons erscheint nämlich – so Garfinkel – der handelnde Mensch als ein „Beurteilungstrottel", der in „quasi bewusstloser Übereinstimmung mit den vorgegebenen Handlungsalternativen" agiert und weder die Möglichkeit noch die Fähigkeit hat, „sein eigenes Han-

---

567 Als Einführungsliteratur besonders geeignet: Bergmann, Jörg R., Studienbrief, 1988; Bergmann, Jörg R., Konversationsanalyse, 1994; Bergmann, Jörg R., Konversationsanalyse, 1995; Eberle, Thomas Samuel Konversationsanalyse, 1997; und auch: Nofsinger Robert E., Conversation, 1991.
568 Vgl. Schütz, Alfred/Parsons, Talcott, Handeln, 1977.

deln sinnhaft zu strukturieren".⁵⁶⁹ Im Gegensatz dazu machte sich Garfinkel auf die Spur all der Bedingungen und Voraussetzungen, unter denen Menschen ihre Alltagswelt sinnhaft konstruieren und ordnen, zugleich aber diese so geordnete Alltagswelt auch wieder erfahren und erklären. Diese Position wird in der Folge im Konzept der *Ethnomethodologie* entfaltet und in der *Konversationsanalyse* für die empirische Arbeit fruchtbar gemacht.

Die ideengeschichtliche Skizze zeigt zwar die grobe Richtung an, in welche die Ethnomethodologie geht. Um aber die Konversationsanalyse zu verstehen, ist es unerlässlich, die zentralen Prämissen oder Theoreme dieser Forschungsrichtung zu markieren. In drei *Schlüsselbegriffen*, die das von der Ethnomethodologie vorzugsweise beobachtete interaktive Alltagshandeln charakterisieren, lassen sich diese Prämissen konzentrieren. Folgt man Bergmann, so ist die alltägliche Interaktion: *„practical"*, *„indexical"* und *„accountable"*.⁵⁷⁰

„Alltagsmethoden"

Nach der Auffassung von Garfinkel bedeutet jede Verwirklichung einer Handlung im Alltag eine Entscheidung für eine Möglichkeit unter mehreren. Diese Entscheidung fällt unter unausweichlichen Bedingungen, die in den alltäglichen Situationen und Kontexten vorgegeben sind. Wer handelt – das schließt ein: wer mit anderen kommuniziert –, handelt immer aus *pragmatischen Motiven*: Er verfolgt Ziele und Zwecke. Und daher lautet „the practical question par excellence: *What to do next?*"

Diesen fortwährenden Entscheidungsdruck allerdings erlebt der Handelnde nicht als lästigen Stress. Denn dafür gibt es eine „eingespielte Lösung": die systematische Organisation der Wahrnehmung, der Verarbeitung und Übermittlung von Informationen. Das setzt die Kompetenz der Interagierenden voraus, Sinnkonstruktionen, das heißt Überlegungen, Hypothesen und Theorien über Handlungszusammenhänge zu entwickeln, *„praktische Theorien"* also. Auf der Basis des Alltagswissens werden die Entscheidungsfragen „systematisch" gelöst: Die Handelnden sind insofern *„praktische Methodiker"*.

Die Ethnomethodologie will als Wissenschaft die *Alltagsmethoden* finden und aufzeigen, die jedes Gesellschaftsmitglied hat und benutzt, um soziale Ordnung herzustellen. Damit macht sie scheinbare Selbstverständlichkeiten zum Problem.⁵⁷¹ Denn diese Alltagsmethoden sind zunächst auf jeden Fall für die Handelnden selbstverständlich, sind daher für sie außer Sichtweite und fraglos praktikabel, solange sie nicht ausdrücklich infrage gestellt werden.

---

569 Bergmann, Jörg R., Studienbrief, 1988, KE 1, S. 20.
570 Die nachfolgende Darstellung orientiert sich an der 1. Kurseinheit des Studienbriefs zur Konversationsanalyse von Jörg Bergmann (KE 1, S. 25–57).
571 Das entspricht durchaus der Auffassung von Max Weber, der bereits bemerkt: „Denn was jedenfalls zu bestreiten ist, wäre: dass man sich bei irgendeiner solchen durch Konvention geschaffenen faktischen Selbstverständlichkeit gewisser noch so weit verbreiteter praktischer Stellungnahmen wissenschaftlich beruhigen dürfe. Die spezifische Funktion der Wissenschaft scheint mir gerade umgekehrt: *dass ihr das konventionell Selbstverständliche zum Problem wird.*" (Weber, Max, Wissenschaftslehre, ⁷1988, S. 502).

Dazu Jörg R. Bergmann: „Irgendwie wissen wir immer schon – und erwarten wir, dass unsere Handlungspartner wissen –, wie man Fragen stellt und wie man mit Fragen umgeht. Und so, wie wir uns nicht um die spezifische Legierung, den genauen Durchmesser, die besondere Prägetechnik von Münzen kümmern, mit denen wir beim Bäcker die Brezen bezahlen, so kümmern wir uns auch nicht um die – hier von der Ethnomethodologie unterstellte – ‚Produktionsgeschichte' von Argumenten, Fragen, Erklärungen etc., aus denen unsere tagtäglichen Gespräche mit Freunden und Fremden bestehen. Wenn wir allerdings den Verdacht auf Falschgeld hegen (...), wird unser Augenmerk auf deren im automatisierten Gebrauch verschwundene Herstellungsgeschichte selbst gelenkt."[572]

Den in der Alltagswelt unsichtbar bleibenden und unbemerkt ablaufenden, methodisch organisierten Entstehungsprozess von Fragen, Argumenten, Erklärungen und Interaktionen jeglicher Art und jeglichen Zwecks will und müsste also die Ethnomethodologie sichtbar machen – auch dadurch übrigens, dass sie „soziales Falschgeld" herstellt und damit experimentiert, wie es Garfinkel mehrfach unternommen hat.[573]

Das „Ärgernis" der Indexikalität

Die wissenschaftliche Analyse der alltags-selbstverständlichen Interaktion hat ein besonderes Problem zu bewältigen: die *Kontextgebundenheit aller Äußerungen*: „Jede sprachliche oder nicht-sprachliche Äußerung wird in einem bestimmten Kontext realisiert, das heißt an einem bestimmten Ort getan, zu einem bestimmten Zeitpunkt, unter bestimmten äußeren Bedingungen, von einer bestimmten Person produziert, an eine bestimmte Person oder Gruppe adressiert."[574] Jede Äußerung also trägt den *Index der Situation* an sich, in der sie vollzogen wird.

Das heißt zunächst, dass der wissenschaftliche Beobachter Äußerungen nur verstehen und interpretieren kann (vor allem aber auch die darin zum Ausdruck kommenden organisierten Methoden zur Produktion sozialer Wirklichkeit nur erkennen kann), wenn die Indexikalität der Äußerung berücksichtigt wird. Dies aber, so die Auffassung der Ethnomethodologen, ist ein „Ärgernis" für die übliche, auf formalisierte und objektivierte Erkenntnis zielende wissenschaftliche Behandlung von Aussagen. Daher werde in der Wissenschaft mit großem Aufwand versucht, diese Indexikalität zu „heilen", kontextbezogene Aussagen in objektive Aussagen umzuwandeln, deren Sinngehalt ausgemacht werden kann, „ohne dass dazu Bezug genommen werden muss auf die Person des Sprechers, auf Ort und Zeit der Äußerung oder allgemein: auf den pragmatischen Kontext der Situation, in der die Aussage gemacht wurde." Solches wissenschaftliches Verfahren wollen und können die Ethnomethodologen jedoch nicht mitmachen. Die Rekonstruktion der metho-

---

572 Bergmann, Jörg R., Studienbrief, 1988, KE 1, S. 55.
573 Vgl. dazu Bergmann, Jörg R., Studienbrief, 1988.
574 Bergmann, Jörg R., Studienbrief, 1988, KE 1, S. 34.

dischen Konstruktion von sozialer Ordnung in Interaktionen verlangt nach einer strikten Beachtung der Indexikalität.[575]

Dies legt auch die besondere Rolle nahe, welche eben diese Indexikalität im Vollzug einer Interaktion selbst spielt. Die durchgängige Indexikalität nämlich zwingt die Handelnden bzw. die Kommunikationspartner dazu, fortwährend auf den Kommunikationskontext Bezug zu nehmen. Dabei ist zu beachten, dass jeder Aktions- oder Kommunikationszug, der auf den vorausgehenden Kontext Bezug nimmt, unmittelbar selbst Bestandteil des Kontextes für nachfolgende Kommunikationszüge wird. Diese Beobachtung weist darauf hin, dass jede Äußerung, dass aber auch Gespräche (und andere Interaktionen) immer sowohl *kontext-geprägt* wie *kontext-erzeugend* sind. Die Konversationsanalyse fasst diesen Tatbestand im sogenannten *„reflexiven Kontext-Konzept"*.

> Legt man es im Sinne einer Vorgabe für die Analyse streng aus, so bedeutet es, dass jeweils nur die Kontext-Elemente eines Gesprächs analytisch berücksichtigt werden dürfen, die im Datenmaterial aufscheinen, das heißt: die von den Gesprächsteilnehmern selbst analytisch ausdrücklich behandelt werden.[576] Bis zu welchem Grad und in welchem Umfang den Gesprächsteilnehmern der Kontext präsent und im Gesprächsvollzug tatsächlich vermittelt ist, mag eine Streitfrage sein; sicher ist aber jedenfalls, dass nie alle Beteiligten über das nämliche Kontextwissen verfügen.

Unter diesen Bedingungen müssen die Handlungs- oder Kommunikationspartner, um sich vor Enttäuschungen zu bewahren und nicht unnötig Missverständnisse zu produzieren, auf eine zu frühe Festlegung von Sinn, auf die vorschnell in eine einzige Richtung zielende Interpretation indexikalischer Äußerungspartikel verzichten: Sie „müssen die verschiedenen Interpretationsmöglichkeiten, welche durch die indexikalen Elemente einer Äußerung abgedeckt werden, offen halten". Garfinkel kommt zu dem Schluss, „dass der Verständigungsprozess in der alltäglichen Kommunikation sich durch folgende Strukturmerkmale auszeichnet: Der Sinn sprachlicher Äußerungen in sozial organisierten Handlungszusammenhängen ist strukturell ungewiss; die Vagheit und der elliptische Charakter von Aussagen gelten im Alltag nicht als ‚Fehler', sondern sind sozial sanktioniert und konstitutiv für den situationsadäquaten Gebrauch der Umgangssprache: Die Kommunikationspartner vertrauen darauf, dass der jeweils andere schon verstehen werde, was man mit seiner Äußerung gemeint hat, und dass das, was man selbst momentan nicht verstan-

---

575 Bergmann, Jörg R., Studienbrief, 1988, KE 1, S. 37.
576 Siehe dazu Eberle, Thomas Samuel, Konversationsanalyse, 1997, S. 269. An dieser Kontext-Frage scheiden sich die Geister der Konversationsanalytiker. Um nicht unangemessene, wissenschaftsobjektivistische Kontextunterstellungen in die Analyse eines Gesprächsvorganges einzubringen, vermeiden die „orthodoxen" Konversationsanalytiker selbst noch in Transkripten etwa geschlechtskennzeichnende Angaben für die Sprecher, weil die Relevanz des Geschlechts sich ihrer Auffassung nach überhaupt nur im Gesprächskontext selbst zeigen muss und nicht durch leichtfertige Angaben des Forschers über das Material gestülpt werden kann. Gleiches gilt für Funktions- oder Berufsangaben wie ‚Arzt', ‚Patient', ‚Lehrer', ‚Schüler' usw., wo sogenannte „institutionelle Interaktionen" untersucht werden. Dieses streng ausgelegte Kontext-Konzept engt natürlich auch Untersuchungsmöglichkeiten ein.

den hat, schon einen Sinn haben wird, der sich im weiteren Verlauf des Gesprächs noch klären wird."[577]

Zwar entsprechen indexikalische Äußerungen den (wissenschaftlichen) Anforderungen nach Eindeutigkeit und Objektivität nicht. Im Alltag jedoch ermöglichen sie die Verständigung, weil sie durchaus ihre eigenen, geordneten, rationalen Eigenschaften besitzen.

Handlungen sind auch ihre Erklärung

Die Rationalität der Indexikalität und damit auch die Auflösung des (scheinbaren) Widerspruchs zwischen Bestimmtheit und Unbestimmtheit einer Interaktion hat Garfinkel im sogenannten „Account-Konzept" vorgestellt. Demnach sind die Aktivitäten, mit denen die Gesellschaftsmitglieder ihre alltäglichen Angelegenheiten in organisierter Weise erzeugen, ordnen und bewältigen, identisch mit ihren eigenen Verfahren, diese Handlungsrahmen auch zu erklären. *„Praktisch zu erklären"*, präzisiert Jörg R. Bergmann: Denn diese „praktischen Erklärungen" sind selbst immer Teil der Handlungssituation, die sie erklären; sie sind immer Erklärungen der praktischen Zwecke des Handelns.

> Um „praktische Erklärungen" geht es nicht zuletzt deshalb, weil sie die *Bedingung der Möglichkeit für Verstehen und Verständlichkeit* im Alltag sind. Thomas S. Eberle fasst den Gedanken zusammen: „Um interagieren zu können, müssen Handelnde die Handlung der anderen verstehen. Damit aber ein Beobachter den Sinn einer Handlung erschließen kann, muss der Erzeuger dieser Handlung deren Sinn auch ‚verstehbar' machen, also kommunikativ vermitteln." In der Ethnomethodologie seien Produktion und Kognition von Handlungen eine untrennbare Einheit: „Handlungen sind identisch mit den Methoden der ‚Mitglieder', diese Handlungen ‚accountable' zu machen. Anders ausgedrückt: *Handlungen sind immer zugleich Kommunikation"*[578] – Kommunikation über diese Handlungen, über ihre Bedingungen und ihre Ziele.

Will man diese Essentials der Ethnomethodologie auf einen Generalnenner bringen, so findet man diesen sicher bei Alfred Schütz und seiner Theorie von den geschichteten Wirklichkeitskonstruktionen. Die Sozialwissenschaft, hat Schütz immer wieder betont, findet als ihren Gegenstand eine Sozialwelt vor, die immer schon interpretiert ist von den Menschen, die in ihr leben. Bei allen nur denkbaren Sachverhalten der Sozialwelt handelt es sich immer um *„Konstruktionen jener Handelnden im Sozialfeld, deren Verhalten der Sozialwissenschaftler beobachten und erklären muss"*. Von daher steht schon fest, dass die Konstruktionen der Sozialwissenschaften stets (und zumindest) *„Konstruktionen zweiten Grades"* sind. Auf dieser Basis fordert Schütz dann: „Es ist darum die erste Aufgabe der Methodologie der Sozialwissenschaften, *die allgemeinen Prinzipien zu erforschen, nach denen der Mensch im Alltag seine Erfahrungen und insbesondere die der Sozial-*

---

577 Bergmann, Jörg R., Studienbrief, 1988, KE 1, S. 40.
578 Eberle, Thomas Samuel, Konversationsanalyse, 1997, S. 248 f.

welt ordnet."[579] Unabhängig von manchen paradoxen Formulierungen und überzogenen Postulaten ist genau dies das *Programm der Ethnomethodologie.* Und eine mögliche Realisierung dieses Programms ist die *Konversationsanalyse.*

2. Die Konservierung des Rohmaterials

Schon im ersten Ansatz statuiert die Konversationsanalyse eine *methodische Restriktion,* die für den Erfolg des Verfahrens von größter Bedeutung ist und sich aus dem ethnomethodologischen Forschungskonzept ergibt: Die empirische Arbeit der Konversationsanalyse stützt sich grundsätzlich „auf *real time-Aufzeichnungen* von quasi *natürlichen* Interaktionsvorgängen". Das sind stets Prozesse, Kommunikationsprozesse zumal, die nicht vom forschenden Beobachter provoziert, festgelegt, beeinflusst oder irgendeiner Kontrolle unterworfen worden sind.

Mit der Leitfrage der Konversationsanalyse wird diese Grundbedingung für die Erfassung und die Fassung des möglichen Untersuchungsmaterials unausweichlich. Diese Leitfrage lautet: *„Was sind die generativen Prinzipien und Verfahren, mittels derer die Teilnehmer an einem Gespräch in und mit ihren Äußerungen und Handlungen die charakteristischen Strukturmerkmale und die ‚gelebte Geordnetheit' (Garfinkel) des interaktiven Geschehens, in das sie verwickelt sind, hervorbringen?"*[580] Die Grundbedingungen lassen sich in mehrerer Hinsicht konkretisieren.

Eine erste Folge besteht in der klaren Prioritätensetzung bei der Art des Analysematerials. Obwohl die Leitfrage einen relativ weiten Rahmen eröffnet, der die meisten Gesprächsarten fasst, wendet sich die Konversationsanalyse mit Vorzug sogenannten gewöhnlichen, alltäglichen, „selbstzweckhaften, nicht von Satzungen und anderen formalen Bestimmungen beherrschten" Gesprächen – eben der Konversation – zu. Diese nämlich sind nach Auffassung der Ethnomethodologen die „grundlegenden, fundamentalen Formen der Interaktion". In den sogenannten „institutionsspezifischen Gesprächstypen" (zum Beispiel Interaktionen vor Gericht, in der Schule, im Parlament, in der Klinik, bei Organisationen und natürlich auch in Massenmedien) dagegen sind die Interaktionsprozesse selbst, ebenso aber die in ihnen sich vollziehende Erzeugung von sozialer Ordnung überformt durch institutionelle Vorgaben, durch Rollenschemata, durch Verfahrensregeln, kurzum durch alles, was institutionen-konstitutiv ist. Daher können im letzteren Falle die Methoden der Gesellschaftsmitglieder, mit denen sie soziale Wirklichkeit konstruieren, nicht mehr in ursprünglicher Weise, sondern immer nur gebrochen und verfremdet durch übergestülpte Regeln und Methoden beobachtet werden. Die primären Muster der strukturierenden, organisierenden Alltagsverfahren sind auf die Weise überdeckt. Obwohl gerade in Richtung „institutionelle Interaktionen" zahlreiche, unter Aspekten des Erkenntnisgewinns durchaus erfolgversprechende Ausweitungen der Konversationsanalyse zu registrieren sind, sind doch *Alltagsgespräche und ihre Manifestationen* zentraler Untersuchungsgegenstand geblieben.[581]

---

579   Schütz, Alfred, Sozialwissenschaften, 1971, S. 68.
580   Bergmann, Jörg R., Konversationsanalyse, 1995, 215.
581   Vgl. dazu Bergmann, Jörg R., Studienbrief, 1988, KE 3, S. 52 ff., und Eberle, Thomas Samuel, Konversationsanalyse, 1997, S. 263 ff.

III. Komplexe Methoden

Von ganz seltenen Ausnahmen (wie etwa Postkartengrüßen) abgesehen, sind alle Kommunikationsereignisse, die als Ausgangsmaterial für Konversationsanalysen infrage kommen, flüchtig. Sie füllen den kurzen Moment einer Gegenwart und sind augenblicklich schon Vergangenheit, Ereignisse, die einmal waren. Man kann auf sie nur zurückkommen in der Erinnerung als einer Vorstellung oder in Form von Erzählungen, in denen diese gewesenen Ereignisse Ausdruck finden. Dies jedenfalls ist die gewöhnliche, auch alltägliche Art, in der vergangene Kommunikationsereignisse vergegenwärtigt werden.

> Im Allgemeinen bedienen sich auch die Sozialwissenschaften solcher Möglichkeiten, um ihres Untersuchungsmaterials habhaft zu werden und die interessierenden Daten in den Griff zu bekommen. „Zu vermuten ist, dass dieser Sachverhalt für die Soziologie [und für alle anderen Sozialwissenschaften; H. W.] deshalb nicht zum Problem wurde, weil die Abbildungsperspektive dieser soziologischen Daten genau jener Perspektive entspricht, von welcher aus wir im alltäglichen Handeln Bezug nehmen auf soziale Vorgänge", deren Zeit abgelaufen ist.[582]

Diesem üblichen Verfahren zur Materialsicherung kann die Konversationsanalyse allerdings nicht folgen. Ganz allgemein liegt der Grund dafür in der fundamentalen Annahme, dass die Prozesse zur Erzeugung sozialer Ordnung und sozialer Wirklichkeit irgendwie und irgendwo in diesen Alltagskonversationen ablaufen, in ihnen stecken und analytisch aus ihnen herauszuholen sind. Detaillierte Angaben darüber, worauf es ankommt, was an diesen Prozessen wichtig oder unwichtig ist, lassen sich von vornherein nicht machen. Vor allem aber könnte jede Art von Verfremdung der zu beobachtenden Kommunikationsvorgänge zugleich die Deformation eben jener strukturellen Ordnungsmuster bedeuten, die Gegenstand des Forschungsinteresses sind. Daher bleibt nur ein einziger gangbarer Weg der Materialsicherung: Die für eine Untersuchung vorgesehenen Kommunikationsprozesse müssen dem Forscher möglichst *unverändert* zugänglich sein. Die Konversationsanalyse ist angewiesen auf die *„sozialen Originale"* ablaufender und abgelaufener Kommunikationen. Der Rückgriff auf Erinnerungen, auf nachträgliche Protokolle und Notizen oder auf Erzählungen ist verpönt und ein wirklicher Kunstfehler.

> Die rohe, desinteressiert erfasste, *durch keinerlei Bearbeitung verformte Abbildung der Kommunikationsprozesse* bildet das primäre Untersuchungsmaterial der Konversationsanalyse: Möglich sind solche „Abbildungen" erst durch die modernen *Aufzeichnungstechniken* geworden: Tonaufzeichnungen oder Video- und Filmaufzeichnungen in Echtzeit sind die der Methode angemessenen Abbildungsmöglichkeiten. Mithilfe dieser Abbildungen kann man direkt in das interessierende Handlungsgeschehen hineinschauen; es ist beliebig oft reproduzierbar, es kann nach Bedarf manipuliert, auseinandergenommen und neu zusammengefügt werden, ohne dass es dadurch zerstört würde.

---

[582] Bergmann, Jörg R., Studienbrief, 1988, KE 2, S. 15.

Auf Grund ihres Forschungszieles muss sich mithin die Konversationsanalyse für die *registrierende Konservierung des Materials* entscheiden – und damit gegen die in der Sozialforschung normalerweise angewandte *rekonstruierende Konservierung*. Die beiden Konservierungsprinzipien dienen unterschiedlichen Erkenntniszielen; sie sind an charakteristischen Strukturdifferenzen des konservierten Materials sichtbar.[583]

- Jede nachträgliche sprachliche Fixierung eines Kommunikationsvorganges, also jede rekonstruierende Konservierung enthält *Deutungen* dessen, der das vergangene Kommunikationsereignis auf diese Weise vergegenwärtigt, zumindest dessen Entscheidungen darüber, was wichtig daran oder was unwichtig war: Unausweichlich werden auf diese Weise primäre Sinnzusammenhänge getilgt oder zumindest von den nachträglichen Deutungen überlagert.

- Jede rekonstruierende Konservierung passt sich *narrativen Gattungen* an und unterliegt damit *gattungsspezifischen Darstellungsprinzipien*: Ein solcher Gestaltungszwang hat notwendig die Transformation des ursprünglichen Kommunikationsereignisses (und im Allgemeinen auch dessen mehr oder weniger massive Konzentration) zur Folge.

- Jede rekonstruierende Konservierung ist immer auf einen bestimmten Zweck und auf bestimmte Rezipienten ausgerichtet, unterliegt damit jeweils bestimmten *Situationsbedingungen*, die auf die Rekonstruktion durchschlagen und in einer spezifischen „indexikalen Struktur" Ausdruck finden.

- Mit den genannten Strukturdifferenzen hängt zusammen, dass eine Vielzahl höchst verschiedenartiger rekonstruktiver Konservierungen denkbar sind, die den nämlichen Kommunikationsvorgang wiedergeben. Den *vielen unterschiedlichen Varianten von nachträglichen Rekonstruktionen* steht die registrierende Aufzeichnung als das *einzige und einzigartige Original der sozialen Kommunikationstatsache* gegenüber: Die aufzeichnende Abbildung eines Kommunikationsereignisses „verläuft synchron mit dessen Vollzug"; sie „ist beendet, sobald das Geschehen zu einem Abschluss gekommen ist". „Sobald das Geschehen vorbei ist, ist auch die Möglichkeit seiner registrierenden Konservierung ein für allemal erschöpft."

Die registrierend konservierte Kommunikations-Abbildung ist aus all diesen Gründen die einzig mögliche Materialbasis für eine Konversationsanalyse. Diese Basis ist jedoch in der aufgezeichneten Fassung im Allgemeinen noch nicht analysetauglich. „Die Aufzeichnungen allein sperren sich noch gegen eine Bearbeitung: Sie haben noch keine feste Form; sie sind noch flüchtiger Natur; sie müssen wiederholt abgespielt und nach bestimmten Segmenten abgesucht werden, und die genauen Details eines aufgezeichneten Gesprächs können leicht überhört und nur schwer in Erinnerung behalten werden." Dazu kommt der pragmatische Aspekt, dass derlei Aufzeichnungen in Forschungsberichten und wissenschaftlichen Arbeiten kaum zitierbar sind. Daher müssen die Aufzeichnungen verschriftlicht, also *transkribiert* und damit in eine feste, handhabbare Form „eingefroren" werden.[584]

---

583 Vgl. Bergmann, Jörg R., Studienbrief, 1988, KE 2, S. 13 f.
584 Ausführlich dazu Bergmann, Jörg R., Studienbrief, 1988, KE 2, S. 17–25.

Selbstverständlich ist eine derartige Transkription eine *Umformung* des Untersuchungsmaterials. An sie müssen letztlich dieselben Forderungen gestellt werden wie an die Materialkonservierung. Die Transkription muss so detailgenau sein wie möglich und nötig. Der Grad der Präzision lässt sich generell nur schwer angeben, weil er vom Ziel und vom Fortschreiten der materialen Analyse abhängt. Zweierlei ist allerdings sicher und unverzichtbar: Bei der Transkription darf auf keinen Fall versucht werden, das aufgezeichnete Rohmaterial von scheinbar sprachlich artikulierten oder stimmlich realisierten „Verunreinigungen" zu säubern oder angeblich irrelevante Bestandteile zu entfernen. Und ferner: Die für eine Konversationsanalyse erforderlichen Transkripte dürfen nicht nur den Inhalt des Gesprächs, also den Wortlaut dessen, *was* gesagt wurde, festhalten; sie müssen darüber hinaus immer auch die „Äußerungsrealisierung" und den „Gesprächsverlauf" erfassen, das heißt möglichst viele Einzelheiten davon fixieren, *wie* etwas gesagt wurde.

Diesen *Schritt vom Rohmaterial zum Arbeitsmaterial* tut man am besten zunächst mit einer *Basisversion*, die den Gesprächs-Wortlaut in normierter Orthografie (unter Beachtung aller Dialekteigenheiten und -färbungen) wiedergibt. Diese Basisversion wird dann in zunehmender Differenzierung ausgebaut, wobei insbesondere Details der Lautproduktion, der Sequenzierung, d. h. der Anschluss-Charakteristiken von Redezügen sowie Besonderheiten des Gesprächsprozesses zu beachten sind. Bei diesen Transkriptionsvorgängen sind insbesondere zu verzeichnen Stockungen, Betonungen, Dehnungen, Versprecher, Intonationskonturen, Äußerungsüberlappungen, Aus- und Einatmungsgeräusche, Pausen, Husten, Räuspern, Lachen usw. Zu diesem Zweck sind umfangreiche *Notationssysteme* entwickelt worden. (Einen Basissatz gebräuchlicher Notationen präsentiert nach Jörg R. Bergmann die Tafel 29.) Für die weit komplizierteren non-verbalen Äußerungs- und Verhaltensweisen in Kommunikationsprozessen sind Notationssysteme im Aufbau.[585]

Die Chance, Ordnungsmuster in den untersuchten Kommunikationsvorgängen zu finden, korrespondiert direkt mit der Genauigkeit und Sorgfalt der Transkription. Jörg R. Bergmann berichtet in diesem Zusammenhang, man habe ursprünglich ein während des Gesprächs einsetzendes Lachen zunächst einfach als Transkriptions-Kommentar „lachen" oder „er/sie lacht" verzeichnet. „Erst Jahre später ging Gail Jefferson dazu über, die Einsatzpunkte, Silben- und Lautmodulationen des Lachens präzise festzuhalten, und mit diesen Transkripten war dann der Nachweis möglich, dass die so chaotisch erscheinende Abwicklung des gemeinsamen Lachens in der Interaktion ein hochorganisierter, geordneter Vorgang ist." In der Regel lachen mehrere Gesprächspartner miteinander, und jeder von ihnen orientiert sich bei seinem Lachen am Lachen des anderen.[586]

---

585 Eine Übersicht über das Notationssystem für verbal-auditive Vorgänge und Abläufe findet man bei Atkinson, J. Maxwell/Heritage, John (Hrsg.), Structures, 1984.
586 Bergmann, Jörg R., Studienbrief, 1988, KE 2, S. 22; vgl. auch Eberle, Thomas Samuel, Konversationsanalyse, 1997, S. 258.

T 29: Einfaches Notationssystem für Transkripte

I. Lautproduktion

nein	*kursiv:* betont
NEIN	VERSAL: Laut
°ja°	leise
°°ja°°	sehr leise
Ja ::::	Dehnung eines Vokals; die Anzahl der Doppelpunkte entspricht der Länge der Dehnung
viellei-	Abbruch eines Wortes oder einer Äußerung
? ,	stark bzw. schwach steigende Intonationskurve
. ;	stark bzw. schwach sinkende Intonationskurve
.hh hh	hörbares Einatmen bzw. Ausatmen
a(h)ber	Aspirationslaut innerhalb eines Wortes
<u>aber</u>	unterstrichene Äußerung ist mit Lachen unterlegt

II. Sequenzierung

=	schneller Anschluss einer nachfolgenden Äußerung oder auch schnelles Sprechen innerhalb einer Äußerung
[	Beginn einer Überlappung, d.h. gleichzeitiges Sprechen von zwei Parteien
]	Ende einer Überlappung
(1.2)	Pause; Dauer in Sekunden
(-)	Kurzes Absetzen, kurze Pause (ca ¼ Sekunde)

III. Bemerkungen des Transkribenten:

(ach)	Unsichere Transkription
( )	Inhalt der Äußerung unverständlich bzw. Sprecher unbekannt; Länge der Klammer entspricht der Dauer der unverständlichen Äußerung
<hustet>	Anmerkungen des Transkribenten zu paralinguistischen, nicht-verbalen oder gesprächsexternen Ereignissen
...	Auslassung im Transkript

Transkripte mit der geforderten Präzision herzustellen, ist eine aufwendige und mühsame Angelegenheit. Aber man sollte diese Arbeit nicht als eine stumpfsinnige Routinesache abtun. Gerade wegen des Zeit- und Arbeitsaufwandes (und durchaus auch im Sinne eines hermeneutischen Verstehens-Prozesses) sollte man in der Transkription den *Einstieg oder bereits den ersten Teilschritt der eigentlichen Analyse* sehen: Die Transkription nämlich zwingt zu einer außerordentlich intensiven Beschäftigung mit dem Wortlaut und mit der Form des Gesprächsmaterials. „Man wird vertraut mit den Details des Gesprächs; das genaue mehrmalige Hinhören bringt einen auf Ideen für die Analyse und steigert die Sensibilität für die subtilen Praktiken, mit denen die soziale Ordnung in alltäglichen Interaktionen produziert und ausgehandelt wird."[587]

3. Maximen und Schritte der Analyse

Das durch Transkription entstandene *„reduzierte Original"* ist Datengrundlage der folgenden Analyseschritte. Das schließt nicht aus, dass bei den einzelnen Schritten immer wieder auch auf die vollständige Aufzeichnung zurückgegangen werden muss, wenn Zweifel aufzuklären, Beobachtungen zu überprüfen oder Notationen zu ergänzen sind.

Das Ziel der Konversationsanalyse muss hier noch einmal in den Blick genommen werden: Es geht darum, „begründete Hypothesen aufzustellen über Verfahren, Methoden und Regeln, die von Interaktionsteilnehmern benutzt werden, um am sozialen Verkehr teilzunehmen, Handlungsziele zu erreichen und auf diese Weise letztlich das zu produzieren, was man ‚soziale Ordnung' nennt."[588] Dieses Ziel wird in der Analyse in *zwei Etappen* erreicht: Die erste umfasst alle Schritte, die erforderlich sind, um ein *Ordnungsmuster im kommunikativen Handeln* aufzufinden, zu identifizieren und zu isolieren. Die zweite Etappe ist zu durchlaufen, um *das (praktische) Problem zu rekonstruieren*, dessen methodische Lösung zur Erzeugung der aufgefundenen Ordnungsmuster geführt hat. (Beide Etappen sind im Ablaufschema der Konversationsanalyse – Tafel 30 – durch die Kästen A und B markiert.) Die Etappenziele sind, wie das Gesamtziel, nur erreichbar, wenn bei der Analyse einige Maximen ganz bewusst beachtet werden. Gesucht und entdeckt werden in der Konversationsanalyse Ordnungsverfahren, die jedes „normale" Gesellschaftsmitglied im kommunikativen Verkehr mit anderen anwendet. Diese Anwendung fällt in die *„interaktive Kompetenz"*, die jeder als Mitglied der Gesellschaft besitzt. Daher ist es weder überraschend noch eine Verletzung wissenschaftlicher Verfahrensregeln, wenn der Konversationsanalytiker an den verschiedenen Analysepunkten immer wieder seine eigene kommunikative Kompetenz einsetzt, die er als Mitglied der Sprachgemeinschaft und der Redegesellschaft erworben hat. Wenn dies als Rückgriff auf das intuitive Verständnis von Kommunikationsprozessen bezeichnet wird, so ist immerhin zu bedenken, dass solche „Intuition" nicht eine Art Zufallseingebung ist, sondern aus einer außerordentlich intensiven Beschäftigung mit dem Material resultiert, dass sie aber vor allen Dingen im Vollzug der Analyse stets reflektiert werden muss: Der Konversationsanalytiker darf

---

587 Bergmann, Jörg R., Studienbrief, 1988, KE 2, S. 24.
588 Bergmann, Jörg R., Studienbrief, 1988, KE 2, S. 40.

10. Kapitel Die Konversationsanalyse: Kommunikationsordnungen auf der Spur

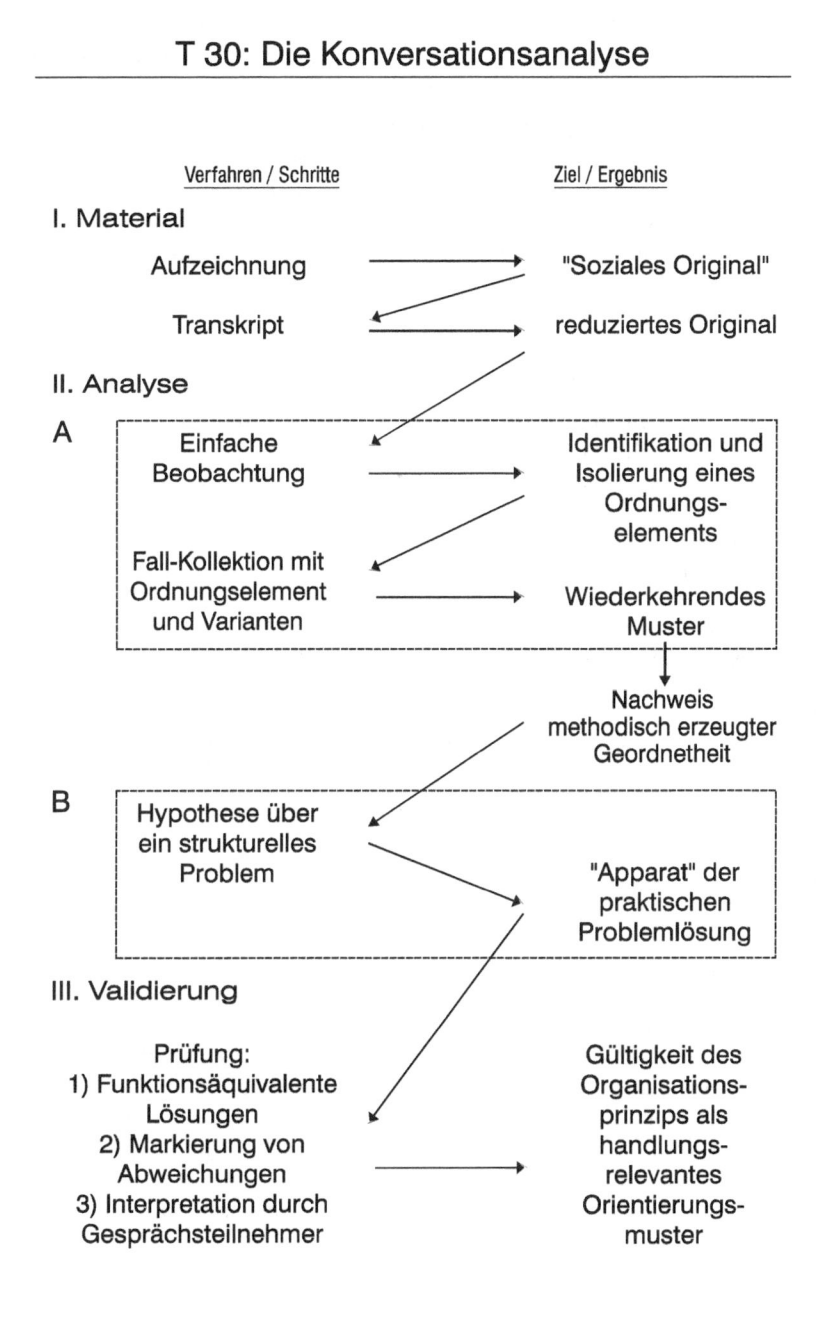

„seine Intuition nicht allein als Ressource" benutzen, er muss vielmehr „immer wieder gleichsam einen Schritt von seinem intuitiven Verständnis zurücktreten und fragen, welche (ethno-)analytischen Mittel und Techniken ihm zu seinem Verständnis verholfen haben".[589]

Der reflektierte und zugleich distanzierte Einsatz des Alltagsverstandes und des Alltagsverständnisses weist bereits auf eine weitere Maxime für die Analysearbeit: *Die Konversationsanalyse ist datengeleitet, nicht theoriegeleitet.*[590] Ohne vorgefasste Urteile, letztlich ohne Alltagstheorien und ohne erwartungs-prägende wissenschaftlich-theoretische Konzepte und Hypothesen muss das Datenmaterial erschlossen werden. Dieses Datenmaterial muss selbst sprechen, muss sichtbar machen, was an Ordnungselementen in ihm steckt. Daher dürfen diesen Materialien nicht irgendwelche theoretischen Rahmen aufgezwängt oder theoretische Schemata übergestülpt werden.

Entsprechend hat man sich strikt an die Maxime zu halten: „Die Konversationsanalyse analysiert nicht die Bedingungen des Handelns, sondern sie rekonstruiert, *wie die Handelnden selbst die Bedingungen, unter denen sie handeln, analysieren.*" Nur wenn die Handelnden selbst sich „an psychologischen Sachverhalten orientieren, gehen diese auch – als Objekte, nicht als konzeptionelle Ressourcen! – in die Analyse ein".[591]

Die skizzierten Maximen zeigen an, dass die Konversationsanalyse ein komplexes Verfahren ist, bei dem mehrere sozialwissenschaftliche Basisverfahren beherrscht und realisiert werden müssen: die vorurteilslose, disziplinierte *phänomenologische Tatsachensicherung*, das *hermeneutische Verfahren* und – wie im Detail noch sichtbar wird – der *Vergleich*. Die auf ein besonderes Ziel gerichtete Kombination dieser Verfahren sowie die von Ziel und Material bestimmten Verfahrensschritte prägen den besonderen Stil, „die analytische Mentalität" der Konversationsanalyse.

Eine schwierige „einfache Beobachtung"

Die fundamentale Ordnungsprämisse, von der sich die Analyse leiten lassen muss, besagt: *Kein Textelement in einem Gesprächstranskript ist ein zufälliges Produkt.* Keines darf a priori als mögliches Untersuchungsobjekt ausgeschlossen werden. Auch hinter jedem Stocken, Räuspern, Ein- oder Ausatmen, hinter jedem Ansatz zum Lachen, hinter abgebrochenen Silben oder hinter sonst einer Wort- oder Lautfolge – mag sie auf den ersten Blick „noch so obskur erscheinen" (Bergmann) – kann sich ein von den Beteiligten erzeugtes Ordnungsmuster verbergen. Der Leitsatz wird überall nach Harvey Sacks zitiert: *„Order at all points."*[592] Der Grundsatz ist klar. Die Entdeckung der möglichen Ordnungselemente allerdings ist außerordentlich schwierig. Immer beginnt die Konversationsanalyse mit *einfa-*

---

589 Bergmann, Jörg R., Studienbrief, 1988, KE 2, S. 30 f.
590 Eberle, Thomas Samuel, Konversationsanalyse, 1997, S. 259.
591 Siehe Bergmann, Jörg R., Studienbrief, 1988, KE 2, S. 41 f.
592 Bergmann, Jörg R., Studienbrief, 1988, KE 2, S. 27 f.; Eberle, Thomas Samuel, Konversationsanalyse, 1997, S. 259.

chen Beobachtungen. (Siehe Tafel 30.) Einfach zu machen sind diese Beobachtungen indessen keineswegs.

Da jedes Transkript nur ein „reduziertes Original" ist, wird man zunächst immer beides mit größter Konzentration beobachten müssen: das Transkript selbst und die Original-Aufzeichnung. Man wird Wort für Wort und Element für Element im Transkript durchsehen. Dabei wird man sich bewusst bleiben müssen, dass die am Gespräch Beteiligten den Inhalt des Kommunikationsvorgangs nicht wie beim routinierten Lesen auf „einen Blick" als eine Gesamtstruktur erfassen, sondern Redezug um Redezug das Kommunikationsgeschehen aufbauen. Die Gesprächsteilnehmer wissen zu einem bestimmten ersten Zeitpunkt (t1) noch nichts von ihrem Gespräch zum Folge-Zeitpunkt (t2). Daher ist es unerlässlich, parallel zum Transkript wieder und wieder die Originalaufzeichnung anzuhören (oder eine Video-Aufzeichnung anzuschauen).

> Das ist nicht nur mühsam, sondern erfordert schon deshalb außerordentliche Disziplin, weil man immer geneigt ist, die Texte zu interpretieren, zu interpolieren, zu paraphrasieren. Und vor allem der Anfänger wird zunächst vor seinen Bändern und Transkripten sitzen – *und einfach nichts entdecken*, wie Thomas S. Eberle zutreffend bemerkt.[593] Es kann in diesem Fall schon helfen, wenn man das Material einfach einmal nach Ordnungselementen absucht, die aus der Literatur über Konversationsanalysen bekannt sind: Eröffnungsprozeduren etwa, das *„Turn-taking system"*, Markierungen von Abweichungen, Einladungen oder Angebote, deren Ablehnung oder deren Annahme, unklare Aussprachen, verwischt-vermischte Nein-Ja-Floskeln wie „Nja" und manch anderes mehr.

Den Schwierigkeitsgrad dieser einfachen Beobachtungen sollte man auf keinen Fall verkennen: Verlangt dieser erste Schritt doch, dass alles, was im kommunikativen Verhalten des Alltags selbstverständlich ist, nun plötzlich zu einem Problem gemacht werden soll; was für gewöhnlich weit außerhalb jeglicher Frag-Würdigkeit liegt, wird nun zum Gegenstand des Fragens gemacht. Kommt noch hinzu, dass die Suche nach einem Ordnungselement im Kommunikationsmaterial „unmotiviert", das heißt eben ohne ein A-priori-Konzept und ohne eine bestimmte Fragestellung ausfindig zu machen ist; denn es geht ja nicht darum, eine Antwort auf eine fixierte Frage zu suchen: „Auf welche ‚Frage' ein gefundenes Stück ‚Ordnung' antwortet, ist (...) selbst Gegenstand der Analyse."[594]

> Um diese erste Aufgabe der einfachen Beobachtung nachvollziehbar zu machen, bietet die Tafel 31 drei knappe Ausschnitte aus Transkripten von Aufzeichnungen aus Klatschgesprächen an, die ein gemeinsames, außerordentlich interessantes Ordnungselement enthalten. Es wird sicher ganz leicht zu finden sein!

---

593 Eberle, Thomas Samuel, Konversationsanalyse, 1997, S. 260.
594 Bergmann, Jörg R., Studienbrief, 1988, KE 2, S. 29 f.

Ziel dieser ersten Beobachtung ist es immer, ein *einzelnes Element in der Sprach- oder Lautproduktion* des Kommunikationsgeschehens zu identifizieren und aus der Struktur des Ganzen als *ein „präsumtives Ordnungselement" zu isolieren.*[595]

Das Muster: Ein Stück Ordnung

Hat man ein mögliches Ordnungselement dingfest gemacht (oder glaubt man wenigstens, dass man dem vermuteten Ordnungsindiz nachgehen sollte), so besteht die nächste Aufgabe darin, aus dem gesamten Untersuchungsmaterial eine *Kollektion aller Fälle* zusammenzustellen, in denen das fragliche Element ebenfalls in Erscheinung tritt, sei es in ähnlicher Gestalt wie im Ausgangsmaterial, sei es in irgendwelchen Variationen davon. Mit dieser Aufgabe ist ein *Prüfvorgang* verbunden, der direkt zum Ziel dieses Analyseschrittes führt: Man kann bei der Fallsichtung zumindest feststellen, ob das zunächst isolierte Detail nur einmal, nämlich im Material der Erstbeobachtung auftaucht, oder ob es sich wiederholt. Wenn es sich wiederholt, an verschiedenen Stellen des gleichen Gesprächs, in verschiedenen Gesprächen des gleichen Typs, in verschiedenen Gestalten, aber mit Struktur- und Merkmalsähnlichkeiten, so ist dies ein Hinweis, dass es sich bei dem isolierten Element tatsächlich um ein Stück „Ordnung" handelt: Es könnte sein, dass man auf die *Spur eines Ordnungsmusters* gestoßen ist. (*Haben Sie die Spur des Ordnungsmusters in der kleinen Dreierkollektion der Tafel 31 schon aufgenommen?*) Für die weitere Arbeit bildet die Material-Kollektion, in der alle vorkommenden Fälle des ordnungs-verdächtigen Elements zusammengetragen sind, die eigentliche Analysebasis.

Was nämlich die bisherige Beobachtung erbracht hat, ist letztlich nicht mehr als der *Eindruck einer Regelmäßigkeit*, einer Wiederkehr des Gleichen oder des Ähnlichen unter verschiedenen (kontextuellen) Bedingungen. Bei der Feststellung solcher Regelmäßigkeit kann die Analyse jedoch nicht stehenbleiben. Zu konstatieren, dass nicht alle durcheinanderreden, sondern dass einer nach dem anderen spricht, dass auf einen Gruß ein Gegengruß folgt, dass bei Telefongesprächen der Angerufene in der Regel zuerst spricht, das wäre – wie Bergmann bemerkt – „auf eine groteske Weise trivial". Daher muss nun gezeigt werden, dass die beobachteten Regelmäßigkeiten eine *„interaktiv erzeugte Geordnetheit"* manifestieren: „Beobachtbare Geordnetheiten werden in der Konversationsanalyse (...) verstanden als methodisch produzierte Lösungen von strukturellen Problemen der Interaktionsorganisation".[596] Den Nachweis zu führen, dass die festgestellte Regelmäßigkeit ein Stück „Ordnung" ist, das die Gesprächsteilnehmer füreinander auf methodische Weise produziert haben, ist der *entscheidende Schritt* der ganzen Konversationsanalyse. Möglich wird ein solcher Nachweis dadurch, dass das „Problem" rekonstruiert wird, dessen „methodische Lösung" die wahrgenommene Geordnetheit erzeugt hat.

Die *Rekonstruktion des Problems* beginnt damit, dass man *Hypothesen* darüber entwickelt, welches Problem es sein könnte, das von den Gesprächsteilnehmern

---

595 Vgl. Bergmann, Jörg R., Konversationsanalyse, 1995, 217.
596 Bergmann, Jörg R., Studienbrief, 1988, KE 2, S. 34 f.

T 31: Kleine Auswahl aus Klatschgesprächen

1. Sequenz:

```
01  H:   Und wir sitzen abends. Mit einmal bumst es
02  P:   <leicht lachend>
03  H:   Da hab ich gesacht <grinsend> "Die is bestimmt
04       umgekippt".
05       (                                          )
06  R:   Ja
07  H:   Das war viertel nach acht. Da war- en =
08       = ⌈ Krimi war drin.
09  R:   = ⌊ "San Francisco"
10  G:   <leise lachend>
11  H:   Mit einmal aufm Bal(kon) . . .
```

2. Sequenz:

```
21  H:   Und dann kriechte die Schreikrämpfe da oben.
22       Dann hat die eh eh noch Tabletten gefressen dadurch.
23       Dadurch hat die das schlimmer gemacht.
24  P:   Hm
25  H:   Und Sonntach früh sitz ich auf der Toilette.
26       Mit einmal hör ich die da oben wieder
27       "Ha- Hilfe Hilfe" . . .
```

3. Sequenz

```
31  R:   Eh weisse wat die- Die hat früher ja bei mir da
32       die- in de eine Block jewohnt. ne, Die hat dat Kind
33       von morgens hat die Schlaf-Tropfen jegeben.
34       Von morgens sieben bis abends (-) vier geschlafen.
35       Und die war weg inne Stadt. Jeden Tach. Bis dat Kind
36       ene Herzdingens kriechte. Ne Herzkollaps.
```

Aus: Jörg R. Bergmann, Klatsch, Berlin 1987, S. 143.

III. Komplexe Methoden

mithilfe des beobachteten, wiederkehrenden Ordnungselements gelöst wird. Dabei muss es sich immer um „strukturelle Probleme der Koordination, der Abwicklung, allgemein: der Organisation von Interaktion" handeln. Praktische Probleme sind es, weil sie von den Gesprächsteilnehmern selbst zu lösen sind. *(Welches strukturelle und zugleich praktische Interaktionsproblem könnte das Ordnungsmuster hervorgebracht haben, das in den Gesprächsausschnitten auf Tafel 31 sichtbar ist und das Sie sicher längst erkannt haben?)*

> Wohin der Analyseschritt will, wird sofort evident, wenn für diese Aufgabe ein Exempel statuiert wird. Bergmann greift dafür auf die klassische Analyse von Telefongesprächen durch Emanuel Schegloff und Harvey Sacks zurück.[597] Die beiden Analytiker hatten bemerkt, dass bei Telefongesprächen dem Austausch von Abschiedsfloskeln regelmäßig leere Minimaläußerungen unmittelbar vorangehen (zum Beispiel „gut", „also dann..." etc.). Wenn man unterstellt, diese Regelmäßigkeit sei ein methodisch erzeugtes Produkt der Gesprächsteilnehmer, so müssen diese ein Interaktionsproblem haben, das mit solch inhaltsleeren Wendungen beseitigt wird. Dieses praktische Problem wurde als das *„Beendigungsproblem"* identifiziert. Es besteht darin, dass im normal dahinfließenden Gespräch ein Regelmechanismus für den Sprecherwechsel wirksam ist. Jedes Mal, wenn der eine Sprecher seinen Redezug abgeschlossen hat, was unter anderem durch eine kurze Redepause erkennbar wird, gibt das einem anderen Teilnehmer die Gelegenheit, seinerseits mit einem neuen Redezug zu beginnen. Ein bloßes Schweigen des einen Partners, der das Gespräch beenden möchte, würde genau diesen Regelmechanismus auslösen. Daher muss dem (am Telefon ja nicht sichtbaren) Gesprächspartner auf der Gegenseite signalisiert werden, dass alles gesagt sei und dass einer Beendigung des Gesprächs nichts im Wege steht. Nimmt der Gesprächspartner auf der anderen Seite diese Ankündigung an, ratifiziert er sie also und signalisiert seinerseits durch eine leere Minimaläußerung, dass er sie verstanden hat, kann die Verabschiedung erfolgen. Auf diese Weise also wird das „Beendigungsproblem" unproblematisch gemacht – nicht nur in einem bestimmten Telefongespräch, sondern ganz generell.

Das Beispiel demonstriert schon mehr als nur die Machart einer Hypothese zu einem praktischen Problem der Gesprächsteilnehmer: Es führt auch vor, wie im Rahmen einer Konversationsanalyse eine solche Hypothese geprüft und gegebenenfalls bestätigt werden kann. Ausgehend von der angenommenen Problemlage werden die Methoden rekonstruiert, mit denen sich das Problem lösen lässt bzw. mit denen die Gesprächsteilnehmer ihr Problem angehen. Dabei erweist sich, ob das beobachtete Interaktionselement eine solche Problemlösung darstellt und zugleich imstande ist, das beobachtete Ordnungsmuster hervorzubringen.

Die Rekonstruktion des methodischen Verfahrens zur Problemlösung setzt Jörg R. Bergmann (sowie ihm folgend Thomas S. Eberle) mit der Beschreibung des *„me-*

---

[597] Bergmann, Jörg R., Studienbrief, 1988, KE 2, S. 34 f.

thodischen Apparats" gleich, der die strukturellen Probleme der Gesprächsorganisation durch die Teilnehmer bewältigen soll.[598] Ein „methodischer Apparat", der die Lösung eines praktischen Interaktionsproblems und die so erzeugte Ordnung zu erklären vermag, muss drei Anforderungen genügen:

- Der „methodische Apparat" muss *ein generatives Prinzip* oder Potenzial enthalten; das heißt, mit ihm muss nicht nur das Ordnungselement im Untersuchungsmaterial, an dem er entwickelt wurde, reproduzierbar sein; vielmehr müssen sich mit diesem „Apparat" auch ganz andere Daten und neue Fälle erzeugen lassen.
- Der „methodische Apparat" muss eine *reale Orientierungsgröße* für die Partner des Gesprächs sein; die Analyse muss also auf jeden Fall zeigen, „auf welche Weise die Interagierenden selbst in ihren Äußerungen und Handlungen dieses formale Prinzip berücksichtigen".[599]
- Der „methodische Apparat" muss sowohl *kontextunabhängig* wie *kontextsensitiv* sein. Diese scheinbar gegensätzlichen Bedingungen sind im Rahmen der Konversationsanalyse kein Widerspruch. Die beiden Eigenschaften der Kontext-Unabhängigkeit und der Kontext-Sensitivität schließen sich nicht wechselseitig aus, sondern verhalten sich komplementär. Die im „methodischen Apparat" aufgehobenen Organisationsprinzipien können in allen Arten von Interaktionen, und das heißt eben auch: unter allen möglichen kontextuellen Bedingungen wirksam werden. Es handelt sich um formale „Apparate", die kontextunabhängig funktionieren, die aber gerade auf diese Weise auch steuern, wo und unter welchen Kontextgegebenheiten das fragliche Organisationsprinzip wie angewendet wird und Ausdruck findet.[600]

Die Gültigkeit der Ergebnisse

Der Grundsatz der Kontext-Unabhängigkeit eines Organisationsprinzips zur Ordnung der Interaktion ist freilich ein Hinweis auf unterstellte Allgemeingültigkeit der konversationsanalytisch gefundenen Erkenntnisse. Der Geltungsanspruch wird jedoch nicht für das in den ersten Analyseschritten entdeckte Ordnungselement, letztlich auch nicht für die wiederkehrenden Ordnungsmuster selbst, die ja kontextabhängig variieren, erhoben, sondern *für die Rekonstruktion der Interaktionsprobleme und für die Apparate ihrer methodischen Lösung*. Entsprechend erstreckt sich das *Validierungsverfahren* prinzipiell auf das rekonstruierte Problem bzw. auf das in den Lösungs-Apparaten wirksame Organisationsprinzip. Um deren Gültigkeit zu erhärten, gibt es drei Möglichkeiten.

(1.) Den Nachweis, dass für das fragliche Interaktionsproblem verschiedene Aktivitäten gesetzt werden, welche die gleiche oder eine verwandte Funktion erfüllen: also die *funktionsäquivalente Lösung des Problems*.

---

[598] Bergmann, Jörg R., Studienbrief, 1988, KE 2, S. 37 und S. 43 f.; ferner Eberle, Thomas Samuel, Konversationsanalyse, 1997, S. 260.
[599] Bergmann, Jörg R., Konversationsanalyse, 1995, 217; Eberle, Thomas Samuel, Konversationsanalyse, 1997, S. 260.
[600] Bergmann, Jörg R., Studienbrief, 1988, KE 2, S. 43 ff.

Für das weiter oben bereits angezogene Beispiel des „Beendigungsproblems" beim Telefonieren lassen sich neben und anstelle der Signale inhaltsleerer Floskeln auch andere Lösungsverfahren beobachten: Der Zweck des Gesprächs wird noch einmal angegeben; man kehrt zur Anfangssituation des Gesprächs zurück; Grüße werden ausgerichtet oder deren Vermittlung in Auftrag gegeben. Dass das Problem, das Gesprächsende zu signalisieren und zu ratifizieren tatsächlich existiert, wird durch alternative methodische Lösungen untermauert.

(2.) Eine sehr starke Bestätigung konversationsanalytisch entdeckter Organisationsprinzipien ist von *abweichenden Fällen* zu erwarten; im Gegensatz zu anderen empirischen Verfahren gelten Abweichungen von der behaupteten und erwartbaren Geordnetheit nicht als Infragestellung der gewonnenen Erkenntnisse, sondern als deren Unterstreichung – unter der Voraussetzung, dass die Gesprächsteilnehmer die Irregularität ausdrücklich behandeln und *als solche markieren*.

Solche Markierungen können darin bestehen, dass die interagierenden Teilnehmer versuchen, die Irregularität zu reparieren, aus dem nicht erwarteten Fehlverhalten Schlussfolgerungen zu ziehen oder Erklärungen für die Verletzung der interaktiven Ordnung zu liefern. Das von Jörg R. Bergmann dafür gegebene Beispiel macht dies plausibel: Wenn auf einen Gruß der Gegengruß unterbleibt, wird damit nicht die Erkenntnis über die Organisation des Begrüßungsprozesses nichtig; vielmehr wird das Ausbleiben des Gegengrußes von den Beteiligten registriert, es wird interpretiert (zum Beispiel als Brüskierung) oder auch durch Erklärungen repariert (zum Beispiel: „Vielleicht hat er nicht gesehen, gehört, dass er gegrüßt wurde...").[601]

(3.) Die Gültigkeit der Ergebnisse der Konversationsanalyse wird endlich auch gestützt auf die *analytischen Interpretationen der Gesprächsteilnehmer* selbst.

Dies ist so zu verstehen, dass in einem Gespräch, in dem Redezug auf Redezug folgt, der Gesprächsteilnehmer, der auf die fragliche Problemlösung als erster reagiert, in seiner Äußerung zum Ausdruck bringt, ob und wie er das vorausgegangene kommunikative Verhaltenselement verstanden hat, wie er es einschätzt und für den eigenen Redezug verwertet. Diese Interpretationen der aufeinander folgenden Redezüge werden zwar von den Gesprächsteilnehmern füreinander produziert; da sie aber in den Aufzeichnungen bzw. im Transkript verfügbar sind, können sie als „Evidenzquelle" für die konversationsanalytische Arbeit herangezogen werden.[602]

Zum Exempel: Autorisierung von Klatschwissen

Nunmehr lässt sich das gesamte Verfahren auch an den Ausschnitten aus Klatschgesprächen demonstrieren, die in Tafel 31 abgedruckt sind.[603] Ein mehr oder we-

---

601 Bergmann, Jörg R., Studienbrief, 1988, KE 2, S. 48 f.
602 Vgl. Bergmann, Jörg R., Studienbrief, 1988, KE 2, S. 49 f.
603 Die Darstellung folgt der Untersuchung des Alltagsklatsches von Jörg R. Bergmann (Klatsch, 1987, S. 142–149); alle wörtlichen Zitate stammen aus dem angegebenen Untersuchungsabschnitt.

niger auffälliges, in allen drei Ausschnitten erkennbares Gesprächselement, das als mögliches *Ordnungselement* infrage kommt, zeichnet sich dadurch aus, dass es *minutiös situative Details* schildert, die nichts zum Fortgang der Klatschgeschichte beitragen, in keinem Zusammenhang zu dem beklatschten Vorgang oder zum Klatschobjekt stehen und auch nicht erforderlich sind, um den Gegenstand der Klatschgeschichte für die Zuhörer verständlich zu machen.

Dieses Gesprächselement findet sich in der ersten Sequenz in den Zeilen 7, 8 und 9. Ist dieses Element erst einmal als „ordnungsverdächtig" aufgefallen, so kann das aufgezeichnete Gesprächs-Korpus daraufhin abgesucht werden, ob sich ähnliche oder variierte Elemente finden lassen, wie dies in der zweiten und dritten Sequenz in den Zeilen 25 und 26 sowie 34 der Fall ist. Die *Kollektion* resultiert also aus einem Vergleichsvorgang, bei dem es auf stetig koinzidierende, unmittelbar wahrnehmbare Merkmale ankommt: „penibel genaue Angaben" zu Uhrzeit oder Ort, an dem sich der Klatschproduzent befunden hat, oder zu Tätigkeiten, die er verrichtet hat. Einen direkten Bezug zur Klatschgeschichte gibt es nicht.

Auf der Basis dieses Merkmalsyndroms kann die Fallsammlung angelegt werden. Die Kollektion (im Demonstrationsfall umständehalber eine Minikollektion mit drei Fällen) müsste dann ein *wiederkehrendes Muster* präsentieren, dieses allerdings in immer anderen, neuen Varianten vorstellen. Fragt sich also, welches *Problem* die Klatschproduzenten mit diesem präsumtiven Ordnungselement lösen, welches Stück Ordnung sie darin erzeugen.

Jörg R. Bergmann erläutert die *Hypothese* zu dem hier relevanten strukturellen Problem folgendermaßen: „Klatsch beschäftigt sich mit dem Tatsächlichen – wie weit auch immer die Klatschakteure sich letztlich von den Tatsachen entfernen. Wer eine Klatschgeschichte erzählt, steht damit vor der Aufgabe, für seine – in der Regel ja recht abträglichen – Behauptungen über das Klatschobjekt den Nachweis zu erbringen, dass sie nicht frei erfunden sind. Klatschproduzenten, die über das Ereignis, das sie rekonstruieren, ein Wissen aus erster Hand haben, scheinen in dieser Situation einen systematischen Vorteil zu haben. Sie können zum Beweis der Richtigkeit ihrer Aussagen auf ihre eigenen Beobachtungen verweisen." Die Klatschproduzenten kommen demnach mit diesen merkwürdigen, akribischen Detailbezügen, die immer ihr eigenes Verhalten und gerade nicht das der Klatschobjekte betreffen, einer Nachweispflicht für ihre Behauptungen nach und *konstruieren Glaubwürdigkeit* für sich und ihre Aussagen.

Auf der Grundlage dieser Annahmen kann beobachtet und rekonstruiert werden, dass und wie die Klatschproduzenten sich an die Lösung des Problems machen, welche methodischen Verfahren sie dazu einsetzen.

- Sie erwähnen regelmäßig „scheinbar randseitige Details": Damit lokalisieren sie das Klatschwissen in ihrem alltäglichen Wahrnehmungsbereich und liefern ihren Zuhörern Indikatoren dafür, dass das mitgeteilte Klatschwissen ein *Wissen aus erster Hand* ist.

Wie sich bei näherem Zusehen zeigt, versteckt sich jedoch in den identifizierten Ordnungselementen ein weiteres, damit verknüpftes, womöglich recht prekäres Problem. Es kommt zum Vorschein, wenn man bedenkt, dass Klatschen stets ein Eindringen in die Privat- oder Intimsphäre Dritter ist, dass die Beteiligung am Klatsch als unfein, dass vor allem das aktive Auskundschaften der Privatsphäre anderer als anstößig gilt. Das ist das Dilemma der Klatschproduzenten und ein strukturelles Problem der Klatschproduktion.

> „Je detaillierter [Klatschproduzenten] ihre Klatschgeschichte erzählen und je mehr sie gezwungen sind, die Richtigkeit ihrer Darstellung argumentativ zu begründen, desto stärker setzen sie sich dem Verdacht aus, dass sie nicht passiv und zufällig in den Besitz ihres Klatschwissens gelangt sind, sondern dieses sich durch aktive Invasionen in den Privatbereich des Klatschobjekts verschafft haben." Detaildarstellungen gehen also womöglich auf Kosten der Reputation.

- Daher ist der Klatschproduzent nicht nur bemüht, sein Klatschwissen als sicheres Wissen zu präsentieren; noch viel massiver unterstreicht er (im vorliegenden Demonstrationsfall ausdrücklich in den beiden ersten Klatschsequenzen), dass das Klatschwissen *ein passiv und zufällig erworbenes Wissen* ist, das keinesfalls aktiv gesucht wurde: Während er mit ganz alltäglichen Dingen beschäftigt war, ist das Klatschereignis in seinen Wahrnehmungsbereich von außen geradezu eingebrochen; und ferner

- dass er *Ohrenzeuge* des Klatschereignisses war: „Das Ohr als permanente Registriermaschine ermöglicht dem Hörer, geltend zu machen, dass er absichtslos, ja unfreiwillig zur Kenntnis von Dingen gelangt ist, die ihn eigentlich nichts angehen." Wegschauen kann man fast immer, weghören dagegen schwer.

Als Ohrenzeuge kann der Klatschproduzent seine Reputation retten und zugleich der Pflicht nachkommen, sein Wissen als sicheres Wissen nachzuweisen.

> Das ist – grob skizziert – der methodische „Apparat", mit dem Klatschproduzenten ihre praktischen Interaktionsprobleme lösen. Jörg R. Bergmann präsentiert durchaus im Sinne einer Validierung dazu einen außerordentlich aufschlussreichen, abweichenden Fall: Durch mehrfach von den Zuhörern geäußerte Zweifel an der Richtigkeit ihrer Darstellung lässt sich eine Klatschproduzentin schließlich dazu verleiten, dass sie für den Wahrheitsgehalt ihrer Behauptungen eigene Beobachtungen geltend macht. Diese weisen sie nicht nur als Augenzeugin, sondern als aktive Schnüfflerin aus, was die Klatschpartner scheinbar eher spaßhaft monieren, aber offenkundig letztlich doch missbilligen.

Über die Organisation der Autorisierung von Klatschwissen hinaus ist der Demonstrationsfall ebenso wie die gesamte Klatschuntersuchung auch typisch für das Erkenntnisinteresse und für die Entwicklung der Konversationsanalyse.

4. Vom Konversations-Molekül zur Massenkommunikation

Zum ersten illustriert diese Untersuchung über den Alltagsklatsch außerordentlich eindrucksvoll, *dass die Konversationsanalyse tatsächlich zu neuen Entdeckungen und zu neuen Erklärungen vorstößt*, die mit den üblichen, in diesem Fall funktionalistischen Erkläransätzen nicht gelingen, weil diese dafür „weder konzeptionell noch methodologisch ein Sensorium haben".[604] Der Unterschied der methodischen Zugänge zu diesen und anderen Kommunikationsobjekten lässt sich nach Thomas S. Eberle so zuspitzen: Die üblichen sozialwissenschaftlichen Analysen „umschreiben" ihre Objekte, überziehen sie mit einer sekundären Sinnstruktur; das heißt: sie errichten eine Konstruktion zweiten Grades. Demgegenüber sucht die Konversationsanalyse kommunikatives Handeln so zu beschreiben, wie die kommunikativ Handelnden es selbst beschreiben. Die Beschreibung der Konversationsanalyse reproduziert die Analysen, die Interpretationen, die Beschreibungen der Gesprächspartner und deckt auf diese Weise buchstäblich die Konstruktionen erster Ordnung der Sozial- und Kommunikationswelt auf.[605]

Sodann und zweitens machen der Demonstrationsfall ebenso wie eine lange Reihe weiterer, ähnlicher Fälle deutlich, dass und wie die Konversationsanalyse zunächst einmal ausgerichtet ist auf die *Ein-Sicht in die kleinsten Elemente der Kommunikationsordnung*: „Ihre grundlagenanalytische und methodologische Bedeutung resultiert gerade aus ihrer rigorosen Beschränkung auf das Detail", vermerkt Jörg R. Bergmann.[606] Er wehrt sich jedoch – sachlich zu Recht – gegen die Auffassung, Konversationsanalyse sei eine Art Mikrosoziologie, deren Gegenstände „so klein und unscheinbar sind, dass sie von den Interaktionsteilnehmern nicht gesehen oder erkannt werden können, sondern nur vom Forscher unter Zuhilfenahme einer Art von Interaktionsmikroskop".[607] Das Gegenteil ist insofern zutreffend, als es der Konversationsanalyse ja gerade um Phänomene geht, die von den kommunikativ Handelnden selbst laufend beachtet, interpretiert und vor allem füreinander methodisch erzeugt werden.

> Es lohnt sich, das genuine Forschungsfeld der Konversationsanalyse wenigstens grob zu umreißen, einige Konturen anzudeuten. Die Grundeinheit, mit der die Konversationsanalyse sich auseinandersetzt, ist *der einzelne Redezug* eines Gesprächsteilnehmers, der sogenannte *„turn"*. Jedes Gespräch baut sich aus solchen Redezügen auf, die jedoch nicht monologisch produziert und fixiert, sondern im wörtlichen Sinn inter-aktiv erzeugt, organisiert und kontrolliert sind. „Mit Ausnahme der Äußerungen am unmittelbaren Gesprächsbeginn und Gesprächsende wird jeder Redezug von einem vorausgehenden und einem nachfolgenden Redezug eingerahmt. Jeder Redezug weist daher in der Regel Elemente auf, die zurückweisen, andere Elemente, die nach vorne weisen, und schließlich noch Elemente, die mit dem, was in dem Redezug aktuell geschieht, zusammenhängen."[608]

---

604 Jörg R. Bergmann, Klatsch, 1987, S. 205.
605 Vgl. dazu Eberle, Thomas Samuel, Konversationsanalyse, 1997, S. 250.
606 Bergmann, Jörg R., Konversationsanalyse, 1995, S. 218.
607 Bergmann, Jörg R., Studienbrief, 1988, KE 2, S. 41.
608 Bergmann, Jörg R., Studienbrief, 1988, KE 3, S. 10 f.

Die „redezug-interne Organisation", das heißt: die interaktive Erzeugung eines Redezugs, dessen Orientierung an den Rezipienten, die Steuerung dieser Interaktion durch Blickverhalten und Blickkontakt, das sind Themen, mit denen sich die Konversationsanalyse in diesem Basisbereich befasst.

Ein besonders wichtiges Terrain dieser Methode bildet sodann die Organisation des Sprecherwechsels, also die Abfolge der Redezüge. Zwei „Apparate" spielen dabei eine Rolle: der *Regelsatz der Redezugkonstruktion*, der bestimmt, an welcher Stelle die Äußerung eines Sprechers als abgeschlossen gelten und ein Wechsel zum nachfolgenden Sprecher erfolgen kann; ferner ein zweiter Regelsatz, der die Entscheidung darüber steuert, wer als nächster Sprecher an die Reihe kommen soll oder kommen wird: der *Apparat der Redezugverteilung*.[609]

Auf solchen Grundlagen klärt die Konversationsanalyse auch Abfolgemuster auf, *sequentielle Organisationen*, mit besonderem Vorzug solche, bei denen Äußerungen zu sogenannten *Paarsequenzen* verkoppelt sind. Paarsequenzen treten in Erscheinung bei Begrüßungs- und Verabschiedungsritualen, bei Frage und Antwort, beim Aussprechen von Einladungen und deren Annahme oder Ablehnung. Diese und andere Paarsequenzen setzen einen *normativen Rahmen*, innerhalb dessen ein gewisser Zwang besteht, dass auf eine erste Gesprächshandlung eine zweite folgt, auf den Gruß der Gegengruß, auf die Frage die Antwort. Dieser Zwang wird in der Konversationsanalyse als *„konditionelle Relevanz"* bezeichnet.

> Der „analytische Apparat" der Paarsequenzen ist von Harvey Sacks durch fünf *Merkmale* und eine Regel beschrieben worden. Demnach sind Paarsequenzen gekennzeichnet

(1.) durch eine Sequenz von zwei Äußerungen, die

(2.) benachbart oder (etwa durch Einschübe) auseinandergelagert sind,

(3.) von verschiedenen Sprechern produziert werden,

(4.) als erster und zweiter Teil geordnet und so

(5.) typisiert sind, dass ein erster Teil einen ganz bestimmten zweiten Teil (oder auch eine Serie von zweiten Teilen) nach sich zieht.

> Die zur Paarsequenz gehörende *Organisationsregel* besagt, dass der Sprecher, der den ersten Teil erkennbar produziert, bei dessen erstmöglichem Abschluss pausieren und damit einen Sprecherwechsel ermöglichen sollte, sodass der zweite Sprecher einsetzen und den erwartbaren zweiten Teil der Sequenz hervorbringen kann.[610]

An der Nahtstelle von formalen zu thematischen Gesprächsstrukturen bewegen sich konversationsanalytische Untersuchungen zu „Aktivitätstypen", bei denen es um die Frage geht, wie Wünsche als Wünsche, Fragen als Fragen, Aufforderungen als Aufforderungen usw. erzeugt und auf der anderen Seite verstanden werden. Viele derartige „Aktivitätstypen" sind als Paarsequenzen organisiert. Jedoch wei-

---

609 Siehe Bergmann, Jörg R., Studienbrief, 1988, KE 3, S. 2 f.
610 Siehe dazu Bergmann, Jörg R., Studienbrief, 1988, KE 3, S. 14–29; Eberle, Thomas Samuel, Konversationsanalyse, 1997, S. 252 f.

sen diese eine Besonderheit auf: der zweite Teil der Paarsequenz eröffnet dem angesprochenen Gesprächsteilnehmer eine Alternative des Agierens – allerdings mit ungleichen Vorzeichen: Für eine der beiden Reaktionsmöglichkeiten besteht eine „*Präferenz*", für die andere eine ausgesprochene „*Dispräferenz*". Beide Vorzeichen dürfen in der Konversationsanalyse nicht psychologisch missverstanden oder missdeutet werden. „Präferenz" oder „Dispräferenz" stellen vielmehr und unabhängig von persönlichen Neigungen oder Vorlieben der Gesprächsteilnehmer allgemeine, institutionalisierte Gesprächsmuster dar.

Im Falle einer Bitte etwa ist deren Entsprechung präferiert, deren Verweigerung hingegen dispräferiert; im Falle einer geäußerten Bewertung genießt die Zustimmung Präferenz, während eine Gegenbewertung Dispräferenz hat.[611] Insbesondere die Organisation dispräferierter Gesprächspartikel hat klare Merkmale:

- sie werden gewöhnlich mit kommentierenden Bemerkungen eingeleitet;
- sie werden verzögert eingebracht, indem sie etwa in einer ganzen Serie von Redezügen an deren Ende platziert werden;
- die Artikulationshandlung wird meist indirekt und abgeschwächt vollzogen;
- fast immer werden zur dispräferierten Handlung Erklärungen abgegeben.[612]

In diesen Merkmalen deutet sich schon ein weiterer Mechanismus der Gesprächsorganisation an, den Jörg R. Bergmann als das „Prinzip des rezipientenspezifischen Zuschnitts" („*Recipient Design*") bezeichnet. Eine derartige Orientierung am Gesprächspartner setzt stets Annahmen über die Identität und das Vorwissen der Gesprächsteilnehmer voraus; wo dies wegen fehlender tatsächlicher Kenntnisse nicht oder nur unzureichend möglich ist, „bedienen sich die Interagierenden bestimmter Personenkategorien und Kategorisierungsregeln". Sie arbeiten mit Typisierungen von Handelnden, mit typischen Handlungsmotiven und typischen Handlungsverläufen, „die Bestandteil unseres Alltagswissens sind".

Unter allen Aspekten erweist sich das Prinzip des „*Recipient Design*" als „*Mittel der Verständnissicherung*" bzw. als Prophylaxe „gegen das Entstehen von Verständigungsproblemen". Natürlich lassen sich derartige Verständigungsprobleme mit absoluter Sicherheit nie vermeiden; wenn sie auftreten, so sind konversationsanalytisch die *Reparaturmechanismen* bemerkenswert, die dann greifen. Es ist nicht uninteressant, dass es für diesen Fall in Alltagsgesprächen eine klare Präferenz für eine *Selbstkorrektur* gibt, während Fremdkorrekturen mit den typischen Markierungen für dispräferierte Reaktionen versehen sind.[613]

Zwei Auffälligkeiten treten bei all dem hervor. Zum einen konzentrieren sich die Konversationsanalysen offensichtlich auf Elemente der *formalen Gesprächsstruktur*. Dieser Eindruck täuscht nicht. Zwar gibt es auch konversationsanalytische

---

611 Vgl. dazu Eberle, Thomas Samuel, Konversationsanalyse, 1997, S. 256. An der angegebenen Stelle werden präferierte und dispräferierte Gesprächspositionen nach den Untersuchungsergebnissen von John Heritage referiert.
612 Siehe Bergmann, Jörg R., Studienbrief, 1988, KE 3, S. 34 f.
613 Vgl. Bergmann, Jörg R., Studienbrief, 1988, KE 3, S. 39–46.

Beobachtungen von Regeln, die den thematischen Verlauf von Alltagsgesprächen bestimmen. Dazu gehört die geordnete Möglichkeit, in Alltagsunterhaltungen von Thema zu Thema springen zu können. Das entspricht einer *„Präferenz für eine diskrete Themenentwicklung"* – im Unterschied zu den meisten institutionellen Gesprächen (etwa vor Gericht, in Parlamentsdebatten, im Schulunterricht oder auch in Massenmedien), „die durch thematische Restriktionen gekennzeichnet sind und alternative Themen (...) als ‚Störungen' wegdefinieren". Insgesamt aber lässt sich nicht leugnen, dass die Konversationsanalyse mit der thematischen Organisation von Gesprächen erhebliche Schwierigkeiten hat.

Auffällig ist ferner, dass sich die zentralen Erkenntnisgewinne der Konversationsanalyse stets auf strukturelle *Konversations-Moleküle* beziehen. Sie auf ganz neue Weise sichtbar gemacht zu haben, ist zweifellos die große Stärke der Konversationsanalyse. Aber all diese molekularen Elemente sind eingebettet in die größere soziale Einheit „Gespräch". Auch für das Gespräch als Ganzes gibt es „übergreifende strukturelle Organisationsprinzipien", nicht zuletzt solche, welche die „Grenzen" des Gesprächs bestimmen, das heißt: seinen Anfang und sein Ende regeln. Außerdem ermöglicht selbstverständlich die Analyse der einzelnen Elemente auch die Aufklärung der größeren sozialen Einheit „Gespräch" sowie aller möglichen Gesprächstypen und -gattungen.

> Auch für diese Ausweitungen ist die Klatschuntersuchung von Jörg Bergmann typisch: Mithilfe einer detailgenau angelegten Konversationsanalyse konnte so der Alltagsklatsch als *„Sozialform der diskreten Indiskretion"*[614] mit spezifisch gemeinschaftsbildender Funktion identifiziert werden. Auf ähnliche Weise sind Tischgespräche, Verkaufsgespräche, Streitgespräche, quasi-religiöse Rituale, Geschichtenerzählungen und manch andere Gattungen von Alltagsgesprächen untersucht und ihre Organisationsprinzipien konversationsanalytisch entschlüsselt worden.[615]

Solche Analysen bewegen sich durchaus noch auf der Ebene der Alltagsgespräche, die aus zwei Gründen für die Konversationsanalyse paradigmatischen Charakter haben: Zum einen, weil nach Auffassung der Konversationsanalytiker und der (wissenschaftlichen) Ethnomethodologen diese Form der Kommunikation sachlich grundlegend ist für alle anderen Typen der kommunikativen Wirklichkeit; zum anderen deshalb, weil sich „institutionsspezifische Gesprächstypen gerade konstituieren über Veränderungen der grundlegenden alltäglichen Kommunikationsformen und sich deshalb im Vergleich zu diesen in ihrem spezifischen Charakter bestimmen lassen".[616] Ganz generell unterscheiden sich „institutionelle Gespräche" von Alltagsgesprächen dadurch, dass sie von „Satzungen oder anderen formalen Bestimmungen" (Jörg Bergmann) beherrscht sind. Mit dem Begriff „institutionelle

---

[614] Bergmann, Jörg R., Klatsch, 1987, S. 210; vgl. auch Bergmann, Jörg R., Klatschkommunikation, 1994, S. 114–125.

[615] An dieser Stelle überschreitet die Konversationsanalyse die Grenze zur Gattungsanalyse, die jedoch mit der ersteren in der phänomenologischen Analyse der Lebenswelt und in der Wissenssoziologie einen gemeinsamen wissenschaftlichen Boden hat. Siehe dazu vor allem Luckmann, Thomas, Gattungen, 1988, sowie Günthner, Susanne/Knoblauch, Hubert A., Gattungsanalyse, 1997.

[616] Bergmann, Jörg R., Studienbrief, 1988, KE 3, S. 52.

Interaktionen" werden solche Gespräche gekennzeichnet, „die arbeits- oder aufgabenbezogen sind und in denen mindestens ein Teilnehmer eine formale Organisation repräsentiert".[617]

Ein Teil der Konversationsanalytiker hat sich seit Anfang der 80er-Jahre institutionellen Gesprächsformen zugewandt. Bei deren Untersuchung taucht jedoch ein Problem auf, dessen unterschiedliche Lösungsmöglichkeit auch zu einer gewissen Richtungsdifferenzierung innerhalb der Konversationsanalyse geführt hat. Das Problem betrifft die Behandlung des Gesprächskontextes bzw. das je vertretene *Kontext-Konzept*. Das Wissen um Gesprächskontexte darf nach Meinung der „orthodoxen" Konversationsanalyse nicht durch die üblichen sozialwissenschaftlich-objektivistischen Umschreibungen von außen an ein Gespräch herangetragen werden, sondern nur insoweit als relevant berücksichtigt werden, als es im Datenmaterial aufscheint.

Die zu lösende Aufgabe besteht also darin, „schrittweise aus einzelnen Gesprächsereignissen die kontextuell-partikulare Eigenheit dieses Ereignisses herauszufiltern, das heißt, den *Kontext des Gesprächs* als einen *Kontext im Gespräch* zu bestimmen". Der Kontext darf also in diesem Fall für und in die Analyse nur aufgenommen werden, wenn und soweit er „in die Äußerungen der Interagierenden hineinvermittelt ist".[618] Die Analyse muss dem *„Prinzip der prozeduralen Konsequenz"* genügen: Es muss gezeigt werden können, „wann und über welche Mechanismen der Kontext Auswirkungen auf die Form, den Verlauf, den Inhalt oder den Charakter einer gegebenen Interaktionssequenz hat".[619]

Letztlich geht es also darum, ob die Konversationsanalyse lediglich die „Konstruktionen erster Ordnung", also die von den Gesprächsteilnehmern selbst erzeugten Interpretationen sichtbar machen darf, oder ob sie auch zurückgreifen kann auf „Konstruktionen zweiter Ordnung", auf die Beobachtungen der sozialwissenschaftlichen Beobachter.

Das vermittelte „Zeitgespräch"

Die Kontextfrage ist von erheblicher Bedeutung für eine Anwendung der Konversationsanalyse auf alle Erscheinungen der sogenannten Massenkommunikation. Sie zählen ohne Zweifel zu den institutionellen Gesprächen im Sinne der Konversationsanalyse. Die Vorrangstellung, die diese der alltäglichen face-to-face-Kommunikation eingeräumt hat, ist gewiss ein Grund dafür, dass konversationsanalytische Studien zur Massenkommunikation nur spärlich vorhanden sind.[620] Der andere Grund liegt ganz sicher in der außerordentlich vertrackten Kontextverschränkung, mit der es der Analytiker in allen Fällen massenkommunikativer Erscheinungen zu tun bekommt. Die Möglichkeiten einer Anwendung der Konversations-

---

617 Eberle, Thomas Samuel, Konversationsanalyse, 1997, S. 265.
618 Bergmann, Jörg R., Studienbrief, 1988, KE 3, S. 53.
619 Eberle, Thomas Samuel, Konversationsanalyse, 1997, S. 264.
620 Zu den wenigen Studien zählen u. a.: Heritage, John, Interviews, 1985; Keppler, Angela, Präsentation, 1985 sowie Leitner, G., Rundfunkkommunikation, 1983.

analyse auf Erscheinungen der Massenkommunikation können nur grob angedeutet werden; selbstverständlich ergeben sich auch neue Anwendungsfelder im Bereich der Online-Kommunikation.[621]

Als Einstieg drängt sich geradezu auf, alle jene „*dialogischen Darstellungsformen*" konversationsanalytisch zu behandeln, die über audiovisuelle Medien unter Wahrung ihres Gesprächscharakters ausgestrahlt werden: Dieser Gegenstandsbereich reicht von Talkshows über alle Arten von Diskussionsrunden bis hin zu Interviews und Statements.[622] Die registrierende Konservierung des Materials macht hierbei kaum Schwierigkeiten. Sofern es sich um Fernsehproduktionen handelt, partizipieren mögliche Konversationsanalysen allerdings an all den Problemen, die bildliche oder filmische Darstellungen überhaupt aufwerfen, angefangen von den Notationen in Transkripten bis zur Entschlüsselung der molekularen Elemente, die als Ordnungselemente infrage kommen.[623]

> Im angedeuteten Fallsegment bieten sich *komparative Studien* fast von selbst an: Wie wandeln sich diese kommunikativen Formen in Hörfunk- und Fernsehprogrammen gegenüber den Alltagsformen und deren – durch vorhandene Konversationsanalysen bereits entschlüsselte – Regelmechanismen? Natürlich ist das ganz wesentlich auch eine Kontextfrage, weil schließlich alle an einem Hörfunk- oder Fernsehgespräch Beteiligten ganz genau um die relevanten Kontextbedingungen wissen und sich – wenngleich mit unterschiedlichem Erfolg – darauf einstellen, wenn sie miteinander reden und füreinander Kommunikationsordnungen erzeugen. Dieses Wissen, soviel erscheint geradezu trivial, verändert das Verhalten der Organisations-, hier der Medienrepräsentanten ebenso wie erst recht das Verhalten aller übrigen Gesprächsteilnehmer. Wie schlägt sich das in den kommunikativen Ordnungsmustern nieder? Die Frage ist: Was macht ein Fernseh*gespräch* zum *Fernseh*gespräch?[624]

Der Einstieg über Gesprächsformen, die augenscheinlich noch starke Ähnlichkeiten mit Alltagsgesprächen haben, darf jedoch nicht den Blick dafür verstellen, dass auch alle anderen Formen, in denen Massenkommunikation realisiert wird, einer Konversationsanalyse zugänglich sind, insbesondere sämtliche Formen der Nachricht und des Berichts, der Reportagen und der Features, der Kommentare und Glossen. Scheinbar handelt es sich hier um „*monologische*" Ausdrucksformen unter Kontextbedingungen der Massenkommunikation – unabhängig davon, wie sie präsentiert werden, ob als lesbare Texte in Printmedien und neuerdings auch in

---

621 So hat z. B. Claudia Orthmann (Strukturen, 2004) in ihrer Dissertation mittels Konversationsanalyse die Chat-Kommunikation von Kindern und Jugendlichen im Webchat „Europachat" mit Blick auf sprachliche Strukturen untersucht.
622 Wenigstens am Rande sei vermerkt, dass nicht nur für die den elektronischen Medien entsprechenden publizistischen Dialogformen von einer konversationsanalytischen Behandlung Erkenntnisgewinne zu erwarten sind, sondern auch für die bis ins 19. Jahrhundert hinein in vielerlei Varianten üblichen fiktionalen dialogischen Einkleidungsformen und Gattungen, die eine lange Tradition haben und in mehrerer Hinsicht als Mutterboden für die Entwicklung der modernen Nachrichten- und Berichtformen gelten müssen. Vgl. dazu v. a. d'Ester, Karl, Totengespräche, 1936, Band 1.
623 Siehe dazu auch Keppler, Angela, Konversationsanalyse, 2006, insbesondre S. 302–316.
624 Vgl. dazu Bergmann, Jörg R., Studienbrief, 1988, KE 3, S. 53.

den global vernetzten Systemen des Internet, ob als hörbar vorgetragene oder als hörbar und sichtbar angebotene, mit bildlichen oder filmischen Darstellungen unterfangene Produktionen in Hörfunk, Fernsehen oder Internet. Die Erwartung, dass die konversationsanalytische Behandlung dieser Formen wichtige Einsichten in die Ordnungselemente und -muster dieser Darstellungsformen und damit in die Organisation und Struktur publizistischer Wirklichkeitskonstruktionen, vielleicht auch in die Konstruktionsstrategien einzelner Medien und Publizisten, liefern könnte, gründet auf mehreren Überlegungen.

Formal hat die Konversationsanalyse schon in ihrer klassischen Ausprägung längst damit begonnen, auch *Texte als Forschungsobjekte* einzubeziehen; für die Anwendung des Verfahrens auf Texte liegen also bereits Erfahrungen vor. In sachlicher Hinsicht dienen alle relevanten publizistischen Texte einem „indirekten" Austausch oder – um diese gängige Formel vorerst aufzugreifen – einer *„mittelbaren Kommunikation"*. Für diese gilt uneingeschränkt die phänomenologische Feststellung: *„Die Grundstruktur des Dialogs bleibt im schriftlichen Austausch erhalten."*[625] Die Frage, die dann ins Detail geht, zielt darauf, wie diese dialogische Grundstruktur im Falle publizistischer Darstellungsformen aussieht, wie sie von der Publizistik (oder von einzelnen Publizisten) erzeugt wird, und zwar so erzeugt wird, dass der Leser, Hörer oder Zuschauer sie erkennt, sie zu interpretieren und seinerseits darauf seine eigenen Wirklichkeitskonstruktionen aufzubauen vermag.

Diese Überlegungen aber bewegen sich durchweg noch an der Oberfläche. Warum die Anwendung der Konversationsanalyse den Erscheinungen der Massenkommunikation tatsächlich angemessen ist, diese Anwendung jedoch zugleich vor außerordentlich komplizierte Probleme stellt, ergibt sich erst, wenn man Massenkommunikation konsequent als *„vermittelte soziale Kommunikation"* betrachtet[626], die Medien entsprechend als Manifestationen des *„Zeitgesprächs der Gesellschaft"* (Bernd M. Aswerus).[627]

> Dann nämlich zeigt sich auch, dass der „Bericht" in all seinen Formen und Metamorphosen – und eben gerade nicht nur in den dialogischen, sondern auch in seinen scheinbar monologischen Emanationen – „mittelbar und unmittelbar das gesellschaftliche Wort" zum Ausdruck bringt.[628] Im „Bericht" (im weiten Sinn des Wortes) wird das unaufhörliche, alltägliche Gesellschaftsgespräch samt allen seinen Funktionen – vom Stammtischgerede bis zum kommunikativen Bemühen um Entscheidungen, vom Straßengeschwätz bis zum fachlichen Diskurs – konzentriert, mediengerecht transformiert und so vermittelt. Von den Ausnahmen ‚publizistischer' Urteile oder Gesinnungsäußerungen einmal abgesehen, die in Kommentaren, Glossen oder subjektiv-reportierenden Schilderungen als Zutaten zum „Zeitgespräch" angerichtet sind, stellt der überwiegende Teil des Inhalts oder des Programms von Massenmedien selbst bereits eine „Konstruktion zweiter Ordnung" dar.

---

625 Waldenfels, Bernhard, Dialog, 1971, S. 214.
626 Siehe dazu Wagner, Hans, Massenkommunikation, 1998.
627 Siehe Aswerus, Bernd M., Zeitgespräch, 1993.
628 Starkulla, Heinz, Presse, 1965, S. 201; vgl. auch Wagner, Hans, Vermittlungsverfassung, 1986.

Das heißt: es handelt sich im weitesten Sinne um eine Interpretation professioneller Medienmacher von Welt-Interpretationen der in der Gesellschaft kommunikativ Agierenden; um eine Verkleinerung und Vereinfachung des realen „Zeitgesprächs der Gesellschaft" noch dazu. Diese „Konstruktionen zweiter Ordnung", welche die „Konstruktion erster Ordnung" durch die Gesellschaftsmitglieder unvermeidlich überformt, im Extremfall auch überlagert oder unter Umständen bis zur Unkenntlichkeit entstellt, ist indessen unausweichlich Grundlage der Orientierung des Bürgers in weiten Teilen seiner Lebenswelt, zumindest soweit diese außerhalb seiner Reichweite liegen.

Die Konversationsanalyse hätte hier dringend zahllose Fragen zu klären: Welche Ordnungs- und Organisationselemente der Konstruktionen erster Ordnung bleiben bei diesem Vermittlungsverfahren intakt, welche anderen nicht? Nach welchen Organisationsprinzipien verfährt die Vermittlung als eine Konstruktion zweiter Ordnung? Wie verhalten sich die Ordnungselemente der beiden Konstruktionsebenen zueinander? Wie kann der Bürger sich an den Konstruktionselementen erster Ordnung überhaupt orientieren, wenn sie von ‚journalistischen' bzw. ‚publizistischen' Maßstäben überlagert sind?

Jedenfalls ist das analytische Potenzial der Konversationsanalyse für die Erkenntnis der Massenkommunikation keinesfalls ausgeschöpft; es ist noch nicht einmal ernsthaft ausprobiert.

11. Kapitel Die Gruppendiskussion: Von der Erschließung kollektiver Erfahrungsräume

von Hans Wagner und Philomen Schönhagen

Ähnlichkeiten mit der Konversationsanalyse scheint auf den ersten Blick das Verfahren der Gruppendiskussion zu haben: Auch hier bietet ein Gespräch mehrerer Teilnehmer zu einem Thema die Beobachtungs- und Untersuchungsgrundlage und somit den Ausgangspunkt der Informations- und Datensammlung.[629] Es gibt allerdings zwei Unterschiede zur Konversationsanalyse.

Der erste und wichtigste: Während die Konversationsanalyse ausschließlich Aspekte der formalen Regelhaftigkeit und Struktur von Gesprächen rekonstruieren will, beansprucht die Gruppendiskussion einen Zugang zu „tiefer gehenden semantischen Gehalten", also zu den Sinngehalten des Gesprächs zu eröffnen.[630] Der zweite Unterschied: die Konversationsanalyse verfolgt im Wesentlichen Alltagsgespräche, die ohne Zutun des interessierten Forschers und Beobachters ablaufen. Bei der Gruppendiskussion dagegen handelt es sich um ein Gespräch, das grundsätzlich nur vom Forscher selbst initiiert wird.

Die Initiative des Forschers erstreckt sich vor allem auf den Gegenstand des Gruppengesprächs, das von einem thematischen „Grundreiz"[631] ausgelöst wird und auf den sich im weiteren Verlauf die Aufmerksamkeit und die Diskussion der Gesprächsgruppe konzentriert oder „fokussiert". Im englischsprachigen Raum ist das Verfahren der Gruppendiskussion daher unter dem Namen *„focus group"* geläufig.[632] Diese Bezeichnung wird in der einschlägigen Methodenliteratur häufig sinngleich mit dem Begriff ‚Gruppendiskussion' gebraucht. Eine gewisse Ausnahme macht Uwe Flick, der dem Verfahren der Gruppendiskussion und den focus groups je einen eigenen Abschnitt widmet, dabei allerdings schreibt, dass „die Methode [der Gruppendiskussion; d. Verf.] in letzter Zeit eine Renaissance als ‚Focus Group', im englischen Sprachraum erfahren" habe. Dabei wird jedoch nicht klar, warum eine derartige Trennung vorgenommen wird[633] – abgesehen einmal

---

629 Lamnek/Krell halten fest: „Die Gruppendiskussion ist ein Gespräch mehrerer Teilnehmer zu einem Thema, das der Diskussionsleiter benennt, und dient dazu, Informationen zu sammeln." (Lamnek, Siegfried/Krell, Claudia, Sozialforschung, [6]2016, S. 384.) Entsprechend auch die Deskription von David L. Morgan: „Focus groups are group interviews. A moderator guides the interviews while a small group discusses the topics that the interviewer raises. What the participants in the group say during their discussions are the essential data in focus groups." (Morgan, David L., Focus Group, vol 1, 1998, S. 1.)
630 Vgl. Bohnsack, Ralf, Sozialforschung, [9]2014, S. 123.
631 Lamnek, Siegfried/Krell, Claudia, Sozialforschung, [6]2016, S. 384. Die Bezeichnung ist wohl von Pollock (Gruppenexperiment, 1955, S. 41 f.) eingeführt und in der Folge übernommen worden. Vgl. zum Setzen eines Grundreizes etwa Lamnek, Siegfried/Krell, Claudia, Sozialforschung, [6]2016, S. 390 f. u. 413 f.; Uwe Flick (Sozialforschung, [8]2017, S. 255) spricht von einem „Diskussionsanreiz".
632 Nach David L. Morgan (Focus Group, vol 1, 1998, S. 38) ist der Name vermutlich vom Titel des Buches *„The Focused Interview"* von R. K. Merton, M. Fiske und P. L. Kendall abgeleitet, das 1956 erstmals und 1990 in einer zweiten Auflage erschien. Dem Buch ging ein gleichnamiger Beitrag im *American Journal of Sociology*, vol. 51/1946, S. 541–557, von Merton und Kendall voraus, der mehrfach nachgedruckt wurde. Eine deutsche Übersetzung des Beitrags findet sich in Hopf Christel/Weingarten, Elmar (Hrsg.), Sozialforschung, 1979, S. 171–204.
633 Siehe Flick, Uwe, Sozialforschung, [8]2017, S. 250–259 „Die Gruppendiskussion" sowie S. 259–263 „Die Focus-Group".

> von dem bevorzugten Anwendungsbereich, der den *focus groups* zugeschrieben wird. *Focus groups* werden demnach „besonders in der Markt- und Medienforschung",[634] das heißt wohl eben: kommerziell eingesetzt, während Gruppendiskussionen eher wissenschaftlichen Zielsetzungen dienstbar sind. Implizit steckt hinter dieser Unterscheidung die Annahme, dass die kommerzielle Anwendung des Gruppendiskussionsverfahrens überwiegend pragmatisch und „im Freistil"[635] erfolgt. Von einer wissenschaftlichen Anwendung hingegen wird eine fundierte theoretische Begründung und Absicherung erwartet. An diesem Eindruck ist manches richtig.

Was die Entwicklung der Methode anbelangt, so gab es sowohl in den USA wie auch im deutschsprachigen Raum Phasen, in denen die Methode hauptsächlich in der kommerziellen Markt-, Meinungs- und Werbeforschung eine große Rolle spielte, ohne dass dabei die Methodologie oder auch nur die einzelnen Schritte des Verfahrens ausreichend reflektiert worden wären. Nicht selten stand dabei vielmehr die Intention im Vordergrund, „den Aufwand an Zeit und Geld zu reduzieren", wenn man „eine Gruppe von Menschen zu einem Zeitpunkt anstatt mehrere Individuen zu verschiedenen Zeitpunkten" befragen konnte.[636] Wegen solcher „zeitökonomischen und finanziellen Erwägungen" sei die Gruppendiskussion in der Marktforschung der USA jedenfalls „beinahe zu einem Synonym für qualitative Methoden" geworden, meint Ralf Bohnsack.[637] Dass David L. Morgan den Glauben an die Aufwandsminimierung durch das Focus-Group-Verfahren als einen primären Mythos bekämpft, demonstriert ebenfalls, wie weit verbreitet er offenbar ist.[638]

> Mag also sein, dass der Beigeschmack einer ebenso billigen wie scheinbar simplen und im Übrigen wenig fundierten kommerziellen Methode sich bis in die aktuelle Situation hinein zieht. Jedenfalls konstatiert Flick für die Gegenwart, die Methode habe zwar große Aufmerksamkeit gefunden; sie fehle in kaum einem Lehrbuch der empirischen Sozialforschung. Jedoch werde sie „vor allem in Kontexten angewandter Forschung (...) eingesetzt".[639] Präzisierend registrieren Lamnek und Krell, dass im Unterschied zu anderen qualitativen Erhebungstechniken „die Gruppendiskussion in der Praxis – gerade in der kommerziellen Markt- und Meinungsforschung – sehr häufig angewandt" werde, im wissenschaftlichen Bereich jedoch „eher ein Schattendasein" führe. Die Ursache dafür sehen sie, nun allerdings im Widerspruch zu Flick, darin, dass der Methode „weniger Aufmerksamkeit zugewandt wurde als etwa dem Interview und der Beobachtung"; „die wissenschaftlichen Erkenntnisse und das Handlungswissen sind bei der Gruppendiskussion deutlich begrenzt", diese sei „methodisch-theoretisch nur zaghaft ausgearbeitet worden".[640]

---

634 Flick, Uwe, Sozialforschung, [8]2017, S. 259.
635 Lamnek, Siegfried/Krell, Claudia, Sozialforschung, [6]2016, S. 384.
636 Flick, Uwe, Sozialforschung, [8]2017, S. 250.
637 Bohnsack, Ralf, Sozialforschung, [9]2014, S. 107.
638 Morgan, David L., Focus Group, vol. 1, 1998, S. 47 f.
639 Flick, Uwe, Sozialforschung, [8]2017, S. 251.
640 Lamnek, Siegfried/Krell, Claudia, Sozialforschung, [6]2016, S. 384.

Lange Zeit stieß die Methode also in der Praxis und in der Wissenschaft auf ein gespaltenes Anwendungsinteresse. Das hat sich inzwischen jedoch offenbar geändert: „Die Methode der Gruppendiskussion ist auf dem besten Weg, sich zu einem Standardverfahren qualitativer Sozialforschung zu entwickeln."[641] Inwiefern ihr bislang die gebührende wissenschaftliche Aufmerksamkeit zuteil geworden ist, lässt sich in einem Überblick über die Entwicklung des Verfahrens unschwer klären. Viel aufdringlicher ist aber zunächst die Frage, was denn die Praxis an dieser Methode der Gruppendiskussion, oder besser noch: was sie *mit* dieser Methode findet. Denn gerade wenn man der Marktforschung oder verwandten Anwendungsinteressen ökonomisches Denken bei der Entscheidung für Erhebungsverfahren unterstellt, müssen mit der Gruppendiskussion Erfolge zu erreichen sein, die wenigstens leidlich auch den Erwartungen entsprechen; es müssen Erkenntnisse damit gewonnen werden, die für praktische Zwecke brauchbar sind.

> *Focus groups*, sagt die Praxis, sind im Wesentlichen eine Möglichkeit, darauf zu hören, was die Leute zu sagen haben und davon zu lernen.[642] Es kommt also darauf an, was man von *focus groups* lernen kann. In dieser praktischen Hinsicht, so führt Morgan aus, sind Gruppendiskussionen besonders nützlich für die Exploration und für genauere Aufschlüsse über Gegenstände und Gruppen, von denen man sonst wenig weiß oder versteht. „*Focus groups* are one of the few forms of research where you can learn a great deal without really knowing what questions you want to ask!" Mit Gruppendiskussionen kann man sodann herausfinden, welchen Hintergrund die Gedanken und die Erfahrungen der Leute haben, warum ihre Meinungen und Einstellungen gelegentlich gleich oder ähnlich und warum sie ein andermal ganz unterschiedlich sind.[643] Diese und ähnliche Möglichkeiten lassen sich zu vielen Zwecken in allen Phasen eines Projekts, bei dessen Zieldefinition, bei der Detailplanung, bei der Durchführung und schließlich auch bei seiner Bewertung einsetzen.[644]

Diese Auskünfte klingen allesamt plausibel, weil sie nachvollziehbar sind. Aber die Antworten bleiben dennoch an der Oberfläche. Worum handelt es sich bei dem, was die Mitglieder einer Gruppe zu einem vorgegebenen „Grundreiz" zu sagen haben? Sind das Gefühle, die da ausgedrückt werden, oder Meinungen, oder Einstellungen, Wertmuster oder Ideologien? Lässt das, was da gesagt wird, Rückschlüsse auf die einzelnen Gruppenmitglieder zu oder auf die ganze Gruppe? Und schließlich: Was repräsentiert das, was da von Gruppenmitgliedern mitgeteilt und zwischen ihnen ausgetauscht wird? Ist das, was man da von relativ Wenigen hört, verallgemeinerungsfähig? Inwiefern kann man daraus Erkenntnisse gewinnen, auf die man sich wissenschaftlich oder praktisch tatsächlich verlassen kann? Solche

---

641 Bohnsack, Ralf/Przyborski, Aglaja/Schäffer, Burkhard, Einleitung, 2010, S. 7. Siehe dort auch auf S. 14 und im selben Band im Beitrag von Burkard Michel, S. 219 ff., Hinweise zur aktuellen Anwendung der Methode in verschiedenen Forschungsfeldern und Disziplinen. Auch Schäffer (2017, S. 358) weist auf jüngere Anwendungsbeispiele hin sowie auf „neuere Entwicklungen beim Einsatz des Verfahrens als 'Virtual Focus Groups'", etwa bei der Auswertung von „Telefon- oder Videokonferenzen".
642 Morgan, David L., Focus Groups, vol. 1, 1998, S. 9.
643 Morgan, David L., Focus Groups, vol. 1, 1998, S. 12.
644 Morgan, David L., Focus Groups, vol. 1, 1998, S. 13 ff.

Fragen sind, sofern die Gruppendiskussion den Anforderungen an eine wissenschaftliche Methode gerecht werden soll, klärungsbedürftig.

Es ist nämlich für eine erste Orientierung auch nicht sonderlich befriedigend zu erfahren, dass die Methode all den in diesen Fragen versteckten Alternativen gerecht werden soll, wie es ein von Lamnek und Krell präsentierter, aus der einschlägigen Literatur extrahierter Katalog möglicher Zieloptionen des Verfahrens nahelegt. Demnach könnten, „je nach methodologischer und soziologisch-theoretischer Ausrichtung des Forschers", mithilfe der Gruppendiskussion sowohl Meinungen und Einstellungen Einzelner wie solche von ganzen Gruppen, ebenso aber auch öffentliche Meinungen, sodann gruppenspezifische Verhaltensweisen und Bewusstseinsstrukturen sowie ebensolche ganzer gesellschaftlicher Teilbereiche erkundet werden.[645]

Bevor also sinnvoll Verfahrenswissen zur Gruppendiskussion ausgebreitet werden können, müssen die Grundlagenfragen ausreichend beantwortet sein. Es wird sich zeigen, dass die Geschichte des wissenschaftlichen Interesses an dieser Methode zugleich die Geschichte der Auseinandersetzung mit diesen Fragen ist.

1. Traditionen und Grundlagen der Gruppendiskussion

Wie schon angedeutet, sind wenigstens zwei Traditionsstränge des Verfahrens der Gruppendiskussion zu beachten: die Entwicklung in den USA einerseits sowie in Deutschland andererseits. Obwohl beide nicht erkennbar miteinander verknüpft sind, gibt es doch gewisse Parallelitäten. Dennoch sind sie getrennt darzustellen. Bohnsack verweist auf eine weitere Entwicklungslinie in England.[646]

Mit Gruppendiskussionen als einem Forschungsinstrument zur Ermittlung von Meinungen hantierten bereits in den 20er-Jahren Emory Bogardus und Walter Thurstone. Doch diese Versuche hatten keinen größeren Einfluss in den Sozialwissenschaften. Den gewannen erst Paul F. Lazarsfeld und Robert K. Merton, beide an der Columbia University; sie wandten die Methode während des Zweiten Weltkriegs zunächst im Rahmen der Propagandaforschung und dann auch zur Untersuchung von Zuhörerreaktionen auf Radioprogramme, also im Umkreis der Medienwirkungsforschung an. Morgan, der die amerikanische Traditionslinie der Gruppendiskussion in drei Perioden einteilt, sieht diese erste Periode geprägt durch Sozialwissenschaftler, die von der Methode sowohl in der akademischen als auch in der angewandten Forschung Gebrauch machten. Diese Periode findet ihren Abschluss mit den in dieses Verfahren einführenden und seine Ergebnisse resümierenden Veröffentlichungen von Robert K. Merton, Patricia L. Kendall und Marjorie Fiske.[647]

Deren Publikationen signalisieren die Grundidee, welche die Entwicklung und die Anwendung der Methode leitete: Es ging darum, Gruppen (oder auch Einzelne) mithilfe fokussierter Interviews dazu anzuregen, ihre Gefüh-

---
645 Lamnek, Siegfried/Krell, Claudia, 6 2016, Sozialforschung, S. 388 f.
646 Bohnsack, Ralf, Gruppendiskussion, 2000, S. 369–373.
647 Siehe Fußnote 632.

le und Meinungen zu einem dabei präsentierten Stimulus möglichst unbeeinflusst zu äußern. Die Befunde, die mit diesem Verfahren gewonnen wurden, dienten überwiegend entweder als „Quelle für Hypothesenbildungen", die anschließend systematischen experimentellen oder statistischen Tests unterzogen wurden, oder – falls die fokussierten Interviews experimentellen oder statistischen Untersuchungen folgten – als Stütze zur Interpretation „ansonsten unverständlicher experimenteller Forschungsresultate".[648]

Dieser Grundidee bemächtigte sich dann Anfang der 50er-Jahre rund 30 Jahre lang insbesondere die Marktforschung. Es war, nach Morgan, eine Periode, in der das Verfahren mit *focus groups* zwar eine wachsende praktische Bedeutung erlangte, für die Methodenentwicklung jedoch nicht annähernd so einflussreich war, wie es möglich gewesen wäre. *„Because [the marketing researchers] were largely commercial practitioners, rather than scholars, very few of these researchers published descriptions of their methods. Similarly, because focus groups were not part of the curriculum in business schools, they received very little attention in marketing textbooks."*[649]

Das änderte sich erst in den 80er-Jahren. Die Methode konnte in dieser dritten Entwicklungsperiode das Interesse der Wissenschaft zurückgewinnen, als sich die Anwendung des Verfahrens vom ökonomischen auf das „soziale Marketing" verlagerte, wobei insbesondere Themen des öffentlichen Gesundheitswesens und – im Zusammenhang der rasanten Ausbreitung von AIDS – des Sexualverhaltens ins Blickfeld gerieten. In den 90er-Jahren wurden dann auch entsprechende Untersuchungen in Entwicklungsländern durchgeführt. Gleichzeitig wurde der Anwendungsbereich auf politisches Marketing, etwa im Zusammenhang von Präsidentschaftswahlen, ausgedehnt. Im Zuge dieser Entwicklung hat sich die Verfahrenstechnik verfeinert.

Die Grundidee und die mit dem Verfahren verbundene Zielsetzung jedoch blieb im Wesentlichen dieselbe, wie sie sich bereits in den Anfängen abgezeichnet hatte.[650] Daher ist dem Urteil von Bohnsack beizupflichten, dass dieser amerikanischen Tradition eine grundlagentheoretische Fundierung fehlt, sodass letztlich die Frage der Zuverlässigkeit des Verfahrens sowie der Gültigkeit der mit ihm gewonnenen Resultate offen bleibt.[651]

Damit hängt direkt zusammen, dass auch ungeklärt bleibt, welche Bedeutung die „Interaktions-, Diskurs- und Gruppenprozesse für die Konstitution von Meinungen, Orientierungs- und Bedeutungsmustern" haben.[652] Es kommt nicht von ungefähr, dass im Kontext praktischer und wissenschaftlicher Anwendungen von *fo-*

---

648 Merton, Robert K./Kendall, Patricia L.: Interview, 1979 [1946], S. 201 f.
649 Morgan, David L., Focus Groups, vol. 1, 1998, S. 40.
650 Repräsentativ für den Status der Methode in den USA sind die Publikationen von Richard A. Krueger, Focus groups, ²1994 und David L. Morgan, Focus groups, ²1997. Beide Autoren haben 1998 gemeinsam die siebenbändige Einführung *The Focus Group Kit* (Sage Publications, Thousand Oaks, CA) herausgegeben.
651 Bohnsack, Ralf, Gruppendiskussion, 2000, S. 372 f.
652 Bohnsack, Ralf, Sozialforschung, ⁹2014, S. 107.

cus groups immer wieder von „Gruppeninterviews" oder von *„focussed interviews"* die Rede ist. So etwa unterschieden Merton und Mitarbeiter fokussierte Einzelinterviews letztlich nicht grundlegend von fokussierten Gruppeninterviews.[653] Und ganz lapidar setzt Morgan an den Beginn seiner Einführung in das Verfahren den Satz: *„Focus groups are group interviews."*[654] Lamnek und Krell registrieren zwar den Gebrauch der Bezeichnungen „Kollektivinterview" oder „Gruppeninterview" für die Gruppendiskussion, weisen diesen aber als „irreführend" zurück[655] und tragen die Argumente zusammen, die gegen die Reduktion des Verfahrens auf einen Interviewmodus sprechen.[656]

- In der Gruppendiskussion kommt es nicht auf eine Befragung der Gruppe durch den Gesprächsleiter oder auf ein Gespräch zwischen diesem und der Gruppe an; entscheidend ist vielmehr das Gespräch der Gruppenmitglieder untereinander: Dieses Gespräch allein produziert die forschungs- und ergebnisrelevanten Daten.
- Gruppengespräche der angestrebten Art zeichnen sich durch ein erhebliches Maß an Alltagsähnlichkeit aus und lassen daher erwarten, dass die an einem solchen Gespräch Beteiligten ihre Einstellungen und Meinungen tatsächlich authentisch artikulieren.

Dieses Argument verzweigt sich in zwei verschiedene Richtungen. Zum einen:

- Wie viele anderen Verhaltensweisen auch, sind Meinungsäußerungen nicht nur von subjektiven Einflussfaktoren bestimmt, sondern ebenso auch „situationsdeterminiert" und kontextabhängig. Das heißt, die Meinungsäußerung eines Interviewten muss keineswegs identisch sein mit der Meinung, die derselbe Mensch zum selben Gegenstand in einer Gruppendiskussion vertritt; zumindest sagt er das Gleiche in diesen verschiedenen Situationen nicht unbedingt auf die gleiche Weise.[657] Zum anderen und insbesondere:
- Nicht die Befragung, sondern die „naturalistische Kommunikation" generiert in der Konfrontation mit Widersprüchen, mit anderen Perspektiven und Auffassungen die Meinungsäußerungen von Teilnehmern, die ohne derartige Stimulierung überhaupt nicht oder jedenfalls nicht so artikuliert worden wären. Insoweit beanspruchen die so gewonnenen Daten einen besonderen Grad an Realitätsnähe.
- Schließlich und endlich werden im Rahmen einer Befragung, auch in der Form von Gruppeninterviews, die Einzelnen tendenziell als „Objekte einer Ermittlung" behandelt, nicht aber als „Subjekte einer Unterhaltung", wie dies in

---

653 Vgl. Merton, Robert K./Kendall, Patricia L., Interview, 1979, S. 171–204.
654 Morgan, David L., Focus Groups, vol. 1, 1998, S. 1.
655 Lamnek, Siegfried/Krell, Claudia, Sozialforschung, [6]2016, S. 392.
656 Vgl. dazu Lamnek, Siegfried/Krell, Claudia, Sozialforschung, [6]2016, S. 393–396 mit einer schematischen Zusammenfassung der Argumente S. 396 f.
657 Auf dieser Erfahrung beruht die von Hofstätter formulierte „Faustregel": „Die Konformität des Verhaltens wächst mit dessen Öffentlichkeitscharakter." Siehe Hofstätter, Peter R., Sozialpsychologie, [3]1963, S. 128.

einem Kommunikationsprozess der Fall ist, der dem Postulat der Offenheit gerecht wird.

Kollektivinterviews sind also etwas durchaus anderes als Gruppendiskussionen.

Auf der Suche nach der Sozialität der Gruppendiskussion

Es war eine Art Fundamentalkritik an dem nach dem Zweiten Weltkrieg aufkommenden und sehr erfolgreichen Verfahren der repräsentativen Meinungsumfrage, die in Deutschland den Anstoß zu den ersten wissenschaftlichen Versuchen mit der Gruppendiskussion gab. Diese Versuche gingen auf die Initiative des Frankfurter Instituts für Sozialforschung zurück. Dort hatte man im Winter 1950/51 aus Gesprächen von 137 Diskussionsgruppen, an denen nahezu 1800 Personen beteiligt waren, politische Einstellungen der deutschen Bevölkerung zur unmittelbar zurückliegenden Hitlervergangenheit, zur Besatzungszeit sowie zum Aufbau der Demokratie zu erschließen unternommen. Einen Großteil dieser Studien hat Friedrich Pollock 1955 unter dem Titel „Gruppenexperiment" vorgelegt.[658]

Es war das Ziel dieser Untersuchungen, „Aufschlüsse über die unter der *Oberflächenmeinung* liegenden und sie begründenden Einstellungen" zu gewinnen.[659] Denn nach der Auffassung der Frankfurter Sozialforscher konnte nur in Gruppendiskussionen, das heißt „in Rede und Gegenrede, durch die Versuche, die anderen Angehörigen der Gruppe von der Richtigkeit der eigenen Auffassung zu überzeugen, durch den Einfluss, den die Gruppenmeinung (Gruppenstandards) auf die Haltung des Individuums ausübte, kurz, durch die Dynamik der Auseinandersetzung mit dem Thema, (...) die Einstellung der Versuchsteilnehmer und die sie wesentlich mitkonstituierende Wechselbeziehung zwischen Individuum und Gruppe sichtbar gemacht werden. Es sollte vermieden werden, Einstellungen, Meinungen und Verhaltensweisen der Menschen in einer Isoliertheit zu studieren, in der sie kaum je verkommen."[660] Das Einzelinterview, wie es bei Umfragen üblich ist, stelle insoweit eine künstliche Situation dar. Dabei könnten kaum „Einblicke in die Variationsbreite und Struktur der Meinungen und Einstellungen" gelingen.[661] Zudem beruhe die bei Umfragen zu beobachtende Unfähigkeit mancher Befragten, ihre Meinung zu äußern, auf Widerständen und psychologischen Sperren, die sich in offenen Gesprächssituationen überwinden lassen; hierbei handle es sich nicht selten um „Rationalisierungen"; Gruppendiskussionen seien indessen besonders geeignet, solche Rationalisierungen aufzulösen und offenbar zu machen, wofür sie stehen und „zwischen dem oberflächlichen und latenten Inhalt der Aussage" zu unterscheiden.[662]

Grundsätzlich bildet das Umfragemodell nämlich weitgehend die standardisierte Verhaltenssituation bei einer politischen Wahl oder bei bestimmten Konsumentscheidungen ab, in der alle Wähler oder Konsumenten *einzeln*

---

658 Siehe dazu Pollock, Friedrich, Gruppenexperiment, 1955, S. 79 f.
659 Pollock, Friedrich, Gruppenexperiment, 1955, S. 34 f. (Hervorhebung im Original.)
660 Pollock, Friedrich, Gruppenexperiment, 1955, S. 34.
661 Mangold, Werner, Gruppendiskussionsverfahren, 1960, S. 32.
662 Pollock, Friedrich, Gruppenexperiment, 1955, S. 32 f.

ihre Ansicht kundtun. Es wird keineswegs bezweifelt, dass sich mit solchen Umfragen durchaus praktikable Ergebnisse erzielen lassen. Die Kritik richtet sich vielmehr gegen die (stillschweigende) Annahme, dass diesem „Aggregatmodell", in dem „die öffentliche Meinung als Summe aller Einzelmeinungen" aufgefasst wird, eine generelle Gültigkeit zukommen solle.[663] Demgegenüber wird, nach Auffassung von Pollock, was Gegenstand der öffentlichen Meinung ist, dem einzelnen „häufig erst während der Auseinandersetzung mit anderen Menschen deutlich", weshalb die Ermittlung dieser Meinung „in statu nascendi" ansetzen muss, in einer Situation also, die der Realität möglichst nahekommt, „in welcher die Einstellungen gleichsam aktiviert und von ihren Trägern formuliert werden".[664] Dies eben geschieht in Gruppendiskussionen, denen die „Situation in einem Eisenbahnabteil" als eine Art Modell dient; denn dort kommt es häufig vor, „daß einander fremde Menschen sich in erstaunlicher Offenheit über heikelste Fragen unterhalten".[665]

Dass dieser erste Anlauf der Experimente mit Gruppendiskussionen schließlich das Ziel nicht erreichte, lag letztlich daran, dass die Auswertungsmethode der Diskussionsprotokolle nicht über die Erfassung der Einzeläußerungen der Teilnehmer hinauskam. Es ging also nicht um die Untersuchung von Gruppenphänomenen, sondern um die Beobachtung der „Einstellungen und Reaktionen von Individuen in der Gruppensituation".[666] Indem sich die Studie aber auf die Meinungen der Individuen konzentrierte, orientierte sie sich letztlich „insgesamt weiterhin am Modell der Umfrage".[667]

Fortschritte erreichte wenige Jahre später Werner Mangold. Er unterzog die reichhaltigen Gruppendiskussionsprotokolle des Frankfurter Instituts für Sozialforschung einer neuerlichen Überprüfung mit dem Erkenntnisziel, daraus *informelle*

---

663 Vgl. dazu Mangold, Werner, Gruppendiskussionsverfahren, 1960, S. 31 ff.
664 Pollock, Friedrich, Gruppenexperiment, 1955, S. 32. – Die wiederholt von Lamnek/Krell (Sozialforschung, [6]2016, S. 385 und S. 398) bzw. Lamnek (Gruppendiskussion, [2]2005, S. 55 f.) geäußerte Auffassung, Pollock untersuche die „*nicht-öffentliche Meinung*" der einzelnen Teilnehmer der Diskussionsgruppen, findet in dessen Originaltext in dieser Form keinen Anhalt. Von einer „nichtöffentlichen" Meinung, die sich in den Befunden Pollocks manifestiere, spricht explizit lediglich Franz Böhm im Geleitwort zu diesem Studienbericht, dies allerdings eher distanziert-ironisch, indem er sie als „zweite Währung" umlaufender Meinungen neben die „sogenannte" oder „offizielle" Öffentliche Meinung stellt. (Vgl. S. xi f.) Wie Böhm, so kritisiert auch Pollock die Ausschließlichkeit, mit welcher der Begriff der „Öffentlichen Meinung" auf ein bloßes „Summenphänomen" appliziert werde.
665 Pollock, Friedrich, Gruppenexperiment, 1955, S. 35. – Die Vorstellung vom Modellcharakter einer Diskussion im Eisenbahnabteil hat viel später Elisabeth Noelle-Neumann im sog. Eisenbahntest wieder aufgenommen, mit dessen Hilfe „im demoskopischen Interview Öffentlichkeit" simuliert werden sollte. Siehe dazu Noelle-Neumann, Elisabeth, Schweigespirale, 1980, S. 33–40.
666 Pollock, Friedrich, Gruppenexperiment, 1955, S. 54.
667 Bohnsack, Ralf, Sozialforschung, [9]2014, S. 108. Vgl. dazu Pollock, Friedrich, Gruppenexperiment, 1955, S. 275, ebenso S. 61.

Gruppenmeinungen herauszukristallisieren.[668] Dabei vollzog er, wie Bohnsack feststellt, gegenüber den ersten Versuchen eine doppelte Wendung.[669]

Zum einen orientierte er sich nicht mehr an der Meinungsäußerung einzelner Gruppenmitglieder, sondern an den in einer Gruppe ablaufenden Diskussionsprozessen insgesamt und stellte dabei fest: „In der Diskussion schlagen offenkundig bereits ausgebildete Gruppenmeinungen sich nieder. Diese werden gleichsam arbeitsteilig vorgetragen. Die Sprecher bestätigen, ergänzen, berichtigen einander, ihre Äußerungen bauen aufeinander auf; man kann manchmal meinen, es spreche einer, so sehr passt ein Diskussionsbeitrag zum anderen. Eine Zerlegung dieses kollektiven Prozesses der Meinungsäußerung in die Ansichten der einzelnen Sprecher ist vielfach unmöglich. Die Gruppenmeinung ist keine ‚Summe' von Einzelmeinungen, sondern das Produkt kollektiver Interaktionen."[670]

> Sobald sich das Beobachtungsinteresse auf die Diskussionsprozesse als Ganze verlagert, verändert sich auch die Bedeutung der Kontextbedingungen. Während bei dem Versuch, individuelle Meinungen und Einstellungen aus dem Gruppendiskussionsprozess herauszulösen, die wechselseitigen Beeinflussungen der Teilnehmer, die sozialen Kontrollen oder auch die Schweigerquoten als „Störungen" in Erscheinung treten, wandeln sich diese unter der Perspektive, die Gruppenmeinung aufzudecken, zu einer „Hilfe", werden „zum entscheidenden positiven Kriterium für die Validität der ermittelten Bewusstseins- und Verhaltensphänomene, zum entscheidenden ‚Vorteil' von Gruppendiskussionen gegenüber Einzelbefragungen".[671]

Die zweite, für das Verfahren der Gruppendiskussion ganz wesentliche Wendung beruht auf der Erkenntnis der Bedingung, dass sich die Teilnehmer einer Diskussionsgruppe „als Mitglieder gleicher und thematisch relevanter *sozialer Großgruppen* erkennen und identifizieren können" müssen: „Erst auf der Grundlage relativ gleicher objektiver Lebensbedingungen, relativ gleicher Erfahrungen, Interessen und Erwartungen konnte das ‚Bedürfnis nach Geborgenheit im Kollektiv' (...) die Ausbildung von Gruppenmeinungen in Gang setzen."[672] Das bedeutet aber: Wenn diese entscheidende Bedingung erfüllt wird, ist die in der Diskussion zutage tretende *informelle Gruppenmeinung* nicht das Resultat der kommunikativen Auseinandersetzung in der Gruppe (allein); sie hat sich vielmehr auf der Basis gleicher Lebensbedingungen, Erfahrungen, Interessen und Erwartungen „in der Realität einer Gruppe bereits konstituiert" und „wird in der Diskussion lediglich aktualisiert".[673] Insoweit ist die sich manifestierende informelle Gruppenmeinung „situa-

---

668 Mangold, Werner, Gruppendiskussionsverfahren, 1960. Mangold stützt sich bei seinen Rekonstruktionsversuchen neben den Vorarbeiten von Pollock insbesondere auf zwei in diesem Kontext angesiedelte Dissertationen von Diedrich Osmer, Gruppendiskussion, 1953 und Volker von Hagen, Integrationsphänomene, 1954.
669 Bohnsack, Ralf, Sozialforschung, ^{9}2014, S. 108.
670 Mangold, Werner, Gruppendiskussionsverfahren, 1960, S. 48 f.
671 Mangold, Werner, Gruppendiskussionsverfahren, 1960, S. 30.
672 Mangold, Werner, Gruppendiskussionsverfahren, 1960, S. 40, mit Berufung auf v. Hagen.
673 Bohnsack, Ralf, Sozialforschung, ^{9}2014, S. 109. Vgl. dazu auch Mangold, Werner, 1960, S. 41.

tionsunabhängig".[674] Man wird also, das ist eine für die Anwendung des Gruppendiskussionsverfahrens nicht unerhebliche Konsequenz, mit Gruppen arbeiten müssen, die *homogen* sind; das heißt hier: die Teilnehmer sollten „bestehenden informellen Kommunikationsgemeinschaften", eben „sozialen Großgruppen" angehören, „die wesentliche Aspekte ihrer gesellschaftlichen Situation, die viele Erfahrungen und Interessen gemeinsam haben"; denn die gesuchten informellen Gruppenmeinungen sind an solche „informellen Kommunikationsgemeinschaften, nicht an Individuen fixiert".[675] Demgegenüber spielt es „offenkundig nur eine untergeordnete Rolle, ob die Diskussionsteilnehmer sich persönlich vor der Diskussion bereits kannten oder nicht", ob sie also in *„Realgruppen"* miteinander verbunden sind.[676]

> Mit dem theoretischen Konzept von Mangold bricht die wissenschaftliche Debatte um die Gruppendiskussion zunächst ab. Die gleichzeitig mit den Frankfurter Versuchen eingeleiteten Erprobungen der Gruppendiskussion bei der Dortmunder Sozialforschungsstelle blieben ohne nachhaltigen Einfluss. Für nahezu eineinhalb Jahrzehnte zieht sich das Verfahren der Gruppendiskussion auch in Deutschland in die Anwendungsbereiche der Marktforschung zur Ermittlung von Kaufmotivationen, Produktpräferenzen oder Reaktionen auf Werbestimuli zurück. Im renommierten „Handbuch der empirischen Sozialforschung" von René König bemerkt Mangold wohl zutreffend: „Die Häufigkeit der Verwendung von Gruppendiskussionen in der Marktforschung steht in einem auffallenden Gegensatz zu dem Mangel an grundsätzlichen Reflexionen über die Validität und Reliabilität der in Gruppendiskussionen ermittelten Informationen, obwohl aus diesen oft weitreichende Konsequenzen und Verallgemeinerungen gezogen werden."[677] Erst in der zweiten Hälfte der 70er-Jahre belebt sich die methodologische Diskussion wieder.

Die neue Phase der Reflexion wurde auf der Grundlage jeweils eigener Forschungspraxis von den Veröffentlichungen der *Arbeitsgruppe Bielefelder Soziologen* sowie von Manfred Nießen und Ute Volmberg geprägt.[678] Die Handlungsmodelle der Phänomenologischen Soziologie von Alfred Schütz sowie des Symbolischen Interaktionismus von George Herbert Mead bilden die Basis für dieses Konzept der Gruppendiskussion, das sich in Kernstücken geradezu als Antithese zur Position von Mangold ausnimmt. Denn die Gruppenmeinung, auf die sich das Erkenntnisinteresse auch dieser Forscher richtet, wird – dem Bezugsrahmen dieses Konzepts entsprechend – in jeder Diskussions-Situation neu ausgehandelt. So hat das Gruppendiskussionsverfahren „letztendlich lediglich als Verfahren der Rekonstruktion *situationsgebundener* und *interaktionsbezogener* Aushandlungsprozes-

---

674 Lamnek, Siegfried/Krell, Claudia, Sozialforschung, [6]2016, S. 405; Lamnek, Siegfried, Gruppendiskussion, [2]2005, S. 58.
675 Mangold, Werner, Gruppendiskussionsverfahren, 1960, S. 112 und S. 67.
676 Mangold, Werner, Gruppendiskussionsverfahren, 1960, S. 40.
677 Mangold, Werner, Gruppendiskussionen, [3]1973, S. 254 (Anm. 2) sowie S. 228 f. Vgl. dazu auch Lamnek, Siegfried, Gruppendiskussion, [2]2005, S. 22.
678 Arbeitsgruppe Bielefelder Soziologen, Gruppendiskussionsverfahren, 1976, S. 130–140; Nießen, Manfred, Gruppendiskussion, 1977; Volmberg, Ute, Gruppendiskussionsverfahren, 1977, S. 184–217.

se" Bedeutung und Validität.[679] Ganz in diesem Sinn verweist Volmberg auf Erfahrungen mit Gruppendiskussionen, die zeigen, „dass ganze Gruppen durchaus mit einer anderen Auffassung zum Thema aus der Diskussion herausgehen können, als sie in die Diskussion hineingegangen sind".[680] Wenn aber Gruppenmeinungen in der Gruppendiskussion erst gebildet oder in anderen Fällen verändert werden, ergibt sich daraus folgerichtig auch, dass solche Ergebnisse nicht reproduzierbar sind. Was demnach als Gruppenmeinung sichtbar wird, ist hier Resultat des Gruppenprozesses und damit Resultat der von der Gruppensituation bestimmten Definitionsprozesse, also stets *situationsabhängig*. Demgegenüber hatte Mangold festgehalten: „Die Meinungen, die in solchen Gruppen in der Diskussion allgemeine Billigung finden, können nicht als Produkt der Versuchsanordnung, nicht als Endresultat eines aktuellen Prozesses gegenseitiger Anpassung und Beeinflussung in der Diskussionssituation selbst verstanden werden", sondern sind als Manifestationen eines übergreifenden Kommunikations- und Erfahrungszusammenhangs zu sehen.[681]

> Und während nach Mangold eben deshalb tunlichst Gruppendiskussionen in homogenen Gruppen realisiert werden sollten, ist nun die Diskussion in *Realgruppen* die „Voraussetzung für eine (...) Rekonstruktion sozialer Konstitutionsprozesse" von Einstellungen, Meinungen und Handlungsmustern. Die Teilnehmer an Gruppendiskussionen sollten also aus Gruppen kommen, die unabhängig von der Erhebungssituation bestehen.[682] Aber selbst dann stellt sich die Frage, ob die „aufgrund der Diskussionsergebnisse gemachten Annahmen über das Handeln in der Realsituation" zutreffend und auf diese übertragbar sind, weil immer die Möglichkeit offengehalten werden muss, „dass sich die Bedeutungen ändern, dass die Handlungssubjekte anders definiert und interpretiert werden", wenn sich die Situation ändert.[683]

Damit ist allerdings das letzte Wort in Sachen Gruppendiskussion nicht gesprochen. Nach einer längeren Pause zeichnet sich seit dem letzten Jahrzehnt des 20. Jahrhunderts eine Weiterentwicklung bei der Grundlegung des Gruppendiskussionsverfahrens ab, in der die Gegensätze, die soeben fixiert wurden, aufgehoben sind. Sie beruht auf einer Erweiterung der theoretischen Begründung des Verfahrens als einer „Methode zur *Rekonstruktion von konjunktiven Erfahrungsräumen und Milieus*". Sie hat in recht unterschiedlichen wissenschaftlichen Bereichen Eingang gefunden und wird in Deutschland vor allem von Bohnsack repräsentiert.[684]
Die theoretische Weiterführung muss, wie Bohnsack erklärt, der „spezifischen Sozialität" der Gruppendiskussion gerecht werden; diese umfasst gewissermaßen

---

679 Bohnsack, Ralf, Sozialforschung, [9]2014, S. 111.
680 Zit. nach Bohnsack, Ralf, Sozialforschung, [9]2014, S. 111.
681 Mangold, Werner, Gruppendiskussionen, [3]1973, S. 240.
682 Lamnek, Siegfried/Krell, Claudia, Sozialforschung, [6]2016, S. 400. Ralf Bohnsack (Sozialforschung, [9]2014, S. 111) weist allerdings darauf hin, dass bei Nießen die Gründe für die Wahl von Realgruppen als Diskussionsgruppen keineswegs konsistent sind.
683 Nießen, Manfred, Gruppendiskussion, 1977, S. 67 f. Zit. nach Bohnsack, Ralf, Sozialforschung, [9]2014, S. 111.
684 Bohnsack, Ralf, Sozialforschung, [9]2014, S. 115.

zwei Schichten: Zum einen wird Sozialität als „Intersubjektivität" auf dem Weg der (Gruppen-)Kommunikation erst hergestellt, konstituiert sich in der Koordination der Intentionen, welche die Gesprächsteilnehmer realisieren, und dokumentiert sich in gemeinsamen oder kollektiven Sinn- und Bedeutungsmustern. Manfred Nießen und andere Vertreter des ‚interpretativen Paradigmas' sehen diesen Aspekt durchaus richtig. Aber sie schöpfen ihren theoretischen Bezugsrahmen nur partiell aus. Denn sie vernachlässigen jene andere Form der Sozialität, die etwa Mangold in den Blick nimmt: eine Sozialität, die „bereits ‚unterhalb' subjektiver Intentionen in Gemeinsamkeiten des biografischen Erlebens, Gemeinsamkeiten des Schicksals verankert" ist und sich in den Diskussionen der Gruppe aktualisiert."[685] Für die Unterscheidung der beiden Formen der Sozialität, insbesondere aber für jene „empirisch evidenten Kollektivvorstellungen", die als Gemeinsamkeitserfahrungen der Diskussion in Gruppen schon vorausliegen, beruft sich Bohnsack auf die Konzeption des *„konjunktiven Erfahrungsraums"* von Karl Mannheim.[686]

> Bei „konjunktiven Erfahrungsräumen" handelt es sich nach Mannheim um Erlebens- und Lebensbereiche, in denen Menschen durch Gemeinsamkeiten des Schicksals, des biografischen Erlebens oder durch Gemeinsamkeiten ihrer Sozialisationsgeschichte miteinander verbunden sind. Typisch für einen derartigen „konjunktiven Erfahrungsraum" ist der Generationszusammenhang: „Aufgrund gemeinsamen Erlebens bestimmter historischer Ereignisse und Entwicklungen konstituiert sich eine gemeinsame Erlebnisschichtung"; diese ist zu verstehen als ein „Miteinander von Individuen, in dem man zwar auch durch etwas verbunden ist; aber aus dieser Verbundenheit ergibt sich zunächst noch keine konkrete Gruppe". Selbstverständlich haben auch Gruppen und Gemeinschaften ihre konjunktiven Erfahrungsräume, erläutert Bohnsack; „aber letztere konstituieren sich auch ‚übergemeinschaftlich' und ohne dass der gruppenhafte Zusammenschluss derjenigen, die an ihnen teilhaben, Voraussetzung wäre für konjunktive Erfahrung". Solche findet sich in Milieus oder „Großmilieus" und prägt diese; „gruppenhafte oder gemeinschaftliche Milieus (wie z.B. Ehen, Familien, Nachbarschaften) stellen spezifische Ausprägungen konjunktiver Erfahrungsräume dar".[687]

Die beiden Sozialitäten, die für und in Gruppendiskussionen relevant sind, kommen demnach auf ganz unterschiedliche Weise zustande. Mannheim unterscheidet deshalb das *konjunktive Handeln und Erleben*, welches die kollektiven Erfahrungsräume generiert und gestaltet, und das *kommunikative Handeln und Erleben*, durch welches die je aktuellen Gruppenmeinungen als Definitionen von Situationen und Problemen im Austausch der Perspektiven und Argumente der Ge-

---

685 Bohnsack, Ralf, Sozialforschung, ^{9}2014, S. 113.
686 Siehe Bohnsack, Ralf, Sozialforschung, ^{9}2014, S. 1108–114. Die Schriften, in denen Karl Mannheim dieses Konzept entwickelt, sind zwischen 1922 und 1925 verfasst, aber damals nicht veröffentlicht worden. Sie wurden unter dem Titel *„Strukturen des Denkens"* erst 1980 publiziert. Alle Bezugnahmen auf Mannheim in den folgenden Abschnitten sind nach Bohnsack a.a.O. referiert.
687 Bohnsack, Ralf, Sozialforschung, ^{9}2014, S. 114 f.

sprächsteilnehmer erst hergestellt werden. Dies besagt nichts anderes, als dass Gemeinsamkeit, oder eben ‚Sozialität', sowohl *Voraussetzung* wie *Folge* von Kommunikation ist.[688]

Wo nun Kommunikation in Gestalt von Gruppendiskussionen methodisch instrumentalisiert wird, treten beide Arten von Gemeinsamkeiten zutage:

(1.) die alle „Einzeläußerungen transzendierenden", charakteristischen Gruppenmeinungen und -urteile einerseits samt den typischen Argumentations- und emotionalen Reaktionsmustern, in die sie eingebettet sind.[689] Solche Gruppenmeinungen bilden sich in den Diskussionsprozessen jedoch nicht beliebig und willkürlich, weil bei ihrer Durchsetzung

(2.) die tieferliegenden Gemeinsamkeits-Voraussetzungen steuernd einwirken, jene kollektiven Orientierungs- und Bedeutungsmuster also, aufgrund deren „wir gemeinsam mit jenen, mit denen wir durch gleiche oder ähnliche Erfahrungen, durch Gemeinsamkeiten der Lebensgeschichte verbunden sind, uns in der für unseren Erfahrungsraum, unserem Milieu konstitutiven Sprache mit den ‚objektiven' Gegebenheiten auseinandersetzen."[690] Dies ist die andere, die zweite und gewissermaßen stabilere Schicht der Gemeinsamkeit, zu der „ein direkter und valider Zugang (...) über die Rekonstruktion jener Diskurse" erschlossen werden kann, die in Gruppendiskussionen geführt werden.[691] Es hat den Anschein, als sei diese zweite, tieferliegende Schicht der Gemeinsamkeit derart wirksam und robust, dass sie selbst bei einer pragmatischen Anwendung der Gruppendiskussion, wie sie in der kommerziellen Marktforschung üblich ist, sich Ausdruck verschafft und so ausreichend valide Erkenntnisgewinne abwirft.

2. Vom Nutzen der Gruppendiskussion

Wenn man die Entwicklung der theoretischen Fundierung der Gruppendiskussion in der deutschen Tradition Revue passieren lässt, so ging es allen Beiträgen hierzu um die Frage, worin letztlich der Mehrwert solcher Gruppendiskussionen gegenüber den mit anderen Methoden erreichbaren Individualauskünften bestehe. Auch wenn dabei die einzelnen Positionen noch so verschieden waren und sind, so konvergieren sie doch in der Einsicht, dass die in Gruppendiskussionen zutage geförderten Meinungen mehr und etwas anderes sind als die Einzelmeinungen und deren Aggregate.

> Schon Pollock hatte darauf hingewiesen, dass die öffentliche Meinung nicht gleichgesetzt werden könne mit der Summe der Einzelmeinungen, sondern ein „übergreifendes kollektives Moment" enthalte, irgendwie den „objektiven Geist"[692] der Gesellschaft widerspiegele, eine Gestalt des Bewusstseins, „die charakteristisch ist für die Gesamtgesellschaft"; denn sol-

---

688 Vgl. Wagner, Hans, Kommunikation, 1978, 1, S. 28.
689 Vgl. Mangold, Werner, Gruppendiskussionsverfahren, 1960, S. 124 f.
690 Bohnsack, Ralf, Sozialforschung, 92014, S. 116.
691 Bohnsack, Ralf, Sozialforschung, 92014, S. 117.
692 Zu Begriff und Bedeutung des „objektiven Geistes" sowie zur Möglichkeit seiner Interpretation siehe auch Kapitel 7 über Hermeneutik in diesem Band.

ches Bewusstsein setze sich „über den Köpfen der einzelnen Individuen" durch und stehe nicht selten sogar im Widerspruch zu ihnen.[693] Mangold hat diese Vorstellung dann präzisiert und sie als Vorgegebenheit informeller Kommunikationsgemeinschaften oder sozialer Großgruppen in erstaunlicher Übereinstimmung mit dem viel später von Bohnsack aufgenommenen Konzept der „konjunktiven Erfahrungsräume" bei Mannheim beschrieben.

Unter dieser Voraussetzung ist nicht zu erwarten, dass man mithilfe von Gruppendiskussionen – möglicherweise schneller und mit weniger Aufwand – herausbekommt, was man mit anderen Methoden, vor allem mit Meinungsumfragen, ebenfalls herausfinden kann. Es ist, sofern sich die Meinungsresultate aus Gruppendiskussionen und Umfragen unterscheiden, also auch müßig zu fragen, welches Ergebnis nun das wirklich ‚richtige' sei. Hier nämlich geht es nicht um eine ‚richtige' Meinung, sondern eben um etwas jeweils ganz anderes.

Für die sinnvolle Anwendung von Gruppendiskussionen hat dieser Umstand zunächst zweierlei Konsequenzen. Zum einen bietet es sich an, Gruppendiskussionen ergänzend und in Kombination mit anderen Verfahren zu nutzen. Zum anderen lassen sich Gruppendiskussionen wegen der Mehrschichtigkeit ihrer Resultate mit ganz verschiedenen Erkenntnisabsichten anwenden.

Tatsächlich nämlich äußern ja die Teilnehmer in Gruppendiskussionen ihre Einzelmeinung, wenngleich in diesem Fall nicht als ‚isolierte' Einzelne, sondern im Rahmen eines Gruppenprozesses. Entsprechend ergibt sich zwar je nach Zusammensetzung der Diskussionsgruppen und der Zahl der Diskussionsrunden unter Umständen ein reichhaltiger Fundus an Einzeläußerungen. Diese sind jedoch in ihrer Summe nicht repräsentativ und nicht verallgemeinerungsfähig.

> Insbesondere die schwer einschätzbaren und meist variierenden gruppendynamischen Kontrollen in den Diskussionsprozessen sind nämlich dafür maßgebend, welche Meinungen, Einstellungen, Gefühle und Motive geäußert werden und welche nicht. Sicher ist deshalb, dass „der Anwendung von Gruppendiskussionen zur Untersuchung individueller Bewusstseins- und Verhaltensphänomene (…) erhebliche Grenzen gesetzt" sind. Mangold steht zudem auch dem Einsatz der Gruppendiskussion zu Zwecken der Vorbereitung von Umfragen skeptisch gegenüber.[694] Gleichwohl wird das Verfahren von renommierten Meinungsforschungsinstituten im Vorfeld von Umfragen mit Erfolg angewendet, um die Variationsbreite von Meinungen zu explorieren oder jene gruppentypischen Sprachgewohnheiten und Sprachfassungen zu finden, in denen man landläufig ausdrückt, was man meint.

In der Hauptsache allerdings dient das Gruppendiskussionsverfahren der Ermittlung von Gruppenmeinungen und -einstellungen sowie der Beobachtung, mit wel-

---

693 Vgl. Pollock, Friedrich, Gruppenexperiment, 1955, S. 22 und S. 24.
694 Mangold, Werner, Gruppendiskussionsverfahren, 1960, S. 28. Die zu beachtenden Schwierigkeiten und Einschränkungen behandelt er dort (S. 15–29) ausführlich. Vgl. auch ders., Gruppendiskussionen, ³1973, S. 231–236.

chen Argumenten und Motiven diese generiert werden, nicht also der Antwort auf die Frage, was die Einzelnen bewegt, sondern was die Einzelnen in der Gruppe bewegen. Und selbstverständlich sind Gruppendiskussionen unerlässlich, wo die Erkenntnisabsicht leitend ist, die gruppenübergreifenden Orientierungsmarken und -muster oder die Denkstile konjunktiver Erfahrungsräume oder sozialer Großgruppen zu rekonstruieren.

Da man auch im Rahmen von Gruppendiskussionen gewissermaßen ‚über alles' reden kann, sind dem Einsatz des Verfahrens inhaltlich-gegenständlich kaum Grenzen gesetzt. Abgesehen von der kommerziellen Nutzung wird in vielen human- und sozialwissenschaftlichen Fächern mit Gruppendiskussionen gearbeitet. Kommunikations- und Medienforschung gehörten – wie schon kurz vermerkt – zumindest in der amerikanischen Methodentradition zu den frühesten Anwendungsgebieten der Gruppendiskussion.

Paul F. Lazarsfeld und Robert K. Merton setzten Gruppendiskussionen in der Propagandaforschung mit variierenden Zielen ein. Merton konnte in diesem Rahmen etwa nachweisen, dass in einer Marathon-Kampagne zur Zeichnung von Kriegsanleihen die Aufrufe von Kate Smith, einer damaligen Radio-Berühmtheit in den USA, maßgeblich den Erfolg beeinflussten. Mithilfe der *focus groups* gelang es ihm, aus einer komplexen Stimulussituation den ausschlaggebend wirksamen Stimulus zu spezifizieren. In einem anderen Fall hatten vorausgehende experimentelle Untersuchungen zur Wirkung eines Propagandafilms einen überraschenden Bumerangeffekt ausgelöst: Der Film sollte zeigen, dass England durchaus in der Lage war, sich auch ohne Hilfe der USA gegen Deutschland zu verteidigen. Tatsächlich aber erhöhte sich nach der Vorführung des Films die Zahl derer signifikant, die der Meinung waren, England wäre ohne die massive Unterstützung der USA von Deutschland besiegt worden. Die zur Klärung des Bumerangeffekts eingesetzten Gruppendiskussionen ergaben, dass eine einzige, nur etwa 10 Sekunden dauernde Einstellung den Effekt verursacht hatte. Sie zeigte das Löschen von Kisten mit dem Aufdruck »From the USA« in einem Londoner Hafen. Die amerikanischen Filmbesucher hatten diese Szene ins Maßlose übersteigert und davon ihr Urteil abhängig gemacht. Diese Untersuchung ist ein Beispiel dafür, wie durch Gruppendiskussionen plausible Interpretationen von Diskrepanzen zwischen einer erwarteten und der tatsächlichen Wirkung gewonnen werden können.[695]

Auf der Basis von Gruppendiskussionen beschäftigten sich sodann bereits seit den 40er-Jahren zahlreiche Untersuchungen mit der Nutzung von Radioprogrammen, zunächst vor allem von Serienangeboten und Quizsendungen, sowie mit dem Nutzen, den die Zuhörer daraus zogen. Eine frühe und recht einflussreiche Studie dieser Art stammt von Herta Herzog.[696] Die dabei erzielten Erfahrungen mit der Verfahrensweise sowie die damit verbundenen Erkenntnisziele wurden dann bald auf

---

[695] Zu den Beispielen siehe: Merton, Robert K./Kendall, Patricia L., Fokussiertes Interview, 1979, S. 201 f. und S. 173.
[696] Herzog, Herta, Serial Listeners, 1944.

die Evaluation von Rezipienten-Reaktionen auf Flugblätter, Werbematerialien, Filme und andere Medien ausgeweitet. Dieser Einsatzbereich der Gruppendiskussion ist – auch in der deutschen Kommunikationsforschung – bis heute aktuell geblieben.

So etwa hat Gerhard Maletzke schon bald nach der allgemeinen Einführung des Fernsehens in einer frühen Arbeit auf der Grundlage von Gruppendiskussionen untersucht, welche Bedeutung das Fernsehen im Leben Jugendlicher hat.[697] Ein jüngeres Exempel statuierten Detlef Schröter und Karin Lattner mit ihrem „Werkstattbericht" über den Erlebniskosmos von Zuschauern beiderlei Geschlechts, die regelmäßig die Quizsendung „*Wer wird Millionär*" mit Günther Jauch einschalteten. In Gruppendiskussionen ermittelten die Autoren die Variationsbreite der Wahrnehmungs- und Erlebnisdimensionen und deckten das für alle Rezeptionsmodi zentrale oder typische Rezeptionsmuster auf.[698]

Eine Variante solcher Rezeptionsstudien präsentieren Burkard Michel und Jürgen Wittpoth: Von Pierre Bourdieus Habitustheorie sowie Erwin Panofskys bildtheoretischen Überlegungen inspiriert und auf der Basis von Alfred Schütz' Sinnbegriff wenden sie das Gruppendiskussionsverfahren an, um die Aktivierung und Bedeutung kollektiv geteilten Wissens sowie „Denkens, Wollens und Fühlens" bei der Betrachtung von Fotografien zu untersuchen. Dabei zeigen sie, dass Gruppen mit unterschiedlichem Milieu- und Bildungshintergrund bzw. „Unterschieden hinsichtlich ihres institutionalisierten kulturellen Kapitals" ganz unterschiedliche Wissensbestände aktivieren, um einem auf den ersten Blick für alle unverständlichen Foto Sinn zu geben.[699]

Da Medienanbieter, obwohl sie im Allgemeinen über eine Fülle statistischer Daten zur Bestimmung von Marktpositionen verfügen, ein starkes Interesse an der Kenntnis typischer Nutzungsmuster und Erlebnisdimensionen ihrer Zielgruppen haben, sind auf diesem Sektor auch die hauptsächlichen Anwendungen der Gruppendiskussion in der kommerziellen Medienforschung angesiedelt. Dazu gehören auch Studien zur Anmutung, also ersten Wahrnehmungseindrücken von Rezipienten angesichts *geplanter* redaktioneller Optimierungen oder Veränderungen des Layouts eines Medienangebots. Und selbstverständlich lassen sich mit Gruppendiskussionen auch Antworten finden, wenn man wissen will, welche Assoziationen oder Gefühle mit Werbespots oder Slogans verbunden werden, welches gruppentypische Image ein Gegenstand, ein Unternehmen oder eine Person hat, ob PR-Maßnahmen oder Werbebotschaften einem solchen Image gerecht werden.

Auf solche und ähnliche Fragen kann man aus Gruppendiskussionen außerordentlich verlässliche und hinreichend genaue, für die relevanten Gruppen typische Reaktionsmuster herausfinden. Getestet werden können indessen auch Vorhaben, zu

---

697 Maletzke, Gerhard, Fernsehen, 1959.
698 Schröter, Detlef/Lattner, Karin, Millionär, 2002, S. 419–442.
699 Michel, Burkard/Wittpoth, Jürgen, Habitus, 2009, S. 81, 86.

denen nicht – wie in den letztgenannten Fällen – wahrnehmbare Objekte, etwa Dummy-Hefte oder sonstige Proben vorliegen. Gruppen können auch mit Ideen konfrontiert werden, zu denen in den initiierten Diskussionen kreative Vorstellungen und Vorschläge entwickelt sowie im Gespräch erprobt werden.

Wie Jugendliche sich eine Zeitung vorstellen, die ihnen gefällt, was nach Vorstellung stressgeplagter Hausfrauen zu einem schönen Fernsehabend gehört (und welche Rolle dabei das Programmangebot selbst spielt), oder auch wie effektiv alternative Strategien, Maßnahmen und Techniken bei der Realisierung des Jugendschutzes in Fernsehprogrammen oder Online-Angeboten aus der Sicht der Erziehungsberechtigten oder aus der Sicht betroffener Kinder und Jugendlicher sein können: Gruppendiskussionen sind zur Klärung solcher Konzepte fast immer hilfreich.

Über die Rezeptionsforschung hinaus, wenngleich nicht völlig unabhängig von ihr, gibt es einen weiteren kommunikationswissenschaftlichen Anwendungsbereich für das Gruppendiskussionsverfahren, der allerdings – soweit ersichtlich – bislang nur selten konkretisiert wurde. Er kommt in den Blick, wo man an die Grenzen quantitativer Nutzungsdaten stößt. Die für die große, seit 1964/65 insgesamt elf Mal durchgeführte Langzeit-Nutzungsstudie *Massenkommunikation*[700] mitverantwortliche Marie-Luise Kiefer hat zu deren Ergebnissen 1996 bemerkt, warum sich (Geburts-)Kohorten und also verschiedene Generationen bei „ihrem Umgang mit den Medien unterscheiden, ist mit den Daten der Studie *Massenkommunikation* nicht zu beantworten".[701] Die statistischen Daten machen die generationsspezifische Mediennutzung lediglich als Faktum sichtbar. Die Gründe dafür, das heißt: die jeweils verschiedene Generationen bei ihrer Mediennutzung prägenden Erfahrungen und kollektiven Orientierungsmuster jedoch könnten demgegenüber mithilfe von Gruppendiskussionen rekonstruiert werden. Es gibt Ansätze, die in solche Tiefenbereiche vorstoßen. Gruppendiskussionen kommen dabei in der Regel kombiniert mit anderen Methoden zum Einsatz.

Jan-Uwe Rogge und Klaus Jensen etwa untersuchten zwischen 1981 und 1985 zunächst in Zwei-Generationen-Haushalten sowie dann vergleichend in Ein- und Zwei-Generationen-Haushalten[702], „welche Formen integrierter Nutzung des Medienensembles sich in den Familien verfestigen", ob und wie sich „Alltagsrituale im Umgang mit den Medien herausgebildet haben". Neben biografischen Interviews und teilnehmender Beobachtung bedienten sich die Forscher auch der Gruppendiskussion. In jüngerer Zeit sind Klaus Beck, Till Büser und Christiane Schubert in einem breit angelegten, von der Deutschen Forschungsgemeinschaft (DFG) geförderten Projekt der Frage nachgegangen, „welche Rolle die jeweilige individuelle Lebensphase (Lebensalter, Lebenslauf) und welche Rolle die *kollektive Generati-*

---

700 Siehe Berg, Klaus/Kiefer, Marie-Luise (Hrsg.), Massenkommunikation V, 1996. (Nach Fortsetzungen 1970 und 1974 erscheint die Studie seit 1980 im Fünfjahresrhythmus, zuletzt im Jahr 2015. Siehe https://www.ard-werbung.de/media-perspektiven/studien/langzeitstudie-massenkommunikation (27.05.2019).
701 Kiefer, Marie-Luise, Medien 1996, S. 590.
702 Rogge, Jan-Uwe/Jensen, Klaus, Medien, 1986.

onszugehörigkeit für das aktuell gezeigte Medienhandeln spielen".[703] Dabei kamen neben Leitfadeninterviews auch Gruppendiskussionen zum Einsatz. Letztlich zeigen sich bei dieser Studie, die sich „nicht mit aggregierten Kohortendaten begnügt", sondern ein vertiefend „biografisch-narrative[s]" sowie ein „diskursiv-reflexive[s] Verfahren auf der Gruppenebene" angewendet hat, „mehr Unterschiede als Gemeinsamkeiten innerhalb derselben Generationslagerung".[704]

Die hauptsächlichen Anwendungsbereiche der Gruppendiskussion sind in der Kommunikationswissenschaft also dem engeren oder weiteren Umkreis der Rezeptionsforschung zuzuordnen, teilweise betreffen sie auch Fragen der Wirkungsforschung. Unabhängig von den unterschiedlichen Rahmenbedingungen und Ansatzpunkten oder von den erforderlichen Spezifizierungen der möglichen Untersuchungen wird dabei das Erkenntnisinteresse im Wesentlichen von folgenden Fragen geleitet:

- Welche Motive treiben die Rezipienten dazu, bestimmte Medien oder Programme und Angebote zu nutzen?
- Welche rationalen und emotionalen Erlebnisse begleiten den Rezeptionsprozess?
- Welche Fakten machen ein Medium, ein bestimmtes Angebot oder ein bestimmtes Format (auch im Vergleich zu anderen) besonders interessant und attraktiv für die Rezipienten?
- Gibt es typische Nutzungsmuster bei den verschiedenen Zielgruppen?[705]

Wenn sich das Erkenntnisinteresse auf solche und damit zusammenhängende Fragenfelder richtet, so vermag das Gruppendiskussionsverfahren Sachverhalte aufzudecken, die so mit anderen Methoden, insbesondere mit Einzelbefragungen und quantifizierten Befunden nicht in den Blick kommen. Es macht etwa nicht allzu viel Sinn, für Nutzungsmotive und Rezeptionspräferenzen Rangreihen zu errechnen; denn Gruppendiskussionen zeigen ganz eindeutig, dass relevante Zielgruppen derartige Erwartungen – auch scheinbar ganz widersprüchliche – gleichzeitig hegen oder von unterschiedlichen Motiven gleichermaßen angetrieben sind oder solche von Situation zu Situation wechselnd ins Spiel bringen. Allerdings ist stets eine gewisse Zurückhaltung geboten, wenn aus den Befunden von Gruppendiskussionen über Wissens-, Erkenntnis- und Erklärungsgewinne hinaus konkrete Handlungsempfehlungen abgeleitet werden sollen. Denn es ist nicht ohne Weiteres möglich, die Erkenntnisse aus der Diskussionssituation auf Realsituationen zu übertragen. Aber dies ist kein Spezifikum dieses qualitativen Verfahrens. Auch Praxis- oder Produktanregungen, die von Marktanalysen auf der Basis repräsentativer Erhebungen abgenommen sind, geben bekanntlich nur selten eine Gewähr für Handlungs- oder Wirtschaftserfolge.

---

703 Beck, Klaus/Büser, Till/Schubert, Christiane, Mediengenerationen, 2016, S. 8.
704 Beck, Klaus/Büser, Till/Schubert, Christiane, Mediengenerationen, 2016, S. 155.
705 Vgl. dazu Schröter, Detlef/Lattner, Karin, Millionär, 2002, S. 419.

3. Die Praxis der Gruppendiskussion

Die Möglichkeit der Transformation von Gruppenbefunden in die soziale Wirklichkeit, die *externe Validität* also, hängt ganz entscheidend davon ab, wie sorgfältig das Gruppendiskussionsverfahren geplant und durchgeführt wird, nicht zuletzt aber von der Qualität, das heißt: von der Zusammensetzung und den Merkmalen der Gruppen, welche bei diesem Verfahren die Daten liefern.

Das Erkenntnisinteresse und die Rahmenbedingungen

Grundlegend ist, wie bei der Anwendung aller wissenschaftlichen Methoden, auch beim Gruppendiskussionsverfahren die Klärung der *Erkenntnisabsicht* sowie die Präzisierung der konkreten *Erkenntnisziele*. Dieser erste Schritt[706] hat mehrere Dimensionen. Zunächst muss entschieden werden, ob das Erkenntnisinteresse zuvörderst auf die in den Gruppen geäußerten Einzelmeinungen und deren Variationsbreite oder auf die in den Diskussionen zutage geförderten Gruppenmeinungen gerichtet sein soll, oder ob akzentuiert die tieferliegenden Gemeinsamkeitsbasen kollektiver Erfahrungsräume freigelegt werden sollen. Davon hängt, wie die Debatten um die theoretische Begründung der Methode deutlich gemacht haben, nicht nur zu einem Gutteil die Zusammensetzung der Diskussionsgruppen, sondern später vor allem die Wahl des Auswertungsverfahrens ab.

Für die Zusammensetzung der Diskussionsgruppen und für den folgenden Ablauf der Diskussionen in den Gruppen sind sodann die beiden anderen Dimensionen des Erkenntnisinteresses ebenfalls maßgebend. Zum einen der Status der Gruppendiskussion im gesamten Projektvorhaben: Wird die Gruppendiskussion als einziges und eigenständiges Verfahren zur Datengewinnung eingesetzt, oder dient sie in Kombination mit anderen, etwa standardisierten und quantifizierenden Verfahren zur Exploration bei deren Vorbereitung oder zur qualitativ interpretierenden und illustrierenden Nacharbeit für deren Befunde? Zum anderen ist es schließlich der konkrete Untersuchungsgegenstand, der die Fragestellung des Forschungsvorhabens und damit das unmittelbare Erkenntnisziel vorgibt.

Das gesamte Untersuchungsdesign muss letztlich auch im Detail auf dieses Ziel hin orientiert sein. Die Entscheidungen über die Auswahl, die Merkmale und die Zahl der Gesprächsteilnehmer, über die Zahl der Gruppendiskussionen, über den Ablauf der Gespräche und die späteren Schwerpunkte der Materialanalyse werden davon direkt bestimmt. Natürlich sollte man über das Problem, das in den Gruppendiskussionen bearbeitet werden soll, gute Vorkenntnisse haben oder erwerben. Aber es macht bei der Vorbereitung einen Unterschied, was man darüber weiß, oder wie genau man etwas darüber weiß, ob also die Gruppendiskussion primär dazu eingesetzt wird, um ein Problem überhaupt erst aufzubrechen und in all seinen Facetten kennen zu lernen, oder für ein bekanntes Problem Lösungsmöglichkeiten zu finden.

Inhaltlich müssen die grundlegenden Entscheidungen in dieser Vorbereitungsphase umgesetzt werden im *„Grundreiz"*, der die Diskussion anstoßen soll, sowie im

---

[706] Zum Überblick über die Verfahrensschritte und über die Aufgaben siehe Tafel 32, S. 276.

III. Komplexe Methoden

Diskussionsleitfaden, der die wesentlichen thematischen Aspekte der vorgesehenen Diskussionen festhält.

Der „*Grundreiz*" soll die Diskussion anregen, sie auf den Kernpunkt konzentrieren und Diskussionshemmungen möglichst abbauen. Er kann einen sachlichen Problemaufriss bieten, das Für und Wider verdeutlichen, ohne allerdings suggestiv in Richtung einer „erwünschten" Meinungspräferenz zu wirken; er darf auch provozieren. Er kann in vielen Formen gesetzt werden: als Statement des Moderators, als Schilderung eigener oder fremder Erfahrungen und Erlebnisse, als Kurzvortrag kontroverser Positionen.[707] In der Medienforschung kann und wird der „Grundreiz" wohl häufig auch in der Präsentation von Zeitschriftenausgaben, von Sendungen oder Filmen oder Ausschnitten daraus, in der Vorlage von Werbespots oder Slogans usw. bestehen, wobei die Präsentation mit der zu diskutierenden Kernfrage verbunden wird.

Der Leitfaden dient im Falle der Gruppendiskussion der Sicherheit, dass alle wirklich wesentlichen Aspekte des zu diskutierenden Problems thematisiert werden. Er sollte aber weder dem Verlauf noch dem Inhalt nach ein starres Zwangsgerüst sein, sondern eine flexible Handhabung ermöglichen. Es lohnt sich also, im Rahmen der Präzisierung des Erkenntnisziels sehr genau darauf zu achten, welches die unverzichtbaren Fragen und Teilfragen sind, über die sich die Diskussionsgruppe austauschen soll.

Eine Ausnahme bilden Diskussionsgruppen oder einzelne Diskussionsphasen, in denen etwa bei *detaillierten Tests von Medieninhalten* oder -gestaltungen eine Art „Abfrage" oder Bewertung durch Vergabe von „Noten" unerlässlich erscheint und gleichartige Stellungnahmen aller Teilnehmer erwünscht sind. Hierzu sind exakte Fragebogen und Bewertungsschemata im Voraus zu entwickeln. Auch bei der Untersuchung *geplanter Projekte*, deren Realisierungsmöglichkeiten erkundet werden sollen, mag es vorkommen, dass Gruppendiskussionen zeitweilig in *Kreativgruppen* umfunktioniert werden. Soweit in diesem Fall mit klar umrissenen Vorgaben gearbeitet werden muss, sind die entsprechenden Materialien ebenfalls einsatztauglich vorzubereiten.

Erst wenn die Erkenntnisziele präzise und konkret gefasst sind, können alle weiteren Abläufe und Vorgehensweisen der Gruppendiskussion soweit antizipiert werden, dass die erforderlichen personellen Vorbereitungsschritte stimmig zu realisieren sind und für funktionsgerechte Rahmenbedingungen[708] Sorge getragen werden kann.

---

[707] Siehe dazu auch Lamnek, Siegfried, Gruppendiskussion, ²2005, S. 149–151 (mit weiteren Vorschlägen und Erläuterungen).

[708] Zu den materiellen Rahmenbedingungen können auch bei kleineren Projekten die Kosten gehören, die für den Einsatz der Methode anfallen und kalkuliert werden müssen. Solche Kosten können entstehen für: Raummiete, Aufnahmetechnik, Bewirtung und Entschädigung der Teilnehmer, Honorare für benötigtes (technisches) Personal, Transkriptionsleistungen u. ä. (Vgl. dazu Lamnek, Siegfried, Gruppendiskussion, ²2005, S. 90 f.)

Zu den technischen Rahmenbedingungen gehört die Wahl des Raums, in dem die Gruppendiskussionen stattfinden sollen. Auch wenn es hierzu wenig Alternativen gibt, sollte der Raum zwei Voraussetzungen erfüllen: Er muss gesprächsförderlich ausgestattet sein, also eine ansprechende Atmosphäre bieten. Ein kaltes Schul- oder Büroambiente ist zu vermeiden. Sodann sollte der Raum technisch so ausgestattet sein, dass eine optimale Ton- und Bildaufzeichnung der Gruppendiskussion möglich ist. Für die spätere Auswertung und Analyse des Diskussionsmaterials kann man in der Regel auf beides nicht verzichten. Die Platzierung des technischen Geräts sollte einerseits nicht mehr als unvermeidlich stören, andererseits eine optimale Funktionsfähigkeit gewährleisten: Die Mikrophone müssen alle Gesprächsbeiträge erfassen; die Videokamera sollte die gesamte Gesprächsrunde permanent im Blickfeld haben. Dem Zufall oder spontanen Einfällen kann man das nicht überlassen.

Was die Zeitplanung betrifft, so stellt sich hier eine doppelte Aufgabe. Die eine besteht in der Festlegung der Termine und Uhrzeiten, zu denen die Gruppendiskussionen stattfinden sollen. Dabei ist in erster Linie Rücksicht zu nehmen auf die Verfügbarkeit der vorgesehenen Teilnehmer, um unliebsame Ausfälle zu vermeiden. Die andere Aufgabe verlangt eine möglichst realistische Planung des zeitlichen Ablaufs der einzelnen Gruppendiskussionen. Geht man von einer *durchschnittlichen Dauer von etwa zwei Stunden* für Gruppendiskussionen aus, so ist leicht einzusehen, dass man rasch in Zeitnot geraten kann, wenn man das gesamte, den Erkenntniszielen angemessene Diskussionsprogramm ohne Detailplanung abzuarbeiten versucht. Daher ist ein ‚Fahrplan' für die einzelnen Diskussionsschritte zu skizzieren, der jedoch nicht minutengenau einzuhalten ist, wenn die Eigendynamik des Gesprächsprozesses anderes verlangt.

Ein solcher ‚Fahrplan' hilft dem Moderator, der indessen seine Qualitäten nicht dadurch beweist, dass er sich an das Papier klammert, sondern die Vorausplanung auf die Gesprächssituation abstimmt. Denn es ist nun auch an der Zeit, zu entscheiden, wer die Gruppendiskussionen moderieren soll, falls diese Funktion nicht vom Forscher selbst wahrgenommen wird. Da der Moderator kompetent und sicher auftreten soll, muss er mit den Erkenntniszielen der Untersuchung sowie mit den Modalitäten des Forschungsablaufs vertraut gemacht werden.[709]

---

[709] Mehr zu den Moderatorenvoraussetzungen bei Lamnek, Siegfried, Gruppendiskussion, ²2005, S. 141–145.

III. Komplexe Methoden

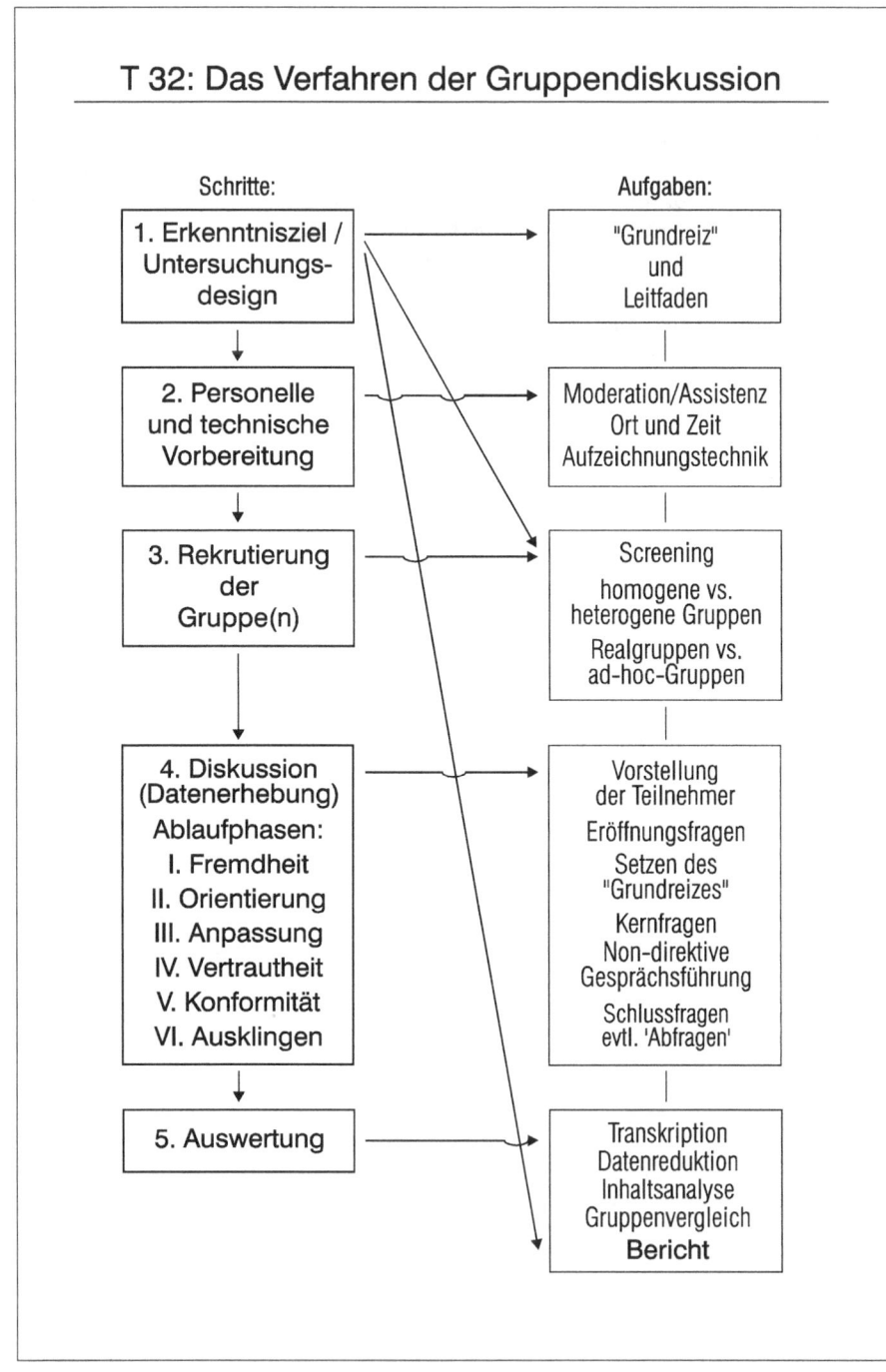

Wenn irgend möglich, sollte der Moderator durch einen Assistenten unterstützt werden, der sich darum zu kümmern hat, dass die (Aufnahme-)Technik einwandfrei funktioniert, und der die Abfolge der Wortmeldungen genau registriert, damit später die einzelnen Sprecher eindeutig identifiziert werden können. Nützlich für die Auswertung ist es auch, wenn der Assistent zugleich die Auffälligkeiten oder sonst bemerkenswerte Details des Diskussionsverlaufs notiert. Von solchen Aufgaben muss der Moderator entlastet werden, damit er sich optimal auf seine Hauptfunktionen des Zuhörens, der Gesprächsleitung und der Gewährleistung einer offenen Gesprächsatmosphäre konzentrieren kann.

Die Rekrutierung der Diskussionsgruppen

Der dritte Arbeitsschritt ist der über die Qualität der Gruppendiskussion entscheidende in der Vorbereitungsphase: *die Rekrutierung der Diskussionsgruppen*. Sowohl zur Größe der Diskussionsgruppen als auch zu ihrer bestmöglichen Zusammensetzung finden sich teilweise recht unterschiedliche Angaben in der einschlägigen Methodenliteratur. In zu kleinen Gruppen besteht das Risiko, dass einzelne ‚Meinungsführer' oder gelegentlich auch Querulanten schnell den Diskussionsprozess dominieren, dass keine Meinungsvielfalt sichtbar wird oder das Gespräch überhaupt versiegt. Die überwiegend favorisierte Gruppengröße liegt wohl bei *7 bis 12 Teilnehmern*; falls mit der Gruppendiskussion zusätzlich standardisierte Abfragen verbunden sind, wird einer ungeraden Zahl von Teilnehmern der Vorzug gegeben, damit Pattsituationen vermieden werden.[710]

Schwieriger ist die Frage nach der Gruppenzusammensetzung zu klären. Zwei Kriterienpaare sind dafür im Wesentlichen maßgebend, die allerdings je auf einer anderen Ebene liegen: Sollen die Diskussionsgruppen *homogen* oder *heterogen* zusammengesetzt sein, und: soll es sich um *Realgruppen* oder um *ad-hoc-Gruppen* handeln?

Unstrittig ist, dass für die Gruppenmitglieder der eigentliche Gegenstand der Diskussion, das Thema also, irgendwie relevant sein muss. Das Merkmal der *Betroffenheit* von der Sache muss bei allen gegeben sein; diesbezüglich ist jedenfalls Homogenität zu sichern. Ohne Interesse an der Sache, ohne ein Mindestmaß an Involvement, ist eine funktionierende und fruchtbare Diskussion nicht zu erwarten. Die wichtige Folgefrage lautet nun aber, ob die Gruppenmitglieder über dieses Zentralmerkmal hinaus sich durch eine Gleichartigkeit weiterer Merkmale wie Geschlecht, Alter, Familienstand, formale Bildung, Beruf, Wohnort oder auch allgemeines Mediennutzungsverhalten auszeichnen und bezüglich solcher für das konkrete Untersuchungs- und Erkenntnisziel als relevant angenommener Einflussgrößen homogen sein sollen oder nicht. Lamnek plädiert bezüglich solcher Merkmale für heterogene Gruppen, weil diese angeblich lebhafter und kontroverser diskutieren, und weil so ein größeres Spektrum von Meinungen zum Vorschein kommt.[711] Folgt man jedoch der theoretischen Begründung des Gruppendiskussi-

---

710 Siehe Lamnek, Siegfried, Gruppendiskussion, ²2005, S. 109–113.
711 Lamnek, Siegfried, Gruppendiskussion, ²2005, S. 104–107.

onsverfahrens, so spricht mehr und meist alles für homogene Diskussionsgruppen, sofern die Absicht besteht, aus den Diskussionen die Gruppenmeinungen und ihre Gründe herauszufiltern und deren tieferliegende Orientierungs- und Sinnzusammenhänge sichtbar zu machen. Die gleichartigen, sozialstatistischen Daten der Diskussionsteilnehmer sind nämlich Indikatoren für die Zugehörigkeit zu „sozialen Großgruppen" (Mangold), die durch gleiche oder ähnliche Erlebnisse, Erfahrungen und Lebensgeschicke miteinander verbunden sind. Bildet man derart homogene Diskussionsgruppen, so ist dabei indessen immer auch die Kehrseite zu sehen, dass die nämlichen Gruppenmitglieder hinsichtlich zahlreicher weiterer, für das Untersuchungsziel lediglich sekundärer Merkmale heterogen sind. Und da in der Regel, um ein Untersuchungsziel zu erreichen, mehrere Gruppendiskussionen erforderlich sind, kann man gegebenenfalls die *„Intra-Homogenität" der einzelnen Gruppen* durch die *„Inter-Heterogenität" der verschiedenen Gruppen* ausgleichen[712].

> Man lässt also über Nutzen und Anmutung eines bestimmten Fernsehangebots in der einen Gruppe nur Frauen und in der anderen Gruppe nur Männer, in der einen Gruppe nur Akademiker und in der anderen nur Arbeiter, in der einen nur Vielseher und in der anderen nur Wenigseher miteinander diskutieren. Im Vergleich der verschiedenen Gruppenbefunde ergibt sich dann die mögliche Variationsbreite der Einstellungen. Es sprechen also gute Gründe für homogene Diskussionsgruppen und für die Variation relevanter Merkmale zwischen den einzelnen Gruppen.

Man könnte eben deshalb geneigt sein, auch für *Realgruppen* als Diskussionsgruppen zu plädieren, denn Mitglieder von Realgruppen zeichnen sich ja gerade dadurch aus, dass sie Leben, Erleben und Erfahrung ganz oder teilweise miteinander teilen und entsprechend homogen sind. Tatsächlich aber wirft die Arbeit mit Realgruppen erhebliche Probleme auf: Realgruppen sind in der Regel hierarchisch strukturiert. Das kann die Diskussion beeinträchtigen. Weil ihre Mitglieder zusammenleben und zusammenarbeiten und sich also (oft schon lange) kennen, bleiben Gruppenselbstverständlichkeiten leicht ungesagt oder unerklärt, die aufzudecken eine Gruppendiskussion jedoch beabsichtigt. Und weil die Mitglieder der Realgruppe auch nach der Gruppendiskussion wieder miteinander zu tun haben, leidet möglicherweise die Offenheit der Gruppendiskussion; einzelne Mitglieder halten unter Umständen mit ihrer wahren Einstellung hinter dem Berge, weil sie es sich mit den anderen nicht verderben wollen.

> Die Rekrutierung von Realgruppen wird auf Ausnahmen beschränkt bleiben. Solche könnten im Anwendungsbereich der Kommunikations- und Medienforschung dann gegeben sein, wenn etwa das Medienverhalten in Familien interessiert, oder wenn man den erwartbaren Effekt neuer Konzepte zur Informationsoptimierung in verschiedenen Abteilungen eines Großunternehmens untersuchen will; kurz: Realgruppen als Diskussionsgruppen bieten sich immer dann an, wenn es um Mediennutzung oder um

---

712 Siehe Lamnek, Siegfried, Gruppendiskussion, ²2005, S. 106 f.

Kommunikationsprobleme in genau umschreibbaren Gruppen geht, die als Realgruppen (Familien, Arbeitsgruppen, Vereine, Jugendorganisationen, Fan-Clubs usw.) schon bestehen.

Im Normalfall wird man also für Gruppendiskussionen künstliche Gruppen, sogenannte *ad-hoc-Gruppen* bilden. Diese gelten als offener und diskussionsfreudiger. Da es sich um Menschen handelt, die einander fremd sind, muss man zwar einigen Zeitaufwand für die ersten Diskussionsphasen in Kauf nehmen; andererseits sind solche ad-hoc-Gruppen jedoch leichter zu moderieren. Vor allem kann man sie optimal nach Maßgabe von Merkmalen zusammenstellen, die vom Erkenntnisziel her als relevant angesehen werden. Es gilt also, im Rahmen der Rekrutierung diskussionswillige Personen zu finden,

- die zu der vom Untersuchungsgegenstand, von der Frage- oder Problemstellung her bestimmten *Zielgruppe* gehören,
- die sodann das zentrale *Betroffenheitsmerkmal* in einer der geforderten Ausprägungen aufweisen, und
- die schließlich durch eines oder mehrere jener *(sozialstatistischen) Merkmale* charakterisiert sind, die für die Untersuchung als primär relevant erachtet werden.

Gerade in der Kommunikations- und Medienforschung ist mit der *Zielgruppenzugehörigkeit* noch keineswegs notwendig das geforderte *Betroffenheitsmerkmal* gegeben. Das lässt sich am Beispiel der weiter oben erwähnten Nutzungsstudie „*Wer wird Millionär*" gut demonstrieren. Die Zielgruppe dieses Fernsehunterhaltungsprogramms umfasst die gesamte „Fernsehnation" „quer durch alle sozialen Gruppen und Bildungsschichten, unabhängig von Alter und Geschlecht". Oder anders: zur Zielgruppe gehört in diesem Fall jeder, der die Sendung empfangen kann. Um jedoch die typischen Erlebniswelten der Zuschauer und ihre Rezeptionsmuster zu eruieren, war das Betroffenheitsmerkmal eingeengt auf jene, „die das Format häufig sehen", das heißt präzise operational definiert: „mindestens zwei von den drei Sendeterminen je Woche" wahrnehmen.[713] Es ist evident, dass dieses Betroffenheitsmerkmal nur eine Teilmenge aus der Gesamtheit der Zielgruppe herausschneidet. Aber diese Teilmenge der definierten Häufig-Nutzer ist ihrerseits auch wieder nur eine Teilmenge all derer, die überhaupt das Format ansehen. Bei denen, die zur Zielgruppe zählen, wurden also zwei mögliche (hier nur grob umrissene) Betroffenheitsmerkmale für das Erkenntnisziel als irrelevant angesehen; entsprechende Teilnehmer kamen bei der Rekrutierung des Diskussionsgruppen nicht zum Zug: die Gelegenheits-Zuschauer zum einen und die Nicht-Zuschauer zum anderen. Vermutlich würden der ersteren Nutzungs- und Rezeptionsmuster sich von denen der Häufig-Nutzer unterscheiden. Ist aber auch das Nicht-Sehen eine generell relevante Betroffenheitskategorie? Selbstverständlich! Von Nicht-Sehern könnte man in Gruppendiskussionen erfahren, welche Motive und

---

713 Schröter, Detlef/Lattner, Karin, Millionär, 2002, S. 419 f.

Muster des Desinteresses oder der Verweigerung es gibt. Um zu solchen Auskünften zu kommen, muss allerdings das Diskussionsinteresse mit entsprechenden Grundreizen und Schlüsselfragen angestachelt werden. Auch wenn anzunehmen ist, dass die Untersuchung von Nicht-Zuschauern oder – bei Print- und Onlinemedien – von Nicht-Lesern bzw. -Nutzern von der Praxis nicht gerade forciert wird, wäre sie wissenschaftlich von wenigstens ebenso großem Wert wie die üblichen Nutzungsanalysen. Anzumerken ist noch, dass entsprechende Differenzierungen von Zielgruppen- und Betroffenheitskategorien auch für die Nutzung ausgesprochen spezieller Zielgruppenmedien möglich ist.

Damit sind die Kriterien zur Auswahl von Diskussionsteilnehmern vorgegeben. Die möglichst genau umrissene frage- oder problembestimmte Zielgruppe repräsentiert dabei die Grundgesamtheit. Im Falle der Rekrutierung zu Gruppendiskussionen erfolgt hieraus jedoch keine Zufallsauswahl (*statistical sampling*), da Ergebnisse, die Repräsentativität beanspruchen, nicht angestrebt werden. Die Auswahl der Diskussionsteilnehmer erfolgt vielmehr *gezielt* aufgrund von theoretisch begründeten Kriterien (*theoretical sampling*), für die auch Quoten festgelegt werden können. Damit ist ein Suchraster für die Rekrutierung fixiert.

Die Suche nach Teilnehmern, die den vorgegebenen Bedingungen entsprechen, kann auf verschiedene Weise erfolgen. Oft werden dafür Anzeigen geschaltet oder Internet-Aufrufe gestartet. Man kann auch auf Adressenlisten geeigneter Organisationen oder Vereine oder anderer (früherer) Forschungsprojekte zurückgreifen. Nicht der schlechteste Weg ist die persönliche Ansprache möglicher Teilnehmer im Bekanntenkreis, kombiniert mit einer Art Ketten-Rekrutierung: Jeder Angesprochene spricht in seinem Bekanntenkreis wieder ein oder zwei weitere Kandidaten an usw. (sog. Schneeball-Verfahren). Ob persönliche Ansprache, ob öffentliche Bekanntgabe, jede Form der Teilnehmersuche muss verbunden sein mit einer ausreichend vollständigen Grundlageninformation zum Thema, zum Zeitaufwand sowie zu den Teilnahmevoraussetzungen. Da sich erfahrungsgemäß immer wieder Interessenten melden, welche die gesuchten Kriterien nicht erfüllen, empfiehlt es sich, unmittelbar an die vorläufigen Zusagen, auf welchem Weg immer sie eingehen, ein *Screening* anzuschließen.

Für das *Screening* wird ein knapper Fragebogen entwickelt, in der Praxis gelegentlich auch als *Screener* bezeichnet. Die durchweg geschlossenen Fragen prüfen, ob wirklich eine der möglichen Ausprägungen des Betroffenheitskriteriums vorliegt und mit welchen relevanten sozialstatistischen Merkmalen sich die Interessenten ausweisen können. Darüber hinaus könnten noch einige wenige Zusatzangaben, zum Beispiel zum allgemeinen Mediennutzungsverhalten, eingeholt werden. Auf diese Weise kann später unter Umständen die Gruppendiskussion entlastet werden. Aber der *Screener* muss kurz bleiben. Er muss mit Namens- und Adressenangabe ausgefüllt werden, damit die Teilnehmer anschließend den geplanten Diskussionsgruppen zugeordnet und endgültig eingeladen werden können.

Bei einem normalen Projekt wird man Rekrutierungen für drei bis fünf Gesprächsgruppen vornehmen müssen. Man kann sich jedoch zunächst auf die Minimalzahl von etwa drei Gruppen beschränken und es dann von den Ergebnissen abhängig machen, ob weitere Gruppendiskussionen angeschlossen werden. Wenn sich zeigt, dass die Diskussionsgruppen keine grundlegend neuen oder abweichenden Erlebnis- oder Meinungsmuster produzieren, dass sich die interessierenden Anmutungen und Auffassungen mehr und mehr wiederholen, kann man auf weitere Diskussionsrunden verzichten.

Der Verlauf der Gruppendiskussionen

Wenn die Teilnehmer an einer Gruppendiskussion zur vorgesehenen Zeit eintreffen, werden sie persönlich begrüßt. Die sozusagen offizielle Eröffnung der Diskussion beginnt damit, dass der Moderator sich selbst, seine Rolle und gegebenenfalls seine Assistenz vorstellt. Dabei bedankt er sich für die Bereitschaft der Teilnehmer, für das Forschungsprojekt einen wesentlichen Beitrag zu leisten. Die Bedeutung des Projekts darf unterstrichen werden. Falls es einen Auftraggeber gibt, wird darauf hingewiesen. Ferner muss betont werden, wie wichtig es ist, dass die Teilnehmer offen und ohne Scheu sagen, was sie denken. Jeder muss sagen können, was er für richtig hält. Falsche Antworten gibt es nicht, sondern lediglich unterschiedliche Sichtweisen. Unerlässlich ist es auch, auf die Notwendigkeit der technischen Aufzeichnung der Diskussion hinzuweisen, aber gleichzeitig auch zu erläutern, dass und wie die Vertraulichkeit des Gesprächs gewahrt wird.[714] Da sich in ad-hoc-Gruppen die Teilnehmer bis dahin nicht kennen, werden sie anschließend aufgefordert, sich ebenfalls kurz vorzustellen und dabei eventuell schon mit ein paar Sätzen anzugeben, wie ihr Bezug oder ihre Position zum Gegenstand der Untersuchung oder zum Thema der Diskussion aussieht.

Mit diesen Eröffnungszügen sollten zugleich die Phasen der *Fremdheit* und der *Orientierung* abgeschlossen sein, die den idealtypischen Gesprächsverlauf einleiten. Pollock hat im Anschluss an Volker v. Hagen die Phasen eines solchen Gesprächsverlaufs und deren je charakteristische Erscheinungsformen modelliert.[715] (Siehe Tafel 33.) Der Moderator einer Gruppendiskussion tut gut daran, auf die Symptome der einzelnen Phasen zu achten und sich darauf einzustellen. Erst wenn die anfängliche Fremdheit überwunden ist, und die Teilnehmer sich wenigstens grob in der Gruppe orientieren konnten, kann der Grundreiz mit den zentralen Gesprächsanstößen und den Kernfragen gesetzt werden. Von da an sollte der Moderator die Entwicklung der Diskussion im Wesentlichen den Teilnehmern überlassen und die Strategie einer *non-direktiven* Gesprächsleitung einschlagen. Dies ist eine anspruchsvolle Aufgabe.

---

714 Nach Lamnek, Siegfried, Gruppendiskussion, ²2005, S. 138 und 145–148.
715 Pollock, Friedrich, Gruppenexperiment, 1955, S. 429–456 mit Bezug auf v. Hagen, Volker, Integrationsprobleme, 1954.

T 33: Ablaufphasen in Gruppendiskussionen

Phase:	Erscheinungsform:	Ursachen:
I. Fremdheit	Vorsichtige Wendungen; unverbindliche Floskeln; Rückversicherungen.	Unbekannte, fremde Situation und Teilnehmer; Unsicherheit.
II. Orientierung	Vorfühlen, wer worauf wie reagiert; stimulierende und provokative Äußerungen.	Versuch, sich Gewissheit zu verschaffen; man sucht Anknüpfungspunkte zwischen sich und anderen.
III. Anpassung	Rücksichtnahme auf vorausgegangene Äußerungen und deren Träger; nachreden, was andere vorher gesagt haben.	Gruppe als "objektive (Urteils-)Instanz" über "richtige" Meinungen; Interesse an Bestätigung der eigenen Meinung.
IV. Vertrautheit	Teilnehmer ergänzen, beglaubigen und bekräftigen sich gegenseitig; zustimmende Gesten und Äußerungen begleiten die Diskussion und signalisieren Zustimmung.	Gruppenmitglieder kennen nun sich und ihre Auffassungen und lassen sich voneinander beeindrukken; Geborgenheit im Kollektiv, Furcht vor Isolation.
V. Konformität	Teilnehmer sprechen voneinander als 'wir'; einheitliche Gruppenmeinung wird als die "herrschende Meinung" wahrnehmbar; davon kein Abweichen Einzelner mehr; monologisierende Reden; Abwehr von Störversuchen.	Gruppenmitglieder identifizieren sich miteinander; Sorge um den Zusammenhalt der Gruppe.
VI. Ausklingen der Diskussion	Nachlassen der Intensität der Diskussion; Beiträge werden kürzer, Zwischenrufe weniger; Äußerungen wiederholen sich.	Zufriedenheit mit der erreichten Konformität; Ermüdung.

Das Schema folgt den Stichworten, mit denen Friedrich Pollock (Gruppenexperiment, 1955, S. 429 bis S. 456) in Text und Modell das idealtypische "Integrationskontinuum" von Diskussionsgruppen mit Belegen aus Diskussionsprotokollen charakterisiert.

> In diesem Rahmen achtet er darauf, dass alle zu Wort kommen, dass notorische Vielredner gebremst und Schweiger animiert werden, sich zu äußern; dass chaotisches Durcheinanderreden verhindert wird; dass die Diskussion auf den vorgegebenen Gegenstand fokussiert bleibt und alle wichtigen Themenaspekte berührt und verhandelt werden, die im Diskussionsleitfaden fixiert sind. Vor allem aber sollte der Moderator mit eigenen Gesprächsbeteiligungen zurückhaltend sein. Das schließt nicht aus, dass er mit Nachfragen die Diskussion immer wieder anregt und weitertreibt oder auch zur Klärung der anstehenden Fragen beiträgt. Solche motivierenden Nachfragetechniken können verschiedene typische Formen annehmen: „Könnten Sie das Gesagte noch ein wenig genauer erläutern?" „Können Sie uns ein Beispiel dafür geben?" „Können Sie schildern, wie Sie sich da gefühlt haben, was Sie empfunden haben?" „Ich habe Sie da gerade (akustisch) nicht richtig verstanden; könnten Sie das noch einmal wiederholen?" „Ich versuche einmal, mit eigenen Worten zusammenzufassen, was Sie da eben ausgeführt haben." (Der Moderator gibt ein knappes Resümee und fragt dann:) „Ist das so richtig? Haben Sie das so gemeint?"[716]

Wenn sich die Anzeichen mehren, dass die Diskussion in die letzte Phase des Abklingens einmündet, dass sich die Äußerungen wiederholen und Gesprächsflauten zu registrieren sind, kann der Moderator ein neues (Teil-)Thema anschneiden. Falls bis dahin alle wesentlichen Aspekte bereits ausreichend diskutiert sind, können abschließend auch eventuell erforderliche formelle und standardisierte Abfragen erledigt werden, bevor die Diskussionsgruppe auseinandergeht.

Die Auswertung

Mit dem Ende der Diskussion in den Gruppen beginnt für die Forscher mit der Auswertung des Diskussionsmaterials ein großes und zeitaufwendiges Stück Arbeit. In der Kommunikations- und Medienforschung interessiert dabei primär der Inhalt der Gruppendiskussionen, also die Gesamtheit der geäußerten Gefühle, Erlebnisse und Meinungen. Da dieser Inhalt in einem Gruppenprozess zutage gefördert wurde, kann dieser bei der Auswertung nicht gänzlich unberücksichtigt bleiben.

> Man wird also damit beginnen, die Tonaufzeichnungen vollständig zu verschriften. Die Videoaufzeichnungen sind dabei eine Hilfe für die Zuordnung der einzelnen Beiträge zu ihren Sprechern, falls hierzu nicht Notizen eines Assistenten vorliegen. Zusätzlich empfiehlt es sich in einer Parallelspalte zum Text wichtige Beobachtungen aus der Bildaufzeichnung zu vermerken, etwa Bekundungen von Zustimmung oder Ablehnung oder sonst bemerkenswerte Reaktionen in der Gruppe. Mit solchen Transkriptionen fällt eine Materialmenge an, die hinsichtlich ihrer Überschaubarkeit nicht unproblematisch ist. Daher erklärt sich auch der Rat, neben der Transkrip-

---

[716] Die meisten dieser Nachfragetechniken gibt Lamnek (Gruppendiskussion, ²2005, S. 152) an. Nichtbeeinflussende Fragetechniken und -typen werden ausführlich auch behandelt bei Merton, Robert K./Kendall, Patricia L., Fokussiertes Interview, 1979, insbes. S. 179–186.

tion vom Moderator oder von dem bei den Diskussionen anwesenden Projektleiter ein resümierendes Kurzprotokoll erstellen zu lassen, in welchem die Befunde zu allen wesentlichen Themenaspekten zusammengefasst sind. Es bringt auch Vorteile, die Transkriptionen und die Resümees nicht erst anzufertigen, wenn alle vorgesehenen Gruppendiskussionen abgeschlossen sind, sondern diese Arbeiten im unmittelbaren Anschluss zu jeder Gruppendiskussion zu erledigen. Dann können, in genauer Kenntnis der Befunde aus der ersten Gruppendiskussion, gegebenenfalls Modifikationen der Fragestellung oder der Gesprächsführung in den folgenden Gruppen vorgenommen werden.

Um einen Überblick über das Material zu gewinnen und zu behalten, muss man es zunächst auf die zentralen Befunde reduzieren. Dabei leisten das klar bestimmte Erkenntnisinteresse sowie die im Diskussionsleitfaden fixierten Untersuchungsaspekte wertvolle Orientierungshilfe. Welche Diskussionsbeiträge geben eine Antwort auf die Zielfrage der Studie? Welche Teilthemen wurden in der Diskussion angesprochen? Gibt es Äußerungen zu unvorhergesehenen Aspekten, die aber für das Untersuchungsziel wichtig sind? Entlang solcher Fragen lassen sich aus den Transkriptionen jene Aussagen markieren oder herausschneiden und zusammenstellen, die das Ergebnis am besten repräsentieren.

Keineswegs im Widerspruch zum Charakter qualitativer Forschung steht es, wenn die beschreibende Überblickdarstellung durch einzelne Quantifizierungen ergänzt wird, sofern die Zahl der Diskussionsgruppen und ihrer Teilnehmer dies sinnvoll zulässt. So kann es recht nützlich sein, die Aussagen zu den zentralen Diskussionsthemen, die Verteilung von Meinungsäußerungen zu den Kernfragen oder auch einzelne Merkmale der Teilnehmer zu quantifizieren.[717]

Bis dahin allerdings handelt es sich um eine reduzierende Deskription der Ergebnisse, noch nicht um eine Analyse. Zumindest Untersuchungen mit wissenschaftlichem Anspruch können jedoch auf eine solche nicht verzichten.

Für die Analyse der Befunde sind Verfahren und Techniken der qualitativen Inhaltsanalyse heranzuziehen.[718] Bei kommunikationswissenschaftlichen Fragestellungen wird man dabei im Allgemeinen auf die *interpretativ-reduktive Inhaltsanalyse* nach Mayring zurückgreifen. Diese Art der Analyse lässt sich den Erkenntnisinteressen sehr genau anpassen. Sie ermöglicht eine fragebestimmte Reduktion auch größerer Materialmengen und erlaubt eine mehrdimensionale Strukturierung des Materials, sodass die markanten und typischen inhaltlichen Ausprägungen zum Vorschein gebracht werden können.[719] Richtet sich aber das Erkenntnisinteresse auf die kollektiven Hintergründe des kommunikativen Handelns oder der Mediennutzung, auf die den Teilnehmern gemeinsamen Erlebnis- und Erfahrungsräume und deren Dimensionen, so bietet sich dafür das Verfahren der „[d]oku-

---

717 Vgl. Lamnek, Siegfried, Gruppendiskussion, ²2005, S. 177–182 und 192–195.
718 Siehe dazu Kapitel 14 in diesem Band.
719 Siehe dazu Kapitel 14 in diesem Band. Eine kurze Zusammenfassung dazu findet sich in Mayring, Philipp, Einführung ⁶2016, S. 114–121. Eine Zusammenfassung bietet auch Lamnek, Siegfried, Gruppendiskussion, ²2005, S. 195–203.

mentarische[n] Interpretation" an, wie es Bohnsack zur Analyse von Gruppendiskussionen entwickelt.[720]

Welches Analyseverfahren auch gewählt wird, man wird es immer zuerst auf die einzelnen Gruppendiskussionen, genauer: auf die Transkripte und Resümees dieser Diskussionen anwenden. In einem weiteren Analyseschritt werden dann die Diskussionsabläufe, die Meinungsstrukturen und -muster der Diskussionsgruppen miteinander verglichen, die hinsichtlich der relevanten Merkmale eine gleiche soziale Struktur aufweisen. Am Ende vergleicht man dann die Befunde jener Diskussionsgruppen miteinander, die unterschiedliche Sozialmerkmale haben.[721] Auf diese Weise erschließt man den Zugang zu den typischen Strukturen der Gruppenmeinungen sowie zu den transsubjektiven Erfahrungs- und Erlebnisdimensionen und kann so die spezifischen und validen Erkenntnisgewinne ausschöpfen, welche das Verfahren der Gruppendiskussion abwirft.

---

[720] Siehe Bohnsack, Ralf, Sozialforschung, ^{9}2014, S. 58 ff.; ders., Methode, 1997, S. 191–211. Eine zusammenfassende Darstellung bietet Lamnek, Siegfried, Gruppendiskussion, ^{2}2005, S. 203–212.
[721] Vgl. dazu Mangold, Werner, Gruppendiskussionsverfahren, 1960, S. 124 f.

12. Kapitel Teilnehmende Beobachtung: Datenerhebung ‚hautnah' am Geschehen

von Philomen Schönhagen

In der Kommunikationswissenschaft haben, wie allgemein in den „Sozial- und Verhaltenswissenschaften", Beobachtungsverfahren „in jüngster Zeit durch technische Entwicklungen an Bedeutung gewonnen". Zudem geht nach Volker Gehrau „der Bedeutungsgewinn qualitativer und ethnographischer Forschungen (..) mit einem wachsenden Interesse an Beobachtungsverfahren einher".[722] Im Kontext der verstehenden bzw. qualitativen Methoden ist vor allem die *Teilnehmende Beobachtung* hervorzuheben, auch wenn natürlich ebenso nicht-teilnehmende Varianten qualitativ vorgehen können.[723] Es handelt sich um eine spezielle Variante des wissenschaftlichen Beobachtungsverfahrens, bei welcher die Forscher selbst an dem zu beobachtenden Geschehen teilnehmen.

1. Hintergrund und Problematik der Methode

Die Wurzeln der teilnehmenden Beobachtung liegen zum einen in der Anthropologie und Ethnologie. Besonders bekannt ist etwa Bronislaw Malinowskis 1922 publizierte Studie über *„Die Argonauten des westlichen Pazifiks"*, für die er die Lokalbevölkerung in Neuguinea und Malinesien beobachtete, indem er mit dieser lebte. Zum anderen entwickelte sich die Methode im Zusammenhang mit den „Sozialreformbewegungen Ende des 19. und Anfang des 20. Jahrhunderts in den USA und Großbritannien. Ethnische sowie verteilungs- und migrationsbedingte Konflikte in den urbanen Industriezentren und das Entstehen neuer Formen von Armut und Verelendung in den Slums der Großstädte mobilisierten nicht nur Sozialreformer, sondern auch Wissenschaftler und Universitäten".[724]

Vor diesem Hintergrund entstanden erste Beobachtungsstudien wie *„Die Lage der arbeitenden Klasse in England"* von Friedrich Engels, die 1845 erstmals publiziert wurde, sowie die stadtsoziologischen Arbeiten der *Chicagoer Schule*, die sich neben anderen Methoden zum Teil stark auf die teilnehmende Beobachtung stützten.[725] In diesem Kontext wurde laut Mayring auch der Begriff „teilnehmende Be-

---

722 Gehrau, Volker, Beobachtung, ²2017, S. 7.
723 Vgl. Gehrau, Volker, Beobachtung, ²2017, S. 70 ff.; siehe auch verschiedene Einführungen in qualitative Methoden wie u. a. Flick, Uwe, Sozialforschung, ⁸2017; Payne, Geoff/Payne, Judy, Key Concepts, 2004; Flick, Uwe/von Kardoff, Ernst/Steinke, Ines (Hrsg.), Forschung, ²2003; Mayring, Philipp, Einführung, ⁶2016; Denzin, Norman K./Lincoln, Yvonna S. (Hrsg.), Research, 1994, sowie einige fachspezifische Einführungen wie Lindlof, Thomas R./Taylor, Bryan C., Communication Research, ²2002; Machin, David, Ethnographic Research, 2002; Hansen, Anders/Cottle, Simon/Negrine, Ralph/Newbold, Chris (Hrsg.), Mass Communication, 1998.
724 Lüders, Christian, Beobachten, 2003, S. 385. Vgl. zu diesen Wurzeln u. a. auch Machin, David, Ethnographic Research, 2002, S. 17 ff. und 50 ff. sowie Atkinson, Paul/Hammersley, Martyn, Ethnography, 1994, S. 249 ff.
725 Vgl. Lüders, Christian, Beobachten, 2003, S. 385; Gehrau, Volker, Beobachtung, ²2017, S. 21; Atkinson, Paul/Hammersley, Martyn, Ethnography, 1994, S. 249 ff.; Park, Robert E./Burgess, Ernest W., Introduction, ³1969, u. a. S. 43 ff., 210 ff.; Engels, Friedrich, Arbeitende Klasse, ²1892. Besonders bekannt ist die Studie von William I. Thomas und Florian Znaniecki über polnische Bauern in Polen und Amerika (vgl. Thomas, William I./Znaniecki, Florian, Polish Peasant, 1984). Die Arbeiten von William I. Thomas sind generell von großer Bedeutung für die Entwicklung einer spezifischen sozialwissenschaftlichen Methodik, die Beobachtungsverfahren mit anderen Methoden wie Dokumentenanalyse, Interviews etc. kombiniert. Vgl.

obachtung" geprägt.[726] Diese Ansätze wurden vor allem seit den 1950er-Jahren in den USA wieder vermehrt aufgegriffen.[727] Als Klassiker gilt vor allem die berühmte Studie der *Street Corner Society* italienischer Einwanderer in Boston von William Foote Whyte, die 1943 erstmals veröffentlicht wurde.[728] Die teilnehmende Beobachtung bzw. Feldforschung oder Ethnografie[729] wird somit traditionell zur Beschreibung „von kleinen Lebenswelten" eingesetzt, in der Soziologie insbesondere von Subkulturen innerhalb der eigenen Gesellschaft. Diese Beschreibungen beschäftigen sich mit der „Frage, wie die jeweiligen Wirklichkeiten praktisch ‚erzeugt' werden".[730] Der Prozess der sozialen Konstruktion von Wirklichkeit soll möglichst direkt und im jeweiligen (sub-)kulturellen Kontext erfasst werden.[731]

Grundgedanke und zentrale Problematik des Verfahrens

Der hinter dieser Methode stehende Grundgedanke ist folgender: Das Handeln von Menschen, ihre Alltagspraxis und Lebenswelt können besonders authentisch, quasi aus einer Innenperspektive direkt beobachtet und untersucht werden, wenn der Forscher an dieser Alltagspraxis möglichst über längere Zeit teilnimmt und so mit ihr vertraut wird. Manche Untersuchungsgegenstände sind zudem von außen gar nicht zugänglich. Der Beobachter registriert also nicht einen Gegenstand als ein Außenstehender, „sondern nimmt selbst teil an der sozialen Situation, in die der Gegenstand eingebettet ist".[732] Er begibt sich somit in das zu untersuchende ‚Feld', steht in persönlicher Beziehung mit den Beobachteten und teilt deren Lebenssituation während der Datensammlung. Man spricht daher auch von Feldforschung sowie in jüngerer Zeit von Ethnografie, wobei die teilnehmende Beobachtung als Hauptmethode neben anderen zum Einsatz kommt.

Diese Form der Datenerhebung, die ‚hautnah' am Geschehen stattfindet, hat gegenüber nicht teilnehmenden Varianten den Vorteil, dass nicht nur von außen Handlungsweisen und Reaktionen, Routinen, Rituale, Interaktionen etc. registriert, sondern die Sinnzuschreibungen der Handelnden zu ihrem Handeln gewissermaßen durch Mitvollzug in Erfahrung gebracht werden. Die teilnehmende Be-

---

Thomas, William I., Sozialverhalten, 1965 sowie darin Volkart, Edmund H., Einführung, 1965, v. a. S. 43 ff. (Siehe auch Kapitel 15: Biographische Methode in diesem Band.)
726 Vgl. Mayring, Philipp, Einführung, [6]2016, S. 81.
727 Vgl. Lüders, Christian, Beobachten, 2003, S. 385.
728 Whyte, William Foote, Street Corner Society, 1981.
729 Auch heute wird die teilnehmende Beobachtung häufig in Kombination mit anderen Methoden eingesetzt, z. B. mit Interviews, Fotoserien etc. Man spricht dann von Feldforschung oder Ethnographie (vgl. Flick, Uwe, Sozialforschung, [8]2017, S. 296 ff.; Payne, Geoff/Payne, Judy, Key Concepts, 2004, S. 71 ff.; Lüders, Christian, Beobachten, 2003, S. 385, 388 sowie 389 ff.; Mayring, Philipp, Einführung, [6]2016, S. 54 ff.; Lindlof, Thomas R./Taylor, Bryan C., Communication Research, [2]2002, S. 16 f.; Machin, David, Ethnographic Research, 2002; Atkinson, Paul/Hammersley, Martyn, Ethnography, 1994) bzw. Ethnomethodologie. Letztere geht auf den Soziologen Harold Garfinkel zurück (vgl. Bergmann, Jörg R., Garfinkel, 2003). (Vgl. Kapitel 10: Konversationsanalyse in diesem Band.) Angewandt haben ein solches kombiniertes Vorgehen, das heute in der Literatur auch als „*Triangulation*" bezeichnet wird (vgl. S. 212 ff.), u. a. schon W. I. Thomas (siehe oben Fussnote 725) sowie Paul F. Lazarsfeld und sein Team in der 1933 veröffentlichten Studie über Arbeitslose im österreichischen Dorf Marienthal. Vgl. dazu Mayring, Philipp, Einführung, [6]2016, S. 54, 57, 83, 101.
730 Beide Zitate: Lüders, Christian, Beobachten, 2003, S. 389, 390.
731 Einen Einblick – auch in die Probleme und Potenziale der Methode – mittels verschiedener Fallstudien vermittelt z. B. der Band von Hume, Lynne/Mulcock, Jane, Anthropologists, 2004.
732 Mayring, Philipp, Einführung, [6]2016, S. 80. Vgl. u. a. auch Jorgensen, Danny L., Observation, 1989, S. 14 f.

obachtung entspricht somit in geradezu idealer Weise dem Ziel der Sozialwissenschaften nach Max Weber, die Sinnzuschreibungen der Handelnden zu ihren Handlungen zu erfassen, also zu analysieren, welchen Sinn sie mit ihrem Handeln verbinden.[733]

Andererseits liegt gerade in dieser Teilnahme des Forschers am zu beobachtenden Geschehen ein *grundlegendes* und schwerwiegendes *Problem,* denn sie widerspricht der distanzierten Grundhaltung des wissenschaftlichen Beobachters, die vor allem der Wissenssoziologe Alfred Schütz eingehend diskutiert hat: „Diese Einstellung des Sozialwissenschaftlers ist die eines bloß *desinteressierten Beobachters* der Sozialwelt. Er ist *nicht in die beobachtete Situation einbezogen*, die ihn nicht praktisch, sondern nur kognitiv interessiert. Sie ist nicht der Schauplatz seiner Tätigkeiten, sondern nur der Gegenstand seiner Kontemplation. Er handelt in ihr nicht und hat kein vitales Interesse am Ergebnis seines Handelns (...). Er schaut auf die Sozialwelt mit demselben kühlen Gleichmut, mit dem der Naturwissenschaftler die Ereignisse in seinem Laboratorium verfolgt."[734] Entscheidend für den Wissenschaftler ist, dass er sich im Moment der wissenschaftlichen Tätigkeit von der Alltagswelt, in die er selbstverständlich als Mitmensch eingebunden ist, löst „mit dem Entschluss, die desinteressierte Einstellung des wissenschaftlichen Beobachters anzunehmen".[735] Mit dieser Einstellung verbinden sich andere, von der wissenschaftlichen Problemstellung des Forschers bestimmte Relevanzen als jene der Handelnden, die der Gegenstand der Beobachtung sind. Dabei „ist die zum Gegenstand der Forschung gemachte Lebenswelt für den Forscher ‚qua' Wissenschaftler in erster Linie die Lebenswelt des Anderen, des Beobachteten."[736]

Daraus ergeben sich für den Forscher als teilnehmender Beobachter erhebliche *Rollenkonflikte*. Denn „his personal life is inextricably mixed with his research", wie schon Whyte bemerkt.[737] Als „Mitwirkender" ist er zwangsläufig „Partei",[738] als Wissenschaftler dagegen muss er seinen subjektiven Standpunkt ausklammern.[739] Als Teilnehmender ist er auf vielfältige Weise in das Wirken der Handelnden involviert, das er zugleich als wissenschaftlicher Beobachter quasi aus einer Vogel-Perspektive analysieren will.[740] Aus seiner Teilnahme kann zudem ein *weiteres Problem* resultieren: Wissen die Beobachteten, dass sie beobachtet werden, so verändert dies typischerweise ihr Verhalten. Der teilnehmende Beobachter beobachtet dann also nicht mehr das, was er ursprünglich beobachten wollte, son-

---

733 Vgl. Kalberg, Stephen, Soziologie, 2001, S. 43 f..
734 Schütz, Alfred, Interpretation, 1971, S. 41 f. (Hervorhebungen von der Verf.)
735 Schütz, Alfred, Interpretation, 1971, S. 42.
736 Schütz, Alfred, Phänomenologie, 1971, S. 159 f.
737 Whyte, William Foote, Street Corner Society, 1981, S. 279.
738 Vgl. Marcic, René, Öffentlichkeit, 1965, S. 202 f. sowie S. 154.
739 Vgl. Schütz, Alfred, Wirklichkeiten, 1971, S. 286.
740 Es sei jedoch auch bemerkt, dass Jorgensen die Bedeutung dieser Konflikte für überschätzt hält: „In our everyday lives, we routinely perform multiple roles more or less simultaneously" (Jorgensen, Danny L., Observation, 1989, S. 56).

dern er verändert durch seine Teilnahme den Beobachtungsgegenstand.[741] Damit wird jedoch die Validität oder Gültigkeit der Methode infrage gestellt.[742]

Trotz dieser grundsätzlichen Bedenken kann der Einsatz dieser Methode sinnvoll sein. Wann das der Fall ist und wie mit diesen Problemen bei der Konzeption und Durchführung einer teilnehmenden Beobachtung umzugehen ist, wird im Folgenden noch diskutiert. (Vgl. Punkt 2.)

Wohl nicht zuletzt aufgrund der oben angesprochenen Probleme hat die teilnehmende Beobachtung im deutschsprachigen Raum lange Zeit kaum Beachtung gefunden. Sie wurde vielfach als unseriös betrachtet und allenfalls als ergänzende Methode oder für explorative Vorstudien akzeptiert, also um erste Erkenntnisse über noch weitgehend unbekannte Untersuchungsgegenstände zu gewinnen und Hypothesen für anschließende quantitative Studien zu generieren.[743] Teilweise hat zudem ein verengtes Empirieverständnis in den Sozialwissenschaften und damit auch in der Kommunikationswissenschaft die Verwendung verstehender bzw. qualitativer Methoden gehemmt.[744] Aber auch „der Boom qualitativer Sozialforschung seit Ende der 70er Jahre"[745] hat nicht sofort zu einer breiteren Verwendung der teilnehmenden Beobachtung geführt.

In der Kommunikationswissenschaft kommt diese Methode traditionell im Rahmen von Studien zu redaktionellen Arbeitsabläufen und journalistischem Handeln zum Einsatz, um formelle und informelle Interaktionen und Entscheidungsprozesse, insbesondere hinsichtlich der Selektion von Nachrichten, sowie Sozialisationsprozesse in Redaktionen zu untersuchen.[746] Im Rahmen der neueren Rezeptionsforschung sind seit den 1980er-Jahren vermehrt Studien mit teilnehmender Beobachtung bzw. ethnografischen Forschungsstrategien durchgeführt worden. Dabei werden vor allem der Umgang mit Medien und die sog. ‚Aneignung' von Medieninhalten im Alltag in den Blick genommen.[747]

---

741 Siehe dazu auch den sogenannten „reziproken Effekt", den Kurt und Gladys Engel Lang am Beispiel der Fernseh-Berichterstattung über die Rückkehr von General MacArthur 1952 aus Korea nach Chicago erstmals aufgezeigt haben. Sie konnten zeigen, dass die Anwesenheit von Fernsehkameras das Verhalten der Akteure, in diesem Fall der Zuschauer beim Empfang von McArthur, deutlich beeinflusst. Vgl. Lang, Kurt/ Lang, Gladys Engel, Unique Perspective, 1953.
742 Der Begriff der Validität oder Gültigkeit zielt auf die Frage, ob ein Untersuchungsinstrument tatsächlich das misst bzw. erfasst, was es zu erfassen bzw. zu messen vorgibt. Vgl. im Detail Diekmann, Andreas, Sozialforschung, ^{10}2016, S. 256 ff.
743 Vgl. Lüders, Christian, Beobachten, 2003, S. 388.
744 Vgl. dazu Kapitel 3 in diesem Band.
745 Lüders, Christian, Beobachten, 2003, S. 388.
746 In Deutschland ist mittlerweile ein Klassiker der Redaktionsforschung mit der Methode der teilnehmenden Beobachtung die Untersuchung von Rühl, Manfred, Zeitungsredaktion, ^{2}1979. Walter Gieber verwendete bereits in den 1950er und 60er Jahren in mehreren Studien zur Nachrichtenauswahl u. a. die Methode der teilnehmenden Beobachtung; vgl. u. a. Gieber, Walter, News, 1964. Vgl. auch den Überblick im Kapitel „Participant Observation: Researching News Production" in: Hansen, Anders/Cottle, Simon/Negrine, Ralph/Newbold, Chris (Hrsg.), Mass Communication, 1998, S. 35–65. Ein jüngeres Beispiel für den (immer noch eher seltenen; vgl. Quandt, Thorsten, Journalisten, 2011, S. 78) Einsatz dieser Methode (hier im Rahmen eines Methoden-Mix) ist etwa Lublinski, Jan, Wissenschaftsjournalismus, 2004. Diese Studie wird im Folgenden noch kurz angesprochen.
747 Medienaneignung wird dabei insbesondere in Studien in den Blick genommen, die auf den *Cultural Studies* basieren (vgl. zum Überblick Hepp, Andreas, Cultural Studies, ^{3}2010, S. 166 ff. sowie S. 256; z. B. auf S. 173 f. und 217 f. werden Studien vorgestellt, die teilnehmende Beobachtungen umfassen).

2. Konzeption und Durchführung

Die teilnehmende Beobachtung bietet sich einerseits bei der Untersuchung alltäglichen Handelns oder von Routinen wie z. B. redaktionellen Arbeitsabläufen oder dem Fernsehen in der Familie an. Hier ist die Methode möglicherweise der einzig sinnvolle Weg zum Erkenntnisgewinn und etwa der Befragung klar überlegen, da den Probanden gerade aufgrund der Alltäglichkeit ihres Tuns dessen Gründe nicht bewusst sind. Andererseits eignet sie sich bei manchen ‚heiklen' Themen, bei denen Befragungen typischerweise durch das Phänomen der sozialen Erwünschtheit verzerrt sind.[748] Dies könnte beispielsweise bei der Rezeption von pornografischen Filmen der Fall sein. Jorgensen weist darauf hin, dass teilnehmende Beobachtung auch interessant sein kann, wenn „there are important differences between the views of insiders as opposed to outsiders".[749] Schließlich kommt die teilnehmende Beobachtung dann in Betracht, „wenn mit den Untersuchten nicht ausreichend sprachlich kommuniziert werden kann (zum Beispiel Kleinkindern)",[750] oder die Beforschten Außenstehenden keine Auskünfte geben wollen (etwa stark geschlossene Gruppen).

Dabei kann die teilnehmende Beobachtung sowohl in explorativen Studien eingesetzt werden, die erste Daten zu wenig erforschten Bereichen der Sozialwelt sammeln und Hypothesen für weitere Forschung generieren, als auch im Rahmen hypothesenprüfender Untersuchungen. Grundsätzlich festzuhalten ist, dass wissenschaftliche Beobachtung immer *systematisch* geplant sein muss und nicht zufällig erfolgt, und sie dient einem bestimmten *Forschungsziel*. Die beobachteten Tatbestände werden systematisch aufgezeichnet und sind nach Möglichkeit wiederholt zu prüfen und zu kontrollieren.[751]

Ob eine teilnehmende Beobachtung als geeignete Methode infrage kommt, hängt insbesondere von der Fragestellung bzw. dem Erkenntnisinteresse ab. Einer Beobachtungsstudie muss ebenso eine *klare Fragestellung* zugrunde liegen, wie dies bereits in vorhergehenden Kapiteln bezüglich anderer Methoden erläutert wurde. Sie kann sich aus der Fachdiskussion heraus ergeben oder auch auf ersten, noch eher unsystematischen Beobachtungen beruhen, wobei sie in jedem Fall in theoretische Hintergründe und in den Forschungsstand einzubinden ist. Es ist kritisch zu hinterfragen, ob die wesentlichen Aspekte hinsichtlich der Fragestellung mit der Methode der teilnehmenden Beobachtung erfasst und die angestrebten Erkenntnisse damit in idealer Weise erreicht werden können. Nicht selten wird eine *Methodenkombination* einem komplexen Sachverhalt am besten gerecht. So untersuchte etwa Jan Lublinski die Redaktionsorganisation sowie Thematisierungsprozesse dreier Wissenschaftsredaktionen des deutschen öffentlich-rechtlichen Hörfunks (Forschung aktuell, DLF; Leonardo, WDR, und die Umweltredaktion des WDR, ohne eigenen regelmäßigen Sendeplatz) mit einer Kombination aus Dokumentenanaly-

---

748 Der Effekt sozialer Erwünschtheit bezeichnet die Verzerrung der Antworten bei Befragungen, die dadurch bedingt ist, dass die Befragten einer (unterstellten) gesellschaftlichen Norm (stärker) entsprechen wollen als dies in Wirklichkeit der Fall ist. Vgl. Diekmann, Andreas, Empirische Sozialforschung, [10]2016, S. 443 ff.
749 Jorgensen, Danny, Observation, 1989, S. 12.
750 Gehrau, Volker, Beobachtung, [2]2017, S. 14.
751 Vgl. Lamnek, Siegfried/Krell, Claudia, Sozialforschung, [6]2016, S. 526, 537, 582 ff.

se, Leitfadengesprächen mit Redaktionsmitarbeitern und vor allem der teilnehmenden Beobachtung.[752]

Das Beobachtungsfeld und die Problematik des Feldzugangs

Zur Durchführung der teilnehmenden Beobachtung muss der Forscher natürlich als erstes ein *geeignetes Forschungsfeld* ausfindig machen, z. B. eine Organisation oder Institution wie die oben angesprochenen Redaktionen, eine Subkultur, öffentliche Orte oder private Haushalte, an bzw. in denen sich das Handeln abspielt, das beobachtet werden soll.[753] Man muss sich also überlegen, welche Personen bzw. Population(en) sinnvoll beobachtet werden können, um die Forschungsfrage beantworten zu können. Sodann muss man zu diesem Feld als Teilnehmer *Zugang finden*. Gerade Letzteres kann ausgesprochen schwierig sein und die gesamte Anlage der Untersuchung infrage stellen.[754] Diese Problematik ist also möglichst früh bei der Konzeption zu klären: Wie kommt der Forschende mit den zu beobachtenden Personen, Organisationen, ‚Szenen' etc. in Kontakt und wie erreicht er, dass er an ihrem (Berufs-)Alltag teilnehmen kann? Wie kann er sich selbst im Feld so positionieren, dass er dabei auch noch seine Forschungsarbeit adäquat durchführen kann? Idealerweise nimmt man eine Rolle im Feld ein, in der man auch ‚naive' Fragen stellen kann, beispielsweise als Praktikant.

Das Problem dabei ist: „Es gibt *keine Patentrezepte*, wie der Weg ins Feld gesucht und gefunden werden sollte".[755] Dieser ist natürlich sehr stark von der Beschaffenheit des Feldes abhängig, von möglicherweise bestehenden Bezügen des Forschenden zum Feld bzw. Kontakten, auf die man zurückgreifen kann,[756] unter Umständen von sprachlicher Kompetenz etc. Der Zugang wird erleichtert, wenn der Forscher hinsichtlich seiner erkennbaren Eigenschaften (z. B. Geschlecht, Alter, ethnische Zugehörigkeit, Sprache) an die Personen im Feld ‚anschlussfähig' ist, wenn ihm eine ‚passende' Teilnehmerrolle zugewiesen werden kann bzw. er eine solche unauffällig einzunehmen vermag: z. B. als Praktikant oder als Mitarbeiterin, als Protokollführer, als Mitbewohner, als vermeintliche Kundin oder Patientin in einem Wartezimmer etc.

„Manche soziale Settings verfügen über institutionalisierte Beobachterrollen, die sich von Forschern zum Zweck verdeckter Beobachtungen nutzen lassen",[757] z. B. die eines Streetworkers zur Beobachtung der Konflikte zwischen Jugendgruppen. Zum anderen verfügen vor allem Organisationen, bisweilen auch Gruppen, über spezielle Personen, die für die Kontakte mit Außenstehenden zuständig sind, sog. ‚gatekeeper'. „Der gekonnte Umgang mit solchen Türstehern gewinnt damit stra-

---

752 Vgl. Lublinski, Jan, Wissenschaftsjournalismus, 2004. – Vgl. generell zu solchem kombinierten Vorgehen auch Fußnote 740.
753 Vgl. etwa Jorgensen, Danny L., Observation, 1989, S. 40 ff.
754 Exemplarisch vgl. Whyte, William Foote, Street Corner Society, 1981, S. 288 ff.
755 Wolff, Stephan, Wege ins Feld, 2003, S. 336. Vgl. zu dieser Problematik ausführlich auch Lindlof, Thomas R./Taylor, Bryan C., Communication Research, ²2002, S. 99 ff.
756 Als freier Mitarbeiter einer Tageszeitung erhielt etwa Manfred Rühl für seine Studie über die „*Zeitungsredaktion als organisiertes soziales System*" problemlos Zugang als Beobachter, um die Arbeitsabläufe in den Redaktionen dieser Zeitung zu untersuchen. Vgl. Rühl, Manfred, Zeitungsredaktion, ²1979.
757 Wolff, Stephan, Wege ins Feld, 2003, S. 341.

tegische Bedeutung innerhalb der Zugangsarbeit".[758] Es ist daher in jedem Fall hilfreich, wenn bereits Kontakte zu solchen zentralen Personen im Feld bestehen oder mittels anderer Personen, die man kennt, hergestellt werden können. Zu enge Kontakte können andererseits problematisch sein, zum einen, weil dann eine verdeckte Beobachtung (siehe weiter unten: Beobachtungsvarianten) unter Umständen nicht möglich ist, zum anderen, weil dies die ohnehin problematische Distanz zum Untersuchungsgegenstand weiter einschränken könnte.

Zu bedenken ist auch, dass möglicherweise seitens der Beobachteten bzw. der ‚Türsteher' Bedingungen gestellt werden, z. B. bezüglich der Zeitpunkte oder der Orte der Beobachtung etc. Dann muss man sorgfältig prüfen, ob diese Vorgaben mit dem Forschungsziel vereinbar sind oder die Datengewinnung so stark einschränken, dass dieses nicht mehr erreichbar ist. Nach Stephan Wolff ist auch Vorsicht geboten, wenn sich die Beforschten direkten Nutzen von der Forschung versprechen oder gar eine „Gegenleistung einfordern" wie z. B. eine Evaluation, Kritik oder Beratung. Dies könne zwar den Zugang zum Feld erleichtern, andererseits aber den Forscher „von seiner Kompetenz her überfordern" und zu „Rollendiffusität" führen.[759]

Das Problem des Feldzugangs ist, wie bereits angedeutet, eng mit der Frage verbunden, wie man die Beobachtung im Einzelnen gestaltet, ob man z. B. *offen* oder *verdeckt* vorgeht.

Wahl der angemessenen Beobachtungsvariante

Bezüglich der Frage, *wie* man eine teilnehmende Beobachtung im Einzelnen durchführt, sind vorab eine Reihe von Entscheidungen zu treffen. Diese hängen wiederum stark vom jeweiligen Erkenntnisziel, der Feldsituation, aber auch von pragmatischen Erwägungen in zeitlicher, personeller und finanzieller Hinsicht ab.

Eine erste grundlegende Entscheidung ist die, ob der Beobachter *offen* oder *verdeckt* agieren soll. Bei dieser Unterscheidung geht es um Frage, ob der Forscher seine Identität als solcher zu erkennen gibt oder nicht. Sie hängt mit der eingangs erläuterten zentralen Problematik der teilnehmenden Beobachtung zusammen: Gibt sich der Forschende *offen* als solcher zu erkennen, provoziert das Wissen um die Beobachtung bei den Beobachteten sehr wahrscheinlich Verhaltensweisen, die ohne dieselbe nicht zustande gekommen wären.[760] Bei langfristigen Studien kann man hoffen, dass diese Reaktivität mit zunehmender ‚Gewöhnung' an die Anwesenheit des Forschenden minimiert wird. Die Tatsache der Beobachtung verändert aber auch dann sehr wahrscheinlich den zu beobachtenden Gegenstand, wie eingangs diskutiert. Zudem kann der Zugang zum Feld erschwert oder sogar unmöglich sein, wenn das Vorhaben offengelegt wird. Andererseits ermöglicht das offene Vorgehen dem Forscher eher eine distanzierte Rolle als „desinteressierter Beob-

---

758 Wolff, Stephan, Wege ins Feld, 2003, S. 342.
759 Wolff, Stephan, Wege ins Feld, 2003, S. 348.
760 Vgl. auch Lamnek, Siegfried/Krell, Claudia, Sozialforschung, [6]2016, S. 527.

achter" (Alfred Schütz) und erleichtert damit die wissenschaftliche Einstellung sowie ganz praktisch die Aufzeichnung des Beobachteten.

Im Falle der *verdeckten* Beobachtung dagegen ist den Mitgliedern des Feldes nicht bewusst, dass sie systematisch beobachtet werden. Der Forschende gibt sich nicht als solcher zu erkennen, sondern agiert offen nur in der Rolle als Teilnehmer, z. B. als Praktikant in einer Redaktion oder als Gesprächsteilnehmer im Alltag.[761] Diesbezüglich eröffnen Online-Plattformen breite zusätzliche Anwendungsfelder, mit je eigenen Problemen.[762] Das Problem der Reaktivität lässt sich damit also vermeiden oder zumindest verringern, insofern sich der Forscher so verhält wie ein ‚normaler' Teilnehmer und damit die Distanz zum Feld auflöst bzw. zumindest deutlich verringert. Der Konflikt zwischen der Rolle als wissenschaftlicher Beobachter einerseits, der Distanz wahren sollte, und als involvierter Teilnehmer andererseits verschärft sich in diesem Fall jedoch.[763]

Diese *Rollenkonflikte* sind letztlich ein unlösbares Problem; wichtig ist, dass der Forscher diese sowie die von ihm ausgelöste Veränderung des Beobachtungsgegenstandes reflektiert und transparent macht. Die am wenigsten problematische Lösung besteht hier, wie schon angesprochen, in der Einnahme einer ‚passenden' Rolle, z. B. als Redaktionspraktikant oder als Fremder, die ohnehin ‚naives' Fragen und einen gewissen Beobachterstatus als Neuling impliziert. Solche Rollen sind jedoch nicht in allen Fällen vorhanden oder zugänglich, man denke z. B. an eine Analyse der (Offline-)Gruppenkommunikation von Hooligans.

Bei der verdeckten Variante der Beobachtung hat man außerdem das Problem, offen keine Aufzeichnungen und Notizen machen zu können. Man muss dies heimlich oder verdeckt tun bzw. sich dazu geeignete Rückzugsmöglichkeiten verschaffen und sicher vieles aus dem Gedächtnis aufzeichnen. Zudem ist man mit der ständigen Angst vor *Enttarnung* konfrontiert, was je nach untersuchtem Feld (siehe das obige Beispiel zu Hooligans) auch eine echte Bedrohung bedeuten kann.[764] Darüber hinaus sind auch mögliche *ethische und rechtliche Probleme* nicht zu unterschätzen. Heute sind daher meist Abklärungen bei einer Ethikkommission erforderlich.[765] Ethisch äußerst problematisch wäre etwa das verdeckte

---

761 Kepplinger und Martin untersuchten auf diese Weise, wie Medienthemen in die Alltagskommunikation eingehen. Dazu wurden insgesamt 180 sich unterhaltende Gruppen, auf öffentlichen Plätzen, in Gaststätten, an der Universität und in privaten Räumen verdeckt teilnehmend beobachtet. Vgl. Kepplinger, Hans M./Martin, Verena, Alltagskommunikation, 1986.
762 Vgl. zu einigen forschungsethischen Problemen der teilnehmenden Beobachtung auf Online-Plattformen Pentzold, Christian, Problemfelder, 2015; dabei wird allerdings die ethische Problematik *verdeckter* Beobachtung nicht thematisiert.
763 Die Auflösung der Differenz zwischen Forschendem und Feld und die damit verbundenen Rollenkonflikte (Verlust des *„analytic detachment"*, Lindlof, Thomas R./Taylor, Bryan C., Communication Research, ²2002, S. 146) werden in der Literatur auch unter dem Stichwort des *„going native"* diskutiert. Vgl. neben Lindlof/Taylor u. a. Wolff, Stephan, Wege ins Feld, 2003, S. 340 f.
764 Diese Problematik besteht etwa auch, wenn verdeckt die Debatten in rechtsextremen Diskussionsforen untersucht werden. Vgl. dazu als Beispiel Julia Ebner: Radikalisierungsmaschinen. Wie Extremisten die neuen Technologien nutzen und uns manipulieren. Berlin 2019.
765 Vgl. Gehrau, Volker, Beobachtung, ²2017, S. 61, 128; generell zu den erwähnten Problemen: 33 ff.; vgl. auch Lüders, Christian, Beobachten, 2003, S. 395 f.; Lindlof, Thomas R./Taylor, Bryan C., Communication Research, ²2002, S. 139 ff.; DeWalt, Kathleen M./DeWalt, Billie R., Observation, 2002, S. 195 ff.; zu (physischen, emotionalen, ethischen) Gefahren und Risiken der Feldforschung vgl. speziell Lee-Treweek, Geraldine/Linkogle, Stephanie, Danger, 2000.

Beobachten privaten oder intimen Verhaltens, da dies den Schutz der Privatsphäre verletzen würde. Rechtliche Schwierigkeiten wären vorprogrammiert, wenn man sich verdeckt als Mitarbeiter in ein Unternehmen einschleichen würde. Will man z. B. in einer Redaktion verdeckt forschen, so sollte man sich vorab an übergeordneter Stelle eine Genehmigung einholen, gegenüber den Beobachteten aber in der Rolle als Mitarbeiter oder Praktikant auftreten. Auch dann können aber ethische Probleme auftreten, etwa wenn dadurch Vorgesetzte Informationen über Mitarbeiter erhalten, welche diesen schaden könnten, und man vor der „Alternative von Verrat oder Selbstzensur" steht.[766]

Mit der Entscheidung, ob man offen oder verdeckt und in welcher Rolle man beobachtet, ist weiter die Frage verbunden, wie stark aktiv sich der Beobachter verhält.[767] Beobachtet man etwa offen und eher passiv die alltägliche Arbeit in einer Redaktion, so schränkt dies den beabsichtigten ‚Mitvollzug' des Handelns ein. Tritt man jedoch verdeckt in der Rolle als Mitarbeiter auf, so erschwert die dabei erforderliche Aktivität das aufmerksame Beobachten sowie die (ohnehin schon zu tarnende) Aufzeichnung.

Weiter muss der Forscher entscheiden, ob er *selbst beobachtet oder Mitarbeiter* einsetzt oder beides. Will oder muss man Mitarbeiter einsetzen, benötigt man wahrscheinlich finanzielle Mittel für eine Arbeitsentschädigung und muss mit den Mitarbeitern natürlich eine intensive *Schulung* durchführen. Die Mitarbeiter müssen mit dem Forschungsvorhaben und dessen Zielen gut vertraut sein, da ihnen sonst bei der Beobachtung Wichtiges entgehen wird, das vielleicht nicht auf den ersten Blick als wesentlich erscheint. Es muss zudem sichergestellt sein, dass die Beobachter ihrer Aufgabe gewachsen sind (u. a. Beobachtung, Protokollieren) und beim verdeckten Vorgehen wissen, wie sie ihre Feldrolle aufrechterhalten können und wie sie sich in kritischen bzw. unerwarteten Situationen zu verhalten haben.[768]

Beobachtungsleitfaden und Wahl der Aufzeichnungsart

Vor der Durchführung der Beobachtung empfiehlt sich die Anfertigung eines *Beobachtungsleitfadens* aufgrund theoretischer Vorüberlegungen, der näher angibt, was beobachtet werden soll (Beobachtungsdimensionen). Der Leitfaden ähnelt jenem bei einem Leitfadeninterview oder einer Gruppendiskussion bzw. dem Analyseraster bei einer qualitativen Inhaltsanalyse.[769] Er hilft dem Beobachter, sich angesichts der zahlreichen Eindrücke und Anforderungen im Feld auf das für seine Fragestellung Wesentliche zu konzentrieren und zu entscheiden, was er überhaupt gezielt beobachten und aufzeichnen muss. Es kann und soll ja keineswegs alles erfasst werden, was im Feld zu beobachten ist, sondern das, was dem direkten For-

---

766 Wolff, Stephan, Wege ins Feld, 2003, S. 345.
767 Vgl. Lindlof, Thomas R./Taylor, Bryan C., Communication Research, ²2002, S. 144 ff.
768 Mitglieder des zu untersuchenden Feldes als Beobachter anzuwerben, empfiehlt sich nicht. Zum einen würden die beschriebenen Rollenkonflikte erheblich verschärft, bei verdecktem Beobachten hätte zum anderen eine Enttarnung für deren Alltag erhebliche Konsequenzen, was auch ethisch nicht zu verantworten wäre. Hat man Kontakte zum Feld oder kann sie herstellen, so nutzt man sie besser wie beschrieben als ‚Türöffner'.
769 Vgl. Kapitel 14 in diesem Band.

schungsziel dient. Was dieses für die Fragestellung Wesentliche ist, ist jedoch nicht immer schon im Voraus genau bekannt und kann womöglich zum Teil erst im Laufe der Beobachtung induktiv präzisiert werden.[770] Der Forscher muss somit auch in der Lage sein, für sein Forschungsziel relevante Sachverhalte spontan zu erkennen und aufzuzeichnen. Das ist ein wesentlicher Grund dafür, dass die Beobachter mit der Fragestellung und den Zielen der Untersuchung sehr gut vertraut sein müssen (siehe oben); außerdem spricht dies für eine nicht oder nur teilweise standardisierte Aufzeichnung (siehe unten).

Es empfiehlt sich, wie generell bei empirischen Studien, vor der eigentlichen Durchführung einen *Pretest* zu machen, d. h. wenn möglich den Beobachtungsleitfaden einem ersten Einsatz im Feld zu unterziehen und ihn anschließend, falls notwendig, zu überarbeiten.

Im Zusammenhang mit den Varianten des Vorgehens wurde mehrfach die *Aufzeichnung* des Beobachteten kurz angesprochen. Üblicherweise werden bei der teilnehmenden Beobachtung *Feldnotizen* erstellt, nicht selten auch reine *Erinnerungsprotokolle*. Letzteres wird vor allem bei verdecktem Vorgehen bisweilen unausweichlich sein, wenn man während des Beobachtens keine Notizen machen kann. Manche Rollen ermöglichen jedoch unauffällige Notizen, auch ohne dass man als Beobachter enttarnt wird; der mehrfach erwähnte Status als Redaktionspraktikant wäre hier wiederum ein gutes Beispiel. Mittlerweile eröffnet auch die Allgegenwärtigkeit des Smartphones zusätzliche Möglichkeiten, unauffällig Notizen oder Audioaufnahmen zu machen. Trotzdem wird der Forscher sich bisweilen höchstens kurze Notizen machen können, aus denen später ein Protokoll erstellt wird. Da man sich bei diesem „Transformationsprozess" in hohem Maße auf die Erinnerung stützen muss, können diese Protokolle kaum als „getreue Wiedergaben" des beobachteten Handelns betrachtet werden.[771] Es stellt sich folglich die Frage, wie zuverlässig auf diesem Wege erhobene Daten sind,[772] und wie mit diesem Problem umzugehen ist. Dem Forscher bleibt letztlich nur die pragmatische Lösung, das Vorgehen transparent zu machen und kritisch zu reflektieren.[773]

Grundsätzlich besteht natürlich die Möglichkeit, an Stelle von Notizen und Protokollen – oder auch zusätzlich – *apparative Aufzeichnungen* zu machen, also Ton- bzw. Videoaufnahmen[774] oder Fotos. Das erleichtert die nicht ganz einfache Aufgabe des Protokollierens, führt jedoch auch zu einer größeren Materialmenge, da nicht schon während der Beobachtung selek-

---

770 Vgl. Gehrau, Volker, Beobachtung, ²2017, S. 83 ff.
771 Vgl. Lüders, Christian, Beobachten, 2003, S. 396 ff.
772 Somit ist hier das Kriterium der Reliabilität (Zuverlässigkeit) wissenschaftlicher Daten tangiert. (Vgl. dazu Diekmann, Andreas, Empirische Sozialforschung, ¹⁰2016, S. 250 ff.)
773 Es ist kritisch anzumerken, dass die in diesem Zusammenhang geführte Diskussion um das „Problem der Autorschaft" ethnographischer Berichte (Lüders, Christian, Beobachten, 2003, S. 396) letztlich für jeden Forschungsbericht gilt, da wissenschaftliche Beobachtungen und Forschungsergebnisse niemals eine quasi-fotografische Wiedergabe von Realität darstellen, sondern immer Konstruktionen (zweiten Grades) sind, die sich aber von den Alltagskonstruktionen durch ihr spezifisches Relevanzsystem unterscheiden. (Vgl. Schütz, Alfred, Begriffs- und Theoriebildung, 1971, S. 68.)
774 Diese müssen später transkribiert, das heißt: in Textform übertragen werden. Vgl. zum Überblick Mayring, Philipp, Einführung, ⁶2016, S. 89 ff.

tiert und strukturiert wird. Man kann Beobachtungen auch, wie erwähnt, in ein Diktiergerät bzw. Smartphone sprechen und später abtippen (lassen). Je nach Situation können jedoch solche Aufnahmen nur eingeschränkt oder gar nicht möglich sein.

Macht man Feldnotizen und/oder Erinnerungsprotokolle, so muss man außerdem den *Grad der Standardisierung* derselben festlegen, wobei ein weites Spektrum zur Verfügung steht. Man kann mit stark standardisierten Beobachtungsbögen arbeiten, „in denen das Vorkommen von Beobachtungseinheiten angekreuzt wird"[775] oder in die man Codes für vorab bestimmte Ausprägungen einzelner Beobachtungsdimensionen einträgt.

Solche Codes sah etwa eine Studie von Klaus-Dieter Altmeppen zu Arbeitsabläufen in Redaktionen privat-kommerzieller Hörfunksender vor. Dabei wurde u. a. in einer Spalte des Erfassungsbogens zum Grund der beobachteten Tätigkeit jeweils ein Code für entweder einen Auftrag der Redaktionsleitung oder einen Auftrag aus der Redaktionskonferenz, oder „Zuständigkeit", „Eigeninitiative/Themenvorschlag" oder „Geräteausfall" eingetragen.[776]

Typischerweise geht man bei qualitativer Forschung jedoch offener vor und arbeitet mit teilstandardisierten Beobachtungsbögen oder protokolliert frei (nicht standardisiert), mit dem Leitfaden gewissermaßen im Hinterkopf. Das hat den großen Vorteil, dass auch Dinge erfasst werden können, die man im Vorfeld nicht als wichtig erachtet hat und die daher bei einer voll standardisierten Beobachtung durch das Raster fallen würden. Andererseits erleichtern standardisierte Daten die (computergestützte) Auswertung. Bei nicht standardisierten Daten ist die Aufbereitung des Rohmaterials aufwändiger.

Im Sinne einer Zusammenfassung werden die einzelnen Schritte der Konzeption und Durchführung einer teilnehmenden Beobachtung in der Ablauf-Grafik (vgl. Tafel 34) nochmals veranschaulicht.

Aufbereitung, Analyse, Ergebnispräsentation

Für die *Aufbereitung der Rohdaten* (also der Feldnotizen, Beobachtungsprotokolle, Aufzeichnungen und gegebenenfalls weiterer Dokumente) gilt Ähnliches wie für Interviews. Das Material muss zunächst in eine Form gebracht werden, die eine weitere Bearbeitung und Auswertung möglich macht. Audio- und Videoaufzeichnungen müssen, wie oben erwähnt, zunächst transkribiert werden. Dann muss das Material, z. B. anhand vorgegebener Kategorien, im Hinblick auf die Fragestellung zusammengefasst und strukturiert werden, wobei häufig eine (qualitative) Inhaltsanalyse zum Einsatz kommen wird.[777] Bei der Aufbereitung sowie der weiteren Auswertung und Analyse insbesondere größerer Datenmengen kann,

---

775 Mayring, Philipp, Einführung, 62016, S. 81.
776 Vgl. Altmeppen, Klaus-Dieter, Redaktionen, 1999, S. 208.
777 Siehe Kapitel 14 in diesem Band.

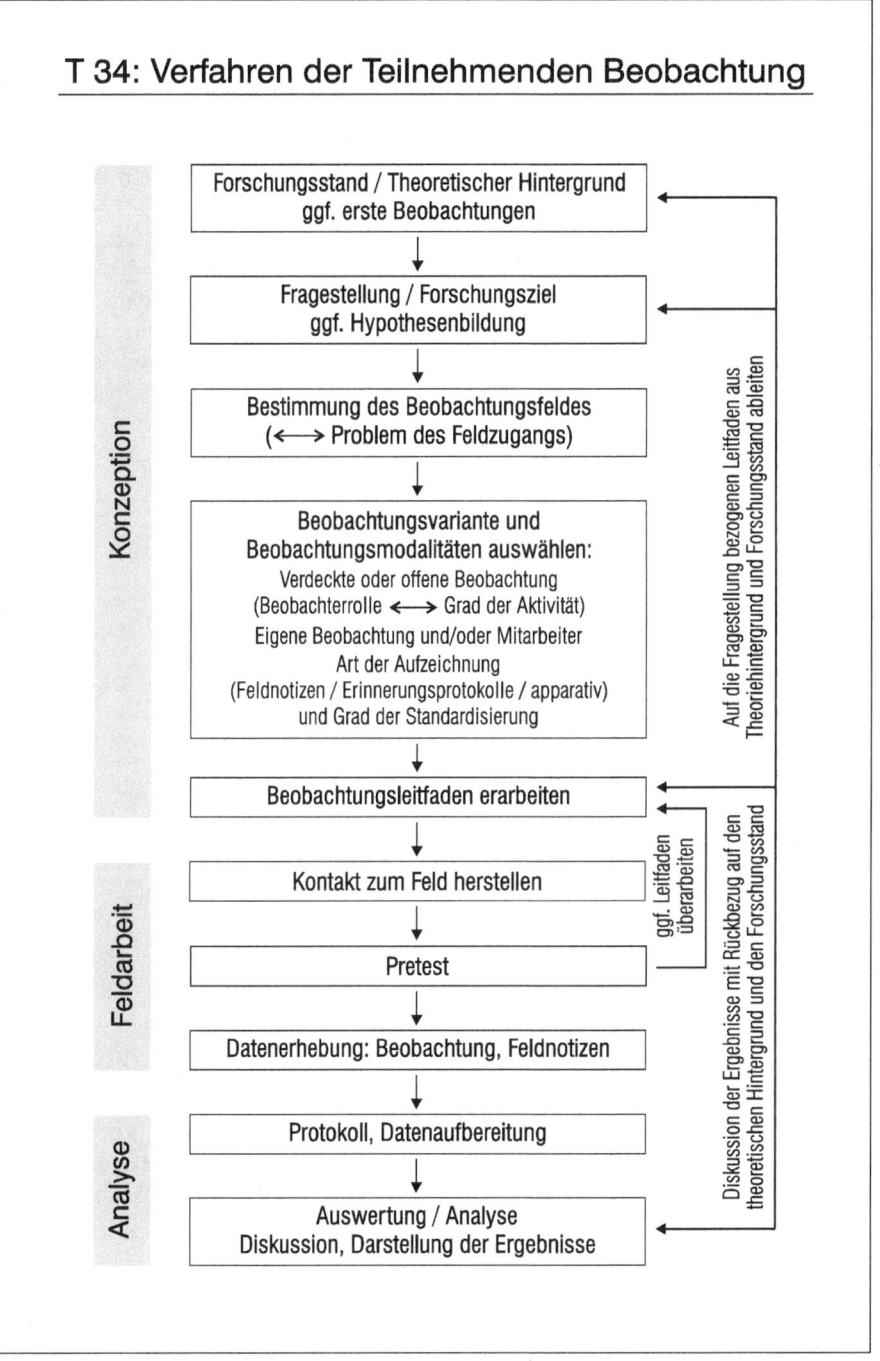

auch bei nicht-standardisierten Daten, die Arbeit mit einem Computerprogramm hilfreich sein.[778]

Diese ersten Ergebnisse müssen dann mit Blick auf die Fragestellung sowie die theoretischen Hintergründe interpretiert werden. Dabei muss der Forscher bemüht sein, das beobachtete Handeln zu *verstehen* (und nicht nur zu beschreiben, auch wenn das Letztere im Allgemeinen eine erste Stufe ist[779]). Er darf dem Beobachteten, wie generell beim verstehenden Vorgehen, keinesfalls sein eigenes Sinnverständnis unterlegen, sondern muss versuchen, die Sinn- und Deutungszusammenhänge der Handelnden zu rekonstruieren, die der teilnehmenden Beobachtung unterzogen worden sind.[780] Im Prinzip können hierbei alle verstehenden Methoden Anwendung finden. Die Ergebnisse, das heißt: die gewonnenen Daten sowie deren Interpretation und Diskussion, werden schließlich in Form eines wissenschaftlichen Berichts präsentiert, der zudem das gesamte Vorgehen transparent und nachvollziehbar macht.

---

778 Vgl. für einen ersten Überblick Mayring, Philipp, Einführung, [6]2016, S. 135 ff. Zum Einsatz von Computerprogrammen bei der Auswertung mittels qualitativer Inhaltsanalyse siehe auch Fürst, Silke/Jecker, Constanze/Schönhagen, Philomen, Qualitative Inhaltsanalyse, 2016, S. 221 f.
779 Hier kann die phänomenologische Beschreibung zum Einsatz kommen. Vgl. hierzu Kapitel 4 in diesem Band.
780 Damit wird ein grundlegendes Problem der Sozialwissenschaften berührt: Die gedanklichen Gegenstände bzw. Erkenntnisse des sozialwissenschaftlichen Beobachters sind, wie die jeden Beobachters, Konstruktionen. Allerdings unterscheiden sie sich von den Konstruktionen im Rahmen des alltäglichen Handelns insofern, als sie die Konstruktionen der Handelnden zu *re*konstruieren suchen. Sie sind daher „sozusagen Konstruktionen zweiten Grades, das heißt Konstruktionen von Konstruktionen jener Handelnden im Sozialfeld, deren Verhalten der Sozialwissenschaftler beobachten und erklären muss" (Schütz, Alfred, Begriffs- und Theoriebildung, 1971, S. 68).

13. Kapitel Das qualitative Interview: Die Darstellung von Erfahrungen

von Ute Nawratil und Philomen Schönhagen

Die Befragung ist die Methode, die in den Sozialwissenschaften am häufigsten eingesetzt wird. Allerdings ist Befragung nicht gleich Befragung; je nach Erkenntnisinteresse gibt es eine Reihe unterschiedlicher Vorgehensweisen. Eine grundsätzliche Differenzierung lässt sich vornehmen hinsichtlich des Ausmaßes der Standardisierung oder Strukturierung:

- Bei *vollstandardisierten Befragungen* oder Interviews sind die Fragen und die Reihenfolge, in der sie gestellt werden, verbindlich festgelegt; oft finden sich hier auch bereits vorgegebene Antwortalternativen (geschlossene Fragen), zwischen denen sich der Befragte entscheiden muss.[781]
- *Halb- oder teilstandardisierte Befragungen* basieren auf einem Interview-Leitfaden, in dem die zu stellenden (offenen) Fragen fixiert sind. Allerdings bleibt es dem Interviewer und dem Gesprächsverlauf überlassen, in welcher Reihenfolge diese Fragen gestellt werden.
- Bei *nichtstandardisierten oder unstrukturierten Interviews* ist lediglich ein thematischer Schwerpunkt obligatorisch; der Gesprächsverlauf bleibt völlig offen und hängt ab von der Interaktion zwischen Fragendem und Befragtem.

Die verschiedenen Vorgehensweisen ergänzen sich hinsichtlich ihrer Vor- und Nachteile: Standardisierte Fragebögen oder Interviews sind ein sehr ökonomisches Instrument. Man kann sehr schnell eine große Anzahl von Personen befragen, gleichzeitig lässt sich die Datenfülle gut bändigen, da die vorgegebenen Strukturen eine quantitative Auswertung leicht machen. Negativ kann sich allerdings auswirken, dass – einfach gesprochen – der Forscher nicht mehr herausbekommt, als er in den Fragebogen hineingesteckt hat. Antworten, die bei den vorgegebenen Optionen nicht berücksichtigt wurden, können von den Befragten auch nicht gegeben werden. Bei halb- oder nichtstandardisierten Verfahren verhält es sich umgekehrt: Die Interviewten selbst teilen in ihren Ausführungen mit, was sie über den Untersuchungsgegenstand wissen, welche Aspekte sie für bedeutsam halten, welche Gefühle und Einstellungen sie hegen. Dies führt jedoch zu einem erhöhten Zeitaufwand, zum einen bei der Durchführung der Interviews, vor allem aber bei der Datensicherung und der anschließenden Auswertung.

Entsprechend lässt sich als grobe Faustregel formulieren: Standardisierte Befragungen werden eingesetzt, wenn die Dimensionen des Untersuchungsgegenstands umfassend bekannt sind und wenn es darauf ankommt, Häufigkeiten zu messen oder Hypothesen zu überprüfen. Halb- oder nichtstandardisierte Interviews verwendet man, wenn über den Untersuchungsgegenstand wenig bekannt ist (wenn also erst im Anschluss Hypothesen generiert werden sollen) oder wenn es darauf ankommt, subjektive Sichtweisen oder komplexe Zusammenhänge zu beleuchten.

---

[781] Zur standardisierten Befragung gibt es eine Fülle von Einführungsliteratur. Vgl. insbesondere: Möhring, Wiebke/Schlütz, Daniela, Befragung, ²2010.

Ein Beispiel zu Letzterem:

In einer Arbeit über die gesellschaftlichen Implikationen von Fußball werden unter anderem Fans genauer betrachtet. Der Verfasser ist unzufrieden mit den herkömmlichen Definitionen, in denen Fans von den übrigen Zuschauern abgegrenzt werden, und beschließt deshalb, die Personengruppe selbst zu fragen, warum sie sich als Fans einstufen:

„(...) I sought to identify the categories that, according to the fans themselves, constituted fandom. Once participants had identified themselves as fans, I asked them what they thought defined them as a fan. From this question a dynamic definition based upon a series of different practices, rather than a static definition based on a pre-given relationship, emerged:

‚I spend a lot of time going to football and talking about football, thinking about football.' (Samuel, Chelsea supporter)

‚I am always looking at the teletext. I went to Stanford Bridge when I was a kid, but haven't been since. But I always follow them daily in the papers as well.' (Brendon, Chelsea fan)

‚I think I am a fanatical fan, because I have been going [there] for ten years. I am a season-ticket holder. That I pass as a fanatical fan.' (Vicky, Chelsea supporter)

‚I think the fact that I had season tickets for two years, plus the fact that I am very enthusiastic when attending football matches, makes me a fan.' (Derrek, DC United fan)

‚I watch all the games on TV and get to games as much as possible.' (Bob, DC United fan).

‚Having an insatiable appetite for news and info on my team plus seeing them live or on TV as often as I can.' (Stan, Chelsea fan)"[782]

Aus diesen und weiteren Antworten werden später bei der Auswertung die relevanten Dimensionen extrahiert. Der Verfasser erkennt, dass neben dem Umstand der emotionalen Zuwendung vor allem eine Reihe von Konsumakten (bei denen der Medienkonsum eine nicht geringe Rolle spielt) sowie deren Regelmäßigkeit bedeutsam sind – ein Umstand, der in den bis dahin vorliegenden Definitionen vernachlässigt wurde.[783]

Da das Ziel qualitativer Interviews, wie oben angesprochen, die Exploration oder die vertiefte Untersuchung von komplexen Zusammenhängen ist, erfolgt die *Auswahl der zu befragenden Personen* nach theoretischen Gesichtspunkten (sog. theoriegeleitete Fallauswahl oder theoretical sampling).[784] D. h. dass zunächst aufgrund theoretischer Vorüberlegungen möglichst genau zu bestimmen ist, welche Merkmale die Interviewpartner aufweisen sollten, um relevante Aussagen mit

---

[782] Sandvoss, Cornel, Game, 2003, S. 17.
[783] Sandvoss, Cornel, Game, 2003, S. 17 ff.
[784] Siehe dazu auch Kap. 11, S. 280 in diesem Band.

Blick auf die Forschungsfrage zu erhalten. Wenn das Ziel etwa wäre, Probleme bei der Mediennutzung von Menschen mit Behinderungen zu ermitteln, dann müssten die Befragten Einschränkungen aufweisen, die ebensolche Probleme verursachen könnten (z. B. Sehbehinderung, Blindheit, motorische Einschränkungen). Zugleich sollte innerhalb der untersuchten Gruppe jedoch eine möglichst große Variation angestrebt werden, d. h. die Befragten sollten sich in zentralen Aspekten unterscheiden, damit möglichst unterschiedliche Erfahrungen und Deutungsmuster erfasst werden können. Hierbei könnte es sich beim genannten Beispiel etwa um Unterschiede hinsichtlich des Alters, des Geschlechts, der Art der Behinderung u. Ä. handeln. Es sollten insbesondere solche Aspekte gezielt variiert werden, die in der Literatur bereits als möglicherweise bedeutsame Faktoren bezüglich der eigenen Forschungsfrage erkennbar wurden.

Bei der Rekrutierung von geeigneten Interviewpartnern kann man sich einerseits gezielt z. B. an bestimmte Organisationen, Vereine usw. wenden (im obigen Beispiel etwa an Blindenverbände), mit öffentlichen Aushängen oder auch Anzeigen arbeiten, oder im weiteren Umfeld erste Personen suchen. Hat man zunächst nur wenige geeignete Personen ermittelt, kann man auch das sog. *Schneeball-Verfahren* anwenden: Dabei werden diese Personen gebeten, ein oder zwei Freunde, Bekannte, Arbeitskollegen o. Ä. zu nennen, die zur untersuchten Gruppe gehören und zu einem Interview bereit wären. Ein Vorteil dieses Vorgehens ist, dass der Forscher durch die Empfehlungen relativ problemlos Zugang zum Feld erhält. Nachteile können sich durch „Vorwarnungen" oder Absprachen ergeben.[785]

Generell sollten keine engen Verwandten oder Freunde interviewt werden, zum einen, da aufgrund der gegenseitigen Vertrautheit ‚naives' Fragen schwierig ist. Zu manchen Fragen wird man zudem keine detaillierten Antworten erhalten, da das Gegenüber denkt oder weiß, dass man die Antwort bereits kennt. Außerdem könnte, insbesondere bei heiklen Themen, ein solches Interview die bestehende Beziehung belasten oder es könnten, um genau dies zu vermeiden, Informationen zurückgehalten werden.[786]

1. Typische Verfahren

Im Allgemeinen rechnet man die halb- bzw. teil- und nichtstandardisierten Befragungen den qualitativen Methoden zu. Die beiden wichtigsten Formen, das *narrative Interview* sowie das *Leitfadeninterview*, werden im Folgenden vorgestellt. Bei beiden Varianten hat der Interviewer zunächst die Aufgabe, Vertrauen aufzubauen, damit ein erfolgreiches Gespräch zustande kommt. Der Kontaktaufnahme kommt große Bedeutung zu. Der Interviewer stellt daher zunächst sich selbst wie auch das Forschungsvorhaben vor. Dies kann auch schriftlich, anhand einer Skizze des Forschungsplans, geschehen. Bei narrativen Interviews sollte die Vorinformation sparsamer ausfallen, um die Erzählungen nicht zu beeinflussen. In jedem Fall sollen die Interviewten aber das Ziel der Befragung kennen. Im Vorfeld sollte der zu erwartende zeitliche Aufwand bekanntgegeben, das Einverständnis zur

---

785 Vgl. Fuchs-Heinritz, Werner, Biographische Forschung, ⁴2009, S. 238 ff.
786 Lamnek, Siegfried/Krell, Claudia, Sozialforschung, ⁶2016, S. 364.

Aufnahme (meist Audio) eingeholt sowie die Anonymität der Daten zugesichert werden; letztere ist natürlich nachher im Transkript sowie beim Forschungsbericht auch vollständig einzuhalten. Weiter ist es wichtig, die Interviewpartner zu freiem Sprechen aufzufordern. Schließlich ist der Ort der Interviews festzulegen. Es wird empfohlen, den Interviewpartnern dabei den „Heimvorteil" zu überlassen und sie in ihrer vertrauten Umgebung aufzusuchen.[787]

Bezüglich der Aufzeichnung ist sicherzustellen, dass der Interviewer das Aufnahmegerät beherrscht und sich nicht erst bei Beginn des Gesprächs mit der Bedienung vertraut machen muss, sowie dass die Batterien voll aufgeladen sind. Zur „technischen Vorbereitung" gehören auch weitere Kleinigkeiten, wie etwa genügend Papier und ein Schreibgerät zur Hand zu haben (für das Protokoll – dazu mehr weiter unten bei Transkription –, zum ‚Abhaken' von bereits beantworteten Fragen, usw.). Unorganisiertheit bei der Vorbereitung und Durchführung erweckt leicht den Eindruck von Inkompetenz.[788]

Das narrative Interview

Das narrative Interview geht zurück auf Fritz Schütze.[789] Grundgedanke des Verfahrens ist es, das persönliche Relevanzsystem des Interviewten zu erfassen, indem man ihn möglichst frei und unbeeinflusst erzählen lässt. Es gibt kein Nacheinander von Frage und Antwort (wie die Bezeichnung ‚Interview' nahelegt); die Zielvorstellung ist vielmehr eine „Stegreiferzählung des selbsterfahrenen Lebensablaufs".[790] Indem man den Interviewpartner ohne Zwänge und Vorgaben erzählen lässt, ist gesichert, dass er „seine Lebensgeschichte so reproduziert, wie er sie *erfahren* hat, also die lebensgeschichtliche Erfahrung in jener Aufschichtung, in jenen Relevanzen und Fokussierungen reproduziert, wie sie für seine Identität konstitutiv und somit auch handlungsrelevant für ihn ist."[791] Gegenstand der Erzählung kann die gesamte Lebensgeschichte sein; häufiger aber stehen einzelne Lebensabschnitte oder – wie bei Medienbiografien – Teilaspekte des Erlebens im Mittelpunkt.[792] Dem Befragten muss vor Beginn des eigentlichen Interviews seine Aufgabe verdeutlicht werden; man sollte erklären, dass von ihm eine längere Erzählung erwartet wird.[793] Das *narrative Interview* wird eingesetzt, wenn das Erkenntnisziel darin besteht, ganz subjektive, oft singulär erlebte Ereignisse zu erschließen.

> Beispiel: Im Jahr 1992 veröffentlichte die *Bild*-Zeitung in Halle eine Liste, in der ortsansässige ehemalige Mitarbeiter der Staatssicherheit namentlich aufgeführt waren. Eine Abschlussarbeit setzte sich zum Ziel zu erfahren, welche Folgen diese Veröffentlichung für die Genannten hatte. Zu diesem Zweck wurden mit 13 Betroffenen narrative Interviews geführt. Anhand

---

787 Vgl. Fuchs-Heinritz, Werner, Biographische Forschung, ⁴2009, S. 248 ff., Zitat S. 251.
788 Vgl. Fuchs-Heinritz, Werner, Biographische Forschung, ⁴2009, S. 247 f.
789 Vgl. Schütze, Fritz, Narratives Interview, 1977.
790 Schütze, Fritz, Stegreiferzählen, 1984, S. 78.
791 Bohnsack, Ralf, Sozialforschung, ⁹2014, S. 94. (Hervorhebung im Original.)
792 Vgl. Hirzinger, Maria, Medienforschung, 1991, S. 86. (Siehe dazu auch Kapitel 15 im vorliegenden Band.)
793 Vgl. Hermanns, Harry, Narratives Interview, 1991, S. 184.

der Erzählungen wurden anschließend Aussagen getroffen über Auswirkungen auf das berufliche und private Umfeld, auf den Gesundheitszustand, das Medienbild und die Haltung gegenüber der Politik.[794]

Narrative Interviews lassen sich grob in *vier Schritte* gliedern:

- die erzählgenerierende Frage,
- die Haupterzählungsphase,
- die Nachfragephase,
- der ‚small talk‘.

Am Beginn des Interviews „ist ein Erzählanstoß zu geben, der als Kompromissbildung zwischen offener und geschlossener Kommunikation den Klienten dazu bringen soll, in eigener Regie ein den Interviewer interessierendes Thema zu erzählen."[795] Die Einstiegsfrage muss mit Bedacht gewählt werden, da von ihr das Gelingen des Interviews abhängt. Sie sollte Interesse am gesamten Hintergrundzusammenhang signalisieren, um den Interviewpartner in seiner Erzählung nicht einzuschränken.[796] Gleichzeitig darf sie nicht zu persönlich sein, um beim Befragten nicht von vornherein eine Abwehrhaltung zu provozieren. Für Medienbiografien bietet sich etwa an, zu fragen, wie sich die Medienzuwendung entwickelt hat.[797]

Eine gelungene Einstiegsfrage veranlasst den Interviewpartner, seine Erzählung aufzunehmen. Die Erzählaufforderung sollte dabei zeitlich und thematisch offengehalten werden. Weder die Vorgabe von Anfangs- oder Endzeitpunkten noch eine vorschnelle thematische Eingrenzung sind der Erzählung förderlich.[798]

> Zum Beispiel: „Ich möchte Sie bitten, mir zu erzählen, wie sich die Geschichte Ihres Lebens zugetragen hat. Am besten beginnen Sie mit der Geburt, mit dem kleinen Kind, das Sie einmal waren, und erzählen dann all das, was sich so nach und nach zugetragen hat, bis zum heutigen Tag. Sie können sich dabei ruhig Zeit nehmen, auch für Einzelheiten, denn für mich ist all das interessant, was *Ihnen* wichtig ist."[799]

Verschiedene „*Zugzwänge*", in die sich der Befragte verstrickt sieht, sorgen dafür, dass die Erzählung in Gang gehalten wird: Um seine Position und seine Handlungen näher zu begründen und um Geschehnisse plausibel zu machen, unterliegt er dem Zugzwang zur ‚Detaillierung‘; der Zugzwang zur ‚Gestaltschließung‘ veranlasst ihn, Teilaspekte der Erzählung ausführlich darzulegen, um einen Gesamtzusammenhang herzustellen; der Zugzwang zur ‚Relevanzfestlegung‘ und ‚Kondensierung‘ führt zu Akzentsetzungen und Auslassungen.[800]

---

794 Vgl. Drechsler, Maja, Beichtstuhl *Bild*, 2000.
795 Wiedemann, Peter M., Erzählte Wirklichkeit, 1986, S. 8.
796 Vgl. Schütze, Fritz, Narratives Interview, 1977, S. 27.
797 Vgl. Hirzinger, Maria, Medienforschung, 1991, S. 86.
798 Vgl. Rosenthal, Gabriele, Lebensgeschichte, 1995, S. 197 ff.
799 Hermanns, Harry, Narratives Interview, 1991, S. 183.
800 Vgl. Hirzinger, Maria, Medienforschung, 1991, S. 87; und Bohnsack, Ralf, Sozialforschung, ⁹2014, S. 95 f.

III. Komplexe Methoden

Die Rolle des Interviewers in der Phase der Haupterzählung ist die des „produktiv zuhörenden Erzählpartners".[801] Er muss – durch geeignete verbale oder nonverbale Signale (z. B. Blickkontakt, Körperhaltung, Kopfnicken oder ‚ja', ‚aha') – Interesse oder allgemeine Zustimmung zeigen, darf aber *keine eigenen Stellungnahmen* abgeben. Er darf nur dann eingreifen, wenn der Erzählfluss zu versiegen droht oder wenn der Befragte argumentiert, anstatt zu erzählen.[802]

„Die mit der autonomen Gestaltung der Lebenserzählung verbundene *Förderung von Erinnerungsprozessen* wird vertan, wenn wir intervenierende Fragen stellen, anstatt uns zurückzuhalten. Jede Frage unterbricht den Fluss der Erinnerungen und fordert zu einer Orientierung an den Relevanzen des Interviewers auf."[803]

Aufmerksames Zuhören trägt dazu bei, eine Vertrauensbeziehung zwischen Interviewer und Befragtem herzustellen, indem es vermittelt, dass der Befragte ernst genommen wird. Es unterstützt die Erzählung mehr als jede Zwischenfrage. Selbst minimale Bekundungen von Desinteresse (wie etwa das Abschweifen des Blicks vom Befragten zur Wohnzimmereinrichtung) sind hinderlich.[804]

> Bei Stockungen in der Erzählung dürfen keinesfalls vom Interviewer neue Themen angeregt werden. Vielmehr muss er durch allgemeine Fragen zum Weitersprechen motivieren (z. B.: „Wie ging es dann weiter?"– „An was können Sie sich sonst noch erinnern?"). Gesprächsfördernd wirkt auch eine Wiederholung des Gehörten mit eigenen Worten, um Verständnis zu signalisieren; allerdings sollte dieses Mittel in der Haupterzählung äußerst sparsam eingesetzt werden. Ähnliche Funktion kann auch ein Verbalisieren von Gefühlen haben, die der Interviewte zeigt: Äußerungen wie „Das berührt Sie heute noch sehr?" fungieren als ‚Türöffner' zu weiteren Thematisierungen.[805] Dagegen sollte der Interviewer keinesfalls seine eigenen Gefühle, Ansichten usw. äußern (siehe dazu den folgenden Abschnitt zum Leitfadeninterview).

Erst wenn die Erzählung zum Abschluss gebracht ist, beginnt die *Phase des Nachfragens*, in welcher der Interviewer eine aktivere Rolle übernimmt. Ziel des Nachfragens ist es, „neue narrative Sequenzen zu Darstellungsbereichen" zu provozieren, die im Hauptteil noch nicht ausführlich genug behandelt wurden.[806] Dabei sollen keine neuen Themen angeschnitten, sondern lediglich die vom Befragten behandelten Aspekte vertieft werden.[807] Während der Haupterzählung hat sich der Interviewer Stichpunkte notiert, auf die er jetzt eingeht. Die Nachfragen haben einerseits die Funktion, Unklarheiten zu beheben, andererseits sollen sie bestimmte Annahmen testen, die sich im Verlauf der Haupterzählung aufdrängten. Es empfiehlt sich dabei, sich an der zeitlichen Abfolge der Haupterzählung zu orientieren und auch die Nachfragen möglichst offen zu formulieren, um dem Relevanzsys-

---

801 Schütze, Fritz, Narratives Interview, 1977, S. 28.
802 Vgl. Fuchs-Heinritz, Werner, Biographische Forschung, ⁴2009, S. 177.
803 Rosenthal, Gabriele, Lebensgeschichte, 1995, S. 195. [Hervorhebung im Original.]
804 Vgl. Rosenthal, Gabriele, Lebensgeschichte, 1995, S. 196 und S. 200.
805 Vgl. Rosenthal, Gabriele, Lebensgeschichte, 1995, S. 200 f.
806 Vgl. Schütze, Fritz, Narratives Interview, 1977, S. 4.
807 Vgl. Hirzinger, Maria, Medienforschung, 1991, S. 88.

tem des Erzählers zu folgen.[808] Insgesamt gibt es zwei typische *erzählgenerierende Fragestellungen*: „Entweder fordern wir im narrativen Interview allgemein dazu auf, über eine Lebensphase oder auch ein bereits erzähltes Erlebnis mehr zu erzählen, oder wir fragen, ob dem Erzähler zu einem bestimmten Thema Situationen einfallen."[809]

Je nach Erkenntnisinteresse kann es nötig sein, dass sich der Befragte an Situationen erinnert, die für ihn problematisch oder unangenehm waren. Um hier Erzählungen zu initiieren, reichen allgemeine erzählgenerierende Nachfragen nicht aus. Es muss versucht werden, dem Interviewpartner dabei behilflich zu sein, sich in diese Situationen zurückzuversetzen, also sein „szenisches Erinnern" zu aktivieren. Dies geschieht, indem man bei „sinnlichen und leiblichen Erinnerungsfragmenten" ansetzt, also nach optischen Eindrücken, Geräuschen, Gerüchen etc. fragt.[810]

Der offizielle Teil des Interviews endet mit dem Abschalten des Aufnahmegeräts. „Das unsichtbare Publikum, das im Aufnahmegerät anwesend war, ist aus dem Raum verschwunden."[811] Gerade deshalb werden in dieser *Abschlussphase* unter Umständen problematische Aspekte offener angesprochen als im Interview. Falls sich relevante Ergänzungen ergeben, ist der Interviewer gehalten, diese unmittelbar im Anschluss in einem Gedächtnisprotokoll festzuhalten.[812]

Zur Beendigung des Gesprächs gehört ein kurzes Resümee sowie die Verabschiedung. Dabei ist wichtig, „die Gesprächsbeziehung nicht abzubrechen, sondern zu vertagen".[813] Falls sich nämlich bei der Auswertung herausstellt, dass Informationen fehlen und deshalb Nachfragen nötig sind, oder gar ein zweites Interview erforderlich ist, wird die Wiederaufnahme der Beziehung dadurch erleichtert. Im Hinblick auf die spätere Interpretation ist es angebracht, unmittelbar nach dem Gespräch ein Protokoll der Interviewsituation anzufertigen.[814]

Zusammenfassend lässt sich festhalten: Auch für das narrative Interview sowie das mit seiner Hilfe erhobene Datenmaterial gelten zunächst und vor allem die allgemeinen Prinzipien der interpretativen Sozialforschung. Diese allgemeinen Prinzipien sind:

(1.) das ‚*Prinzip der Offenheit*'; es besagt, „dass die theoretische Strukturierung des Forschungsgegenstandes zurückgestellt wird, bis sich die Strukturierung des Forschungsgegenstandes durch die Forschungssubjekte herausgebildet hat", dass also auf eine vorangestellte Hypothesenbildung verzichtet wird. Und ferner

---

808 Vgl. Rosenthal, Gabriele, Lebensgeschichte, 1995, S. 201 ff.
809 Rosenthal, Gabriele, Lebensgeschichte, 1995, S. 205.
810 Vgl. Rosenthal, Gabriele, Lebensgeschichte, 1995, S. 206 f.
811 Fuchs-Heinritz, Werner, Biographische Forschung, ⁴2009, S. 274.
812 Vgl. Fuchs-Heinritz, Werner, Biographische Forschung, ⁴2009, S. 274 und Hirzinger, Maria, Medienforschung, 1991, S. 88.
813 Fuchs-Heinritz, Werner, Biographische Forschung, ⁴2009, S. 275.
814 Vgl. Haupert, Bernhard, Typenbildung, 1991.

(2.) das ‚*Prinzip der Kommunikation*'; es besagt, dass der Forscher sich am Regelsystem der Alltagskommunikation des Befragten orientieren muss.[815]

Außerdem können folgende speziellen Prinzipien formuliert werden, welche eine förderliche Gesprächsführung bei narrativen Interviews betreffen:

„1. Raum zur Gestaltentwicklung,
2. Förderung von Erinnerungsprozessen,
3. Förderung der Verbalisierung heikler Themenbereiche,
4. eine zeitlich und thematisch offene Erzählaufforderung,
5. aufmerksames und aktives Zuhören,
6. sensible und erzählgenerierende Nachfragen,
7. Hilfestellung beim szenischen Erinnern."[816]

Das Leitfadeninterview

Auch beim Leitfadeninterview ist die Gesprächsgestaltung weitgehend offen. Einschränkungen ergeben sich lediglich durch den Leitfaden, durch eine Anzahl von Fragen oder Stichworten also, die eine Vergleichbarkeit der Interviews gewährleisten sollen. Zudem hat der Leitfaden die Funktion, Anregungen bei stockendem Gesprächsfluss zu liefern und er dient als Orientierungsrahmen und Gedächtnisstütze für den Interviewer.[817]

Für eine spezielle Variante des Leitfadeninterviews, das ‚*fokussierte Interview*', haben Merton und Kendall vier Kriterien zur Güteprüfung entwickelt, die sich auch auf das Leitfadeninterview generell übertragen lassen:[818]

■ Das Kriterium der *Nicht-Beeinflussung* besagt, dass Gesprächsführung und Gesprächslenkung durch den Interviewer auf ein Minimum beschränkt sein sollen.

Das heißt zum einen, dass subjektive Stellungnahmen des Interviewers sowie Suggestivfragen, die vorschnell etwas unterstellen, zu unterlassen sind: Durch das Einbringen der Meinung des Interviewers wird einerseits der freie Redefluss des Interviewten behindert, andererseits werden defensive oder gar unaufrichtige Aussagen provoziert. Zum anderen ergibt sich aus der Forderung nach Nicht-Beeinflussung, dass direkte, geschlossene Fragen zugunsten offener Frageformulierungen zurückzustellen sind; also nicht: „Haben Sie sich über Sendung X gefreut oder geärgert?"

---

815   Vgl. dazu ausführlicher Hoffmann-Riem, Christa, Interpretative Soziologie, 1980, S. 343 ff. und 346 ff.
816   Rosenthal, Gabriele, Lebensgeschichte, 1995, S. 187.
817   Vgl. Hirzinger, Maria, Medienforschung, 1991, S. 91 f.
818   Vgl. Merton, Robert K./Kendall, Patricia L., Interview, 1979, S. 171–204. Das fokussierte Interview wird ergänzend zu Inhaltsanalysen oder Experimenten eingesetzt, um Spekulationen über Wirkungszusammenhänge zu erhärten. Der ‚Fokus' ist dabei ein konkreter Stimulus, dem der Befragte vorher ausgesetzt war, etwa ein Film, ein Radioprogramm oder ein Flugblatt. Ursprünglich wurde das fokussierte Interview in der Propagandaforschung verwendet. Eingesetzt wird es auch in der Rezeptionsforschung, etwa um unter Berücksichtigung biographischer Erlebnisse geschlechtsspezifische Verarbeitungsmuster von Unterhaltungssendungen zu untersuchen. (Siehe Cornelissen, Waltraud, Klischee, 1994.) – Siehe dazu auch Kapitel 11: Gruppendiskussion in diesem Band.

sondern „Was haben Sie beim Betrachten der Sendung X empfunden?"[819] Am besten versucht man, sich beim Fragen der Haltung eines ‚naiven' Fremden oder „unwissende[n] Laie[n]"[820] anzunähern, der sich voraussetzungslos für die Erfahrungen des Interviewpartners interessiert. Erfahrungsgemäß ist es hilfreich, sich einige allgemeine, offene Nachfragen zu notieren, wie z. B.: „Wie meinen Sie das?" oder „Können Sie dazu ein Beispiel nennen?" Damit kann vermieden werden, dass spontane Nachfragen zu geschlossen oder gar suggestiv ausfallen. Zudem sollte man dem Interviewten Zeit zum Nachdenken lassen, anstatt vorschnell Nachfragen zu stellen.

- Das Kriterium der *Spezifität*: Die von den Befragten gegebene Definition der Situation soll vollständig und spezifisch genug zum Ausdruck kommen.[821]

„Erst die Spezifizierung bestimmter Stellungnahmen, Entscheidungen, Optionen und die Erläuterung ihres Hintergrunds ermöglicht ein sinnhaftes Verstehen von Reaktionen. In der Möglichkeit, Bedeutungen zu eruieren und die Aussageintentionen in einem hermeneutischen Verstehensprozess zu klären, liegt praktisch der entscheidende Unterschied zur standardisierten Befragung, in deren Rahmen Ja = Ja und Nein = Nein ist – unabhängig von dem tatsächlichen Bedeutungsgehalt dieser Reaktionen. Es ist unter diesem Gesichtspunkt erforderlich, die im Rahmen der qualitativen Exploration aufgeworfenen Themen permanent dem Versuch einer schrittweisen Klärung von Bedeutungen und zugrundeliegenden Erfahrungen zu unterziehen."[822]

Um eine ausreichende Spezifität im Interview zu erreichen, schlagen Merton und Kendall als Befragungsmethode die „retrospektive Introspektion" vor,[823] eine Technik, die mit dem oben erwähnten 'szenischen Erinnern' gleichzusetzen ist und mit deren Hilfe es dem Befragten erleichtert wird, sich Vergangenes zu vergegenwärtigen.

„Als allgemeine Regel lässt sich festhalten, dass die spezifizierenden Fragen so explizit sein sollen, dass der Befragte nicht umhin kann, seine Antworten unmittelbar auf bestimmte Aspekte der Stimulussituation zu beziehen; gleichzeitig sollen sie jedoch so allgemein sein, dass eine Strukturierung der Situation durch den Interviewer vermieden wird. Dieser doppelten Forderung kann der Interviewer am ehesten durch die Formulierung unstrukturierter Fragen mit expliziter Bezugnahme auf das Stimulusmaterial gerecht werden."[824]

---

819 Allerdings ist bei der Leitfadenentwicklung an jedem Punkt des Interviews zu erwägen, ob strukturierte, halbstrukturierte oder unstrukturierte (Nach-)Fragen angebracht sind. Vgl. Merton, Robert K./Kendall, Patricia L., Interview, 1979, S. 178–183 sowie Hopf, Christel, Pseudo-Exploration, 1978, S. 109 f.
820 Vgl. Lamnek, Gruppendiskussion, ²2005, S. 141 (mit Blick auf Moderatoren bei Gruppendiskussionen, aber dies gilt ebenso für qualitative Interviews).
821 Vgl. Merton, Robert K./Kendall, Patricia L., Interview, 1979, S. 178.
822 Hopf, Christel, Pseudo-Exploration, 1978, S. 100.
823 Vgl. Merton, Robert K./Kendall, Patricia L., Interview, 1979, S. 187 f.
824 Merton, Robert K./Kendall, Patricia L., Interview, 1979, S. 191.

- Das Kriterium der *Erfassung eines breiten Spektrums* besagt, dass im Interview das gesamte Spektrum von auslösenden Stimuli und Reaktionen der Interviewpartner ausgelotet werden soll.[825]

Übertragen auf das allgemeine Leitfadeninterview heißt das, dass die Reichweite dessen, was erfragt werden soll, nicht vorschnell eingeengt werden darf. Der Interviewer muss in der Lage sein, vom vorgegebenen Leitfaden abzuweichen und Themen und Problemstellungen aktiv aufzugreifen, sobald ersichtlich wird, dass die realen Lebenssituationen des Interviewten dies erfordern.[826]

- Das Kriterium der *Tiefgründigkeit* verlangt, dass der relevante personale Bezugsrahmen des Interviewpartners aufgedeckt wird und dass Werturteile, Einstellungen und Anschauungen ergründet werden.[827]

Es geht nicht nur darum, affektive Reaktionen zu erhalten, sondern diese müssen auch hinsichtlich ihrer Bedeutung für den Befragten eingeschätzt werden können. Fragestellungen sollen sich entsprechend nicht nur auf die Erinnerungen, sondern auch auf das Empfinden richten.[828]

Aus dieser kurzen Skizze der Kriterien geht hervor, dass die Anforderungen, die beim Leitfadeninterview an den Interviewer gestellt werden, relativ hoch sind. Ein qualitatives Interview kann als „Prozess permanenter spontaner Operationalisierung" aufgefasst werden: Allgemeine Forschungsfragen müssen in konkrete, fallbezogene Interviewfragen umgewandelt werden, was einschließt, dass Fragen des Leitfadens spontan an die Interviewsituation angepasst werden; umgekehrt müssen die erhaltenen Informationen permanent im Hinblick auf ihre theoretische Bedeutung eingeschätzt werden, damit bei Bedarf unmittelbar mit Nachfragen reagiert werden kann.[829] Der Interviewer befindet sich also in einem ständigen Spannungsverhältnis zwischen dem, was er erfahren will und dem, was der Interviewte ihm mitteilt. Dabei ist insbesondere die Gefahr einer *„Leitfadenbürokratie"* gegeben: „Von Leitfadenbürokratie im pejorativen Sinn ist (...) zu sprechen, wenn der Leitfaden von einem Mittel der Informationsgewinnung zu einem Mittel der Blockierung von Informationen wird; nämlich:

- wenn 1. die Reichweite des Interviews insofern eingeschränkt wird, als Themen, die nicht im Leitfaden vorgegeben sind, aber in der Interviewsituation von den Befragten eingebracht werden, tendenziell als ‚irrelevant' oder ‚redundant' ignoriert werden;
- wenn 2. die im Leitfaden vorgegebene Reichweite des Interviews auf Kosten der notwendigen Spezifizierung von Reaktionen – im Sinne ‚zügiger' Gesprächsführung – stur eingehalten wird;
- und wenn, damit verbunden, 3. der affektive und personale Kontext der Reaktionen im Interview zu oberflächlich erfasst wird."[830]

---

825 Vgl. Merton, Robert K./Kendall, Patricia L., Interview, 1979, S. 178.
826 Vgl. Hopf, Christel, Pseudo-Exploration, 1978, S. 100.
827 Vgl. Merton, Robert K./Kendall, Patricia L., Interview, 1979, S. 178.
828 Vgl. Merton, Robert K./Kendall, Patricia L., Interview, 1979, S. 197 ff.
829 Vgl. Hopf, Christel, Pseudo-Exploration, 1978, S. 111.
830 Hopf, Christel, Pseudo-Exploration, 1978, S. 102.

Ein zu starrer Blick auf den Leitfaden kann also konkret dazu führen, dass Anknüpfungspunkte für Nachfragen nicht aufgegriffen werden, dass die Darstellung einzelner Themenaspekte eingeschränkt wird („Können sie *kurz* schildern...?") oder dass die Struktur des Leitfadens Vorrang vor der Erzählstruktur des Interviewpartners erhält („Dazu kommen wir später. Jetzt will ich wissen..."). Weitere ‚Kunstfehler' sind unklare, schwer verständliche Fragen, zu lange oder thematisch überladene Fragen sowie suggestive Fragen.[831] Solche Interviewerfehler können die Qualität des erhobenen Materials massiv beeinflussen. Insgesamt sollte eine möglichst natürliche Gesprächssituation entstehen.

Für die Gestaltung des Leitfadens existieren keine festen Vorschriften. Er kann sich in einer – mehr oder weniger ausführlichen – Auflistung von Stichworten erschöpfen, er kann aber auch ausformulierte offene Fragen als Artikulationshilfe für den Interviewer bereitstellen. Er kann chronologisch aufgebaut sein,[832] oder vom Allgemeinen zum Besonderen schreiten.[833] Zum Einstieg ist es wichtig, eine Frage oder Erzählaufforderung vorzusehen, die geeignet ist, die Interviewpartner gleich zu Beginn zum Erzählen anzuregen anstatt eine Art Frage-Antwort-Modus hervorzurufen, der sich anschließend schwer wieder ändern lässt. Die Leitfadenfragen sollten im Normalfall keine Fachbegriffe enthalten (eine Ausnahme könnte etwa eine Befragung von Experten sein), sondern Alltagssprache verwenden. Zudem sollten niemals zwei (oder mehr) Fragen auf einmal gestellt werden, da dies verwirren kann – oder es wird nur eine der Fragen beantwortet. Im Idealfall umfasst der Leitfaden nur zwei Seiten, die auf einem Blatt ausgedruckt werden können – so kann man als Interviewer während des gesamten Interviews alle Fragen überblicken. Man sieht z. B. direkt, ohne zu blättern, wenn ein Thema von der interviewten Person angesprochen wird, das im Leitfaden an späterer Stelle vorgesehen wäre, und kann problemlos dorthin springen. Letzteres ist wichtig, um die oben thematisierte ‚Leitfadenbürokratie' zu vermeiden. Am Ende des Interviews empfiehlt es sich, dem Interviewten die Möglichkeit zu geben, noch Dinge zu ergänzen, die ihm wichtig erscheinen und die noch nicht angesprochen wurden.

Die folgenden Ausschnitte aus einem Gesprächsleitfaden veranschaulichen unterschiedliche Varianten von Leitfadenfragen und Nachfragen. Ziel der Studie war es vertiefend zu klären „warum Frauen klassische Frauenzeitschriften rezipieren und wie sie sich deren Inhalte aneignen".[834] Dabei wurde die Rezeption sowohl medienbiografisch untersucht als auch mit Blick auf den (früheren und aktuellen) Alltagskontext und die Konstruktion der geschlechtlichen Identität der Leserinnen. Es sei nochmals angemerkt, dass während der Interviews meistens nicht alle vor-

---

831 Vgl. Hopf, Christel, Pseudo-Exploration, 1978, S. 103 ff.
832 Der Leitfaden von Neverla, Irene/Kanzleiter, Gerda (Journalistinnen, 1984) zur Erhebung der Berufskarrieren von Frauen im Journalistenberuf orientiert sich zum Beispiel an den relevanten biographischen Stationen im Berufsleben: Berufsfindung, Ausbildung und Berufseinstieg, gegenwärtige berufliche Situation, Berufsalltag, Zukunftsperspektiven. (Vgl. a.a.O., S. 56.)
833 Zum Beispiel kann man ausgehend von Schilderungen des Alltags („Wie sah der Alltag in den 50er Jahren aus? Können Sie etwas über einen normalen Wochentag erzählen, beginnend mit dem Aufstehen?") die angesprochenen Situationen der Mediennutzung konkret hinterfragen. (Vgl. dazu etwa Rogge, Jan-Uwe, Biographische Methode, 1982, S. 281, ferner Kapitel 15 in diesem Band.)
834 Müller, Kathrin Friederike, Frauenzeitschriften, 2010, S. 11. Die folgenden Auszüge aus dem Leitfaden stammen von S. 423 und 425-427.

bereiteten Fragen tatsächlich gestellt werden; oft werden die jeweiligen Aspekte vom Interviewpartner von sich aus angesprochen.

Einstieg (einführender Teil des Interviews):

„*Bevor wir über Einzelheiten sprechen, möchte ich Sie bitten, einmal alles zu erzählen, was Ihnen zu Frauenzeitschriften spontan durch den Kopf geht.*"

Nach einem Frageblock zur Zeitschrift „Brigitte" folgten Fragen mit Blick auf „geschlechtsgebundene Kommunikationsstile":

„*Was unterscheidet Frauenzeitschriften eigentlich von anderen Zeitschriften?*

Gibt es auch noch andere Unterschiede als Themen wie Mode, Kosmetik usw., die in anderen Zeitschriften ja nicht so angesprochen werden?

Schreiben die Journalistinnen und Journalisten zum Beispiel anders?

Wird in Frauenzeitschriften über andere Dinge gesprochen als in anderen Zeitschriften?

Wenn die Antwort in die Richtung ‚Themen für Frauen, die sonst nicht thematisiert werden' geht: Warum ist es Ihnen wichtig, eine Zeitschrift mit Themen zu lesen, die in erster Linie Frauen ansprechen?

Kann man sich in Brigitte *eigentlich auch über Themen aus dem Bereich Politik oder Wirtschaft informieren?*

Wenn ja: Wie finden Sie es, dass Brigitte *auch solche Themen anspricht?*

(...)

Ist Brigitte *eigentlich auch für Männer interessant?*"

Hier scheint es sinnvoll anzumerken, dass einige dieser Fragen durch einfaches Einfügen eines „Inwiefern" noch offener hätten gestaltet werden können, um Ja-/Nein-Antworten zu vermeiden, z. B.: Inwiefern denken Sie, dass *Brigitte* auch für Männer interessant ist?

Nach weiteren Fragen zur aktuellen Nutzung von Frauenzeitschriften folgte ein Einstieg in den medienbiografischen Teil der Interviews:

„*Ich möchte jetzt gerne mit Ihnen ein Stück in die Vergangenheit zurückgehen und darüber sprechen, wie Sie Frauenzeitschriften kennengelernt haben. Wenn Sie einmal zurückdenken, wann haben Sie zum ersten Mal mit Frauenzeitschriften zu tun gehabt?*"

Im Anschluss wurde, mit Hilfe eines vorbereiteten Blattes mit einer Zeitachse, danach gefragt, welche Frauenzeitschriften in welchem Alter gelesen wurden, um nach Möglichkeit schon einzelne „Stationen innerhalb der Lesebiografie" einzugrenzen. Damit wurde angestrebt, die Erinnerung an diese Lektüre wachzurufen, bevor nähere Fragen zu dieser vergangenen Nutzung gestellt wurden.[835]

Dabei wurden dann nacheinander zu den einzelnen Zeiträumen Fragen gestellt, z. B. zu den ersten Leseerfahrungen:

> „Jetzt gehen wir einmal an den Anfang des Zeitstrahls. Die XY ist ja die Zeitschrift, die Sie zum ersten Mal regelmäßig gelesen haben. Wie sind Sie denn zu einer XY-Leserin geworden?
>
> Durch die Familie?
>
> Oder wurden in Ihrem damaligen Freundeskreis auch Frauenzeitschriften gelesen?"

Meist werden Leitfadeninterviews persönlich, also face-to-face durchgeführt – dies ist, wie Wiebke Loosen es ausdrückt, „[d]er ‚natürliche' – wenn man so will: methodeninhärente – Kommunikationsmodus" dieser Interviewform. Daneben existieren im Prinzip auch die Möglichkeiten, Interviews „telefonisch oder onlinebasiert mit Hilfe der Internettelefonie" durchzuführen, was gewisse Vor- und Nachteile hat.[836] Wie Lamnek und Krell festhalten, haben insbesondere klassische Telefoninterviews „durch das fehlende visuelle Element einen unpersönlichen, anonymen Charakter" und würden „den Intentionen qualitativer Forschung nicht gerecht". Telefoninterviews haben jedoch auch praktische Vorteile, vor allem die „Zeit- und Kostenersparnis, eine größere Anonymität und möglicherweise ein höheres Maß an Offenheit".

Lamnek und Krell empfehlen allerdings eher audiovisuelle Online- oder Skype-Interviews, da bei diesen die Vorteile telefonischer Interviews genutzt werden können, „ohne Abstriche bei visuellen Elementen machen zu müssen".[837]

2. Transkription

Zur Sicherung des Datenmaterials werden in der Regel die aufgezeichneten Interviews vollständig transkribiert. Der dafür nötige Aufwand ist nicht zu unterschätzen: Ein Interview von durchschnittlicher Dauer (ca. zwei Stunden) ergibt ein Transkript von 20 bis 30 Seiten.[838] Spezielle Computerprogramme, sog. Bildschirm- oder Transkriptionseditoren wie z. B. *f4*, können die Erstellung von Transkripten erleichtern.[839] Abhängig vom Erkenntnisinteresse stehen vier Möglichkeiten der Abschrift zur Verfügung:

- die *Übertragung in normales Schriftdeutsch* (wenn es in erster Linie darauf ankommt, die thematisch relevanten Aussagen festzuhalten);

---

835 Vgl. Müller, Kathrin F., Frauenzeitschriften, 2010, S. 141/142.
836 Loosen, Leitfadeninterview, 2016, S. 145. Siehe zu Möglichkeiten der Onlinebefragung auch Ehlers, Ulf-Daniel, Qualitative Onlinebefragungen, 2017.
837 Lamnek, Siegfried/Krell, Claudia, Sozialforschung, [6]2016, S. 327/328.
838 Vgl. Hirzinger, Maria, Medienforschung, 1991, S. 99 f.
839 Vgl. Ayaß, Ruth, Transkribieren, 2017, S. 428 ff. für weitergehende Hinweise, auch mit Blick auf Videomaterial.

- die ‚literarische Umschrift', also die Wiedergabe des Höreindrucks, etwa bei Dialektsprechern (wenn das Ziel darin besteht, ein authentisches Selbstzeugnis des Befragten zu erhalten);
- die *quasi-literarische Nach- und Neukonstruktion* einer geschriebenen Sprechsprache (wenn ein optimal lesbares Selbstzeugnis benötigt wird);
- die *Transkription inklusive parasprachlicher Äußerungen* wie Pausen, Stimmschwankungen, Betonungen etc. (wenn bei der Interpretation nicht nur die Aussage, sondern auch die kommunikativen Handlungen von Bedeutung sind).[840]

Kommunikationswissenschaftliche Fragestellungen zielen in aller Regel auf die Inhalte des Gesagten, daher ist eine Übertragung ins Schriftdeutsche ausreichend. Die Art und Weise, wie der Sprecher etwas sagt – Variationen bezüglich Grammatik, Vokabular und Aussprache – ist vorwiegend in der Sprachwissenschaft von Interesse.[841] Parasprachliche Äußerungen können auch Gegenstand psychologischer Untersuchungen sein, etwa wenn es darum geht, wahre Aussagen von falschen zu unterscheiden.[842] Besonderheiten bezüglich des Ablaufs (z. B. Unterbrechungen) oder auffällige Reaktionen (etwa Erröten) sollten in eckigen Klammern mit erfasst werden. Auch sollten die Zeilen nummeriert werden, um später Beispiele nachvollziehbar zitieren zu können. Zusätzlich zum Transkript sollte man ein kurzes Interview-Protokoll erstellen (das man dem jeweiligen Transkript voranstellen kann), mit Angaben zur interviewten Person, Ort und Dauer des Interviews sowie zum Ablauf (z. B. Unterbrechungen u. dgl.).[843]

3. Auswertung

Gerade in Abschlussarbeiten wird häufig übersehen, dass die Entscheidung für das qualitative Interview streng genommen die Entscheidung für eine *Methodenkombination* bedeutet; denn aus der Fülle der Aussagen müssen die relevanten Informationen ja erst einmal extrahiert werden – und zwar sinnvoll und systematisch. Das bedeutet, dass zusätzlich inhaltsanalytische Verfahren zum Einsatz kommen. Die folgende Passage verdeutlicht die Problematik recht eindrucksvoll:

„Der methodische Ansatz qualitativer Verfahren [wird häufig] lediglich auf die Phase der Datenerhebung beschränkt gesehen (...) (nach dem Motto: ‚Wir machen qualitative Interviews'), aber die eigentlich entscheidende Frage nach der Qualität der benötigten Daten und deren qualitativer Auswertung [wird] zu wenig gesehen (...). Leider ist es dann häufig zu spät, da Zeitdruck (Projektende naht, Arbeit bzw. Bericht muss abgegeben werden etc.) verhindert, die wenigen zur Verfügung stehenden interpretativen Auswertungsverfahren, wie zum Beispiel die objektive Hermeneutik von Ulrich Oevermann (1986) oder die narrative Datenanalyse nach Fritz Schütze (1976) anzuwenden. In der Eile werden dann die aufwendig erhobenen Daten, die mithilfe offener Interviews gewonnen und anschließend minutiös

---

840 Vgl. Fuchs-Heinritz, Werner, Biographische Forschung, [4]2009, S. 287 ff.; ferner auch Kapitel 10: Die Konversationsanalyse in diesem Band, insbesondere S. 233–236.
841 Vgl. z. B. Trudgill, Peter, Sociolinguistics, [3]1995.
842 Vgl. zusammenfassend Nawratil, Ute, Glaubwürdigkeit, 1997, S. 22 ff.
843 Vgl. Loosen, Leitfadeninterview, 2016, S. 149.

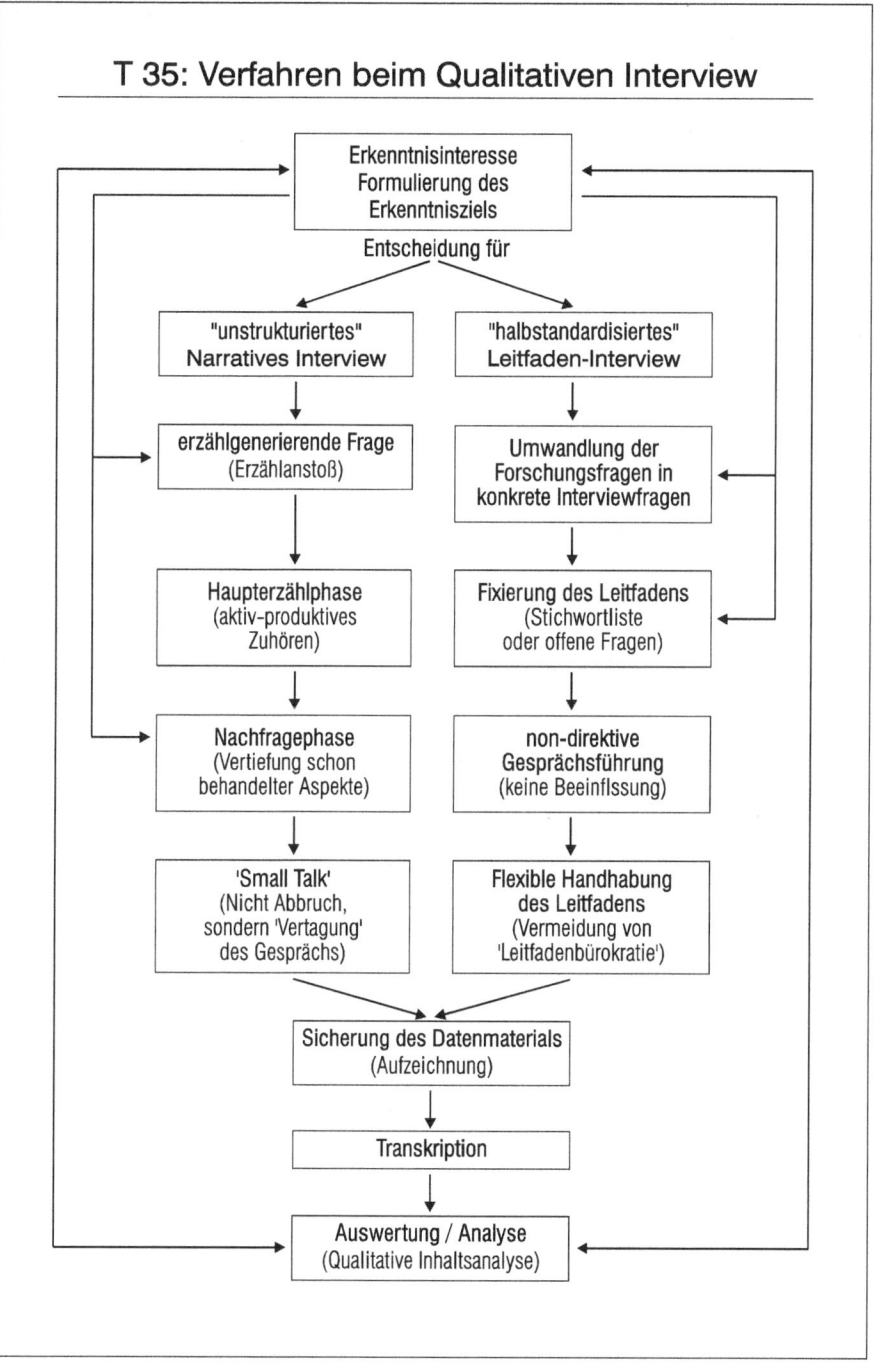

verschriftet wurden, recht unsystematisch ausgewertet; methodisch exaktes Vorgehen ist somit nicht gewährleistet. Entweder wird nämlich so vorgegangen, dass von außen Kategorien an das Material herangetragen werden, sodass eine standardisierte Befragung methodisch präziser und forschungsökonomischer gewesen wäre. Oder es wird der ‚hermeneutische' Weg eingeschlagen, wobei sich jedoch zu sehr auf die eigene ‚interpretative Intuition' verlassen wird. Die Ergebnisse gestalten sich dann meist entsprechend und tragen wenig zum Erkenntnisgewinn über den Forschungsgegenstand bei. Je nach Cleverness gelingt es dann noch, das Ganze mit einem besonders aufregend klingendem Etikett zu versehen, welches meist aus einer Kombination von Begriffen wie ‚hermeneutisch', ‚phänomenologisch', ‚interpretativ', ‚qualitativ' oder Ähnlichem gebildet wird. Wie bei der Interpretation tatsächlich vorgegangen wurde, bleibt dabei oft unklar und wird der Phantasie der Leserin bzw. des Lesers überlassen."[844]

Eine mehr oder weniger willkürliche Auflistung von Antworten stellt also keine angemessene Art der Auswertung qualitativer Interviews dar. Erforderlich ist vielmehr eine stringente und systematische Herangehensweise, konkretisiert in verschiedenen inhaltsanalytischen Verfahren.[845] Bei der Interpretation ist außerdem etwas zu berücksichtigen, das für alle Manifestationen menschlicher Kommunikation gilt: Es handelt sich dabei nicht automatisch um die „Darstellungen von *Erfahrungen*", sondern in erster Linie um die „*Darstellung* von Erfahrungen".[846]

Man muss also immer bedenken, dass man es in den Schilderungen nicht mit der Realität an sich, sondern mit möglichen Interpretationen der Realität zu tun hat.

Die Ergebnisse der (Inhalts-)Analyse werden schließlich, ebenfalls systematisch, z. B. strukturiert anhand von zentralen Kategorien, in einem Forschungsbericht dargelegt und unter Rückgriff auf Theorie und Forschungsstand kritisch diskutiert.

---

844 Aufenanger, Stefan, Qualitative Analyse, 1991, S. 35 f.
845 Vgl. dazu Kapitel 14: Qualitative Inhaltsanalyse in diesem Band.
846 Vgl. Hitzler, Ronald, Dummheit, S. 296.

14. Kapitel Die qualitative Inhaltsanalyse: Rekonstruktion der Kommunikationswirklichkeit

von Ute Nawratil und Philomen Schönhagen

1. Grundlagen und Bedeutung

Die *Inhaltsanalyse* ist eine genuin kommunikationswissenschaftliche Methode, die zur Untersuchung von Medieninhalten entwickelt wurde.[847] Sie gehört zu den wichtigsten Methoden der Kommunikationswissenschaft, wobei quantitative Inhaltsanalysen wesentlich häufiger durchgeführt werden als qualitative, auch wenn letztere zunehmend zum Einsatz kommen. Es können jedoch nicht nur Medieninhalte damit untersucht werden, sondern die Inhaltsanalyse dient ganz allgemein der „Untersuchung von Materialien, in denen menschliche Kommunikationsprozesse jeglicher Art dokumentiert sind".[848] In der Kommunikationswissenschaft sind zwei Anwendungsgebiete zentral: zum einen die Analyse von Medieninhalten, zum anderen die Auswertung qualitativer Interviews sowie von Gruppendiskussionen (Transkripten) und Beobachtungsprotokollen. In der Regel handelt es sich dabei um sprachliche Kommunikation, die in schriftlicher Form vorliegt. Dies kann Textsorten aller Art umfassen. Das Material kann jedoch auch aus Bildern bestehen bzw. solche beinhalten: Man denke etwa an Pressefotos, Karikaturen, Werbeanzeigen, Fernsehnachrichten, Comics, Fotoromane (z. B. in Jugendzeitschriften) etc., aber auch an Videoaufzeichnungen von Gruppendiskussionen. Auf solche Materialien kann die Inhaltsanalyse ebenfalls angewandt werden, wobei jedoch die Spezifika von Bildern bzw. Filmen mit zu berücksichtigen sind. Dafür kann jedoch kein allgemein gültiges Patentrezept gegeben werden. In Abhängigkeit von Material und Erkenntnisinteresse müssen in einem solchen Fall auch diesbezüglich relevante Theorien und Forschungsarbeiten einbezogen und ausgewertet werden, so z. B. allgemeine Bild- und Filmtheorien oder auch spezifische Theorien zu Comics, Karikaturen etc. Diese können dann sowohl formale als auch inhaltliche Kriterien für die Analyse liefern, z. B. bezüglich der Anordnung von Bildelementen, Größenverhältnissen, Perspektiven etc.[849]

Generell geht es bei der Inhaltsanalyse darum, sich der sozialen Wirklichkeit zu nähern, indem man „von Merkmalen eines manifesten Textes auf Merkmale eines nichtmanifesten Kontextes" schließt.[850] Der Unterschied zwischen quantitativer

---

847 Vgl. Mayring, Philipp, Inhaltsanalyse, [12]2015, S. 26 f. Dabei werden die Anfänge der – systematischen – Inhaltsanalyse typischerweise Bernard Berelson (1952), nach Anregungen bzw. Vorarbeiten durch Max Weber und Harold D. Lasswell, zugeschrieben, vgl. etwa Christmann, Gabriela B., Inhaltsanalyse, 2006, S. 274–292. Tatsächlich aber hat damit bereits 1909 Paul Stoklossa (Der Inhalt der Zeitung. In: *Zeitschrift für die gesamte Staatswissenschaft*, 66. Jg., 1910, S. 555–565) in einer Untersuchung zur Zeitungsstruktur begonnen; Otto Groth wendete sie bereits 1911/12 für seine Dissertation (Die politische Presse Württembergs. Stuttgart 1915) streng systematisch an, vgl. Schulz, Winfried (Hrsg.), Inhalt, 1970, S. 5 und S. 66. Im englischen Sprachraum finden sich erste Ansätze zu einer Kanonisierung in den 1920er Jahren, vgl. Fürst, Silke/Jecker, Constanze/Schönhagen, Philomen, Qualitative Inhaltsanalyse, 2016, S. 211 ff. Dagegen sieht Christmann die Anfänge der *qualitativen* Inhaltsanalyse in Siegfried Kracauers Überlegungen aus dem Jahre 1952 (vgl. Christmann, Gabriela B., Inhaltsanalyse, 2006, 275 f.).
848 Spöhring, Walter, Sozialforschung, 1989, S. 189.
849 Vgl. Petersen, Thomas/Schwender, Clemens (Hrsg.), Entschlüsselung, 2011 zu zahlreichen Verfahren von (Bewegt-)Bild und Comicanalysen und deren Kombination.
850 Merten, Klaus, Inhaltsanalyse, [2]1995, S. 59.

und qualitativer Variante der Inhaltsanalyse ist nicht so erheblich wie bei der Befragung, wenngleich er in den Sozialwissenschaften zeitweise heftig diskutiert wurde.[851] Wenn man sich vor Augen hält, dass ein Forschungsprojekt prinzipiell vier Phasen umfasst – (1.) die Analyse des Problems, (2.) die Erfassung der Daten, (3.) die Analyse der Daten und (4.) die Interpretation – wird klar, dass auch bei quantitativen Inhaltsanalysen jeweils zu Beginn (nämlich bei der Konkretisierung des Erkenntnisinteresses und bei der Wahl des Erhebungsinstruments) sowie am Ende des Prozesses (bei der Darstellung und Interpretation der Befunde) grundsätzlich qualitativ vorgegangen werden muss.

Qualitative und quantitative Inhaltsanalyse unterscheiden sich also zunächst lediglich in Bezug auf die *Datenerfassung*; daraus folgt naturgemäß eine unterschiedliche Herangehensweise bei der *Datenanalyse*. Für die *quantitative Inhaltsanalyse* heißt das konkret: Das Erhebungsinstrument (= das Codebuch) ist exakt ausgearbeitet, bevor man sich an die Analyse des Materials begibt, sämtliche Variablen und deren Ausprägungen sind standardisiert.[852] Der Bearbeiter ist damit sozusagen in ein enges Korsett eingebunden, das wenig Bewegungsfreiheit zulässt; dadurch ist aber gleichzeitig ein systematisches Vorgehen gesichert. Bei der *qualitativen* Inhaltsanalyse entsteht dagegen das Erhebungsinstrument (zumindest teilweise) aus der Beschäftigung mit dem konkreten Untersuchungsmaterial. Die Suche und Formulierung von Analysekategorien und deren Ausprägungen ist ganz oder teilweise Bestandteil der Datenaufbereitung, wenngleich natürlich auch hier im Vorfeld zumindest grobe Ordnungsstrukturen bekannt sein sollten (in Form deduktiv erarbeiteter Kriterien oder Kategorien). Diese ergeben sich aus den theoretischen Vorüberlegungen und der Sichtung des Forschungsstandes. Die Bearbeitung des Untersuchungsmaterials ist also deutlich anspruchsvoller als bei der quantitativen Analyse: Dort muss die jeweilige Analyseeinheit (z. B. ein Satz oder eine Aussage) nur noch einem Punkt im vorgegebenen Codeplan zugeordnet werden. Bei der qualitativen Analyse dagegen stellt sich zunächst bei jeder Aussage die Frage, wofür sie ein Indikator sein könnte.

Diese unterschiedliche Vorgehensweise legt schon nahe, dass mit den beiden inhaltsanalytischen Varianten in der Regel unterschiedliche *Ziele* verknüpft sind: Die *quantitative* Analyse kommt zum Einsatz, wenn es darum geht, größere Datenmengen zu erheben, und wenn Sachverhalte untersucht werden, deren Indikatoren im Vorfeld hinreichend bekannt sind. Die *qualitative* Analyse hat einen stärker *explorativen Charakter*; hier kommt es in erster Linie darauf an, bislang unbekannte Zusammenhänge aufzudecken. Damit dient sie in erster Linie der Generierung von Hypothesen und Entwicklung von Theorien, weniger ihrer Prüfung.

Schließlich bleibt festzuhalten, dass Inhaltsanalysen – gleichgültig ob quantitativ oder qualitativ – nicht ausschließlich zur Erfassung von *Inhalten* der Kommunikation eingesetzt werden, sondern auch dazu dienen, die *formalen Elemente* von

---

851 Vgl. etwa Ritsert, Jürgen, Inhaltsanalyse, 1972; Rust, Holger, Inhaltsanalyse, 1980; siehe dazu auch Kapitel 17: Deskription in diesem Band.
852 Ein solches detailliertes Kategorienschema wird *Codebuch* genannt, weil den Kategorien und Ausprägungen jeweils (Zahlen-)Codes zugeordnet werden. Vgl. im Detail Rössler, Patrick, Inhaltsanalyse, ³2017, S. 95 ff.

Kommunikationsprodukten und Vermittlungsangeboten oder deren Strukturen systematisch zu erfassen und unter die Lupe zu nehmen. Solche formalen Elemente sind bei Zeitungsartikeln beispielsweise Aufmachung, Umfang und Platzierung; bei transkribierten Interviews oder Gruppendiskussionen wären hier Sprecherwechsel oder sprachliche Eigenheiten zu nennen.

2. Vorgehensweise

Dass sich der Bearbeiter bei der qualitativen Inhaltsanalyse nicht oder nur teilweise an einem vorab erarbeiteten Kriterien- oder Kategorienraster orientiert, bedeutet nun aber nicht, dass er sozusagen eine freie Text- (oder Bild-) Interpretation vornehmen kann und die Befunde nach Gutdünken extrahiert und wiedergibt. Eine *systematische Bearbeitung* des Materials muss auch bei der qualitativen Inhaltsanalyse gewährleistet sein. Die Systematik wird dadurch erreicht, dass das Vorgehen planvoll und regelgeleitet ist. Es gibt hier allerdings nicht nur ein einziges Analyseverfahren; die Vorgehensweise ist abhängig vom Erkenntnisinteresse. Im Folgenden sollen zunächst überblicksartig einige Verfahren angesprochen werden, die Regelwerke für die Bearbeitung und Interpretation von Texten bereitstellen, bevor im Weiteren die qualitative Inhaltsanalyse in Anlehnung an Mayring in grober Skizzierung näher dargelegt wird.

Varianten qualitativer Textanalysen

Zu den in der Methodenliteratur am häufigsten angeführten Verfahren gehören, neben der qualitativen Inhaltsanalyse nach Mayring (siehe weiter unten), die *Objektive Hermeneutik* nach Oevermann sowie die *Strukturelle Beschreibung* nach Harry Hermanns. Beide spielen in der Kommunikationswissenschaft eine untergeordnete Rolle, seien jedoch wenigstens gestreift.

Das Verfahren der *Objektiven Hermeneutik* wurde ursprünglich im Rahmen familiensoziologischer Untersuchungen entwickelt und wird teilweise auch als „strukturale Hermeneutik" bezeichnet.[853] Ziel ist es, die latenten Sinnstrukturen von Interaktionen herauszuarbeiten. Dabei werden nicht die tatsächlichen Bedeutungszuweisungen der interagierenden Subjekte analysiert, sondern alle in der Gesellschaft vorhandenen, objektiv möglichen Deutungen einer Interaktion. Anschließend wird die wahrscheinlichste Version herausgearbeitet.

> Die Feinanalyse gliedert sich in acht Ebenen. Sie muss in Gruppenarbeit vorgenommen werden, damit möglichst alle Deutungsvarianten einbezogen werden. Die Interpretation ist überaus zeitaufwendig.[854] Mayring kritisiert zudem eine in Teilen nur geringe methodische Absicherung des Verfahrens, da viele Interpretationsschritte nicht genügend begründet und einseitig soziologisch orientiert seien.[855] Hinzu kommt, dass es wegen des hohen Auf-

---

853 Vgl. etwa Hagedorn, Jörg, Objektive Hermeneutik, 2017, S. 580–587.
854 Vgl. Oevermann, Ulrich et al., Methodologie,1979, S. 393. Vgl. auch die zusammenfassende Darstellung bei Lamnek, Siegfried/Krell, Claudia Sozialforschung, [6]2016, S. 201–209 ff. und 497–511.; Garz, Detlef/Ackermann, Friedhelm, Objektive Hermeneutik, 2006, S. 324–349; Reichertz, Jo, Hermeneutik, ii/1995, S. 379–423.
855 Vgl. Mayring, Philipp, Inhaltsanalyse, [12]2015, S. 37.

wands „nur an kleinen Materialausschnitten oder mit erheblichen Ressourcen durchführbar" ist.[856]

Die *Strukturelle Beschreibung* ist eine Technik, die speziell für die Auswertung narrativer Interviews entworfen wurde.[857] Der Text wird zunächst einer formalen Analyse unterworfen, deren Ziel es ist, ihn in einzelne Segmente zu zerlegen. Dabei werden die einzelnen Interviewteile (Einleitung, Haupterzählung und Nachfragephase) nach den Basistextsorten (Argumentation, Beschreibung und Erzählung) zergliedert und zusätzlich Elemente herangezogen, die signalisieren, dass ein neuer Erzählabschnitt beginnt (z. B. Themenwechsel, Zeitsprünge).

Die inhaltliche Analyse umfasst vier Stufen, denen jedes einzelne Segment unterworfen wird: Zunächst werden (unter Rückgriff auf die formale Analyse) die unterschiedlichen kommunikativen Schemata (Argumentation, Beschreibung und Erzählung) identifiziert, danach werden verschiedene Erzählketten, die sich jeweils über verschiedene Segmente erstrecken, sichtbar gemacht. In der Interpretationsphase wird dann aus den Erzählketten ein Entwicklungspfad rekonstruiert. Schließlich werden aus dem Material analytische Kategorien gebildet, um die Darstellung zu abstrahieren und typische Handlungs- und Verlaufsmuster herauszuarbeiten.[858]

Daneben sei auch auf das Verfahren der sogenannten „gegenstandsbezogenen Theoriebildung"[859] bzw. *Grounded Theory* verwiesen, das dem Vorgehen der qualitativen Inhaltsanalyse mit induktiver Kategorienbildung (siehe unten) stark ähnelt. Dieses wurde in den 1960er- und 70er-Jahren von den amerikanischen Soziologen Barney Glaser und Anselm Strauss im Zusammenhang mit Beobachtungsstudien bzw. Feldforschung entwickelt. Grundgedanke dabei ist, „dass der Forscher während der Datensammlung theoretische Konzepte, Konstrukte, Hypothesen entwickelt, verfeinert und verknüpft, sodass Erhebung und Auswertung sich überschneiden".[860] Zentral dabei ist das sog. Codieren, das bestimmte Varianten induktiver Kategorienbildung umfasst,[861] und die Erstellung von „Memos", im Prinzip „Merkzetteln" mit Beobachtungen zu auffallenden, zentralen Aspekten, die die Grundlage zur „Bildung von Auswertungskategorien" sowie zur Theoriebildung bzw. Hypothesengenerierung darstellen.[862]

---

856 Mayring, Philipp, Einführung, [6]2016, S. 126.
857 Nach Siegfried Lamnek und Claudia Krell (Sozialforschung, [6]2016, S. 660 ff.) geht sie ursprünglich auf Fritz Schütze (Interview, 1977) zurück. Bekannt geworden ist sie aber vor allem durch die Arbeiten von Harry Hermanns (etwa Berufsverlauf, 1982). Siehe auch Kapitel 13 in diesem Band.
858 Vgl. Lamnek, Siegfried/Krell, Claudia, Sozialforschung, [6]2016, S. 660 ff. Variationen zur Auswertung narrativer Interviews finden sich bei Wiedemann, Peter M., Wirklichkeit, 1986, sowie bei Fischer-Rosenthal, Wolfram/Rosenthal, Gabriele: Narrationsanalyse, 1997, S. 133–164. Letztere legen besonderen Wert auf die analytische Trennung von erlebter und erzählter Lebensgeschichte.
859 Mayring, Philipp, Einführung, [6]2016, S. 103. Mayring gibt an der angegebenen Stelle auch einen ersten Überblick (S. 103 ff.).
860 Mayring, Philipp, Einführung, [6]2016, S. 105.
861 Es handelt sich um das „offene", das „axiale" und das „selektive Codieren". Vgl. dazu kurz Christmann, Gabriela B., Inhaltsanalyse, 2006, S. 285f. (mit weiteren Literaturhinweisen); für einen ausführlicheren Überblick Böhm, Andreas, Codieren, 2000, S. 475–485.
862 Mayring, Philipp, Einführung, [6]2016, S. 105.

Die qualitative Inhaltsanalyse

Der systematische Zugang zum erhobenen Material ist bei der von Mayring ausgearbeiteten Variante der qualitativen Analyse besonders gut nachvollziehbar.[863] Allerdings weisen seine Ausführungen sowie sein „Allgemeines inhaltsanalytisches Ablaufmodell"[864] große Nähe zum Vorgehen bei der quantitativen Inhaltsanalyse auf, insbesondere hinsichtlich des Kategoriensystems, was für Studierende bisweilen verwirrend ist. Die folgende Darstellung lehnt sich daher zwar an Mayring an, weicht aber in mancher Hinsicht auch von diesem ab.

Die Systematik des Vorgehens wird durch die Vorgabe einzelner Analyseschritte und Analyseregeln gewährleistet. Mayring orientiert sich dabei an *„drei Grundformen des Interpretierens (...):* Zusammenfassung, Explikation und Strukturierung".[865] Diese drei Formen werden üblicherweise in Kombination verwendet; es ist aber auch möglich, sie singulär einzusetzen. Erfahrungsgemäß basieren die meisten qualitativen Inhaltsanalysen vor allem auf einer engen Verknüpfung von Zusammenfassung und Strukturierung; darauf wird im Rahmen der folgenden Darstellung näher eingegangen (siehe 4. Schritt).

Wie andere Methoden auch, erfordert natürlich auch eine inhaltsanalytische Untersuchung zunächst eine Auseinandersetzung mit relevanten *Theorien* und dem *Forschungsstand*, um das eigene Erkenntnisinteresse und *Forschungsziel* zu präzisieren und einzuordnen (*1. Schritt*), aber auch, um nach Möglichkeit bereits ein *Kriterienraster* daraus abzuleiten (*2. Schritt*). Wie weiter unten noch näher ausgeführt wird, werden bei qualitativen Inhaltsanalysen diese Kriterien oder Kategorien häufig nur teilweise *deduktiv* – also aus der Literatur und vorliegenden Studien – abgeleitet; diese werden im Laufe der Analyse *induktiv* ergänzt. Qualitative Inhaltsanalysen arbeiten häufig mit einer Kombination aus deduktiv und induktiv erarbeiteten Kriterien: D. h. man beginnt die Analyse mit einer Reihe von aus der Literatur abgeleiteten Kriterien, geht aber davon aus, dass diese nicht vollständig sind, also im Material noch Hinweise auf weitere, für die Fragestellung relevante Aspekte enthalten sind. Letztere müssen somit identifiziert und herausgearbeitet werden. Genau das macht die qualitative Inhaltsanalyse gegenüber der quantitativen Variante so anspruchsvoll: Man sucht nach etwas, von dem man im Vorfeld nicht bzw. nicht genau weiß, worum es sich handelt. In jedem Fall versucht man, soweit möglich, bereits aus der Auseinandersetzung mit der Theorie und dem Forschungsstand (also deduktiv) Analysekriterien herzuleiten, anhand derer die Fragestellung beantwortet werden kann. Diese dienen dann im 4. Schritt als grundlegende Strukturierungsdimensionen. (Vgl. zu den einzelnen Arbeitsschritten Tafel 36.)

Entsprechend der Fragestellung und Zielsetzung ist sodann geeignetes *Untersuchungsmaterial* auszuwählen und zu beschaffen (*3. Schritt*). Wird die Inhaltsanalyse als primäre Technik angewandt, handelt es sich dabei meist um bereits in Textform vorliegende Materialien wie z. B. Presseberichte oder Websites, zuweilen

---

863 Mayring, Philipp, Inhaltsanalyse, [12]2015 sowie Mayring, Philipp, Einführung, [6]2016, S. 114–121.
864 Mayring, Philipp, Inhaltsanalyse, [12]2015, S. 62.
865 Mayring, Philipp, Inhaltsanalyse, [12]2015, S. 67.

auch Sitzungsprotokolle und dergleichen. Sollen Inhalte audiovisueller Medien untersucht werden, müssen diese zunächst verschriftlicht werden (Transkription). Gleiches gilt für den Fall, dass die Inhaltsanalyse als Sekundärverfahren dient, um Interviews, Gruppendiskussionen oder Beobachtungsprotokolle auszuwerten.[866]

> Wie generell bei qualitativen Studien orientiert sich die Auswahl des Untersuchungsmaterials dabei nicht an der Idee, eine repräsentative Stichprobe aus einer bestimmbaren Grundgesamtheit zu ziehen. (Häufig kann eine solche aufgrund der explorativen Anlage der Studie auch gar nicht bestimmt werden.) In der Regel handelt es sich vielmehr um eine *theoriegeleitete Fallauswahl* (sog. theoretical sampling), wobei gezielt Merkmale, die von den theoretischen Vorüberlegungen her als wichtig erscheinen, im Material möglichst breit variieren sollten. Das Material kann auch im Laufe der Studie noch gezielt erweitert werden.[867] Um das Material im folgenden Schritt analysieren zu können, müssen zudem die entsprechenden *Untersuchungseinheiten* (z. B. ganzer Artikel, einzelne Sätze oder Bedeutungseinheiten, Argumente etc.) bestimmt werden. Es geht also darum festzulegen, innerhalb welcher Einheiten in den vorliegenden Texten nach Hinweisen auf bereits festgelegte Kriterien oder nach wiederkehrenden Mustern bzw. auffälligen inhaltlichen oder formalen Aspekten gesucht werden soll.

Der *4. Schritt* umfasst in der Regel zwei Vorgehensweisen: einerseits die Strukturierung und Zusammenfassung des Materials anhand vorgegebener Kriterien, andererseits die Erarbeitung zusätzlicher Kriterien aus dem Material heraus. Diese Varianten des inhaltsanalytischen Vorgehens werden weiter unten nochmals anhand von Beispielen erläutert (siehe Punkt 3). Hier soll das Vorgehen in diesem vierten Arbeitsschritt zunächst grundsätzlich verdeutlicht werden.

Zum einen geht man anhand des im zweiten Schritt erarbeiteten Kriterienrasters das vorliegende Material durch, d. h. man identifiziert Textstellen oder Elemente in Bildern, sog. Fundstellen, die für die jeweiligen Kriterien relevante Aussagen bzw. Hinweise enthalten und ordnet das Material entsprechend.

> Das kann praktisch z. B. dadurch erfolgen, dass man diese Fundstellen verschiedenfarbig markiert oder nummeriert, um sie nachfolgend zusammenfassend weiter zu bearbeiten. Meist wird man sie jedoch herausschreiben bzw. -kopieren (oder bei Bildern auch beschreiben), um sie z. B. in Form einer Tabelle, eines (digitalen) Erfassungsbogens oder einer vorläufigen Ergebnisdatei geordnet zu sammeln.[868]

---

866 Claudia Wegener bezeichnet Letzteres als „sekundäre" Anwendung der Inhaltsanalyse (also Datenerhebung mit anderer Methode, Auswertung mit qualitativer Inhaltsanalyse), in Abgrenzung von der „primären" Anwendung (als exklusives Verfahren für Textmaterial, das nicht vom Forscher produziert wurde). Vgl. Wegener, Claudia, Inhaltsanalyse, 2017, S. 256.

867 Vgl. dazu im einzelnen Flick, Uwe, Sozialforschung, [8]2017, S. 154 ff., insbes. S. 158 ff.; vgl. auch Fürst, Silke/Jecker, Constanze/Schönhagen, Philomen, Qualitative Inhaltsanalyse, 2016, S. 214–216; Lamnek, Siegfried/Krell, Claudia, Sozialforschung, [6]2016, S. 249.

868 Hierbei können selbstverständlich auch spezielle Computerprogramme (oder Datenbanksysteme) zum Einsatz kommen. Vgl. dazu etwa Mayring, Philipp, Einführung, [6]2016, S. 135 ff.; Fürst, Silke/Jecker, Constanze/Schönhagen, Philomen, Qualitative Inhaltsanalyse, 2016; Kuckartz, Udo, Inhaltsanalyse, 2017, S. 503–515; Friese, Susanne, Analyse, 2006, S. 459–474.

14. Kapitel Die qualitative Inhaltsanalyse: Rekonstruktion der Kommunikationswirklichkeit

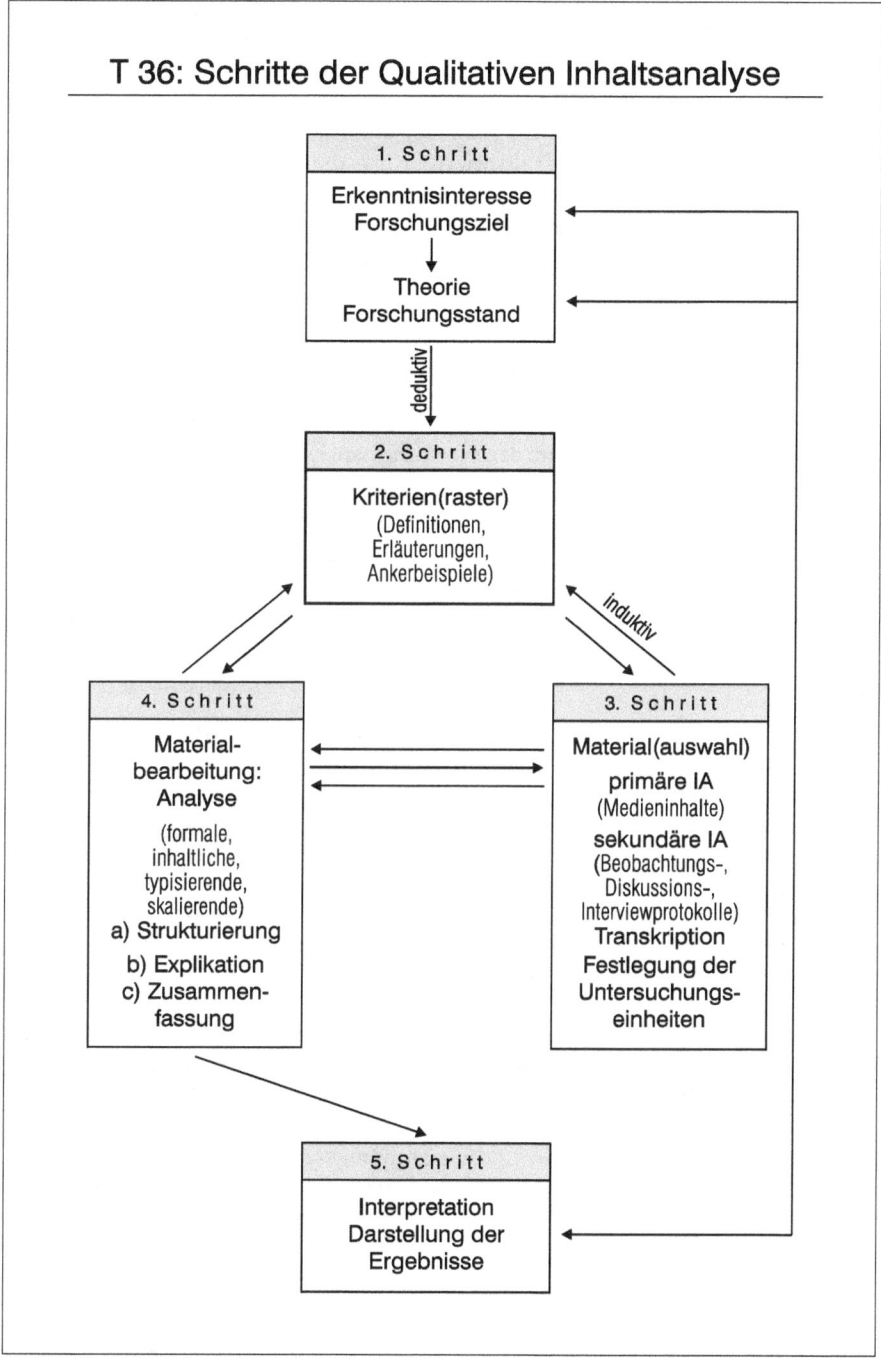

Dies entspricht der oben erwähnten *Strukturierung*. Dabei geht es darum, „bestimmte Aspekte aus dem Material herauszufiltern, unter vorher festgelegten Ordnungskriterien einen Querschnitt durch das Material zu legen oder das Material aufgrund bestimmter Kriterien einzuschätzen".[869] Mayring unterscheidet dabei vier Formen der Strukturierung: die formale, inhaltliche, typisierende und skalierende Strukturierung.[870] Die Strukturierung ist die zentrale inhaltsanalytische Technik, die anhand eines aus der Theorie abgeleiteten oder aus dem Material erarbeiteten Kategoriensystems bzw. Kriterienrasters zustande kommt.

Bei dieser Bearbeitung des Materials kann zudem die *Explikation* erforderlich werden, wenn einzelne Fundstellen ohne weitere Kontextinformationen unverständlich sind. Dabei wird zunächst das Text- oder bildliche Umfeld der zu erklärenden Passage einbezogen („enge Kontextanalyse"), falls notwendig jedoch auch zusätzliches Material zum Verständnis herangezogen (z. B. Material über den Verfasser des Textes bzw. Urheber des Bildes, die Entstehungssituation bzw. das historische oder kulturelle Umfeld). Im letzteren Fall spricht Mayring von einer „weiten Kontextanalyse".[871]

Anschließend werden bedeutungsgleiche Fundstellen zusammengefasst, sodass bezüglich der einzelnen Kriterien unterschiedliche Ausprägungen sichtbar werden. Mayring beschreibt die *Zusammenfassung* (mit Bezug auf Texte) als schrittweise Materialreduktion mittels Paraphrasierung, Weglassen von Ausschmückungen etc., Bündelung und Generalisierung und stellt dazu eine Reihe von Regeln („Z-Regeln") auf.

> Diese legen fest, auf welche Weise die zentralen Reduktionsprozesse (Auslassen, Paraphrasierung, Generalisierung sowie Bündelung, Konstruktion und Integration von Paraphrasen) anzuwenden sind, solange bis das angestrebte Abstraktionsniveau erreicht ist. Die Regeln besagen z. B., alle Ausschmückungen oder Wiederholungen zu streichen oder Aussagen mit ähnlichem Inhalt beschreibend zusammenzufassen (Paraphrase). Man erhält so einen Kurztext, der aber dennoch alle wesentlichen Inhalte einschließt. Dieser muss „das Ausgangsmaterial noch repräsentieren".[872] Die erwähnten Arbeitsschritte können auch computergestützt erfolgen.

Zum anderen geht man das Material aber auch in mehrfachen Durchgängen immer wieder aufmerksam durch, um – wie erwähnt – weitere Aspekte, Regelmäßigkeiten oder Auffälligkeiten ausfindig zu machen, die für die Beantwortung der Forschungsfrage relevant erscheinen. Entsprechende Fundstellen werden ebenfalls markiert bzw. zusammengetragen und zusammengefasst, um sodann daraus weitere Kriterien abzuleiten. Diese sollten möglichst treffend und nah an den im Material vorgefundenen Begrifflichkeiten bzw. Charakteristika benannt werden. Das

---

869 Mayring, Philipp, Inhaltsanalyse, [12]2015, S. 67.
870 Vgl. Mayring, Philipp, Inhaltsanalyse, [12]2015, S. 99 ff.
871 Vgl. Mayring, Philipp, Inhaltsanalyse, [12]2015, S. 90–97, Zitat S. 92. Dort finden sich auch einzelne Regeln für das Vorgehen bei der Explikation („E-Regeln"). Im Prinzip entspricht dies dem hermeneutischen Vorgehen; vgl. Kapitel 7 in diesem Band.
872 Mayring, Philipp, Inhaltsanalyse, [12]2015, S. 69 ff., Zitat S. 71.

Kriterienraster wird somit *induktiv ergänzt*.[873] Falls diese Ergänzungen nur anhand bestimmter Teile des Materials vorgenommen werden, muss anschließend das gesamte Material erneut durchgearbeitet werden, damit alle Fälle mit denselben Kriterien analysiert wurden. So können mehrere Materialdurchgänge erforderlich werden.

Manche Inhaltsanalysen gehen *rein induktiv* vor. Ist zu einer Forschungsfrage noch so wenig Vorwissen vorhanden, dass anhand der Literatur keine Kriterien formuliert werden können, oder soll die Analyse bewusst offen erfolgen, dann müssen relevante Kategorien vollständig aus dem Material heraus, also induktiv erarbeitet werden. Dies wird im folgenden Abschnitt an einem Beispiel veranschaulicht, das zugleich die Vorgehensweise bei der Strukturierung und Zusammenfassung sowie die Explikation nochmals verdeutlicht (siehe den folgenden 3. Abschnitt). In einem solchen Fall gehört das erarbeitete Kriterienraster somit zu den *Ergebnissen* der Untersuchung, die im *5. Schritt* dargestellt und interpretiert werden. Dies erfolgt selbstverständlich ebenfalls strukturiert – nach sachlichen Gesichtspunkten bzw. orientiert an den Untersuchungskriterien, wobei auch Ergebnisse bezüglich mehrerer Kriterien zusammengefasst dargestellt werden können, wenn dies sinnvoll erscheint. Darstellung und Interpretation erfolgen eng verknüpft, d. h. es ist jeweils zu diskutieren, was die Ergebnisse bedeuten, wie sie erklärt werden können, in welchem Verhältnis sie zum Forschungsstand stehen etc. Dabei sind Bezüge zwischen den Kriterien sowie entsprechende Rückbezüge zum Theorieteil herzustellen. Auch sollten Beispiele zur Veranschaulichung präsentiert werden, wobei nicht nur Typisches, sondern gegebenenfalls auch Ausreißer bzw. mögliche Gegenbeispiele zu berücksichtigen sind.

Insbesondere der oben bereits beschriebene 4. Schritt des Vorgehens wird in den folgenden Abschnitten nochmals an Beispielen veranschaulicht, wobei zunächst Inhaltsanalysen mit (rein) induktiver Kategorienbildung dargestellt werden, gefolgt von solchen, die mit einem deduktiv erarbeiteten Kriterienraster arbeiten, das induktiv ergänzt wird.

3. Induktive und deduktive Kategorienbildung

Grundlage *induktiver Kategorienbildung* ist zunächst die Beobachtung von Regelmäßigkeiten und auffallenden, wiederkehrenden Elementen bzw. Mustern oder auch Besonderheiten im Untersuchungsmaterial. Betreffende Fundstellen werden gekennzeichnet, und bedeutungsgleiche Passagen oder Ausschnitte zusammengetragen (Strukturierung). Diese werden anschließend zusammengefasst (siehe oben), um daraus schließlich jeweils eine Kategorie zu destillieren.

Eine Arbeit, die sich mit der Tradition der Unparteilichkeitsmaxime in deutschen Zeitungen beschäftigte, versuchte zu rekonstruieren, was Journalisten früherer Zeiten unter „Unparteilichkeit" verstanden.[874] Es sollten also bewusst *nicht* heuti-

---

[873] Vgl. zur induktiven Kategorienbildung Mayring, Philipp, Inhaltsanalyse, [12]2015, S. 85 ff.; zu den beiden dargestellten Varianten des Vorgehens vgl. auch das Ablaufmodell von Mayring, Philipp/Hurst, Alfred, Inhaltsanalyse, [2]2017, S. 498.
[874] Vgl. Schönhagen, Philomen, Unparteilichkeit, 1998.

ge Vorstellungen oder Definitionen von Unparteilichkeit bzw. verwandten Begriffen wie z. B. Neutralität auf frühere Zeitungen angewandt werden. In diesem Fall hätte man anhand vorhandener Literatur vorab Kriterien formulieren können. Das Ziel war es jedoch, das *damalige* Verständnis von Unparteilichkeit zu erarbeiten und herauszufinden, welche Kriterien von den frühen Zeitungsherausgebern und Journalisten selbst geltend gemacht wurden. Dazu musste zunächst geeignetes Untersuchungsmaterial gefunden werden, das (programmatische) Aussagen entsprechender Personen enthielt. Dieses fand sich zahlreich in früher üblichen Programmen und Erklärungen von Herausgebern und (Chef-)Redakteuren, die meist in Erst-, Neujahrs- und ähnlich besonderen Nummern erschienen. Häufig werden diese auch in Jubiläums- und Festnummern zitiert bzw. reproduziert, sodass nicht nur auf Originalzeitungsbestände, sondern auch auf eine umfangreiche Sammlung solcher Sondernummern deutscher Zeitungen zurückgegriffen werden konnte.[875]

> Bei der Analyse der gesammelten Programme, redaktionellen Erklärungen etc. aus dem 17. bis 19. Jahrhundert wurden dann diejenigen Aussagen zusammengestellt, die zwar unterschiedlich formuliert, aber bedeutungsgleich waren (*Strukturierung*). Dabei wurden nach und nach die relevanten Kriterien und Dimensionen des damaligen Unparteilichkeitskonzeptes sichtbar. Dabei fanden sich u. a. folgende Aussagen:
>
> - Die Nachrichten folgen „denen einkommenden Schreiben";
> - „wie ich sie [die Nachrichten] nemm, so gib ich's auß";
> - es werde eine „einfalte" Beschreibung gegeben – „einfalt" hiess damals auch „redlich" (Explikation);
> - die Nachrichten würden „ungefelscht" oder „getreulich" mitgeteilt bzw.
> - „der blossen Wahrheit derer einkommenden Berichten gemäß", „ohngeändert" oder „auff das trewlichst vn unvergreifflichst" wiedergegeben – „unvergreiflich" bedeutete „ohne Vorgriff auf das Urteil [des Lesers]", auch „einwandfrei, richtig, unparteilich" (Explikation).[876]

Diese und ähnliche Aussagen wurden *zusammengefasst* und konnten schließlich zu dem Kriterium der „getreuen", d. h. sachlich richtigen und unverfälschten Vermittlung *verdichtet* werden.[877] Die Benennung aller so erarbeiteten Kriterien erfolgte weitgehend mithilfe von Begriffen, die im Material selbst vorgefunden wurden, um möglichst nah am zeitgenössischen Verständnis zu bleiben.[878]

Dieses Vorgehen bei der induktiven Kategorienbildung verdeutlicht auch die folgende Schilderung der Auswertung von Interviews zur Wahrnehmung von Konvergenz im privaten und öffentlich-rechtlichen Fernsehprogramm:

---

875 Diese Sammlung ist im Archiv des Münchner *Instituts für Kommunikationswissenschaft und Medienforschung* zugänglich.
876 Schönhagen, Philomen, Unparteilichkeit, 1998, S. 23 ff. sowie S. 119 ff.
877 Vgl. Schönhagen, Philomen, Unparteilichkeit, 1998, S. 23 ff., S. 119 ff., 141 ff.
878 Wie weiter oben erläutert, entspricht dieser induktiven Erarbeitung von Kriterien das Vorgehen der sog. *Grounded Theory* oder „gegenstandsbezogene[n] Theoriebildung" (Mayring, Philipp, Einführung, [6]2016, S. 103).

„Für diese Studie wurden in einem ersten Schritt die im Hinblick auf die Forschungsfrage(n) relevanten Teile der Interviews paraphrasiert (...). Grundsätzlich wurde dabei textgetreu und in eigenen Worten der Gesprächsinhalt wiedergegeben; sämtliche geäußerten Meinungen, Urteile, Beobachtungen und Deutungen waren Gegenstand der Paraphrasierung (...). Diese diente als erster Schritt zur Verdichtung des Textmaterials, die selbst schon nach wenigen Interviews einem bestimmten Muster folgte und Trennlinien zwischen Themen, Erfahrungen, Argumentationen und Relevanzen deutlich werden ließ. Der nächste Schritt der Verdichtung des Materials bestand darin, die paraphrasierten Passagen mit Überschriften zu versehen. Je nach dem, wie viele Themen in einer Passage angesprochen wurden, erhielt diese eine oder mehrere Überschriften. In der Folge wurden Passagen, die gleiche oder ähnliche Themen behandelten, zusammengestellt und mit einer gemeinsamen Überschrift versehen. An dieser Stelle wurde die Sequenzialität des Textes aufgebrochen und versucht, das vorliegende Textmaterial thematisch zu ordnen: Passagen aus verschiedenen Interviews, in denen gleiche oder ähnliche Themen behandelt werden, wurden zusammengestellt, die Überschriften und die Terminologie vereinheitlicht, wobei an einer textnahen Kategorienbildung festgehalten und so lange wie möglich auf eine fachsprachliche oder theoriegeleitete Terminologie verzichtet wurde."[879]

Ein weiteres Beispiel für eine rein induktive *Bildanalyse* ist die berühmte Untersuchung von Erving Goffman aus dem Jahre 1976 zu Geschlechterstereotypen in Werbeanzeigen. Auch wenn er sein Vorgehen nicht als qualitative Inhaltsanalyse bezeichnet und keine Details dazu darlegt, entspricht es doch grundsätzlich einer solchen: In ausgewählten Anzeigen beobachtete er, mit Blick auf „Geschlechter-Klischee[s]" und „Geschlechts-Rollenerwartungen", „ritualisierte Verhaltensweisen" der abgebildeten Personen bzw. „Verhaltenskonstellationen", die er auch als soziale „Arrangements" bezeichnet. Diese drücken sich z. B. in „Gesten" und „Posen" sowie der „räumliche[n] Stellung zueinander" aus. Dabei war es Goffmans Ziel, wiederkehrende oder typische „Bild-Muster" zu erkennen.[880] Im Rahmen seiner Ergebnisdarstellung entwickelt er induktiv die folgenden Kategorien für die dargestellten (stereotypen) Interaktionen zwischen Frauen und Männern: relative Größe, weibliche Berührung, Rangordnung nach Funktion, Familie bzw. familiäre Beziehungen, Rituale der Unterordnung, zulässiges Ausweichen (gewissermaßen ein Sich-Zurückziehen aus sozialen Situationen). Diese wurden später im Rahmen quantitativer Inhaltsanalysen aufgegriffen und teilweise ergänzt.[881]

In einem zweiten Schritt der weiter oben angesprochenen Studie zur journalistischen Unparteilichkeit wurde das induktiv erarbeitete Kriterienraster auf die Analyse von Originalzeitungen des späten 18. sowie des 19. Jahrhunderts ange-

---

879 Maier, Michaela, Konvergenz, 2002, S. 193 f.
880 Goffman, Erving, Geschlecht, 1981, S. 111, 107, 108, 117, 41, 115, 109 (in dieser Reihenfolge für die Zitate). Zu den nachfolgend aufgelisteten Kategorien vgl. S. 120 ff.
881 Vgl. Lindner, Katharina, Images, 2004, S. 411/412.

wandt.[882] Bei dieser zweiten Inhaltsanalyse waren somit bereits Kriterien vorgegeben. Meistens entsteht das Kategorien- oder *Kriterienraster* jedoch, zumindest in weiten Teilen, in Auseinandersetzung mit den für das Forschungsziel relevanten Theorieansätzen sowie dem jeweiligen Forschungsstand, also deduktiv. Im Rahmen einer Studie zur geschlechtsspezifischen Darstellung von Politikerinnen und Politikern in der Vorberichterstattung zu den eidgenössischen Wahlen 2015 wurde u. a. eine qualitative Bildanalyse durchgeführt. Ausgehend vom Forschungsstand sowie theoretischen Überlegungen zur Bildanalyse wurde ein grobes Kriterienraster entwickelt, mit dessen Hilfe stereotype Darstellungen von Kandidierenden ausfindig gemacht werden sollten. Folgende Aspekte leiteten die jeweilige Bildbeschreibung: erster Eindruck, (ggf.) Hinweise auf typische Politikerbilder, Platzierung der Kandidierenden im Bild, Kontext, Kameraperspektive, Bildausschnitt, Bildfokus, Aufnahmewinkel, Hervorhebungen durch Licht und andere Effekte, Gestik und Mimik, Interaktionen zwischen Akteuren sowie zusammenfassende Schlussfolgerungen.[883]

Wenn mit einem *deduktiv erarbeiteten Kriterienraster* operiert wird, so muss vor der eigentlichen Analyse sichergestellt werden, dass sich alle relevanten Fundstellen eindeutig den jeweiligen Kriterien oder Kategorien zuordnen lassen.[884] Dabei muss bestimmt werden, wann eine Fundstelle unter die jeweilige Kategorie fällt, was also Indikatoren für die *Zuordnung* sein können. In der oben genannten Studie wurde z. B. das Kriterium der „Hervorhebungen durch Licht und andere Effekte" näher erläutert, indem möglicherweise zu beobachtende Aspekte konkretisiert wurden: Standort der Lichtquelle; Ausleuchtung der/des Kandidierenden; Spotlicht; Bildschärfe, Bildmontagen.[885] Typischerweise umfasst das Kategorienraster einer qualitativen Inhaltsanalyse keine (vollständigen) Ausprägungen der einzelnen Kategorien, aber häufig wie hier („Spotlicht") einzelne Beispiele möglicher Ausprägungen. (Wären diese bereits im Vorfeld vollständig bekannt, so könnte ein detaillierter Codeplan erarbeitet und vermutlich sinnvoller eine quantitative Analyse durchgeführt werden.[886])

Definitionen und Erläuterungen zur Durchführung der Analyse[887] werden vor der Materialbearbeitung festgelegt und schriftlich fixiert.[888] Sie dienen einerseits als Handlungsanweisung für den Bearbeiter, andererseits der Nachvollziehbarkeit

---

882 Vgl. Schönhagen, Philomen, Unparteilichkeit, 1998, S. 144 ff.
883 Vgl. Fiechtner, Stephanie/Puppis, Manuel/Schönhagen, Philomen, Gender und Medien, 2016, S. 26–28 u. 135/136.
884 Dabei ist auf eine eindeutige Abgrenzung zwischen den Kategorien zu achten (Trennschärfe).
885 Fiechtner, Stephanie/Puppis, Manuel/Schönhagen, Philomen, Gender und Medien, 2016, S. 135.
886 Es sei an dieser Stelle ergänzt, dass es bei qualitativen im Gegensatz zu quantitativen Inhaltsanalysen bei der Erfassung von Kategorien und Ausprägungen in der Regel nicht oder zumindest nicht primär um Häufigkeiten geht, sondern um Zusammenhänge, typische Konstellationen von Merkmalen, Muster etc. Trotzdem ist es möglich und in bestimmten Fällen sinnvoll, die qualitativen Daten in einem zweiten Arbeitsschritt (teilweise) zu quantifizieren, also in Zahlen und Tabellen darzustellen.
887 Bei *quantitativen* Inhaltsanalysen spricht man hierbei von Codieranweisungen, weil den einzelnen Kategorien und Ausprägungen (Zahlen-)Codes zugeordnet werden. Die Definitionen der Kategorien sowie diese Anweisungen zur Codierung werden dabei in einem Codebuch schriftlich festgehalten. (Vgl. im Detail Rössler, Patrick, Inhaltsanalyse, ³2017, S. 95 ff.)
888 In einer Seminar- oder Abschlussarbeit gehören solche Erläuterungen typischerweise an den Beginn des Empirieteils, genauer zur Vorstellung des Vorgehens und der sog. Operationalisierung (damit ist die Umsetzung der Fragestellung in konkret zu analysierende Kategorien gemeint). Gegebenenfalls werden die

und damit der intersubjektiven Nachprüfbarkeit des Vorgehens. Zur Präzisierung der Kategorien und des Vorgehens können auch sogenannte „*Ankerbeispiele*"[889] eingesetzt werden: Dies sind konkrete Beispiele aus dem Untersuchungsmaterial, die unter eine Kategorie fallen und als prototypische Beispiele für diese Kategorie gelten sollen. Bei Bedarf sind im Verlauf der Analyse weitere Ankerbeispiele aufzunehmen oder präzisere Regeln zu formulieren.

> In der erwähnten Beispielstudie waren solche Ankerbeispiele, wiederum zur oben angeführten Kategorie „Hervorhebungen durch Licht und andere Effekte", u. a. folgende: „steht in der Sonne [wirkt strahlend]; ‚Heiligenschein' – Licht von hinten; Gesicht im Dunkel [wirkt, als wolle er/sie nicht gesehen werden, wirkt wie eine Nebenfigur]; 'Grusel'-Gesicht, Licht von unten".[890]

Das so ausgearbeitete Analyseraster wird üblicherweise zunächst an einem Materialausschnitt erprobt (*Pretest*). Dabei zeigt sich meist, dass weitere Modifikationen oder Konkretisierungen nötig sind, ehe die endgültige Analyse beginnt.

Diese folgt dann den weiter oben erläuterten Arbeitsschritten (mit Strukturierung, Zusammenfassung etc.). Ein Vorteil des qualitativen Verfahrens besteht jedoch darin, dass auch während der eigentlichen Analyse laufend das Raster induktiv ergänzt oder verändert werden kann (*Offenheit* des Vorgehens). Das ist bei quantitativen Inhaltsanalysen ausgeschlossen; das gesamte Material müsste dann vollständig neu codiert werden. Dagegen bleiben beim qualitativen Vorgehen die bereits erarbeiteten Erkenntnisse bestehen, das bereits analysierte Material muss jedoch mittels der ergänzten Kategorien erneut durchgearbeitet werden. Dies ist unproblematisch, zumal man es üblicherweise mit weniger Material zu tun hat als bei quantitativen Inhaltsanalysen. Außerdem sind mehrere Materialdurchgänge bei qualitativen Inhaltsanalysen ohnehin üblich, da man nur durch intensive Beschäftigung mit dem Material den Blick für bedeutsame Aspekte, wiederkehrende Muster etc. schärfen kann.

Gerade die *Kombination von deduktiver und induktiver Kategorienbildung*, so kann man *zusammenfassend* festhalten, stellt somit das Charakteristische der qualitativen Inhaltsanalyse dar. Aus ihr resultiert die spezifische Form der „Daten"-Erhebung, die in allen zentralen Arbeitsschritten eine Analyse von Texten bzw. Textpassagen darstellt, anstatt rein quantitativ das Auftreten bestimmter Phänomene zu erfassen. In den meisten Fällen wird eine Kombination der beiden hier dargestellten Varianten des Vorgehens sinnvoll sein. Damit wird einerseits ein möglichst systematisches und theoriegeleitetes Arbeiten gesichert, andererseits die spezifische Offenheit qualitativer Methodik sinnvoll genutzt.

Kriterien dort auch im Überblick vorgestellt und man stellt die ausführlichen Hinweise mit einem entsprechenden Verweis in den Anhang.
889 Mayring, Philipp, Inhaltsanalyse, [12]2015, S. 97.
890 Fiechtner, Stephanie/Puppis, Manuel/Schönhagen, Philomen, Gender und Medien, 2016, S. 135. (Die Codierer sollten, neben der Beschreibung, in eckigen Klammern ihre Eindrücke des Beschriebenen anmerken.)

15. Kapitel Die biografische Methode: Thematisierung der Subjektivität
von Ute Nawratil

1. Tradition der biografischen Forschung

Eine der ersten sozialwissenschaftlichen Arbeiten, die sich der biografischen Methode bediente und zugleich ein Klassiker, ist die Studie von William I. Thomas und Florian Znaniecki über polnische Bauern in Polen und Amerika, die zuerst 1918 erschien.[891] Ausgewertet wurden Briefe, Akten und Autobiografien. Forschungsziel war nicht nur eine Beschreibung der strukturellen Veränderungen innerhalb der Emigrantengruppen, sondern auch die Erklärung der sozialpsychologischen Prozesse, die sich dabei abspielten.[892] Die Studie bildete den Ausgangspunkt der *Chicagoer Schule der Soziologie*, die in den folgenden Jahren mittels der biografischen Methode die Emigranten und Personengruppen mit abweichendem sozialen Verhalten untersuchte. Beeinflusst von Znaniecki hat sich in der polnischen Soziologie eine kontinuierliche Tradition der biografischen Methode herausgebildet. Sie gilt dort gar als „zentraler Ansatz der empirischen Forschung in der Soziologie."[893] In den USA erlebte die Methode einen zweiten Höhepunkt in den 1930er-Jahren und geriet dann nach dem zweiten Weltkrieg nahezu in Vergessenheit, als sich quantitative Forschungsmethoden durchsetzten. Erst Mitte der 1960er-Jahre erfolgte eine Wiederbelebung.

In Deutschland blieb der Einsatz der Methode, von gelegentlichen Einzelfällen abgesehen, lange auf die Psychologie und die Pädagogik beschränkt, die sich bereits in den 1920er- und 1930er-Jahren biografischer Materialien bedienten. Erst seit Beginn der 1970er-Jahre, im Zuge der Diskussion um den Einsatz quantitativer versus qualitativer Methoden, kommt ihr in der Soziologie größere Aufmerksamkeit zu. Eingesetzt wird sie seitdem auch verstärkt in Linguistik und Literaturwissenschaften, in der Volkskunde und der Geschichtswissenschaft.[894]

2. Gegenstand

„Biographische Forschung richtet sich (...) auf das ganze Leben des Subjekts; es ist der ideale Fokus auch dort, wo nur ein Teilabschnitt davon (z. B. eine Krankheitskarriere) empirisch im Vordergrund steht. Subjektive Erfahrung und subjektives Handeln rückt damit ins Zentrum der Aufmerksamkeit; in diesem Sinn kann man sagen, daß Biographieforschung die umfassendste Thematisierung von Subjektivität ist."[895]

Die biografische Methode „soll einen methodischen Zugang zum sozialen Leben ermöglichen, der 1. möglichst umfassend ist, 2. auch die Eigenperspektive der

---

891 Thomas, William I./Znaniecki, Florian, Polish Peasant, 1958 [zuerst 1918–1921].
892 Vgl. Szczepanski, Jan, Methode, 1974, S. 227.
893 Hirzinger, Maria, Medienforschung, 1991, S. 28.
894 Zur geschichtlichen Entwicklung der Methode vgl. ausführlich Kohli, Martin, Biographische Methode, 1981, S. 273–293 und Fuchs-Heinritz, Werner, Biographische Forschung, ⁴2009, S. 85–127. Einen kurzen Überblick liefert Hirzinger, Maria, Medienforschung, 1991, S. 25–35.
895 Kohli Martin/Robert, Günther (Hrsg.), Biographie, 1984, Einleitung.

handelnden Subjekte thematisiert und 3. die historische Dimension berücksichtigt."[896] Die Konzentration auf das Subjekt darf dabei allerdings nicht zum Selbstzweck werden, sondern muss mit Fragestellungen der jeweiligen Wissenschaftsdisziplin korrespondieren. So betonen die Soziologen Thomas und Znaniecki die Bedeutung der Subjektivität in sozialen Prozessen, ihr Erkenntnisinteresse ist jedoch nicht auf das Individuum gerichtet, sondern auf soziale Aggregate. Der Einzelne wird als Repräsentant einer Gruppe betrachtet: „Nicht Persönlichkeitsorganisation sondern soziale Organisation ist das Thema."[897] Allgemein gilt: „Die Biographieforschung eröffnet den Sozialwissenschaften einen Zugang zur sozialen Wirklichkeit, bei dem die Individualität des Akteurs berücksichtigt bleibt und diese Individualität sozial verursacht und strukturiert gedacht wird."[898]

Das Material für die biografische Forschung bilden persönliche Dokumente aller Art, soweit sie Auskunft geben über individuelle Züge, Einstellungen oder Motivationen. Dies kann bereits Geschriebenes sein wie Autobiografien, Memoiren ebenso wie Tagebücher oder Briefe, Gerichtsakten, protokollierte Zeugenaussagen oder Geständnisse, aber auch Material, das zum Zweck der Untersuchung erst geschaffen werden muss, indem man Personen befragt.[899] Von literarischen oder journalistischen Biografien ‚kleiner Leute' oder berühmter Persönlichkeiten unterscheidet sich die biografische Methode dadurch, dass sie über die Dokumentation hinausgeht und in einer Analyse „die zugrundeliegenden Muster sowie die Mechanismen der Generierung und Vermittlung der Muster subjektiven Lebens aufzeigen will."[900]

In der Kommunikationswissenschaft war die biografische Methode lange eher ein „marginaler Seitenstrang."[901] Mittlerweile kommt sie häufiger zum Einsatz, insbesondere in der medienbiografischen Rezipientenforschung sowie im Zusammenhang mit der kommunikationswissenschaftlichen Fachgeschichte.[902] Im Prinzip lassen sich zwei Interessengebiete unterscheiden:

- Einerseits findet sie in kommunikations- und medienhistorischen Studien sowie im Rahmen der Fach- oder Wissenschaftsgeschichte Anwendung, wenn es darum geht, das *Leben publizistischer Persönlichkeiten* bzw. von wissenschaftlichen Persönlichkeiten oder auch Eigenheiten von Wissenschaftlergenerationen aufzuarbeiten. In diesem Fall bietet sich eine Befragung von Zeitzeugen *(‚Oral History')*[903] oder eine Analyse von Dokumenten an.

  Bei Studien zu einzelnen Persönlichkeiten darf allerdings nicht vernachlässigt werden, dass eine Beschäftigung mit der Person für sich genommen

---

896 Kohli, Martin, Biographische Methode,1981, S. 273.
897 Kohli, Martin, Biographische Methode,1981, S. 276 f.
898 Lamnek, Siegfried/Krell, Claudia, Sozialforschung, [6]2016, S. 620.
899 Vgl. Szczepanski, Jan, Methode, 1974, S. 232 f.; Fuchs-Heinritz, Werner, Biographische Forschung, [4]2009, S. 10, 166 ff. und Hirzinger, Maria, Medienforschung, 1991, S. 35 ff. Für das Sammeln allgemeiner Lebensläufe haben sich zur Materialbeschaffung auch Preisausschreiben bewährt. (Vgl. Szczepanski, Jan, Methode, 1974, 236 ff.)
900 Lamnek, Siegfried, Krell, Claudia, Sozialforschung, [6]2016, S. 641.
901 Hirzinger, Maria, Medienforschung, 1991, S. 33.
902 Vgl. Meyen, Michael, Biografie, 2016, S. 390 f.
903 Vgl. z. B. Stocker, Karl, Oral History, 1982, S. 288–294. Vgl. dazu Kapitel 16 in diesem Band.

nicht ausreicht: Mit dem Nachzeichnen des Lebenslaufs etwa eines Journalisten ist nicht per se eine Zuordnung zur Kommunikationswissenschaft gerechtfertigt, ebenso wenig wie die Biografie eines Richters automatisch einen Beitrag zur Rechtswissenschaft leistet. Unabhängig von der konkreten Fragestellung muss es stets darum gehen, Strukturen der gesellschaftlichen Kommunikation oder der Massenkommunikation (oder der Fachentwicklung) nachzuvollziehen und begreifbar zu machen.

- Andererseits wird sie – meist etikettiert als ‚medienbiografische Methode' – genutzt, um Aufschluss über den Umgang mit Medien zu erhalten. „Denn gerade in den individuellen Eigenheiten in der Medienrezeption, die bislang in der auf das statistische Mittel fixierten traditionellen Rezeptionsforschung untergingen oder allenfalls als Störquellen registriert wurden, liegen die Anknüpfungspunkte, den Bedeutungen der Medien im Lebenszusammenhang genauer auf die Spur zu kommen."[904]

  Die Termini ‚medienbiografische Methode' oder ‚Medienbiografie' finden erst seit Beginn der 1980er-Jahre Verwendung in der Kommunikationswissenschaft.[905] Es handelt sich dabei nicht um eine neue, eigenständige Methode, sondern „lediglich um die Spezifikation bestimmter Methoden und wissenschaftstheoretischer Positionen für ein bestimmtes Gegenstandsgebiet."[906] Die Beschäftigung mit Medienbiografien ist angebracht, wenn es darum geht, Zusammenhänge zwischen Lebensläufen und Mediennutzung aufzuzeigen, Generationenaspekte der Mediennutzung zu vertiefen oder genaueren Aufschluss über Medienhandeln und Medienkonzepte zu erlangen.[907] Als Instrumente werden meist narrative oder Leitfadeninterviews eingesetzt, wobei Leitfadeninterviews häufig empfehlenswerter sind, da „ein sehr gezieltes Insistieren notwendig" ist,[908] um den Erzählschwerpunkt auf die als selbstverständlich empfundene Mediennutzung zu lenken, die so sehr in den Alltag integriert ist, dass sie für gewöhnlich von den Befragten nicht von sich aus thematisiert wird.

Die Unterschiede zwischen den beiden oben angeführten Forschungsrichtungen in den genannten Interessengebieten sieht Hirzinger in den zugrundeliegenden Forschungstraditionen: Die erste Richtung ist eher an historischen, die zweite an soziologischen Vorgehensweisen orientiert.[909] Hier nicht näher thematisiert wird eine weitere Unterscheidung, die den Untersuchungsgegenstand betrifft: Biografisch relevantes Material im Bereich der Kommunikationswissenschaft stammt von den Beteiligten am medialen Vermittlungsprozess; einerseits von Journalisten

---

904 Hickethier, Knut, Medienbiographie, 1982, S. 207. – Zur Begründung des Einsatzes qualitativer Methoden siehe auch Krotz, Friedrich, Lebensstile, 1991, S. 317–342.
905 Vgl. Rogge, Jan-Uwe, Biographische Methode, 1982, S. 277; Meyen, Michael, Biografie, 2016, S. 391. Zur Entwicklung medienbiografischer Forschung seit den 1980ern sowie vor dem Hintergrund digitaler Medien vgl. auch Sander, Ekkehard/Lange, Andreas, Medienbiographischer Ansatz, 2017, S. 184 f.
906 Sander, Uwe/Vollbrecht, Ralf, Medienforschung, 1989, S. 17.
907 Vgl. Rogge, Jan-Uwe, Biographische Methode, 1982, S. 278 ff. Siehe auch Sander, Uwe/Vollbrecht, Ralf, Mediennutzung, 1989, S. 161–176.
908 Sander, Uwe/Vollbrecht, Ralf, Medienforschung, 1989, S. 26.
909 Vgl. Hirzinger, Maria, Medienforschung, 1991, S. 33.

oder Publizisten, andererseits von Rezipienten. Dabei können – anders als Hirzingers Trennung nahelegt – durchaus dieselben methodischen Vorgehensweisen zum Einsatz kommen. Fragestellungen, die Journalisten und ihren Beruf betreffen, können ebenso mittels Leitfadeninterviews hinterfragt werden wie Aspekte der Mediennutzung.[910]

3. Durchführung

„Es kann durchaus nicht von einem einheitlichen Ansatz ‚der' Biographieforschung ausgegangen werden. Gewiss gibt es gemeinsame Grundlagen (...), aber sie schließen eine breite Palette unterschiedlicher methodologischer und theoretischer Zugänge ein. (...) Nicht nur die Lösungswege, auch die Forschungsfragen ergeben sich zum Teil erst im Verlauf des Forschungsprozesses selber; er gleicht eher einem schrittweisen Vortasten als der Abwicklung eines vorgängig festgelegten Programms."[911]

Obwohl kein festes Regelwerk zur Verfügung steht, welches das Vorgehen beim Einsatz der biografischen Methode bestimmt, wäre es verfehlt, dem Verfahren Beliebigkeit zu unterstellen. Zwar sind verschiedene methodische Vorgehensweisen denkbar; für jede dieser Vorgehensweisen lassen sich jedoch einzelne Arbeitsschritte zumindest grob skizzieren. Die vorliegende Darstellung beschränkt sich darauf, den Umgang mit gesprochenen Selbstzeugnissen näher vorzustellen; für den Umgang mit geschriebenen Materialien gelten im Wesentlichen die Ausführungen zur Qualitativen Inhaltsanalyse sowie zu den Verfahren bei historischen Studien allgemein.[912]

Kennzeichnend für qualitative Forschung ist ein offener Zugang zur Realität. Daher wird eine Strukturierung des Forschungsgegenstandes meist nicht bereits im Vorfeld geleistet. Sie ergibt sich (zumindest teilweise) erst aus dem, was die Befragten mitteilen. Es gibt also keine vorab entwickelten, vollständigen Erhebungsinstrumente, da diese den Blickwinkel unangemessen verengen würden. Ebenso wenig stehen Hypothesen am Beginn einer Untersuchung: Qualitative Forschung verfährt nicht hypothesenprüfend, sondern hypothesengenerierend, das heißt: Hypothesen sollen allenfalls am Ende des Forschungsprozesses als Ergebnis formuliert werden.[913]

Dies bedeutet nun aber nicht, dass sich der Forscher ohne weitere Vorüberlegungen ins Feld stürzt. Gerade die zu erwartende große Menge an Daten setzt voraus, dass Strategien zu ihrer Bewältigung bereitstehen. Hilfreich ist die Erstellung eines Forschungsplans mit Angaben über die Dauer der einzelnen Phasen. Zwei Probleme sollten unbedingt vermieden werden: Zum einen kann ein Großteil der erhobenen Informationen verschenkt werden, wenn aus Zeitdruck Daten unausgewertet liegen bleiben, zum anderen kann der Forscher sich in der Fülle seines Materials

---

910 Vgl. z. B. Neverla, Irene/Kanzleiter, Gerda, Journalistinnen, 1984.
911 Kohli Martin/Robert, Günther (Hrsg.), Biographie, 1984, S. 1.
912 Vgl. hierzu die Kapitel 14 und 16 in diesem Band.
913 Hirzinger, Maria, Medienforschung, 1991, S. 57 ff.

verlieren.[914] Um diese Probleme zu umgehen, ist – abgesehen von einem Zeitplan – erforderlich, dass das Erkenntnisinteresse klar umrissen und die Fragestellung der Untersuchung möglichst frühzeitig präzisiert wird, da von ihr das weitere Vorgehen abhängt.

Datenerhebung

Insbesondere wenn es darum geht, den Umgang von Menschen mit Medien zu ergründen, ist man gezwungen, sich auf Befragungen zu stützen. Medienerinnerungen spielen in niedergeschriebenem biografischem Material kaum eine Rolle, da sie nicht berichtenswert erscheinen.[915] „Medienhandeln nimmt (...) einen Stellenwert im Leben der Menschen ein, der mit Tätigkeiten wie Essen und Schlafen etc. vergleichbar ist, der Mediengebrauch verselbständigt sich ähnlich dem Berufstrott."[916]

Die Abgrenzung des Personenkreises der Befragten steht in engem Zusammenhang mit der Forschungsfrage. Es stellen sich vor allem zwei Probleme: a) geeignete Personen zu finden und b) ein Vertrauensverhältnis aufzubauen, das eine intensive Befragung zulässt. Zur Lösung dieser „Doppelproblematik von Auswahl und Rekrutierung" wird dem Forscher empfohlen, sich zunächst Zugang zum jeweiligen sozialen Feld zu verschaffen und sich mit diesem vertraut zu machen.[917]

Ziel der biografischen Methode ist es, Aufschluss über das Relevanzsystem und die Situationsdefinitionen von Individuen zu erhalten. Damit fallen strukturierte Interviews oder Fragebögen als Erhebungstechnik aus. Beim strukturierten Interview weiß der Forscher genau, welche die wichtigen Fragen sind und welche Antwortvariationen möglich sind. Beim unstrukturierten Interview dagegen legt der Befragte fest, was die wichtigen Fragen (und Antworten) sind: *„Its object is to find out what kinds of things are happening, rather than to determine the frequency of predetermined kinds of things that the researcher already believes can happen."*[918]

Es bieten sich also zwei *qualitative Befragungstechniken* an: das *narrative Interview* und das *Leitfadeninterview*.[919] Für die Auswahl der Befragungstechnik formuliert Werner Fuchs-Heinritz folgende Faustregel:

„Wird der Befragte als Experte, Zeuge oder Informant befragt, spricht nichts gegen einen Leitfaden, vorausgesetzt er wird nicht als fester Rahmen des Gesprächs eingesetzt. Geht es um die eigentümliche Weltauffassung, um die Rekonstruktion individuellen Lebensschicksals, um die persönliche Rekonstruktion der Geschichte, dann wird ein Leitfaden hinderlich sein, weil er unter Umständen die breite und freie Äußerung des Befragten unnötig reglementiert."[920]

---

914 Fuchs-Heinritz, Werner, Biographische Forschung, ⁴2009, S. 217.
915 Hickethier, Knut, Medienbiographie,1982, S. 210; Hirzinger, Maria, Medienforschung, 1991, S. 38.
916 Hirzinger, Maria, Medienforschung, 1991, S. 39.
917 Fuchs-Heinritz, Werner, Biographische Forschung, ⁴2009, S. 237. Siehe zur Rekrutierung auch die Kapitel 11 und 13 in diesem Band.
918 Lofland, John, Analysis, 1971, S. 76.
919 Siehe dazu Kapitel 13: Qualitatives Interview in diesem Band.
920 Fuchs-Heinritz, Werner, Biographische Forschung, ⁴2009, S. 180.

Beide Interviewformen versuchen, einer ‚natürlichen Gesprächssituation' möglichst nahe zu kommen, sehen sich aber mit dem Problem konfrontiert, dass sie Regeln der Alltagskommunikation (insbesondere was den Sprecherwechsel betrifft) außer Acht lassen müssen.[921]

> Es kann durchaus angebracht sein, pro Person mehrere Interviews durchzuführen und dabei beide Verfahren zu kombinieren, etwa ein narratives Interview zu einem späteren Zeitpunkt durch ein Leitfadeninterview zu ergänzen. Auch Kombinationen mit anderen Erhebungstechniken sind denkbar, etwa mit Gruppendiskussionen, der Vorlage von Assoziationsmaterial oder mit teilnehmender Beobachtung.[922] Alle diese Erhebungstechniken, ihre Möglichkeiten und Grenzen, die dabei zu beachtenden Verfahrensregeln sowie die Verfahrensabläufe werden an anderer Stelle in diesem Buch behandelt.[923]

Auswertung und Interpretation

Die Bewältigung der erhobenen Daten, also der verschriftlichen Interviews,[924] stellt hohe Anforderungen an den Forscher. Häufig wird übersehen, dass „Auswertung und Interpretation (...) ein Vielfaches an Arbeitskraft und anderen Ressourcen [verlangen], verglichen mit der Erhebung."[925] Wie bereits oben angesprochen, schafft die Datenfülle zwei Probleme: Zum einen kann ein Großteil der erhobenen Information verschenkt werden, wenn aus Zeitdruck und aufgrund mangelhaft ausgearbeiteter Analyseverfahren Daten nicht ausgewertet werden; zum anderen besteht die Gefahr, dass der Forscher sich im Material verliert und so lange mit der Sicherung der Daten befasst ist, dass er nicht mehr zur Auswertung kommt.[926] Letzteres ist gerade bei studentischen Abschlussarbeiten mit festen Abgabeterminen eine Gefahr. Peter M. Wiedemann bemängelt, dass die Auswertung qualitativer Daten daher häufig nur einer journalistischen Zusammenfassung gleicht, bei der Zitate willkürlich ausgewählt werden und höchstens Demonstrationskraft besitzen.[927] Die Kritik gründet sich darauf, dass ebenso wie für den Erhebungsprozess auch für Auswertung und Interpretation keine allgemeingültigen Rezepte existieren.

Auf den kleinsten gemeinsamen Nenner gebracht sollte die Verarbeitung der Lebensgeschichten *zwei Dimensionen* umfassen: (1.) „die adäquate Beschreibung des jeweiligen Lebenslaufs", bei der aus einer Längsschnittperspektive Regelmäßigkeiten des Biografieverlaufs, etwa im Vergleich mit anderen Biografien, erarbeitet werden; und (2.) „die Identifikation sozialer Determinanten, die den Lebenslauf strukturieren", wobei unter Einbeziehung einer Querschnittsperspektive gefragt

---

921 Vgl. dazu ausführlich Hopf, Christel, Pseudo-Exploration, 1978, S. 97–115.
922 Vgl. Fuchs-Heinritz, Werner, Biographische Forschung, ⁴2009, S. 229 ff.
923 Siehe dazu Kapitel 11 (Gruppendiskussion), Kapitel 12 (Teilnehmende Beobachtung) sowie Kapitel 13 (qualitatives Interview) in diesem Band.
924 Zur Verschriftlichung bzw. Transkription von Interviews siehe Kap. 13 (S. 311 f.) zu qualitativen Interviews in diesem Band.
925 Fuchs-Heinritz, Werner, Biographische Forschung, ⁴2009, S. 217.
926 Fuchs-Heinritz, Werner, Biographische Forschung, ⁴2009, S. 217.
927 Wiedemann, Peter M., Wirklichkeit, 1986, S, 163.

III. Komplexe Methoden

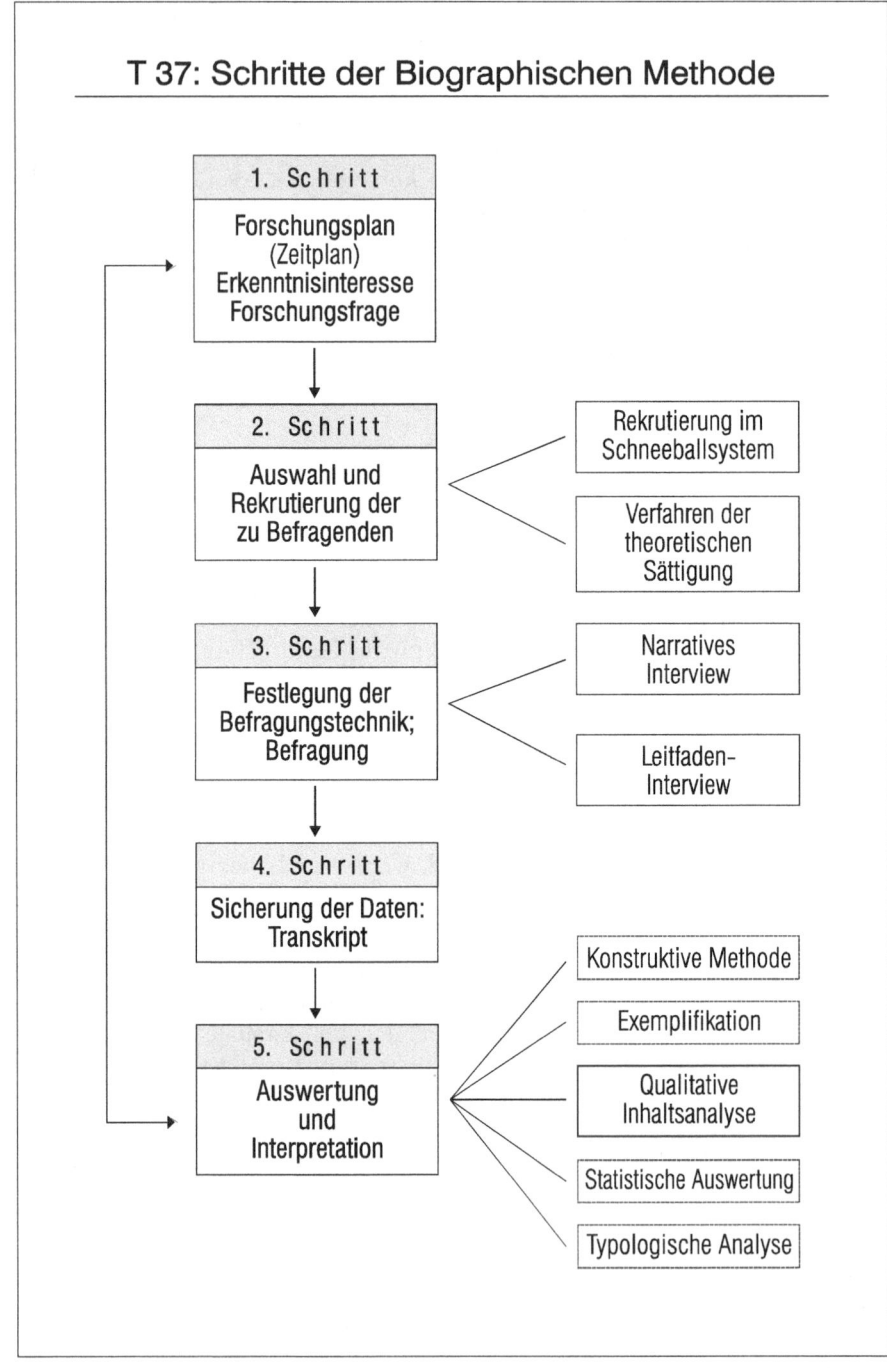

T 37: Schritte der Biographischen Methode

wird, welche sozialen Einflussgrößen für Veränderungen im Lebenslauf verantwortlich sind.[928]

Das konkrete Vorgehen ist abhängig von Fragestellung und Erkenntnisinteresse. Die Literatur verweist übereinstimmend auf fünf Techniken, die – auch kombiniert – zur Auswertung und Interpretation herangezogen werden können:[929]

- die konstruktive Methode,
- die Methode der Exemplifikation,
- die Methode der Inhaltsanalyse,
- die statistische Bearbeitung,
- die typologische Analyse.

Die konstruktive Methode: Bei der konstruktiven Methode wird eine große Anzahl von Autobiografien durchgearbeitet, wobei man einer klar umrissenen Problemstellung folgt. Die Interpretation stützt sich auf eine allgemeine Theorie. Diejenigen Teile der Biografie, die in Zusammenhang mit der Problemstellung stehen, werden zu Bausteinen, aus denen ein allgemeines Bild der zu erforschenden Phänomene erstellt wird. Unter Umständen können aus den Beschreibungen auch neue Hypothesen entstehen. Die Methode ist in hohem Maße abhängig von „Intuition" und „Gespür" des Forschers für die Wichtigkeit der verschiedenen Faktoren. Daher sind der konstruktiven Methode Einschränkungen bezüglich der Anforderungen an wissenschaftliche Genauigkeit zu attestieren.[930]

Die Methode der Exemplifikation: Auch die Methode der Exemplifikation als eine Variante der konstruktiven Methode ist von begrenztem Wert, zumindest dann, wenn sie als einzige Auswertungsmethode gewählt wird. Dabei werden Textbeispiele aus dem Material zur Begründung und Illustration bestimmter Hypothesen herangezogen. Die Hypothesen können sogar erst beim Lesen der Biografie entstehen und stellen damit keine kritisch geprüften Thesen dar. Insgesamt besteht die Gefahr, dass der Forscher lediglich solche Textpassagen auswählt, die eine Bestätigung seiner Theorien oder Vermutungen darstellen.[931]

Die Methode der Inhaltsanalyse: Wie alle Texte können auch biografische Materialien mittels einer Inhaltsanalyse untersucht werden. Das Vorgehen wird dadurch weniger willkürlich; eine Nachprüfbarkeit ist eher gegeben. Neben der quantitativen Inhaltsanalyse[932] stehen auch verschiedene qualitative Vorgehensweisen zur Verfügung.[933]

---

928 Vgl. Lamnek, Siegfried/Krell, Claudia, Sozialforschung, ^{6}2016, S. 645.
929 Vgl. Szczepanski, Jan, Methode, 1974, Lamnek, Siegfried/Krell, Claudia, Sozialforschung, ^{6}2016, S. 658 und Hirzinger, Maria, Medienforschung, 1991.
930 Vgl. Szczepanski, Jan, Methode, 1974, S. 243 f.
931 Vgl. Szczepanski, Jan, Methode, 1974, S. 244, Lamnek, Siegfried/Krell, Claudia, Sozialforschung, ^{6}2016, S. 658. – Ein Beispiel für eine Auswertung, die ausschließlich auf illustrierenden Textbeispielen fußt, ist die Arbeit von Raumer-Mandel, Alexandra, Medien-Lebensläufe, 1990.
932 Vgl. Merten, Klaus, Inhaltsanalyse, ^{2}1995; Früh, Werner, Inhaltsanalyse, ^{9}2017; Rössler, Patrick, Inhaltsanalyse, ^{3}2017.
933 Siehe Kapitel 14 zur Qualitativen Inhaltsanalyse in diesem Band.

Statistische Bearbeitungen: Die statistische Bearbeitung wird zwar übereinstimmend von verschiedenen Autoren angeführt, wenn sie Methoden der Auswertung vorstellen.[934] Sie hat jedoch in dieser Gliederungslogik im Grunde nichts zu suchen, denn sie stellt keine eigenständige Methode dar, sondern ist lediglich ein Weg, erhobene Daten zu verarbeiten. Die Anwendung statistischer Verfahren verlangt ausreichend große Fallzahlen. Mit ihrer Hilfe sollen Abhängigkeiten verschiedener Merkmale der untersuchten Personen von ihren Einstellungen oder von ihrem sozialen Umfeld gemessen werden. Sie werden insbesondere dann als hilfreich eingeschätzt, wenn Autobiografien lediglich als ergänzendes Material herangezogen werden.[935]

> Eine Verknüpfung quantitativer und qualitativer Daten kann gleichzeitig auf die Methoden der Exemplifikation und der Typenbildung zurückgreifen, wie eine Studie von Josef Eckhardt beispielhaft zeigt.[936] Die Daten einer Repräsentativumfrage zum Fernsehnutzungsverhalten älterer Menschen werden verbunden mit Fallbeispielen aus Leitfadeninterviews, die einer Typenanalyse unterzogen wurden. Aus dieser Kombination ergeben sich Erkenntnisse über die Mediennutzung im Kontext unterschiedlicher Lebenslagen und unterschiedlicher Einstellungen zu den Medien.

Die typologische Analyse: Hier geht es darum, das biografische Material zu klassifizieren und zu kategorisieren und eine Reduktion auf bestimmte Persönlichkeitstypen oder Verhaltenstypen mit ähnlichen Handlungsmustern vorzunehmen.[937] Eine Querschnittsanalyse von Medienbiografien junger Frauen liefert zum Beispiel drei Familientypen (die konsumorientierte Familie, die Lesefamilie und die Medienfamilie) sowie drei Gruppen mit unterschiedlichen Mediennutzungsprofilen (Informations-Nutzerinnen, Universal-Nutzerinnen und Unterhaltungs-Nutzerinnen).[938]

4. Beispiele zur Illustration

Abschließend sollen nun exemplarisch zwei kommunikationswissenschaftliche Fragestellungen und die dazugehörigen Vorgehensweisen kurz skizziert werden.

Mediennutzung in der DDR

Über die Medienzuwendung der ehemaligen DDR-Bürger gab es lange, neben bedingt verlässlichen quantitativen Umfragedaten, lediglich Alltagsvermutungen, etwa dahingehend, dass ohnehin alle, abgesehen vom „Tal der Ahnungslosen", Westfernsehen geschaut hätten, oder dass das Westfernsehen zur „friedlichen Revolution" beigetragen hätte. Eine Studie hat sich daher zum Ziel gesetzt, die Mediennutzung ab Mitte der 1980er-Jahre genauer zu betrachten.[939] Befragt wurden

---

934 Vgl. Szczepanski, Jan, Methode, 1974, S. 244f., Lamnek, Siegfried/Krell, Claudia, Sozialforschung, ⁶2016, S. 658; und Hirzinger, Maria, Medienforschung, 1991.
935 Vgl. Szczepanski, Jan, Methode, 1974, S. 245.
936 Vgl. Eckhardt, Josef, Mediennutzung, 1988, S. 569–575.
937 Vgl. detailliert z. B. Haupert, Bernhard, Typenbildung, 1991, S. 213–254.
938 Vgl. Klaus, Elisabeth/Röttger, Ulrike, Medienbiographien, 1996, S. 95–115.
939 Vgl. Meyen, Michael, Mediennutzung DDR, 2003.

100 Personen, die nach dem Verfahren der theoretischen Sättigung ausgewählt wurden. Der Leitfaden umfasste die folgenden Themenkomplexe, die im Verlauf des Interviews angesprochen werden sollten und die gleichzeitig Aufschluss über das zentrale Erkenntnisinteresse geben:

- „1. Lebenssituation in der DDR: Alltagsstrukturen Mitte der 80er-Jahre, Einstellung zur DDR, Westverwandte;
- 2. Medienausstattung, Zugang zu Medienangeboten: Geräte, Programme, Abonnements, Kiosk, Kino, Bücher;
- 3. Muster der Mediennutzung und Motive: ‚normaler Medientag‘, Liste mit ausgewählten TV-Sendungen (Ost und West);
- 4. Medienbewertung: Glaubwürdigkeit, Image, Aktualität der Angebote;
- 5. Lebenssituation heute: materielle Lage, Mediennutzung, DDR-Bild."[940]

Zusätzlich zu dieser Bestandsaufnahme wurden aus den Auskünften in den Interviews sechs Mediennutzertypen destilliert. Die Typologie basiert auf zwei Merkmalen: der Informations- bzw. Unterhaltungsorientierung und der Westorientierung. Je nach Stärke oder Schwäche dieser beiden Orientierungen lassen sich unterscheiden: ‚die Engagierten‘, ‚die Überzeugten‘, ‚die Zufriedenen‘, ‚die Souveränen‘, ‚die Frustrierten‘ und ‚die Distanzierten‘.[941]

Frauenzeitschriften aus der Sicht ihrer Leserinnen

Eine andere, bereits erwähnte (siehe Kap. 13) Studie interessierte sich für die bis dato wenig erforschte Nutzung von Frauenzeitschriften. Dabei wurden Gründe der Nutzung, Veränderungen der Rezeption im Lebenslauf, der Zusammenhang mit dem (jeweiligen) Alltag sowie die Rolle dieser Lektüre bei der Konstruktion der Geschlechtsidentität berücksichtigt. Um dem nachzugehen, wurden 19 Leserinnen der Zeitschrift *Brigitte* interviewt. Dabei wurden Leitfadeninterviews geführt, die – insbesondere im medienbiografischen Teil – kleinere narrative Elemente enthielten. Die Interviewtranskripte wurden mit Hilfe der „strukturierende[n], qualitative[n] Inhaltsanalyse"[942] ausgewertet; zudem orientierte sich die Autorin an der sog. „Grounded Theory", um ergänzend induktive Beobachtungen, insbesondere von Bezügen zwischen verschiedenen Fundstellen, zu machen und „aus den Daten heraus eine tragfähige Theorie über den forschungsrelevanten Gegenstand zu entwickeln".[943]

Der medienbiografische Teil der Interviews enthielt unter anderem Fragen zum Erstkontakt mit Frauenzeitschriften, zu den verschiedenen Titeln, die im Laufe der Zeit genutzt wurden (dies vor allem, um daran einzelne „Stationen" in der Lesebiografie ausfindig zu machen, um auf diese dann jeweils näher einzugehen), zu ersten Leseerfahrungen und zu bestimmten Nutzungsritualen oder -kontexten,

---

[940] Meyen, Michael, Mediennutzung DDR, 2003, S. 25.
[941] Vgl. Meyen, Michael, Mediennutzung DDR, 2003, 152.
[942] Müller, Kathrin Friederike, Frauenzeitschriften, 2010, S. 150.
[943] Müller, Kathrin Friederike, Frauenzeitschriften, 2010, S. 157. Dass dieses induktive Vorgehen ebenso Teil der qualitativen Inhaltsanalyse ist, wurde bereits an anderer Stelle in diesem Buch angemerkt (vgl. Kap. 14, S. 318 ff.).

thematischen Interessen, der Vorbildfunktion bestimmter Inhalte bzw. der Identifikation mit Inhalten sowie Rezeptionsunterbrechungen zu verschiedenen Zeitpunkten in der Nutzungsbiografie.

Um nur einige Ergebnisse anzuführen: Unter anderem wurde deutlich, dass die „Phase des Leseeinstiegs (...) für die meisten befragten Frauen mit dem Auszug aus dem Elternhaus und dem Ausbildungsbeginn" zusammenfiel und durch das Ausprobieren unterschiedlicher Titel gekennzeichnet war. Dabei hatten die Zeitschriften in dieser ersten Phase „eine identitätsstiftende Funktion". Meist folgte dann eine dauerhafte Lektüre eines Titels (bei den Befragten die *Brigitte*). Ausschlaggebend für die Wahl dieser Zeitschrift war die Kongruenz mit den Interessen der Interviewpartnerinnen sowie eine weitgehende Identifikation mit dem vermittelten Frauenbild. Im weiteren Verlauf der Leserinnen-Karriere hatten „[b]iografische Stationen (...) insgesamt wenig Einfluss auf die Nutzung. Lediglich der Auszug der Kinder aus dem Elternhaus erhöhte die Nutzungsintensität und verringerte das Interesse an Artikeln zum Thema Familie". Bei „extremen Lebenskrisen" kam es teilweise zu Unterbrechungen der Nutzung.[944]

---

944 Müller, Kathrin Friederike, Frauenzeitschriften, 2010, S. 367/368.

16. Kapitel Historische Untersuchungen: Von der „Faktenhuberei" zur Facherkenntnis

von Philomen Schönhagen und Mike Meißner

Kommunikations- und medienwissenschaftliche Fragestellungen beziehen sich selbstverständlich nicht nur auf aktuelle Phänomene der sozialen Kommunikation, sondern auch auf deren Strukturen und Funktionsweisen zu anderen Zeiten wie auch in anderen Gesellschaften. In beiden Fällen hat man es mit Gegenständen der Geschichte zu tun, denn man versteht darunter „nicht nur die Veränderung, die an einem bestimmten Ort im Laufe der Zeit vor sich geht (...), sondern ebenso die Verschiedenheit, die zur gleichen Zeit zwischen zwei Orten besteht".[945] Im zweiten Fall geht es also um die historische Bedingtheit des Andersseins. Demnach impliziert nicht nur die Beschäftigung mit der gesellschaftlichen Kommunikation (und ihrer Vermittlung) in früheren Zeiten notwendig eine historische Perspektive, sondern auch – zumindest bis zu einem gewissen Grade – die Untersuchung gleichzeitiger, je anderer Kommunikationsverfassungen. Nach dem Verständnis des Historismus sind „alle in der Geschichte sichtbar gewordenen Hervorbringungen des Menschen (...) jeweils grundverschieden und *nur aus sich selber heraus verständlich*"; sie haben „gegeneinander völlig gleichen Wert".[946] Von zentraler Bedeutung für historische Untersuchungen ist es daher, dass die jeweiligen ‚Gegenstände' Sozialer Kommunikation nur „aus sich selber heraus" adäquat erfasst und verstanden werden können, das heißt im Rahmen der historischen Lebenssituationen, in denen sie hervorgebracht wurden (und die sie andererseits mit bedingt haben).

1. Historisches und systematisches Vorgehen

Die Besonderheit historischer Untersuchungen in der Kommunikations- und Medienwissenschaft liegt vor allem darin, dass diese als Sozialwissenschaft – im Unterschied und in Abgrenzung zum rein historischen Vorgehen der Geschichtswissenschaft – neben der geschichtlichen Perspektive primär von einem eigenen fachwissenschaftlichen, systematischen Erkenntnisinteresse geleitet werden. Auf diese wichtige Voraussetzung haben zahlreiche Wissenschaftler immer wieder hingewiesen, gleichzeitig beklagen sie deren häufige Vernachlässigung. So heißt es etwa in einem amerikanischen Standardwerk zur Kommunikationsgeschichte: *„Social science history (...) must produce more than a ‚simple chronicle'"*.[947]

> Die kommunikations- und journalismusgeschichtliche Forschung reflektiere jedoch zwei beklagenswerte Tendenzen: *„emphasis on print media and dissection of media into isolated parts"*. Die Zergliederung in singularisierte Analysen mit rein historischer Betrachtungsweise verhindere die Erkenntnis von grundlegenden Gemeinsamkeiten und Prinzipien: „It deters researchers from examining situations which might be common across ma-

---

[945] Seiffert, Helmut, Wissenschaftstheorie 2, ⁹1991, S. 61
[946] Seiffert, Helmut, Wissenschaftstheorie 2, ⁹1991, S. 66.
[947] Stevens, John D./Dicken Garcia, Hazel, Communication, 1980, S. 62.

ny media."[948] „*Viewing the past as a linear progression dictates a narrow investigative pattern. It also predisposes a researcher to look for events in a straight line over time, and it produces data construed to fit foregone conclusions. As Berkhofer (1969) pointed out, such a view sees variation, not variables. It describes characteristics instead of analyzing principles. And it focuses on uniqueness rather than continuity, complexity, disjunction, or change. (...) Interpreting history as a series of time-bound events produces what Berkhofer (1969) calls periodicity and ignores principles adhering through space and time. (...) In such research Berkhofer noted, time becomes the implicitly assumed causal factor, the independent variable. But time does not create events. Ideas, conditions, trends – all dynamic, interacting, flowing from somewhere and going somewhere – create events. And the peculiar junction of these, their sources and paths, not time, should form the boundaries of study. (...) Time boundaries are not meaningless, of course. A researcher must locate and identify any topic temporally. But time boundaries should be treated as part of the context, not as causal variables. The party press, for example, has been defined within the period from 1789 to the early 1860s. But 1789 did not create the party press. A set of ideas, perceived purposes, and needs created it. (...) These, however, have hardly been studied by historians.*"[949]

Nur die Analyse solcher Ideen und Faktoren und ihres Funktionierens quer durch Zeit und Raum könne zu generalisierbaren Modellen und Hypothesen führen, was bislang viel zu wenig der Fall gewesen sei. Das verdeutlicht etwa das Beispiel der Journalismusgeschichte: „*Because journalism historians have neglected ideas, opportunities have not arisen to study ideas turning into action, or to isolate ideas, trends, or evolutions affecting the news profession across channels.*"[950]

Die Hauptursache für diese Mängel der historischen Forschung sehen John D. Stevens und Hazel Dicken Garcia in mangelnder Theoriebindung und Systematik: „*Few histories present clear conceptual frameworks. Research questions are seldom clear.*" In vielen Fällen fehle nicht nur ein klares Konzept, vielmehr werde auch kein theoretisches Modell auf die Daten angewandt. „*As a linear narrative, the story does not relate events to any broader theoretical assumptions.*"[951]

Ganz ähnliche Forderungen und Befunde sind zahlreich auch in der deutschen Literatur. So sieht Kurt Koszyk die „Chance der Kommunikationshistoriographie" darin, dass sie sich „nicht nur um die quellengebundene Definition von historischen Details bemühen, sondern zu Beginn und bei deren Interpretation stets berücksichtigen [solle], welchen strukturellen Bedingungen sie unterliegen, und was dies für die Prozesse bedeutet, die sich als sozio-kultureller Wandel an den Details manifestieren. Dies würde schließlich dazu beitragen, eine historisch fundierte Kommunikationstheorie als Theorie des sozialen Wandels zu entwickeln, und

---

948 Stevens, John D./Dicken Garcia, Hazel, Communication, 1980, S. 23.
949 Stevens, John D./Dicken Garcia, Hazel, Communication, 1980, S. 40/42.
950 Stevens, John D./Dicken Garcia, Hazel, Communication, 1980, S. 54.
951 Stevens, John D./Dicken Garcia, Hazel, Communication, 1980, S. 16, S. 37.

lässt, mit aller Vorsicht, erwarten, dass einmal eine Theorie ‚epochenübergreifender Gesetzmäßigkeiten' der Massenkommunikation formuliert werden kann. (...) *Die historische ‚Faktenhuberei'* über Massenmedien, wie sie seit mehr als einem Jahrhundert praktiziert wird, *muss das Stadium der unreflektierten Selbstverständlichkeit überwinden*, um ihre Ergebnisse im sozialen Zusammenhang einordnen zu können."[952]

Auch der Sammelband mit dem einschlägigen Titel „Wege zur Kommunikationsgeschichte", herausgegeben von Manfred Bobrowsky und Wolfgang R. Langenbucher, enthält zahlreiche Plädoyers unterschiedlicher Autoren für eine historische kommunikationswissenschaftliche Forschung unter steter Bezugnahme auf systematische, grundlegende Fragestellungen, deren Relevanz auch „an ihrer Funktionalität für die Behandlung aktueller Kommunikationsprobleme" zu bemessen sei. „Dieser Anspruch ist ein Appell an Kommunikationsgeschichtsforschung, gleichsam ständig ihr erkenntnisleitendes Interesse zu überdenken und sich zu fragen, ob und was die gewonnenen Erkenntnisse zur Lösung von aktuellen/gegenwärtigen Kommunikationsproblemen leisten."[953] Kommunikationsgeschichte solle nicht um ihrer selbst willen betrieben werden, sondern das „erkenntnisleitende Interesse einer solchermaßen betriebenen Kommunikationsgeschichte bestünde demnach in der Aufdeckung eben jener evolutionär-kommunikativen Errungenschaften, die dann in ihrer Gesamtheit zu grundlegenden Einsichten in die humanspezifische Qualität von Kommunikation verhelfen müssten. Erst aus derartigen Befunden ließen sich ja Kriterien zur Beurteilung unterschiedlicher Kommunikationsmodalitäten ableiten, mit deren Hilfe (...) Entwicklungen, wie die gegenwärtig stattfindende Technisierung unserer Kommunikationsverhältnisse, einschätzbar würden."[954] Die lange Zeit übliche „biographische und institutionelle, auf einzelne Medienunternehmen ausgerichtete Forschung" als „singularisierende Quellenarbeit" sei „unangemessen und führt nicht weit."[955]

Das leitende Erkenntnisinteresse

Der Soziologe Howard Becker hat diesen Zusammenhang von systematischer und historischer Arbeitsweise als allgemeines Problem der Sozialwissenschaften anschaulich beschrieben. Demnach sind sozialwissenschaftliche Gegenstände immer auch geschichtliche Gegenstände, deren Untersuchung deshalb immer der historischen Methode bedarf. Während jedoch das Ziel des Historikers die „Idiographie", die „Beschreibung des Einmaligen" sei,[956] gehe es dem Sozialwissenschaftler um „das Allgemeine", um die Identifizierung „gewisser Typen sozialen Verhaltens",[957] über deren Auftreten oder Wiederkehr unter bestimmten Bedingungen und Voraussetzungen er grundlegende Aussagen anstrebt. Dabei betont Becker

---

[952] Koszyk, Kurt, Kommunikationsgeschichte, 1989, S. 50/51.
[953] Burkart, Roland, Kommunikationsgeschichte, 1987, S. 59.
[954] Burkart, Roland, Kommunikationsgeschichte, 1987, S. 65. Burkart bezieht sich 1987 auf damals neue Technologien, aber diese Bemerkung hat genauso für heutige Entwicklungen Gültigkeit, z. B. für jene der Digitalisierung.
[955] Wilke, Jürgen, Kommunikationsgeschichte, 1987, S. 49.
[956] Becker, Howard, Soziologie, o.J., S. 160.
[957] Becker, Howard, Soziologie, o.J., S. 168/169.

ausdrücklich, dass die „höchstnotwendige Funktion des idiographischen Historikers (...) jedem unvoreingenommenen Sozialwissenschaftler klar sein" müsse und dass das Interesse am Einmaligen „an und für sich eine lohnende Sache" sei.[958] Der Sozialwissenschaftler dürfe keinesfalls den „von den Handelnden ‚subjektiv gemeinten Sinn'" sowie die „einzelnen Bestandteile des ineinander verschränkten Ganzen", das er untersucht, vernachlässigen.[959] Doch sei es für die Zwecke des Sozialwissenschaftlers, „die nicht die des idiographischen Historikers sind, durchaus berechtigt (...), zu sagen, dass bestimmte Ereignisse mit bestimmten anderen Ereignissen auf einen Nenner gebracht werden können", d. h. das Muster oder wiederkehrende, vergleichbare Tatsachen beobachtet und „Verallgemeinerungen" gemacht werden können.[960]

Im Sinne einer Konstruktion des Allgemeinen muss der Sozialwissenschaftler folglich von den jeweiligen historischen Tatsachen abstrahieren, ohne sie jedoch zu ignorieren. Dies hat zum Ziel, „Typen sozialen Verhaltens, sozialer Organisation, der Persönlichkeit"[961] zu konstruieren, die als analytische „Werkzeuge" allgemeinen Charakter haben, weshalb sie mit dem jeweils historisch ‚Einmaligen', mit empirischen Beispielen niemals übereinstimmen (können). Wie ein solcher Typus konstruiert werden muss, bestimmt der „jeweils verfolgte Zweck, die Forschungsabsicht",[962] also das sozialwissenschaftliche – in unserem Fall: das kommunikationswissenschaftliche – Erkenntnisinteresse, *nicht* die Historie.[963]

> „Historische Soziologie muss also der Geschichte die nötige Beachtung schenken, nicht als einer Quelle idiographischer Einsicht, sondern als einer Fundgrube von Tatsachen, die für die Beantwortung der Proteusfragen mit den Methoden der konstruktiven Typologie nutzbar gemacht werden können."[964] Andererseits gilt auch: „Der Soziologe darf an seine Daten nicht mit dem unbeugsamen Entschluss herangehen, sie auf dem Prokrustesbett ‚zeitloser' Kategorien, die alle im voraus erstellt sind, in eine Klassifikation zu zwingen"[965] – ein solches Vorgehen ließe keine sinnvollen Aussagen über das tatsächliche oder wahrscheinliche Auftreten bestimmter sozialer Ereignisse im Sinne von „wenn-und-insofern-Formulierungen" zu.[966]

Auch Helmut Seiffert warnt vor der Gefahr, „in der Geschichte lediglich das Beweismaterial für die eigene vorgefasste systematische Meinung" zu sehen. Systematisches Vorgehen heißt keinesfalls, die historischen Ereignisse und Zustände nur aus der eigenen Problemsicht zu deuten, „ohne sich zu bemühen, sie aus jeweils ihren eigenen Voraussetzungen heraus zu interpretieren."[967]

---

958 Becker, Howard, Soziologie, o.J., S. 160, S. 164.
959 Becker, Howard, Soziologie, o.J., S. 166 und S. 161; Becker kritisiert auch deutlich quantitative Analysen „ohne Rücksicht auf die ‚verdammten Tatsachen'" (ebd., S. 172).
960 Becker, Howard, Soziologie, o.J., S. 167, S. 158.
961 Becker, Howard, Soziologie, o.J., S. 173.
962 Becker, Howard, Soziologie, o.J., S. 196.
963 Vgl. 9. Kapitel: Die Konstruktion der Typen in diesem Band.
964 Becker, Howard, Soziologie, o.J., S. 222.
965 Becker, Howard, Soziologie, o.J., S. 224.
966 Becker, Howard, Soziologie, o.J., S. 225.
967 Seiffert, Helmut, Wissenschaftstheorie 2, ⁹1991, S. 246.

16. Kapitel Historische Untersuchungen: Von der „Faktenhuberei" zur Facherkenntnis

Zusammenfassend ist festzuhalten, dass in der kommunikationswissenschaftlichen geschichtlichen Forschung historische und systematische Methode auf spezifische Weise *miteinander verschränkt werden müssen*. Das leitende *Erkenntnisinteresse* jeder solchen Analyse muss, ebenso wie alle Detailfragen und Kriterien, die im Laufe der Untersuchung an das jeweilige Materialobjekt[968] herangetragen werden, aus einer *fachwissenschaftlichen Perspektive* und dem entsprechenden theoretischen Hintergrund abgeleitet werden, *nicht* aus den Absichten der historischen Idiografie.[969] Hinter dieser Perspektive steht letztlich immer das Ziel, die Strukturen und das Funktionieren der sozialen Kommunikation je einzelner Gesellschaftsphasen systematisch zu erarbeiten.

Historische Untersuchungen, insbesondere im Rahmen von Abschlussarbeiten, können sich jedoch häufig nur einzelnen Manifestationen widmen, an die das Zeitgespräch, also die aktuelle soziale Kommunikation als geistiges Phänomen aber keineswegs gebunden ist; vielmehr wandelt diese sich unentwegt mit der Kultur der Gesellschaft.[970] Daher ist an solche Studien die Forderung zu stellen, dass sie im Rahmen eines breiteren, theoretisch fundierten Erkenntnisinteresses so angelegt werden, dass sie die untersuchten Einzelphänomene nicht nur detailliert (historisch) beschreiben, sondern im Hinblick auf das Wesen des jeweiligen Zeitgesprächs befragen, um zur Erkenntnis allgemeiner oder grundlegender, zeitunabhängiger Prinzipien und Charakteristika sozialer Kommunikation beizutragen. Solche Erkenntnisse erschließen sich nicht über eine rein historische Fragestellung, sondern bedürfen einer *systematischen Herangehensweise*.

> Inwieweit und wie detailliert die historischen Tatsachen und Kontexte relevant sind und erarbeitet werden müssen, hängt von der jeweiligen Untersuchungsfrage ab. Während es zum Beispiel für einen Historiker, der sich mit der Vita eines Publizisten befasst, im Sinne einer möglichst vollständigen Sicherung der geschichtlichen Tatsachen höchst bedeutsam ist, die Verwandtschaftsbeziehungen dieser Person möglichst genau zu rekonstruieren, wären diese für einen Kommunikationswissenschafter, der sich mit dem betreffenden Publizisten etwa im Hinblick auf das berufliche Selbst- und Rollenverständnis beschäftigt, möglicherweise irrelevant, es sei denn, das untersuchte Berufsverständnis würde gerade durch diese Beziehungen – z. B. ebenfalls publizistisch tätige Verwandte – (mit)bestimmt oder beeinflusst. (Im Rahmen der Recherchen müssen daher solche historischen Tatsachen zunächst

---

[968] Vgl. zur Unterscheidung von Material- und Formalobjekt Wagner, Hans, Kommunikationswissenschaft, 1997, S. 72 ff.
[969] Natürlich geht auch die historische Forschung in der Regel von einem spezifischen Erkenntnisinteresse aus. Dieses zielt aber jedenfalls primär auf die Sicherung der historischen Tatsachen. Karl R. Popper bemerkt: „Ich muss aber (...) mindestens einige Fachhistoriker des ‚Szientismus' beschuldigen: Sie versuchen, die naturwissenschaftliche Methode zu kopieren, *nicht wie sie wirklich*, sondern wie sie angeblich ist. Diese behauptete, aber nicht existierende Methode ist das Sammeln von Beobachtungen, aus denen dann ‚Schlüsse gezogen' werden. Sie wird von einigen Historikern sklavisch nachgeäfft: Man glaubt, man könne dokumentarische Daten sammeln, die dann wie die Beobachtungen der Naturwissenschaft die ‚empirische Grundlage' für die Schlüsse abgeben sollen. Diese angebliche Methode lässt sich niemals zum Tragen bringen: Man kann weder Beobachtungen noch dokumentarische Daten sammeln, wenn man nicht vorher ein Problem hat." (Popper, Karl R., Erkenntnis, ³1995, S. 192; Hervorhebung im Original).
[970] Vgl. Aswerus, Bernd M., Zeitgespräch, 1993, S. 40.

in jedem Fall zur Kenntnis genommen und zumindest die wichtigsten in einem Überblick zur Vita als zentrale Angaben erwähnt, jedoch nicht bis ins Detail rekonstruiert werden, wenn sie für die Fragestellung irrelevant sind.)

Man könnte nun meinen, die historische Erfassung und Interpretation des Materials sei gewissermaßen ein erster Schritt, an den sich die systematische Interpretation anschließe. Tatsächlich aber steht die Formulierung des systematischen Erkenntnisinteresses am Beginn der Untersuchung und bestimmt bereits die Wahl der Materialien sowie die Herangehensweise. Historische und systematische Arbeitsweise sind deshalb nicht (etwa in einzelnen Arbeitsschritten) zu trennen, sondern sind in allen Phasen der Untersuchung gleichzeitig präsent. (Vgl. dazu auch Tafel 38 weiter unten.) Entscheidend für das systematische Vorgehen ist, dass (historisches) „Verstehen hier nicht Selbstzweck als Erfassen der historischen Eigenart" beispielsweise eines analysierten Textes oder Vorganges ist, „sondern Mittel zum Zweck als Erfassen des Problems".[971] Die systematische Analyse muss mit dem Ziel der Konstruktion allgemeiner Typen notwendigerweise von den historischen Tatsachen abstrahieren, diese aber zugleich unbedingt berücksichtigen, um die untersuchten Phänomene überhaupt adäquat verstehen zu können.

Die zentrale fachwissenschaftlich-systematische Interpretation erfordert gewissermaßen eine dauernde historische ‚Rückversicherung', sodass die Schlussfolgerungen, die zwar wegen ihres allgemeinen Charakters mit den jeweils einmaligen empirischen Tatsachen nicht mehr übereinstimmen können, doch grundsätzlich mit diesen im Einklang stehen und ihnen jedenfalls nicht widersprechen.

Darüber hinaus hat man es in der Kommunikationswissenschaft mit der besonderen Situation zu tun, dass die Objekte der historischen Forschung Manifestationen des „Zeitgespräches der Gesellschaft" sind, welches nach Bernd M. Aswerus Bedingung für Geschichte ist: „Es darf als gesichert gelten, dass nichts gesellschaftsgeschichtliches Ereignis wird, was nicht zuvor in der Kommunikation der Gesellschaft gesprächsweise bereits gegenwärtig war."[972] Die zu untersuchenden Manifestationen wie z. B. Zeitungen, Zeitschriften, Flugblätter, Rundfunkaufzeichnungen etc. sind somit nicht nur Quellen systematischer Erkenntnisse über die jeweiligen Strukturen und das Funktionieren des gesellschaftlichen Zeitgesprächs, sondern geben zugleich Auskunft über die gelebte und erfahrene Geschichte der Zeitgenossen, können folglich auch als (wenn auch nicht hinreichende) Quelle zur Erschließung des historischen Kontextes dienen.

2. Konzeption historischer Untersuchungen

Von zentraler Bedeutung für die Anlage einer historischen Untersuchung und ihr *erster Schritt* ist die Formulierung der Forschungsfrage bzw. des Erkenntnisinteresses. (Siehe Tafel 38 weiter unten.) Im vorhergehenden Abschnitt wurde bereits erläutert, dass sich die Forschungsfrage an fachwissenschaftlich-systematischen

---

971 Seiffert, Helmut, Wissenschaftstheorie 2, ⁹1991, S. 265.
972 Aswerus, Bernd M., Zeitgespräch, 1993, S. 165.

Zielen orientieren und sich nicht auf eine idiografisch-historische Perspektive beschränken sollte.[973] Die Frage nach Leben und Werk eines Publizisten ist noch keine fachsystematische, ebenso wenig wie die nach der Entwicklungsgeschichte einer bestimmten Zeitung. Sie werden es erst unter dem Blickwinkel spezifischer kommunikationswissenschaftlicher Problemstellungen.

So könnte am Werk eines Publizisten beispielsweise die Frage nach der Rolle politischer Publizistik bei der Entstehung der Parteien untersucht werden oder die Bedeutung und Funktion unterschiedlicher journalistischer bzw. publizistischer Arbeitsweisen, wie etwa in der klassischen Studie von Wilhelm Spael zur *Publizistik und Journalistik und ihre[n] Erscheinungsformen bei Joseph Görres (1798–1814)*, erschienen 1928 in Köln. Ein jüngeres Beispiel für ein fachwissenschaftliches Erkenntnisinteresse jenseits einer reinen Biografie ist die Frage nach der Entwicklung und Analyse der Propagandatechniken von Joseph Goebbels, der Thymian Bussemer (2005) nachgeht. Dort werden Goebbels' Propagandavorstellungen zwar in einem ersten Schritt mit seiner Biographie verbunden, sodann aber Rahmenbedingungen, Stilistik, Inhalte und Wirkung der Propaganda untersucht sowie nach Veränderungen während des Zweiten Weltkriegs gefragt. Und anstatt nur idiografisch die Entwicklung von Zeitungstiteln nachzuvollziehen, könnte eine systematische Untersuchung z. B. nach deren journalistischer Leistung im Laufe der Zeit fragen, ihre spezifische, möglicherweise Veränderungen unterworfene Vermittlungsfunktion und -verfassung untersuchen und so zu allgemeineren Erkenntnissen über Leistung und Funktion des Journalismus und des Zeitungswesens beitragen.

Vom jeweiligen Erkenntnisinteresse hängt wesentlich auch ab, was als *Untersuchungsmaterial* in den Blick genommen wird. Grundsätzlich kommen dabei alle Manifestationen des Zeitgespräches infrage, sofern diese erhalten oder überliefert[974] und zugänglich sind. Zu denken ist hier neben geschriebenen und gedruckten Medien wie Brief, Flugblatt, Plakat, Zeitung und Zeitschrift an Überlieferungen mündlicher Kommunikation wie etwa Spielmannslieder und Minnesang, an Bildmedien sowie in Bezug auf die jüngere Geschichte an audiovisuelle sowie digitale Medien. Darüber hinaus dienen als historische Quellen alle Arten von Dokumenten, Akten und sonstige Texte oder Gegenstände, die etwa Auskunft über Zensurmaßnahmen, Lizenzerteilungen und dergleichen oder allgemein zum jeweiligen historischen Hintergrund geben können. Der folgende Abschnitt beschäftigt sich mit der speziellen Problematik solcher Quellen.

---

973 Als Beispiel einer primär idiografisch ausgerichteten Untersuchung, die vor allem auf die Sicherung der historischen Tatsachen zielt – es sei nochmals betont, dass dies als Grundlage systematischer Forschung selbstverständlich notwendig ist – vgl. etwa Ursula E. Koch: Der Teufel in Berlin. Köln 1991. Die Zielsetzung wird dort (S. 19/20) wie folgt formuliert: Die „bunte Vielfalt" der aus der betreffenden Zeit ermittelten „über hundert Witzblatt-Titel (...) wird im ersten Teil dieses Buchs beschrieben. (...) Der zweite Teil des Buchs, eine Langzeitstudie, versteht sich als eine illustrierte humoristisch-satirische Chronik Europas."

974 Diese sog. Überlieferungschancen hängen von verschiedenen Faktoren ab, die sowohl mit der zufälligen oder systematischen Vernichtung von Quellen als auch mit den Bedingungen ihrer Produktion verbunden sind, vgl. Lersch, Edgar/Stöber, Rudolf, Quellenüberlieferung, 2008, S. 295 ff.

III. Komplexe Methoden

Die Quellen

Als Quellen gelten zunächst „alle Texte, Gegenstände oder Tatsachen, aus denen Kenntnis der Vergangenheit gewonnen werden kann".[975] Nach Helmut Seiffert sind dies, dem Gegenstand der Geschichtswissenschaft entsprechend, „sämtliche Hervorbringungen des Menschen".[976] Die Historiker unterscheiden dabei grundsätzlich *zwei Arten von Quellen*: die „unabsichtlich überliefernden Quellen",[977] auch „Überreste" genannt,[978] und die „absichtlich überliefernden Quellen", auch als „Tradition" bezeichnet.[979]

Bei ersteren handelt es sich um alle Gegenstände („Sachüberreste" wie Gebäude, Münzen etc.), abstrakte Überreste (wie Institutionen, Sitten, Sprache) und schriftliche Quellen (Schriftgut), die im laufenden Alltag ohne einen Gedanken an Überlieferung entstanden sind. Diese Quellen ‚erzählen' nicht direkt etwas über die Geschichte, sondern aus ihnen können Erkenntnisse – interpretativ – erschlossen werden, „etwas, was die Quelle gar nicht ausdrücklich sagen will".[980]

Im Gegensatz dazu sind Quellen der Tradition ausdrücklich mit dem Zweck geschaffen worden, historische Informationen an Zeitgenossen oder spätere Generationen zu überliefern, sie sind ausdrücklich „zur Erinnerung bestimmt".[981] Hierbei handelt es sich um literarische Quellen wie Mythen, Sagen, Annalen u. Ä. sowie nach Ahasver von Brandt um alle Hervorbringungen der Publizistik, „da politische von historischer Unterrichtung der Absicht nach kaum zu trennen ist".[982] Von Brandt differenziert die Beschaffenheit dieser Art von Quellen am Beispiel der Zeitung wie folgt: „Die Zeitung ist Überrest als Dokument zeitgenössischen politischen Lebens, Tradition, insofern sie durch Nachrichtengebung auch ‚historische' Kenntnis von Begebenheiten vermitteln will."[983] Zu beachten ist, dass für bestimmte Fragestellungen auch „Traditionsquellen"[984] unabsichtlich überliefernd sein können, z. B. wenn aufgrund der Beschaffenheit des Papiers eines undatierten Flugblattes Rückschlüsse auf die Zeit seines Erscheinens gezogen werden.

Überreste haben grundsätzlich den Vorteil, keine ‚Tendenz' aufzuweisen, da sie ohne die Absicht überliefert sind, historische Sachverhalte auf eine bestimmte Art und Weise darzustellen. Ihr Nachteil liegt in ihrer eingeschränkten Aussagekraft, da sie nur auf eng begrenzte Gegenwartszwecke zugeschnitten sind, die außerdem zunächst geklärt werden müssen. Traditionsquellen dagegen haben den Vorteil, dass sie Zusammenhänge, Kausalitäten und Abläufe darstellen, allerdings um den Preis ihrer Tendenz durch bewusste Auswahl und Wertung.

---

975 Brandt, Ahasver von, Werkzeug, [18]2012, S. 48. (Brandt folgt hier der Definition von P. Kirn.)
976 Seiffert, Helmut, Wissenschaftstheorie 2, [9]1991, S. 73.
977 Seiffert, Helmut, Wissenschaftstheorie 2, [9]1991, S. 75.
978 Vgl. z. B. Brandt, Ahasver von, Werkzeug, [18]2012, S. 52.
979 Vgl. zu diesen beiden Quellentypen auch Lersch, Edgar/Stöber, Rudolf, Quellenüberlieferung, 2008.
980 Seiffert, Helmut, Wissenschaftstheorie 2, [9]1991, S. 74.
981 Brandt, Ahasver von, Werkzeug, [18]2012, S. 52.
982 Brandt, Ahasver von, Werkzeug, [18]2012, S. 54.
983 Brandt, Ahasver von, Werkzeug, [18]2012, S. 60.
984 Begriff nach Körber, Esther-Beate, Methodenlehre, 1996, S. 308.

Will man z. B. die Prinzipien der Nachrichtenauswahl einer bestimmten Zeitungsredaktion untersuchen, so sind die Berichte in den Zeitungen selbst eine Quelle unabsichtlicher Überlieferung, da die Redaktion zwar die Nachrichten mit der Absicht ausgewählt haben mag, das Zeitgeschehen auf eine bestimmte Art und Weise darzustellen (für die Erkenntnis dieses Zeitgeschehens selbst sind sie demnach absichtlich überliefernde Quellen), nicht jedoch mit der Absicht, Aufklärung über ihre Arbeitsprinzipien zu geben. Einen anderen Charakter haben folglich redaktionelle Erklärungen oder Programme in denselben Zeitungen, die immer mit dem Ziel gemacht werden, ein bestimmtes Bild von den Absichten der Redaktion zu geben. Diese sind eher der Tradition zuzurechnen, genauso wie z. B. historische Darstellungen zur redaktionellen Arbeitsweise in Jubiläumsnummern oder Festschriften von Zeitungen, die ebenfalls eine Form absichtlicher Überlieferung sind.

Aus alledem darf man nicht schließen, dass ein bestimmter Quellentyp grundsätzlich zu bevorzugen wäre. Mit welchen Quellen man arbeitet, hängt nicht nur von ihrer Verfügbarkeit und Zugänglichkeit ab, sondern, wie erwähnt, auch von der Fragestellung. Will man etwa zu Aussagen über eine möglichst große Anzahl von Zeitungen eines Typs gelangen, so kann es im Rahmen einer zeitlich und dem Umfang nach begrenzten Studie durchaus sinnvoll sein, vorwiegend auf Traditionsquellen, etwa die oben erwähnten Jubiläumsnummern und Festschriften, zurückzugreifen. In solchen Fällen wäre es sinnvoll, die mittels Traditionsquellen gewonnenen Ergebnisse im Rahmen einiger Fallbeispiele an Überresten zu überprüfen.[985] Umgekehrt kann es bei der Untersuchung eines Einzelfalles anhand von Überresten sinnvoll sein, ergänzend Traditionsquellen – etwa zu ähnlichen Fällen – heranzuziehen, um über den Einzelfall hinaus zur Erkenntnis allgemeiner Prinzipien zu gelangen.

Schließlich wird jede historische Untersuchung, sowohl hinsichtlich systematischer wie auch rein historischer Erkenntnisse, mit sogenannten „*Darstellungen*" arbeiten, die von den Quellen zu unterscheiden sind. Darunter versteht man „Literatur, die auf der Grundlage von Quellen (...) geschichtliche Vorgänge oder Zustände beschreibt."[986] Die Übergänge zwischen Darstellungen und Quellen sind jedoch fließend, „da jede Darstellung – insbesondere, je älter sie wird – auch als Quelle verwendet werden kann und verwendet werden wird."[987] Eine Darstellung wird jedoch nicht ‚automatisch' wegen ihres Alters zu einer Quelle, sondern mit Blick auf die jeweilige fachsystematische Fragestellung. Erst durch diese kann entschieden werden, ob in einem Dokument „eine der eigenen Untersuchung vergleichbare Fragestellung und Interpretationsrichtung verfolgt [wird] oder ob die Dokumente für die eigene Fragestellung Material darstellen, das erst noch interpretiert werden muss".[988] Im letzteren Fall handelt es sich dann um eine Quelle.

---

985 Vgl. als Beispiel Schönhagen, Philomen, Unparteilichkeit, 1998.
986 Brandt, Ahasver von, Werkzeug, [18]2012, S. 48.
987 Brandt, Ahasver von, Werkzeug, [18]2012, S. 48/49.
988 Lersch, Edgar/Stöber, Rudolf, Quellenüberlieferung, 2008, S. 290.

> Im Einzelnen kann es sich dabei sowohl um historische Literatur, etwa zum gesellschaftspolitischen Hintergrund, wie auch um journalismus- oder mediengeschichtliche Darstellungen handeln, z. B. um Literatur zur Zensur in der Zeit, zu der eine untersuchte Zeitung erschien, zur Geschichte eines bestimmten Medientyps, den man untersucht, zur Entwicklung des journalistischen Berufs etc. Fließende Übergänge zwischen Traditionsquellen und Darstellungen werden gut am Beispiel der oben genannten Zeitungs-Festschrift oder Jubiläumsausgabe sichtbar.

Bisweilen ist in der Literatur auch die Rede von *Primär-* und *Sekundärquellen*. Nach Ahasver von Brandt ist das Kriterium dieser Unterscheidung „die ‚Nähe' der Quelle zu dem zu erforschenden historischen Vorgang oder Zustand. (…) Bei im übrigen gleichen Gegebenheiten (Intelligenz, Zuverlässigkeit, Urteilskraft, sozialer Stand, Bildungsgrad und Aussagewillen des Zeugen) wird die Aussage eines Augenzeugen oder Mithandelnden vor dem Zeugnis aus ‚zweiter Hand' bevorzugt, ein gleichzeitiger Bericht vor einem späteren usw. Auf dieser Erwägung beruht die herkömmliche Unterscheidung von Primär- und Sekundärquellen (…)". Es kann aber vorkommen, dass eine Sekundärquelle, beispielsweise wegen einer größeren Objektivität oder eines „besseren Überblicks über die Zusammenhänge usw. eine Primärquelle an Wert übertrifft."[989] Von Brandt macht außerdem darauf aufmerksam, dass auch diese Einteilung relativ ist, da dieselbe Quelle für bestimmte Fragestellungen Primär-, für andere Sekundärquelle sein kann (ähnlich wie dies weiter oben bei der Unterscheidung von Traditionen und Überresten beschrieben wurde).

Eine leicht abweichende Einteilung nimmt David L. Altheide vor. Er unterscheidet drei Gruppen von Quellen: zuerst die *„primary documents*, which are the objects of study". Wollte man etwa die Auswirkungen der Zensur auf die Berichterstattung einer Zeitung untersuchen, wären dies die Zeitungsausgaben sowie Akten und Dokumente der Zensurbehörden. Die zweite Kategorie bilden die *„secondary documents*, which are records about primary documents and other objects of research". Im genannten Beispiel könnten das Untersuchungen und Monografien über die betreffende Zeitung sein, Beiträge zur Geschichte dieser Zeitung in Jubiläumsausgaben oder Festschriften, Literatur zum Zensurwesen der Zeit etc. Die dritte Gruppe von Quellen bilden nach Altheide die *„auxiliary documents"*, die zur Unterstützung der Forschungsarbeit dienen.[990]

> Im angesprochenen Beispiel wäre dabei etwa an Literatur über die zeitgenössische Struktur der Behörden zu denken, mit deren Hilfe man die für die Zensur zuständige Stelle ermitteln könnte, um dann die entsprechenden „primary documents" einsehen zu können; „auxiliary documents" könnten aber auch Lexika sein, mit deren Hilfe zeitgenössische, heute nicht mehr gebräuchliche Begriffe erschlossen werden, Literatur zum allgemeinen historischen Kontext des Erscheinungszeitraumes und -gebietes der untersuchten Zeitung und dergleichen mehr.

---

989 Brandt, Ahasver von, Werkzeug, [18]2012, S. 51/52 (beide Zitate).
990 Altheide, David L., Media Analysis, 1996, S. 3.

Für kommunikationswissenschaftliche Untersuchungen kommen in erster Linie schriftliche, für die jüngere Geschichte auch audiovisuelle Quellen in Betracht. (Alte) Bücher und Handschriften, auch Briefsammlungen in Buch- oder Heftform werden in der Regel in Bibliotheken gesammelt; Zeitungen, Zeitschriften, Flugblätter, Plakate und dergleichen werden, ebenso wie Rundfunkdokumente und Filme, häufig in speziellen Archiven aufbewahrt,[991] finden sich aber teilweise auch in Bibliotheken. Bestände werden außerdem zunehmend von Bibliotheken und Forschungseinrichtungen digitalisiert und online zur Verfügung gestellt. Daneben verfügen nicht selten auch Verlage über hauseigene Archive, die zwar gewöhnlich nicht öffentlich, häufig jedoch auf entsprechende Anfrage zugänglich sind.

> Bei der Standortsuche ist es hilfreich, sich entsprechender bibliografischer Hilfsmittel zu bedienen,[992] welche nach wie vor in Bibliotheken eingesehen werden können. Deren Funktion wird aber zunehmend von sog. Online-Katalogen ersetzt (zum Beispiel jenem des Instituts für Zeitungsforschung in Dortmund).[993] Grundsätzlich ist zu bedenken, dass Quellen, die für eine Untersuchung interessant sein könnten, möglicherweise nicht mehr existieren, durch Kriege, Brände, bei Verlagsauflösungen oder unter ähnlichen Umständen verlorengegangen oder einfach nicht mehr auffindbar sind. Man kann davon ausgehen, dass noch viele Quellen unerfasst auf alten Dachböden oder in Kellern lagern, beispielsweise Zeitungen bei Verlagen, die schon lange nicht mehr im Zeitungsgeschäft tätig sind. Diese aufzufinden ist jedoch äußerst schwierig und stark von Zufällen abhängig, da ihre Existenz selbst den Eigentümern häufig unbekannt ist.

Staatliche, städtische und Landes-Archive sind die erste „Anlaufstelle" für behördliche Schriftstücke, Akten und Urkunden[994] – zum Beispiel zu Zensurmaßnahmen – sowie für Nachlässe bekannter Persönlichkeiten. Letztere befinden sich allerdings oft auch in privater Hand von Erben oder Nachkommen. Es ist schließlich auch zu beachten, dass der *Zugang zu Quellen* grundsätzlichen Einschränkungen im Hinblick auf Persönlichkeits- und Datenschutz unterliegt. „Für Sachakten gilt in Deutschland generell eine Schutzfrist von 30 Jahren nach Schluss der Akte, die bei nachgewiesenem wissenschaftlichem Interesse auf Antrag verkürzt werden kann. Problematisch ist der Zugang immer dann, wenn die Archivalien noch lebende Personen oder auch Privatfirmen betreffen. Hier gilt der Grundsatz, dass die Benutzung nicht zulässig ist, wenn schutzwürdige Belange einer Person beeinträchtigt oder Betriebs- oder Geschäftsgeheimnisse offenbart werden."[995]

---

991 Zum Beispiel in Archiven der öffentlich-rechtlichen Rundfunkanstalten in Deutschland. Vgl. Behmer, Markus (Hrsg.), Gedächtnis, 2014. Eine Übersicht der wichtigsten Archive im deutschsprachigen Raum hat der Verband Deutscher Archivarinnen und Archivare zusammengetragen. Vgl. VDA (Hrsg.), Archive, [24]2017. Vgl. auch Brachmann, Botho, Quellengattungen, 2012.
992 Vgl. etwa allgemein zu deutschen Zeitungen: Hagelweide, Gert, Zeitungsbestände, 1974. Vgl. auch speziellere bibliographische Literatur wie etwa Körber, Esther-Beate, Messrelationen, 2018; zu spezifischen Zeitungen (die dem „Verein Union Presse" angehörten, wie z. B. die CDU-Lizenzzeitungen) Schütz, Walter J., VUP-Zeitungen, 2009; oder auch mit Blick auf ein spezielles Archiv Bohrmann, Hans/Toepser-Ziegert, Gabriele (Hrsg.), Mikrofilmarchiv, [11]2003.
993 Erreichbar unter zeitungsforschung.dortmund.de.
994 Vgl. zu diesen Quellentypen Brandt, Ahasver von, Werkzeug, [18]2012, S. 81 ff.
995 Stahlschmidt, Rainer, Quellen, 1992, S. 229/230.

> Bei der Planung einer Untersuchung sollte man generell bedenken, dass aus Archivalien meist nicht kopiert werden darf. In Archiven besteht häufig die aufwändigere Möglichkeit, Kopien auf der Basis von Mikrofilmaufnahmen anfertigen zu lassen, deren Kosten jedoch die von normalen Kopien meist erheblich übersteigen. Für Archivbestände, die nicht kopiert werden dürfen, besteht zunehmend die Möglichkeit diese mit Hilfe einer Digitalkamera oder des Smartphones abzufotografieren. Das entbindet Forschende zwar nicht von der mitunter zeitraubenden Durchsicht der Dokumente, ermöglicht aber eine flexiblere Arbeitsweise hinsichtlich des Arbeitsortes sowie der Arbeitszeit, bedenkt man die teils sehr eingeschränkten Öffnungszeiten gerade kleinerer Archive.[996] Insbesondere Zeitungen und Zeitschriften sind mittlerweile in erheblichem Umfang digitalisiert und können online eingesehen werden, sodass dafür häufig kein Archivbesuch mehr nötig ist, sondern gegebenenfalls eine Universitätsbibliothek mit den entsprechenden Lizenzen genutzt werden kann.

Eine Sonderstellung unter den Quellen nehmen sogenannte *Editionen* ein, die den Text verschiedener Originalquellen (z.T. auch mit Abbildungen/Faksimiles) enthalten. Editionen sollen die eigene Einsichtnahme in die (oft schwer zugänglichen, weit verstreuten, schwer lesbaren etc.) Originale ersetzen und zudem die Quellen bereits erschließen. Dem Leser können sie folglich einen Teil der mühsamen quellenkritischen Arbeit (vgl. dazu Abschnitt 3) ersparen. Andererseits muss man sich darüber im Klaren sein, dass die mit der Edition verbundene Bearbeitung des Editors immer auch ein Stück Deutung umfasst, zumal üblicherweise der ‚gemeinte' Text editiert wird, d. h. in moderner Schrift und Schreibweise, ohne die Druckfehler des Originals, möglichst unter Ergänzung von Lücken durch beschädigte oder unleserliche Stellen etc. Sogenannte *kritische Editionen* haben hierbei den Vorzug, auf alle derartigen Eingriffe, Zusätze, Streichungen, zweideutige oder unklare Stellen im Original und dergleichen ausdrücklich in Anmerkungen hinzuweisen. Es gibt auch Editionen, die nur bestimmte Teile oder Aspekte von Quellen berücksichtigen und somit möglicherweise gerade die Informationen aus der Originalquelle nicht vermitteln, die für die eigene Arbeit von Interesse wären.

> So macht zum Beispiel eine dreibändige Edition von Else Bogel und Elger Blühm die gesammelten Titelblätter aller bis dato bekannten frühen Zeitungen zugänglich und erschließt dazu grundlegende Hintergrundinformationen, wie z. B. Daten zu ihrer Entwicklung, Drucker, Herausgeber etc. Es ist jedoch nicht ihr Ziel, die gesamten Zeitungstexte darzubieten.[997] Möchte man diese untersuchen, bleibt die eigene Einsichtnahme also die einzige Möglichkeit.

---

[996] Vgl. mit praktischen Tipps für den Archivbesuch: Rohr, Christian, Hilfswissenschaften, 2015, S. 218/219.
[997] Bogel, Else/Blühm, Elger, Zeitungen, 1971/1985. Als spezielleres Beispiel, zu illustrierten Flugblättern in der Sammlung (von Johann Jacob Wick) der Zentralbibliothek Zürich, vgl. Harms, Wolfgang/Schilling, Michael (Hrsg.), Wickiana, 1997/2005.

Oral History

Ein weiterer ‚Sonderfall' historischer Quellen sind Gespräche oder Interviews mit Zeitzeugen. Diese *„oral history"* genannte Methode gründet auf der Überlegung, „dass das gesprochene Wort mehr sei als das geschriebene oder gedruckte Wort der historischen Dokumente, dass die Vergangenheit hier sehr viel unmittelbarer und lebendiger wiedergespiegelt würde, dass die interviewten Personen mehr, Genaueres und Feineres zu berichten hätten als jemals auf dem Papier festgehalten worden sei."[998] Interviews mit Zeitzeugen zielen darauf, „auch und gerade diejenigen ins Geschichtsbild zu holen, die nicht im Rampenlicht gestanden haben",[999] „Volkserfahrung"[1000] zugänglich zu machen.

> Vertreter dieser Methode sehen in ihr die ursprüngliche Form aller Geschichtsschreibung: *„all history was at first oral"*.[1001] Die Abkehr von mündlichen Quellen und die Hinwendung zu ‚objektiveren' historischen Dokumenten (Überresten) wird kritisch betrachtet. Nach ihrem Dafürhalten ist Oral History „as reliable or unreliable as other research sources. No single piece of data of any sort should be trusted completely, and all sources need to be tested against other evidence."[1002] *Oral History* erfordert demnach ein quellenkritisches Vorgehen wie jede andere Quelle auch; ihr Wert hängt wie bei allen Quellen stark von der jeweiligen Fragestellung ab.

Zweifellos kann diese Methode neue Erkenntnisse erschließen und vielen Menschen Geschichte lebendiger oder gar glaubwürdiger erscheinen lassen sowie leichter zugänglich machen. Jedoch läuft die *Oral History* gerade im Hinblick auf die vermeintliche Authentizität nach Ansicht von Kritikern Gefahr, „einem gewichtigen methodologischen Fehlschluss zu erliegen. (...) Die oral history kann keine ursprünglichen Geschichtsquellen liefern, sondern nur nachträgliche Interpretationen. (...) Die Stärke einer geschichtlichen ‚Quelle' im strengen Wortsinn besteht immer darin, dass sie tatsächlich zu der Zeit *entstanden* ist, über die sie berichtet – auch und gerade dann, wenn sie dies unbeabsichtigt tut. Diese Authentizität, dieses Zeitgenössischsein ist durch kein nachträgliches Interview zu erreichen. (...) ‚Oral History' hat genau so viel oder genau so wenig Wert wie eine Autobiographie."[1003]

Man muss also unbedingt beachten, dass Gespräche mit Zeitzeugen, trotz ihrer scheinbaren Unmittelbarkeit, zu den Traditionsquellen gehören: „Sie sind von Überlieferungsabsichten geprägt, manchmal auch durch Gedächtnislücken ‚ver-

---

[998] Seiffert, Helmut, Wissenschaftstheorie 2, ⁹1991, S. 102.
[999] Niethammer, Lutz, Einführung, 1985, S. 7.
[1000] Hockerts, Hans Günter, Zeitgeschichte, 1993, S. 9.
[1001] Dieses Zitat von Samuel Johnson führt Donald A. Ritchie im Rahmen seiner Argumentation an, dass schon chinesische Geschichtsschreiber vor 3000 Jahren sowie Thukydides sich des Interviews von Zeitzeugen bedient hätten. (Ritchie, Donald A., Oral History, 1995, S. 2.) Vgl. zur Geschichte der Oral History die Beiträge im ersten Teil von Niethammer, Lutz, Einführung, 1985.
[1002] Ritchie, Donald A., Oral History, 1995, S. 6; auch S. 2/3, S. 6 ff. und S. 14.
[1003] Seiffert, Helmut, Wissenschaftstheorie 2, ⁹1991, S. 102/103. (Hervorh. im Original).

derbt' und unter Umständen durch spätere Erfahrungen umgewertet."[1004] Im Zusammenhang mit kommunikations- und medienwissenschaftlichen Fragestellungen ist die Relevanz von *Oral History* relativ gering einzuschätzen[1005]; Interviewtechniken kommen eher in anderen als historischen Zusammenhängen zum Tragen.[1006]

3. Durchführung historischer Untersuchungen

Mithilfe des Studiums von Quellen versucht der historisch arbeitende Wissenschaftler Aussagen über geschichtliche Sachverhalte zu machen. Dabei gilt der Grundsatz: „Keine Aussage ohne Deckung, ohne überzeugenden Nachweis' aus den Quellen."[1007]

Wie bereits erwähnt, offenbaren Quellen vom Typ der ‚Überreste' solche Sachverhalte aber nicht ‚von sich aus', sie sind nicht narrativ. Traditionsquellen dagegen ‚erzählen' zwar historische Sachverhalte, aber häufig mit der Absicht, ein bestimmtes, einseitiges oder subjektives Bild zu überliefern; sie müssen daher sehr kritisch betrachtet werden. Das bedeutet, dass Quellenarbeit immer Interpretationsarbeit ist, ohne die sich der Aussagegehalt nicht erschließen lässt. Selbstverständlich muss jeder Schritt der Interpretation durch die interpretierten Quellen selbst gestützt sein und unter Heranziehung weiterer Quellen und Kenntnisse möglichst vielfältig gesichert werden. Außerdem ist zu bedenken, dass Quellen im Laufe ihrer Überlieferung unabsichtlich verfälscht oder absichtlich gefälscht, beziehungsweise überhaupt unecht sein können. (Man denke nur an die durch die Illustrierte *Stern* berühmt gewordenen ‚Hitler-Tagebücher').

Erforderlich ist daher *quellenkritisches Vorgehen*. Gemeint sind damit Verfahren der ‚äußeren' und ‚inneren Quellenkritik'. Erstere umfassen alle Bemühungen, anhand äußerer Merkmale, wie zum Beispiel Papierqualität, Wasserzeichen, Schrifttypen, Druckfarbe und dergleichen, die Quelle zu beschreiben, zu datieren, auf ihre Herkunft zu schließen, eventuell bereits erste Aussagen über ihre zeitgenössische Funktion zu machen etc. Die Frage der Echtheit von Quellen hängt dabei eng mit der Frage ihrer Datierung zusammen. Zur Datierung können aber auch die Verfahren der inneren Quellenkritik[1008] beitragen, indem beispielsweise typische Formulierungen im behördlichen Schriftverkehr auf einen bestimmten Entste-

---

[1004] Körber, Esther-Beate, Methodenlehre, 1996, S. 317. Vgl. zur Problematik und zum Wert der Oral History auch Hockerts, Hans Günter, Zeitgeschichte, 1993, S. 8f. Vgl. ausführlich (auch zur Kritik) Niethammer, Lutz, Lebenserfahrung, 1985.
[1005] Auch wenn es Studien gibt, die z. B. nach historischen Rezeptionsgewohnheiten in der DDR oder nach Aspekten der kommunikationswissenschaftlichen Fachgeschichte gefragt haben, vgl. den knappen Überblick bei Behmer, Markus, Quellen, 2008.
[1006] Etwa im Zusammenhang mit Experteninterviews, Journalisten-Befragungen, Rezipientenforschung. Vgl. auch 12. Kapitel: Biographische Methode. Methoden und Probleme des Interviews werden in Kapitel 13 erläutert.
[1007] Seiffert, Helmut, Wissenschaftstheorie 2, ^{9}1991, S. 89 (R. Wittram zitierend).
[1008] Einige Beispiele von kritischen Fragen, die man bei diesem Vorgehen an die Quelle stellen sollte – wie die nach Absichten ihres Urhebers, nach Einflüssen, nach der Übereinstimmung mit anderen Quellen etc. – formuliert Körber, Esther-Beate, Methodenlehre, 1996, S. 315/316.

hungszeitraum oder sogar auf die Herkunft aus einer ganz bestimmten Kanzlei schließen lassen.[1009]

Bei der Erschließung der inneren Merkmale von Quellen können erhebliche Probleme schon beim Lesen entstehen (alte Schriften, unleserliche Handschriften, ältere Sprachformen etc.).[1010] Von grundsätzlicher Bedeutung ist, dass man jede Quelle *nur im Kontext der historischen Situation verstehen* kann, in der sie entstanden ist, andererseits soll sie gerade dabei helfen, diese Situation zu erschließen.

> Diese nur scheinbar paradoxe Forderung beruht auf dem Charakter des hermeneutischen Vorgehens: „Was wir wissen wollen, müssen wir schon wissen. Denn: die historischen Zeugnisse erhellen sich gegenseitig. Wir brauchen das Zeugnis A, um das Zeugnis B zu verstehen, und umgekehrt wieder das Zeugnis B, um das Zeugnis A zu verstehen. Dieser [hermeneutische] Zirkel lässt sich nur so durchbrechen: wir fangen einfach irgendwo an zu studieren und verschaffen uns so (...) ein ‚Vorverständnis' des in Frage stehenden Sinnzusammenhanges. In diesen (...) ordnen wir ein neues Zeugnis ein."[1011] So wird es möglich, einerseits das Zeugnis genauer zu verstehen, andererseits aufgrund des eingeordneten Zeugnisses das Vorverständnis zu erweitern. Dieser Prozess setzt sich immer weiter fort.[1012]

Dieser Vorgang wird dadurch erleichtert, dass ein Vorverständnis der zu untersuchenden Sachverhalte in den meisten Fällen bereits aus früherer Forschung vorliegt und nicht mehr durch eigenes kritisches Quellenstudium erarbeitet werden muss. „Unser ‚Vorverständnis' besteht daher praktisch in dem Schatz der bis heute erarbeiteten quellenkundlichen und interpretatorischen Einsichten, die wir uns zunutze machen können. So ist beispielsweise durch die Forschung ein bestimmtes Bild vom Mittelalter erarbeitet worden, das uns als Orientierungshilfe zur Verfügung steht",[1013] wenn wir uns beispielsweise mit Medien sozialer Kommunikation im Mittelalter beschäftigen wollen. Gleichzeitig heißt das natürlich auch, dass man sich immer bemühen muss, möglichst alle für die eigene Fragestellung relevanten und bereits erarbeiteten Erkenntnisse zu berücksichtigen, um nicht mit den eigenen Untersuchungsergebnissen hinter diese zurückzufallen. D. h. man sollte von einem möglichst breiten Vorverständnis ausgehen. Für das genannte Beispiel hieße das, unbedingt die Forschungsergebnisse über den Charakter der mittelalterlichen Öffentlichkeit zu berücksichtigen, um die Medien mittelalterlicher Kommunikation nicht aus der Perspektive eines neuzeitlichen Öffentlichkeitsverständnisses misszuverstehen.

> Diese Problematik lässt sich etwa an einer Untersuchung von Werner Faulstich beobachten. Um nur ein Beispiel herauszugreifen: Vor dem Hintergrund des mittelalterlichen Öffentlichkeitsverständnisses – geprägt von

---

[1009] Vgl. dazu z. B. Brandt, Ahasver von, Werkzeug, [18]2012, S. 93 ff.
[1010] Dabei kann man u. a. auf die Erkenntnisse der Paläographie zurückgreifen. Vgl. dazu und zu anderen sog. ‚Historischen Hilfswissenschaften' Brandt, Ahasver von, Werkzeug, [18]2012, S. 65 ff. sowie Rohr, Christian, Hilfswissenschaften, 2015.
[1011] Seiffert, Helmut, Wissenschaftstheorie 2, [9]1991, S. 123.
[1012] Zur historischen Interpretation Seiffert, Helmut, Wissenschaftstheorie 2, [9]1991, S. 123 ff.
[1013] Seiffert, Helmut, Wissenschaftstheorie 2, [9]1991, S. 124.

der Vorstellung einer gleichermaßen Volk wie Herrscher umfassenden Rechtsgenossenschaft auf der Basis des kirchlichen Ordo-Ideals und ganz im Gegensatz zur neuzeitlichen Vorstellung einer oppositionell-repräsentativ dem Staat gegenüberstehenden Öffentlichkeit[1014] – ist es fraglich, ob den Kirchenfenstern mit ihren bildlichen Darstellungen tatsächlich in erster Linie eine Propagandafunktion und der Charakter als „Herrschaftsmedium"[1015] zukam. Es wäre zu hinterfragen, ob man es hier nicht vielmehr mit Inhalten zu tun hat, die (in einer vorwiegend a-literarischen Gesellschaft) in besonderem Maße geeignet waren, das „Gemeinsamwissen"[1016] der Epoche als eine der grundlegenden Voraussetzungen sozialer Kommunikation zu manifestieren und zu sichern.

Helmut Danner hat in Form von Fragen grundlegende „hermeneutische Regeln" formuliert, die dem „Interpreten Anhaltspunkte geben, wie er der zu verstehenden Sache so weit wie nur irgendwie möglich gerecht werden kann". Aus diesen Regeln seien einige auch für historische Untersuchungen besonders relevant erscheinende hier zitiert:[1017]

„Verstehen ist das Erkennen von *etwas als* etwas Menschliches und von dessen Bedeutung. – Was *bedeutet* das zu Verstehende; was *meint* sein Urheber damit? In welchem größeren Bedeutungs-, *Sinn*-Zusammenhang steht es? Zu welchem *Anlass* und *Zweck* wurde es geschaffen; welche *Ziel*-Setzung hat es?

Verstehen ist möglich aufgrund eines Gemeinsamen, aufgrund des ‚objektiven Geistes'. – Wird der Sinn aus dem zu Verstehenden *herausgeholt*, oder trage ich nur etwas *hinein*, was von mir, aber nicht von der Sache stammt?

‚Objektiver Geist' ist kulturell bedingt. – In welchem kulturellen Kontext steht dazu das zu Verstehende? Welche kulturellen Erscheinungen können helfen, es zu erhellen?

‚Objektiver Geist' ist geschichtlich bedingt. – Welchen *historischen Kontext* hat das zu Verstehende? Wie ist es *geworden*?

Das Verstehen selbst ist geschichtlich. – Was legen wir aufgrund *unserer heutigen Situation* in das zu *Verstehende* hinein?

Hermeneutisches Verstehen kann zwar nicht dem Ideal der ‚Allgemeingültigkeit' gerecht werden; es kommt jedoch der Forderung nach Objektivität nach. – Gebe ich etwa wegen des Ideals der Allgemeingültigkeit den eigentlichen Sinn einer Sache auf? Wie verstehen *andere* außer mir das zu Verstehende? Welche *sachlichen* Argumente haben sie? Was könnte ein anderer gegen meine Auffassung von einem zu Verstehenden *einwenden*? Bin ich *offen* für Gegenargumente?"

1014 Vgl. Marcic, René, Öffentlichkeit, 1965, S. 173 ff.; auch Dempf, Alois, Imperium, 1954, S. 21–33.
1015 Faulstich, Werner, Mittelalter, 1996, S. 180.
1016 Wagner, Hans, Kommunikation, 1978, S. 31.
1017 Danner, Helmut, Pädagogik, ³1994, S. 62/63. Im Übrigen wird auf die Darstellung des hermeneutischen Verfahrens im 7. Kapitel dieses Bandes verwiesen.

Analyse und Auswertung des historischen Materials

Nachdem die grundlegenden Aspekte historischer Untersuchungen dargelegt wurden, soll zumindest ansatzweise gezeigt werden, wie eine derartige Untersuchung konkret durchzuführen ist. Dies ist jedoch nur eingeschränkt möglich, da es kein für alle Fragestellungen und zu untersuchenden Materialien gleichermaßen gültiges Vorgehen gibt. Die Fragestellung bestimmt, welche Aspekte der – durch quellenkritisches Vorgehen gesicherten – historischen Sachverhalte von Interesse sind und woraufhin diese ‚befragt' werden müssen. Insofern kann hier nur in groben Zügen und anhand ausgewählter Beispiele verdeutlicht werden, welche Arbeitsschritte eine solche Untersuchung in der Regel umfasst. (Siehe dazu auch Tafel 38.)

Nach dem *ersten Schritt*, der Formulierung der *Untersuchungsfrage* (bzw. des Erkenntnisinteresses; vgl. Abschnitt 2), muss diese in einem *zweiten Untersuchungsschritt* im Rahmen der bereits vorliegenden fachwissenschaftlichen und -theoretischen Erkenntnisse diskutiert, eingeordnet und fundiert werden.[1018] Diese Diskussion sollte mit kritischem Blick, einschließlich der Suche nach möglichen Einwänden gegen die eigenen Überlegungen, nach Gegeninstanzen und Alternativen, geführt werden. Die theoretische Fundierung ergibt zwingend auch die Kriterien bzw. Kategorien, anhand derer dann die eigentliche Analyse historischer Materialien durchgeführt und nach *fachwissenschaftlichen* Gesichtspunkten systematisiert werden kann.[1019] Dabei ist unbedingt zu beachten, dass die in den theoretischen Aussagen, Fragestellungen und Annahmen verwendeten Begriffe eindeutig definiert werden müssen. Das ist nicht nur aus Gründen der sachlichen Klarheit dringend vonnöten, sondern auch, um die intersubjektive Überprüfbarkeit der Untersuchung zu gewährleisten.

> Um auf das Beispiel einer Untersuchung zu den Medien sozialer Kommunikation im Mittelalter zurückzukommen: Man müsste zunächst – neben der umfassenden Erarbeitung von Vorwissen zur Gesellschaft im Mittelalter, insbesondere ihrer Kommunikationsformen und ihres Öffentlichkeitsverständnisses – unbedingt den Medienbegriff im Rahmen der Fachtheorie umfassend klären.[1020] Geschieht dies nicht, so kommt es zu begrifflichen wie sachlichen Unklarheiten, etwa zur Vermischung unterschiedlicher Dimensionen des Begriffs ‚Medium': damit gemeint sein können Manifestationsmöglichkeiten von Mitteilungen (also Zeichen, z. B. optische und akustische; Medium als Bedeutungsträger), materielle Träger (-Medien) solcher Zeichen (z. B. Kirchenfenster, Buch, menschliche Stimme) und personale Vermittler (z. B. Erzähler, Sänger, Spielleute). Zudem kann es zur Vermengung der Funktionen von Mitteilung und Vermittlung kommen. So erscheint es nicht überzeugend, wenn z. B. ein Erzähler als (Mensch-)Medium charakterisiert wird, im Falle eines Schreibers dagegen das „Menschmedi-

---

1018 Vgl. dazu als Beispiel Dicken-Garcia, Hazel, Journalistic Standards, 1989, dort vor allem das erste Kapitel, S. 1–28.
1019 Nach wie vor aktuell und vorbildlich ist zum Beispiel die Untersuchung von Riepl, Wolfgang, Nachrichtenwesen, 1913. Vgl. dazu auch Riepl, Wolfgang, Strukturen, 2014.
1020 Siehe dazu grundlegend und materialreich Hoffmann, Stefan, Medienbegriff, 2002.

III. Komplexe Methoden

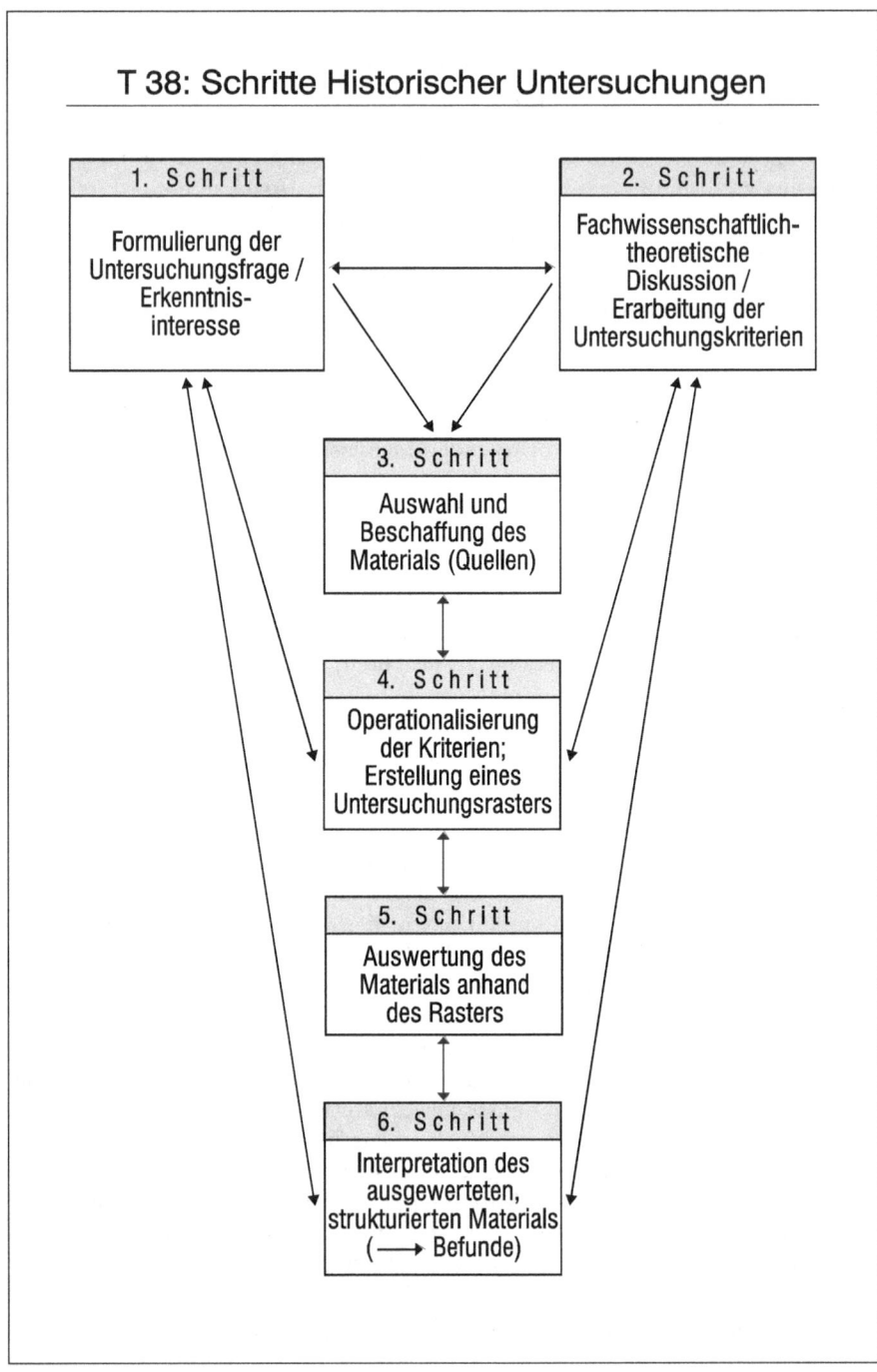

um (...) zum bloßen Mittel oder Instrument" rudimentiert sei,[1021] da sich dieser seinerseits der „Schreibmedien" bediene. (Zudem bedeutet ‚Medium' eigentlich nichts anderes als das ‚Mittlere' bzw. das ‚Mittel', sodass die Unterscheidung von Medium und Mittel ebenfalls fragwürdig erscheint.)

Zurück zum Ablauf historischer Untersuchungen: In einem *dritten Schritt* muss geklärt werden, *welche Materialien* oder Quellen für die eigene Studie *geeignet* und *verfügbar* sind. Es sei angemerkt, dass die Frage der Verfügbarkeit in der Planungsphase von Abschlussarbeiten nicht selten vernachlässigt wird, was zu großen Ernüchterungen und Zeitproblemen führen kann. Dieser dritte Schritt ist „durch eine doppelte Problemstellung gekennzeichnet: Einerseits liegen historische Quellen oft unvollständig, das heißt nur in Auswahl vor, andererseits muss oft aus den vorliegenden historischen Quellen eine Auswahl getroffen werden."[1022] Der Forscher muss folglich im erstgenannten Fall (quellenkritisch) Rechenschaft darüber ablegen, inwieweit die lückenhaften Materialien den Untersuchungsgegenstand repräsentieren und gültige Aussagen über diesen zulassen. Im zweiten Fall stellt sich die Frage, wie aus den vorliegenden Materialien eine Auswahl getroffen werden kann, was stark von der Forschungsfrage sowie den zur Verfügung stehenden zeitlichen und personalen Ressourcen abhängt. Grundsätzlich können dabei die unterschiedlichen Auswahlverfahren der empirischen Sozialforschung angewandt werden.[1023]

Die aus der Theorie gewonnenen Untersuchungs-Kategorien (z. B. Medientypen, Aspekte der Vermittlung) dienen dann als Raster für die Analyse der historischen Quellen; dabei handelt es sich letztlich um eine qualitative Inhaltsanalyse.[1024] Dazu müssen – in einem *vierten Schritt* – die verschiedenen *Kategorien, Kriterien* oder Aspekte der Untersuchung *operationalisiert* werden, das heißt man muss vorab – immer orientiert an den theoretischen Vorüberlegungen – klären, wo, anhand welcher Sachverhalte, Begriffe, Äußerungen etc. (als Indikatoren) die jeweiligen Aspekte im Material sichtbar werden. „Operationale Definitionen legen diejenigen Forschungsoperatoren fest, anhand derer sich der Forscher entscheiden kann, ob der durch den Begriff beschriebene Sachverhalt vorliegt oder nicht."[1025] Woran wird erkennbar, um welchen Medientyp es sich bei einer bestimmten Erscheinung handelt? Wo finden sich Hinweise auf bestimmte Vermittlungsleistungen, etwa die der Selektion? Welche Materialien müssen eventuell zusätzlich herangezogen werden, um solche Hinweise zu finden bzw. zu verstehen? Bezüglich Hinweisen auf die redaktionelle Selektion könnten sich u. a. folgende Fragen aufdrängen: Reicht eine Analyse des Medieninhaltes aus? Müssten nicht vielmehr Input und Output verglichen werden? Ist der Input überhaupt noch rekonstruierbar? Wenn nicht, was kann anhand des Outputs allein überhaupt untersucht werden?

1021 Faulstich, Werner, Mittelalter, 1996, S. 32.
1022 Best, Heinrich/Schröder, Wilhelm Heinz, Sozialforschung, 1988, S. 253.
1023 Vgl. dazu im Einzelnen und mit Literaturangaben Best, Heinrich/Schröder, Wilhelm Heinz, Sozialforschung, 1988 S. 254. – Als Beispiel zu dieser Problematik vgl. z. B. Lahne, Werner, Magdeburg, 1931, S. 1–24, und Schönhagen, Philomen, Unparteilichkeit, 1998.
1024 Siehe dazu Kapitel 14 in diesem Band. In manchen Fällen kann auch eine quantitative Inhaltsanalyse zum Einsatz kommen, oder eine Kombination aus beiden; vgl. etwa Schröder, Thomas, Zeitungen, 1995.
1025 Best, Heinrich/Schröder, Wilhelm Heinz, Sozialforschung, 1988, S. 252.

Gegebenenfalls muss das Untersuchungsraster im Laufe der Analyse modifiziert und verfeinert werden (z. B. durch weitere Untergliederung einzelner Aspekte bzw. die Festlegung mehrerer Ausprägungen einzelner Merkmale oder durch die Ergänzung induktiv erarbeiteter weiterer Kategorien) – dies muss natürlich im Einklang mit den theoretischen Grundlagen geschehen. Entscheidend ist dabei immer, wie schon bei der Entwicklung der groben Kategorien und des Kriterienrasters zu Beginn, das *Vorgehen offenzulegen* und damit nachvollziehbar zu machen (intersubjektive Überprüfbarkeit). Das Untersuchungsraster muss derart beschaffen sein, dass es eine Zuordnung der Fundstellen (anhand bestimmter Indikatoren) zu bestimmten Kategorien zweifelsfrei, nach den Kriterien der Eindeutigkeit, Ausschließlichkeit (logische Unabhängigkeit der einzelnen Untersuchungskategorien untereinander) sowie der Vollständigkeit ermöglicht.

Im *fünften Schritt* müssen zunächst die unterschiedlichen Aspekte der Analyse im Material sozusagen ‚ausfindig gemacht' (Fundstellen), gesammelt und dem Raster entsprechend systematisiert werden. Dies geschieht häufig in tabellarischer Form. Dem folgt die Zusammenfassung oder Verdichtung der Fundstellen, wobei auch eine gewisse Quantifizierung der qualitativen Merkmale im Sinne einfacher Häufigkeiten eine Rolle spielen kann, auch wenn dies bei einem qualitativen Vorgehen nicht im Vordergrund steht.[1026]

Sodann müssen diese vorläufigen ‚Ergebnisse' – die allein noch nichts aussagen oder ‚bedeuten' – in einem *weiteren, sechsten Schritt* interpretiert, das heißt aufeinander, auf den historischen Kontext und vor allem auf die theoretischen Vorüberlegungen bezogen werden. Erst dann kann deutlich werden, was die spezifischen Ergebnisse zu einzelnen Aspekten der Untersuchung auf das Ganze bezogen bedeuten, welche Rolle und Funktion ihnen zukommt (z. B. im weiter oben angeführten Beispiel: Welche Rolle hatten die Spielleute in der sozialen Kommunikation des Mittelalters? Handelt es sich um ein tendenziell publizistisches oder eher um ein journalistisches Medium?). Und es ist zu überlegen: Welche verallgemeinerbaren theoretischen Folgerungen lassen sich daraus ableiten? Bei dieser Interpretation können verschiedene Basismethoden des Verstehens zur Anwendung kommen, z. B. der Vergleich oder die Typenbildung.[1027]

Was die *Darstellung der Ergebnisse*, die schriftliche Präsentationsform einer derartigen Untersuchung anbelangt, können hier abschließend nur einige zentrale Anmerkungen gemacht werden.[1028] Die vorläufigen Ergebnisse (aus dem fünften Schritt) werden in der Regel im Textteil einer Untersuchung nicht vollständig präsentiert, sondern im Anhang oder gegebenenfalls in einem eigenen Materialband gesammelt, z. B. in Form von Tabellen, einer Sammlung von Textausschnitten, Abbildungen, Dokumenten oder Ähnlichem (je nach untersuchtem Material). Der

---

1026 Dies entspricht erneut dem Vorgehen bei der qualitativen Inhaltsanalyse (siehe Kapitel 14 in diesem Band).
1027 Vgl. die entsprechenden Kapitel in Teil II dieses Bandes: ‚Basismethoden des Verstehens'.
1028 Auf die einschlägige Literatur zum wissenschaftlichen Arbeiten sei verwiesen, etwa Petersson, Wilhelm H., Arbeiten, ³1994; Andermann Ulrich/Drees, Martin/Grätz, Frank, Arbeiten, ³2006; speziell fachlich orientiert: Wagner, Hans, Kommunikationswissenschaft, 1997; ferner Dahinden, Urs/Sturzenegger, Sabina/Neuroni, Alessia C., Kommunikationswissenschaft, 2006.

Text enthält in konzentrierter Form die eigentlichen Ergebnisse oder Erkenntnisse, das heißt die Befunde, die erst im sechsten Untersuchungsschritt interpretativ erarbeitet wurden. Diese werden anhand ausgewählter Beispiele, mittels typischer Fälle dargestellt und erläutert. Zu beachten ist allerdings, dass unter Umständen auch einzelne ‚Ausreißer', also untypische Fälle, die im Gegensatz zur Gesamttendenz der Befunde stehen, Erwähnung finden und diskutiert werden müssen. Diese dürfen keinesfalls, etwa zugunsten eines möglichst einheitlichen Gesamtbildes, verschwiegen werden. Andernfalls würden die unterschiedlichen Facetten der untersuchten Realität unangemessen verkürzt dargestellt.

Statt eines Resümees

17. Kapitel Wissenschaftliche Deskription: Zwischen „Dataismus" und Theoriebau

von Heinz Starkulla jr.

Beim Studienberater. Ein Suchender spricht vor: „Wüssten Sie nicht ein schönes Abschlussthema für mich?" – „Hunderte. An was haben Sie denn gedacht?" – „Also, Geschichte ist nicht meine Stärke, und Theorie ... ich will mal in die Praxis. Andererseits: Statistik ist mir zu hoch, Inhaltsanalyse hab' ich nie gelernt. Am liebsten möcht' ich einfach *etwas Deskriptives machen.*" Die Szene ist nicht erfunden. So mancher Examenskandidat sucht um ein ‚bloß deskriptiv' zu bewältigendes Thema nach, weil er sich nicht zutraut, ‚richtige empirische Methoden' anzuwenden.

Deskription, Beschreibung von Sachverhalten – was ist das? Ein vor- oder halbwissenschaftliches Unterfangen, gewissermaßen die Empirie des kleinen Mannes? „Beschreibung", so definierte nahezu zwei Jahrhunderten schlagend Johann Gottfried Gruber,[1029] „ist Sprachdarstellung desjenigen, was durch Anschauung im engsten Sinne zum Bewußtseyn gelangt, also der Erscheinungen im Raume, um von denselben eine bestimmte und deutliche Vorstellung hervorzubringen. Von gegenwärtigen Gegenständen soll sie unsre Vorstellung deutlicher und bestimter machen, von abwesenden dieselbe mit größerer Deutlichkeit oder Bestimtheit erneuern, von unbekanten aber eine Vorstellung, so deutlich und bestimt als möglich, erzeugen." Demgemäß gibt es nach Gruber Naturbeschreibungen, Kunstbeschreibungen und die Beschreibung von Handlungen, und diese fallen prosaisch, poetisch oder poetisch-prosaisch aus, je nachdem, ob Verstand oder Einbildungskraft oder beide tätig werden. Vielleicht ist es diese alteingewurzelte Nähe zum Reich des Schöngeistigen und der Phantasie,[1030] welche die sachlich-wissenschaftliche Beschreibung in manchen Augen als bloß subjektive Wiedergabe eines individuell Geschauten erscheinen lässt, ihr darum nicht den Rang einer wissenschaftlich zureichenden Verfahrensweise zugesteht.

Indessen steht der Begriff ‚Beschreibung' oder ‚Deskription' in einem langen geistesgeschichtlichen Zusammenhang. Es gibt sodann lebhafte Diskussionen um Verfahren und Leistungen der beschreibenden Methode – mithin um die Möglichkeit, sie für Untersuchungen fruchtbar zu machen. Mit diesen Aspekten sollte man sich zumindest einmal auseinandergesetzt haben. Danach dürfte es schwerer fallen, zur Beschreibung als minder anspruchsvoller (weil vermeintlich intuitiv und regelfrei abzuleistender) Untersuchungstechnik seine Zuflucht zu nehmen. An die Stelle solcher Illusion freilich mag das zielklare Bemühen treten, eine unersetzliche wissenschaftliche Grundtätigkeit kunstgerecht auszuüben.

1029 Gruber, Johann G., Beschreibung, 1822, S. 270.
1030 Zu ‚Beschreibung' in der Stilkunst siehe etwa den einschlägigen Artikel bei Wilpert, Gero v., Schlagwörterbuch, [6]1979, S. 82.

1. Zur Begriffs- und Theoriegeschichte

Wer sich in der Begriffsgeschichte von ‚Beschreibung' (lat. *descriptio*, griech. hypographé) zurechtfinden will, tut gut daran, den umfassenden einschlägigen Artikel im Historischen Wörterbuch der Philosophie, aus der Feder von Heribert M. Nobis und Friedrich Kaulbach, zu Rate zu ziehen.[1031] Hier kann daraus nur das Notwendigste – und auch dies nur punktuell – angegeben werden.

Der Begriff ist danach dreifach verankert: Seit dem Altertum hat er eine *religiöstheologische* Dimension; „*descriptio divina*" (gottgewirkte Beschreibung) drückt schon in vorchristlicher Zeit den Gedanken aus, „dass ein unendlicher Geist das Weltall geordnet und beschrieben habe"[1032], findet jedoch und vor allem auch Eingang in christliches Schöpfungsverständnis. Im Mittelalter leitet sich daraus ein *metaphysischer* Sinn ab; hier ist es die „natura agens" (die schaffend tätige Natur), die – statt Gott – den Naturwesen ihre Form einbeschreibt. In der Neuzeit schließlich wird der Begriff *methodologisch-naturwissenschaftlich* gewendet; Beschreibung wird zum Erkenntnisprinzip. Man kann sicher sagen, es geht zutiefst darum, dass der forschende Mensch das Ordnungsprinzip des Schöpfers bzw. der Natur nachvollziehen lernt: den ‚Kosmos' (das heißt nichts anderes als: die Ordnung) zu ergründen sucht.

In diesem Zusammenhang stellt sich, wie Nobis detailliert herausarbeitet, das Problem der Definition. Eine besondere Rolle spielt hierbei die ‚*definitio descriptiva*' (eine Konzeption, die auf Aristoteles zurückgeht): die Beschreibung, *wie* ein Gegenstand beschaffen ist, und zwar „durch die Angabe eines Komplexes von Eigenschaften, welche getrennt auch anderen Dingen zukommen, jedoch durch ihre eigentümliche Verbindung bei einem bestimmten Ding dieses kennzeichnen".[1033]

> Bisweilen ist auch die Deskription in diesem Sinne als unvollkommene Definition abgehoben worden von der vollkommenen Definition (letztere geschieht durch Angabe von ‚genus proximum' und ‚differentia specifica', von Gattung und ausschlaggebendem Unterscheidungskriterium).[1034] So besteht nach Jungius (1638) eine descriptio (hypographé) aus „einem Gattungsbegriff und mehreren gemeinsamen Akzidentien, die zusammengebündelt gleichsam die einzigartige Eigenschaft verkörpern, die anstelle der unbekannten differentia specifica anzusetzen ist", welche die definitio (horismós) erfordern würde.[1035] Um dies an einem authentischen Exempel vorzuführen: „Vernunftbegabtes Lebewesen" ist nach Jungius eine *Definition* von „Mensch"; dagegen „Singvogel, der weißes, schwarzes, gelbes und rotes Gefieder sowie einen geraden Schnabel hat und sich von Hanfsamen nährt", eine Deskription von „Stieglitz".[1036]

1031 Nobis, Heribert M./Kaulbach, Friedrich, Beschreibung, 1971, Sp. 838-846.
1032 Nobis, Heribert M./Kaulbach, Friedrich, Beschreibung, 1971, Sp. 838.
1033 Nobis, Heribert M./Kaulbach, Friedrich, Beschreibung, 1971, Sp. 839.
1034 Vgl. Nobis, Heribert M., Definition, 1972, Sp. 31–35.
1035 Nobis, Heribert M., Definition, 1972, Sp. 33.
1036 Nobis, Heribert M., Definition, 1972, ibid. (Übersetzungen von H. St.) Ein fachliches Beispiel für eine deskriptive Definition bildet das folgende: „*Alternativmedien*' lassen sich idealtypisch beschreiben als 1. Partikularmedien (darunter fast ausschließlich Zeitschriften), die 2. vor dem Hintergrund eines bereits

Wird hier bereits von einer definitorischen Durchdringung des ‚Wesens' der Dinge Abstand genommen, so leitet Deskription später vollends zu einer erfahrungswissenschaftlichen Bestandsaufnahme über; so umgreift dann bereits im 18. Jahrhundert, im Anschluss an Leibniz, Wolff und andere, der „Begriff der naturwissenschaftlichen Beschreibung:

1. eine genaue Fixierung der darin vorkommenden Begriffe (Nominaldefinition);
2. eine reine Realdefinition als definitio descriptiva im herkömmlichen Sinne a posteriori, worin also von der empirischen Erforschung her der Gegenstand beschrieben wird;
3. eine genetisch-kausale Realdefinition, welche eine Anweisung darstellt, aus zuvor analysierten Elementen den Gegenstand (chemischen Stoff oder physikalisches Phänomen) herzustellen, wobei durch die Herstellung eine Einsicht in die Konstitution des Gegenstandes gegeben wird."[1037]

Wie Friedrich Kaulbach hervorhebt, ist und bleibt Beschreibung „seit der Etablierung der neuzeitlichen Naturwissenschaft als methodische Devise in Geltung. Sie wird im Selbstverständnis der auf nominalistisch-empiristischer und zugleich positivistischer Tradition gründenden exakten Naturwissenschaft als deren maßgebendes Verfahren angesehen und deklariert."[1038] So erklärte etwa Newton, er wolle sich „nur an die Erscheinungen und deren Beschreibung" halten, nicht aber „Hypothesen ersinnen, die auf das angebliche Wesen von Erscheinungen zielen".[1039] Außerordentlich wichtig ist nun, dass das Beschreibungskonzept nicht für den naturwissenschaftlichen Gebrauch reserviert bleibt; Kaulbach nennt Wilhelm Wundt als denjenigen, der „den Begriff ‚Beschreibung' für *jede* Wissenschaft geltend" gemacht habe.[1040] Wundt siedelt übrigens das beschreibende (d. h. Eigenschaftsbegriffe prädizierende) Urteil zwischen dem Erzählen und dem Erklären an: „Die beschreibenden Urteile nehmen so genetisch zwischen der primitivsten Form, der erzählenden, und der logisch entwickeltsten, der erklärenden, eine mittlere Stelle ein. Denn die Unterscheidung bleibender Eigenschaften an Gegenständen setzt eine dauerndere Beschäftigung der Aufmerksamkeit voraus als Auffassung von Veränderungen oder vorübergehenden Zuständen; zugleich weist sie aber auf eine minder verwickelte logische Reflexion hin, als sie einer Erklärung über das Verhältnis eines gegebenen Gegenstandes zu anderen vorausgehen muss."[1041]

Insbesondere die Unterscheidung zwischen ‚Beschreiben' und ‚Erklären' ist von altem Herkommen; Albert Menne erinnert daran, dass schon Aristoteles „das *hoti*

---

etablierten Massenmedienwesens 3. beim Vorliegen wenigstens partieller Vermittlungsdefizite und/oder von Schwierigkeiten, die direkter Kommunikation auch am Ort entgegenstehen, 4. von gruppenzugehörigen Vermittlungs-Mandataren 5. Zum Zwecke der Herstellung einer Öffentlichkeit vom Typus ‚communitäre Repräsentanz' 6. in erster Linie für ihre jeweilige Communität (Gemeinschaft) herausgebracht werden." (Starkulla, Heinz jr., Gemeinde, 1988, S. 91.)

[1037] Nobis, Heribert M./Kaulbach, Friedrich, Beschreibung, 1971, Sp. 840f.
[1038] Nobis, Heribert M./Kaulbach, Friedrich, Beschreibung, 1971, Sp. 842.
[1039] Nobis, Heribert M./Kaulbach, Friedrich, Beschreibung, 1971, Sp. 842.
[1040] Nobis, Heribert M./Kaulbach, Friedrich, Beschreibung, 1971, Sp. 843. (Hervorh. im Original.)
[1041] Wundt, Wilhelm, Logik, ⁴1919, S. 178.

(dass) vom *dioti* (weshalb)" unterschieden habe.[1042] Wie Kaulbach unter Berufung u. a. auf Hempel, Oppenheim und Stegmüller herausarbeitet, „unterscheiden auch gegenwärtige Autoren zwischen entsprechenden Stufen des Erkennens, wobei Beschreibung Antwort gebe auf die Frage, was der Fall ist oder der Fall war, während die Erklärung angebe, warum es so und so ist oder warum es so und so war. Zur Beschreibung gehören 1. Sätze von der Form singulärer Urteile, welche über einzelne Phänomene Aussagen machen, und 2. generelle bzw. universelle Urteile, welche ‚Gesetze' aussprechen und die Form von Hypothesen haben. Die Leistung des Beschreibens schließt nicht nur die Darstellung einzelner Tatsachen, sondern auch die Verknüpfung des Tatsächlichen zu gesetzlichen Zusammenhängen ein. Die Erklärung bringt dagegen die begründende Funktion des Gesetzes ins Spiel: den Nachweis der Ableitbarkeit eines beschreibenden Satzes aus Bedingungssätzen, die ihm vorhergehen.

> So ist z. B. die Aussage, dass jedesmal in zwölfeinhalb Stunden die Flut auf den Ozeanen der Erde wiederkehre, Ausdruck für eine Regelmäßigkeit. „Hier kommt nur ein ‚Beschreiben' in Frage, weil durch diese Aussage noch kein Grund für die Wiederholung des Vorgangs angegeben wird. Für die Erklärung müsste man eine gesetzliche Hypothese hinzuziehen, in der z. B. die Stellung von Mond und Sonne zueinander in eine begründende Beziehung zu den Höhen der Flut usw. gebracht wird."[1043] (Gelegentlich wird im Übrigen nicht nur Deskription und Erklärung, sondern auch das Deskriptive und das Präskriptive [Normative] voneinander getrennt – so in der Linguistik.[1044])

Nun sind nach Kaulbach – neben der exakten Naturwissenschaft – noch drei weitere neuzeitliche Wissenschafts-Kontexte zu erwähnen, in denen Beschreibung wesentlich zum methodischen Programm gehört: Da ist zuerst Beschreibung als Verfahren *morphologischer Naturwissenschaft* namhaft zu machen (ein Feld, das sich mit Namen wie Goethe, Alexander von Humboldt, Schelling und Hegel verbindet[1045]). Hierbei geht es um die „ontologisch-ästhetische Auffassung, dass die uns begegnenden Erscheinungen als Ergebnis der Gestalten hervorbringenden Natur (natura naturans) begriffen werden müssen. Die erscheinenden Gestalten werden insofern als Gegenstand des Beschreibens angesehen, als sie das innere Wesen äu-

---

1042 Menne, Albert, Methodologie, 1980, S. 105. Menne ebd.: „Beides ist zwar unbedingt zu unterscheiden, aber man kann sich nicht als Wissenschaftler zwischen beiden entscheiden. Ohne ein genügend breites Tatsachenwissen, das zunächst einmal deskriptiv erarbeitet ist, wären Erklärungen vorschnell, ja leicht vorurteilsbeladen. Beschreibung ist also notwendige Bedingung zur Erklärung. Aber bloße Beschreibung allein befriedigt auf die Dauer nicht: sie ist alleine nicht hinreichend."
1043 Nobis, Heribert M./Kaulbach, Friedrich, Beschreibung, 1971, Sp. 843. – Eine in diesem Sinne beschreibende Gesetzesaussage fachlicher Art wäre etwa das Resümee der zeitungswissenschaftlichen Rationalisierungstheorie der Massenkommunikation: „Massenkommunikation ist ein Modus Sozialer Zeit-Kommunikation, der prinzipiell durch partnerunabhängige Vermittlungssysteme als wechselseitiger Austausch von Kommunikationsrepräsentanten im Rahmen manifester Vermittlungsverfassungen ermöglicht und vollzogen wird." (Wagner, Hans, Kommunikation, 1978, S. 136.)
1044 Vgl. Stammerjohann, Harro u. a. (Bearb.), Linguistik, 1975, S. 82 f.
1045 Nobis, Heribert M./Kaulbach, Friedrich, Beschreibung, 1971, Sp. 842.

ßerlich sichtbar machen. Beschreiben wird als Teilnehmen an der Produktion der Natur verstanden."[1046]

Dieses Gedankengebäude ist eine – verborgene – Basis für einen weiteren, heute noch wohlbekannten und diskutierten deskriptiven Ansatz: Diltheys Einführung des Beschreibens in die *Geisteswissenschaft* in Form der *beschreibenden Psychologie*. Hier dient Beschreibung als Instrument des Verstehens, welches dem in der Naturwissenschaft geforderten Erklären gegenübergestellt wird. Vereinfacht gesagt, hat es nach Dilthey die Naturwissenschaft mit einer äußerlichen Realität zu tun, einer Körperwelt, und diese muss in ihrer Kausalität erklärt werden, indem Hypothesen über den Konnex distinkter Einzelsachverhalte zu bilden sind. Geisteswissenschaft – und insonderheit Psychologie – hat es dagegen mit einer inneren Realität zu tun. („Der seelische Zusammenhang bildet den Untergrund des Erkenntnisprozesses, und der Erkenntnisprozess kann sonach nur in diesem seelischen Zusammenhang studiert und nach seinem Vermögen bestimmt werden."[1047]) Jener erlebte Zusammenhang aber ist zu bewältigen durch Verstehen: auf dem Wege der Beschreibung eines Sinnganzen, welche „erzählt, was sie findet, hebt [sie] die regelmäßige Abfolge der Vorgänge, welche in den menschlichen Individuen stattfindet, heraus. Wie der Botaniker die Abfolge zunächst beschreiben muss, in welcher von der Zeit ab, wenn die Eichel im Boden quillt, bis zu der, in welcher die Eichel sich wieder vom Baume ablöst, die Vorgänge an der Eiche einander folgen: so, ganz so beschreibt der Psychologe in Entwicklungsgesetzen und in Gleichförmigkeiten der Abfolge in einer seelischen Struktur das Leben in derselben. Diese Entwicklungsgesetze und Gleichförmigkeiten gewinnt er aus den Beziehungen zwischen Milieu, Strukturzusammenhang, Lebenswerten, seelischer Artikulation, erworbenem seelischen Zusammenhang, schöpferischen Prozessen und Entwicklung: Momenten, welche in der inneren Erfahrung und ihren Ergänzungen durch die äußere ohne jede Hinzunahme hypothetischer Kausalverhältnisse anschaulich gegeben sind."[1048]

Da ist zum dritten schließlich die Beschreibung innerhalb der Husserlschen *Phänomenologie*. Hier hat sie „den in den Erscheinungen mitgegebenen Verlauf der Charaktere des Wesens deutlich zu machen".[1049] Dabei ist wichtig zu wissen, dass hier Wesen nicht „die Seinseinheit der alten Transzendenzmetaphysik, sondern Sinneinheit logisch-idealer Art [ist]. Sachzusammengehörigkeit könnte man dafür auch sagen, weil das Objekt selbst, und zwar in seinem Gehalt, es ist, was die Wesenheit ausmacht, nicht aber ein Subjekt und dessen Setzungen oder Funktionsweisen"; es zielt mithin die phänomenologische Wesens-Beschreibung auf eine „Sicherung der Objektivität des Objekts (...) gegen jede falsche Subjektivierung".[1050]

Damit ist in groben Zügen der ideengeschichtliche Konnex des Konzepts ‚Beschreibung' wiedergegeben. Es sei nun erörtert, wie sich gegenwärtige sozialwissenschaftliche Methodologie diesem Konzept nähert.

1046   Nobis, Heribert M./Kaulbach, Friedrich, Beschreibung, 1971, Sp. 844.
1047   Dilthey, Wilhelm, Psychologie, 1924, S. 151.
1048   Dilthey, Wilhelm, Psychologie, 1924, S. 221 f.
1049   Nobis, Heribert M./Kaulbach, Friedrich, Beschreibung, 1971, Sp. 845.
1050   Hirschberger, Johannes, Philosophiegeschichte, ^{8}1969, S. 595.

2. Verfahrensebenen der Deskription

Sie tut es mitunter zögerlich und voreingenommen. „Kein Verdammungsurteil, das ein Theoretiker von eigenen Gnaden einem Forscher anhängen kann, ist vernichtender als das, dass er seine Arbeit als ‚rein deskriptiv' bezeichnet." Das bemerkt Robert Dubin, und sarkastisch fügt er an: „Implizit wird ‚rein deskriptive' Forschung mit Leere im Kopf zusammengebracht; impliziert wird auch, dass allermindestens jeder geistig normale Forscher wenigstens eine Hypothese zu testen hat, vorzugsweise aber ein ganzes theoretisches Modell. Das ist Unsinn. In jeder Disziplin (besonders aber in ihren frühen Entwicklungsstadien) ist rein deskriptive Forschung unersetzlich. Deskriptive Forschung liefert das Material, aus dem der menschliche Geist, aus dem der Theoretiker die Bestandteile seiner Theorien entwickelt. Kern der Deskription ist: die Eigenschaften der Forschungsgegenstände benennen. Man darf mehr tun (bloß nicht weniger), und es kommt immer noch Deskription dabei heraus."[1051]

Wie sieht nun konkret jenes kernhafte Minimum und jenes ‚Mehr' an Beschreibung aus, das geleistet werden kann? Es gibt in der gegenwärtigen sozialwissenschaftlichen Methodenlehre durchaus verschiedene Auffassungen davon, was als Deskription anzusprechen sei. Die engste Sichtweise (die sich wohl auch mit Dubins Minimalvorstellungen decken dürfte) wird beispielsweise von Karl-Dieter Opp ins Spiel gebracht; er identifiziert damit lediglich „singuläre Aussagen. Diese werden auch zuweilen als Deskriptionen oder als raum-zeitlich begrenzte Existenzaussagen bezeichnet."[1052] Singuläre (in ihrer Geltung raum-zeitlich begrenzte) Aussagen: Das wäre also wohl Protokollmaterial von Beobachtungen im Rahmen einer Untersuchung, das von sich aus bestenfalls zur Grundlage eines narrativen, idiografischen Ansatzes taugte. Opp exemplifiziert das von ihm Gemeinte u. a. anhand des (einer Untersuchung von Festinger u. a. von 1950 entnommenen) Satzes: „Die Bewohner der Siedlung Westgate sind Studenten"; diese Singuläraussage konfrontiert er etwa mit der (aus Homans Gruppentheorie stammenden) Allaussage: „Für zwei beliebige soziale Systeme s1 und s2 gilt: Wenn s1 mit s2 in Konflikt steht, dann hat s1 eine hohe Kohäsion."[1053]

> Wollten wir uns die gemeinte Differenz mit Sätzen veranschaulichen, die unmittelbar in unser Fach schlagen, so könnten wir etwa das (fiktive) Untersuchungsergebnis „Der redaktionelle Teil der *Süddeutschen Zeitung* vom 02. Oktober 2019 umfasst zu 60 % Raumanteil hochkonzentrierte (nachrichtliche) Beiträge" als Singuläraussage heranziehen und daneben die Allgemeingültigkeit beanspruchende (und darum nach Opp nicht mehr deskriptive) Hypothese stellen: „Je universeller die in einem Massenmedium zu vermittelnde Soziale Kommunikation ist und je mehr und komplexere Partnerschaften sie mithin einschließt, umso höher muss der Anteil hoch-

---

1051 Dubin, Robert, Theory, 1969, S. 85. (Übersetzung von H. St.)
1052 Opp, Karl-Dieter, Methodologie, 1970, S. 26.
1053 Vgl. Opp, Karl-Dieter, Methodologie, 1970, S. 19 ff. – Man vergegenwärtige sich, dass Opp damit zu der oben referierten Lehrmeinung im Widerspruch steht, wonach auch generelle bzw. universelle Urteile zur Beschreibung gehörten, solange damit keine Begründungszusammenhänge verknüpft seien.

konzentriert vermittelter Mitteilungen an der Vermittlungsverfassung dieses Massenmediums sein."[1054]

Einen – kleinen – Schritt weiter als Opp geht Achim Schrader, der die „univariate Analyse", d. h. die „Untersuchung der Verteilungen der Messeinheiten auf einer einzigen Merkmalsskala", mit anderen Worten also die Grundauszählung einer empirischen Studie, als Beschreibung versteht: „Die univariate Analyse wird auch – durchaus abwertend – deskriptive Analyse genannt, wenn nicht gar Deskription, wobei man sich den Begriff ‚Analyse' für höhere Untersuchungsformen reserviert. Gleichwohl kann auf die univariate Analyse nicht verzichtet werden, weil sie die nötige Vorstufe zu mehrvariaten Analyseformen ist."[1055]

Machen wir uns das Gemeinte an einem einfachen Beispiel klar: Wenn wir aus einer empirischen Studie[1056] die in der Tafel 39 wiedergegebenen Verteilungen von Beiträgen in verschiedenen Zeitungen/Zeitschriften sowie in unterschiedlichen Sachkontexten entnehmen, dann handelt es sich – je für sich – um Deskription des Untersuchungsgutes. Es ist nun allerdings schwer einzusehen, warum eine Kreuztabellierung solch univariater Verteilungen (also in diesem Falle aus Beitragsherkunft nach Medientypen und Beitragskontexten), eine bivariate Verarbeitung mithin, schon nicht mehr als ‚Deskription' des Untersuchungsgutes gelten soll, vielmehr als höherwertige Analyseform. Insoweit erscheint die Schradersche Gleichsetzung von Beschreibung mit univariater Analyse sicherlich als zu eng.

Immerhin aber – und dies ist wohl ein kleiner, aber bedeutsamer Schritt über Opps Konzeption hinaus – schärft Schrader den Blick dafür, dass zur Beschreibung nicht nur einzelne Beobachtungstatbestände gehören können, sondern auch *Quantifizierung* hier ihren Ort hat; ferner, dass zu einer Beschreibung Material aus den verschiedensten Perspektiven zusammengetragen werden muss (wie es ja bei der Grundauszählung einer empirischen Untersuchung mit ihren gewöhnlich vielfältigen Variablen der Fall ist).

„Deskriptives Schema"

Entscheidend weiter geht dagegen Hans L. Zetterberg. Was Opp und Schrader mit Beschreibung identifizieren (Singuläraussagen, einfache Ergebnisaggregationen), das korrespondiert bei ihm nur mehr oder minder mit der Ausfüllung dessen, was er „deskriptives Schema" nennt: eine „Begriffsanordnung", die den Forscher „zu den Phänomenen hinführt, denen er seine Aufmerksamkeit schenken will, und auch in der Reihenfolge, in der er sie untersuchen will (...) mit anderen Worten eine Serie von Begriffen in Form einer Kontrollliste für die Beobachtungen, die er protokollieren soll".[1057] Auf der Basis solch deskriptiver Schemata (die nichts anderes angeben als Dimensionen der Beschaffenheit von Untersuchungsgegenstän-

---

1054 Wagner, Hans, Rationalisierungsprozesse, 1995, S. 40.
1055 Schrader, Achim, Sozialforschung, 1971, S. 157.
1056 (Vereinfachte) Zahlen entnommen aus: Wagner, Hans, Medikamenten-Bild, 1984, S. 10–104.
1057 Zetterberg, Hans L., Forschung, 1967, S. 74; ders., Sociology, 1965, S. 57 ff.

den, also Taxonomien und noch keine Theorien darstellen) lassen sich nun deskriptive Untersuchungen anstellen, die wiederum zu Verfeinerung und Modifikation der ursprünglichen Schemata führen. Deskription wird also von Zetterberg insgesamt einer vollen empirischen Untersuchung gleichgesetzt – soweit es sich nicht um das Testen von Hypothesen (im Zetterbergschen Sprachgebrauch: ‚erklärende' oder ‚verifizierende' Untersuchungen[1058]) handelt: „Eine deskriptive Untersuchung gibt Definitionen für eine oder mehrere Eigenschaften und ordnet jeder Definition ein Forschungsvorgehen oder eine operationale Vorschrift zu, die die Eigenschaften in einer Auswahl (Sample) registriert oder misst, die aus einer bestimmten Bevölkerung gezogen ist."[1059] Besondere Aufmerksamkeit sei dabei der Gültigkeit und Zuverlässigkeit der operationalen Definitionen sowie der Repräsentativität des Samples zu widmen.[1060]

Schematisch werden die Schritte der ‚deskriptiven' und der ‚verifizierenden' Untersuchung nach Zetterberg in der Tafel 40 einander gegenübergestellt. Die deskriptive Untersuchung setzt danach bei nominellen Definitionen – „X = df (a, b, c, ...)" – an und prüft diese an empirischem Material. Die verifizierende Untersuchung setzt demgegenüber deskriptiv gewonnene nominelle Definitionen X_α und X_β zueinander in Beziehung und testet die Behauptung „Wenn X_α, dann X_β". Demgemäß muss in der verifizierenden Untersuchung über die Ansprüche der deskriptiven Untersuchung hinaus geprüft werden, ob der Trend des Datenmaterials der Richtung der Hypothese entspricht; ferner ist zu kontrollieren, ob der Zusammenhang zwischen X_α und X_β nicht auf einen dritten Einfluss außerhalb der zu validierenden Vermutung zurückzuführen ist.

Zetterberg demonstriert Ablauf und Relevanz der ‚deskriptiven Untersuchung' sehr instruktiv am Beispiel des bekannten Kinsey-Reports zum Sexualverhalten der Amerikaner: Aufgrund einer Klärung des Erkenntnisinteresses und theoretischer Vorüberlegungen gelangt Kinsey zu einer *nominellen Definition* „Sexualverhalten = df ‚Verhaltensablauf, dessen potentielles Ziel ein Orgasmus ist'". Die *operationale Vorschrift* der Untersuchung besteht nun darin, dass ein solches Verhalten mit mehreren Hundert einschlägigen Interviewfragen festgestellt wird, und zwar bei einer *Stichprobe* von 5300 weißen Männern und 5940 weißen Frauen aus der *Gesamtheit* „Bevölkerung der Vereinigten Staaten 1940–1950".

[1058] Vgl. Zetterberg, Hans L., Forschung, 1967, S. 79 ff.
[1059] Zetterberg, Hans L., Forschung, 1967, S. 75.
[1060] Vgl. ausführlich Zetterberg, Hans L., Forschung, 1967, S. 75–79.

T 39: Quantifizierende Beschreibung

Exempel für eine univariate Verteilung:
Berichterstattung über Medikamente

Medientypen:	Beiträge abs.	in %
Boulevardzeitung	250	17
Regionalzeitung	416	28
Überregionale Zeitung	529	36
Publikumszeitschrift	168	12
Magazin	103	7
Summe	1466	100

Sachkontext der Beitragsfundstellen:	Beiträge abs.	in %
Politik und Recht	214	15
Wirtschaft	198	14
Wissenschaft	381	26
Sport / Freizeit	132	9
Kunst / Kultur	25	2
Gesundheit	363	25
Gesellschaft / Umwelt	149	10
Sonstiges	4	0
Summe	1466	101*

* Rundungsfehler

(Vereinfachte) Zahlen aus: Wagner, Hans, Medikamenten-Bild, 1984, S. 10-104.

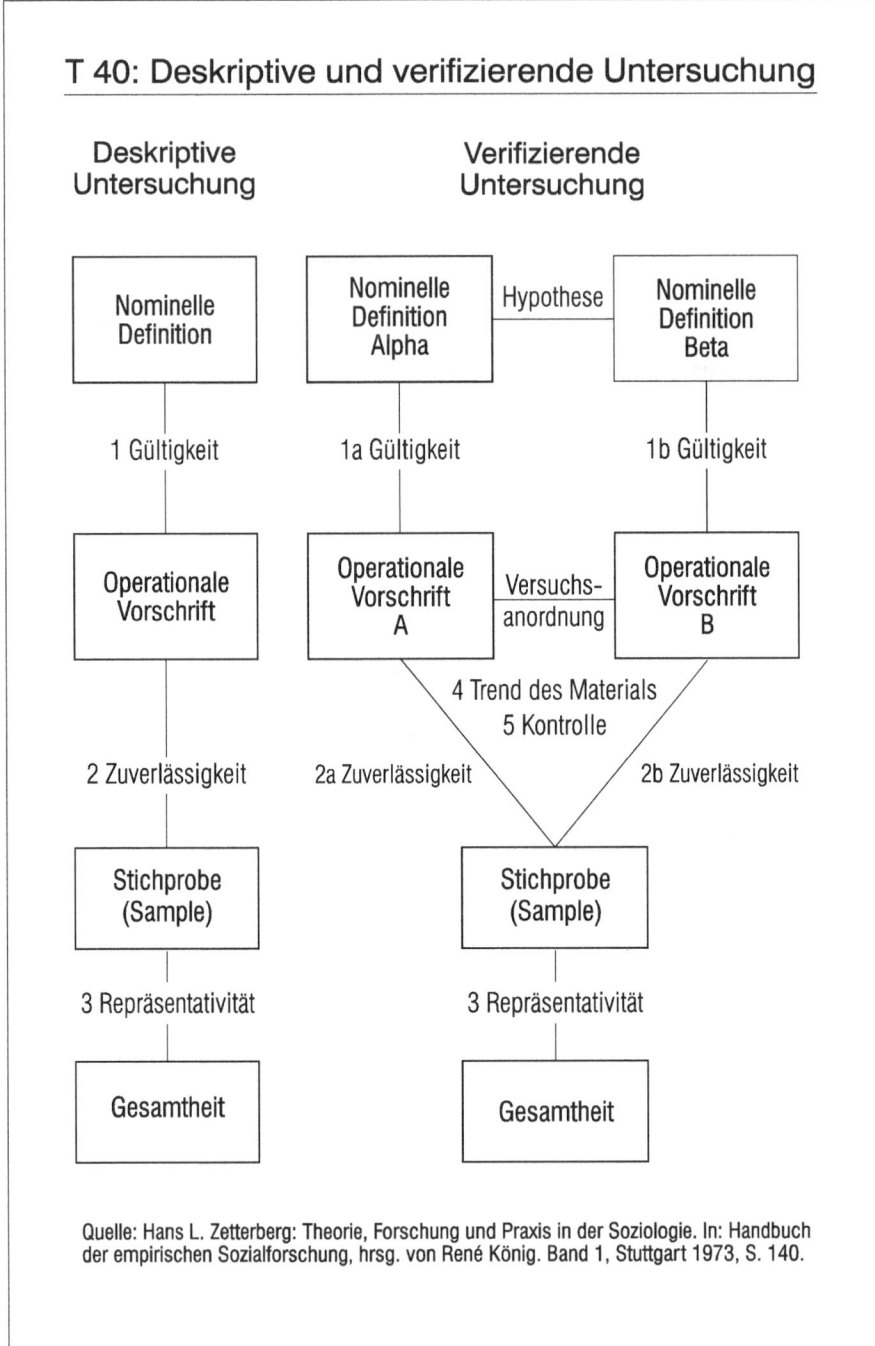

Es würde zu weit führen, an dieser Stelle die Untersuchungsprobleme der *Gültigkeit, Zuverlässigkeit* und *Repräsentativität* dieses Vorgehens im Detail zu erläutern. Einige Anmerkungen müssen genügen: Die in jeder Untersuchung zu lösende Frage der *Gültigkeit* (Validität) bezieht sich im engeren Sinne auf die Übereinstimmung der operationalen mit der nominellen Definition. (Konkret: „Sind die zum Sexualverhalten gestellten Fragen der Untersuchungsabsicht inhaltlich angemessen?") Jedoch scheint hier auch ein noch grundsätzlicheres Problem auf, nämlich, ob die operationale Vorschrift überhaupt taugt, relevante Ergebnisse hervorzubringen. (Konkret: Kinsey war an tatsächlichem Sexualverhalten interessiert, musste jedoch natürlich mit Aussagen über angebliches Verhalten vorliebnehmen. Getrennte Befragungen von Hunderten von Ehepartnern ergaben hier immerhin einen hohen Übereinstimmungsgrad.) *Zuverlässigkeit* (Reliabilität) meint die Stabilität eines bestimmten Untersuchungsinstruments in den Händen verschiedener Forscher oder beim Einsatz in verschiedenen Erhebungen. (Konkret: Kinsey und Mitarbeiter haben die Zuverlässigkeit ihrer Fragebatterien durch Wiederholung der Interviews bei einer Anzahl neuer Probanden getestet.) Die Frage der *Repräsentativität* wiederum berührt das Problem der Verallgemeinerbarkeit von Untersuchungsergebnissen, die an einer gewissen Stichprobe gewonnen sind, auf eine zugrundeliegende Population, d. h. eine Grundgesamtheit von Menschen – oder auch Gegenständen, etwa im Falle einer Inhaltsanalyse: von Medien oder von Beiträgen. (Konkret: Im Falle des Kinsey-Reports ist die für deskriptive Untersuchungen besonders wichtige Repräsentativität problematisch: Für die heikle Untersuchung stellten sich z. B. eher ‚liberaler' denkende Menschen von ‚höherem' formalen Bildungsgrad zur Verfügung; es gibt Grund zu der Annahme, dass deren Sexualpraktiken wiederum von denen anderer Bevölkerungsgruppen abweichen.) Am Schluss der Untersuchung steht jedenfalls eine im Rahmen des deskriptiven Schemas der Untersuchung gebändigte Datenfülle, die nun ihrerseits Stoff für weiterführende wissenschaftliche Unternehmungen liefert.

Wenn wir an fachlich näherliegende Beispiele denken wollen, dann bietet sich eine Vielzahl von deskriptiven Inhaltsanalysen und kommunikationsgeschichtlichen wie auch -theoretischen Abhandlungen an.[1061] Es wird hier darauf verzichtet, solche Untersuchungen im Sinne des soeben nach Zetterberg spezifizierten Kinsey-Reports darzustellen; bei so manchen sind die Ausgangsfragen komplizierter und ist demgemäß der Gang der Untersuchung verwickelter darzustellen als dort, wenn auch das Grundschema bleibt.

3. Leistungen der Deskription

Gehen die Meinungen schon bezüglich des Umfangs des deskriptiven Verfahrens auseinander, so gilt dies erst recht für dessen Leistungsfähigkeit. Hier seien eine stark *einschränkende* und eine *zuversichtliche* Position dargestellt.

1061 Exemplarisch sei hier verwiesen: für Inhaltsanalysen: auf Groth, Otto, Politische Presse, 1915; für historische Darstellungen: Koch, Ursula E., Berliner Presse, 1978; für theoriekonstruierende Abhandlungen: Schütz, Alfred, Bürger, 1972.

Die *einschränkende Position* nimmt Mario Bunge ein. Er bezieht Front gegen eine wissenschaftliche Haltung, die er „*Deskriptivismus*" nennt und der er unterstellt, sie beschränke sich auf Wie-Fragen, lasse Warum-Fragen jedoch nicht zu[1062]. Bunge unterscheidet dabei drei Arten von „Deskriptivismus":

1. den *radikalen* – er akzeptiert nur Daten, keine Erklärungen;
2. den „*black-boxistischen*" – er akzeptiert Daten und Oberflächen-Erklärungen (Black-Box-Erklärungen, d. h. bekannt sind Input und Output, aber nicht der Mechanismus eines Sachverhalts);
3. den „*antipiktoriellen*" – er akzeptiert neben Daten auch transempirische Erklärungen, solange es sich nicht um abbildbare Modelle, sondern um bloße symbolische Darstellungen handelt.

Letzterer Deskriptivismus sei noch akzeptabel als Sicherung gegen vereinfachendes Modelldenken; Schwierigkeiten entstehen nach Bunge hauptsächlich mit den ersten beiden Abarten. Wer solchen Deskriptivismus radikal vertrete, müsse sich sagen lassen, dass komplette Sachverhaltsbeschreibungen ohnehin unmöglich seien;[1063] allein „die Beschreibung all der – makro- und mikroskopischen – Fakten in (...) [einem] Hörsaal in einer Sekunde würde, selbst wenn technisch möglich, Jahrhunderte in Anspruch nehmen." Dazu komme noch, dass eine solche Beschreibung – sozusagen von Staubteilchen über die Sitzordnung bis hin zum Gegenstand der Vorlesung, um bei dem Hörsaal-Beispiel zu bleiben, ohnehin nutzlos wäre: In der Wissenschaft komme es stets nur auf solche Beschreibungselemente an, die aufgrund gezielter Fragestellungen als relevant ausgewählt werden müssten. Und dies sei eben eine Leistung, die niemals *allein* durch Deskription zu bewältigen sei, sondern das Vorhandensein theoretischer Erklärungen voraussetze.[1064]

In der Konsequenz heißt das nicht, dass Bunge Beschreibung in der Wissenschaft ganz abgeschafft sehen will. Er ist nur dafür, die Leistungsfähigkeit von Beschreibung sehr restriktiv zu bewerten. Wissenschaft bedarf nach Bunge immerhin sowohl „untheoretischer" wie „theoretischer" Beschreibungen: solcher, die sich überhaupt nicht auf theoretische Begriffe beziehen und Beobachtungen in Alltagssprache ausdrücken, und solcher, die sich wenigstens rudimentär an Theoriekonzepte halten. (Aber diese letzteren überschreiten nach Bunge ohnehin schon die Grenze zur „Erklärung".[1065])

Vielleicht wird das von Bunge Gemeinte klarer, wenn wir betrachten, wie er Beschreibung in den Forschungsprozess einbaut: als einen Unterpunkt von Beobachtung nämlich.[1066] Beobachtung aber umfasst nach Bunge folgende drei Schritte:

1062 Vgl. Bunge, Mario, Research 2, 1967, S. 54 f.
1063 Bunge, Mario, Research 2, 1967, S. 56. Bunge macht die Grenzen, die für pure Zustandsbeschreibung a posteriori gelten, drastisch evident: Für ein Universum N einfacher (strukturloser) Dinge, die linear angeordnet werden können, gebe es stets N^2 Einzelaussagen, die zu N! komplexen Aussagen über den Zustand des Universums zusammengefügt werden können. Mithin für N = 3: 9 Einzelaussagen, 6 komplexe Aussagen. Bereits für N = 10: 100 Einzelaussagen, 3.628.800 komplexe Aussagen! (Vgl. Bunge, Mario, Research 2, 1967, S. 187 f.)
1064 Bunge, Mario, Research 2, 1967, S. 56.
1065 Vgl. Bunge, Mario, Research 2, 1967, S. 58.
1066 Vgl. Bunge, Mario, Research 2, 1967, S. 163 f.

- die Auffassung und Identifizierung des Beobachtungsobjekts (‚*presentation*'),
- seine erste Einordnung (,*preliminary interpretation*') und endlich
- die Beschreibung des Aufgefassten und Eingeordneten (,*description*').

Formelhaft lassen sich diese drei – scheinbar so einfach dahingesagten – Schritte folgendermaßen darstellen (und Bunge ist ein Meister in der Kunst, das zu präzisieren, was alltäglich-unauffällig ist und darum unreflektiert bleibt):

- Subjekt w hat von Objekt y unter den Umständen z eine Perzeption x.
- Subjekt w unternimmt Interpretation v von Perzeption x als verursacht von Objekt y unter den Umständen z.
- Subjekt w formt Beschreibung u des Objekts y, das bei w die Perzeption x unter den Umständen z aufbaut, und zwar auf der Basis der vorläufigen Interpretation v mithilfe des expliziten Hintergrundwissens t.

Das Resultat der Beobachtung, eben Beschreibung, allerdings präzise auf den Begriff gebracht als Funktion aller genannten Faktoren[1067], wird dann verstanden lediglich als Rohmaterial für tiefergehende nachfolgende theoretische Interpretation.

Beschreibungen, so könnte man resümieren, sind für Bunge allenfalls Anstöße, um genuine wissenschaftliche Aktivität zu stimulieren, nämlich nicht-oberflächliche, tiefenstrukturierte Erklärungen zu liefern.

Sehr viel wohlwollender beurteilt Robert Dubin das Geschäft der Beschreibung. „*Descriptive research*" bedeutet für ihn nichts Geringeres als *Theoriekonstruktion* (im Gegensatz zu „*Hypothesis testing*", der empirischen Überprüfung solcher Theoriekonstruktion).[1068] Anders als Bunge – der, wie eben dargestellt, Beschreibung auch in den Prozess der Theoriebildung einordnet, jedoch als ganz untergeordnetes Hilfsmittel im Vorstadium aller Erklärung – besteht Dubin darauf, dass exakte Beschreibung „einen fundamentalen Platz in jeder Wissenschaft einnimmt. (...) [Sie] stellt das Material bereit, um die begrifflichen Bausteine einer Theorie zu entwickeln, bestimmt deren Beziehungsgesetze, Anwendungsbereiche und Erkenntnisgrenzen. Ohne adäquate Beschreibung hätten wir keine Modelle, die eine Verbindung zu der Realität herstellen, die der Mensch wahrnimmt und die er theoretisch zu erklären sucht."[1069]

Im Übrigen beklagt Dubin, dass solcher deskriptiven Forschung viel zu wenig Aufmerksamkeit geschenkt werde (nicht zuletzt, weil der Großteil der üblichen Forschungsförderung einseitig auf hypothesentestende Untersuchungen entfalle), und macht darauf aufmerksam, dass bedeutende Beiträge zur Wissenschaft rein deskriptive Untersuchungen seien:[1070] Dazu zählen Einsteins Relativitätstheorie ebenso wie die bahnbrechenden sozialwissenschaftlichen Arbeiten von Thomas und Znaniecki („*The Polish Peasant in Europe and America*") oder Stouffer et al.

1067 Die Formel für Beschreibung lautet dann: u = f (t, v, w, x, y, z).
1068 Vgl. Dubin, Robert, Theory, 1969, S. 226.
1069 Dubin, Robert, Theory, 1969, S. 227 (Übersetzung von H. St.).
1070 Vgl. Dubin, Robert, Theory, 1969, S. 226 f.

(„*The American Soldier*"). Anzustreben sei ein immerwährendes Miteinander von (deskriptivem) Theorien*bau* und (empirischem) Theorientest.[1071]

4. Zwischen Erzählen und Erklären

Mit all diesen verschiedenen Aspekten sind wir nun eigentlich in ein Labyrinth geraten. Woran sollen wir uns halten, als was ist Deskription letztlich sinnvoll anzusprechen? Begrenzte Einzelaussage, univariate Analyse, vollständige empirische Untersuchung aufgrund deskriptiver Schemata? Und was leistet sie wissenschaftlich? Bloße Aufgreifkriterien für den Theorienbau oder eben diesen Theorienbau selbst?

Nehmen wir hier noch einmal Wundt beim Wort: *Beschreiben* steht zwischen *Erzählen* und *Erklären*.[1072] Hinreichend klar ist aus der bisher verfolgten Diskussion, und zwar vornehmlich aus den Beiträgen von Zetterberg und Dubin, wohl erst eine Unterscheidungsmöglichkeit *zwischen dem Beschreiben und dem Erklären* hervorgegangen, beides vorab verstanden als legitime wissenschaftliche Aktivität: Beschreibung produziert danach Kenntnis von einfachen wie komplexen Einzelsachverhalten, Erklärung validiert darüber hinaus kausale Verbindungslinien zwischen Sachverhalten.

Solange man diese beiden Perspektiven wissenschaftlichen Vorgehens nicht reifiziert und als strikt getrennte Bereiche einander gegenüberstellt (womöglich wertend: ‚bloße' Deskription gegenüber ‚einzig leistungsfähiger' Erklärung), anstatt auf die wechselseitige Ergänzungsbedürftigkeit der Perspektiven zu achten, lässt es sich mit dieser einen Unterscheidung leben. Wie aber steht es mit *Beschreiben und Erzählen*? Mit anderen Worten: Kann es gelingen, auch an der Nahtstelle zwischen vorwissenschaftlicher und wissenschaftlich adäquater Sachverhaltsschilderung eine halbwegs eindeutige Unterscheidung herbeizuführen, die ja erst endgültig über die Dignität von Beschreibung als einem wissenschaftlich zureichenden Konzept entschiede?

Es will scheinen, als könnten all die referierten Positionen und Ansatzpunkte – unter einer Bedingung – fruchtbar gemacht und perspektivisch miteinander verknüpft werden, um ebendies zu leisten. Unter der Bedingung nämlich, dass die Strukturähnlichkeit (wenn nicht Identität) von deskriptiver Definition und Typifikation gesehen wird: Deskriptive Definition gibt, wie wir bereits erfahren haben, einen „Komplex (...) von Eigenschaften" zur Kenntnis, „welche getrennt auch anderen Dingen zukommen, jedoch durch ihre eigentümliche Verbindung bei einem bestimmten Ding dieses kennzeichnen". Und Ideal-Typenbildung vollzieht sich – gemäß der klassischen Formulierung Max Webers – „durch einseitige Steigerung eines oder einiger Gesichtspunkte und durch Zusammenschluss einer Fülle von (...) Einzelerscheinungen, die sich jenen einseitig herausgehobenen Gesichtspunkten fügen, zu einem in sich einheitlichen Gedankenbilde".[1073] Deskriptive Defini-

---

1071 Vgl. Dubin, Robert, Theory, 1969, S. 231.
1072 Siehe weiter oben: S. 363 f.
1073 Weber, Max, Objektivität, ⁴1973, S. 191. – Über die Konstruktion von (Ideal-)Typen vgl. in diesem Band ausführlich das 9. Kapitel.

tion wie Typifikation verlangt mithin die Heraushebung bestimmter Identifikationsmerkmale aus einer Fülle möglicher Kriterien sowie deren Zusammenschluss zu einem aussagekräftigen Profil.

Lassen wir uns an diesem Punkt Wundts Unterscheidung zwischen „Beschreiben" und „Erzählen" noch einmal durch den Kopf gehen, und nehmen wir Bunges Einlassungen über die Uferlosigkeit bloßer Beschreibung dazu. Im Grunde meinen beide etwas Ähnliches, bedienen sich aber ganz verschiedener Ausdrücke: Wundt sagt „Erzählen", wo er ein naturwüchsiges Abschildern aller nur denkbaren Aspekte ohne durchgängig durchgehaltene systematische Rücksichten anspricht, und reserviert den Ausdruck „Beschreiben" für die systematische Selektion wesentlicher, „bleibender Eigenschaften an den Gegenständen". Bunge hingegen nennt erst einmal beides „Deskription" und trifft erst dann eine mehr oder minder vage Unterscheidung zwischen „untheoretischer" und „theoretischer" Deskription, wobei er aber die letztere als eigentlich bereits zur Erklärung gehörig verleugnet;[1074] seine Ausdrucksweise verdeckt das Problem also eher, wo man es verschärfen müsste.

Doch wie auch immer die Terminologie – von deren Schwanken man sich keinesfalls irre machen lassen darf –, beide Autoren stimmen in einem Punkt überein: Wenn es so etwas wie theoriegeleitete und darum wissenschaftswürdige Beschreibung überhaupt geben sollte, dann muss sie aus dem unübersehbaren Universum möglicher Beobachtungspunkte das herausheben, was im gewählten Frageaspekt relevant erscheint. Genau dies aber wird wohl nur durch Herausholung des je „Typischen" der zu beschreibenden Sachverhalte zu leisten sein. Jedenfalls ist dies ein Lösungsweg, der in der wissenschaftstheoretischen Literatur seit Langem herausgestellt wird; Bunges Bedenken gegenüber der wissenschaftlichen Leistungsfähigkeit von Deskription sind schon lange vor ihm geäußert worden – nicht so plakativ wie in seinem Hörsaal-Beispiel und der daran anschließenden Verallgemeinerung, doch womöglich viel radikaler: Heinrich Rickert hat in einem oft missverstandenen und gelegentlich angefeindeten Werk Folgendes ausgeführt: „Man versuche nur einmal, die Wirklichkeit *genau* zu ‚beschreiben', d. h. sie mit allen ihren Einzelheiten, ‚so wie sie ist', in Begriffe aufzunehmen, um dadurch ein Abbild von ihr zu bekommen, und man wird wohl bald die Sinnlosigkeit eines derartigen Unternehmens einsehen. Die empirische Wirklichkeit nämlich erweist sich als eine für uns unübersehbare Mannigfaltigkeit, die immer größer zu werden scheint, je mehr wir uns in sie vertiefen und sie in ihre Einzelheiten aufzulösen beginnen, denn auch das ‚kleinste' Stück enthält mehr, als irgendein endlicher Mensch zu beschreiben vermag, ja, was er davon in seine Begriffe und damit in seine Erkenntnis aufnehmen kann, ist geradezu verschwindend gering gegen das, was er beiseite lassen muss."[1075] Rickerts Konsequenz aus dieser Einsicht ist, dass nicht ein „Abbilden durch Beschreibung der ‚Phänomene'" gefordert sei, sondern ein „Umbilden, [das] …, im Vergleich zum Wirklichen selbst, immer Vereinfachen ist".[1076]

1074 Siehe weiter oben: S. 372.
1075 Rickert, Heinrich, Kulturwissenschaft, [7]1926, S. 30 f.
1076 Rickert, Heinrich, Kulturwissenschaft, [7]1926, S. 31.

Es ist hier nicht der Ort, Rickerts komplexe Lösungsansätze darzustellen, wie der wissenschaftliche Begriff durch jenes Vereinfachen „Macht über das Wirkliche bekommt", wie man „das Wesentliche vom Unwesentlichen scheiden" lernt[1077] in individualisierender und generalisierender Betrachtungsweise. Nur so viel sei daraus angedeutet, dass – in historisch-kulturwissenschaftlichem Aspekt, also mit Blick auf geistig-geschichtliche Hervorbringungen, Menschen und Menschenwerk – eine Synthese aus Individualisierung und Generalisierung zu sogenannten „relativ besonderen" oder auch „relativ historisch" genannten „Gruppenbegriffen" führt.[1078] Rickert braucht hier zwar nicht den Terminus, doch nichts anderes haben wir nach der wissenschaftslogischen Konstruktion vor uns als den „Idealtyp, [in dem] (…) sich generalisierendes und individualisierendes Verstehen [verbinden]".[1079]

Ein Versuch, das Konzept ‚Beschreibung' aufgrund der Strukturähnlichkeit von deskriptiver Definition und Typifikation einzuordnen, könnte nach dem Gesagten dann etwa so aussehen, wie in Tafel 41 dargestellt: Wir spannen dazu ein einfaches Koordinatensystem auf, dessen waagerechte Achse von den komplementären Denkbewegungen Individualisierung (Konkretion des Wesentlichen eines Einzelphänomens aus der Fülle seiner wahrnehmbaren Eigenschaften) und Generalisierung (Abstraktion eines Regelschemas aus Einzelphänomenen) gebildet wird; die Senkrechte sei das Kontinuum wissenschaftlicher Verfahrensebenen zwischen punktueller Einzelbeobachtung und vollständiger (empirischer) Untersuchung. Je weiter wir uns dem Pol der Individualisierung nähern und uns von dem der Generalisierung entfernen, desto mehr geraten wir – cum grano salis gesagt – auf das ‚idiografische' Gebiet des ‚Erzählens' – umgekehrt auf das ‚nomothetische' Gebiet des ‚Erklärens'. Das Gebiet der Deskription umfasst dann die Mittellage zwischen Erzählen und Erklären dergestalt, dass sich in die vier Quadranten – mit der nötigen Vereinfachung gesagt – vier verschiedene Typifikationsmuster projizieren lassen, die erst zusammen die weitgespannten Möglichkeiten der Deskription zur zielgerichteten Fixierung des „Wesentlichen" ausmachen.

Da in diesem Buch der Typenbildung ein eigenes Kapitel gewidmet ist, braucht auf die einzelnen Varianten nur stichwortartig eingegangen zu werden: Im ersten Quadranten, gebildet durch eher individualisierende Denkweise und eher erweiterungsfähige wissenschaftliche Aktivität, wäre dann wohl der *Individualtyp* anzusiedeln, jener Typus niedrigen Abstraktionsgrades, der „als ‚konkrete Gestalt'" alle möglichen „historischen Einzelerscheinungen" zu verkörpern vermag.[1080] Im zweiten Quadranten (eher individualisierende Denkweise, eher vollständige wissenschaftliche Untersuchung) käme dagegen der *Durchschnitts-* resp. *Häufigkeitstyp* zu liegen: quantitative Größen wie Modalpersönlichkeiten sind hier zu subsumieren.[1081] Der *Idealtyp im engeren Sinne* findet sich nach diesem Muster erst im

---

1077 Rickert, Heinrich, Kulturwissenschaft, ⁷1926, S. 33, 35.
1078 Vgl. Rickert, Heinrich, Kulturwissenschaft, ⁷1926, S. 106 ff.
1079 Bühl, Walter L., Soziologie, 1972, Einleitung S. 40.
1080 Vgl. Neuhauser, Gertrud, Methodik, 1967, S. 122.
1081 Vgl. Winckelmann, Johannes, Idealtypus, ²1969, S. 438–441.

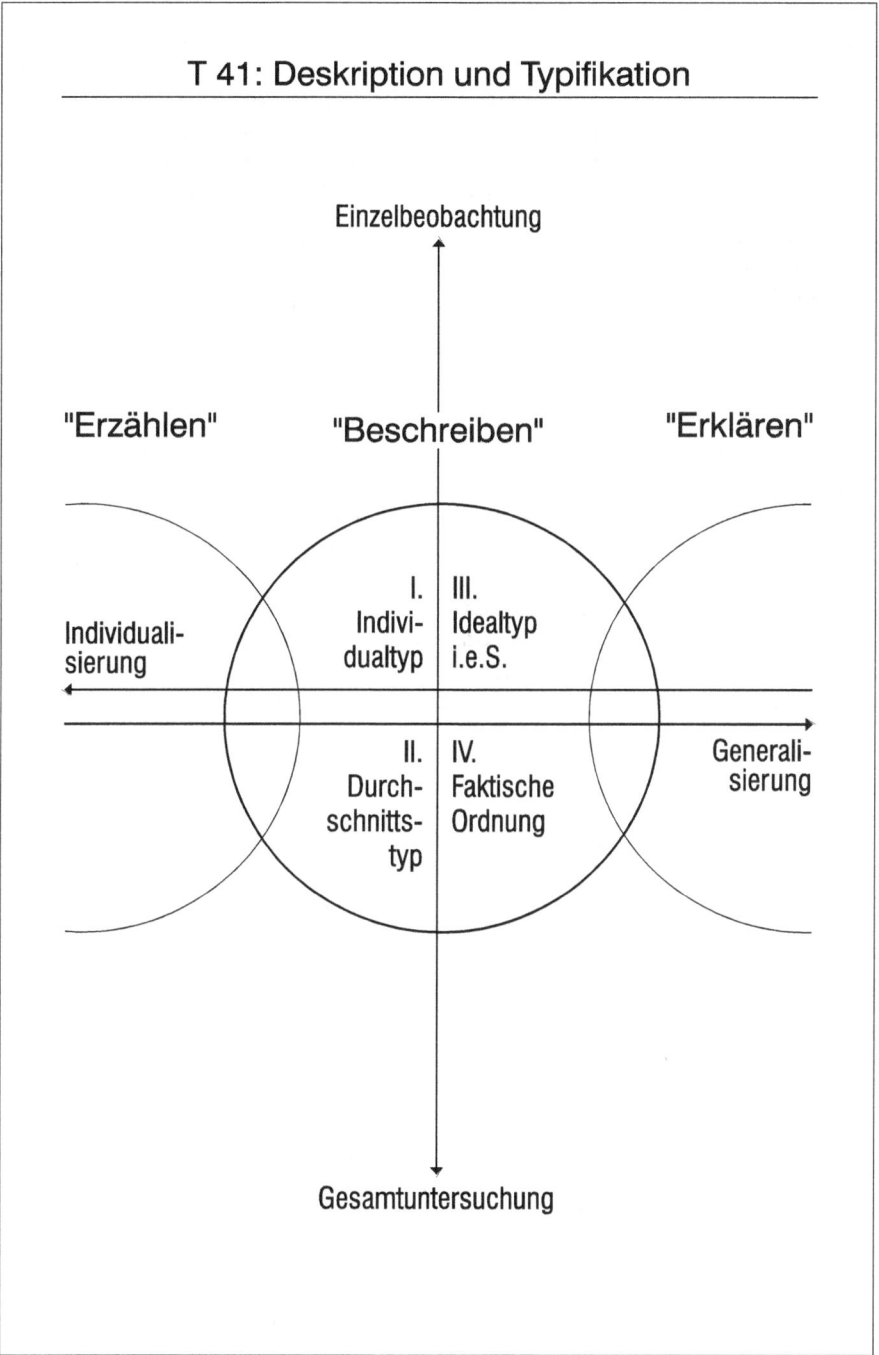

dritten Quadranten (eher generalisierende Sichtweise, eher erweiterungsfähige wissenschaftliche Aktivität): als in begrifflicher Reinheit komponiertes Abstands-Messmodell für reale Phänomene. Und schließlich bauen sich im letzten und vierten Quadranten (eher generalisierende Denkweise, eher vollständige wissenschaftliche Untersuchung) Idealtypen zu *faktischen Ordnungen* zusammen, „wie aus zwei Dutzend Buchstaben eine gewaltige Mannigfaltigkeit von Worten verschiedener Zusammensetzung und verschiedener Länge gebildet werden kann!"[1082]

Deskription reicht in ihren Möglichkeiten demnach von der Protokollierung relevanter Einzelmerkmale bis hin zu ausgewachsenen Studien historisch-kulturwissenschaftlicher (aber selbstredend auch naturwissenschaftlicher[1083]) Provenienz. Mit diesem Schema finden wir so auch die beschriebenen Hauptpositionen der herangezogenen Literatur wieder: Solange nämlich Deskription dank typifizierenden Ansatzes nicht naives Erzählen „vom Hundertsten ins Tausendste" heißt, sondern Fixierung der typischen Merkmalskonstellation eines zu erhellenden Sachverhaltes auf der Basis eines zugrundeliegenden Theorieansatzes, solange Deskription also dem Dilemma des „Dataismus" (Bunge), der Zerfaserung in Millionen nichtssagender Einzeldaten, entgeht, solange kann auch akzeptiert werden, dass es dabei um die Vorbereitung von Theoriekonstruktion geht (Dubin). Dann ist es auch lediglich eine Frage der jeweiligen Verfahrensebene, ob Deskription nun gerade durch protokollierte Existenzaussagen (Opp), summative Zusammenfassungen (Schrader) oder gesamte empirische Untersuchungen (Zetterberg) geschieht. Dass derartige Deskription dann jedenfalls nach den Regeln theoriegeleiteter Beobachtung[1084] zu fixieren ist (Bunge), ist hierzu kein Widerspruch.

[1082] Eucken, Walter, Nationalökonomie, [7]1959, S. 72. – Dass Eucken Max Webers Konzeption des Idealtypus scharfer Kritik unterzieht und sich insoweit „faktische Ordnungen" nicht bruchlos an das wohl wichtigste Konzept des „Idealtypus" anschließen, sei in diesem Zusammenhang vernachlässigt. – Vgl. auch Eucken, Walter, Nationalökonomie, [7]1959, S. 238 ff.

[1083] Erinnern wir uns daran, dass – wie oben ausgeführt – Deskription im modernen Verständnis zuvörderst in den Naturwissenschaften entwickelt wurde!

[1084] Siegfried Lamnek (Sozialforschung 1, 1988, S. 62) referiert hierfür im Anschluss an Alwin Diemer folgende Forderungen: „1. Schlicht sehen lassen und beschreiben. 2. Nur das Phänomen sehen und beschreiben. 3. So unvoreingenommen wie möglich sehen und beschreiben. 4. So genau wie möglich sehen und beschreiben. 5. So einfach wie möglich sehen und beschreiben. 6. So vollständig wie möglich sehen und beschreiben. 7. Nur in den Grenzen der Phänomengegebenheit sich bewegen." – Siehe dazu auch Kapitel 4: Phänomenologische Beschreibung in diesem Band.

Literaturverzeichnis

(Das Titelstichwort, kombiniert mit dem Erscheinungsjahr, das jeweils in eckigen Klammern nach den Verfasser- bzw. Herausgebernamen angegeben ist, dient in der Regel als Kurzbeleg des Werkes in den Fußnoten dieses Bandes sowie zur Titelangabe von Sammelwerken im Falle unselbständiger Arbeiten in diesem Literaturverzeichnis. Wenn mehrere Auflagen desselben Werkes in diesem Band zitiert wurden, sind in den Kurzbelegen dieses Literaturverzeichnisses ebenso wie bei den Angaben des Erscheinungsortes und des Erscheinungsjahrs sämtliche benutzten Auflagen verzeichnet.)

Aarebrot, Frank H./Bakka, Pal H. [Methode, 1987]: Die Vergleichende Methode in der Politikwissenschaft. In: Berg-Schlosser, Dirk/Müller-Rommel, Ferdinand (Hrsg.): Vergleichende Politikwissenschaft. Ein einführendes Handbuch. Opladen 1987, S. 45–62.

Abels, Heinz [Interaktion, 1998]: Interaktion, Identität, Präsentation. Kleine Einführung in interpretative Theorien der Soziologie. Opladen 1998.

Altheide, David L. [Media Analysis, 1996]: Qualitative Media Analysis. Thousand Oaks/London/New Delhi 1996.

Altmeppen, Klaus-Dieter [Redaktionen, 1999]: Redaktionen als Koordinationszentren. Beobachtungen journalistischen Handelns. Opladen/Wiesbaden 1999.

Andermann, Ulrich/Drees, Martin/Grätz, Frank [Arbeiten, ^{3}2006]: Wie verfasst man wissenschaftliche Arbeiten? Mannheim u. a. ^{3}2006.

Arbeitsgruppe Bielefelder Soziologen [Gruppendiskussionsverfahren, 1976]: Das Gruppendiskussionsverfahren. In: dies.: Kommunikative Sozialforschung. Reinbek bei Hamburg 1976, S. 130–140.

Aswerus, Bernd M. [Sozialgeschehen, 1955]: Die geistige Determinante im Kultur- und Sozialgeschehen bei Max Weber. Phil. Diss. (Mskr.) München 1955.

Aswerus, Bernd M. [Zeitgespräch, 1993]: Vom Zeitgespräch der Gesellschaft. (Hrsg. von Hans Wagner.) München 1993.

Atkinson, J. Maxwell/Heritage, John (Hrsg.) [Structures, 1984]: Structures of Social Action: Studies in Conversation Analysis. Cambridge 1984.

Atkinson, Paul/Hammersley, Martyn [Ethnography, 1994]: Ethnography and Participant Observation. In: Denzin, Norman K./Lincoln, Yvonna S. (Hrsg.): Handbook of Qualitative Research. Thousand Oaks u. a. 1994, S. 248–261.

Aufenanger, Stefan [Qualitative Analyse, 1991]: Qualitative Analyse semi-struktureller Interviews. – Ein Werkstattbericht. In: Garz, Detlef/Kraimer, Klaus (Hrsg.): Sozialforschung, 1991, S. 35–59.

Averbeck-Lietz, Stefanie/Meyen, Michael (Hrsg.) [Handbuch, 2016]: Handbuch nicht standardisierte Methoden in der Kommunikationswissenschaft. Wiesbaden 2016.

Ayaß, Ruth [Transkribieren, 2017]: Transkribieren. In: Mikos, Lothar/Wegener, Claudia (Hrsg.), Medienforschung, Konstanz/München ^{2}2017, S. 421–432.

Ayaß, Ruth/Bergmann, Jörg (Hrsg.) [Medienforschung, 2006]: Qualitative Methoden der Medienforschung. Reinbek 2006, S. 274–292.

Baumert, Dieter Paul [Journalismus, 1928]: Die Entstehung des deutschen Journalismus. Eine sozialgeschichtliche Studie. München/Leipzig 1928.

Beck, Klaus/Büser, Till/Schubert, Christiane: Mediengenerationen. Biografische und kollektivbiografische Muster des Medienhandelns. Konstanz und München 2016.

Becker, Howard [Soziologie, o.J.]: Soziologie als Wissenschaft vom sozialen Handeln. (Bearb. und hrsg. v. Burkart Holzner.) Würzburg o. J.

Behmer, Markus [Quellen, 2008]: Quellen selbst erstellen. Grundzüge, Anwendungsfelder und Probleme von Oral History in der medien- und kommunikationsgeschichtlichen Forschung. In: Arnold, Klaus/Behmer, Markus/Semrad, Bernd (Hrsg.): Kommunikations-

geschichte. Positionen und Werkzeuge. Ein diskursives Hand- und Lehrbuch. Münster 2008, S. 343–361.
Behmer, Markus (Hrsg.) [Gedächtnis, 2014]: Das Gedächtnis des Rundfunks. Wiesbaden 2014.
Bentele, Günter/Ruoff, Robert (Hrsg.) [Medien, 1982]: Wie objektiv sind unsere Medien? Frankfurt a. M. 1982.
Berelson, Bernard [Content Analysis, 1952]: Content Analysis in Communication Research. Glencoe 1952.
Berg, Klaus/Kiefer, Marie-Luise (Hrsg.) [Massenkommunikation V, 1996]: Massenkommunikation V. Eine Langzeitstudie zur Mediennutzung und Medienbewertung 1964–1995. Baden-Baden 1996.
Bergmann, Jörg R. [Klatsch, 1987]: Klatsch. Zur Sozialform der diskreten Indiskretion. Berlin 1987.
Bergmann, Jörg R. [Studienbrief, 1988]: Ethnomethodologie und Konversationsanalyse. (Studienbrief mit drei Kurseinheiten [KE]). Fern-Universität Gesamthochschule Hagen 1988.
Bergmann, Jörg R. [Feuerwehrnotrufe, 1993]: Alarmiertes Verstehen: Kommunikation in Feuerwehrnotrufen. In: Jung, Thomas/Müller-Doohm, Stefan (Hrsg.), Deutungsprozeß, Frankfurt a. M. 1993, S. 283–328.
Bergmann, Jörg R. [Klatschkommunikation, 1994]: Detaillierung – Typisierung – Skandalisierung: Über das (unterhaltsame) Konstruieren von Wirklichkeit in der Klatschkommunikation. In: Bosshart, Louis/Hoffmann-Riem, Wolfgang (Hrsg.): Medienlust und Mediennutz. München 1994, S. 114–125.
Bergmann, Jörg R. [Konversationsanalyse, 1994]: Ethnomethodologische Konversationsanalyse. In: Fritz, G./Hundsnurscher, F. (Hrsg.), Handbuch der Dialoganalyse. Tübingen 1994, S. 3–16.
Bergmann, Jörg R. [Konversationsanalyse, 1995]: Konversationsanalyse. In: Flick, Uwe u. a. (Hrsg.), Handbuch, Weinheim ²1995, S. 213–218.
Bergmann, Jörg R. [Ethnomethodologie, 1995]: "Studies of Work"/Ethnomethodologie. In: Flick, Uwe u. a. (Hrsg.), Handbuch, Weinheim ²1995, S. 269–272.
Bergmann, Jörg R. [Garfinkel, 2003]: Harold Garfinkel und Harvey Sacks. In: Flick, Uwe/ Ernst von Kardorff/Ines Steinke (Hrsg.), Forschung, Reinbek ²2003, S. 118–135.
Berg-Schlosser, Dirk/Müller-Rommel, Ferdinand [Stellenwert, 1987]: Entwicklung und Stellenwert der Vergleichenden Politikwissenschaft. In: dies., Politikwissenschaft, Opladen 1987, S. 9–22.
Berg-Schlosser, Dirk/Müller-Rommel, Ferdinand (Hrsg.) [Politikwissenschaft, 1987]: Vergleichende Politikwissenschaft. Ein einführendes Handbuch. Opladen 1987.
Berg-Schlosser, Dirk/Stammen, Theo [Politikwissenschaft, ⁶1995]: Einführung in die Politikwissenschaft. München ⁶1995.
Bernsdorf, Wilhelm (Hrsg.) [Soziologie, 1969]: Wörterbuch der Soziologie. Stuttgart 1969.
Best, Heinrich/Schröder, Wilhelm Heinz [Sozialforschung, 1988]: Quantitative historische Sozialforschung. In: Meier, Christian/Rüsen, Jörn (Hrsg.), Historische Methode. München 1988, S. 235–266.
Beyme, Klaus von [Vergleich, 1988]: Der Vergleich in der Politikwissenschaft. München/ Zürich 1988.
Bobrowsky, Manfred/Langenbucher, Wolfgang R. (Hrsg.) [Kommunikationsgeschichte, 1987]: Wege zur Kommunikationsgeschichte. München 1987.
Böhm, Andreas [Codieren, 2000]: Theoretisches Codieren: Textanalyse in der Grounded Theory. In: Flick, Uwe/Kardorff, Ernst von/Steinke, Ines (Hrsg.), Forschung, Reinbek 2000, S. 475–485.
Bogel, Else/Blühm, Elger [Zeitungen, 1971/1985]: Die deutschen Zeitungen des 17. Jahrhunderts. Ein Bestandsverzeichnis mit hist. u. bibl. Angaben. Bd. I: Text. Bd. II: Abbildungen. Bremen 1971. Bd. III: Nachtrag. München u. a. 1985.

Bohnsack, Ralf [Generation, 1989]: Generation, Milieu und Geschlecht. Ergebnisse aus Gruppendiskussionen mit Jugendlichen. Opladen 1989.
Bohnsack, Ralf [Methode, 1997]: Dokumentarische Methode. In: Hitzler, Ronald/Honer, Anne (Hrsg.), Hermeneutik, Opladen 1997, S. 191–212.
Bohnsack, Ralf [Milieuforschung, 1997]: Gruppendiskussionsverfahren und Milieuforschung. In: Friebertshäuser, Barbara/Prengel, Annedore (Hrsg.): Handbuch qualitativer Forschungsmethoden in der Erziehungswissenschaft. Weinheim/München 1997, S. 492–502.
Bohnsack, Ralf [Gruppendiskussion, 2000]: Gruppendiskussion. In: Flick, Uwe/Kardorff, Ernst von/Steinke, Ines (Hrsg.), Forschung, Reinbek 2000, S. 369–384.
Bohnsack, Ralf [Gruppendiskussionsverfahren, 2001]: Gruppendiskussionsverfahren. In: Hug, Theo (Hrsg.): Wie kommt Wissenschaft zu Wissen? Bd. 2: Einführung in die Forschungsmethodik und Forschungspraxis. Baltmannsweiler 2001, S. 324–341.
Bohnsack, Ralf [Sozialforschung, [9]2014]: Rekonstruktive Sozialforschung. Einführung in qualitative Methoden. Opladen/Toronto [9]2014.
Bohnsack, Ralf/Przyborski, Aglaja/Schäffer, Burkhard [Einleitung, 2010]: Einleitung: Gruppendiskussionen als Methode rekonstruktiver Sozialforschung. In: Dies. (Hrsg.): Das Gruppendiskussionsverfahren in der Forschungspraxis. Opladen/Farmington Hills, MI [2]2010, S. 7–22.
Bohrmann, Hans/Toepser-Ziegert, Gabriele (Hrsg.) [Mikrofilmarchiv, [11]2003]: Mikrofilmarchiv der deutschsprachigen Presse e.V. (Bestandsverzeichnis). Berlin [11]2003.
Brachmann, Botho [Quellengattungen, 2012]: Moderne Quellengattungen. Neue Medien, Massenmedien und Internet. In: Beck, Friedrich/Henning, Eckart (Hrsg.): Die archivalischen Quellen. Mit einer Einführung in die Historischen Hilfswissenschaften. 5. Aufl. Wien/Köln/Weimar 2012, S. 182–208.
Brandt, Ahasver von [Werkzeug, [18]2012]: Werkzeug des Historikers. Eine Einführung in die Historischen Hilfswissenschaften. Mit aktualisierten Literaturnachträgen und einem Nachwort von Franz Fuchs. Stuttgart [18]2012.
Brosius, Hans-Bernd [Alltagsrationalität, 1995]: Alltagsrationalität in der Nachrichtenrezeption. Opladen 1995.
Brüsemeister, Thomas [Forschung, 2000]: Qualitative Forschung. Ein Überblick. Wiesbaden 2000.
Brugger, Walter [Wörterbuch, [5]1953]: Philosophisches Wörterbuch. Freiburg [5]1953.
Bühl, Walter L. [Soziologie, 1972]: Verstehende Soziologie. Grundzüge und Entwicklungstendenzen. München 1972.
Bühl, Walter L. [Wissenschaftssoziologie, 1974]: Einführung in die Wissenschaftssoziologie. München 1974.
Bühler, Karl [Axiomatik, [2]1976]: Axiomatik der Sprachwissenschaften. Einleitung und Kommentar v. Elisabeth Ströker. Frankfurt a. M. [2]1976. (Originalausgabe: Frankfurt 1933)
Bühler, Karl [Sprachtheorie, 1982]: Sprachtheorie. Die Darstellungsfunktion der Sprache. Stuttgart 1982 [1934].
Bunge, Mario [Research 1/2, 1967]: Scientific Research. 2 Bände. Berlin 1967.
Burkart, Roland [Kommunikationsgeschichte, 1987]: Kommunikationstheorie und Kommunikationsgeschichte. In: Bobrowsky, Manfred/Langenbucher, Wolfgang R. (Hrsg.), Kommunikationsgeschichte, München 1987, S. 58–70.
Bussemer, Thymian [Propaganda, 2005]: „Über Propaganda zu diskutieren, hat wenig Zweck". Zur Medien- und Propagandapolitik von Joseph Goebbels. In: Hachmeister, Lutz/Kloft, Michael (Hrsg.): Das Goebbels-Experiment. Propaganda und Politik. München: Deutsche Verlags-Anstalt, S. 49–63 u. 118–119 (Anmerkungen).
Chalmers, Alan F. [Wissenschaftstheorie, 1986]: Wege der Wissenschaft. Einführung in die Wissenschaftstheorie. (Hrsg. und übers. v. N. Bergemann und J. Prümper.) Berlin/Heidelberg 1986.

Charlton, Michael/Neumann, Klaus [Medienkonsum, 1986]: Medienkonsum und Lebensbewältigung in der Familie. Methode und Ergebnisse der strukturanalytischen Rezeptionsforschung – mit fünf Falldarstellungen. München/Weinheim 1986.
Christmann, Gabriela B. [Inhaltsanalyse, 2006]: Inhaltsanalyse. In: Ayaß, Ruth/Bergmann, Jörg (Hrsg.), Medienforschung, Reinbek 2006, S. 274–292.
Cornelissen, Waltraud [Klischee, 1994]: Klischee oder Leitbild? Geschlechtsspezifische Rezeption von Frauen- und Männerbildern im Fernsehen. Opladen 1994.
Cohen, Martin [Rätsel, ^{10}2006]: 99 philosophische Rätsel. München ^{10}2006.
Dahinden, Urs/Sturzenegger, Sabina/Neuroni, Alessia C. [Arbeiten, 2006]: Wissenschaftliches Arbeiten in der Kommunikationswissenschaft. Bern u. a. 2006.
Danner, Helmut [Pädagogik, 1979, ^{3}1994]: Methoden geisteswissenschaftlicher Pädagogik. Einführung in Hermeneutik, Phänomenologie und Dialektik. München/Basel 1979, ^{3}1994.
Dempf, Alois [Anthropologie, 1959]: Theoretische Anthropologie. München 1950.
Dempf, Alois [Philosophie, ^{2}1952]: Christliche Philosophie. Der Mensch zwischen Gott und der Welt. Bonn ^{2}1952.
Dempf, Alois [Imperium, 1954]: Sacrum Imperium. Geschichts- und Staatsphilosophie des Mittelalters und der politischen Renaissance. Darmstadt 1954.
Denzin, Norman K. [Research Act, 1970]: The Research Act in Sociologyy. The Theoretical Introduction to Sociological Methods. London 1970.
Denzin, Norman K./Lincoln, Yvonna S. (Hrsg.) [Qualitative Research, 1994]: Handbook of Qualitative Research. Thousand Oaks u. a. 1994.
d'Ester, Karl [Totengespräche, 1936]: Politische Gespräche der Todten. Bd. 1. Neuwied 1936.
d'Ester, Karl [Gesprochene Zeitung, 1940]: Gesprochene Zeitung. In: Heide, Walther (Hrsg.): Handbuch der Zeitungswissenschaft, Bd. I. Leipzig 1940, Sp. 1288-1299.
DeWalt, Kathleen M./DeWalt, Billie R. [Participant Observation, 2002]: Participant Observation. A Guide for Fieldworkers. Walnut Creek u. a. 2002.
Dicken-Garcia, Hazel [Journalistic Standards, 1989]: Journalistic Standards in Nineteenth-Century America. Madison, Wisconsin/London 1989.
Diekmann, Andreas [Empirische Sozialforschung, ^{10}2016]: Empirische Sozialforschung. Grundlagen, Methoden, Anwendungen. Reinbek ^{10}2016.
Dilthey, Wilhelm [Psychologie, 1924]: Ideen über eine beschreibende und zergliedernde Psychologie. In: Gesammelte Schriften. Bd. 5. Leipzig [u. a.] 1924.
Donsbach, Wolfgang [Kontrolle, 1993]: Redaktionelle Kontrolle im Journalismus: ein internationaler Vergleich. In: Mahle, Walter A. (Hrsg.), Journalisten in Deutschland. München 1993, S. 143–160.
Donsbach, Wolfgang [Journalismus, 1993]: Das Verhältnis von Journalismus und Politik im internationalen Vergleich. In: Bürger fragen Journalisten e.V. (Hrsg.), Medien in Europa. Erlangen 1993, S. 67–82.
Drechsler, Maja [Beichtstuhl Bild, 2000]: Beichtstuhl *Bild*. Eine Anprangerung von Stasi-Mitarbeitern in Halle und ihre Folgen. München 2000. (Unveröffentl. Diplomarbeit).
Dubin, Robert [Theory, 1969]: Theory Building. New York 1969.
Duchkowitsch, Wolfgang/Hausjell, Fritz/Hömberg, Walter/Kutsch, Arnulf/Neverla, Irene (Hrsg.) [Journalismus, 1998]: Journalismus als Kultur. Analysen und Essays. Opladen/Wiesbaden 1998.
Durkheim, Emile [Methode, ^{2}1965]: Die Regeln der Soziologischen Methode. [Paris 1895.] Hrsg. und eingel. von René König. Neuwied/Berlin ^{2}1965.
Eberle, Thomas Samuel [Konversationsanalyse, 1997]: Ethnomethodologische Konversationsanalyse. In: Hitzler, Ronald/Honer, Anne (Hrsg.), Hermeneutik, Opladen 1997, S. 245–279.
Eckhardt, Josef [Mediennutzung, 1988]: Fallstudien zum Mediennutzungsverhalten älterer Menschen. In: *Media Perspektiven* 9/1988, S. 569–575.

Ehlers, Ulf-Daniel [Qualitative Onlinebefragungen, 2017]: Qualitative Onlinebefragungen. In: Mikos, Lothar/Wegener, Claudia (Hrsg.), Medienforschung, Konstanz/München ²2017, S. 327–339.
Engels, Friedrich [Arbeitende Klasse, ²1892]: Die Lage der arbeitenden Klasse in England. Stuttgart ²1892. (Originalausgabe: Leipzig 1845)
Ersch, Johann Samuel/Gruber, Johann G. (Hrsg.) [Encyclopädie, 1818ff.]: Allgemeine Encyclopädie der Wissenschaften und Künste. Leipzig 1818ff.
Esser, Frank [Bilanz, 2003]: Gut, dass wir verglichen haben. Bilanz und Bedeutung der komparativen politischen Kommunikationsforschung. In: Esser, Frank/Pfetsch, Barbara (Hrsg.), Politische Kommunikation, Wiesbaden 2003, S. 437–494.
Esser, Frank/Pfetsch, Barbara (Hrsg.) [Politische Kommunikation, 2003]: Politische Kommunikation im internationalen Vergleich. Grundlagen, Anwendungen, Perspektiven. Wiesbaden 2003.
Eucken, Walter [Nationalökonomie, ⁷1959]: Die Grundlagen der Nationalökonomie. Berlin/Göttingen/Heidelberg ⁷1959.
Faulstich, Werner [Mittelalter, 1996]: Medien und Öffentlichkeiten im Mittelalter. 800–1400. Göttingen 1996.
Ferber, Rafael [Grundbegriffe, ⁵1998]: Philosophische Grundbegriffe. Eine Einführung. München ⁵1998.
Fiechtner, Stephanie/Puppis, Manuel/Schönhagen, Philomen [Gender und Medien, 2016]: Gender und Medien im Vorfeld der eidgenössischen Wahlen 2015. Schlussbericht zuhanden der Eidgenössischen Kommission für Frauenfragen EKF, des Bundesamts für Kommunikation BAKOM, und der SRG SSR. Online auf der Website des BAKOM: https://www.bakom.admin.ch/bakom/de/home/elektronische-medien/studien/einzelstudien.html (Abruf: 26.3.2020).
Fischer, Aloys [Pädagogik, [1914] 1950]: Deskriptive Pädagogik. In: Kreitmair, Karl (Hrsg.): Aloys Fischer. Leben und Werk. Bd. 2, München 1950, S. 5–29.
Fischer-Rosenthal, Wolfram [Polish Peasant, 1995]: William I. Thomas & Florian Znaniecki: „The Polish Peasant in Europe and America". In: Flick, Uwe u. a. (Hrsg.), Handbuch, Weinheim ²1995, S. 115–118.
Fischer-Rosenthal, Wolfram/Rosenthal, Gabriele [Narrationsanalyse, 1997]: Narrationsanalyse biographischer Selbstpräsentation. In: Hitzler, Ronald/Honer, Anne (Hrsg.), Hermeneutik, Opladen 1997, S. 133–164.
Flick, Uwe [Sozialforschung ⁸2017]: Qualitative Sozialforschung. Eine Einführung. Reinbek ⁸2017.
Flick, Uwe [Triangulation, ³2011]: Triangulation. Eine Einführung. Wiesbaden ³2011.
Flick, Uwe/Kardorff, Ernst von/Steinke, Ines (Hrsg.) [Forschung, 2000; ²2003]: Qualitative Forschung. Ein Handbuch. Reinbek 2000; Reinbek ²2003.
Flick, Uwe/Kardorff, Ernst von/Keupp, Heiner/Rosenstiehl, Lutz von/Wolff, Stephan (Hrsg.) [Handbuch, 1991, ²1995]: Handbuch Qualitative Sozialforschung, München 1991; Weinheim ²1995.
Forum für Philosophie Bad Homburg (Hrsg.) [Verstehen, 1990]: Intentionalität und Verstehen. Frankfurt a. M. 1990.
Friese, Susanne [Analyse, 2006]: Computergestützte Analyse qualitativer Daten. In: Ayaß, Ruth/Bergmann, Jörg (Hrsg.), Medienforschung, Reinbek 2006, S. 459–474.
Früh, Werner [Inhaltsanalyse, ⁹2017]: Inhaltsanalyse. Theorie und Praxis. Konstanz und München ⁹2017.
Fuchs-Heinritz, Werner [Biographische Forschung, ⁴2009]: Biographische Forschung. Eine Einführung in Praxis und Methoden, Wiesbaden ⁴2009.
Fürst, Silke/Jecker, Constanze/Schönhagen, Philomen [Qualitative Inhaltsanalyse, 2016]: Die qualitative Inhaltsanalyse in der Kommunikationswissenschaft. In: Averbeck-Lietz, Stephanie/Meyen, Michael (Hrsg.): Handbuch nicht standardisierte Methoden in der Kommunikationswissenschaft. Wiesbaden 2016, S. 209–225.

Gadamer, Hans-Georg [Wahrheit, 1975]: Wahrheit und Methode. Grundzüge einer philosophischen Hermeneutik. Tübingen 1975.
Gadamer, Hans-Georg [Hermeneutik, 1968]: Klassische und philosophische Hermeneutik. [1968]. In: Grondin, Jean (Hrsg.), Lesebuch, Tübingen 1997, S. 32–57.
Gadamer, Hans-Georg [Sprache, 1970]: Sprache und Verstehen [1970]. In: Grondin, Jean (Hrsg.), Lesebuch, Tübingen 1997, S. 71–85.
Gadamer, Hans-Georg [Wort, 1971]: Von der Wahrheit des Wortes [1971]. In: Grondin, Jean (Hrsg.), Lesebuch, Tübingen 1997, S. 120–140.
Gadamer, Hans-Georg [Text, 1983]: Text und Interpretation [1983]. In: Grondin, Jean (Hrsg.), Lesebuch, Tübingen 1997, S. 141–171.
Garfinkel, Harold [Ethnomethodology, 1967]: Studies in Ethnomethodology. Englewood Cliffs 1967.
Garz, Detlef/Kraimer, Klaus (Hrsg.) [Sozialforschung, 1991]: Qualitativ-empirische Sozialforschung: Konzepte, Methoden, Analysen. Opladen 1991.
Garz, Detlef/Ackermann, Friedhelm [Objektive Hermeneutik, 2006]: Objektive Hermeneutik. In: Ayaß, Ruth/Bergmann, Jörg (Hrsg.), Medienforschung, Reinbek 2006, S. 324–349.
Gehlen, Arnold [Mensch, [12]1978]: Der Mensch. Wien [12]1978.
Gehrau, Volker [Beobachtung, [2]2017]: Die Beobachtung als Methode in der Kommunikations- und Medienwissenschaft. Konstanz/München [2]2017.
Gieber, Walter [News, 1964]: News Is What Newspapermen Make It. In: Dexter, Lewis Anthony/White, David Manning (Hrsg.): People, Society and Mass Communications. London 1964, S. 173–182.
Glaser, Barney G. [Sensibility, 1978]: Theoretical sensibility. Mill Valley 1978.
Glaser, Barney G./Strauss, Anselm L. [Discovery, 1967]: The discovery of grounded theory. Strategies for qualitative research. Aldine 1967.
Glaser, Barney G./Strauss, Anselm L. [Grundstrategie, 1965]: Die Entdeckung gegenstandsbezogener Theorie. Eine Grundstrategie qualitativer Sozialforschung. In: Hopf, C./Weingarten, E. (Hrsg.), Sozialforschung, Stuttgart 1979, S. 91–111.
Goffman, Erving [Geschlecht, 1981]: Geschlecht und Werbung. Frankfurt a. M. (Engl. Originalausgabe: Gender Advertisements. New York u. a. 1976)
Grondin, Jean (Hrsg.) [Lesebuch, 1997]: Gadamer Lesebuch. Tübingen 1997.
Groth, Otto [Politische Presse, 1915]: Die politische Presse Württembergs. (Diss. an d. Staatswirtschaftl. Fakultät, Tübingen, 1913.) Stuttgart 1915.
Groth, Otto [Zeitung, 1928]: Die Zeitung. Ein System der Zeitungskunde (Journalistik). Erster Band. Mannheim/Berlin/Leipzig 1928.
Groth, Otto [Zeitungswissenschaft, 1948]: Die Geschichte der deutschen Zeitungswissenschaft. München 1948.
Groth, Otto [Kulturmacht, 1960]: Die unerkannte Kulturmacht. Grundlegung der Zeitungswissenschaft (Periodik). Band 1: Das Wesen des Werkes. Berlin 1960.
Groth, Otto [Vermittlung, 1998]: Vermittelte Mitteilung. Ein journalistisches Modell der Massenkommunikation. Hrsg. v. Wolfgang R. Langenbucher. München 1998.
Gruber, Johann G. [Beschreibung, 1822]: Beschreibung. In: Ersch, Johann Samuel/Gruber, Johann G. (Hrsg.): Encyclopädie, 9. Theil, Leipzig 1822, S. 270-274.
Günthner, Susanne/Knoblauch, Hubert A. [Gattungsanalyse, 1997]: Gattungsanalyse. In: Hitzler, Ronald/Honer, Anne (Hrsg.), Hermeneutik, Opladen 1997, S. 281–307.
Hadorn, Werner/Cortesi, Mario [Massenkommunikation, 1985]: Mensch und Medien. Die Geschichte der Massenkommunikation. 2 Bde. Aarau/Stuttgart 1985.
Hagedorn, Jörg [Objektive Hermeneutik, 2017]: Objektive Hermeneutik. In: Mikos, Lothar/Wegener, Claudia (Hrsg.), Medienforschung, Konstanz [2]2017, S. 580–587.
Hagelweide, Gert [Zeitungsbestände, 1974]: Deutsche Zeitungsbestände in Bibliotheken und Archiven. Düsseldorf 1974.

Hagen, Volker von [Integrationsprobleme, 1954]: Integrationsprobleme in Diskussionsgruppen. Frankfurt a. M. 1954.
Hansen, Anders/Cottle, Simon/Negrine, Ralph/Newbold, Chris (Hrsg.) [Mass communication, 1998]: Mass Communication Research Methods. Houndmills u. a. 1998, S. 35–65.
Harms, Wolfgang/Schilling, Michael (Hrsg.) [Wickiana, 1997/2005]: Die Wickiana. 2 Bde. Tübingen 1997 (Bd. 2)/2005 (Bd. 1).
Haupert, Bernhard [Typenbildung, 1991]: Vom narrativen Interview zur biographischen Typenbildung. In: Garz, Detlef/Kraimer Klaus (Hrsg.), Sozialforschung, Opladen 1991, S. 213–254.
Helle, Horst Jürgen [Verstehen, 1986]: Dilthey, Simmel und Verstehen. Vorlesungen zur Geschichte der Soziologie. Frankfurt a. M. 1986.
Hepp, Andreas [Cultural Studies, ^{3}2010]: Cultural Studies und Medienanalyse. Eine Einführung. Wiesbaden ^{3}2010.
Heritage, John C. [Interviews, 1985]: Analysing News Interviews: Aspects of the Production of Talk for an „Overhearing" Audience. In: van Dijk, T. (Hrsg.): Handbook of Discourse Analysis. Vol. III, London 1985, S. 95–119.
Hermanns, Harry [Berufsverlauf, 1982]: Berufsverlauf und soziale Handlungskompetenz von Ingenieuren: Eine biografieanalytische Auswertung auf der Basis narrativer Interviews. Kassel 1982.
Hermanns, Harry [Narratives Interview, 1991]: Narratives Interview. In: Flick, Uwe et al. (Hrsg.), Handbuch, München 1991, S. 182–185.
Herzog, Herta [Serial Listeners, 1944]: What do we really know about day time serial listeners? In: Lazarsfeld, Paul F./Stanton, Frank N. (Hrsg.): Radio Research, 1942–1943. New York 1944, S. 3–33.
Hickethier, Knut [Medienbiografie, 1982]: Medienbiografien – Bausteine für eine Rezeptionsgeschichte. In: *medien + erziehung* 4/1982, S. 206–215.
Hirschberger, Johannes [Philosophiegeschichte, ^{8}1969]: Geschichte der Philosophie. 2. Teil. Neuzeit und Gegenwart. Freiburg i. Br. [u. a.] ^{8}1969.
Hirzinger, Maria [Medienforschung, 1991]: Biographische Medienforschung. Wien u. a. 1991.
Hitzler, Ronald [Dummheit, 1991]: Dummheit als Methode. Eine dramatologische Textinterpretation. In: Garz, Detlef/Kraimer, Klaus (Hrsg.), Sozialforschung, Opladen 1991, S. 295–318.
Hitzler, Ronald [Verstehen, 1993]: Verstehen: Alltagspraxis und wissenschaftliches Programm. In: Jung, Thomas/Müller-Doohm, Stefan (Hrsg.), Deutungsprozess, Frankfurt a. M. 1993, S. 223–240.
Hitzler, Ronald/Honer, Anne (Hrsg.) [Hermeneutik, 1997]: Sozialwissenschaftliche Hermeneutik. Eine Einführung. Opladen 1997.
Hockerts, Hans Günter [Zeitgeschichte, 1993]: Zeitgeschichte in Deutschland. Begriff, Methoden, Themenfelder. In: *Aus Politik und Zeitgeschichte*. B 29–30/1993, S. 3–19.
Hoffmann, Stefan [Medienbegriff, 2002]: Geschichte des Medienbegriffs. Hamburg 2002. (*Archiv für Begriffsgeschichte*, Sonderheft)
Hoffmann-Riem, Christa [Sozialforschung, 1980]: Die Sozialforschung einer interpretativen Soziologie. Der Datengewinn. In: *Kölner Zeitschrift für Soziologie und Sozialpsychologie* 32/1980, S. 339–372.
Hofstätter, Peter R. [Gruppendynamik, 1957]: Gruppendynamik. Die Kritik der Massenpsychologie. Hamburg 1957.
Hofstätter, Peter R. [Sozialpsychologie, ^{3}1963]: Einführung in die Sozialpsychologie. Stuttgart ^{3}1963.
Hopf, Christel [Pseudo-Exploration, 1978]: Die Pseudo-Exploration – Überlegungen zur Technik qualitativer Interviews in der Sozialforschung. In: *Zeitschrift für Soziologie* 7/1978, S. 97–115.

Hopf, Christel/Weingarten, Elmar (Hrsg.) [Sozialforschung, 1979]: Qualitative Sozialforschung. Stuttgart 1979.
Hume, Lynne/Mulcock, Jane [Anthropologists, 2004]: Anthropologists in the field: cases in participant observation. New York 2004.
Hussy, Walter/Schreier, Margrit/Echterhoff, Gerald [Forschungsmethoden, 2010]: Forschungsmethoden in Psychologie und Sozialwissenschaften: für Bachelor. Berlin 2010.
Irrgang, Bernhard [Erkenntnistheorie, 1993]: Lehrbuch der Evolutionären Erkenntnistheorie. Evolution, Selbstorganisation, Kognition. München/Basel 1993.
Jaeger, Hans [Heidegger, 1971]: Heidegger und die Sprache. Bern/München 1971.
Jorgensen, Danny L. [Participant Observation, 1989]: Participant Observation. A Methodology for Human Studies. Newbury Park u. a. 1989.
Jung, Thomas/Müller-Doohm, Stefan (Hrsg.) [Deutungsprozeß, 1993]: „Wirklichkeit" im Deutungsprozeß. Verstehen und Methoden in den Kultur- und Sozialwissenschaften. Frankfurt a. M. 1993.
Kaase, Max/Schulz, Winfried (Hrsg.) [Massenkommunikation, 1989]: Massenkommunikation. Theorien, Methoden, Befunde. Opladen 1989.
Kainz, Friedrich [Sprache, ^{4}1967]: Psychologie der Sprache. (Band 1.) Stuttgart ^{4}1967.
Kalberg, Stephen [Soziologie, 2001]: Einführung in die historisch-vergleichende Soziologie Max Webers. Wiesbaden 2001.
Kant, Immanuel [Reine Vernunft, 1956]: Kritik der reinen Vernunft. Hamburg 1956. (Originalausgabe: Riga 1781)
Kelle, Udo [Mixed Methods, 2014]: Mixed Methods. In: Bauer, Nina/Blasius, Jörg (Hrsg.): Handbuch Methoden der empirischen Sozialforschung. Wiesbaden 2014, S. 153–166.
Kelle, Udo [Integration, 2007]: Integration qualitativer und quantitativer Methoden. In: Kuckartz, Udo/Grunenberg, Heiko/Dresing, Thorsten (Hrsg.): Qualitative Datenanalyse: computergestützt. Methodische Hintergründe und Beispiele aus der Forschungspraxis. Wiesbaden ^{2}2007, S. 50–64.
Keller, Reiner [Diskursanalyse, 1997]: Diskursanalyse. In: Hitzler, Ronald/Honer, Anne (Hrsg.), Hermeneutik, Opladen 1997, S. 309–333.
Keppler, Angela [Präsentation, 1985]: Präsentation und Information: Zur politischen Berichterstattung im Fernsehen. Tübingen 1985.
Kepplinger, Hans Mathias [Hörfunk, 1985]: Die aktuelle Berichterstattung des Hörfunks. Eine Inhaltsanalyse der Abendnachrichten und politischen Magazine. Freiburg/München 1985.
Kepplinger, Hans Mathias [Realität, 1990]: Realität, Realitätsdarstellung und Medienwirkung. In: Wilke, Jürgen (Hrsg.), Fortschritte, Freiburg 1991, S. 39–55.
Kepplinger, Hans Mathias [Ereignismanagement, 1992]: Ereignismanagement. Wirklichkeit und Massenmedien. Zürich 1992.
Kepplinger, Hans Mathias [Demontage, 1998]: Die Demontage der Politik in der Informationsgesellschaft. Freiburg/München 1998.
Kepplinger, Hans M./Martin, Verena [Alltagskommunikation, 1986]: Die Funktion der Massenmedien in der Alltagskommunikation. In: *Publizistik*, 1–2/1986, S. 118–128.
Kiefer, Marie-Luise [Medien, 1996]: Schwindende Chancen für anspruchsvolle Medien? Langzeitstudie Massenkommunikation: Generationsspezifisch veränderte Mediennutzung. In: *Media Perspektiven*, 11/1996, S. 589–597.
Klaus, Elisabeth/Röttger, Ulrike [Medienbiographien, 1996]: Medienbiographien: Sprechen über die eigene Mediengeschichte. In: Marci-Boehncke, Gudrun u. a. (Hrsg.), Frauen, Weinheim 1996, S. 95–115.
Kleining, Gerhard [Heuristik, 1995]: Lehrbuch Entdeckende Sozialforschung. Band I: Von der Hermeneutik zur qualitativen Heuristik. Weinheim 1995.
Kleining, Gerhard [Sozialforschung, 1995]: Methodologie und Geschichte qualitativer Sozialforschung. In: Flick, Uwe u. a. (Hrsg.), Handbuch, Weinheim ^{2}1995, S. 11–22.

Kleinsteuber, Hans J. [Vergleich, 2003]: Medien und Kommunikation im internationalen Vergleich: Konzepte, Methoden und Befunde. In: Esser, Frank/Pfetsch, Barbara (Hrsg.), Politische Kommunikation, Wiesbaden 2003, S. 78–103.

Knoblauch, Hubert A. [Kaffeefahrten, 1987]: »Bei mir ist lustige Werbung, lacht euch gesund«. Zur Rhetorik der Werbeveranstaltungen bei Kaffeefahrten. In: *Zeitschrift für Soziologie*, 16/2, S. 127–144.

Knoblauch, Hubert A. [Kommunikationskultur, 1995]: Kommunikationskultur: Die kommunikative Konstruktion kultureller Kontexte. Berlin 1995.

Koch, Ursula E. [Berliner Presse, 1978]: Berliner Presse und Europäisches Geschehen 1871. Berlin 1978.

Koch, Ursula E. [Teufel, 1991]: Der Teufel in Berlin. Illustrierte politische Witzblätter einer Metropole, 1848–1890. Köln 1991.

Köcher, Renate [Spürhund, 1985]: Spürhund und Missionar. [Phil. Diss. München.] Allensbach 1985.

König, Eckard/Zedler Peter (Hrsg.) [Forschung, 1995]: Bilanz qualitativer Forschung. Band II: Methoden. Weinheim 1995.

König, René [Einleitung, 1965]: Einleitung. In: Durkheim, Emile: Die Regeln der Soziologischen Methode. Hrsg. von René König. Neuwied/Berlin ²1965, S. 21–82.

König, René (Hrsg.) [Sozialforschung 2/4, ³1973]: Handbuch der empirischen Sozialforschung. Bd. 2: Grundlegende Methoden und Techniken der empirischen Sozialforschung; Bd 4: Komplexe Forschungsansätze. Stuttgart ³1973.

Körber, Esther-Beate [Methodenlehre, 1996]: Geschichtliche Methodenlehre. In: Stöber, Rudolf: Geschichte. Eine Einführung, (Fachwissen für Journalisten). Opladen 1996, S. 308–322.

Körber, Esther-Beate (Messrelationen, 2018): Messrelationen. Biobibliographie der deutsch- und lateinischsprachigen „messentlichen" Periodika von 1588 bis 1805. 2 Bde. Bremen 2018.

Kohli, Martin [Biographische Methode, 1981]: Wie es zur ›biographischen Methode‹ kam und was daraus geworden ist. Ein Kapitel aus der Geschichte der Sozialforschung. In: *Zeitschrift für Soziologie* 10/1981, S. 273–293.

Kohli, Martin/Robert, Günther (Hrsg.) [Biographie, 1984]: Biographie und soziale Wirklichkeit. Neue Beiträge und Forschungsperspektiven. Stuttgart 1984.

Koszyk, Kurt [Kommunikationsgeschichte, 1989]: Kommunikationsgeschichte als Sozialgeschichte. In: Kaase, Max/Schulz, Winfried (Hrsg.), Massenkommunikation, Opladen 1989, S. 46–56.

Kracauer, Siegfried [Content Analysis, 1952]: The Challenge of Qualitative Content Analysis. In: *Public Opinion Quarterly*, vol. 16, Nr. 4, S. 631–642.

Krings, Hermann/Baumgartner, Hans M./Wild, Christoph (Hrsg.) [Grundbegriffe, 1/1973]: Handbuch philosophischer Grundbegriffe. Band 1, München 1973.

Krippendorff, Klaus [Bote, 1994]: Der verschwundene Bote. Metaphern und Modelle der Kommunikation. In: Merten, Klaus et al. (Hrsg.), Einführung, Opladen 1994, S. 79–113.

Krotz, Friedrich [Lebensstile, 1991]: Lebensstile, Lebenswelten und Medien: Zur Theorie und Empirie individuenbezogener Forschungsansätze des Mediengebrauchs. In: *Rundfunk und Fernsehen* 39/1991, S. 317–342.

Krüger, Heidi [Gruppendiskussionen, 1983]: Gruppendiskussionen. Überlegungen zur Rekonstruktion sozialer Wirklichkeit aus der Sicht der Betroffenen. In: *Soziale Welt*, 34/1983, S. 90–109.

Krueger, Richard A. [Focus groups, ²1994]: Focus groups: A practical guide for applied research. Thousand Oaks ²1994.

Kuckartz, Udo [Inhaltsanalyse 2017]: Computerunterstützte Inhaltsanalyse. In: Mikos, Lothar/Wegener, Claudia (Hrsg.), Qualitative Medienforschung. Ein Handbuch. Konstanz/München ²2017, S. 503–515.

Kuckartz, Udo [Mixed Methods, 2014]: Mixed Methods: Methodologie, Forschungsdesigns und Analyseverfahren. Wiesbaden 2014.
Kübler, Hans-Dieter [Kommunikation, 1994]: Kommunikation und Massenkommunikation. Ein Studienbuch. Münster/Hamburg 1994.
Kunzmann, Peter/Burkard, Franz Peter/Wiedmann, Franz [Philosophie, [7]1998]: dtv-Atlas Philosophie. München [7]1998.
Lahne, Werner [Magdeburg, 1931]: Magdeburgs Zerstörung in der Zeitgenössischen Publizistik. Magdeburg 1931.
Lamnek, Siegfried [Sozialforschung 1988, [3]1995]: Qualitative Sozialforschung. Bd. 1. München 1988; Weinheim [3]1995.
Lamnek, Siegfried [Gruppendiskussion, [2]2005]: Gruppendiskussion. Theorie und Praxis. Weinheim und Basel [2]2005.
Lamnek, Siegfried/Krell, Claudia [Sozialforschung, [6]2016]: Qualitative Sozialforschung. (Mit Online-Material.) Weinheim/Basel [6]2016.
Lang, Kurt/Lang, Gladys Engel [Unique Perspective, 1953]: The Unique Perspective of Television and its Effect: A Pilot Study. In: *American Sociological Review* 18 (1953), pp. 3–12.
Langenbucher, Wolfgang R. (Hrsg.) [Publizistik, 1986]: Publizistik- und Kommunikationswissenschaft. Ein Textbuch zur Einführung in ihre Teildisziplinen. Wien 1986.
Langenbucher, Wolfgang R. (Hrsg.) [Publizistikwissenschaft, 1994]: Publizistik- und Kommunikationswissenschaft. Ein Textbuch zur Einführung. Wien 1994.
Lazarsfeld, Paul F./Jahoda, Marie/Zeisel, Hans [Marienthal, [12]1996]: Die Arbeitslosen von Marienthal. Ein soziographischer Versuch über die Wirkung langandauernder Arbeitslosigkeit. Mit einem Anhang zur Geschichte der Soziografie. Frankfurt a. M. [12]1996. (Originalausgabe: Leipzig 1933)
Lee-Treweek, Geraldine/Linkogle, Stephanie [Danger, 2000]: Danger in the field. Risk and Ethics in Social Research. London/New York 2000.
Leitner, G. [Rundfunkkommunikation, 1983]: Gesprächsanalyse und Rundfunkkommunikation. Die Struktur englischer Phone-Ins. Hildesheim/Zürich 1983.
Lersch, Philipp [Person, [7]1956]: Aufbau der Person. München [7]1956.
Lersch, Edgar/Stöber, Rudolf [Quellenüberlieferung, 2008]: Quellenüberlieferung und Quellenrecherche. In: Arnold, Klaus/Behmer, Markus/Semrad, Bernd (Hrsg.): Kommunikationsgeschichte. Positionen und Werkzeuge. Ein diskursives Hand- und Lehrbuch. Münster 2008, S. 289–322.
Liebrucks, Bruno [Sprache, 1964]: Sprache und Bewußtsein. (Bd. 1.) Frankfurt a. M. 1964.
Lindlof, Thomas R./Taylor, Bryan C. [Communication Research, [2]2002]: Qualitative Communication Research Methods. Thousand Oaks u. a. [2]2002.
Lindner, Katharina [Images, 2004]: Images of Women in General Interest and Fashion Magazine Advertisements from 1955 to 2002. In: *Sex Roles*, Vol. 51, Nr. 7/8, Oktober 2004, S. 409–421.
Lippmann, Walter [Öffentliche Meinung, 1964]: Die öffentliche Meinung. München 1964. (Engl. Originalausgabe: New York 1922)
Litt, Theodor [Erkenntnis, 1980]: Das Allgemeine im Aufbau der geisteswissenschaftlichen Erkenntnis. Hrsg. v. Friedhelm Nicolin. Hamburg 1980. (Originalausgabe: Leipzig 1941)
Lobkowicz, Nikolaus [Erfahrungsbegriff, 1980]: Schicksale des Erfahrungsbegriffs. In: Schreiber, Erhard/ Langenbucher, Wolfgang R. (Hrsg.): Kommunikation im Wandel der Gesellschaft. Düsseldorf 1980.
Löffler, Franz Adam [Gesetzgebung, 1837]: Über die Gesetzgebung der Presse. Leipzig 1837.
Lofland, John [Analysis, 1971]: Analyzing Social Settings. A Guide to Qualitative Observation and Analysis, Belmont/CA 1971.

Loosen, Wiebke [Leitfadeninterview, 2016]: Das Leitfadeninterview – eine unterschätzte Methode. In: Averbeck-Lietz, Stefanie/Meyen, Michael (Hrsg.): Handbuch nicht standardisierte Methoden in der Kommunikationswissenschaft. Wiesbaden 2016, S. 139–155.
Lorenzen, Paul [Denken, ^{3}1980]: Methodisches Denken. Frankfurt a. M. ^{3}1980.
Lublinski, Jan [Wissenschaftsjournalismus, 2004]: Wissenschaftsjournalismus im Hörfunk. Redaktionsorganisation und Thematisierungsprozesse. Konstanz 2004.
Luckmann, Thomas [Gattungen, 1986]: Grundformen der gesellschaftlichen Vermittlung des Wissens: Kommunikative Gattungen. In: *Kölner Zeitschrift für Soziologie und Sozialpsychologie*, Sonderheft 27/1986, S. 191–211.
Lüders, Christian [Beobachten, 2003]: Beobachten im Feld und Ethnographie. In: Flick, Uwe/von Kardorff, Ernst/Steinke, Ines (Hrsg.), Forschung, Reinbek ^{2}2003, S. 384-401.
Lüders, Christian/Meuser, Michael [Deutungsmusteranalyse, 1997]: Deutungsmusteranalyse. In: Hitzler, Ronald/Honer, Anne (Hrsg.), Hermeneutik, Opladen 1997, S. 57–79.
Luhmann, Niklas [Veränderungen, 2005 [1975]]: Veränderungen im System gesellschaftlicher Kommunikation und die Massenmedien. In: ders.: Soziologische Aufklärung 3: Soziales System, Gesellschaft, Organisation. 4. Aufl. Wiesbaden 2005, S. 355–368.
Machin, David [Ethnographic Research, 2002]: Ethnographic Research for Media Studies. London 2002.
Maier, Michaela [Konvergenz, 2002]: Zur Konvergenz des Fernsehens in Deutschland. Ergebnisse qualitativer und repräsentativer Zuschauerbefragungen. Konstanz 2002.
Maletzke, Gerhard [Fernsehen, 1959]: Fernsehen im Leben der Jugend. Hamburg 1959.
Maletzke, Gerhard [Massenkommunikation, 1963]: Psychologie der Massenkommunikation. Theorie und Systematik. Hamburg 1963.
Malinowski, Bronislaw [Argonauten, 1979]: Argonauten des westlichen Pazifiks. Ein Bericht über Unternehmungen und Abenteuer der Eingeborenen in den Inselwelten von Melanesisch-Neuguinea. Frankfurt a. M. 1979. (Engl. Originalausgabe: London 1922)
Mangold, Werner [Gruppendiskussionsverfahren, 1960]: Gegenstand und Methode des Gruppendiskussionsverfahrens. Frankfurt a. M. 1960.
Mangold, Werner [Gruppendiskussionen, ^{3}1973]: Gruppendiskussionen. In: René König (Hrsg.), Sozialforschung 2, Stuttgart [1967] ^{3}1973, S. 228–259.
Mannheim, Karl [Denken, 1980]: Strukturen des Denkens. Frankfurt a. M. 1980.
Marci-Boehncke, Gudrun/Werner, Petra/Wischermann, Ulla (Hrsg.) [Frauen, 1996]: Blickrichtung Frauen. Theorien und Methoden geschlechtsspezifischer Rezeptionsforschung. Weinheim 1996.
Marcic, René [Öffentlichkeit, 1965]: Öffentlichkeit als staatsrechtlicher Begriff. In: Nenning, Günther (Hrsg.): Richter und Journalisten. Über das Verhältnis von Recht und Presse. Wien u. a. 1965, S. 153–228.
Maturana, Humberto R. [Erkennen, 1982]: Erkennen: Die Organisation und Verkörperung von Wirklichkeit. Braunschweig/Wiesbaden 1982.
Maturana, Humberto R./Varela, Francisco J. [Erkenntnis, 1987]: Der Baum der Erkenntnis. Die biologischen Wurzeln menschlichen Erkennens. Bern 1987.
Mayring, Philipp [Inhaltsanalyse, ^{12}2015]: Qualitative Inhaltsanalyse. Grundlagen und Techniken. Weinheim/Basel ^{12}2015.
Mayring, Philipp [Einführung, ^{6}2016]: Einführung in die qualitative Sozialforschung. München 1990; Weinheim/Basel ^{6}2016.
Mayring, Philipp/Hurst, Alfred [Inhaltsanalyse, ^{2}2017]: Qualitative Inhaltsanalyse. In: Mikos, Lothar/Wegener, Claudia (Hrsg.), Medienforschung, Konstanz/München ^{2}2017, S. 494–502.
McCombs, Maxwell E./Becker, Lee B. [Mass Communication, 1979]: Using Mass Communication Theory. Englewood Cliffs 1979.
McQuail, Denis [Mass Communication, 1983]: Mass Communication Theory. An Introduction. London 1983.

Menne, Albert [Methodologie, 1980]: Einführung in die Methodologie. Elementare allgemeine wissenschaftliche Denkmethoden im Überblick. Darmstadt 1980.

Merten, Klaus [Inhaltsanalyse, ²1995]: Inhaltsanalyse. Einführung in Theorie, Methode und Praxis. Wiesbaden ²1995.

Merten, Klaus/Schmidt, Siegfried J./Weischenberg, Siegfried (Hrsg.) [Einführung, 1994]: Die Wirklichkeit der Medien. Opladen 1994.

Merton, Robert K./Kendall, Patricia L. [Interview, 1979]: Das fokussierte Interview. In: Hopf, Christel/Weingarten, Elmar (Hrsg.), Sozialforschung, Stuttgart 1979, S. 171–204. (Erstpubl. in: *American Journal of Sociology* 51/1945–46, S. 541–557)

Meyen, Michael [Mediennutzung DDR, 2003]: Denver Clan und Neues Deutschland. Mediennutzung in der DDR. Berlin 2003.

Meyen, Michael/Löblich, Maria/Pfaff-Rüdiger, Senta/Riesmeyer, Claudia [Qualitative Forschung, 2011]: Qualitative Forschung in der Kommunikationswissenschaft. Eine praxisorientierte Einführung. Wiesbaden 2011.

Meyer, Hans [Erkenntnislehre, 1955]: Systematische Philosophie. Band 1: Allgemeine Wissenschaftstheorie und Erkenntnislehre. Paderborn 1955.

Michel, Burkard/Wittpoth, Jürgen [Habitus, 2009]: Habitus at Work. Sinnbildungsprozesse beim Betrachten von Fotografien. In: Friebertshäuser, Barbara/Rieger-Ladich, Markus/Wigger, Lothar (Hrsg.): Reflexive Erziehungswissenschaft. Forschungsperspektiven im Anschluss an Pierre Bourdieu. Wiesbaden ²2009, S. 81–100.

Mikos, Lothar/Wegener, Claudia (Hrsg.) [Medienforschung, ²2017]: Qualitative Medienforschung. Ein Handbuch. Konstanz/München ²2017.

Missler-Behr, M. [Szenarioanalyse, 1993]: Methoden der Szenarioanalyse. Wiesbaden 1993.

Möhring, Wiebke/Schlütz, Daniela [Befragung, ²2010]: Die Befragung in der Medien- und Kommunikationswissenschaft. Eine praxisorientierte Einführung, Wiesbaden ²2010.

Morgan, David L. [Focus groups, ²1997]: Focus groups as qualitative research. Thousand Oaks ²1997.

Morgan, David L. [Focus Group I, 1998]: The Focus Group Guidebook. Thousand Oaks 1998. (The Focus Group Kit, vol. 1.)

Müller, Kathrin Friederike [Frauenzeitschriften, 2010]: Frauenzeitschriften aus Sicht ihrer Leserinnen. Die Rezeption von „Brigitte" im Kontext von Biografie, Alltag und Doing Gender. Bielefeld 2010.

Müller-Doohm, Stefan [Bildhermeneutik, 1993]: Visuelles Verstehen. Konzepte kultursoziologischer Bildhermeneutik. In: Jung, Thomas/Müller-Doohm, Stefan (Hrsg.), Deutungsprozeß, Frankfurt a. M. 1993, S. 438–457.

Müller-Doohm, Stefan [Bildinterpretation, 1997]: Bildinterpretation als struktural-hermeneutische Symbolanalyse. In: Hitzler, Ronald/Honer, Anne (Hrsg.), Hermeneutik, Opladen 1997, S. 81–108.

Naßmacher, Hiltrud [Politikforschung, 1991]: Vergleichende Politikforschung. Eine Einführung in Probleme und Methoden. Opladen 1991.

Nawratil, Ute [Glaubwürdigkeit, 1997]: Glaubwürdigkeit in der sozialen Kommunikation. Opladen 1997.

Nawratil, Ute/Schönhagen, Philomen/Starkulla, Heinz jr. (Hrsg.) [Mittler, 2002]: Medien und Mittler sozialer Kommunikation. Leipzig 2002.

Neuhauser, Gertrud [Methodik, 1967]: Grundfragen wirtschaftswissenschaftlicher Methodik. In: Enzyklopädie der geisteswissenschaftlichen Arbeitsmethoden, hrsg. von Thiel, Manfred, München [u. a.] 1967, S. 95–130.

Neuhäusler, Anton [Grundbegriffe, ²1967]: Grundbegriffe der philosophischen Sprache. München ²1967.

Neumann, Klaus/Charlton, Michael [Massenkommunikation, 1988]: Massenkommunikation als Dialog. Zum aktuellen Diskussionsstand der handlungstheoretisch orientierten Rezeptionsforschung. In: *Communications: the European Journal of Communication*, 14. Jg. Heft 3, 1988, S. 7–38.

Neverla, Irene/Kanzleiter, Gerda [Journalistinnen, 1984]: Journalistinnen. Frauen in einem Männerberuf. Frankfurt a. M./New York 1984.
Nießen, Manfred [Gruppendiskussion, 1977]: Gruppendiskussion. Interpretative Methodologie – Methodenbegründung – Anwendung. München 1977.
Niethammer, Lutz (Hrsg.) [Lebenserfahrung, 1985]: Lebenserfahrung und kollektives Gedächtnis. Die Praxis der „Oral History". Frankfurt a. M. 1985.
Niethammer, Lutz [Einführung, 1985]: Einführung. In: ders. (Hrsg.): Lebenserfahrung und kollektives Gedächtnis. Die Praxis der „Oral History". Frankfurt a. M. 1985, S. 7–33.
Nobis, Heribert M./Kaulbach, Friedrich [Beschreibung, 1971]: Beschreibung (I)/(II). In: Historisches Wörterbuch der Philosophie, hrsg. von Ritter, Joachim, Bd. 1. Basel 1971, Sp. 838–846.
Nobis, Heribert M. [Definition, 1972]: Definition (I). In: Historisches Wörterbuch der Philosophie, hrsg. von Ritter, Joachim, Bd. 2. Basel 1972, Sp. 31–35.
Noelle-Neumann, Elisabeth [Schweigespirale, 1980]: Die Schweigespirale. Öffentliche Meinung – unsere soziale Haut. München/Zürich 1980.
Nofsinger, Robert E. [Conversation, 1991]: Everyday Conversation. Newbury Park/London 1991.
Oevermann, Ulrich/Allert, Tilmann/Konau, Elisabeth/Krambeck, Jürgen [Methodologie, 1979]: Die Methodologie einer ›objektiven Hermeneutik‹ und ihre allgemeine forschungslogische Bedeutung in den Sozialwissenschaften. In: Soeffner, Hans-Georg (Hrsg.), Verfahren, Stuttgart 1979, S. 352–434.
Oevermann, Ulrich [Hermeneutik, 1993]: Die objektive Hermeneutik als unverzichtbare methodologische Grundlage für die Analyse von Subjektivität. Zugleich eine Kritik der Tiefenhermeneutik. In: Jung, Thomas/Müller-Doohm, Stefan (Hrsg.), Deutungsprozess, Frankfurt a. M. 1993, S. 106–189.
Opp, Karl-Dieter [Methodologie, 1970]: Methodologie der Sozialwissenschaften. Reinbek 1970.
Orthmann, Claudia [Strukturen, 2004]: Strukturen der Chat-Kommunikation. Konversationsanalytische Untersuchung eines Kinder- und Jugendchats. Diss. FU Berlin 2004. Online unter: https://refubium.fu-berlin.de/handle/fub188/13456 (Abruf: 31.10.2019).
Osmer, Diedrich [Gruppendiskussion, 1953]: Die Gruppendiskussionsmethode. Frankfurt a. M. 1953.
Park, Robert E./Burgess, Ernest W. [Introduction, ³1969]: Introduction to the Science of Sociology. Chicago ³1969. (Originalausgabe: Chicago 1921)
Payne, Geoff/Payne, Judy [Key Concepts, 2004]: Key Concepts in Social Research. London u. a. 2004.
Peterssen, Wilhelm H. [Arbeiten, ³1994]: Wissenschaftliche(s) Arbeiten. Eine Einführung für Schüler und Studenten. München ³1994.
Pörksen, Uwe [Visiotype, 1997]: Weltmarkt der Bilder. Eine Philosophie der Visiotype. Stuttgart 1997.
Pollock, Friedrich [Gruppenexperiment, 1955]: Gruppenexperiment: Ein Studienbericht. Mit einem Geleitwort von Franz Böhm. Frankfurt a. M. 1955.
Popper, Karl R. [Erkenntnis, ³1995]: Objektive Erkenntnis. Ein evolutionärer Entwurf. Hamburg ³1995 (Paperback).
Puntel, Bruno L. [Wahrheitstheorien, 1978]: Wahrheitstheorien in der neueren Philosophie. Darmstadt 1978.
Quandt, Thorsten [Journalisten, 2011]: Journalisten unter Beobachtung. Grundlagen, Möglichkeiten und Grenzen der Beobachtung als Methode der Journalismusforschung. In: Jandura, Olaf/Quandt, Thorsten/Vogelgesang, Jens (Hrsg.): Methoden der Journalismusforschung. Wiesbaden 2011, S. 277–297.
Raumer-Mandel, Alexandra [Medien-Lebensläufe, 1990]: Medien-Lebensläufe von Hausfrauen. Eine biographische Befragung. München 1990.

Reichertz, Jo [Schlussfolgern, 1993]: Abduktives Schlußfolgern und Typen(re)konstruktion. In: Jung, Thomas/Müller-Doohm, Stefan (Hrsg.), Deutungsprozess, Frankfurt a. M. 1993, S. 258–282.
Reichertz, Jo [Objektive Hermeneutik, 1995]: Die objektive Hermeneutik – Darstellung und Kritik. In: König, Eckard/Zedler Peter (Hrsg.), Forschung, Weinheim 1995, S. 379–423.
Reichertz, Jo [Hermeneutik, 1995]: Objektive Hermeneutik. In: Flick, Uwe u. a. (Hrsg.), Handbuch, Weinheim ²1995, S. 223–228.
Reichertz, Jo [Hermeneutik, 1997]: Objektive Hermeneutik. In: Hitzler, Ronald/Honer, Anne (Hrsg.), Hermeneutik, Opladen 1997, S. 31–55.
Rickert, Heinrich [Kulturwissenschaft, ⁷1926]: Kulturwissenschaft und Naturwissenschaft. Tübingen ⁷1926.
Riedl, Rupert [Erkenntnis, ³1981]: Biologie der Erkenntnis. Berlin/Hamburg ³1981.
Riepl, Wolfgang [Nachrichtenwesen, 1913]: Das Nachrichtenwesen des Altertums. Mit besonderer Rücksicht auf die Römer. Leipzig/Berlin 1913. (Nachdruck: Hildesheim/New York 1972)
Riepl, Wolfgang [Strukturen, 2014]: Strukturen des Nachrichtenwesens. Eine Textauswahl. Mit einer Einführung von Heinz Starkulla jr. Baden-Baden 2014.
Ritchie, Donald A. [Oral History, 1995]: Doing Oral History. New York 1995.
Ritsert, Jürgen [Inhaltsanalyse, 1972]: Inhaltsanalyse und Ideologiekritik. Ein Versuch über kritische Sozialforschung. Frankfurt a. M. 1972.
Rössler, Patrick [Inhaltsanalyse, ³2017]: Inhaltsanalyse. Konstanz und München ³2017.
Rogge, Jan-Uwe [Biographische Methode, 1982]: Die biographische Methode in der Medienforschung. In: *medien + erziehung* 5/1982, S. 273–287.
Rogge, Jan-Uwe [Lupe, 1988]: Von der Lupe und dem Schmetterlingsnetz, von den Möglichkeiten und der Menschenfreundlichkeit des »anything goes«. In: *medien + erziehung* 1/1988, S. 27–36.
Rogge, Jan-Uwe/Jensen, Klaus [Medien, 1986]: Über den Umgang mit Medien in Familien. Betrachtungen über alte Probleme und neue Belastungen im Alltag. In: *Aus Politik und Zeitgeschichte* 3/1986, S. 11–25.
Rohr, Christian [Hilfswissenschaften, 2015]: Historische Hilfswissenschaften. Eine Einführung. Wien 2015.
Rosenthal, Gabriele [Lebensgeschichte, 1995]: Erlebte und erzählte Lebensgeschichte. Gestalt und Struktur biographischer Selbstbeschreibungen. Frankfurt a. M./New York 1995.
Rühl, Manfred [Zeitungsredaktion, ²1979]: Die Zeitungsredaktion als organisiertes soziales System. Freiburg, Schweiz ²1979.
Rust, Holger [Inhaltsanalyse, 1980]: Qualitative Inhaltsanalyse – begriffslose Willkür oder wissenschaftliche Methode? In: *Publizistik*, 25/1980, S. 5–23.
Sander, Uwe/Vollbrecht, Ralf [Medienforschung, 1989]: Biographische Medienforschung. In: *Bios, Zeitschrift für Biographieforschung und Oral History* 1/1989, S. 15–29.
Sander, Uwe/Vollbrecht, Ralf [Mediennutzung. 1989]: Mediennutzung und Lebensgeschichte. Die biographische Methode in der Medienforschung. In: Baacke, Dieter/Kübler, Hans-Dieter (Hrsg.): Qualitative Medienforschung. Konzepte und Erprobungen. Tübingen 1989, S. 161–176.
Sander, Ekkehard/Lange, Andreas [Medienbiographischer Ansatz, 2017]: Der medienbiographische Ansatz. In: Mikos, Lothar/Wegener, Claudia (Hrsg.), Medienforschung Konstanz/München ²2017, S. 183–198.
Sandvoss, Cornel [A Game, 2003]: A Game of Two Halves. Football, Television and Globalization. London/New York 2003.
Schacht, Hjalmar [Journalismus, 1897]: Der deutsche Journalismus vor 1600. In: Beilage zur *Allgemeinen Zeitung* Nr. 228 v. 9. 10. 1897.
Schäffer, Burkhard [Gruppendiskussion, 2017]: Gruppendiskussion. In: Mikos, Lothar/Wegener, Claudia (Hrsg.), Medienforschung, Konstanz/München ²2017, S. 347–361.

Schäffer, Burkhard [Gruppendiskussion, 2006]: Gruppendiskussion. In: Ayaß, Ruth/Bergmann, Jörg (Hrsg.), Medienforschung, Reinbek 2006, S. 115-145.
Schenk, Michael [Medienwirkungsforschung, ³2007]: Medienwirkungsforschung. Tübingen ³2007.
Scherer, Wilhelm [Dichtung, 1875]: Geschichte der deutschen Dichtung im 11. und 12. Jahrhundert. Straßburg 1875.
Schneider, Wolfgang Ludwig [Verstehen, 1991]: Objektives Verstehen. Rekonstruktion eines Paradigmas: Gadamer, Popper, Toulmin, Luhmann. Opladen 1991.
Schönhagen, Philomen [Unparteilichkeit, 1998]: Unparteilichkeit im Journalismus. Traditionen einer Qualitätsnorm. Tübingen 1998.
Schönhagen, Philomen [Wandel, 2008]: Gesellschaftliche Kommunikation im Wandel der Geschichte. In: Batinic, Bernad/Appel, Markus (Hrsg.): Medienpsychologie. Heidelberg 2008, S. 45-76.
Schrader, Achim [Sozialforschung, 1971]: Einführung in die empirische Sozialforschung. Stuttgart [u. a.] 1971.
Schrape, Klaus/Seufert, Wolfgang/Haas, Hansjörg/Hürst; Daniel/Gafke, Sabine [Mediensektor, 1996]: Künftige Entwicklung des Medien- und Kommunikationssektors in Deutschland. Berlin 1996. (Heft 6 der Beiträge zur Strukturforschung, hrsg. vom Deutschen Institut für Wirtschaftsforschung)
Schröder, Thomas [Zeitungen, 1995]: Die ersten Zeitungen. Textgestaltung und Nachrichtenauswahl. Tübingen 1995.
Schröer, Norbert [Hermeneutik, 1997]: Wissenssoziologische Hermeneutik. In: Hitzler, Ronald/Honer, Anne (Hrsg.), Hermeneutik, Opladen 1997, S. 109-129.
Schröter, Detlef [Mitteilungs-Adäquanz, 1988]: Mitteilungs-Adäquanz. Studien zum Fundament eines realitätsgerechten journalistischen Handelns. In: Wagner, Hans (Hrsg.), Idee, München 1988, S. 175-216.
Schröter, Detlef/Lattner, Karin [Millionär, 2002]: Wer wird Millionär: Ein Erlebniskosmos mit funkelnden Sternen. In: Nawratil, Ute/Schönhagen, Philomen/Starkulla, Heinz jr. (Hrsg.), Mittler, Leipzig 2002, S. 419-442.
Schütz, Alfred [Interpretation, 1971]: Wissenschaftliche Interpretation und Alltagsverständnis menschlichen Handelns [1953]. In: Gesammelte Aufsätze, Bd. 1: Das Problem der sozialen Wirklichkeit. Den Haag 1971, S. 3-54.
Schütz, Alfred [Sozialwissenschaften, 1971]: Begriffs- und Theoriebildung in den Sozialwissenschaften [1954]. In: Gesammelte Aufsätze, Bd. 1: Das Problem der sozialen Wirklichkeit. Den Haag 1971 S. 55-110.
Schütz, Alfred [Grundbegriffe, 1971]: Einige Grundbegriffe der Phänomenologie [1945]. In: Gesammelte Aufsätze, Bd. 1: Das Problem der sozialen Wirklichkeit. Den Haag 1971, S. 113-135.
Schütz, Alfred [Phänomenologie, 1971]: Phänomenologie und Sozialwissenschaften [1940]. In: Gesammelte Aufsätze, Bd. 1: Das Problem der sozialen Wirklichkeit. Den Haag 1971, S. 136-161.
Schütz, Alfred [Symbol, 1971] Symbol, Wirklichkeit und Gesellschaft [1955]. In: Gesammelte Aufsätze. Bd. 1: Das Problem der sozialen Wirklichkeit. Den Haag 1971, S. 331-411.
Schütz, Alfred [Typus, 1971]: Typus und Eidos in Husserls Spätphilosophie [1959]. In: Gesammelte Aufsätze, Bd. 3: Studien zur phänomenologischen Philosophie. Den Haag 1971, S. 127-152.
Schütz, Alfred [Wirklichkeiten, 1971]: Über die mannigfaltigen Wirklichkeiten [1945]. In: Gesammelte Aufsätze, Bd. 1: Das Problem der sozialen Wirklichkeit. Den Haag 1971, S. 237-298.
Schütz, Alfred [Bürger, 1972]: Der gut informierte Bürger. Ein Versuch über die soziale Verteilung des Wissens [1946]. In: Gesammelte Aufsätze, Bd. 2: Studien zur soziologischen Theorie. Den Haag 1972, S. 85-101.

Schütz, Alfred [Gleichheit, 1972]: Die Gleichheit und die Sinnstruktur der sozialen Welt [1955]. In: Gesammelte Aufsätze, Bd. 2: Studien zur soziologischen Theorie. Den Haag 1972, S. 203–255.
Schütz, Alfred [Relevanz, 1982]: Das Problem der Relevanz. Frankfurt a. M. 1982.
Schütz, Alfred [Notizbücher, 1984]: Notizbücher zu ‚Strukturen der Lebenswelt'. In: Schütz, Alfred/Luckmann, Thomas: Strukturen der Lebenswelt. Bd. 2, Anhang. Frankfurt a. M. 1984.
Schütz, Alfred/Luckmann, Thomas [Lebenswelt 2, 1984]: Strukturen der Lebenswelt. Bd. 2, Anhang. Frankfurt a. M. 1984.
Schütz, Alfred/Parsons, Talcott [Handeln, 1977]: Zur Theorie sozialen Handelns. Ein Briefwechsel. (Hrsg. und eingel. von Walter M. Sprondel.) Frankfurt a. M. 1977.
Schütz, Walter J. [VUP-Zeitungen, 2009]: Bibliographie der „VUP-Zeitungen" 1945-2008. In: Jahrbuch für Kommunikationsgeschichte, Jg. 11, 2009, S. 95–120.
Schütze, Fritz [Interview, 1977]: Die Technik des narrativen Interviews in Interaktionsfeldstudien. (Universität Bielefeld, Fakultät für Soziologie, Arbeitsberichte und Forschungsmaterialien Nr. 1.) Bielefeld 1977.
Schütze, Fritz [Stegreiferzählen, 1984]: Kognitive Figuren des autobiographischen Stegreiferzählens. In: Kohli, Martin/Robert, Günther (Hrsg.), Biographie, Stuttgart 1984, S. 78–117.
Schulz, Winfried (Hrsg.) [Inhalt, 1970]: Der Inhalt der Zeitungen. Eine Inhaltsanalyse der Tagespresse in der Bundesrepublik Deutschland (1967) mit Quellentexten früher Inhaltsanalysen in Amerika, Frankreich und Deutschland. (*Journalismus*, Beiheft 4.) Düsseldorf 1970.
Searle, John Roger [Speech Acts, 1969]: Speech Acts. An Essay in the Philosophy of Language. Cambridge u. a. 1969.
Seiffert, Helmut [Wissenschaftstheorie 1, ^{10}1983]: Einführung in die Wissenschaftstheorie. Bd. 1: Sprachanalyse. Deduktion. Induktion in Natur- und Sozialwissenschaften. München ^{10}1983.
Seiffert, Helmut [Wissenschaftstheorie 2, ^{8}1983/Wissenschaftstheorie 2, ^{9}1991]: Einführung in die Wissenschaftstheorie. Bd. 2: Phänomenologie, Hermeneutik und historische Methode, Dialektik. München ^{8}1983 und ^{9}1991.
Soeffner, Hans-Georg (Hrsg.) [Verfahren, 1979]: Interpretative Verfahren in den Sozial- und Textwissenschaften. Stuttgart 1979.
Soeffner, Hans-Georg [Auslegung, 1989]: Auslegung des Alltags – Der Alltag der Auslegung. Zur wissenssoziologischen Konzeption einer sozialwissenschaftlichen Hermeneutik. Frankfurt a. M. 1989.
Söhngen, Gottlieb [Einübung, 1955]: Philosophische Einübung in die Theologie. Erkennen – Wissen – Glauben. Freiburg/München 1955.
Spael, Wilhelm [Publizistik, 1928]: Publizistik und Journalistik und ihre Erscheinungsformen bei Joseph Görres (1798–1814). Ein Beitrag zur Methode der publizistischen Wissenschaft. Köln 1928.
Spöhring, Walter [Sozialforschung, 1989]: Qualitative Sozialforschung. Stuttgart 1989.
Stammerjohann, Harro u. a. (Bearb.) [Linguistik, 1975]: Handbuch der Linguistik, München 1975.
Stahlschmidt, Rainer [Quellen, 1992]: Massenhaft gleichförmige Quellen. In: Rusinek, Bernd A./Ackermann, Volker/Engelbrecht, Jörg (Hrsg.): Einführung in die Interpretation historischer Quellen. Schwerpunkt: Neuzeit. Paderborn 1992, S. 215–231.
Starkulla, Heinz [Publizistik, 1963]: Publizistik und Kommunikation. In: Festschrift für Hanns Braun. Bremen 1963, S. 158–167.
Starkulla, Heinz [Presse, 1965]: Presse, Fernsehen und Demokratie. Der „Wettbewerb" der Medien als kommunikationspolitisches Problem. In: Festschrift für Otto Groth. Bremen 1965, S. 198–206.

Starkulla, Heinz [Marktplätze, 1993]: Marktplätze sozialer Kommunikation. Bausteine einer Medientheorie. München 1993. (ex libris kommunikation, Bd. 3)
Starkulla, Heinz jr. [Gemeinde, 1988]: Gemeinde im Gespräch. München 1988.
Stevens, John D./Dicken Garcia, Hazel [Communication, 1980]: Communication History. Beverly Hills/London 1980.
Stieler, Kaspar von [Zeitungs Lust, 1695]: Zeitungs Lust und Nutz. Hamburg 1695. (Neudruck, Bremen 1969, hrsg. v. Gert Hagelweide)
Stocker, Karl [Oral History, 1982]: Oral History – aufgezeigt an einer TV-Reihe zur deutschen Exilliteratur. In: *medien + erziehung* 5/1982, S. 288–294.
Stoklossa, Paul [Inhalt, 1910]: Der Inhalt der Zeitung. In: *Zeitschrift für die gesamte Staatswissenschaft*, 66. Jg., 1910, S. 555–565.
Strombach, Werner [Denken, 1970]: Die Gesetze unseres Denkens. Eine Einführung in die Logik. München 1970.
Szczepanski, Jan [Methode, 1974]: Die biographische Methode. In: König, René (Hrsg.), Sozialforschung 4, Stuttgart 1974, S. 226–252.
Tashakkori, Abbas/Teddlie, Charles [Mixed Methods, ²2010]: SAGE Handbook of Mixed Methods in Social & Behavioral Sciences. Thousand Oaks ²2010.
Thomas, William I./Znaniecki, Florian [Polish Peasant, 1958; 1984]: The Polish Peasant in Europe and America, New York 1958; Urbana/Chicago 1984 (edited and arbridged by Eli Zaretsky). (Originalausgabe: Boston 1918–1920, 5 Bde.)
Thomas, William I. [Sozialverhalten, 1965]: Person und Sozialverhalten. (Hrsg. von Edmund H. Volkart) Neuwied 1965.
Tocqueville, Alexis de [Revolution, 1978]: Der alte Staat und die Revolution. München 1978. (Frz. Originalausgabe: Paris 1856)
Trudgill, Peter [Sociolinguistics, ³1995]: Sociolinguistics. An Introduction to Language and Society. Harmondsworth ³1995.
Uexküll, Jakob v./Kriszat, Georg [Streifzüge, 1956]: Streifzüge durch die Umwelten von Tieren und Menschen. Bedeutungslehre. Hamburg 1956.
Verband Deutscher Archivarinnen und Archivare (VDA) (Hrsg.) [Archive, ²⁴2017]: Archive in Deutschland, Österreich und der Schweiz. Münster ²⁴2017.
Vicari, Jakob [Beobachtung, 2016]: Beobachtung in der Kommunikationswissenschaft. In: Averbeck-Lietz, Stefanie/Meyen, Michael (Hrsg.): Handbuch nicht standardisierte Methoden in der Kommunikationswissenschaft. Wiesbaden 2016, S. 289–301.
Volkart, Edmund H. [Einführung, 1965]: Einführung. Soziales Verhalten und Definition der Situation. In: Thomas, William I., Sozialverhalten, Neuwied 1965, S. 13–60.
Volmberg, Ute [Gruppendiskussionsverfahren, 1977]: Kritik und Perspektive des Gruppendiskussionsverfahrens in der Forschungspraxis. In: Leithäuser, Thomas u. a.: Entwurf zu einer Empirie des Alltagsbewußtseins. Frankfurt a. M. 1977, S. 184–217.
Vonderach, Gerd [Fallanalyse, 1993]: Geschichtshermeneutische Fallanalyse und typisierende Fallreihenbildung am Beispiel der lebensgeschichtlichen Bewältigung von Arbeitslosigkeit. In: Jung, Thomas/Müller-Doohm, Stefan (Hrsg.), Deutungsprozess, Frankfurt a. M. 1993, S. 358–378.
Vonderach, Gerd [Geschichtshermeneutik, 1997]: Geschichtshermeneutik. In: Hitzler, Ronald/Honer, Anne (Hrsg.), Hermeneutik, Opladen 1997, S. 165–189.
Vries, Josef de [Erkenntnis, 1980]: Grundfragen der Erkenntnis. München 1980.
Wagner, Hans [Kommunikation, 1978]: Kommunikation und Gesellschaft. Teil I: Einführung in die Zeitungswissenschaft. München 1978.
Wagner, Hans [Medikamenten-Bild, 1984]: Wirklichkeits-Präparate? Das Medikamenten-Bild in deutschen Printmedien. In: Wagner, Hans/Starkulla, Heinz (Hrsg.): Medizin und Medien: Krankt die Gesundheit am Journalismus? München 1984, S. 10–104.
Wagner, Hans [Vermittlungsverfassung, 1986]: Vermittlungsverfassung in der Massenkommunikation. In: Langenbucher, Wolfgang R. (Hrsg.), Publizistik, Wien 1986, S. 182–189.

Wagner, Hans (Hrsg.) [Idee, 1988]: Idee und Wirklichkeit des Journalismus. Festschrift für Heinz Starkulla. München 1988.
Wagner, Hans [Medien-Tabus, 1991]: Medien-Tabus und Kommunikationsverbote. Die manipulierbare Wirklichkeit. München 1991.
Wagner, Hans [Medientheorie, 1993]: Das Fachstichwort: Medientheorie. In: Starkulla, Heinz: Marktplätze sozialer Kommunikation. Bausteine einer Medientheorie. München 1993, S. 165–188.
Wagner, Hans [Fach, 1993]: Kommunikationswissenschaft – ein Fach auf dem Weg zur Sozialwissenschaft. In: *Publizistik*, 38/1993, H. 4, S. 491–526.
Wagner, Hans [Angst, 1993]: Angst als publizistische Strategie. In: Bürger fragen Journalisten e.V. (Hrsg.): Medien in Europa. Erlangen 1993, S. 15–65.
Wagner, Hans [Unterhaltung, 1994]: Von der Lust, in andere Welten zu wandern. Unterhaltung – Sozialer Unterhalt. In: Bosshart, Louis/Hoffmann-Riem, Wolfgang (Hrsg.): Medienlust und Mediennutz. München 1994, S. 126–143.
Wagner, Hans [Ur-Journalist, 1995]: Der Ur-Journalist. In: ders.: Journalismus I: Auftrag. Erlangen 1995, S. 69–124.
Wagner, Hans [Rationalisierungsprozesse, 1995]: Rationalisierungsprozesse der Sozialen Kommunikation. In: ders.: Journalismus I: Auftrag. Erlangen 1995, S. 15–66.
Wagner, Hans [Kommunikationswissenschaft, 1997]: Erfolgreich Kommunikationswissenschaft (Zeitungswissenschaft) studieren. Einführung in das Fach und das Studium. München 1997.
Wagner, Hans [Massenkommunikation, 1998]: Fachstichwort: Massenkommunikation. In: Groth, Otto, Vermittlung, München 1998, S. 187–240.
Wagner, Hans (unter Mitarbeit von Ute Nawratil, Philomen Schönhagen und Heinz Starkulla jr.) [Methoden, 1999]: Verstehende Methoden in der Kommunikationswissenschaft. München 1999.
Wagner, Hans [Journalismus, 2003]: Journalismus mit beschränkter Haftung? Gesammelte Beiträge zur Journalismus- und Medienkritik. München 2003.
Wagner Hans [Beobachtung, 2006]: Beobachtung, Interpretation, Theorie. In: Ayaß, Ruth/Bergmann, Jörg (Hrsg.), Medienforschung, Reinbek 2006, S. 72–94.
Wagner, Hans [Wegweiser, 2009]: Vergessene Wegweiser zur Kommunikationsgeschichte. In: Averbeck-Lietz, Stefanie/Klein, Petra/Meyen, Michael (Hrsg.): Historische und systematische Kommunikationswissenschaft. Festschrift für Arnulf Kutsch. Bremen 2009, S. 79-117.
Waldenfels, Bernhard [Dialog, 1971]: Das Zwischenreich des Dialogs. Sozialphilosophische Untersuchungen in Anschluß an Edmund Husserl. Den Haag 1971.
Wallisch, Gianluca [Qualität, 1995]: Journalistische Qualität. Definitionen – Modelle – Kritik. Konstanz 1995.
Weber, Max [WuG, ^{5}1972]: Wirtschaft und Gesellschaft. Grundriß der verstehenden Soziologie. (Hrsg. von Johannes Winckelmann.) Tübingen ^{5}1972.
Weber, Max [Wissenschaftslehre, ^{7}1988]: Gesammelte Aufsätze zur Wissenschaftslehre. (Hrsg. von Johannes Winckelmann.) Tübingen ^{7}1988. (Originalausgabe: Tübingen 1922)
Weber, Max [Objektivität, ^{4}1973]: Die „Objektivität" sozialwissenschaftlicher und sozialpolitischer Erkenntnis. In: Gesammelte Aufsätze zur Wissenschaftslehre, hrsg. von Winckelmann, Johannes. Tübingen ^{4}1973, S. 146–214.
Weber, Max [Zeitungswesen, 1994]: Zu einer Soziologie des Zeitungswesens. In: Langenbucher Wolfgang R., Publizistikwissenschaft, Wien 1994, S. 24–30.
Wegener, Claudia [Inhaltsanalyse, 2017]: Inhaltsanalyse. In: Mikos, Lothar/Wegener, Claudia (Hrsg.), Medienforschung, Konstanz ^{2}2017, S. 256-263.
Weisgerber, Leo [Weltbild, 1950]: Vom Weltbild der deutschen Sprache. 2 Bde. Düsseldorf 1950.

Whyte, William Foote [Street Corner, 1981]: Street corner society. The social structure of an Italian slum. Chicago 1981. (Originalausgabe: 1943) (Dt. Übers.: Die Street Corner Society. Die Sozialstruktur eines Italienerviertels. Berlin/New York 1996.)
Wiedemann, Peter M. [Wirklichkeit, 1986]: Erzählte Wirklichkeit. Zur Theorie und Auswertung narrativer Interviews. Weinheim/München 1986.
Wiedemann, Peter M. [Theoriebildung, 1995]: Gegenstandsnahe Theoriebildung. In: Flick, Uwe u. a. (Hrsg.), Handbuch, Weinheim ²1995, S. 440–445.
Wilke, Jürgen [Kommunikationsgeschichte, 1987]: Quantitative Methoden in der Kommunikationsgeschichte. In: Bobrowsky, Manfred/Langenbucher, Wolfgang R. (Hrsg.), Kommunikationsgeschichte, München 1987, S. 49–57.
Wilke, Jürgen (Hrsg.) [Fortschritte, 1991]: Fortschritte der Publizistikwissenschaft. Freiburg/München 1991.
Wilke, Jürgen (Hrsg.) [Mediengeschichte, 1999]: Mediengeschichte der Bundesrepublik Deutschland. Bonn 1999.
Wilpert, Gero v. [Schlagwörterbuch, ⁶1979]: Schlagwörterbuch der Literatur. Stuttgart ⁶1979.
Winckelmann, Johannes [Idealtypus, 1969]: Idealtypus. In: Wilhelm Bernsdorf (Hrsg.): Wörterbuch der Soziologie. Stuttgart 1969, S. 438–441.
Wirth, Werner/Kolb, Steffen [Äquivalenz, 2003]: Äquivalenz als Problem: Forschungsstrategien und Designs der komparativen Kommunikationswissenschaft. In: Esser, Frank/Pfetsch, Barbara (Hrsg.), Politische Kommunikation, Wiesbaden 2003, S. 104–131.
Wissenschaftsrat [Kommunikationswissenschaften, 2007]: Empfehlungen zur Weiterentwicklung der Kommunikations- und Medienwissenschaften in Deutschland. Drs. [Drucksache] 7901-07, Oldenburg 25. Mai 2007. [Kurzfassung und Bestelladresse unter: http://www.wissenschaftsrat.de/download/archiv/pm_1407.html; abgerufen am 29.3.2020.]
Wolff, Stephan [Feld, 2003]: Wege ins Feld – Varianten und ihre Folgen für die Beteiligten und die Forschung. In: Flick, Uwe/von Kardorff, Ernst/Steinke, Ines (Hrsg.), Forschung, Reinbek ²2003, S. 334–349.
Wundt, Wilhelm [Logik, ⁴1919]: Logik. Bd. 1: Allgemeine Logik und Erkenntnistheorie. Stuttgart ⁴1919.
Wuttke, Heinrich [Zeitschriften, ²1875]: Die deutschen Zeitschriften und die Entstehung der öffentlichen Meinung. Leipzig ²1875.
Zetterberg, Hans L. [Sociology, 1965]: On Theory and Verification in Sociology. Totowa/NJ 1965.
Zetterberg, Hans L. [Forschung, 1967]: Theorie, Forschung und Praxis in der Soziologie. In: Handbuch der empirischen Sozialforschung, hrsg. von König, René. Bd. 1, Stuttgart 1967, S. 64–104.
Ziegler, Florian/Hünniger, Julia [Jugendsprache, 2014]: Jugendsprache im Beratungsforum – Von Akronymen, Asterisken und Emoticons. In: *e-beratungsjournal.net*. Fachzeitschrift für Onlineberatung und computervermittelte Kommunikation. 10. Jahrgang 2014, Heft 1, S. 40–52.
Zinsli, Paul [Sprache, 1958]: Die Sprache als Stifterin menschlicher Gemeinschaft. In: Lehmann, Fritz Erich (Hrsg.): Gestaltungen des sozialen Lebens bei Tier und Mensch. Kulturhistorische Vorlesungen. Bern 1958, S. 136–156.

Autorinnen und Autoren

Mike Meißner,

M. A., geb. 1988, von 2013 bis 2019 Diplomassistent am Departement für Kommunikationswissenschaft und Medienforschung DCM der Universität Fribourg/ Schweiz. Derzeit Assistent an der FernUni Schweiz im BA-Studiengang Historical Sciences. Arbeitsschwerpunkte: Kommunikationsgeschichte, PR-Geschichte, Journalismusforschung.

Ute Nawratil,

Dr. phil, geb. 1961, von 1988 bis 2003 Wissenschaftliche Mitarbeiterin am Institut für Kommunikationswissenschaft und Medienforschung der Ludwig-Maximilians-Universität München; Vertretungen und Lehraufträge an den Universitäten Leipzig, Greifswald und Fribourg/Schweiz. Arbeitsschwerpunkte: Kommunikationstheorie, Mediensysteme (auch international vergleichend), Glaubwürdigkeitsforschung, quantitative und qualitative Methoden, insbesondere Inhaltsanalysen. Heute schriftstellerisch und künstlerisch tätig.

Philomen Schönhagen,

Prof., Dr. phil., geb.1966, von 1993 bis 2002 Wissenschaftliche Mitarbeiterin am Institut für Kommunikationswissenschaft und Medienforschung der Ludwig-Maximilians-Universität München, zuletzt als Privatdozentin; von 2002 bis 2006 assoziierte Professorin, seit 2006 ordentliche Professorin am Departement für Kommunikationswissenschaft und Medienforschung *DCM* der Universität Fribourg/ Schweiz. Arbeitsschwerpunkte: Kommunikations- und Mediengeschichte, Journalismus und gesellschaftliche Integration, Theorie der Massen- und Onlinekommunikation sowie Theoriegeschichte, qualitative Methoden in der Kommunikationswissenschaft, Medien und Geschlecht.

Heinz Starkulla jr.,

Privatdozent, Dr. phil., geb. 1950, von 1974 bis 1977 Wissenschaftliche Hilfskraft am Institut für Soziologie, von 1977 bis 1993 Wissenschaftlicher Assistent am Institut für Kommunikationswissenschaft und Medienforschung der Ludwig-Maximilians-Universität München. Lehrstuhlvertretungen und Lehraufträge an der Universität der Bundeswehr in München, an der Universität Leipzig und an der Technischen Universität Dresden. Arbeitsschwerpunkte: Kommunikationstheorie, Kommunikationsgeschichte, Bayerische Pressegeschichte, Journalistenbiografien, Propagandaforschung, Medienkunde.

Hans Wagner,

Prof. em., Dr. phil., geb. 1937, von 1966 bis 1977 Wissenschaftlicher Assistent, von 1977 bis 2002 Professor am Institut für Kommunikationswissenschaft und Medienforschung der Ludwig-Maximilians-Universität München; Lehrstuhlvertretungen und Lehraufträge an der Universität Salzburg, an der Hochschule für Politik in München sowie an der Universität Fribourg. Arbeitsschwerpunkte: Geschichte und Theorie der Kommunikation und der Massenkommunikation, Theorie der Öffentlichkeit und der Öffentlichen Meinung, Journalismustheorie, Medienkritik, qualitative Methoden.

Personenregister

Aarebrot, Frank H. 113, 133–135, 139–142, 379
Abaelard, Peter 45
Ackermann, Friedhelm 317
Altheide, David L. 348, 379
Altmeppen, Klaus-Dieter 296, 379
Anselm von Canterbury 27
Archimedes 97
Aristoteles 19, 31, 32, 38, 41, 45, 46, 57, 62, 63, 67, 79–81, 87, 88, 95, 115, 123, 128, 147, 148, 176, 196, 211, 362, 363
Aswerus, Bernd M. 84, 85, 188, 190–192, 194, 195, 200, 208, 210–212, 217, 253, 343, 344, 379
Atkinson, J. Maxwell 234, 379
Atkinson, Paul 286, 287, 379
Aufenanger, Stefan 314, 379
Augustinus 44
Ayaß, Ruth 7, 383, 384
Ayer, Alfred J. 42
Bacon, Francis 88, 102, 103, 112
Bakka, Pal H. 113, 133–135, 139–142, 379
Baumert, Dieter Paul 129, 379
Baumgartner, H.M. 54, 387
Becker, Howard 195, 212–217, 341
Berelson, Bernard 315
Berg, Klaus 380
Berg-Schlosser, Dirk 115, 134, 135, 137, 379, 380
Bergmann, Jörg R. 7, 8, 132, 220, 225–234, 236, 238–240, 242–252, 287, 379, 380, 382–384, 393, 396
Berkhofer 340
Bernsdorf, Wilhelm 115, 380, 397
Best, Heinrich 357, 380
Betti, E. 162
Beyme, Klaus v. 115, 380
Blühm, Elger 350, 380
Bobrowsky, Manfred 341, 380, 381, 397
Bogardus, Emory 258
Bogel, Else 350, 380
Böhm, Andreas 318, 380
Böhm, Franz 262, 391

Bohnsack, Ralf 255, 256, 258, 259, 262, 263, 265–268, 285, 302, 303, 381
Brandt, Ahasver v. 346–349, 353, 381
Broad, C.D. 79
Brodersen, Arvid 115
Brosius, Hans-Bernd 87, 121, 219, 220, 381
Brugger, Walter 41, 54, 56, 116, 381
Bühl, Walter L. 19, 157, 175, 195, 215, 376, 381
Bühler, Karl 29–31, 35, 381
Burgess, Ernest W. 286, 391
Burkart, Roland 341, 381
Chalmers, Alan F. 70, 71, 73–78, 83, 90, 91, 216, 217, 381
Charlton, Michael 382, 390
Chladenius 162
Chrestus 129
Christmann, Gabriela B. 315, 318, 382
Cicero 80
Cohen, Hermann 43
Cohen, Martin 217, 382
Collingwood, Robin George 166
Cornelissen, Waltraud 306, 382
Cortesi, Mario 106, 384
Cottle, Simon 286, 289, 385
Danner, Helmut 83, 84, 86, 94, 95, 97–100, 102–105, 107–109, 154, 156, 161, 168, 171–173, 176, 179, 181, 182, 186, 192, 193, 354, 382
Denzin, Norman K. 221, 286, 379, 382
Descartes, René 43
d'Ester, Karl 129, 252, 382
DeWalt, Billie R. 293, 382
DeWalt, Kathleen M. 293, 382
Dicken-Garcia, Hazel 355, 382
Diekmann, Andreas 289, 290, 295, 382
Diemer, Alwin 105
Dilthey, Wilhelm 83, 88, 152, 154, 156–158, 161, 164, 170, 173, 196, 365, 382, 385
Donsbach, Wolfgang 149, 382
Drechsler, Maja 303, 382
Dubin, Robert 366, 373, 374, 378, 382
Durkheim, Emile 112–114, 141, 148–151, 382, 387

Personenregister

Eberle, Thomas Samuel 225, 226, 229–231, 234, 238, 239, 242, 243, 247–249, 251, 382
Eckhardt, Josef 336, 382
Einstein, Albert 217, 373
Engels, Friedrich 286, 383
Epikur 43
Ersch, Johann Samuel 361, 383, 384
Eucken, Walter 97, 196, 198, 200, 207, 212, 378, 383
Faulstich, Werner 353, 354, 357, 383
Ferber, Rafael 32, 34, 74, 78, 79, 383
Festinger, Leon 366
Fichte, Johann Gottlieb 43
Fischer, Aloys 100, 104–108, 383
Fischer-Rosenthal, Wolfram 318, 383
Fiske, Marjorie 255, 258
Flick, Uwe 159, 221, 223, 255, 256, 286, 287, 320, 380, 381, 383, 385, 386, 389, 392, 397
Frege, Gottlob 32
Friedrichs, Jürgen 301
Friese, Susanne 320, 383
Früh, Werner 335, 383
Fuchs, Werner 301, 302, 304, 305, 312, 328, 329, 332, 333, 383
Gadamer, Hans-Georg 81, 102, 109–111, 141, 142, 147, 148, 152, 158, 160, 162, 164–168, 170–172, 177, 182, 384, 393
Galilei, Galileo 97, 216, 217
Garfinkel, Harold 226–231, 287, 380, 384
Garz, Detlef 317, 379, 384, 385
Gehrau, Volker 286, 290, 293, 295, 384
Gieber, Walter 289, 384
Glaser, Barney G. 159, 318, 384
Goethe, Johann Wolfgang v. 46, 49, 364
Grimm, Jacob u. Wilhelm 117
Groth, Otto 85, 118, 119, 124, 127, 147, 183, 187, 200, 315, 371, 384, 394, 396
Gruber, Johann Gottfried 361, 383, 384
Günthner, Susanne 250, 384
Hadorn, Werner 106, 384
Haecker, Theodor 80
Hagelweide, Gert 349, 384, 395
Hagen, Volker v. 281, 385
Hammersley, Martyn 286, 287, 379

Hansen, Anders 286, 289, 385
Haupert, Bernhard 305, 336, 385
Hegel, Georg Wilhelm F. 176, 179, 182–184, 364
Heiss, R. 179, 182
Helle, Horst Jürgen 93, 196, 385
Hempel, Carl Gustav 364
Hepp, Andreas 289, 385
Heraklit 87
Herder, Johann Gottfried 41
Heritage, John 234, 249, 251, 379, 385
Hermanns, Harry 302, 303, 317, 318, 385
Herzog, Herta 269, 385
Hickethier, Knut 330, 332, 385
Hirschberger, Johannes 365, 385
Hirzinger, Maria 302–306, 311, 328–332, 335, 336, 385
Hitzler, Ronald 159, 314, 381–386, 389, 390, 392, 393, 395
Hobbes, Thomas 88
Hockerts, Hans Günter 351, 352, 385
Hoffmann, Stefan 355, 385
Hoffmann-Riem, Christa 385
Hofstätter, Peter R. 260, 385
Honer, Anne 159, 381–386, 389, 390, 392, 393, 395
Hopf, Christel 255, 307–309, 333, 384–386, 390
Humboldt, Alexander v. 364
Hume, David 42, 78, 88
Hume, Lynne 287, 386
Hurst, Alfred 323, 389
Husserl, Edmund 29, 30, 44, 97, 98, 105, 107, 146, 396
Irrgang, Bernhard 40, 386
Jauch, Günther 270
Jefferson, Gail 234
Jensen, Klaus 271, 392
Johnson, Samuel 351
Jorgensen, Danny L. 287, 288, 290, 291, 386
Jungius (Jung), Joachim 362
Kainz, Friedrich 35, 386
Kalberg, Stephen 288, 386
Kamlah, Wilhelm 23
Kant, Immanuel 40, 41, 43–45, 54, 57, 58, 60, 78, 152, 182, 386

Kanzleiter, Gerda 309, 331, 391
Kardorff, Ernst v. 286, 380, 381, 383, 389, 397
Kaulbach, Friedrich 362–365, 391
Keller, Reiner 159, 386
Keppler, Angela 251, 252, 386
Kepplinger, Hans Mathias 119, 140, 188, 293, 386
Kiefer, Marie-Luise 271, 380, 386
Kierkegaard, Sören 182
Kinsey, Alfred C. 368, 371
Kirn, P. 346
Klaus, Elisabeth 386
Kleining, Gerhard 159, 178, 386
Knoblauch, Hubert A. 250, 384, 387
Koch, Ursula E. 345, 371, 387
Köcher, Renate 149, 205, 387
Kohli, Martin 328, 329, 331, 387, 394
König, René 114, 264, 382, 387, 389, 395, 397
Körber, Esther-Beate 346, 352, 387
Koschel, Friederike 87, 219, 220
Koszyk, Kurt 340, 341, 387
Kracauer, Siegfried 387
Krings, H. 54, 387
Krippendorff, Klaus 129, 387
Kriszat, Georg 40, 395
Krotz, Friedrich 330, 387
Krueger, Richard A. 259, 387
Kübler, Hans-Dieter 119, 388, 392
Kuckartz, Udo 320, 387
Lahne, Werner 357, 388
Lamnek, Siegfried 220–222, 255, 256, 258, 260, 262, 264, 265, 274, 275, 277, 278, 281, 283–285, 290, 292, 317, 318, 320, 329, 335, 336, 388
Lang, Gladys Engel 289, 388
Lang, Kurt 289, 388
Langenbucher, Wolfgang R. 341, 380, 381, 384, 388, 395–397
Lasswell, Harold D. 315
Lattner, Karin 270, 272, 279, 393
Lazarsfeld, Paul F. 258, 269, 287, 385, 388
Lee-Treweek, Geraldine 293, 388
Leibniz, Gottfried W. 38, 363
Leithäuser, Thomas 264, 395

Leitner, G. 251, 388
Lersch, Philipp 38, 116, 145, 388
Liebrucks, Bruno 35, 388
Lincoln, Yvonna S. 286, 379, 382
Lindlof, Thomas R. 286, 287, 291, 293, 294, 388
Linkogle, Stephanie 293, 388
Litt, Theodor 87, 88, 91, 92, 152, 388
Lobkowicz, Nikolaus 45, 87, 88, 91, 388
Locke, John 38, 42, 88
Löffler, Franz Adam 84, 183, 184, 388
Lofland, John 332, 388
Lorenz, Konrad 133
Lorenzen, Paul 23, 64, 389
Luckmann, Thomas 30, 250, 389, 394
Lüders, Christian 159, 286, 287, 289, 293, 295, 389
Luhmann, Niklas 202
Machin, David 286, 287, 389
Maier, Michaela 325, 389
Maletzke, Gerhard 106, 270, 389
Malinowski, Bronislaw 286, 389
Mangold, Werner 261–268, 278, 285, 389
Mannheim, Karl 23, 266, 268, 379, 384, 389
Marcic, René 288, 354, 389
Martin, Verena 293, 386
Marx, Karl 182, 183
Maturana, Humberto 40, 389
Mayring, Philipp 220, 284, 286, 287, 295, 296, 298, 315, 317–320, 322–324, 327, 389
McCombs, Maxwell E. 91, 389
McQuail, Denis 91, 389
Mead, George Herbert 264
Menne, Albert 54, 363, 364, 390
Merten, Klaus 40, 315, 335, 387, 390
Merton, Robert K. 255, 258–260, 269, 283, 306–308, 390
Meuser, Michael 159, 389
Meyen, Michael 336, 337, 390
Meyer, Hans 19, 27, 38, 41–46, 48–50, 54, 56–58, 60, 62, 63, 67, 116, 131, 152–154, 157, 390
Mohl, Hans 150
Möhring, Wiebke 299, 390
Morgan, David L. 255–260, 390

403

Mulcock, Jane 287, 386
Müller-Doohm, Stefan 159, 380, 385, 386, 390–392, 395
Müller-Rommel, Ferdinand 115, 134, 379, 380
Naßmacher, Hiltrud 115, 390
Nawratil, Ute 299, 312, 315, 328, 390, 393, 396, 399
Negrine, Ralph 286, 289, 385
Neuhauser, Gertrud 376, 390
Neuhäusler, Anton 19, 41, 44, 46, 390
Neumann, Klaus 382, 390
Neverla, Irene 309, 331, 391
Newbold, Chris 286, 289, 385
Newman, John Henry 80, 81
Newton, Isaac 363
Nießen, Manfred 264–266, 391
Niethammer, Lutz 351, 352, 391
Nobis, Heribert M. 362–365, 391
Noelle-Neumann, Elisabeth 90, 209, 262, 391
Nofsinger, R. E. 226, 391
Ockham, Wilhelm v. 42
Oevermann, Ulrich 159, 312, 317, 391
Ogden, C.K. 31
Opp, Karl-Dieter 366, 367, 378, 391
Oppenheim, Paul 364
Osmer, Diedrich 263, 391
Park, Robert E. 286, 391
Parmenides 87
Parsons, Talcott 226, 394
Pascal, Blaise 47, 64, 146
Payne, Geoff 286, 287, 391
Payne, Judy 286, 287, 391
Peterssen, Wilhelm H. 358, 391
Pfänder, Alexander 38
Platon 31, 35, 41, 44, 87, 176, 182, 186, 196
Plotin 47
Pollock, Friedrich 255, 261–263, 267, 268, 281, 391
Popper, Karl 75, 76, 78, 88, 110, 343, 391, 393
Pörksen, Uwe 102, 103, 391
Przeworski, A. 139
Ranke, Leopold v. 152
Raumer-Mandel, Alexandra 335, 391

Reichertz, Jo 159, 317, 392
Richards, A. 31
Rickert, Heinrich 375, 376, 392
Ricoeur, Paul 175
Riedl, Rupert 40, 46, 47, 49, 74, 75, 78–80, 117–119, 121, 122, 128–133, 141, 142, 146, 148–151, 211, 392
Riepl, Wolfgang 129, 134, 184, 200, 355, 392
Ritchie, Donald A. 351, 392
Ritsert, Jürgen 316, 392
Rogge, Jan-Uwe 271, 309, 330, 392
Röhrs, H. 100
Roscellin, Johannes 27, 42
Rosenthal, Gabriele 303–306, 318, 383, 392
Rössler, Patrick 316, 326, 335, 392
Röttger, Ulrike 336, 386
Rühl, Manfred 289, 291, 392
Rust, Holger 316, 392
Sacks, Harvey 226, 238, 242, 248, 380
Sander, Uwe 330, 392
Sandvoss, Cornel 300, 392
Schacht, Hjalmar 129, 392
Schefer, Leopold 117
Schegloff, Emanuel 242
Schelling, Friedrich Wilhelm J. v. 364
Schenk, Michael 107, 393
Scherer, Wilhelm 129, 393
Schleiermacher, Friedrich 161, 162, 164, 176, 182
Schlütz, Daniela 299, 390
Schmidt, Siegfried J. 40, 390
Schneider, Wolfgang Ludwig 110, 111, 154, 157, 162, 164–168, 170, 172, 176, 393
Schönhagen, Philomen 188, 203, 255, 286, 315, 323, 324, 326, 339, 357, 390, 393, 396, 399
Schrader, Achim 367, 378, 393
Schreiber, Erhard 388
Schröder, Thomas 393
Schröder, Wilhelm Heinz 357, 380
Schroer, Norbert 152, 160
Schröter, Detlef 188, 270, 272, 279, 393
Schulz, Winfried 386, 387, 394
Schütz, Alfred 29, 30, 34, 35, 92–94, 98–100, 116, 117, 137, 141, 146, 153, 156, 158–160, 173, 195, 200, 202, 215, 216,

226, 230, 231, 264, 288, 293, 295, 298, 371, 393, 394
Schütze, Fritz 302–304, 312, 318, 394
Searle, John Roger 29, 394
Seiffert, Helmut 21, 23, 26, 27, 64, 65, 68–71, 74, 75, 167, 176, 179, 181, 183, 339, 342, 344, 346, 351–353, 394
Simmel, Georg 162, 196, 385
Soeffner, Hans-Georg 160, 391, 394
Söhngen, Gottlieb 40, 41, 394
Sokrates 182, 186
Spael, Wilhelm 345, 394
Spöhring, Walter 315, 394
Stahlschmidt, Rainer 349, 394
Stammen, Theo 115, 135, 137, 380
Stammerjohann, Harro 364, 394
Starkulla, Heinz 29, 84, 124, 200, 206, 253, 394–396
Starkulla, Heinz jr. 361, 363, 390, 393, 395, 396, 399
Stegmüller, Wolfgang 78, 79, 364
Steinke, Ines 286, 380, 381, 383, 389, 397
Stevens, John D. 339, 340, 395
Stieler, Kaspar v. 25, 105, 106, 395
Stocker, Karl 329, 395
Stoklossa, Paul 315, 395
Stouffer, Samuel A. 373
Strombach, Werner 37, 38, 50, 52, 54, 56–58, 60, 63, 146, 395
Szczepanski, Jan 328, 329, 335, 336, 395
Taylor, Bryan C. 286, 287, 291, 293, 294, 388
Teune, H. 139
Thomas von Aquin 45–47, 56, 57, 152
Thomas, William Isaac 213
Thukydides 351
Thurstone, Walter 258
Tocqueville, Alexis de 134, 395
Trudgill, Peter 312, 395
Uexküll, Jakob v. 40, 395
Volkart, Edmund H. 287, 395

Vollbrecht, Ralf 330, 392
Volmberg, Ute 264, 265, 395
Vonderach, Gerd 159, 395
Vries, Josef de 27, 41–43, 45, 49, 62, 63, 80–82, 88, 89, 91, 116, 130, 131, 133, 144, 145, 147, 148, 150, 156, 160, 395
Wagner, Hans 7–9, 30, 50, 54, 63, 84–86, 91, 102, 106, 109, 115, 122, 129, 132, 150, 160, 190, 203, 219, 253, 255, 267, 343, 354, 358, 364, 367, 379, 393, 395, 396, 399
Waldenfels, Bernhard 29, 35, 37, 187, 253, 396
Wallisch, Gianluca 121, 396
Weber, Max 86, 95, 153, 161, 162, 175, 193–198, 200, 201, 207–210, 213, 214, 226, 227, 288, 315, 379
Wegener, Claudia 320, 384, 387, 389, 390, 392, 396
Weingarten, Elmar 255, 384, 386, 390
Weischenberg, Siegfried 40, 390
Weisgerber, Leo 103, 396
Whyte, William Foote 287, 288, 291, 397
Wiedemann, Peter M. 159, 303, 318, 333, 397
Wild, Ch. 54, 387
Wilke, Jürgen 341, 386, 397
Wilpert, Gero v. 361, 397
Wilson, Thomas P. 223
Winckelmann, Johannes 198, 376, 396, 397
Wittgenstein, Ludwig 32, 34
Wittram, Reinhard 352
Wolff, Christian Freiherr v. 292, 363
Wolff, Stephan 291–294, 397
Wundt, Wilhelm 363, 374, 375, 397
Zetterberg, Hans L. 367, 368, 371, 374, 378, 397
Zinsli, Paul 30, 397
Znaniecki, Florian 286, 328, 329, 373, 383, 395

Sachregister

A posteriori *siehe auch* Erfahrung
Abfragen 277, 283
Abstraktion 25, 48–50, 198, 200, 203, 376
– generalisierende 50
– ideierende 49
– isolierende 50
Account-Konzept 230
Ähnlichkeit 104, 130, 131, 137
Ähnlichkeitsfeld 128, 129, 137–139
Aktivitätstypen 248
Aktualität 119, 147, 337
Allgemeinbegriff 27, 37, 48, 146, *siehe auch* Universalien-Problem
Allgemeine, das 42, 45, 67, 77, 117, 213, 341
– i. d. Sozialwissenschaft *siehe auch* Wesensmerkmale
– Schlussverfahren *siehe auch* Merkmale, notwendige
Allgemeinerkenntnis 157
Allsatz 75
Alltagsdenken 34, 157, 195
Alltagskommunikation 306, 333
Alltagsmethoden 96, 227
– Muster 132, 215, 231, 240, 245, 325, 327, 329, 337, 342, 376
Alltagstheorie *siehe auch* Vorurteil
Alltagsverstand 93
Alltagswelt 216, 227, 228, 288
Alltagswirkung der Medien *siehe auch* small effects
Analogieschluss 116
Analyse 50, 77, 84, 134, 135, 140, 175, 213, 226, 228, 236, 238–240, 243, 250, 284, 285, 293, 296, 314–316, 318, 319, 323, 325–327, 329, 335, 336, 340, 343, 344, 355, 357, 358, 367, 374
– typologische 335, 336, *siehe auch* Typenkonstruktion
– univariante 367, 374
– vergleichende 134, 135
Analyseeinheit 316
Ankerbeispiele 327
Annahmen 68, 70, 73, 76, 121, 148, 154, 157, 245, 249, 304, 355
– theoretische 73

Anreicherung 198, 200, 203, 207, 211, *siehe auch* Typenkonstruktion
Anschauung 49, 89, 112, 361
– vergleichende 49, *siehe auch* Vergleich
Antinomie 192
Antithese 178, 179, 181, 182, 187, 188, 190, 192, 264
Antizipation von Sinn 158
Antwort 35, 85, 147, 154, 166, 177, 178, 201, 203, 225, 239, 248, 269, 284, 301, 302, 309, 364
Apparat 20, 243, 248
– d. prakt. Problemlösung *siehe auch* Konversationsanalyse
Appell 341
applicatio 166
Appräsentation 30
Archivalien 349
ars inveniendi 80, *siehe auch* Heuristik
Artbegriff 52
Aufeinanderfolge 133, 150, 175
– zeitliche 150
Aufhebung eines Gegensatzes *siehe auch* Dialektik
Aufklärung 109, 110, 250
Aufzeichnung 108, 233, 236, 239, 281, 293–295, 302
Ausdruck 19, 25, 29, 35, 42, 57, 68, 85, 89, 92, 109, 116, 117, 152, 158, 160, 161, 165, 166, 195, 200, 228, 232, 233, 243, 267, 307, 375
– sinntragender 166
Auseinandersetzung 80, 186, 196, 258, 261, 263, 319, 326
Ausgangsbeobachtung 133
Aushandlungsprozesse 265
Auslegung 110, 161, 164, 166, 168, 170, *siehe auch* Hermeneutik
Aussage 27, 41, 43, 69, 74, 78, 181, 187, 193, 228, 261, 312, 316, 348, 352
Aussage über Wirklichkeit *siehe auch* Urteil
Aussagesatz 57
Außenwelt 34, 43, 44, 112, 158
Austauschbarkeit der Standpunkte 157

Sachregister

Auswahl 71, 108, 133, 135, 139, 224, 273, 280, 300, 332, 346, 357, 368
- theoriegeleitete *siehe auch* Sampling theoretical, *siehe auch* Zufallsauswahl

Auswahl von historischen Quellen *siehe auch* Schneeball-Verfahren

Auswertung 283, 299, 305, 312, 314, 315, 318, 324, 333, 355

Autobiographie 351

Autor 162, 164, 166, 168, 170

Autorität 110

Axiom(e) 60, 63–65, 157, 158, 166

Basistextsorten 318

Bedeutung 21, 22, 25, 26, 32, 34, 44, 49, 56, 58, 62, 64, 92, 93, 113, 114, 116, 122, 127, 129, 147, 150, 153, 162, 201, 203, 231, 247, 251, 259, 265, 281, 286, 292, 301, 308, 312, 315, 329, 339, 344, 353, *siehe auch* Sinn

Bedeutungsmuster 267

bedingtes Notwendigkeitsurteil *siehe auch* Hypothetisches Urteil

Bedingung 26, 81, 107, 108, 111, 133, 172, 187, 192, 263, 344, 374

Befangenheit 109, 186

Befangenheit wissenschaftlichen Arbeitens *siehe auch* Idola-Lehre

Befragung 71, 219, 260, 290, 299, 301, 307, 309, 314, 316, 329, 332

Begriff 25–27, 30, 38, 43, 47–49, 52, 54, 56, 57, 83, 87, 89, 94, 97, 109, 110, 116, 127, 129, 146, 156, 167, 173, 176, 188, 195, 207, 220, 250, 286, 357, 361–363, 367, 373, 376
- singulärer 48

Begriffsanordnung 367

Begriffsbestimmung 54

Begriffsbildung 47, 50, 63, 95, 116, 119, 200, 214, 226
- klassifikatorische 50

Begriffsgeschichte 362

Begriffsklassifikation 52

Begriffsrealismus 44, 45

Behauptung 133, 176, 219, 368

Beliebigkeit 159, 331

Beobachter 71, 99, 153, 214, 228, 231, 251, 287, 288, 292–295
- wissenschaftlicher 288, 293

Beobachterrollen 291
- institutionalisierte 291

Beobachtung 37, 67, 68, 70, 71, 73, 74, 77, 102, 109, 112, 113, 131–133, 135, 141, 144, 148–151, 206, 211, 213, 224, 229, 240, 262, 268, 286–296, 298, 323, 333, 372, 373, 378
- teilnehmende 286–290, 292, *siehe auch* Teilnehmende Beobachtung
- unvollständige *siehe auch* Induktion
- verdeckte 292
- wissenschaftliche 290

Beobachtungsaussage 73

Beobachtungsfeld 93, 291

Beobachtungsinstrumente 68

Beobachtungsleitfaden 294

Beobachtungsproblem 70, 73

Bericht 312, 348

Beschreibung 95–97, 100, 103–105, 107–109, 111, 151, 152, 168, 195, 242, 247, 287, 317, 318, 324, 328, 333, 341, 361–367, 372–376, *siehe auch* Deskription
- phänomenologische 96, 97, 103, 107, 109

Besonderes 50
- u. Schlussverfahren *siehe auch* Induktionsprinzip

Betroffenheit 277

Bewährung 78

Beweis 60, 67, 74, 81, 149

Beweisverfahren 60, *siehe auch* Schluss-Verfahren

Beweiswissen 19, 63, 67

Bewusstsein 29, 30, 34, 44, 45, 48, 98–100, 116, 200, 216

Beziehung 26, 27, 30, 31, 35, 42, 69, 71, 168, 175, 287, 301, 305, 368

Bildanalyse 325, 326

Biographie *siehe auch* Medienbiographie

Biographische Methode 336
- Arbeitsschritte 331
- Auswertung 333, 335, 336
- Erkenntnisinteresse 329, 332, 335
- Forschung 328
- Gegenstand 328, 330, 331
- Verfahren 331, 333
- Ziel 328, 332

Biologie 49, 130

Blatt 309

Bote 188

Chicagoer Schule 286, 328
Codeplan 316, 326
Common-Sense-Denken 34, *siehe auch* Alltagsdenken
conclusio 60, 67, *siehe auch* Schluss-Verfahren
Darstellung 22, 35, 142, 182, 188, 224, 299, 309, 314, 316, 319, 323, 326, 331, 347, 358, 364
Darstellungsformen 252, 253
das Allgemeine *siehe auch* Merkmale, notwendige
Dasein 152
– Paradoxien d. 182
Daten 30, 93, 108, 132, 140, 149, 196, 213, 217, 221, 223, 224, 243, 260, 270, 271, 273, 278, 290, 295, 296, 298, 302, 312, 316, 327, 331, 333, 336, 337, 340, 372
Datenaufbereitung 316
Datensammlung 255, 287, 318
Deduktion 43, 63, 65, 67, 79, 80, 82
– regressive 67
Definition 25, 27, 54, 56, 113, 124, 213, 219, 307, 340, 362, 368, 371, 374–376
– analytische 54
– genetische 56
– synthetische 54
Definitionsgleichung 25, 56
Definitionsregel 25
Denkdialektik 182
Denken 19, 22, 27, 34, 37, 38, 40, 41, 43, 44, 57, 62, 63, 67, 75, 79, 82, 87, 99, 107, 147, 162, 179, 186, 213, 217, 257
– Anfang d. 63, 64
– schlussfolgerndes 67
Denkformen 43, 58
Denkinhalt 45, 216
Denkrichtung 65, 67, 69, 211
– deduktive 69
Denkschemata 102
Denkweise 45, 48, 376, 378
Deskription 223, 284, 361, 363, 366–368, 371, 372, 374–376, 378, *siehe auch* Beschreibung
Deskription, wissenschaftliche
– Begriffsgeschichte 362
– Leistung 44, 183, 364, 372
– Theoriegeschichte 362
– Verfahrensebenen 366, 376

Deskriptives Schema 367
Deskriptivismus 372
Determinanten 333
Deutung 158, 161, 162, 170, 175, 194, 206, 350, *siehe auch* Verstehen
Deutungsschemata 170
Dialektik 95, 96, 176–178, 181–183, 186, 192, 194
– Arten d. 182
– verstehende 192
Diskussion 162, 178, 263–266, 273, 277, 278, 281, 283, 284, 298, 328, 355, 374
Diskussionsgruppen 261, 268, 273, 277, 278, 280, 281, 284, 285
Diskussionsleitfaden 274, 284, *siehe auch* Leitfaden
Diskussionsprozess 277
Disziplin 86, 96, 366
Druck 124
Eigenschaft *siehe* Merkmal
Eindruck 20, 102, 129, 150, 186, 220, 225, 240, 249, 302, 326
Einfühlung 154
Einklammerung 96, *siehe auch* Epoché
Einsichtnahme 350
Einstellung 97, 100, 110, 208, 261, 278, 288, 293, 337
– politische 261
– vorurteilsfreie 100
Einzelding 48, 68, 122, *siehe auch* Begriff, singulärer, *siehe auch* Besonderes
Einzelerfahrung 87
Einzelfall 49, 152, 225, 347
Empirie 68, 71, 74, 87, 89, 90, 93, 210, 361
Empirismus 38, 42, 43, 63, 70, 73, 75, 77, 81, 83, 88
Epoché *siehe auch* Einklammerung
Erfahrung 19, 23, 27, 34, 38, 42–44, 63, 68, 75–79, 82, 86–91, 94, 102, 103, 106, 141, 142, 145–147, 150, 152, 157, 168, 175, 182, 206, 216, 278, 287, 302, 328, 365
– innere 42
Erfahrungsgesetz 78, 79
Erfahrungsgewinn 122
Erfahrungsraum 267
Erfahrungstatsachen 77, 89, 90
Erfahrungswahrheit 194

Sachregister

Erfahrungswissen 63, 77, 91
Erfahrungswissenschaft 22, 71
Erfolg 77, 128, 133, 195, 203, 207, 210, 231
Erinnerung 88, 91, 144, 145, 232, 233, 295, 311, 346
Erinnerungsgewissheit 81, 144
Erkennen 23, 38, 40, 110, 156
Erkenntnis 19, 20, 22, 27, 31, 40, 42–47, 49, 50, 62, 70, 73, 75–77, 82, 87, 88, 91, 92, 95, 96, 99, 102, 110, 117, 133, 141, 151, 152, 173, 176, 177, 182, 192, 194, 196, 205, 210, 211, 224, 228, 254, 263, 272, 343, 375
– gültige 194
Erkenntnisinteresse 109, 148, 246, 284, 290, 299, 305, 311, 315, 317, 319, 337, 341–343
Erkenntnistheorie 19, 27, 38, 40, 63
Erkenntnisvermögen 42, 44
Erkenntnisziel 142, 211, 219, 221, 233, 262, 269, 273–275, 277, 279, 292, 302
Erklären 154, 172, 173, 175, 193, 194, 221, 363, 365, 374, 376
Erklärung 40, 89, 90, 121, 123, 130, 142, 151, 175, 193, 206, 209, 230, 328, 363, 364, 372–375
Erleben 38, 88, 89, 98, 266, 278
Erlebnisdimensionen 270, 285
Erscheinung 105, 118, 122, 123, 145, 149, 150, 198, 240, 248, 357, *siehe auch* Phänomen
Erwartung 122, 128, 132, 133, 141, 142, 145, 148, 170, 221, 253
Erwünschtheit 290
Erzählanstoß 303
Erzählen 309, 363, 374–376, 378
Erzählung 302–304, 318
Ethnologie 286
Ethnomethodologie 225–228, 230, 231
Evidenz 65, 194
Exemplifikation 335
Existenzialismus 182
Existenzsatz 75
Experiment 71, 133, 141, 146, 147, 217, 219
– indirektes 141
Experiment im Kopf *siehe auch* Gedankenexperiment

explicatio 166
Explikation 319, 322–324
Exploration 273, 300, 307
Extension 65, 69
Extraktion 116
Fallauswahl 141, 300
Fallbeobachtung 133
Falsifikation 76
Falsifikationismus 75, 76, 82, 88
Falsifikationsproblem 75
Feldforschung 287, 318
Fernsehen 116, 138, 184, 253, 290
Finaldefinition 56
Folgerungssinn 80, 81
Formalobjekt 50, 109, 221
Forschung 47, 95, 112, 213, 214, 219, 258, 284, 288, 290, 296, 311, 328, 329, 331, 340, 341, 343, 344, 353, 366, 373
– deskriptive 366
Forschungstechniken 70, 71
Fragebogen 219, 280, 299
Frage(n) 19, 21, 22, 26, 27, 29, 30, 44, 45, 60, 62–64, 68, 73, 81, 97, 105, 107, 111, 118, 127, 137, 147, 148, 154, 157, 164, 166, 168, 172, 177–179, 186, 190, 194, 198, 201, 203, 205, 219, 223, 225, 226, 228, 239, 248, 253, 254, 257–259, 267, 269, 270, 272–274, 277, 279, 280, 284, 287, 290–296, 298, 299, 301–312, 316, 319, 329, 331, 332, 335–337, 339, 341, 343, 345–348, 352–355, 357, 364, 371, 372, 375, 378
– erzählgenerierende 303, 305
– geschlossene 299, 306
– implizite *siehe auch* Hermeneutik
– Kunst d. 177, *siehe auch* Dialektik
– offene 309
Ganzheit 85
Gattung 47, 48, 52, 56
Gedächtnis 91, 121, 293
Gedächtnisprotokoll 305
Gedanken 31, 35, 37, 38, 40, 93, 97, 99, 165, 181, 202, 216, 217, 346, 362
Gedankending 27, 47
Gedankenexperiment 146
Gedankengebilde 42, 47, 60, 194, 197, 198, 200, 201, 208
Gegenargument 81

Sachregister

Gegenrede 35, 176, 261
Gegensatz 40, 48, 75, 80, 87, 115, 116, 175, 179, 182, 183, 227, 244, 346, 359, 373
Gegenstand 22, 23, 26, 27, 29, 37, 50, 56, 57, 60, 62, 63, 69, 70, 86, 93, 95, 98, 99, 105, 107, 109, 131, 153, 167, 168, 170, 177, 190, 211, 221, 223, 230, 232, 239, 245, 260, 270, 277, 281, 287, 288, 292, 302, 312, 337, 346, 362–364, 372
Gegenwart 30, 70, 84, 162, 171, 172, 232
Geist 45, 46, 83, 84, 102, 110, 154, 156, 170, 171, 173, 208, 362, 366
– objektiver 156
Geisteswissenschaft 86, 91, 94, 95, 365
– empirische 91, *siehe auch* Humanwissenschaft
Geltung 44, 62, 63, 96, 111, 190, 193, 194, 210, 363, 366
– objektive 194
Geltungssicherung 95, 195, 211
Generalisierung 322, 376
genus proximum 54, *siehe auch* Gattung
Geometrie 64, 67
Geordnetheit 231, 240, 244
– interaktiv erzeugte 240, *siehe auch* Ordnungsmuster in Kommunikationsprozessen
Geschichte 49, 56, 83, 84, 182, 193, 196, 258, 332, 339, 342, 344–346, 348, 349, 351, 361
Geschichtlichkeit 84, 153
Geschichtswissenschaft 328, 339, 346
Gesellschaft 84, 85, 93, 153, 157, 182, 188, 190, 192, 206, 236, 253, 254, 287, 317, 343, 344, 355
Gesetz 69, 70, 73, 133, 156, 210
Gespräch 35, 37, 164, 176, 177, 181, 182, 190, 206, 231, 239, 250, 251, 255, 260, 271, 277, 301, 305
Gesprächsanwalt 188, *siehe auch* Journalist*in
Gesprächsführung 176, 306, 308
Gesprächsorganisation 243, 249
Gewissheit 40, 63, 70, 80, 81, 145, 160
Gewohnheit 102, 156
Glaubwürdigkeit 81, 132, 337
Gleiches 118, 122, 320

Grenzbegriffe 196
– ideale 196
Grounded Theory 318, 337
Gründe 63, 81, 107, 128, 142, 160, 173, 177, 271, 278, 290, 337
– d. Handelns *siehe auch* Motiv
Grundreiz 257, 273, 281
Grundstrukturen 94
Gruppe 50, 112, 133, 137, 146, 224, 228, 256, 257, 260, 261, 263, 266, 269, 281, 301, 329, 348
– künstliche *siehe auch* Ad-hoc-Gruppe
Gruppendiskussion 224, 255–258, 260, 261, 263–265, 267, 269, 270, 272–274, 277, 278, 280, 281, 285, 294
– Anwendungsbereich 256, 259, 271, 272, 278
– Entwicklung 256–259, 265–267
– Erkenntnisinteresse 264, 272, 273
– Kosten 274
– Rahmenbedingungen 272–275
– Rekrutierung d. Gruppen 277–281
– Untersuchungsdesign 273
– Verfahren 255–261, 263–265, 268, 270–273, 284, 285
– Verlauf 255, 274, 277, 281
Gruppenexperiment 261
Gruppeninterview 260
Gruppenmeinung 261, 263–265
– informelle 263
Gültigkeit 67, 208, 243, 244, 259, 289, 368, 371
– v. Interaktionsmustern *siehe auch* Validität
Handeln 84–86, 89, 93, 109, 153, 156, 173, 175, 192, 193, 198, 203, 206, 208–210, 215, 216, 226, 227, 236, 247, 266, 287–289, 291, 298, 328
– kommunikatives 247
– Sinn d. 193, 213, 215
Handlungszusammenhang
– sinnhaft adäquater *siehe auch* Sinnzusammenhang
Hermeneutik 95, 96, 152, 158, 161, 162, 164, 165, 167, 168, 170–172, 176, 312, 317
– objektive 312
– philosophische 161
– Regeln 152, 162, 164, 175
– romantische 164, 168, *siehe auch* Verstehen
Hermeneutischer Zirkel 167

411

Sachregister

Heuristik 79, 80, 117, 178
Historische Untersuchung 222
- Arbeitsschritte 355
- Durchführung 352
- Editionen 350
- Erkenntnisinteresse 339, 345, 347
- Konzeption 344
- Originale 350
- Quellen 344, 346–350
Historische Untersuchungen 224, 339, 343, 347, 354
Homologie 130
Homunculi 215, 216
- d. Sozialwissenschaftlers *siehe auch* Typenkonstruktion
Hörfunk 253
Horizontverschmelzung 172
Hypothese 69, 76, 90, 128, 130, 131, 148, 194, 206, 210, 213, 242, 366, 368
- kausale 194, 206
Hypothesenbildung 80, 219, 305
Hypothesengenerierung 318
Idealismus 43–45, 83, 84, 212
- transzendentaler 43
Idealtypen 195–198, 200–202, 207, 209–212, 215, 378
- Konstruktion d. 210
- Reifestadien 210, *siehe auch* Typenkonstruktion
Idealtypenbildung 95
Idealurteil 60
Idiographie 341
Idola-Lehre 103, *siehe auch* Vorurteil
Indexikalität 228–230
Indikator 48, 316
Individualerscheinung *siehe auch* Einzelding
Individualisierung 376
Individualmeinung *siehe auch* Meinungen
Individualtyp 376
Induktion 22, 63, 67, 68, 70, 73, 75, 77–82, 102, 117, 156
- Erfolgsprinzip 79
Induktionsprinzip 78
Induktionsproblem 77, 79, 107
Induktionsschluss 77–79, 131, *siehe auch* Schluss, induktiver
- Begründung 78
- erwartungserweiternd 111, 122

Induktionsverfahren 70, 71
Induktivismus 70, 71, 74, 75, 77, 80, 88, 90–92
Information 167, 223, 333
Informationsdefizite 138, *siehe auch* Manipulation, *siehe auch* Vermittlungsfehler
Inhaltsanalyse
- qualitative 315, 317, 319, 325, 357, *siehe auch* Qualitative Inhaltsanalyse
- quantitative 316
intellectio 166
Intension 65
Intentionalität 98
Interaktion 227–231, 242, 243, 248, 299, 317
Interaktionsprobleme 243
Interpretation 23, 150, 153, 161, 162, 164, 165, 179, 213, 215, 229, 254, 285, 298, 305, 312, 314, 316, 317, 323, 333, 335, 340, 344, 352, 358, 373
- analytische *siehe auch* Deutung
- Grundformen 165, 319
- subjektive *siehe auch* Verstehen
Intersubjektivität 34, 266
Interview 299, 301, 302, 305–308, 311, 312, 332, 333, 351
- Leitfaden 294, 301, 306, 308, 332, 333
- narratives 333
- qualitatives 308
Introspektion 307
- retrospektive 307, *siehe auch* Erinnerung, szenische
Intuition 43, 49, 236, 238, 314, 335
Invariantes *siehe auch* Merkmale, invariante
Journalismus 121, 122, 142
Journalismusgeschichte 340
Journalist*in 188, 202, 203, 205, 207
Jubiläumsausgaben 348
Kategorie(n) 43, 56, 58, 112, 207, 219, 296, 314, 316–319, 322, 323, 325–327, 348, 355, 357, 358
- d. Inhaltsanalyse *siehe auch* Kriterienraster
Kategorienbildung 56, 318, 327
- deduktive 323
- induktive *siehe auch* Inhaltsanalyse
Kausalzusammenhang 201
Klassenkampf 182

Sachregister

Klassifikation 113, 114
- vergleichende 114, *siehe auch* Morphologie

Klatsch 132, 225, 246
Koinzidenz 122, 123, 132, 149
Kombinatorik 196
- kreative 196

Kommunikation 22, 34, 84–86, 89, 107, 142, 147, 149, 187, 188, 190, 206, 229, 250–253, 260, 266, 267, 303, 306, 314–316, 339, 341, 343–345, 353, 355, 358

Kommunikationsgeschichte 339, 341
Kommunikationsinteressen 203
Kommunikationskontext 229
Kommunikationsordnung 247
Kommunikationspartner 229
Kommunikationsverfassung 206
Kommunikationswissenschaft 19, 21, 22, 54, 62, 84–86, 90, 95, 107, 114–117, 160, 192, 224, 225, 272, 286, 289, 315, 317, 329, 330, 344

Komparatistik *siehe auch* Vergleich
Komplementarität 223
Komposition 210, *siehe auch* Verfahren, kompositives
Kongruenz der Relevanzsysteme 157
Konkretion, zunehmende 211
Konnotation 56
Konservierung (d. Materials) 233, 252
- registrierende 233, 252
- rekonstruierende 233

Konstruierter Typus *siehe auch* Idealtypen
Konstrukt 45
- subjektives 45

Konstruktion(en) 27, 65, 83, 93, 94, 127, 133, 137, 139, 141, 151, 175, 176, 181, 193–195, 197, 198, 203, 205–211, 213–217, 219, 229, 230, 247, 251, 253, 254, 287, 309, 337, 342, 344, 376
- v. Wirklichkeit *siehe auch* Wirklichkeitskonstruktion

Konstruktivismus 23, 64, 65
Kontext 220, 228, 229, 243, 251, 259, 286, 287, 308, 326, 353, 358
Kontextanalyse 322
Kontextgebundenheit 228
Kontrolle 96, 111, 231

Konventionalismus 42
Konvergenz 81, 144, 145, 150, 160, 324
Konvergenzbeweis 80
Konvergenzschluss 116
Konversationsanalyse 225
- ‚methodischer Apparat' 243
- Analyseschritte 236, 240, 243
- Arbeitsschritte 319, 320
- Beobachtungsprämisse 227, 238
- heuristischer Wert 190
- Leitfrage 104, 231
- Reichweite 254
- Untersuchungsmaterial 231, 232, 234, 240, 243
- Validierungsverfahren 243
- Verfahren 225, 226, 228, 230–232, 236, 238, 242, 245

Konzeptualismus 42, 54
Kopula 57
Kriterienraster 319, 323, 325, 326
Kritik 77, 223, 333
Kulturbedeutung 201
Kulturwelt 93
Kulturwissenschaft 195, 197
Laut 31, 32, *siehe auch* Wortlaut
Lautproduktion 234, 240, *siehe auch* Notationssysteme
Lautsprache *siehe auch* Sprache
Lebensäußerungen 171, 173
Lebenserfahrung 88, 89, 208
Lebensgeschichte 267, 302, *siehe auch* Biographie
Lebenswelt 30, 34, 99, 100, 102, 168, 208, 254, 287, 288
Leitfaden 274, 294, 296, 299, 306, 308, 309, 332, 337
Leitfadenbürokratie 308, 309
Leitfadeninterview 294, 301, 306, 308, 332, 333
- Ablaufschema 309–312, 314
- Kriterien 306, 308
- Kunstfehler 232, 309

Lernen 111
Links-Rechts-Spektrum 140
Logik 19, 38, 40, 44, 57, 58, 63–65, 67, 78–80, 176, 211
Manifestation(en) 127, 182, 231, 253, 265, 314, 343–345, 355

413

Sachregister

Markierung 121, 172
Marktforschung 256, 257, 259, 267
Maßbegriff 205, 206
Massenkommunikation 70, 106, 107, 149, 187, 192, 203, 225, 247, 251–254, 271, 341
Massenmedien 37, 116, 192, 203, 231, 250, 341
Materialisation 127
Materialobjekt 109, 343
Materialreduktion 322, *siehe auch* Zusammenfassung
Mathematik 43, 64, 65
Medienforschung 220, 269, 270, 283
Mediengeschichte 183, 184
– Periodisierung d. 183
Mediennutzung 271, 284, 301, 331, 336, 337
– generationsspezifische 271
– Typologie 337
Medientheorie 115
Medienwirkungsforschung 258, *siehe auch* Wirkungsforschung
Medium 35, 124, 183, 187, 205, 272, 355, 357, 358
Meinung 175, 177, 187, 215, 251, 260, 261, 268, 306, 342
Meinungsverstehen 165, 166
Menge 74, 114, 121, 135, 148, 331, *siehe auch* Zahl, große
Mensch 19, 30, 41, 45–49, 84, 88, 91, 93, 102, 162, 226, 230, 260, 355, 362, 373, 375
Menschennatur 46, 170
Mentalität, analytische 238
Merkmal(e) 34, 43, 47, 48, 50, 56, 68, 94, 105, 108, 112, 113, 116, 119, 122, 123, 128–135, 137–141, 145–147, 149, 151, 196, 202, 210, 215, 240, 245, 249, 273, 277–280, 285, 300, 315, 336, 337, 352, 353, 358, 367, 378
– konditionale 138, 139
– wahrnehmbare 131
Merkmale, notwendige
– Schlussverfahren *siehe auch* Induktionsprinzip
– u. Schlussverfahren 67
Merkmalskoinzidenz 131
Merkmalsreichtum 131

Merkmalssteigerung *siehe auch* Typenkonstruktion
Mermal(e)
– wesentliche *siehe auch* Wesensmerkmale
Messen 44, 71, 90, 96
Metapher 129, 220, 221
Methode 50, 56, 65, 74, 77, 80, 81, 95, 98, 100, 105, 112, 114, 116, 142, 147, 149, 151, 161, 178, 179, 186, 187, 190, 195, 219, 223, 224, 226, 248, 256–258, 265, 273, 286, 287, 289, 290, 299, 315, 328–332, 341, 343, 351, 361
– deduktive 65
– eidetische 147
– experimentelle 151
– kommunikationswiss. 315
– phänomenologische 105
– positivistische 81
– typologische 195
– vergleichende *siehe auch* Vergleich
Methoden-Monismus 90
Methoden-Triangulation 221
Methodenanwendung 221
Methodenkombination 220, 290, 312
Methodenmix 220
Methodenreduktionismus 219
Milieu 267, 365
Mitteilung 35, 355
Mittel-Zweck-Relation 209, *siehe auch* Voraussagen, konditionale
Mittelalter 353, 355, 362
– Medien 353
Moderator 275, 281, 283
Möglichkeiten 19, 95, 96, 135, 140, 148, 151, 152, 156, 166, 190, 207, 208, 211, 214, 216, 217, 223, 243, 251, 295, 311, 333, 376, 378
Möglichkeits-Urteile 208
Morphologie 49, 114, 130, 142, 212
most different systems design 139
most similar systems design 139
Motiv(e) 108, 116, 162, 165, 173, 175, 203, 213, 216, 227, 269, 272, 329, 337
Nachrichten-Transporteur *siehe auch* Transportarbeiter
Nachrichtenarbeit 202, 203
Nachrichtenauswahl 289
– Prinzipien 347

Nachrichtenverkehr 86, *siehe auch* Zeit-Kommunikation
Namen 37, 42, 67, 75, 97, 102, 116, 146, 195, 364
Narrartives Interview
– Ablaufschema 303–305
– Prinzipien 306
Narratives Interview 302–304
– Schritte 303
Naturwissenschaft 88, 91, 92, 94, 363–365
Nicht-Beeinflussung 306, *siehe auch* Gesprächsführung, non-direktive
Nominaldefinition 27, 54, 363
Nominalismus 42
Normalspektrum 140
Notationssystem *siehe auch* Transkription
Notwendigkeit 44, 105, 121, 133, 281
Objektive Hermeneutik 317
Objektive Möglichkeiten 207
Objektivität 70, 230, 348, 365
Öffentlichkeit 187, 205, 353
Ontologie 27, 38, 57
Operationalisierung 308
Oral History 329, 351, 352
Ordnung 58, 83, 96, 100, 122, 135, 141, 206, 215, 226, 227, 229, 231, 232, 236, 239, 240, 243, 245, 247, 251, 254, 362
– soziale 226, 227, 236
Ordnungselemente 238, 252–254
Ordnungsmuster 232, 236, 238, 242, 243
– in Kommunikationsprozessen *siehe auch* Interaktionsregeln
Organisation, soziale 329
Organisationsprinzipien 142, 225, 243, 244, 250, 254
Orientierungsmuster 271
Originale 232
Paarsequenzen 248
Periodizität 119, 147
petitio principii 78, *siehe auch* Zirkelschluss
Phänomen 103, 104, 114, 290, 343, 363
Phänomenologie 44, 45, 95, 97–100, 102, 103, 107, 110, 146, 152, 365
– angewandte 107
philosophia prima 98
Philosophie 27, 34, 37, 44, 52, 63, 79, 83, 84, 97, 98, 107, 164, 183, 362

Platonismus 45
Positivismus 42, 70, 86, 91, 94
Prädikat 23, 57
Prädikator 37
Prämisse 166
– unerklärte *siehe auch* Schluss-Verfahren, *siehe auch* Voraussetzungen d. Wissens
Presse 183, 184
Pressetypologie, zyklische 119
Pretest 327
Prinzip 23, 78, 170, 173, 181, 186, 192, 243, 249, 298, 305, 306, 311, 318, 329
Problem 20, 22, 27, 32, 37, 42, 60, 62, 68, 73, 74, 76, 78, 81, 82, 93, 117, 132, 137, 167, 168, 170, 184, 190, 193, 194, 213, 214, 216, 227, 228, 236, 239, 240, 242, 243, 245, 246, 251, 273, 293, 295, 333, 341, 362, 371, 375
– d. Interaktion *siehe auch* Interaktionsprobleme
Problemrelevanz 127, 137, 147, *siehe auch* Untersuchungsziel
Prognose 69, 70
Propädeutik 20, 23
Propagandaforschung 258
Prozess 37, 76, 85, 87, 96, 162, 170, 171, 182, 187, 213, 287, 308, 373
– dialektischer 182
Psychologie 83, 121, 328, 365
Psychologismus 44
Publizist 202, 203, 205, 207
Qualitative Forschung 331
Qualitative Inhaltsanalyse 224, 319
– Arbeitsschritte 319, 320, 322, 323
– Datenerfassung 316
– Kategorienbildung 323, 324, 326, 327
– Untersuchungsmaterial 319
– Vorgehen 319
Qualitatives Interview 308, 332
– Auswertung 312, 314
– Verfahren 308–312
Quantifizierung 77, 96, 358, 367
Quellen 109, 135, 208, 345, 346, 349, 351–353, 357, *siehe auch* Primärquellen, *siehe auch* Sekundärquellen, *siehe auch* Tradition, *siehe auch* Überreste
Quellenkritik 352
Radio 116, 184

Sachregister

Rationalismus 43, 110
Reaktivität 292, 293
Realdefinition 56, 363, *siehe auch* Definition, *siehe auch* Deskription, wissenschaftliche
– deskriptive 56
Realgruppen 264, 277, 278
Realismus 44
Realität 22, 26, 34, 45, 86, 87, 93, 182, 263, 314, 331, 359, 365, 373
– ausgezeichnete *siehe auch* Lebenswelt
Recipient Design 249
Redaktion 293, 294
Rede 35, 49, 63, 80, 158, 162, 176, 178, 187, 197, 219, 260, 261, 348
Redezug 239, *siehe auch* Turn
Reduktion 88, 99, 104, 260, 284, 336
– phänomenologische 99
Regel 29, 32, 34, 71, 75, 80, 86, 112, 139, 140, 156, 160, 206, 210, 211, 219, 240, 271, 278, 307, 311, 312, 315, 316, 320, 349, 355, 358
– logische 80
Regelmäßigkeit 122, 156, 208, 240, *siehe auch* Koinzidenz
Regeln 23, 25, 29, 32, 54, 56, 65, 67, 78, 80, 86, 103, 112, 113, 137, 208, 211, 225, 226, 231, 236, 250, 322, 327, 333, 354, 378
Regression 67
Relation 29, 30, 35, 45, 149, 209
Relevanz 202, 248, 341, 352, 368
– konditionelle 248
Relevanzsysteme 157, 216
Reliabilität 371
Repräsentativität 280, 368, 371
Rezeptionsforschung 271, 272, 289, 330
Rezipient 106, 121
Reziprozität der Perspektiven 158
Rhetorik 19, 107, 176
Richtigkeitstypen 197, 209
Rohdaten 296
Sachaussage 35
Sacherklärung 56
Sachverhalt 41, 45, 57, 62, 157, 194, 200, 215, 290, 357
– vorgegebener *siehe auch* Gegenstand, vorgegebener
Sachverstehen 165

Sagen 41, 346
Sampling
– statistical *siehe auch* Zufallsauswahl
– theoretical 280, 300, 320
Satz 19, 42, 57, 60, 63–65, 67–69, 73–75, 148, 156, 178, 179, 193, 210, 211, 260, 316
– allgemeiner 69, 74
– statistischer *siehe auch* Wahrscheinlichkeitssatz
Schallphänomen *siehe auch* Laut
Schema 40, 49, 121, 181, 183, 186, 193, 367, 378
– deskriptives 367
Schlagworte 102
Schließen 63, 64
Schluss 20, 60, 67, 70, 78, 79, 93, 110, 144, 223, 229, 349, 371
Schlussfiguren *siehe auch* Syllogismus
Schneeball-Verfahren 301
Schriftzeichen 29, 31, 32
Schweigespirale 90
Screening 280
Sein 27, 38, 45, 88, 226
Seins-Wirklichkeit 37, 38
Sekundärquellen 348
Selbstaussage 35
Selbstdarstellung 100
Selbstevidenz 64
Selbstverständlichkeit 63, 81, 107, 341
Sequenzierung 234, *siehe auch* Notationssysteme
Simultankoinzidenz 133
Singuläres 19, 22, 67
Sinn 32, 34, 37, 40, 50, 56, 64, 80, 81, 84, 93, 94, 98, 102, 107, 117, 122, 127, 147, 152–154, 156, 158–162, 164–166, 170, 173, 175–177, 187, 192–194, 197, 209, 210, 213, 215, 221, 229, 230, 265, 266, 272, 288, 298, 308, 328, 342, 362
– Antizipation von 158
Sinnadäquanz 175
Sinne 19, 22, 30, 38, 42, 54, 57, 60, 63, 69, 76, 79, 88, 89, 95, 96, 109, 114, 141, 164, 177, 212, 213, 216, 219, 223, 226, 236, 251, 254, 296, 308, 342, 358, 361, 363, 371, 376
Sinneinheit 365

Sinneswahrnehmung 88, 144, 145, *siehe auch* Wahrnehmung, sinnliche
Sinngebung 154, 158, 226
Sinnhorizont 168, 171, 172
Sinnstrukturen 317
Sinnverstehen 154
Sinnzusammenhang 175, 193, 198
Sitte 156
small effects 149
small talk 303
soziale Originale *siehe auch* Aufzeichnung, real time
Sozialforschung 233, 257, 261, 262, 289, 305, 357
Sozialität 261, 265–267
Sozialwissenschaft 86, 90, 115, 152, 161, 213, 216, 230, 339
– Aufgabe d. 213
– empirische 86
– verstehende 152
Soziologie 83, 86, 112–115, 195, 226, 264, 287, 328
– vergleichende 114
Spezifität 307
Spirale, hermeneutische *siehe auch* Hermeneutischer Zirkel
Sprache 22, 23, 25, 26, 29–31, 35, 37, 41, 42, 71, 81, 89, 92, 103, 109, 117, 118, 147, 160, 162, 182, 195, 267, 291, 346
Spracherwerb 34
Sprachgebrauch 25, 32, 65, 368
Sprachgemeinschaft 32, 34, 236, *siehe auch* Lebenswelt, intersubjektive
Sprachlogik 23, 25–27, 31, 65
Sprachzeichen 29–32, *siehe auch* Zeichen
Sprecherwechsel 317, 333
Statistik 74, 361
Steigerung v. Merkmalen
– einseitige *siehe auch* Merkmalssteigerung, *siehe auch* Typenkonstruktion
Stichprobe 368, 371, *siehe auch* Sampling
Stimulusmaterial 307, *siehe auch* Grundreiz
Streitgespräch 176–178, 190
Strukturierung 284, 299, 305, 307, 319, 320, 322, 323, 327, 331
Subjekt 30, 40, 45, 57, 152, 171, 175, 329, 365, 373

Subjektivität 171, 328, 329
Subkultur 291
Sukzedankoinzidenz 132, 133
Superindividualität 211, *siehe auch* Idealtypen
Syllogismus 67
Symbol 153
Synonyme 25
Synthese 43, 45, 178, 179, 181, 182, 186–188, 192, 200, 376
Tatsachen 19, 21, 70, 93, 95, 97, 100, 102, 103, 105–114, 144, 187, 193, 194, 196, 200, 208, 210, 211, 213, 215, 217, 219, 342, 344, 346, 364
Tatsachensicherung 107, 109, 219, 238
Taxonomie 140, 141
– analytische 140
– konditionale 140
Teilnehmende Beobachtung 222, 286–288, 333
– Auswertung 296
– Beobachtungsverfahren 286
– Entwicklung 286
– Ethische Probleme 294
– Forschungsfeld 291
– Verfahrensproblem 286–289, 291–293
Tendenz 44, 83, 89, 110, 164, 346
Terminologie 26, 375
Test 71
Textelement 238
Theorie 69–71, 73, 76, 90, 102, 107, 112, 116, 117, 127, 159, 196, 226, 230, 314, 319, 322, 335, 337, 340, 341, 357, 361, 373
Theoriekonstruktion 373, 378
Theorien-Triangulation 221
Theorientest 374, *siehe auch* Hypothesentest
These 178, 179, 181, 182, 187, 190, 192
Tiefgründigkeit (Interviewkriterium) 308
Topik 80
Tradition 42, 43, 52, 105, 109, 156, 259, 267, 323, 328, 346, 363
Transformation 233, 273
Transkription 236, 302, 311, 312, 320, *siehe auch* Notationssystem
Transportarbeiter 188, 190
Triangulation 220–223
– between-method 221

417

Sachregister

– within-method 221
Trugbilder 102, *siehe auch* Idola-Lehre, *siehe auch* Vorurteil
Trugschluss *siehe auch* Zirkelschluss
Typenbegriffe 195, 215, 219
Typenkonstruktion 95, 96, 117
– Merkmale 215
– u. Alltagswelt *siehe auch* Idealtypus
– Verfahren 95, 203, 207, 208
– Ziel 214
Typifikation 215, 374–376
– i. Alltag *siehe auch* Typenkonstruktion
Typus 49, 188, 206, 212, 213, 342, 376, *siehe auch* Idealtypus, *siehe auch* Konstruierter Typus
Übereinstimmung 34, 93, 94, 112, 138, 145, 226, 371
– v. Einzelheiten *siehe auch* Konvergenz
Überlieferung 109, 110, 158, 166, 346, 352, *siehe auch* Tradition
Überprüfbarkeit 355, 358
– intersubjektive 355, 358
Überreste 346, 352
Umfrag(en) 89, 261, 262, 268, 336
– Kritik an – *siehe auch* Meinungsforschung
Umgangssprache 65, 229
Umschlag 181, 182
Unähnlichkeit 130, *siehe auch* Unterschied
Universalien-Problem 37, 42
Universalität 119, 147
Unparteilichkeit 323–325
Unterschied 25, 38, 40, 41, 48, 56, 60, 67, 79, 89, 92, 94, 97, 115, 123, 130, 142, 147, 162, 171, 176, 193, 216, 247, 250, 255, 273, 307, 315, 339
– artbildender 56, *siehe auch* defferentia specifica
– v. Gegenständen *siehe auch* Definition
Untersuchung 89, 97, 107, 109, 112, 113, 134, 137, 141, 153, 196, 219, 221, 223, 232, 247, 251, 258, 262, 275, 279, 281, 290, 291, 295, 300, 315, 319, 323, 325, 329, 331, 332, 339, 341, 343, 344, 347, 355, 357, 358, 366–368, 371, 374, 376, 378, *siehe auch* Forschung
Untersuchungsanlage 135, 139
Untersuchungseinheit *siehe auch* Analyseeinheit
Untersuchungsmaterial 323, 324, 327, 345

Untersuchungsziel 133, 135, 137, 138, 278, 284
Unvoreingenommenheit *siehe auch* Vorurteil
Ursache 77, 94, 114, 130, 148, 150, 175, 193, 201, 205, 211
Ursache des Handelns *siehe auch* Kausalzusammenhang
Urteil 41, 42, 57, 63, 67, 109–111, 122, 259, 324, 363
Urteilsformen 58, 62
Urteilszusammenhang 60
Validierung 223
Validität 265, 273, 289, 371
– externe 273
Variation 301
– parallele *siehe auch* Konkomitanz
Verallgemeinerung 67, 73, 102, 213, 375, *siehe auch* Induktion
Verfahren 21, 62, 67, 68, 70, 71, 76, 77, 79–83, 88, 91, 93–97, 99, 105, 106, 110, 111, 113–117, 139, 141, 142, 148, 151, 152, 171, 173, 176–178, 184, 186, 190, 192, 193, 195, 198, 200, 201, 203, 205, 211, 220, 222–224, 244, 299, 301, 312, 314, 317, 318, 336, 337, 352, 361, 363, 364
– wissenschaftliches 95, 96, 152, 228
Vergegenwärtigung 88, 92
– gedankliche 88
Vergleich 95, 96, 111, 112, 114, 116, 117, 121–124, 127–129, 133–135, 137, 138, 141, 142, 144, 145, 147, 149, 151, 193, 220, 238, 250, 272, 333, 358, 375
– Generalproblem 117
– Prozeduren 131, 159, 164
Vergleichs-Hypothese 128, 130, 131
Vergleichsgruppen 123
Vergleichsobjekte 122, 123, 128, 129, 137, 140
Vergleichsschema 123
Verifizierung
– Prinzip 42
Verleger 86
Vermittlung 86, 106, 187, 254, 324, 329, 355, 357
– Soz. Kommunikation 187, 188, 206, 339
Vernunft 43, 78, 80, 121, 182, 188
– praktische 78
Versammlungskommunikation 107

418

Versöhnbarkeit der Standpunkte 177, *siehe auch* Dialektik
Verstand 19, 38, 43–45, 49, 56, 112, 361
Verständigung 230
Verständigungsprobleme 249
– Reparaturmechanismen 249
Verständigungsprozess 229
Verständnissicherung 249, *siehe auch* Recipient Design
Verstehen 81, 88, 95, 110, 111, 152, 154, 156–162, 164–166, 168, 170–173, 175, 178, 192–194, 221, 307, 344, 365, 376
– individualisierendes 376
– objekt-bezogenes 164
– sinnhaftes 307
– wissenschaftliches 152
Verstehens-Akt 166
Voll-Sache 211
Vollkommenheit 158, 164, 166, 170
Voraus-Urteil 111, 122
Voraussage 69
Voraussetzung 42, 48, 50, 57, 62, 69, 75, 96, 151, 158, 166, 177, 244, 267, 268, 339
Vorgriff der Vollkommenheit 158, 166
Vorher-Nachher-Messung *siehe auch* Vorurteil
Vorhersagen *siehe auch* Prognose
Vorsokratiker 87
Vorstellung 31, 32, 34, 63, 88, 145–147, 162, 232, 361
Vorstellungsbilder 150
Vorurteil 96, 107, 109–111
Vorverständnis 165–168, 170, 353
Vorwissen 71, 75, 90, 249, 323, 355
Wahrheit 19, 27, 60, 62, 63, 73, 76, 78, 87, 147, 176, 324
Wahrheitstheorie 62
Wahrnehmung 22, 27, 30, 38, 40, 43, 44, 60, 68, 88, 89, 93, 121, 128, 130, 144, 145, 227, 324
– äußere 89
– innere 89
– sinnliche 44, 93
Wahrscheinlichkeit 73, 74, 81, 175, 213, 214
Wahrscheinlichkeitsproblem 73
Welt 21, 23, 29, 30, 34, 35, 37, 68, 76, 81, 88, 92, 93, 96–100, 102, 103, 109, 113, 114, 117, 121, 153, 156, 157, 188, 216, 254

Wende, hermeneutische 161
Wertfragen 21
Wertwissen 209
Wesen 44, 46, 52, 92, 93, 104, 105, 109, 141, 146, 147, 343, 363–365
Wesensbegriff 52
Wesensbeschreibung 104, 105
Wesensdefinition 56
Wesenserfassung 103
Wesensmerkmale 112, 147
Wesensschau 104, 146, 147
Widerlegung 45
Widerspruch 63, 71, 73, 166, 170, 178, 179, 181, 182, 186, 187, 192, 243, 284, 378
Wiederholung 69, 133, 141, 371
Wirken 288
Wirklichkeit 22, 27, 37, 38, 40, 42, 45, 50, 62, 93, 94, 97, 103, 113, 121, 152, 175, 182, 192, 194, 196, 198, 201, 208, 211, 212, 215, 226, 228, 231, 232, 250, 273, 287, 315, 329, 375
– soziale 93, 231, 273
Wirkung 70, 94, 148, 150, 175
Wirkungsforschung 90, 272
Wissen 19, 20, 34, 38, 43, 63, 67, 73, 77–79, 83, 91, 93, 98, 107, 122, 142, 156, 176–178, 207–209, 245, 246, 251, 288, 292
– nomologisches 208
– Weg zum 177, 178
– wissenschaftliches 67
Wissenschaft 19–23, 25, 27, 38, 41, 47, 54, 60, 62–64, 67, 70, 71, 73, 77, 79, 84, 85, 93–98, 102, 107–109, 112, 116, 147, 148, 156, 159, 193, 207–209, 215, 227, 228, 257, 363, 372, 373
– empirische 70, *siehe auch* Erfahrungswissenschaft
– vorurteilslose 107
Wissenschaftsgeschichte 41, 329
Wissenschaftssoziologie 19
Wissenschaftssprache 25, 65, *siehe auch* Terminologie
Wissenschaftstheorie 19, 21, 22
Wort 21, 23, 27, 32, 37, 41, 42, 47, 57, 98, 117, 144, 147, 156, 158, 160, 177, 188, 202, 212, 238, 239, 265, 351, 374
Worterklärung 54

Sachregister

Wortlaut 234, 236
Wortzeichen 29, 47, *siehe auch* Schriftzeichen
Zahl, große *siehe auch* Wahrscheinlichkeitsproblem
Zeichen 29–32, 34, 35, 42, 47, 54, 152, 153, 161, 171, 355
Zeit-Kommunikation 188, *siehe auch* Kommunikation, Soziale
Zeitgeist 102, 108
Zeitgespräch 85, 251, 343
Zeitschrift 116, 124, 337, 338, 345
Zeitung 27, 52, 105, 116, 118, 124, 129, 147, 206, 345, 346, 348
Zeitzeugen 329, 351
Zensur 348
Zielgruppe 279, 280
Zirkelschluss 74, 78, 167, 168
Zufall 79, 105, 132, 150, 216
Zufallsauswahl 280
Zuhören 304, 306
– aktives 306
Zuordnungsdefinition *siehe auch* Definition, operationale
Zurechnung 95, 193–195, 201, 203, 214
– kausale 194, 195, 201, 203, 214
Zusammenfassung 69, 116, 195, 296, 319, 320, 322, 323, 327, 333, 358
Zuverlässigkeit 70, 259, 348, 368, 371, *siehe auch* Reliabilität
Zweck 56, 67, 68, 137, 139, 153, 166, 194, 196, 198, 200, 203, 209, 210, 213, 217, 233, 234, 291, 329, 342, 344, 346

Bereits erschienen in der Reihe
STUDIENKURS Medien & Kommunikation

Journalismus
Von Prof. Dr. Janis Brinkmann
2021, ca. 265 Seiten, Broschiert, ISBN 978-3-8487-6055-8

Qualitative Methoden der Kommunikationswissenschaft
Von Prof. Dr. Philomen Schönhagen & Prof. Dr. Hans Wagner
3. Auflage 2021, ca. 410 Seiten, Broschiert, ISBN 978-3-8487-6893-6

TV und AV Journalismus
Band 1: Theorie und Praxis
Von Prof. Dr. Andreas Elter
2019, 344 Seiten, Broschiert, ISBN 978-3-8487-3622-5

Gesundheitskommunikation
Von Dr. Doreen Reifegerste, Alexander Ort, M.Sc.
2018, 243 Seiten, Broschiert, ISBN 978-3-8487-3859-5

Personalwirtschaft der Medienunternehmen
Von Prof. Dr. Steffen Hillebrecht
2018, 199 S., Broschiert, ISBN 978-3-8487-3703-1